suhrkamp taschenbuch
wissenschaft 739

Diese Edition von Adam Fergusons *An Essay on the History of Civil Society* (1767) in einer neuen Übersetzung – 1986 in einer gebundenen Ausgabe erschienen – macht eine zentrale Schrift aus der Vor- und Frühgeschichte der Sozialwissenschaften wieder zugänglich.

Fergusons Schrift entstand in einer entscheidenden Gründungsphase der modernen Sozialwissenschaften in der zweiten Hälfte des 18. Jahrhunderts. Die Sozialwissenschaften hatten damals ihren Gegenstand – die moderne, arbeitsteilige, warenproduzierende kapitalistische Gesellschaft – zwar bereits entdeckt, sie hatten sich aber als Einzeldisziplinen – Ökonomie, Politik, Soziologie, Psychologie, Ethnologie – erst in Ansätzen voneinander getrennt.

Fergusons *Versuch* enthält zentrale und originelle »soziologische Leitgedanken«. Das Zusammenleben der Menschen in Gruppen, ihre gesellschaftlichen Verhaltensweisen, die sozialen Normen, Verhältnisse und Prozesse werden als »Grundtatsachen« der menschlichen Geschichte begriffen. Doch die soziologischen Einsichten haben für Ferguson ihren Sinn nicht in sich selbst. Sie sind Vorstufe und Teil einer ebenso umfassenden wie differenzierten Kritik an der »verfeinerten« Kommerzgesellschaft seiner Zeit. Gegen sie führt Ferguson die politisch-moralischen Maßstäbe antiken Republikanismus und Humanismus ins Feld, zeitgemäß zu modifizierende Grundlagen einer wahren »bürgerlichen Gesellschaft« (civil society), und untersucht Unterschiede und Gemeinsamkeiten der verschiedensten Gesellschaften. Die »wilden«

und »barbarischen« Gesellschaften geraten hierbei ebenso in den Blick wie die »verfeinerten« und »kommerzialisierten« Gesellschaften in seinem eigenen Umfeld.

Diese Perspektive ermöglicht Ferguson grundlegende Einsichten, die über die modische Zivilisationskritik seiner Zeit hinausgehen. Im Mittelpunkt seiner Aufmerksamkeit steht der Prozeß gesellschaftlicher Arbeitsteilung, der sich in der modernen Gesellschaft seiner Zeit durchsetzt. Er wird von ihm einerseits als Quelle von Ökonomie und Produktivität erkannt und durchaus begrüßt. Andererseits unterzieht Ferguson die negativen Auswirkungen dieser Arbeitsteilung, die er in Entfremdung, politische Apathie und Korruption münden sieht, einer scharfen Kritik. Er nimmt die Grenzen in den Blick, die dem Fortschreiten der Arbeitsteilung und der ihr inhärenten Produktivität von ihren ökonomischen, sozialen, kulturellen und politischen Folgen her gesetzt sind. Karl Marx wurde durch die Lektüre des *Versuchs über die Geschichte der bürgerlichen Gesellschaft* zu entsprechenden Gedankengängen angeregt.

Gerade weil diese Schrift des »schottischen Cato« – wie er genannt wurde – bereits in den Anfängen der bürgerlichen Gesellschaft deren Grenzen und Ende in den Blick nimmt, verdient sie nicht allein Aufmerksamkeit von Philosophen, Soziologen, Historikern und Ethnologen.

Adam Ferguson
Versuch über die Geschichte der bürgerlichen Gesellschaft

Herausgegeben und eingeleitet
von Zwi Batscha und Hans Medick

Übersetzt
von Hans Medick

Suhrkamp

Frontispiz: Porträt Adam Fergusons
von William Millar (1763)
Mit freundlicher Genehmigung
eines privaten Sammlers

CIP-Titelaufnahme der Deutschen Bibliothek
Ferguson, Adam:
Versuch über die Geschichte
der bürgerlichen Gesellschaft /
Adam Ferguson. Hrsg. u. eingeleitet von Zwi Batscha
u. Hans Medick.
Übers. von Hans Medick. –
1. Aufl. – Frankfurt am Main :
Suhrkamp, 1988
(Suhrkamp-Taschenbuch Wissenschaft ; 739)
Einheitssacht.: An essay on the history of civil society <dt.>
ISBN 3-518-28339-1
NE: GT

suhrkamp taschenbuch wissenschaft 739
Erste Auflage 1988
© Suhrkamp Verlag Frankfurt am Main 1986
Suhrkamp Taschenbuch Verlag
Druck: Wagner GmbH, Nördlingen
Printed in Germany
Umschlag nach Entwürfen von
Willy Fleckhaus und Rolf Staudt

1 2 3 4 5 6 – 93 92 91 90 89 88

Inhalt

VIERTER TEIL
VON DEN FOLGEN, DIE SICH AUS DEM FORTSCHREITEN BÜRGERLICHER UND KOMMERZIELLER KÜNSTE ERGEBEN

FÜNFTER TEIL
VOM NIEDERGANG DER NATIONEN

SECHSTER TEIL
VON KORRUPTION UND POLITISCHER SKLAVEREI

Einleitung

»The stone of Sysiphus must not be left to
itself at any point on the declivity of human
affairs.«

*Adam Ferguson
am Ende seiner moralphilosophischen
Vorlesung 1779*

I

Die hier vorgelegte Neuausgabe von Adam Fergusons »An Essay on the History of Civil Society« (1767)[1] ließ lange Zeit auf sich warten. Nach den deutschsprachigen Ausgaben von 1768[2] und 1904[3] macht sie in der dritten Auflage eine zentrale Schrift aus der Vor- und Frühgeschichte der modernen Sozialwissenschaften wieder zugänglich. Diese Charakteristik als eines der ersten klassischen Werke der Soziologie[4] ist zwar durchaus zutreffend, greift zugleich aber auch zu kurz.

1 Die erste Ausgabe erschien 1767 in Edinburgh. Bis zur Auflage letzter Hand 1814 erfolgten sieben weitere, zum Teil textlich veränderte Auflagen. Die neueste, kritische englische Ausgabe, hg. und eingeleitet von Duncan Forbes, erschien 1966 in Edinburgh. Vgl. auch die editorische Notiz am Ende dieser Einleitung, unten S. 91-93.

2 Adam Ferguson, Versuch über die Geschichte der bürgerlichen Gesellschaft (ohne Angabe des Übersetzers), Leipzig 1768.

3 Adam Ferguson, Abhandlung über die Geschichte der bürgerlichen Gesellschaft, hg. und eingeleitet von Heinrich Waentig, übersetzt von Valentine Dorn, Jena 1904 (Sammlung sozialwissenschaftlicher Meister, Bd. 2). Diese Übersetzung erfolgte nach der Auflage letzter Hand von 1814. 1923 erfolgte unter dem gleichen Titel ein Nachdruck dieser Ausgabe mit einer erweiterten Einleitung von H. Waentig.

4 Hierzu unter anderem W. Sombart, Die Anfänge der Soziologie, in: Hauptprobleme der Soziologie. Erinnerungsgabe für Max Weber, hg. von M. Palyi, Bd. 1, München und Leipzig 1923, S. 5-19, hier S. 10 und öfter; H. H. Jogland, Ursprünge und Grundlagen der Soziologie bei Adam Ferguson, Berlin 1959, und W. C. Lehmann, Adam Ferguson and the Beginnings of Modern Sociology, New York 1930. Eine Analyse des soziolo-

Fergusons Schrift entstand in einer entscheidenden Entwick-
lungsphase der modernen Sozialwissenschaften während der
zweiten Hälfte des 18. Jahrhunderts. Die Sozialwissenschaften
hatten ihren Gegenstand, die moderne arbeitsteilige, warenproduzierende, kapitalistische Klassengesellschaft zwar bereits entdeckt, sich jedoch erst ansatzweise in Disziplinen
(Ökonomie, Politik, Soziologie, Psychologie, Ethnologie) getrennt. Sie wahrten in dieser Zeit noch einen inneren Zusammenhang durch den Bezug auf einen gemeinsamen moralphi-
losophisch-praktisch-politischen Diskurs und durch eine gesellschaftstheoretische und geschichtsphilosophische Sichtweise, die trotz erheblicher Unterschiede in der inhaltlichen
Argumentation der einzelnen Autoren einen weithin gemeinsamen Rahmen bildete[5]. Moralphilosophischer Diskurs und
geschichtsphilosophische bzw. gesellschaftstheoretische Perspektive der frühen Sozialwissenschaften blieben hierbei keineswegs abstrakt. Sie bezogen sich – häufig freilich in genera-
lisierender und universalisierender Form – auf die regionalen
und nationalen Entwicklungsprobleme der europäischen Gesellschaften, die sich zwar alle, mehr oder weniger fortgeschritten, im Entwicklungsstadium des Übergangs vom Feudalismus zum Kapitalismus befanden, auf die jedoch das Eti-

gischen Gehalts von Fergusons »Essay«, die bis heute nicht übertroffen
wurde, findet sich bei: Theodor Buddeberg, Ferguson als Soziologe, in:
Jahrbücher für Nationalökonomie und Statistik 123 (1925), S. 609-635. Vgl.
auch die Äußerung in einer wichtigen Darstellung der Geschichte der Sozialwissenschaften: »If anyone before Saint-Simon and Comte has the right
to be designated as the ›father of sociology‹, it is not Adam Smith, but
Adam Ferguson. Indeed, aside from certain formal distinctions and termi-
nology originated by Saint-Simon and Comte, Ferguson's ›Essay‹... is
quite as much a treatise on sociology as is Comte's treatment of ›social
physics‹ in his Positive Philosophy.« H. Becker und H. E. Barnes, Social
Thought from Lore to Science, 2. Auflage, Washington 1952, S. 545.
5 Siehe hierzu allgemein H. Medick, Naturzustand und Naturgeschichte
der bürgerlichen Gesellschaft. Die Ursprünge der bürgerlichen Sozial-
theorie als Geschichtsphilosophie und Sozialwissenschaft bei Samuel Pu-
fendorf, John Locke und Adam Smith, 2. Auflage, Göttingen 1981,
S. 134 ff. Zu den spezifischen Entstehungsbedingungen der Sozialwissenschaften im Schottland des 18. Jahrhunderts, siehe ebenda, S. 139 ff.

kett »bürgerlich« keineswegs allzu schnell und unreflektiert angewendet werden sollte.

Am vielleicht eindrucksvollsten und interessantesten entwickelten sich diese frühen Sozialwissenschaften aufgrund der besonderen sozial-ökonomischen und kulturellen Bedingungen des Landes in Adam Fergusons Heimat, im Schottland des 18. Jahrhunderts. Das für die Sozialgeschichte der schottischen Sozialwissenschaft entscheidende auslösende Moment dürfte in den inneren gesellschaftlichen Problemen Schottlands im 18. Jahrhundert sowie im Verhältnis dieser schottischen »Provinz«-Gesellschaft zur reicheren und ökonomisch entwickelteren Gesellschaft der englischen Metropole zu suchen sein[6]. Das sozial-ökonomische Gefälle, das innerhalb des Landes selbst zwischen den sich bereits agrarkapitalistisch entwickelten Lowlands und den bis zum letzten Aufstand von 1745 noch in einer primitiv-gesellschaftlichen Clanverfassung verharrenden Highlands bestand, bot zusammen mit dem Entwicklungsrückstand, den Schottland insgesamt gegenüber England – dem damals in ökonomischer Hinsicht fortgeschrittensten Land der Welt – aufwies, ein höchst widersprüchliches und vielfältiges Problem- und Beobachtungsfeld. Es forderte den sozialwissenschaftlichen Blick des Ökonomen, Soziologen, aber auch Ethnologen gleichermaßen heraus, ohne von vornherein eine Spezialisierung notwendig zu machen. Von ihren unmittelbaren Erfahrungszusammenhängen her ergab sich also für diese frühen Sozialwissenschaften im Schottland des 18. Jahrhunderts eine starke entwicklungspolitische und historische Orientierung. Was sich in England bereits ereignet hatte, nämlich die Transformation zu einer teils agrarkapitalistischen, teils protoindustriell-gewerblichen, vom Handelskapital bestimmten, warenproduzierenden Gesellschaft mit den entsprechenden recht-

6 Zur Problematik dieses Entwicklungsgefälles vom 17.-20. Jahrhundert vgl. die interessante Kontroverse: T. C. Smout, Scotland and England. Is Dependency a Symptom of Underdevelopment? In: Review 3 (1979/80), S. 601-630; I. Wallerstein, One Man's Meat: The Scottish Great Leap Forward, ebda., S. 631-640, und T. C. Smout, Centre and Periphery in History; with some thoughts on Scotland as a case study, in: Journal of Common Market Studies 18 (1980), S. 256-217.

lichen und politischen Institutionen, das präsentierte sich den
schottischen Intellektuellen des 18. Jahrhunderts – zu denen
Hochschullehrer, Juristen, der gemäßigte presbyterianische
Klerus, Privatgelehrte und freie Schriftsteller gehörten – nicht
nur als Zukunftsaufgabe für das eigene Land, sondern als weit
umfassenderes praktisches und theoretisches Problem.

Angeregt von der Situation des eigenen Landes, kam es zu einer
ebenso umfassenden wie grundsätzlichen Erörterung der Probleme des Übergangs zur modernen warenproduzierenden
»commercial society«. Im Mittelpunkt des Interesses standen
die Fragen nach der Auswirkung von Kommerzialisierung und
Arbeitsteilung auf die ökonomische und soziale Ungleichheit
sowie auf die Lebensverhältnisse und die sozial-moralischen
Verhaltensweisen unterschiedlicher Stände und Klassen. Aber
auch die unterschiedlichen Voraussetzungen und Aussichten
reicher und armer Länder, sich im Prozeß der Arbeitsteilung
und Kommerzialisierung weiterzuentwickeln oder zu stagnie-
ren, rückständig zu bleiben oder gar niederzugehen, wurden in
grundlegender Weise diskutiert. Die Erörterung dieser Fragen
machte, wie insbesondere Istvan Hont in neueren Arbeiten gezeigt hat[7], den Kern des Diskurses der schottischen Intellektuellen aus, der in den frühen Sozialwissenschaften der zweiten
Hälfte des 18. Jahrhunderts einen systematisch verallgemeinerten Ausdruck fand und der unter anderem in der 1776 erschienenen »Inquiry into the Nature and Causes of the Wealth of
Nations« von Adam Smith zur Begründung der neuen Wissenschaft der politischen Ökonomie führte.

Der Beitrag der schottischen Intellektuellen erschöpfte sich

7 Siehe zu diesen Kernfragen der schottischen Sozialwissenschaft des 18.
Jahrhunderts, die insbesondere auch die zentralen Inhalte der neuen Wissenschaft der Politischen Ökonomie ausmachen, den wichtigen Sammel-
band: I. Hont und M. Ignatieff (Hgg.), Wealth and Virtue. The Shaping of
Political Economy in the Scottish Enlightenment, Cambridge 1983; darin
insbesondere den einleitenden Beitrag der beiden Herausgeber: Needs and
Justice in the »Wealth of Nations«: an Introductory Essay, S. 1-44, und den
wichtigen Beitrag von Istvan Hont, The »rich country – poor country«
debate in Scottish classical political economy, S. 271-316. Auf Honts Buch
zu diesem Thema darf man gespannt sein.

hierbei keineswegs in einer ideologischen Dienstleistung für die Interessen des Adels, derjenigen sozialen Klasse, der sie sozial und kulturell, aber auch ökonomisch eng verbunden waren. Gewiß bestanden solche Beziehungen sowohl zur reformistischen, bereits agrarkapitalistisch eingestellten Gentry wie zum Hochadel. Der fortschrittlich eingestellte Landadel – darauf hat Eric Hobsbawm hingewiesen[8] – ist sicherlich als der Adressat anzusehen, an den sich die schottischen Intellektuellen häufig wandten, mit dem sie gesellschaftlich verkehrten und dessen Interessen sie in vielfältiger Hinsicht vertraten; mit dem Hochadel waren diese bürgerlichen Intellektuellen durch intensive Patronagebeziehungen – als Hochschullehrer, Pfarrer und Erzieher – verbunden. Doch ist der aufgeklärte und aufklärende Diskurs der schottischen Intellektuellen nicht auf den engen Ausdruck eines solchen Klasseninteresses zu reduzieren; er blieb auch keineswegs auf die schöpferischen Leistungen einer moralphilosophischen Sozialwissenschaft begrenzt. Wie Nicolas Phillipson[9], John Robertson[10] und Richard Sher[11] nachgewiesen haben, übernahmen die schottischen Intellektuellen etwa seit der Mitte des 18. Jahrhunderts in der Debatte um die Entwicklung ihrer Gesellschaft die Initiative. Die von ihnen getragene breite Aufklärungsbewegung versuchte, auf dem Weg über die spezifischen Institutionen und Kommunikationsformen der zeitgenössischen »Öffentlichkeit«, zumindest im Bereich der Ideologie Führungsansprüche für die gesamte Gesellschaft geltend zu machen. Es waren Führungs- und Herrschaftsansprüche, welche

8 E. J. Hobsbawm, Scottish Reformers of the Eighteenth Century and Capitalist Agriculture, in: Peasants in History. Essays in Honour of Daniel Thorner, hg. von E. J. Hobsbawm und anderen, Kalkutta 1980, S. 3-29.
9 Scottish Reformers of the Eighteenth Century and Capitalist Agriculture. The Case of Edinburgh and the Scottish Enlightenment, in: L. Stone (Hg.), The University in Society, 2 Bde., Princeton 1971, Bd. 2, S. 407-448; ders., The Scottish Enlightenment, in: R. Porter und M. Teich (Hgg.), The Enlightenment in National Context, Cambridge 1981, S. 19-40.
10 J. Robertson, The Scottish Enlightenment and the Militia Issue, Edinburgh 1985, S. 74 ff.
11 R. B. Sher, Church and University in the Scottish Enlightenment. The Moderate Literati of Edinburgh, Princeton 1985.

herkömmmlicherweise der Adel als politische Elite des Landes
wahrgenommen hatte, die er aber im Zuge der Kommerzialisierung und Agrarkapitalisierung, wie sie seit der Vereinigung
Englands und Schottlands (1707) einsetzte, häufig nicht mehr
wahrnehmen wollte und nach dem Verlust der zentralen Herr-
schafts- und Repräsentationsinstanzen des Landes und ihrer
Verlagerung von Edinburgh nach London seit dieser Zeit (1707)
auch nicht mehr wahrnehmen konnte.

Aus der spezifischen Reaktion dieser provinziellen Avantgarde
auf die Entwicklungsproblematik ihrer Gesellschaft erklärt sich
auch weitgehend die Sonderform der schottischen Sozialwissenschaft. Mit der grundsätzlichen Bejahung einer ökonomischen Entwicklung nach dem Vorbild der englischen »commercial society« und der Forderung nach Abbau der feudalen
Hemmnisse dieser Entwicklung verband sich bei den schottischen Intellektuellen das Bewußtsein ihrer eigenen besonderen
moralisch-politischen Aufgabe, aber auch eines besonderen
Eigenwerts der schottischen Kultur. Diesen sah man in den
Bildungsinstitutionen des Landes und der in diesen Bildungsinstitutionen verfestigten pragmatisierend-humanistischen Auf-
klärungstradition verkörpert[12]. Zentral ist, daß diese bildungs-
humanistische Rationalisierung der intellektuellen Vorzüge der
sozial-ökonomischen Rückständigkeit Schottlands durch die
aufgeklärte Elite in der Weise praktisch wurde, daß sie als
grundlegende normative Vorstellung und als Maßstab kritischer
Beurteilung des sozial-ökonomischen Transformationsprozesses Eingang in die schottischen Sozialwissenschaften fand. Ja, in
der ausgesprochen politischen Form, die sie annahm, macht sie
deren singuläres Charakteristikum aus. Die moralphilosophische Sozialwissenschaft der Schotten im 18. Jahrhundert verstand sich zwar durchaus als die positive Wissenschaft einer in
Entwicklung begriffenen »commercial society«. Doch blieb
man hierbei nicht stehen.

Für die großen Vier der schottischen Sozialwissenschaft des
18. Jahrhunderts, Adam Smith (1723-1790), David Hume

---

12 G. E. Davie, The Democratic Intellect. Scotland and her Universities in
the 19th Century, Edinburgh 1961.

(1711-1776), Adam Ferguson (1723-1816) und John Millar (1735-1801), war die zentrale und durchaus kritisch gestellte Frage vielmehr, ob und inwiefern die Norm und das Leitbild des politischen Bürgers der klassisch-republikanischen Politiktradition unter den Bedingungen der neuzeitlichen, durch Arbeitsteilung, Warenproduktion, internationalen Handel und neue ökonomische Klassenbildung charakterisierten »commercial society« und ihrer neuen Anforderungen an Recht und Gerechtigkeit zum Tragen gebracht werden konnten. Es ging ihnen darum, ob und wie die aktiven Bürgertugenden einer »civil society« mit dem Reichtum, dem Luxus, aber auch der notwendigen Gerechtigkeit einer »commercial society« überhaupt vereinbar waren oder angesichts des Übergangs zur Moderne modifiziert und angepaßt werden mußten. Mochten sich die Vorstellungen und Analysen dieser frühen Sozialwissenschaften im einzelnen auch grundlegend voneinander unterscheiden, so war ihnen doch zweierlei gemeinsam: die Verankerung in der frühneuzeitlichen Naturrechtstradition, welche Form und Inhalt ihrer Untersuchung des Transformationsprozesses zur neuzeitlichen »commercial society« prägte[13], und die Verwurzelung im »civic humanism« der antiken humanistischen Politiktradition. Insbesondere der »civic humanism« gab den normativen Horizont ab, von dem her die »commercial society« einer moralisch-politischen Kritik unterzogen werden konnte.[14]

13 Dazu H. Medick, Naturzustand und Naturgeschichte der bürgerlichen Gesellschaft, S. 145 ff.
14 Zum frühneuzeitlichen »civic humanism« siehe die grundlegende Arbeit von J. G. A. Pocock, The Machiavellian Moment. Florentine Political Thought and the Atlantic/Republican Tradition, Princeton 1975; auch ders., Virtues, Rights and Manners. A Model for Historians of Political Thought, in: Political Theory 9 (1981), S. 353-368; jetzt in: ders., Virtue, Commerce and History. Essays on Political Thought and History, chiefly in the Eighteenth Century, Cambridge 1985, S. 37-51. Pococks in diesem Aufsatz vorgebrachte, interessante These behauptet die wechselseitige Ausschließlichkeit eines staatsrechtlich orientierten und rechtsphilosophischen Prämissen verpflichteten politischen Diskurses in der frühen Neuzeit und eines gleichzeitigen anderen Diskurses, der auf den Prämissen des politischen Humanismus aufbaute. Diese These hat zwar viel für sich. Sie ermög-

Diese Anknüpfung an den politischen Humanismus, die explizit allerdings nur bei einem Teil der schottischen Intellektuellen erfolgte, erfüllte in der speziellen Ausprägung, die sie
in der moralphilosophisch geprägten, frühen schottischen Sozialwissenschaft fand, eine doppelte Funktion. Sie erinnerte
die unmittelbaren Adressaten und Schutzpatrone der schottischen Intelligenz, die agrarkapitalistisch wirtschaftende Gentry und den Hochadel des eigenen Landes daran, nicht einfach ein älteres feudales Selbstinteresse durch ein moderneres
kommerzielles zu ersetzen. Vielmehr sollten sie ihre ange-
stammte Rolle als herrschende Klasse durch die aktive Praxis
einer politischen, sozialen und kulturellen Hegemonie behaupten, welche den älteren »Werten« und den neuen sozial-
ökonomischen »Realitäten« zugleich Rechnung trug. Darüber
hinaus machte es die Berufung auf die antike Politiktradition,
aber auch auf das neuzeitliche Naturrecht möglich, die spezifisch schottische Entwicklungserfahrung in einer Terminologie zu generalisieren, die auch außerhalb des eigenen Landes
verständlich war. Sie verschaffte der schottischen Sozialwissenschaft gewissermaßen ihr kosmopolitisches Potential. Dies
sollte sich nicht zuletzt an der umfassenden Rezeption der
schottischen Philosophie und Sozialwissenschaft in ganz Europa, vor allem auch in deutschsprachigen Ländern[14a] zeigen.
Die universalistische Darstellung der Entwicklungsprobleme
ihrer eigenen zeitgenössischen Gesellschaft in der Sprache des

licht neue Einsichten in grundlegende Differenzen der frühneuzeitlichen
Theorie »bürgerlicher Gesellschaft« in Mitteleuropa und in England/
Schottland/Irland/Nordamerika, sie läßt sich jedoch gerade für die schottischen Verhältnisse des 18. Jahrhunderts meines Erachtens in dieser Schärfe
nicht aufrechterhalten, wofür die kontroversen Beiträge des Bandes: Wealth
and Virtue. The Shaping of Political Economy in the Scottish Enlightenment (siehe Anm. 7) ein sprechendes Zeugnis sind. Siehe ebenda auch den
Beitrag von Pocock, Cambridge Paradigms and Scotch Philosophers. A
Study of the Relations between the Civic Humanist and the Civil Jurispru-
dential Interpretation of Eighteenth Century Social Thought, S. 235-252.
14 a Dazu N. Waszek, Bibliography of the Scottish Enlightenment in Germany, in: Studies on Voltaire and the Eighteenth Century 230 (1985),
S. 283-303.

Naturrechts und des »civic humanism« der antiken Politiktradition machte die Arbeiten der schottischen Intelligenz, aber auch die Intellektuellen selbst, gewissermaßen hof-, salon- und hauptstadtfähig.

Mehr als die anderen seiner großen intellektuellen Zeitgenossen, David Hume, Adam Smith und John Millar, blieb Adam Ferguson (1723-1816) lebensgeschichtlich und intellektuell einem spezifisch schottischen Kontext verhaftet. Er war Feldkaplan, Adelserzieher, Hochschullehrer, politischer Sekretär und Reisender, doch hielt er sich die größte Zeit seines Lebens im Lande auf.[15]

Als Sohn eines presbyterianischen Geistlichen in Logierait (Perthshire) am Rande des schottischen Hochlands 1723 geboren, wurde Ferguson nach einem Philosophie- und Theologiestudium in St. Andrews und Edinburgh 1745 Feldkaplan des Hochlandregiments der »Black Watch«. Während seiner Tätigkeit als Militärgeistlicher lernte er die Highland-Zivilisation aus eigener Erfahrung kennen. Er sprach und predigte gälisch[16] – d. h. in der eingeborenen keltischen Sprache der Highlanders – und kam zu einer für seine Zeit keineswegs selbstverständlichen positiven Einschätzung der Authentizität und Ursprünglichkeit der dortigen Clan-Gesellschaft, wie er dies im privaten Brief an einen Freund sehr viel offener zu erkennen gab als in seinen veröffentlichten Schriften:

15 Die beste »intellectual biography« Fergusons ist: David Kettler, The Social and Political Thought of Adam Ferguson, Columbus, Ohio 1965. Zur Lebensgeschichte ebda. S. 42 ff. Zahlreiche Primärquellen finden sich bei: John Small, Biographical Sketch of Adam Ferguson L.L.D., F.R.S.E., Professor of Moral Philosophy in the University of Edinburgh, in: Transactions of the Royal Society of Edinburgh 23 (1864), S. 599-665.

16 Fergusons erste Publikation ist die gedruckte Fassung einer Predigt, die er während der gegen die hannoveranische Thronfolge gerichteten Rebellion der Highlanders im Jahre 1745 auf Gälisch vor seinen aus den Highlands stammenden Soldaten hielt. Ganz entschieden wandte er sich in dieser Predigt gegen Aufruhr und Rebellion. Dezidiert trat er für die Erhaltung dessen ein, was er als »our present happy establishment« bezeichnete: A Sermon preached in the Ersh Language to His Majesty's First Highland Regiment of Foot, Commanded by Lord John Murray, at their Cantonment at Camberwell, on the 18th Day of December, 1745. Translated into

»Wenn ich nicht in den schottischen Highlands gewesen wäre, dann könnte
ich mit denen einer Meinung sein, welche die Einwohner von Paris und
Versailles für die einzig gebildeten Menschen in der Welt ansehen. Es ist in
der Tat erstaunlich, Menschen jeden Geschlechts und Alters zu erleben, die
zwar nie über den nächsten Berg hinaus gereist sind, doch sich in jeder
Weise perfekt verhalten, Freundschaft in würdevoller Weise bezeugen, dazu
mit einem vollkommenen Sinn für das Schickliche. In unseren Städten und
in der Hauptstadt erlebt man dies selten. Aber ein Bergmensch, der sich
eine vornehme Abkunft zugute hält, sieht Höflichkeit als besten Ausweis
seines Standes. Er hat nie Höhergestellte erlebt und weiß deshalb auch
nicht, was es heißt, verlegen zu sein. Zwar hat er eine genuine Wertschätzung derjenigen, die mehr von der Welt gesehen haben als er; doch die
Mißachtung des anderen ist für ihn nie ein Merkmal besonderer Distinktion.«[17]

Trotz seiner theologischen Ausbildung und seines geistlichen
Amtes hielt sich Ferguson für einen »ausgesprochenen Laien«.[18]
Sobald sich eine Gelegenheit bot, verließ er den Kirchendienst
und nahm, in der Nachfolge David Humes, eine Stellung als
Bibliothekar der »Advocates Library« in Edinburgh und als
Sekretär der dortigen Juristenfakultät an (1757). Es war eine
Stellung, die ihm keineswegs lag, denn bloße Buchgelehrsamkeit war seine Sache nicht.[19] Bereits vor dieser Zeit war er in
intensiven Kontakt mit den aufgeklärten intellektuellen Zirkeln
und Klubs der schottischen Hauptstadt gekommen. In Diskus-
sionen und schriftstellerischer Tätigkeit engagierte er sich für
die Sache der aufgeklärten Gruppe der »Moderates«. Erfolgreich beteiligte er sich mit einer eigenen Streitschrift[20] an der
Auseinandersetzung um ein von engstirnigen religiösen Interessen propagiertes Verbot öffentlicher Theateraufführungen in

English by the author and published by Murray's mother, the Duchess of
Atholl, London 1746.

17 Zitiert bei Small, Biographical Sketch, S. 602.

18 Brief an Adam Smith vom Oktober 1754, zit. bei Small, Biographical
Sketch, S. 603.

19 Vgl. hierzu die zahlreichen Wendungen gegen Buchgelehrsamkeit, wie
aufklärerisch sich diese auch immer geben mochte, in Fergusons »Versuch
über die Geschichte der bürgerlichen Gesellschaft«, in der vorliegenden
Ausgabe unter anderem: I, 5, S. 134 f.; III, 8, S. 329 f., S. 332 f.

20 The Morality of Stage Plays seriously Considered, Edinburgh 1757.

Edinburgh. Durch die Gründung eines Klubs (des Poker Club), der vor allem den geselligen und politischen Austausch mit der Gentry pflegte, sowie durch die Veröffentlichung zweier Pamphlete wurde er zum führenden Teilnehmer einer Kampagne zur Wiedereinführung einer vom Adel geführten Bürgermiliz für Schottland, die er mit deutlicher Kritik an der politischen Passivität des zeitgenössischen Adels forderte.[21] Seine so geknüpften Verbindungen verhalfen ihm zu einer prestigereichen Anstellung als Tutor im Haushalt des Earl of Bute. Bald danach erreichte er durch die Patronage des bedeutendsten politischen Managers im Schottland seiner Zeit, Lord Milton, eine Anstellung als Professor an der Universität Edinburgh, zunächst für Naturphilosophie (1759-64), anschließend für Pneumatik und Moralphilosophie (seit 1764). Fergusons Lehrtätigkeit war außerordentlich erfolgreich, nicht zuletzt aufgrund seiner rhetorischen Brillanz und des didaktischen Geschicks seines Vortrags, die er in der Schule presbyterianischen Predigens erlernt hatte.[22] Seine Lehrzeit als Geistlicher trug dazu bei, ihn gewissermaßen zum philosophischen Prediger werden zu lassen. Er zog mit seinen freien, nur nach Notizen gehaltenen Vorlesungen ein zahlreiches studentisches, aber auch nicht-studentisches Publikum in seinen Bann und wurde so zum erfolgreichsten Hochschullehrer im Schottland seiner Zeit. Mit Unterbrechungen, die ihn unter anderem zu Beginn des amerikanischen Unabhängigkeitskrieges als politischen Sekretär einer erfolglosen Friedensmission nach Nordamerika führten[23], setzte Ferguson seine Tätigkeit als Hochschullehrer bis 1785 fort. In diesem Jahr zog er sich von der Universität zurück und lebte bis zum seinem Tode 1816 in einem langen, doch keineswegs un-

21 Reflections Previous to the Establishment of a Militia, London 1756; ferner ders., The History of Proceedings in the Case of Margaret, Commonly called Peg, only lawful Sister of John Bull, Esq., London 1760. Zum Kontext und zur Interpretation vergleiche J. Robertson, The Scottish Enlightenment and the Militia Issue, S. 98 ff., S. 200 ff.; R. B. Sher, Church and University in the Scottish Enlightenment, S. 218 ff., S. 230 ff.
22 Hierzu interessant: Sher, Church and University in the Scottish Enlightenment, S. 166 ff.
23 Hierzu Kettler, Social and Political Thought of Adam Ferguson, S. 85 ff.

produktiven Ruhestand als Schriftsteller, Landwirt, Vegetarier
und Reisender.

Als lebenslanger – theoretischer – Sympathisant eines militan-
ten antiken Republikanismus beobachtete der »schottische
Cato«[24] Ferguson die Ereignisse und Folgen der Französischen
Revolution – im Gegensatz zu vielen seiner Kollegen und zur
Herrschaftselite seines Landes – nicht ohne Neugierde und
Sympathie, wenigstens so lange, wie die Revolution nicht impe-
rial über ihr Mutterland hinausgriff.[25] Diese theoretische Sympathie stand in einem bemerkenswerten unaufgelösten Gegensatz zu einer politisch konservativen Einstellung, die sich in
Fergusons Vorlesungen ebenso wie in seinen Publikationen
stets gegen radikale Experimente und für die Bewahrung des
sozialen und politischen Status quo in Großbritannien und darüber hinaus in allen »etablierten« Verfassungen äußerte.[26]

Die Publikation von Fergusons »An Essay on the History of
Civil Society« im Jahre 1767 fällt in die Anfangsphase seiner
moralphilosophischen Vorlesungen an der Universität Edinburgh. Man würde dem »Essay« jedoch nicht gerecht, würde
man ihn als den unmittelbaren publizistischen Niederschlag der
akademischen Lehrtätigkeit seines Verfassers sehen. Diese
Lehrtätigkeit dokumentierte sich in gesonderten Publikationen,
zunächst der »Analysis of Pneumatics and Moral Philosophy«
(1766)[27], einem kurzgefaßten Abriß der moralphilosophischen
Vorlesungen Fergusons, später in ausführlicheren Ausarbeitungen dieser Vorlesungen, den »Institutes of Moral Philosophy«
(1769)[28] und den »Principles of Moral and Political Science«

24 So die Charakteristik im Edinburgh Review 125 (Januar 1867), S. 125.
25 Hierzu Kettler, Social and Political Thought of Adam Ferguson, S. 90 ff.
26 Die zu sehr der Untersuchung der Fergusonschen Moralphilosophie
verhaftete Darstellung Shers betont zu einseitig eine konservativ-quietisti-
sche Orientierung der politischen Auffassungen Fergusons. Sher, Church
and University, S. 192 ff.
27 Analysis of Pneumatics and Moral Philosophy. For the Use of Students
in the College of Edinburgh, Edinburgh 1766.
28 Institutes of Moral Philosophy. For the Use of Students in the College
of Edinburgh, Edinburgh 1769; dt. Ausgabe unter dem Titel: Grundsätze
der Moralphilosophie. Übersetzt und mit einigen Anmerkungen versehen
von Christian Garve, Leipzig 1772.

(1792).[29] Ferguson wählte für seinen »Versuch über die Geschichte der bürgerlichen Gesellschaft« – so soll das »Essay on the History of Civil Society« hier im Anklang an die erste deutsche Übersetzung von 1768 genannt werden – ganz bewußt die literarische Form eines Essays. Schon dies deutet darauf hin, daß es ihm mit seiner Schrift nicht in erster Linie darum ging, eine Probe seiner akademischen Gelehrsamkeit zu geben.
In der Nachfolge der antiken rhetorisch-moralphilosophischen Tradition insbesondere Ciceros sowie unter Einfluß der zeitgenössischen anglo-schottischen Essayistik – hier wäre insbesondere David Hume[30] zu nennen – kam es Ferguson darauf an, eine lesbare und zugleich motivierende »literary transaction of society«[31] zu liefern. Er wollte einen kritischen »Treatise on Refinement«[32] *gegen* die zeitgenössische »polished society« schreiben, der aber zugleich *für* deren Angehörige bestimmt war. Diese Selbstcharakteristik seines Werks als »Traktat über

---

29 Principles of Moral and Political Science, being chiefly a Retrospect of Lectures delivered in the College of Edinburgh, 2 Bde., London 1792.
30 D. Hume, Essays Moral, Political and Literary, in: ders., The Philosophical Works, Bde. 3 und 4, hg. von T. H. Green und T. H. Grose, London 1882 (Reprint Darmstadt 1964).
Ferguson hatte Hume bereits 1759 einen ersten Entwurf seines Essays, damals noch unter dem Titel »Treatise on Refinement«, zugänglich gemacht. Hume hatte zunächst eine hohe Meinung von Fergusons Manuskript; so schrieb er am 12. 4. 1759 dazu an Adam Smith: »Ferguson has very much polished and improved his Treatise on Refinement and with some Amendments it will make an admirable Book, and discovers an elegant and a singular Genius«, in: A. Smith, The Correspondence, hg. von E. C. Mossner und I. S. Ross, Oxford 1977, S. 34. Später änderte sich seine Meinung grundlegend, bis hin zu dem Versuch, die Publikation des »Essay« noch unmittelbar vor seinem Erscheinen zu verhindern. Siehe hierzu Kettler, Social and Political Thought of Ferguson, S. 58, und Sher, Church and University, S. 197 f., der Humes Aversion auf die moralisierende Rhetorik und Argumentationsweise des »Essay« zurückführt. Vgl. hierzu aber die Interpretation in dieser Einleitung unten, S. 21.
31 Zit. bei D. Kettler, History and Theory in Ferguson's Essay on the History of Civil Society. A Reconsideration, in: Political Theory 5 (1977), S. 437-459, hier S. 452.
32 Siehe den Brief von D. Hume an Adam Smith, oben Anm. 30.

die Verfeinerung« und als »literarische Abhandlung über die
Gesellschaft« deutet nicht nur die positiven Absichten an, die
Ferguson mit seiner Arbeit als literarischem Konversationsstück verfolgte, sondern ebenso, was er zu vermeiden trachtete:
akademische Pedanterie, den Anschein bloßer Buchgelehrsamkeit und theoretische System-Bildnerei. Er bezweifelte deren
aufklärende Wirksamkeit, für wie aufklärend sich ihre Autoren
auch immer halten mochten.

Fergusons »Versuch über die Geschichte der bürgerlichen Gesellschaft« zielte nicht in erster Linie auf das Interesse des ju-
gendlichen studentischen Publikums und der zahlreichen bil-
dungsbeflissenen Zaungäste aus der Edinburgher »polite society«, die sich in seinen moralphilosophischen Vorlesungen
drängten. Dies waren Vorlesungen, in denen Fergusons Talent
aufgrund vorgegebener Lernziele und eines öffentlich kontrol-
lierten Bildungsauftrags deutliche formale wie inhaltliche Grenzen gesetzt waren. Ebendiese Grenzen sollten im »Essay« über-
schritten werden. Er richtete sich als eine selbstbestimmte literarische Intervention an die tonangebenden Kreise des Adels,
der politischen Elite und der bürgerlichen Intellektuellenschicht
Großbritanniens. Frei von didaktischem Ballast und vom
Zwang zu religiös-politischem Konformismus wollte es ein auf-
klärend-kritisches Konversationsstück für den Diskurs der zeitgenössischen politisch-literarischen Szene liefern. Wie die Rezeption zeigte, hatte sich Ferguson mit dieser Absicht nicht
verschätzt. Sein »Essay« fand in den meinungsbildenden politischen und literarischen Kreisen der Londoner Metropole eine
ebenso interessierte, ja sogar enthusiastische Aufnahme wie in
den Kreisen der schottischen Literaten und Gebildeten. Die
Zustimmung reichte von Lord Shelburne, dem reformerischen
Minister für die Kolonien, und vom Lord Chief Justice Mans-
field, oberster Richter und zugleich eminenter Experte im Han-
dels- und Versicherungsrecht[33], über den Erzbischof von York[34]
und Lord Bute[35], den Favoriten König Georgs III., bis zur

33 David Hume aus London an Hugh Blair, 24. Februar 1767; ders. ebenfalls aus London an Adam Ferguson, 10. März 1767, in: D. Hume, The
Letters, hg. von J. Y. T. Greig, 2 Bde., Oxford 1969, Bd. 2, S. 121; S. 125 f.
34 David Hume an Hugh Blair, 20. Mai 1767, in: ebda., Bd. 2, S. 136.

Salonfürstin und Dichterfreundin Elizabeth Montague[36], zu Horace Walpole[37] und zu Fergusons schottischen Kollegen Hugh Blair, William Robertson[38] und Lord Kames.[39] Die einzige Ausnahme im Kreise der schottischen Aufklärer bildete David Hume. Er hatte den Essay in einer frühen Fassung zunächst nachdrücklich begrüßt. Seine spätere kritische Einstellung, die bis zum Versuch ging, die Publikation des Essay zu hintertreiben[40], resultierte möglicherweise eher aus der Befürchtung, daß diese Schrift in ihrer endgültigen Fassung, mit ihrer Befürwortung eines konfliktfreudigen und nonkonformistischen politischen Aktivismus, eine zu risikoreiche Intervention in die delikate Meinungsbalance der Edinburgher Gesellschaft darstellen würde; eine Meinungsbalance, von der die Amts- und Machtstellung nicht nur Fergusons, sondern der soeben in Universität und Kirche zur Herrschaft gekommenen Aufklärer, der Partei der »Moderates« insgesamt abhing. Trotz seiner zeitweiligen Kritik gehörte David Hume immerhin zu denjenigen, die Ferguson nach dem Erscheinen des »Essay« am schnellsten und positivsten vom großen publizistischen Erfolg seiner Schrift in der »polite society« der Londoner Metropole berichteten.[41]

II

Fergusons »Essay« gibt sich bereits im Titel als »*History* of Civil Society« zu erkennen. Aus den Bemerkungen, die der

---

35 Hume an Ferguson, wie Anm. 33.
36 Elizabeth Montague an Lord Kames, 24. März 1767, in: A. Fraser Tytler, Memoirs of the Life and Writings of the Honourable Henry Home of Kames, Edinburgh 1814, Bd. 2, S. 67 f.: »I cannot express to your Lordship the pleasure and delight with which I read this elegant work of Mr. Ferguson; but as my admiration can do him little honour, I will give you, who are his friend the pleasure of knowing it is admired and approved by all persons of judgement in literature, or who have that nobler taste, the love of virtue.«
37 Siehe Anm. 33.   38 Siehe Sher, Church and University, S. 197.
39 Henry Home, Lord Kames an Elizabeth Montague, 6. 3. 1767, in: A. Fraser Tytler, Memoirs, Bd. 2, S. 65 f.   40 Siehe Anm. 30.
41 Siehe den oben in Anm. 33 zitierten Brief David Humes an Adam Ferguson.

Autor im ersten Kapitel des ersten Teils dem spezifischen Verständnis von Geschichte widmet, das er im »Essay« voraussetzt,
wird deutlich, daß es ihm nicht in erster Linie um eine Geschichtsschreibung zu tun ist, die im klassisch-antiken oder
zeitgenössisch-aufklärerischen Sinne als »civil history«, d. h. als
politische Geschichte bezeichnet wurde. Geschichte dient in
Fergusons Essay vielmehr zunächst als empirisches methodi-
sches Korrektiv, um seine »literary transaction of society« vom
Geruch des allzu Spekulativen zu befreien, konkret von den
Fiktionen der zeitgenössischen naturrechtlich-gesellschafts-
theoretischen Systembildnerei und Geschichtsphilosophie.
Ganz obenan unter diesen Fiktionen, denen Fergusons Kritik
gilt, stand die Annahme eines herrschaftsfreien und vorpoliti-
schen, ursprünglichen »Naturzustands« der Menschheit.[42] Als
eine methodische Fiktion und Abstraktion diente diese Vorstellung vom »Naturzustand« in der frühneuzeitlichen Natur-
rechtstheorie vor allem zur Darstellung und Begründung der
Notwendigkeit rechtlich geordneter Verhältnisse und gesetz-
mäßiger politischer Herrschaft. Darüber hinaus war sie während des 17. und 18. Jahrhunderts der *terminus a quo* einer
weitverbreiteten entwicklungsgeschichtlichen Sichtweise vom
Fortschritt der Menschheit aus primitiven Anfängen bis auf die
Höhe zeitgenössischer »Zivilisation«.[43] Solche falschen, weil
fiktiven theoretischen Abstraktionen eines ursprünglichen
»Naturzustands«, wie sie für Hobbes, Locke und Rousseau
charakteristisch waren, standen für Ferguson als eine ungeschichtliche Sichtweise zur Disposition. Dies wird aus den me-
thodenkritischen Bemerkungen des ersten Kapitels seines Versuchs deutlich. Sie richten sich gegen die Vorstellung eines solchen »angeblichen« Naturzustands.
Angesichts der »fruchtlosen Untersuchungen« und »seltsamen
Voraussetzungen«, wie sie bei den Theroretikern des Naturzustands zu finden sind, zieht es Ferguson vor, seine eigene Sichtweise mit der eines »Naturhistorikers« *(natural historian)* der
Tier- und Pflanzenwelt zu vergleichen; dies vor allem insofern,

42 Siehe die Überschrift von Kapitel 1 im Teil des »Versuchs«: »Von der
Frage nach dem Naturzustand«.
43 Hierzu H. Medick, Naturzustand und Naturgeschichte, S. 30 ff.

als »seine Kenntnis des materiellen Weltsystems aus einer
Sammlung von Tatsachen besteht oder höchstens aus allgemeinen Grundsätzen, die aus besonderen Beobachtungen und Experimenten hergeleitet sind«.[44] Doch der Kern der »naturge-
schichtlichen« Sichtweise des »Essay« geht über die bloße Forderung nach Empirie hinaus.

In deutlicher methodischer Anlehnung an Buffons »Histoire
naturelle«[45] nimmt Ferguson hier eine in der zweiten Hälfte des
18. Jahrhunderts aufkommende neue Art historisch-systemati-
scher Beschreibung und Erklärung natürlicher und gesellschaftlicher Tatsachen auf.[46] Die Geschichte der menschlichen Gattung ist nach Ferguson nicht als die chronologische Aneinan-
derreihung einzelner Ereignisse und Tatsachen zu schreiben. Sie
ist wie die »Naturgeschichte« der übrigen belebten Welt – und
das heißt hier: der Tier- und Pflanzenwelt – als ein dynamisch
strukturiertes, sich entwickelndes und verfallendes »lebendi-
ges« Ganzes zu begreifen. Alle Bestandteile dieses Ganzen stehen miteinander in Beziehung.[47] Die Realität des Ganzen ist
nicht als ein Aggregat von einzelnen Tatsachen oder Ereignissen
darzustellen, die vor allem aufgrund ihrer chronologischen Reihenfolge in Beziehung zueinander stehen, sie ist vielmehr als ein
Beziehungsgeflecht untereinander abhängiger Teile zu betrachten. Schon einzelne Tatsachen sind nicht aus sich heraus zu
verstehen, sondern nur aus ihrer adäquaten Funktion in ihrem
»natürlichen«, d. h. normalen Kontext. Dies gilt auch für die
»Naturgeschichte« des Menschen.

44 Ferguson, Versuch, I, 1, in diesem Band S. 98.
45 Georges Louis Leclerc Buffon, Histoire naturelle generale et particu-
lière, Bde. 1–3 Paris 1749. Bis zum Tode Buffons 1788 erschienen insgesamt
36 Bde. 1804 wurde das monumentale Werk mit 44 Bänden schließlich
abgeschlossen.
46 Zur Einwirkung Buffons auf die Geschichtsschreibung der zweiten
Hälfte des 18. Jahrhunderts und die dadurch ausgelöste Methodenrevolu-
tion siehe den wichtigen Beitrag von Peter Reill, Narration and Structure in
Late Eighteenth Century Historical Thought. Beitrag zur Sektion »Narra-
tive History: Past and Present« des 16. Internationalen Kongresses der
Geschichtswissenschaften, Stuttgart 1985.
47 Hierzu Reill, Narration and Structure, passim.

»Wir müssen die Geschichte eines jeden tätigen Wesens aus seinem Verhalten in derjenigen Lage erschließen, für die es erschaffen wurde, nicht aber aus seinem Erscheinungsbild in einer erzwungenen oder ungewöhnlichen Lage.«[48]

Aus einer so verstandenen und betriebenen »Naturgeschichte« sind zwar noch nicht unmittelbar die richtigen – d. h. moralischen – Maßstäbe und Regeln menschlichen Handelns zu gewinnen, doch bildet sie deren notwendige Voraussetzung.

»Ehe sich moralische Regeln für irgendeine besondere Gattung der Wesen festsetzen lassen, müssen erst die Facta bekannt seyn, die sich auf diese Gattung der Wesen beziehen.
Ehe wir für den Menschen moralische Regeln geben können, muß erst die Geschichte der menschlichen Natur, müssen erst seine Neigungen, die ihm eigenen Vergnügungen und Leiden, sein itziger Zustand und seine künftigen Erwartungen bekannt sein.«[49]

Ferguson erkennt, daß ein solches tatsachenorientiertes »naturgeschichtliches« Verfahren keine bloße Frage der Anwendung abstrakter Methoden ist, sondern gegenstandsangemessen sein muß; das heißt, daß es in seiner Anwendung auf den Menschen notwendig dessen gesellschaftlicher Existenz gerecht werden muß und demnach auch sozialtheoretische Grundannahmen impliziert. Diese Grundannahmen sind den »Fakten« gleichsam inhärent. Ihre Nichtberücksichtigung bewirkt eine Verfälschung des Erkenntnisobjekts. Nicht das künstlich isolierte Individuum bildet nach Ferguson den »faktischen« Ausgangspunkt der empirisch-naturgeschichtlichen Verfahrensweise, sondern die soziale Beziehung oder Gruppe:

»Wenn sowohl die frühesten wie die neuesten Berichte aus allen Erdteilen die Menschen als in Scharen und Vereinigungen lebend darstellen, und wenn der einzelne immer als durch Neigung einer Partei zugesellt erscheint, während er möglicherweise der Gegner einer anderen ist, wenn er der Erinnerung und Voraussicht fähig ist, bestrebt, seine eigenen Gefühle mitzuteilen und diejenigen anderer kennenzulernen, so müssen diese Tatsachen als

48 Ferguson, Versuch, I, 1, in diesem Band S. 100.
49 A. Ferguson, Institutes of Moral Philosophy, S. 14 f.; hier zitiert die deutsche Ausgabe der »Institutes« in der Übersetzung von Christian Garve: A. Ferguson, Grundsätze der Moralphilosophie, Leipzig 1772, S. 9 E.

das Fundament für all unser Nachdenken über den Menschen genommen werden ... Das Menschengeschlecht muß in Gruppen betrachtet werden, wie sie immer bestanden haben. Die Geschichte des Individuums ist ja nur ein Stückwerk aus denjenigen Gefühlen und Gedanken, die es mit Rücksicht auf seine Gattung gehabt hat. Jedes Experiment in dieser Hinsicht sollte darum nur mit ganzen Gesellschaften und nicht mit einzelnen Menschen gemacht werden.«[50]

Hier wird deutlich, wie Fergusons »naturgeschichtliches« Verfahren von seinem spezifischen methodischen Ansatz und von seinen inhaltlichen Einsichten her als eine soziologische Erkenntnisweise konzipiert ist. Dieser »soziologische Leitgedanke« (Th. Buddeberg)[51] Fergusons bleibt keineswegs nur ein auf das Einleitungskapitel beschränktes vordergründiges Prinzip. Er durchzieht die materialen Darlegungen des »Essay« selbst, von Fergusons Kritik individualistisch-utilitarischer Handlungstheorien (in den Kapiteln 5, 7 und 8 des Teils I) über seine Untersuchung der sozialen Triebkräfte, Normen und Konflikte primitiver Gesellschaften (Teil II) bis schließlich zu jenem springenden Punkt, an dem Ferguson vom Individuum handelt: nicht vom Individuum als allgemeiner Voraussetzung sozialen Handelns, sonderen als »Errungenschaft« spezifisch historisch-gesellschaftlicher Verhältnisse, nämlich jener der »modernen« arbeitsteiligen und kommerzialisierten Gesellschaft seiner Zeit.[52]

Läßt sich Fergusons »Versuch« also als der einer Geschichte der sozialen Verhaltensweisen des Menschen bezeichnen, als eine »Natural History of Man« und zugleich »History of the Species«[53], so wie er sie seinen Edinburgher Studenten im ersten Teil seiner moralphilosophischen Vorlesungen etwa zu der Zeit vortrug, in der die Publikation seines »Essays« erfolgte? Ferguson brachte seine »Natural History of Man« dort, in seiner Vorlesung, unter mehrfacher expliziter Berufung

---

50 Ferguson, Versuch, I, 1, in diesem Band S. 99, S. 100.
51 Th. Buddeberg, Ferguson als Soziologe, S. 42.
52 Ferguson, Versuch, I, 2, in diesem Band S. 110f.; I, 8, S. 169f.; IV, 4, S. 362; V, 1, S. 371.
53 Ferguson, Institutes of Moral Philosophy, S. 14f.

auf Buffons »Histoire Naturelle«[54], unter folgende Überschriften:

Part I:	Teil I:
The Natural History of Man	Naturgeschichte des Menschen
Chapter I:	Kapitel I:
History of the Species	Geschichte der Gattung
Section I:	Sektion I:
General Arrangement	Entwurf der ganzen Abhandlung
The History of the Species contains the following articles:	Die Geschichte der menschlichen Gattung enthält die folgenden Abschnitte:
1. The form and aspect of man	1. Die Form und äußere Gestalt des Menschen
2. His residence and manner of subsistence	2. Seine Wohnung und seine Subsistenzweise
3. The varieties of his race	3. Die Verschiedenheiten der Menschenarten
4. The period of his life	4. Die Dauer seines Lebens
5. His dispositions to society	5. Sein Hang zur Geselligkeit
6. Population, or the generations and numbers of mankind	6. Bevölkerung oder die Fortpflanzung des menschlichen Geschlechts
7. Varieties of choice and pursuit	7. Verschiedenheiten der Menschen in ihren Neigungen und Absichten
8. Arts and commerce	8. Künste und Handel
9. Disparities of rank and estimation	9. Ungleichheiten des Standes und der sozialen Wertschätzung
10. Political establishments	10. Politische Einrichtungen
11. Language and literature	11. Sprache und Literatur[55]

54 Ferguson, Institutes, S. 14, S. 18, S. 19. In der deutschen Übersetzung von Christian Garve fehlen die Verweise auf Buffon und die übrigen Fußnoten.
55 Ferguson, Institutes of Moral Philosophy, S. 14 f.; vgl. die deutsche Übersetzung der »Institutes«: A. Ferguson, Grundsätze der Moralphiloso-

Dem ersten als »Natural History of Man« bezeichneten Teil in Fergusons moralphilosophischen Vorlesungen folgten, mit jeweils zahlreichen Unterabschnitten, sieben weitere Teile. Sie hatten folgende Überschriften:

Teil II: Theorie des Geistes
Teil III: Von der Gotteserkenntnis
Teil IV: Von moralischen Gesetzen und ihren allgemeinsten Anwendungen
Teil V: Von der Jurisprudenz
Teil VI: Von den Gewissenspflichten
Teil VII: Von der Politik.[56]

Ein vergleichender Blick auf das Inhaltsverzeichnis des »Versuchs über die Geschichte der bürgerlichen Gesellschaft« zeigt neben thematischen Gemeinsamkeiten vor allem auch die wesentlichen Unterschiede dieser Schrift zu Fergusons moralphilosophischen Vorlesungen. Mehrere Teile des Moralphilosophiekurses fehlen unter den im Essay behandelten Themen; so Teil II (»Theorie des Geistes«), insbesondere aber Teil III (»Von der Gotteserkenntnis«) – Fergusons Erörterung religiöser Fragen, die im Moralphilosophiekurs einen zentralen Platz einnehmen mußte, hat im »Essay« keinen Platz.
Des weiteren fehlt Teil V (»Von der Jurisprudenz«), in dem es überwiegend um eine systematische Erörterung von Fragen des Besitz- und Vertragsrechts in naturrechtlicher Perspektive geht, desgleichen Teil VI (»Von den Gewissenspflichten«).
Die in Teil VII (»Von der Politik«) behandelten Themen dagegen, die innerhalb des gesamten Moralphilosophiekurses einen verhältnismäßig begrenzten und nachgeordneten Platz einnehmen, erhalten im Essay zentrale Bedeutung. Auch einzelne Abschnitte des Teils IV des Moralphilosophiekurses (»Von moralischen Gesetzen und ihren allgemeinsten Anwendungen«) werden vor allem in Teil I des »Essay« aufgenommen.
Der vergleichende Überblick macht deutlich, daß sich die Themen, die Ferguson im ersten Teil seines Moralphilosophiekur-

phie, S. 11 f., die von der hier vorgeschlagenen Übersetzung stellenweise abweicht.
56 Ferguson, Institutes, Inhaltsverzeichnis.

ses als »Natural History of Man« unter dem Gesichtspunkt
einer »History of the Species« abgehandelt hatte, in seinem
»Versuch über die Geschichte der bürgerlichen Gesellschaft«
ausgeweitet und verändert haben: Sie sind zu einer »Natural
History« vor allem derjenigen Themen geworden, die im Moralphilosophiekurs unter »Politik« abgehandelt wurden. Die
»Natural History of Man« wurde so zur »(Natural) History of
Civil Society«. Doch in diese, auf Politik und »Staatskunst«
bezogene, »Naturgeschichte« von Fergusons »Essay« werden
völlig neue Abschnitte eingegliedert, die sich im Moralphilosophiekurs noch nicht einmal in Ansätzen finden; es sind Teil II
(»Von der Geschichte roher Völker«), Teil V (»Vom Niedergang
der Nationen«) und Teil VI (»Von Korruption und politischer
Sklaverei«).
Was sich darüber hinaus bereits von den Überschriften her als
ein Charakteristikum des »Essay« ergibt, das ist die Integration
derjenigen Abschnitte, die im Moralphilosophiekurs Fragen der
»Künste und des Handels«, der »Ungleichheiten des Standes
und der sozialen Wertschätzung« und der »Bevölkerung« gewidmet waren und die dort zweifach abgehandelt wurden –
zunächst als Teil der »Natural History of Man« und abschließend als Teil der »Politik«, in ein und denselben Zusammenhang. Es ist gerade dieser Zusammenhang, der von Ferguson in
seinem »Essay« als (Natur-)»Geschichte der bürgerlichen Gesellschaft« zum Thema gemacht wird.
Doch wie ist Fergusons Verständnis von »civil society«, also
»bürgerlicher Gesellschaft«, auf dem Hintergrund dieser thematischen Umorientierung und neuen Anordnung zu verstehen, welche die einzelnen Teile und Kapitel seines »Versuchs« –
im Vergleich zur Gliederung seines Moralphilosophiekurses –
erkennen lassen? Was bedeutet Geschichte der »bürgerlichen
Gesellschaft« für Ferguson? Zunächst und vor allem: was versteht er unter jener »bürgerlichen Gesellschaft«, die er ja im
Titel seines Essays zum Thema macht?
Deutlich meint Ferguson *nicht* die sich vom Feudalismus eman-
zipierende, warenproduzierende und »zivilisierte« neuzeitliche
»bürgerliche Gesellschaft«, d. h. die neuzeitliche Gesellschaft
des Bürgertums, wenn er von »civil society« spricht. »Bürger-

liche Gesellschaft« bedeutet für ihn eine politisch-moralische Norm, deren Verwirklichungschancen in den unterschiedlichsten Gesellschaften er kritisch zum Gegenstand seiner sozialwissenschaftlichen »history« macht, nicht aber einen faktischen gesellschaftlichen Zustand, der historisch auf eine bestimmte Gesellschaftsform einzugrenzen wäre, und sei es auf die in seiner Zeit entstehende Gesellschaft des Bürgertums. Wenn Ferguson von »bürgerlicher Gesellschaft« spricht, dann nicht als sozialwissenschaftlich-theoretischer Geburtshelfer und Parteigänger der neuzeitlichen Bourgeois-Gesellschaft, sondern als Vertreter der klassischen Politiktradition und des Republikanismus antik-humanistischer Provenienz. So paradox es für eine heute immer noch im Banne des 19. Jahrhunderts stehende, durchaus unhistorische Perspektive klingen mag: Eine »bürgerliche Gesellschaft« ohne neuzeitliche Bourgeoisie liegt für Ferguson als Zeitgenossen des anglo-schottischen 18. Jahrhunderts nicht nur im Bereich des historisch Vorstellbaren, sie ist sogar die explizite kritische Norm seines »Versuchs«. Denn er hat mit seiner Vorstellung einer »bürgerlichen Gesellschaft« sehr viel eher eine Gesellschaft politisierender Bürger nach dem Modell der griechischen Polis oder der altrömischen Republik im Auge als jenes »System der Bedürfnisse« arbeitender und/oder besitzender bürgerlicher Privatpersonen, das im berühmten zweiten Abschnitt »Die bürgerliche Gesellschaft« von Hegels »Philosophie des Rechts« (1821) thematisiert ist und dessen Wirklichkeit von Hegel gerade aus der systematischen Differenz zu Staat und Politik bestimmt wird. Wenn Ferguson in seinem Essay schreibt: »Erst in der Führung der Geschäfte der bürgerlichen Gesellschaft finden die Menschen Gelegenheit zur Betätigung ihrer besten Fähigkeiten wie auch den Gegenstand ihrer besten Regungen«[57], dann meint er eindeutig *nicht* die »Geschäfte« einer in seiner Zeit und Gesellschaft im Entstehen begriffenen Kommerzgesellschaft. Diese steht zwar für ihn als »polished society« – wie sich zeigen wird – durchaus auch im Blickpunkt seines sozialwissenschaftlichen und moral-

---

57 Ferguson, Versuch, III, 6, in diesem Band S. 301.

philosophischen Interesses; die »polished society« ist aber seiner Auffassung nach von der wahren »civil society« grundlegend unterschieden, von einer »civil society«, die sich dadurch
auszeichnet, daß in ihr die »Ämter und Würden« weder einer
ökonomisch mächtigen Bourgeoisie noch einer sachverständig
spezialisierten staatlichen Bürokratie zufallen, sondern von
den politischen Bürgern selbst in aktiver Teilhabe wahrgenommen werden.

Fergusons Vorstellung von »bürgerlicher Gesellschaft« hat also
mit jener »bürgerlichen Gesellschaft« nichts gemein, die in der
deutschen Rechts-, Staats- und Sozialphilosophie des späten 18.
und frühen 19. Jahrhunderts als die vom Staat geschiedene und
doch von ihm abhängige, von ihm begrenzte und beherrschte
Sphäre des ökonomischen und geselligen Verkehrs »staatsbürgerlicher« Untertanen und Privateigentümer zum Thema wurde.
Wie Manfred Riedel[58], Michael Stolleis[59], Paul Weihnacht[60] und
andere gezeigt haben, hatte der »politische Bürger« antiker Provenienz im deutschen Diskurs über »bürgerliche Gesellschaft«
bereits im 18. Jahrhundert weitgehend abgedankt, längst vor
dem Zeitpunkt, als dieser deutsche Diskurs bei Hegel auf seinen
modernen theoretischen Begriff gebracht wurde, wie er die

58 Riedels zahlreiche einschlägige begriffsgeschichtliche Arbeiten sind
grundlegend; insbesondere ders.; Artikel »Gesellschaft, bürgerliche«, in:
O. Brunner, W. Conze, R. Koselleck (Hgg.), Geschichtliche Grundbegriffe. Historisches Lexikon zur politisch-sozialen Sprache in Deutschland,
Bd. 2 Stuttgart 1975, S. 719-800; ders., Artikel »Bürger, Staatsbürger, Bürgertum«, in: Geschichtliche Grundbegriffe, Bd. 1 Stuttgart 1972, S. 672-
725; ders., Bürgerlichkeit und Humanität in: R. Vierhaus (Hg.), Bürger und
Bürgerlichkeit im Zeitalter der Aufklärung, Heidelberg 1981, S. 13-34;
ders., Der Begriff der ›bürgerlichen Gesellschaft‹ und das Problem seines
geschichtlichen Ursprungs, in: ders., Studien zu Hegels Rechtsphilosophie,
Frankfurt 1969, S. 135-166; ders., Bürgerliche Gesellschaft und Staat.
Grundproblem und Struktur der Hegelschen Rechtsphilosophie, Neuwied/
Berlin 1970.
59 Ders., Untertan – Bürger – Staatsbürger. Bemerkungen zur juristischen
Terminologie im späten 18. Jahrhundert, in: R. Vierhaus (Hg.), Bürger und
Bürgerlichkeit, S. 65-100.
60 P. L. Weihnacht, ›Staatsbürger‹. Zur Geschichte und Kritik eines politischen Begriffs, in: Der Staat 8 (1969), S. 41-63.

Vorstellungen von »bürgerlicher Gesellschaft« in Deutschland
bis heute prägt.[61]
Kennzeichnend für die Besonderheit dieses deutschen Diskurses über »bürgerliche Gesellschaft« ist wohl in erster Linie nicht
– wie vielfach angenommen – die formal-begriffliche Trennung
von Staat und bürgerlicher Gesellschaft seit dem Ende des
18. Jahrhunderts[62], sondern vor allem die frühzeitige Verstaatli-
chung und Verrechtlichung des Bürgers. Rein terminologisch
bleibt im deutschen Sprachgebrauch die traditionelle Identifika-
tion der »societas civilis« mit dem »Staat« *(civitas)* bis zum
Ende des 18. Jahrhunderts zwar erhalten. Doch während diese
Gleichsetzung von »bürgerlicher Gesellschaft« und »Staat«
bzw. »Politik« im Sprachgebrauch der Antike und dessen Rezeption etwa im politischen Humanismus Englands und Amerikas im 17. und 18. Jahrhundert auf die aktive Teilnahme aller
Bürger an Politik und Machtausübung als das Lebenselement
einer wahren »civil society« verwiesen hatte, nahm der Gebrauch des Terminus »bürgerliche Gesellschaft« in der deutschen politischen Sprache eine andere Bedeutung an.
Hier überwog eine starke rechts- und staatswissenschaftlich geprägte Argumentationsweise, auf deren besondere Charakteristika J. G. A. Pocock treffend hingewiesen hat. »Recht in diesem Verständnis gehört zum Imperium eher als zur Republik ... Wenn der Bürger hier Freiheit erwirbt, erwirbt er ...
eine Freiheit, seine Immunitäten zu regeln, welche die Gesetze
ihm geben, und unter dem Schutz der Gewalt, welche die Gesetze beschließt und erzwingt. Aber die Libertas des Bourgeois
ist nicht genug, um ihn zum Bürger im griechischen Sinne des
Wortes zu machen, d. h. eines Bürgers, der zugleich regiert und
regiert wird.«[63]

---

61 Vgl. U. Haltern, Bürgerliche Gesellschaft. Sozialtheoretische und so-
zialhistorische Aspekte (Erträge der Forschung, Bd. 227), Darmstadt 1985,
besonders Kap. I und Kap. III.
62 Dies die These von Riedel und der Heidelberger begriffsgeschichtlichen
Schule, aus deren Arbeiten das oben (Anm. 58) zitierte einflußreiche Lexikon »Geschichtliche Grundbegriffe« hervorgegangen ist.
63 Ders., Virtues, Rights and Manners. A Model for Historians of Political
Thought, in: ders., Virtues, Commerce and History, S. 40.

Die Gleichsetzung mit der Sphäre des Staates verweist im stark
vom Rechts- und Gesetzesdenken geprägten deutschen Diskurs
über »bürgerliche Gesellschaft« auf gänzlich andere Verhältnisse, als sie dem anglo-schottischen und amerikanischen »civic
humanism« zugrunde lagen, dem Ferguson zuzurechnen ist.
Der Bürger der »bürgerlichen Gesellschaft« war in der deutschen politischen Sprache bereits im 17. Jahrhundert zur »politisch machtlosen Kunstfigur«[64] geworden. Sein politischer
Spielraum war auf die rechtliche Sicherung vor staatlicher Willkür und auf die Sicherung rechtlicher Verhältnisse des bürgerlichen Verkehrs der Privateigentümer, Wirtschafts- und Kultur-
subjekte durch den Staat begrenzt. »Bürgerliche Freiheit wird
von oben durch Handlungen eines aufgeklärten Staates hergestellt.«[65] Auch die terminologische Erhebung des »Bürgers«
zum »Staatsbürger« seit der zweiten Hälfte des 18. Jahrhunderts veränderte diese Situation nicht grundlegend.[66] Die Versuche aufgeklärter Reformer, den durch Besitz- und Standesrechte bevorrechtigten Teil der Untertanen des »fürstlichen Ter-
ritorialstaats« als »Staatsbürger« auf den Weg zu einer »politischen Gesellschaft« des Bürgertums zu bringen[67], blieben von
ihren eigenen Zielvorstellungen wie von den sozialökonomi-
schen und Herrschaftsverhältnissen her begrenzt. Sie entspra-
chen den Interessen eines »Amts-«, »Beamten-« bzw. »Dienstleistungsbürgertums«, das sich selbst zwar durchaus als Bestandteil »politischer Gesellschaft« oder »Staatsgesellschaft« begriff, den »Bürger« als »Staatsbürger« oder »Untertanen« aber
in einer politisch passiven Rolle belassen wollte.[68] Der »Staatsbürger« deutscher politischer Provenienz entsprach bis ins 19.

64 M. Stolleis, Untertan – Bürger – Staatsbürger, S. 67.
65 Ebda., S. 68; vgl. hierzu auch J. Schlumbohm, Freiheit. Die Anfänge der
bürgerlichen Emanzipationsbewegung in Deutschland im Spiegel ihres
Leitworts (ca. 1760-1800), Düsseldorf 1975.
66 Hierzu Weihnacht, ›Staatsbürger‹.
67 Hierzu die wichtige Arbeit von U. Becher, Politische Gesellschaft. Studien
zur Genese bürgerlicher Öffentlichkeit in Deutschland, Göttingen 1978.
68 Siehe hierzu den weitreichenden Rezensionsaufsatz von H. Dreitzel,
Ideen, Ideologien, Wissenschaften: Zum politischen Denken in Deutschland in der frühen Neuzeit, in: Neue Politische Literatur 25 (1980), S. 1–25,

und 20. Jahrhundert hinein zumeist keineswegs dem französischen »citoyen« und dem englischen »citizen«:

»Das Tätigsein, das dem Begriff des citoyen actif innewohnt«, so stellt P. Weihnacht treffend fest, »ist völlig abgedrängt – in den privaten Bereich von Gesellschaft, Wirtschaft, Kultur; hier wird aber nicht der citoyen, sondern der Bourgeois tätig. Das Selbstbewußtsein des ›Staatsbürgers‹ in diesem Sinne wird geprägt durch das Gesetzförmige, Nicht-Polizei-Widrige seines Handels und Wandels, nicht durch ein mögliches politisches Engagement im Rahmen der Verfassung.«[69]

Die terminologische Wende im deutschen Begriff von »bürgerlicher Gesellschaft«, die seit dem Ausgang des 18. Jahrhunderts zuerst bei A. L. Schlözer[70] erfolgte, in der begrifflichen Trennung der »bürgerlichen Gesellschaft«, als einer »societas civilis«, von einer »StatsGesellschaft«, als einer »»Societas Civilis cum Imperio oder Imperium«, zeigt denn auch keineswegs grundlegend gewandelte Verhältnisse einer bürgerlichen Emanzipation oder gar Revolution an. Sie ist eher als terminologisches Fazit vorangegangener Entwicklungen zu werten und deutet auf eine Kontinuität und Weiterentwicklung der älteren Machtstrukturen, Herrschaftspraktiken und Ideologien des Amts-, Beamten- und Dienstleistungsbürgertums angesichts der Herausforderung durch die französische Revolution. Auch wenn »bürgerliche Gesellschaft« zunehmend als eine autonome Sphäre des geselligen und ökonomischen Verkehrs privater »Bürger« verstanden wurde und dabei höchst zögernd moderne soziale und ökonomische Konnotationen in das Verständnis dieser »bürgerlichen Gesellschaft« Aufnahme fanden, blieb sie doch ein Begriff, der sich vom Staat her, im Hinblick auf den Staat und auf dessen Gewährleistung von Recht und Sicherheit definierte. Es war eine solche Perspektive, die Hegels Sicht von »bürgerlicher Gesellschaft« prägte:

besonders S. 9 ff., der unter anderem eine eindringend kritische Würdigung der Arbeit von U. Becher enthält.
69 Weihnacht, ›Staatsbürger‹, S. 58, Anm. 80.
70 Zu dieser Unterscheidung, die Schlözer zuerst in einem Artikel der von ihm herausgegebenen »StatsAnzeigen« (Bd. 17 [1792], S. 354) und in seinem »Allgemeinen StatsRecht« (Göttingen 1793, S. 4, 63 ff.) vornahm, siehe Riedel, Gesellschaft, bürgerliche, S. 753 ff., hierzu S. 754 f.

»Die bürgerliche Gesellschaft ist die Differenz, welche zwischen die Familie
und den Staat tritt, wenn auch die Ausbildung derselben später als die des
Staates erfolgt; denn als die Differenz setzt sie den Staat voraus, den sie als
Selbständiges vor sich haben muß, um zu bestehen.«[71]

Ganz anders bei Ferguson und der von der antiken Politiktradition inspirierten Diskussion der Sozialwissenschaften im
Schottland des 18. Jahrhunderts, der Ferguson als zugleich
konservativster und in bestimmtem Sinne auch radikalster Vertreter zugehörte. Hier war die Frage nach dem Ort des Bürgers
in der Gesellschaft seiner Zeit nicht von vornherein im Sinne
der Trennung der staatlich-politischen Sphäre von der des bürgerlichen Verkehrs vorentschieden. Zwar konstatierte auch Ferguson eine Trennung von Staat und Gesellschaft, von Citoyen
und bürgerlichem Individuum im neuzeitlichen Europa. Er sah
und beschrieb diese Trennung als Folge der Herausbildung großer Territorialstaaten, der Verhöflichung und Verrechtlichung
des Krieges nach Maßgabe ritterlicher Normen und vor allem
einer zunehmenden gesellschaftlichen Arbeitsteilung als Lebensprinzip der »polished« oder »commercial societies«:

»Bei den modernen Nationen Europas, wo die Ausdehnung des Territoriums einen Unterschied zwischen dem Staat und seinen Untertanen zuläßt,
sind wir gewohnt, an den einzelnen Menschen mit Mitgefühl zu denken,
selten aber mit Eifer an das öffentliche Wohl. Wir haben die Gesetze des
Krieges verbessert und Linderungsmittel gegen ihre Härte erdacht. Wir
haben die Höflichkeit mit dem Gebrauch des Schwertes verbunden; wir
haben gelernt, Krieg unter Aufrechterhaltung von Verträgen und Verabredungen zu führen und dem Wort eines Feindes zu vertrauen, dessen Untergang wir gleichzeitig in Erwägung ziehen . . .
Dies ist vielleicht das hauptsächlichste Charakteristikum, welchem wir bei
den modernen Nationen das Prädikat »zivilisiert« oder »verfeinert« verleihen . . . Und ob man unseren Maßstab zur Bemessung von Graden der
Höflichkeit (*politeness*) und Zivilisation (*civilization*) von daher oder vom
Fortschritt der kommerziellen Künste nimmt, in beiden Fällen stellt sich
heraus, daß wir die berühmten Nationen des Altertums weit übertroffen
haben.«[72]

71 G. W. F. Hegel, Grundlinien der Philosophie des Rechts, § 182, Zusatz,
   in: ders., Gesammelte Werke, Bd. 7, 1928, S. 262 f.
72 Versuch, IV, 4, in diesem Band S. 362, S. 366.

Ferguson gibt sich jedoch mit solcher Konstatierung des zeitgenössischen Common-sense-Verständnisses verhöflichter und
verrechtlichter »zivilisierter« Lebensart nicht zufrieden. Er unterscheidet sehr genau zwischen einem ursprünglichen, dem antiken Sprachgebrauch entlehnten Verständnis von »polished«
und »civilized« und einem modernen, entpolitisierten Verständnis, das den Wortsinn beider Begriffe auf die Sphäre der Arbeit,
des Handels, der Bildung und des gesellschaftlichen Umgangs
festlegt:

»Der Ausdruck ›verfeinert‹ *(polished)* bezog sich, seiner Etymologie nach
zu urteilen, ursprünglich auf den Zustand der Nationen hinsichtlich ihrer
Gesetze und ihrer Regierung, und als zivilisierte Menschen *(men civilized)*
galten damals Menschen, die in den Pflichten eines Bürgers geübt waren. In
seinen späteren Anwendungen bezieht sich der Ausdruck nicht weniger auf
die Befähigung der Nationen zu den freien und mechanischen Künsten, zur
Literatur und zum Handel, und als zivilisierte Menschen gelten jetzt Gelehrte, Leute von Welt und Händler.«[73]

Fergusons eigener Begriff von »Zivilisiertheit« hält in aller Deutlichkeit am ursprünglichen politischen Begriff des Wortes fest:
»Civilization . . . both in the nature of the thing and derivation of
the word, belongs rather to the effects of law and political
establishment, on the forms of Society, than to any state merely
of lucrative possession or wealth«.[74] Doch scheint es Ferguson
gerade angesichts der entpolitisierten zeitgenössischen Verwendung des Terminus »civilization«, auf die er verweist, vorgezogen zu haben, den Terminus »civil society« im Titel seines Essays
zu wählen, und nicht etwa »civilization«. Diesen »Essay« als eine
»Geschichte der Zivilisation« oder – wie ursprünglich geplant –
als »Essay on Refinement« zu bezeichnen, hätte einige der wichtigsten Fragen, die Ferguson aufwerfen wollte, einfach umgangen. War es doch seine Absicht, nach den Kriterien wahrer
Zivilisation (im ursprünglichen, das heißt klassischen Sinne des
Wortes) in den unterschiedlichsten Gesellschaften zu fragen,
nicht nur in denen seiner eigenen Zeit. »Civil society« hatte die
politischen ebenso wie die weiteren Konnotationen, deren die

73 Versuch, V, 1, in diesem Band S. 369 f.
74 Principles of Moral and Political Science, Bd. 1, S. 252.

Termini »civilization« und »society« ermangelten. Gerade in
der Wahl des Terminus »bürgerliche Gesellschaft« im Sinne von
»civil society« im Titel des »Essay« kommt somit Fergusons
Absicht zum Ausdruck, zu untersuchen, ob und inwiefern die
von ihm als verbindlich und verpflichtend anerkannten Normen des politischen Bürgers antiker Provenienz unter den
widerständigen Bedingungen des »zivilisierten« Fortschritts der
modernen Gesellschaft zum Tragen gebracht werden könnten –
oder ob sie nicht besser in anderen Gesellschaften, etwa denen
der Antike, aufgehoben wären.
Die »antikisierende Manier in der Begriffsbildung« verhinderte
hierbei keineswegs die »angemessene Darstellung der modernen
Verhältnisse«, wie Manfred Riedel im Blick auf Hegel[75] – und
von Hegel her auch auf Ferguson bezogen[76] – meint. Im Gegenteil: Fergusons Perspektive des »civic humanism« ermöglichte
in ihrer Brechung durch eine sozialwissenschaftliche und gesell-
schaftsanalytische Optik eine durchaus kritisch-realistische
Erfassung der Strukturprobleme der zeitgenössischen »polished« oder »commercial society«. Doch nicht nur dieser: Sie gab
den abwägenden Blick auch auf andere Gesellschaften und Kulturen frei: auf die Lebenszusammenhänge »wilder« und »barbarischer« Gesellschaften, als deren Teil Ferguson auch die
Gemeinwesen der Antike darstellte.

                                   III

Fergusons Perspektive zielt also nicht allein darauf ab, die Defi-
zite des modernen, »zivilisierten« Selbstbewußtseins seiner Zeit
und Gesellschaft durch Rekurs auf die Normen des antiken
»civic humanism« offenzulegen. Seine Absicht ist grundlegender, komplexer und umfassender. Sie läuft auf eine kritische
Infragestellung aller einseitigen Vorstellungen von Fortschritt
und Zivilisation hinaus, welche es nötig haben, ihre Maßstäbe

75 Riedel, Der Begriff der ›bürgerlichen Gesellschaft‹ und das Problem
seines geschichtlichen Ursprungs, S. 152 f., S. 155. Zu Ferguson S. 154.
76 Ebda., S. 154.

auf der Ausgrenzung einer fremden, »barbarischen« Gegenwelt
zu begründen. Hiermit war zunächst einmal die Kritik einer auch
im Zeitalter der Aufklärung weit verbreiteten »ethnozentrischen«
Denk- und Sichtweise beabsichtigt, welche die »fortschrittli-
chen« Errungenschaften der eigenen Kultur stets zum Ausgangspunkt und Maßstab nahm, um die Moral, Kultur und Lebensweise weniger entwickelter Gesellschaften danach zu beurteilen
und zu messen, gleichgültig, ob es sich hierbei um ein überseei-
sches Volk oder um die Vergangenheit der eigenen Gesellschaft
und Kultur handelte.

> »... unsere Methode besteht allzu häufig darin ..., jeden Vorzug unserer
> Natur solchen Fertigkeiten zuzuschreiben, die wir selbst besitzen, und uns
> einzubilden, daß eine bloße Verneinung all unserer Tugenden schon eine
> hinreichende Beschreibung des Menschen in seinem ursprünglichen Zustand
> sei. Wir selbst halten uns für Muster an guter Sitte und Zivilisation, und wo
> nicht unsere eigenen Züge hervortreten, glauben wir, sei auch nichts vorhan-
> den, was überhaupt wissenswert wäre.«[77]

Doch Fergusons Distanzierung von solchen Vorurteilen blieb
nicht auf die Kritik der Übertragung von Maßstäben und Begriffen der eigenen Kultur und Gesellschaft auf die Realität fremder
Völker oder ferner historischer Zeitalter begrenzt. Er wandte sich
gleichzeitig auch gegen eine idealisierende und unhistorische
Übertragung von Normen und Modellvorstellungen der Antike
auf zeitgenössische Realitäten. Ferguson ist in dieser Hinsicht
alles andere als ein unreflektierter Vertreter des »civic humanism«.
Sein »Essay« erreicht einen seiner literarischen Höhepunkte gerade in denjenigen Abschnitten[78], in denen er, aus einer fiktiv-
ironischen Perspektive, in Anknüpfung an Jonathan Swifts »Gul-
liver's Travels«[79] die Erlebnisse eines ethnographischen Reisenden des 18. Jahrhunderts im antiken Griechenland darstellt und
daran deutlich macht, daß die für zeitlos gültig gehaltenen Normen der politischen Kultur des antiken Griechenland und insbesondere Spartas auf einer höchst einfachen, »primitiven« Lebensweise und Gesellschaftsordnung beruhen, die Ferguson, ihrem

77 Versuch, II, 1, in diesem Band S. 196.
78 Versuch, IV, 4, in diesem Band S. 356 ff.
79 Versuch, IV, 4, in diesem Band S. 356.

eigenen Selbstverständnis zuwider, durchaus als »barbarisch«[80] bezeichnet.

Allerdings fällt seine Einschätzung »barbarischer« Gesellschaften keineswegs durchgängig negativ aus. In wichtigen Teilen seines »Versuchs« bemüht er sich im Gegenteil um eine differenzierte Untersuchung der Vorteile und Nachteile des Lebens in »wilden« und »barbarischen« Gesellschaften der Vergangenheit und Gegenwart.[81] Seine auf der Grundlage zeitgenössischer Reise- und Erfahrungsberichte erarbeitete Perspektive erinnert hierbei in manchem bereits an die Sichtweisen der modernen Ethnologie. Sie ist ebenso bemerkenswert wie das Ergebnis, zu dem er kommt: knappe Ressourcen und schwierige Überlebensbedingungen in solchen »wilden« und »barbarischen« Gesellschaften schließen soziale und politische Tugenden sowie eine kultivierte Lebensart *sui generis* keineswegs aus. Und die »spartanische« Verfassung und politische Moral gelten ihm in dieser Hinsicht als Musterbeispiel eines »zivilen« Lebens, das freilich auf andere geschichtliche Epochen und gesellschaftliche Zustände nicht übertragbar ist.[82]

Eine solche differenzierte, aber letzten Endes positive Bilanz des Lebens in »wilden« und »barbarischen« Gesellschaften stellt in Fergusons »Essay« einen zentralen Blickpunkt dar, von dem aus er der sich für »zivilisiert« haltenden »polished society« seines Zeitalters die Rechnung aufmacht:

»Die Menschen sind weit davon entfernt, die Gesellschaft nur wegen ihrer äußerlichen Annehmlichkeiten zu schätzen. Sie sind in der Regel dort am anhänglichsten, wo diese Annehmlichkeiten am seltensten sind. Dort, wo der Tribut ihrer Anhänglichkeit mit Blut bezahlt werden muß, sind sie zugleich am treuesten. Zuneigung entwickelt dort die größte Kraft, wo sie auf die größten Schwierigkeiten stößt... wir können allein aus diesem Prinzip die hartnäckige Anhänglichkeit eines Wilden an seinen heimatlosen, wehrlosen Stamm erklären. Sie hält auch dann noch vor, wenn Versuchungen der Bequemlichkeit und Sicherheit ihn eigentlich veranlassen sollten, sich an einen sicheren und reicheren Ort zu begeben, um so Hunger und Gefahr zu entfliehen. Daher auch die sanguinische Zuneigung, die jeder

80 Versuch, IV, 4, in diesem Band S. 354 f.
81 Versuch, Teil II: Von der Geschichte roher Völker, Kapitel 2 und 3.
82 Versuch, III, 6, in diesem Band S. 305 ff., insbesondere S. 309.

Grieche zu seinem Vaterland hegte, daher der hingebungsvolle Patriotismus der frühen Römer. Laßt uns diese Beispiele mit dem Geist vergleichen, der in einem Handelsstaat herrscht, wo anzunehmen ist, daß die Menschen in vollem Umfange das Interesse erkannt haben, welches Personen an der Erhaltung ihres Landes haben. Wenn überhaupt jemals, so findet sich in der Tat hier der Mensch zuweilen als ein losgelöstes und einsames Wesen. Hier hat er ein Objekt gefunden, das ihn in Wettbewerb mit seinen Mitmenschen versetzt; er handelt mit ihnen, wie er es mit seinem Vieh und mit seinem Boden tut, des Gewinnes wegen, den sie ihm bringen. Die mächtige Maschine, von der wir annehmen, daß sie die Gesellschaft gebildet hat, sie dient hier nur dazu, ihre Mitglieder zu entzweien oder ihren Verkehr fortzusetzen, nachdem die Bande der Zuneigung zerrissen sind.«[83]

Doch auch im Blick Fergusons auf die von Handel, Kommerz, Arbeitsteilung und Wettbewerb geprägte »verfeinerte« Gesellschaft seiner Zeit überwog keineswegs eine moralisierende Einseitigkeit. Seine Analysen sind vielmehr dadurch gekennzeichnet, daß er sich von einem nahezu ethnologischen Standpunkt aus bemühte, den Widersprüchen des Fortschritts in der Gesellschaft seiner Zeit auf die Spur zu kommen. Er beschränkte sein ethnologisches Interesse nicht wie die von ihm benutzten Reiseschriftsteller und Ethnographen[84] auf die Untersuchung frem-

83 Versuch, I, 3, in diesem Band S. 121.
84 Die am häufigsten zitierten Autoren sind P. F. X. de Charlevoix, Histoire et description générale de la Nouvelle France, avec le Journal historique d'un voyage fait par ordre du roi dans l'Amérique septentrionale, Paris 1744, und P. F. Lafitau, Mœurs des sauvages Amériquains, comparées aux mœurs des premiers temps, 2 Bde., Paris 1724. Wie die gelegentliche Zitierweise als »History of Canada« erkennen läßt, wurde Charlevoix von Ferguson in einer englischen Ausgabe benutzt: Journal of a Voyage to North-America. Undertaken by the Order of the French King. Containing the Geographical Description and Natural History of that Country, particularly Canada, together with an Account of the Customs, Characters, Religion, Manners and Traditions of the Original Inhabitants. In a Series of Letters to the Duchess of Lesdiguières, 2 Bde., London 1761; Charlevoix wird insgesamt dreizehnmal zitiert. Vgl. zu Charlevoix auch die interessante methodische Bemerkung: Versuch II, 2, in diesem Band S. 206, Anm. 2; Lafitau wird neunmal zitiert. Auch antike Schriftsteller, vor allem Historiker, werden von Ferguson relativ häufig zitiert, typisch ist die Parallelisierung ihrer Befunde zu den Befunden der zeitgenössischen ethnogra-

der, außereuropäischer Gesellschaften, sondern wendete dieses
Interesse explizit zurück auf die Untersuchung der besonderen
Dynamik und Widersprüchlichkeit der »kommerziellen« und
»verfeinerten« Gesellschaften des frühmodernen Europa. Und
es ist dieser umfassendere ethnologische Blickwinkel, der ihn,
im Unterschied zu anderen moralphilosophisch-sozialwissen-
schaftlichen Autoren seiner Zeit und Gesellschaft, insbesondere
aber zu David Hume und Adam Smith, dazu befähigte, einen
»langen-kühlen Blick auf die beiden Seiten der Medaille moderner Zivilisation zu werfen«.[85] Vielfach wählte Ferguson bewußt
den »native point of view«[86], d. h. den Standpunkt des Eingeborenen der außereuropäischen Völker, vor allem der Indianer
Nord- und Mittelamerikas, aber auch der nomadischen Völker
Asiens, weniger der Völker Afrikas[87], um die Widersprüche der

phischen Reiseschriftsteller: Tacitus achtmal, Livius und Caesar je fünfmal,
Xenophon viermal, Tukydides und Plutarch je dreimal.
85 D. Forbes, in der Einleitung zu A. Ferguson, An Essay on the History
of Civil Society, S. XIII.
86 In der Grundsätzlichkeit ihres Perspektivenwechsels innerhalb des zeitgenössischen Diskurses ist Fergusons Position durchaus mit der Herausforderung zu vergleichen, welche in der Gegenwart die Kultur- und Sozialanthropologie an die Human- und Sozialwissenschaften insgesamt richtet.
Vgl. etwa Cl. Geertz, ›Aus der Perspektive des Eingeborenen‹. Zum Problem des ethnologischen Verstehens, in: ders., Dichte Beschreibung. Beiträge zum Verstehen kultureller Systeme, Frankfurt 1983, S. 289-309; vgl.
aber auch, als einen inhaltlich gelungenen Versuch, die Geschichte der europäischen Metropolen von den Einsichten der modernen Ethnologie her
umzuschreiben: Eric Wolf, Europe and the People without History. Berke-
ley 1982 (dt. Frankfurt 1987). Es ist in diesem Zusammenhang nicht ohne
Ironie, daß E. Evans-Pritchard in seiner »History of Anthropological
Thought«, ganz im Banne einer Kritik des Evolutionismus des 19. Jahrhunderts – wie sie das disziplingeschichtliche Selbstverständnis und den funk-
tionalistischen Ansatz der englischen Sozialanthropologie bis in die Gegenwart hinein bestimmt – Ferguson zwar in einem gesonderten Kapitel behandelt, ihn aber lediglich als Soziologen würdigt, nicht als einen wichtigen
Vorläufer der modernen Ethnologie: E. Evans-Pritchard, A History of Anthropological Thought, New York 1981, S. 18-29.
87 Fergusons seltene Erwähnung afrikanischer Völker scheint von der Auffassung bestimmt, es handele sich um »Völker ohne Geschichte« (E. Wolf),
die »nur wenig Bausteine für die Geschichte geliefert« (Versuch, III, 1, in

»verfeinerten« und »zivilisierten« Gesellschaft seiner Zeit aufzudecken. Dies wird etwa in einer Passage deutlich, in der es dem
Autor um die Kritik moderner Kolonial- und Handelskriege
geht, die den Interessen der vom Kriege Betroffenen nicht Rechnung tragen und in denen die Kriegführung nicht mehr Sache des
Bürgers ist, sondern »mächtiger (Söldner-)Armeen«, die »vom
Ladentisch aus in Bewegung gesetzt werden«.

»In kleinen und rohen Gesellschaften fühlt sich ein Individuum angegriffen,
sobald sich die Gesamtheit im Kriegszustand befindet. Niemand kann hier
daran denken, seine Verteidigung auf einen anderen abzuwälzen. ›Der König
von Spanien ist ein großer Fürst‹, bemerkte ein amerikanischer Häuptling
zum (englischen) Gouverneur von Jamaika, der ein Heer zusammenstellte,
um sich einem Unternehmen gegen die Spanier anzuschließen. ›Habt Ihr die
Absicht, mit einer so kleinen Streitmacht gegen einen so großen König Krieg
zu führen?‹ Als man ihm sagte, die Truppen, die er sähe, sollten noch durch
andere aus Europa verstärkt werden, und der Gouverneur könne für dieses
Mal nicht mehr aufbieten, fragte der eingeborene Amerikaner: ›Wer sind
denn die Leute, die sich hier als bloße Zuschauer drängen? Sind es nicht Eure
Leute? Warum geht Ihr nicht alle gemeinsam in einen so großen Krieg?‹
Man antwortete ihm, daß die Zuschauer Kaufleute und andere Einwohner
seien, die keinen Kriegsdienst leisteten. ›Würden sie denn immer noch Kaufleute bleiben‹, fuhr dieser Staatsmannn fort, ›wenn der König von Spanien
Euch hier angreifen würde? Ich für meinen Teil bin nicht der Meinung, daß
man Kaufleuten die Erlaubnis geben sollte, in jedem beliebigen Land zu
leben. Wenn ich in den Krieg ziehe, lasse ich niemanden zu Haus außer den
Frauen.‹ Es sollte scheinen, daß dieser einfache Krieger Kaufleute für eine
Art neutraler Personen hielt, die an Streitigkeiten ihres Landes keinen Anteil
hatten. Im übrigen wußte er augenscheinlich nicht, wieviel auch der Krieg
selbst zu einem Handelsgegenstand gemacht werden kann, welch mächtige
Armeen vom Ladentisch aus in Bewegung gesetzt werden können, wie oft
menschliches Blut gegen Wechselbriefe gekauft und verkauft wird, ohne daß
zwischen den Nationen überhaupt Feindseligkeiten bestehen, wie oft
schließlich in dieser Hinsicht selbst ein Fürst, die Adligen und Staatsmänner
in manch verfeinerter Nation als Kaufleute betrachtet werden können.«[88]

diesem Band S. 243) hätten; im Zusammenhang der Erwähnung Afrikas
finden sich auch deutliche Reste eines ethnozentrischen Denkens, wenn
Ferguson die Unbekanntheit weiter Teile Afrikas und das »Schweigen der
Geschichte« hierüber als »Hinweis auf die Begabungsschwäche seiner Völker« (in diesem Band S. 243) betrachtet.
88 Versuch, III, 5, in diesem Band S. 294 f.

Doch der »Blick aus der Ferne« (Lévi-Strauss), den Ferguson
auf die »verfeinerten« und »kommerziellen« Gesellschaften seiner Zeit richtete, mit kritischem analogisierendem Seitenblick
auch auf andere »zivilisierte« Gesellschaften, wie diejenige Chinas, hatte eine noch grundsätzlichere Dimension. Auch diese
reichte über die Zivilisationskritik hinaus. Denn Ferguson sah
»ethnozentrische« Perspektiven keineswegs nur als ein Merkmal der »verfeinerten« Gesellschaften seiner Zeit an. Die Pro-
jektion uund Konstruktion fremder, sei es »barbarischer«,
»heidnischer« oder anderer Gegenwelten stellte für ihn ein
Merkmal der Selbsterfahrung aller Gesellschaften und Kulturen
dar.[89] Ja, Ferguson geht sogar so weit, dies als ein notwendiges
Prinzip jeder gesellschaftlichen Identitätsbildung darzustellen.
Die Ursache und Notwendigkeit dieser »Konstruktion des
Fremden« lokalisiert er im Prinzip der Zwietracht und Ungesel-
ligkeit[90], das er als die andere und komplementäre Seite derjenigen gesellschaftlichen Neigungen und Anlagen des Menschen
sieht, auf denen seiner Auffassung nach die Existenz sowohl
relativ einfacher sozialer Beziehungen in kleinen Gruppen wie
auch umfassenderer und komplexerer gesellschaftlicher Zusam-
menhänge begründet ist.

»Bei den Bürgern Roms war in den frühen Zeiten der Republik der Name
eines Fremden gleichbedeutend mit dem eines Feindes. Bei den Griechen
galt das Wort Barbar, unter dem das Volk jede Nation verstand, die einer
anderen Rasse entstammte und eine von der seinen verschiedene Sprache
sprach, als ein Ausdruck unbedingter Verachtung und Abneigung. Selbst
dort, wo kein besonderer Anspruch auf Überlegenheit erhoben wird, offenbaren der Widerwille gegen Vereinigung, die häufigen Kriege oder vielmehr
die dauernden Feindseligkeiten, wie sie bei wilden Völkern und getrennten
Sippenverbänden stattfinden, wie sehr unser Geschlecht sowohl zum Widerstreit wie zur Eintracht veranlagt ist.
Neuere Entdeckungen haben uns die Kenntnis nahezu jeder Lage gebracht,
in welche die Menschen versetzt werden. Wir finden die Menschen über
große und weite Kontinente verstreut, auf denen die Verbindungen offenstehen und ein nationales Bündnis leicht zu schließen scheint. Wir haben sie

89 Vgl. insbesondere Versuch V, 1, in diesem Band S. 369 f.
90 Vgl. Versuch, I, 4: »Von den Prinzipien des Krieges und der Zwietracht«, in diesem Band S. 122–128.

aber auch in kleineren Bezirken lebend vorgefunden, die von Bergen, großen Flüssen und Meeresarmen begrenzt werden. Sie wurden auf kleinen
und entfernten Inseln angetroffen, wo die Einwohner leicht zu versammeln
sind und aus ihrer Verbindung unmittelbaren Vorteil ziehen können. Aber
in all diesen Lagen waren sie gleichermaßen in Stämme zersplittert und
betonten ihre Verschiedenheit hinsichtlich Namen und Gemeinschaft. Die
Bezeichnungen ›Mitbürger‹ und ›Landsmann‹ würden ohne die Gegensetzung der Worte ›Ausländer‹ und ›Fremder‹, auf welche sie sich beziehen,
außer Gebrauch geraten und bedeutungslos werden.[91]

Ferguson betont in seinem Essay zunächst durchaus die positiven Seiten dieser Dialektik von Eigenem und Fremdem. Er sieht
sie vor allem als Moment der sozialen, moralischen, kulturellen
und politischen Identitätsbildung und Integration wirksam.[92]
Doch neben dieser Sichtweise findet sich in seinem »Versuch«
eine die Schrift als Ganze charakterisierende Absicht. Sie zielt
darauf ab, die negativen Auswirkungen dieses Prinzips aufklärend zu überwinden. Solch negative Auswirkungen sieht Ferguson dort, wo die Konstruktion des Fremden keinen »Anspruch
auf Gleichheit« mehr duldet, ein »Anspruch auf Überlegenheit«
unbedingt wird und damit der Austausch und Wettstreit der
Kulturen und Gesellschaften in falschen Annahmen von »nationaler Größe« und daraus folgender imperialer Übermächti-
gung, ans Ende kommt.
Eine solche negative Konstruktion des Fremden findet Ferguson in vielen Gesellschaften, in denen der Antike, in der Einstellung des Christentums zu »heidnischen« Völkern, in der
Wahrnehmung Europas durch die Russen in der Zeit unmittelbar vor Peter dem Großen[93], im china-zentrischen, schrift- und
buchgläubigen Weltbild der Chinesen:

»In China war die Landkarte der Welt eine viereckige Platte, auf der die
Provinzen dieses großen Reiches den größten Teil einnahmen. An den Rändern blieben nur wenige obskure Winkel übrig, in welche nach Vorstellung
der Chinesen der armselige Überrest der Menschheit verwiesen war. ›Wenn
ihr weder unsere Schriftzeichen gebraucht noch wißt, was in unseren Bü-

91 Versuch, I, 4, in diesem Band S. 123.
92 Versuch, I, 4, in diesem Band S. 124, S. 127 f.
93 Vgl. zu den Einstellungen in der Antike, im Christentum und in Ruß-
land: Versuch, V, 1, in diesem Band S. 370, S. 369.

chern steht‹, bemerkte der gelehrte Chinese zu einem europäischen Missionar, ›welche Gelehrsamkeit und welche Wissenschaft könnt ihr dann überhaupt haben?‹«[94]

Vor allem aber sieht Ferguson solch negative Konstruktion des Fremden im zeitgenössischen »zivilisierten« Selbstbewußtsein der »verfeinerten« Gesellschaften Europas am Werk. Auch die gelehrtesten Köpfe sind davon nicht frei. So bemerkt er auf einem fiktiven Ausflug in die schottischen Highlands zu seinen gelehrten schottischen Freunden David Hume, William Cleghorn und anderen: »Ich bin nicht sicher, ob nicht die Gelehrtesten zugleich auch diejenigen sind, die in allem, was von ihnen selbst verschieden ist, am bereitwilligsten das Barbarische herausspionieren. Etwas, was der chinesischen Landkarte der Welt ähnelt, ist in jedem europäischen Gehirn zu finden.«[95]

Was die Wahrnehmung des Fremden in Europa – wie in China – in besonders negativer Weise charakterisiert, ist, daß diese dort nicht mehr einer authentisch-praktischen Identitätsbildung im offenen Wettstreit, Antagonismus und Austausch mit anderen Kulturen dient, wie es Ferguson befürwortet, sondern sich zunehmend zu einer einseitigen »Theorie« in Form einer geschichtsphilosophischen und gesellschaftstheoretischen Abstraktion überhöht hat. Und solch gelehrte »Abstraktion« dient nicht nur der »theoretischen«, sondern auch der praktischen Unterdrückung des Austauschs und Wettstreits zwischen den Kulturen.

Fergusons Absicht, diese umfassende ethnozentrische Perspektive des zeitgenössischen »zivilisierten« Selbstbewußtseins in Frage zu stellen, wird bereits im Einleitungskapitel seines »Versuchs« deutlich, in welchem er diejenigen geschichtsphilosophischen Abstraktionen, Fiktionen und Projektionen einer radikalen Kritik unterzieht, die der zeitgenössischen Annahme eines

94 Versuch, V, 1, in diesem Band S. 369.
95 E. C. Mossner, Adam Ferguson's ›Dialogue on a Highland Jaunt‹ with Robert Adam, William Cleghorn, David Hume, and William Wilkie (teilweise Wiedergabe einer Schrift aus Fergusons Nachlaß), in: C. Camden (Hg.), Restoration and Eighteenth Century Literature. Essays in Honor of Alan Dugald McKillop, Chicago 1963, S. 297-308, hier S. 301.

vorhistorischen »Naturzustands« des Menschen zugrunde lagen, wie er sie bei »Dichtern«, »Geschichtsschreibern« und »Moralisten« so häufig verbreitet findet.[96] Es geht Ferguson bei der Kritik an der Vorstellung dieses »eingebildeten Naturzustands«[97] nicht nur darum, dessen empirische Unhaltbarkeit nachzuweisen. Das empirisch-methodisch gesicherte Vorgehen bei der Erforschung gesellschaftlicher Tatsachen soll dazu dienen, die eindimensionale Fortschrittsperspektive und die »ethnozentrische« Blickverengung zu überwinden, die der Annahme eines wilden, angeblich kulturlosen Naturzustands und seines eindeutigen und alle Lebensbereiche umfassenden Gegensatzes zur zeitgenössischen »Zivilisation« inhärent war.

Ferguson geht hierbei durchaus positiv vom Fortschrittsdenken seiner Zeit und Gesellschaft aus: »Nicht allein das Individuum schreitet von der Kindheit zum Erwachsenenalter fort, sondern auch die Gattung selbst vom Zustand der Roheit zur Zivilisation.«[98] Doch bereits seine Kritik der Naturzustandsauffassung läßt deutlich werden, daß er sich gegen eine abstrakte, ungeschichtliche Sichtweise dieses Fortschritts wendet, welche die zeitgenössische Zivilisation als seinen Endpunkt, als sein *non plus ultra* betrachtet, den Naturzustand aber als das negative Gegenbild.[99] Eine solche Sichtweise macht die eine Zielrichtung der Kritik Fergusons aus. Gleichzeitig aber wendet er sich auch gegen eine abstrakte Umkehrung solchen Fortschrittsdenkens in den »Primitivismus« der Zivilisationskritik seiner Zeit.[100]

96 Versuch, I, 1, in diesem Band S. 97–108: »Von der Frage nach dem Naturzustand«.
97 Versuch, I, 1, in diesem Band S. 98.
98 Versuch, I, 1, in diesem Band S. 97.
99 Vgl. Versuch I, 1, in diesem Band S. 97 f.
100 Vgl. in expliziter Wendung gegen Rousseaus Konstruktion des menschlichen Naturzustands, als eines Zustands vereinzelter, gesellschaftsferner Animalität, im ersten Teil des Discours sur l'origine et les fondements de l'inégalité parmi les hommes (1755) Fergusons Bemerkungen in: Versuch, I, 1, in diesem Band S. 102 f. Rousseau ist der einzige Autor, den Ferguson in seiner Kritik der Naturstandsabstraktion im ersten Kapitel seines »Versuchs« namhaft macht; die übrigen Anspielungen auf Autoren wie z. B. Hobbes (S. 98 oben) erfolgen indirekt.

Beiden Sichtweisen wirft er vor, die Geschichte der Menschengattung unproblematisch und einseitig unter dem Gesichtspunkt einer »anthropologischen Differenz«[101] zu betrachten, d. h. den Fortschritt als einen gattungsgeschichtli-
chen und moralischen Bruch zu konstruieren, zwischen einem
ursprünglichen Zustand der Menschheit und ihrer gegenwärtigen Verfassung, ob diese nun »fortgeschritten« oder »depra-
viert« sei.

»Der Dichter, der Geschichtsschreiber und der Moralist spielen häufig auf
diese alten Zeiten an. Unter dem Sinnbild von Gold oder Eisen stellen sie
einen Zustand oder eine Lebensweise dar, von der die Menschheit entweder
herabgesunken oder von der sie gewaltig fortgeschritten ist. Unter jeder
dieser Voraussetzungen jedoch kann das erste Stadium unserer Existenz
keine Ähnlichkeit mit dem gehabt haben, was die Menschen in irgendeiner
späteren Periode dargestellt haben.«[102]

Fergusons »Naturgeschichte« bewegt sich jenseits solch spekulativer Annahmen. Sie versteht sich bewußt als eine »history of
the species«, das heißt, sie geht von der Einheit der Menschengattung in Geschichte und Gegenwart aus, von der Annahme,
wie es in expliziter Kritik an Rousseaus Auffassung vom Naturzustand heißt, »daß der Anfang unserer Geschichte beinahe im
Einklang mit dem Folgenden war«.[103] Dies schließt freilich die
Betonung der Unterschiede menschlicher Gesellschaften, Kulturen und Geschichtsepochen keineswegs aus. Ausgeschlossen
ist lediglich ihre Ableitung aus der spekulativen Annahme einer
»anthropologischen Differenz« und eine sich hieraus ergebende
hierarchische Bewertung unterschiedlicher Formen von Gesellschaft und Kultur. Im Gegensatz dazu ist Fergusons Ausgangspunkt die Annahme gemeinsamer Grundzüge und Grundantriebe der menschlichen Natur; als die wichtigsten sieht er den

101 Zur Konzeption einer »anthropologischen Differenz« als zentralem
Ausgangspunkt der politischen Philosophie Rousseaus siehe das einfüh-
rende Essay von H. Meier zur vorbildlichen, zweisprachig-kritischen
Neuausgabe des Discours: Jean-Jacques Rousseau, Diskurs über die Ungleichheit – Discours sur l'inegalité, Paderborn 1984 (UTB 725), hier
S. LIX ff.
102 Versuch, I, 1, in diesem Band S. 97.
103 Versuch, I, 1, in diesem Band S. 102.

Selbsterhaltungstrieb[104], den Geselligkeitstrieb[105] und den Ehrgeiz[106] an. Diese Grundantriebe legen aber im Unterschied zu
tierischen Instinkten weder eindeutige Ziele menschlichen Handelns noch Mittel zu ihrer Befriedigung fest. Sie geben lediglich
allgemeine Handlungsorientierungen an. Diese können je nach
der Verschiedenheit ihres jeweiligen gesellschaftlich-historischen und naturräumlich-klimatischen Kontexts zu höchst unterschiedlichen Handlungsweisen führen und dementsprechend
unterschiedliche Auswirkungen haben. »Die menschliche Natur existiert nirgendwo als ein Abstraktum.«[107] Die vergleichende Untersuchung der unterschiedlichen Äußerungsformen
menschlicher Natur und ihrer gesellschaftlich-historischen Ursachen und Bedingungen wird auf diesem Hintergrund zum
methodischen Hauptprinzip Fergusons.

Fergusons gattungsgeschichtliche Perspektive bedingt also
nicht einfach die Annahme von Kontinuität und stufenweiser
Entwicklung dort, wo im Rahmen der Naturzustandsauffassung »anthropologische Differenz« und Diskontinuität unterstellt wurde. Seine Perspektive ist keineswegs die einer *zunehmenden* Menschwerdung des Menschen im Verlauf der Gattungsgeschichte, sondern eine der zunehmenden Differenzie-
rung und Variabilität menschlicher Kulturen, Gesellschaften
und Verhaltensweisen auf der Basis ähnlicher menschlicher
Grundeigenschaften. Ferguson wendet sich also gegen eine eindimensionale evolutionistische Auffassung des Fortschritts, gegen eine Auffassung, welche im Grunde an den bisherigen geschichtsphilosophischen Perspektiven festhält, weiterhin
scharfe »Grenzen zwischen Natur und Kunst«[108] zieht und
diese Grenzen lediglich in der Weise neu definiert, daß diese
einem entwicklungsgeschichtlichen Kontinuum entlang veror-
tet werden, mit der Folge, daß die Wilden weiterhin als außer-

104 Versuch, I, 2: »Von den Prinzipien der Selbsterhaltung«, in diesem
Band S. 109-116.
105 Versuch, I, 3: »Von den Prinzipien der Vereinigung unter den Menschen«, in diesem Band S. 117-121.
106 Versuch I, 6, S. 143; II, 3, S. 224; III, 2, S. 261; III, 6, S. 307; VI, 4, S. 443 f.
107 A. Ferguson, Principles of Moral and Political Science, Bd. 2, S. 418 f.
108 Versuch, I, 1, in diesem Band S. 97.

geschichtliche Naturwesen betrachtet werden und den »Zivilisierten« als solche gegenübertreten.

Der Kern von Fergusons Kritik an der Naturzustandsauffassung und zugleich das Besondere seiner Perspektive wird deutlich, wenn er seine eigene Absicht dahingehend präzisiert, die
Geschichte der Menschengattung als die eines »Fortschritts« zu
entwerfen, »an welchem der Wilde ebenso wie der Philosoph«
beteiligt ist.[109] »Die Bewunderung, welche Cicero für Literatur,
Beredsamkeit und bürgerliche Errungenschaften hegte, war keineswegs echter als die eines Skythen für ein solches Maß ähnlicher Vorzüge, wie es seiner Fassungskraft erreichbar war.«[110]
Als Ziel der »natural history of the species« wird damit erkennbar, die herkömmliche wie die zeitgenössische Unterscheidung
zwischen »Wilden« und »Zivilisierten« grundlegend in Frage zu
stellen. Fergusons »natural history« will den Wilden ebenso
zum Subjekt der Gattungsgeschichte machen wie den aufgeklärten »Philosophen«. Sie verzichtet darauf, eine einseitige
moral- und geschichtsphilosophische Gewinn- und Verlust-
rechnung zu Lasten der »wilden« Gesellschaften aufzumachen.
Bei aller Anerkennung des materiellen Fortschritts der Gattung
»von der Roheit zur Zivilisation« sieht sie die kulturellen, aber
auch moralischen Errungenschaften der Gattungsgeschichte
keineswegs eindeutig auf seiten der »verfeinerten Gesellschaften« der Moderne.

Auch dort, wo Ferguson in verhältnismäßig eindeutiger Weise
von Fortschritt spricht, im Bereich der »Künste«[111] – er versteht
hierunter sowohl die »Schönen Künste« wie auch »Handwerk
und Gewerbe« –, wird dieser Fortschritt von ihm keineswegs
im Sinne eines naturwüchsigen und linearen Progressionsmo-
dells konstruiert. Er bleibt rückgebunden an aktives menschliches Handeln und an die Möglichkeit seines Scheiterns. »The
›Essay‹ certainly does not belong to the history of the idea of
progress«, bemerkt Duncan Forbes in dieser Hinsicht ganz zu

109 Versuch, I, 1, in diesem Band S. 107.
110 Versuch, I, 1, in diesem Band S. 107.
111 Versuch, III, 7: »Von der Geschichte der Künste«, in diesem Band
S. 318-322.

Recht.[112] Ferguson schreibt die Gattungsgeschichte zwar unter dem Gesichtspunkt des Fortschritts, eines Fortschritts allerdings, für den Niedergang und Verfall der einzelnen Gesellschaften und Kulturen ebenso strukturisierende Momente sind wie die im eigentlichen Sinne fortschreitenden Phasen der gesellschaftlichen Entwicklung. Die Geschichte der Gattung ist hier gewissermaßen als die Geschichte vieler einzelner, kleiner, voneinander unabhängiger Anläufe zum Fortschritt konzipiert, von Anläufen und Versuchen, die – je nach historisch-gesellschaftlicher Situation und ökologisch-klimatischer Umwelt und entsprechend dem menschliche Aktivität herausfordernden oder benachteiligenden Charakter beider – erfolgreich sein können oder nicht.[113] Nur wenige »Geschichten« im Rahmen der Gattungsgeschichte haben sich auf diese Weise zu größeren »Fortschritten« kumuliert. Doch auch diese begreift Ferguson nicht als Resultat eines Prozesses linearer Entwicklung oder der Übersetzung der Errungenschaften und Erfindungen der einen Kultur in die einer anderen, sondern als Resultat einer relativ autochthonen Kumulation materieller, kultureller und politisch-herrschaftlicher Ressourcen innerhalb verhältnismäßig geschlossener Gesellschafts- und Kulturkreise.[114] Ferguson ist alles andere als ein Vorläufer kulturdiffusionistischer Ansätze. Er hat historische Entwicklungen im Blick, bei denen einer Übersetzung bzw. Diffusion der »Erfindungen« von einer Gesellschaft zur anderen allenfalls sekundäre Bedeutung zukommt. Wenn die Menschheit, Fergusons Auffassung zufolge, auch zweimal im Verlauf der Gattungsgeschichte – in der antiken Welt und in der europäischen Moderne – »zu den höchsten Stufen der Verfeinerung emporgestiegen« sei, so hat doch auch die fortgeschrittene »Verfeinerung« seiner Zeit und Gesellschaft keineswegs die historische Wahrscheinlichkeit für sich, der gesellschaftliche und kulturelle Ort zu sein, von dem eine künftige »Zivilisation« ausgehen müßte:

112 Einleitung zur englischen Ausgabe des Essay on the History of Civil society, S. XIV.
113 Hierzu insbesondere Versuch, III, 1: »Von den Einflüssen des Klimas und der natürlichen Umgebung«, in diesem Band S. 241-256.
114 Versuch, III, 7, in diesem Band S. 319 f.

»Zweimal ist die Menschheit ... im Verlauf ihrer Geschichte von rohen
Anfängen zu den höchsten Stufen der Verfeinerung emporgestiegen. Doch
Spuren eines tätigen und ungestümen Geistes hat sie in jedem Zeitalter
hinterlassen, ob es nun durch seine zeitweiligen Fähigkeiten dazu bestimmt
war, aufzubauen oder zu zerstören. Die Pflasterstraßen und die Ruinen
Roms sind unter dem Staub begraben, der von den Füßen der Barbaren
aufgewirbelt wurde. Mit Verachtung traten sie die Verfeinerungen des Luxus
nieder und wiesen jene Künste von sich, deren Gebrauch neu zu entdecken
und zu schätzen den Nachkommen dieses selben Volkes vorbehalten war.
Die Zelte wilder Araber werden sogar noch jetzt zwischen den Ruinen
herrlicher Städte aufgeschlagen, und die menschenverlassenen Ebenen, die
an Palästina und an Syrien grenzen, werden einstmals vielleicht wieder zur
Pflanzschule junger Völker werden. Wie der Begründer Roms mag der
Häuptling eines Araberstamms von heute bereits die Wurzeln einer Pflanze
ins Erdreich gesenkt haben, die in einer zukünftigen Epoche blühen wird,
oder den Grund zu einem Gebäude gelegt haben, das seine wahre Größe
erst in einem fernen Zeitalter zeigen wird.«[115]

Ferguson formuliert diese erkenntnisleitenden Absichten in der
einleitenden Auseinandersetzung seines »Versuchs«, aber auch
bereits in früheren Schriften nicht als ein feststehendes inhaltli-
ches Ergebnis der Gattungsgeschichte, sondern als ein offenes
heuristisches Grundprinzip, das durch empirische Untersuchungen zu überprüfen ist. Er bringt dieses Prinzip auf die
scheinbar paradoxe Formel, jede Gesellschaft und Lebensweise
sei so zu betrachten, als ob sie ihren »Naturzustand« gewissermaßen in sich selbst trage.[116] Keine Gesellschaft, die der »Wilden« und »Barbaren« eingeschlossen, sei ganz ohne zivilisierte
»Künste« und somit zunächst nach dem ihr jeweils eigentümlichen Standard von »Zivilisation« zu beurteilen.

»Der Mensch findet seine Behausung ebenso in der Höhle wie in der Hütte
oder im Palast. Seinen Unterhalt gewinnt er gleichermaßen in den Wäldern,
auf der Viehweide und im Ackerbau ...
Der Baum, den sich ein eingeborener Amerikaner an den Ufern des Orinoko ausgesucht hat, um ihn als Zufluchtsort zu erklettern und als Woh-

115 Versuch, III, 1, in diesem Band S. 243.
116 Versuch, I, 1, in diesem Band S. 105, S. 107; Ferguson, Analysis of
Pneumatics an Moral Philosophy. For the Use of Students in the College of
Edinburgh, Edinburgh 1766, S. 12: »Every state in which man can employ
his talents, and follow his dispositions, is a state of nature«.

nung für seine Familie, ist für diesen ein passender Aufenthaltsort. Das
Sofa, die gewölbte Kuppel und der Säulengang können ihre eingeborenen
Bewohner nicht wirksamer befriedigen.

Wenn wir deshalb gefragt werden, wo der Naturzustand ist, so können wir
antworten: hier ist er; und es kommt nicht darauf an, ob man meint, daß
wir dabei von der Britischen Insel sprechen oder vom Kap der Guten
Hoffnung oder von der Magellan-Straße. Solange dieses tätige Wesen im
Begriff ist, seine Talente anzuwenden und auf alle Gegenstände rings umher
zu wirken, sind alle Situationen in gleicher Weise natürlich ... Aber wenn
die Natur nur der Kunstfertigkeit gegenübergestellt wird, so wäre zu fragen, in welchem Zustand des Menschengeschlechts die Spuren der Kunstfertigkeit wohl unbekannt sind? In den Lebensverhältnissen des Wilden wie
denen des Bürgers gibt es viele Beweise menschlicher Erfindungsgabe; bei
keinem von beiden Verhältnissen handelt es sich um einen fortwährenden
Zustand, sondern vielmehr um ein Stadium, das zu passieren dieses wandernde Wesen bestimmt ist. Wenn der Palast unnatürlich sein soll, dann ist
es die Hütte nicht weniger, und die höchste Verfeinerung politischer und
moralischer Auffassungen ist in ihrer Art nicht künstlicher als die ersten
Betätigungen des Gefühls und der Vernunft.«[117]

Fergusons Untersuchung der drei Formen von Gesellschaft, die
er im Verlauf der Gattungsgeschichte unterscheidet, der »wilden«, der »barbarischen« und der »verfeinerten« oder »kommerziellen«, folgt den hier aufgezeigten Perspektiven. Deutlich
versucht Ferguson, diese Gesellschaften jeweils von ihren eigenen Voraussetzungen und Strukturprinzipien her zu verstehen,
gewissermaßen aus ihrem eigenen »Naturzustand«. Seine Darstellung »wilder« und »barbarischer« Gesellschaften, insbesondere ihrer eigentümlichen Formen von Politik, fern von institu-
tionalisierter Herrschaft und Staat, ist in dieser Hinsicht ebenso
bemerkens- und lesenswert[118] wie seine Darstellung der »Teilung der Künste und Gewerbe« und deren Auswirkungen auf
die sozialen Strukturen und politischen Verhältnisse der »poli-

117 Versuch, I, 1, in diesem Band S. 105 f.
118 Versuch, II, 2, in diesem Band S. 204-222: »Von rohen Völkern vor der
Einführung des Eigentums«; und Versuch, II, 3, in diesem Band S. 223-237:
»Von rohen Völkern unter dem Einfluß von Eigentum und Interesse«. Ferguson nimmt in diesen Kapiteln manche Einsichten der modernen politischen Anthropologie vorweg; vgl. etwa P. Clastres, Staatsfeinde. Studien
zur politischen Anthropologie, Frankfurt 1976.

shed society«.[119] Doch wäre Fergusons »History of Civil Society« nur unzureichend charakterisiert, wollte man sie als eine Untersuchung verschiedener Gesellschaftsformen, menschlicher Verhaltens- und Lebensweisen von einem gleichsam ethnologisch-sozialwissenschaftlichen Standpunkt aus charakterisieren. Sicherlich besteht ihre besondere Leistung auch darin, den eigenwertigen kulturellen, moralischen und politischen Äußerungsformen, Lebensweisen und Strukturen der »wilden« und »barbarischen« Gesellschaften in gleicher Weise wie denen der »verfeinerten« nachzuspüren. Doch Ferguson betreibt seine Gesellschafts- und Geschichtsanalyse nicht nur aus einem sozialwissenschaftlichen, sondern vor allem auch aus einem moralphilosophisch-politischen Interesse. Gesellschaften unterschiedlicher Observanz gelten ihm einerseits als »Strukturen der Notwendigkeit«[120], als ökonomisch-soziale und vor allem auch politisch-herrschaftliche Arrangements zur Bewältigung menschlicher Überlebensprobleme. Sie gelten ihm andererseits als strukturelle Vorgegebenheit und begrenzender Rahmen, als mit-entscheidende Umstände bzw. »Szenen« für moralisch-politisches Handeln.[121] Ohne daß Ferguson einer reduktionistischen Sichtweise verhaftet wäre, deutet sich hier ein weiteres entscheidendes Motiv seiner »History of Civil Society« an. Er untersucht die unterschiedliche Art und Weise, in denen moralische Maßstäbe sowie Formen und Handlungsweisen von Politik und Herrschaft in verschiedenen Gesellschaften mit den sozialen »Strukturen der Notwendigkeit« vermittelt sind. Doch sein Ziel bleibt dabei stets, zur Lösung der Schwierigkeiten moralisch-politischen Handelns in seiner Gegenwart beizutragen. Diese Schwierigkeiten sieht Ferguson nicht so sehr in der Begründung und Ausführung »allgemeiner Maximen«, sondern in der »richtigen Anwendung dieser Maximen auf besondere Fälle«. Die entscheidende Voraussetzung zur Lösung des Pro-

119 Siehe hierzu Versuch, IV, 1, in diesem Band S. 337-341: »Von der Teilung der Künste und Berufe« und die Interpretation unten S. 81 ff.
120 D. Kettler, The Social and Political Thought of Adam Ferguson, S. 224.
121 Hierzu Kettler, The Social and Political Thought of Adam Ferguson, Kap. VII, S. 187 ff.: »Virtue in Society«.

blems liegt für ihn freilich weniger in der Kenntnis einer möglichst großen Zahl von Handlungssituationen und gesellschaftlichen Formen, sondern in der verallgemeinerten Darstellung gesellschaftlich-politischer Handlungs- und Strukturzusammenhänge. Nicht die »fast unendliche... Verschiedenheit der Formen, welche verschiedene Gesellschaften unserm Blick darbieten«, scheint ihm wichtig, sondern ihre Untersuchung unter dem Gesichtspunkt der »allgemeinen Gesichtspunkte« und »charakteristischen Merkmale..., in denen viele übereinstimmen«.[122] Nur auf der Grundlage dieser Kenntnisse ist eine Praxis möglich, die diesen Namen auch verdient, wobei die »Kenntnisse« freilich die Praxis nicht ersetzen können.

IV

Auch wenn Ferguson der klassischen Tradition des »civic humanism« verpflichtet ist, trennt er sich doch in entscheidenden Punkten von ihr, dies auch in der Bestimmung des Verhältnisses von Theorie und Praxis. Die aristotelische Tradition bewahrte im Altertum wie im Mittelalter stets den Primat der theoretischen Kontemplation gegenüber der Praxis. Wie Hannah Arendt[123], Manfred Riedel[124] und andere nachgewiesen haben, begann der Bruch dieser Tradition zu Beginn der Neuzeit mit der Begründung eines empirischen und systematischen Wissenschaftsverständnisses. Aber Ferguson geht einen entscheidenden Schritt weiter: Indem er gerade das praktische Element der klassischen Tradition betont und politische Tätigkeit als die höchste Form menschlichen Tuns bewertet, verschiebt er zugleich die Prioritäten der klassischen Wertskala. Politische Praxis, insbesondere die aktive Teilnahme an politischen Entscheidungen und Auseinandersetzungen bis hin zur Teilnahme am

---

122 Versuch, I, 10, in diesem Band S. 180; vgl. auch I, 5, S. 131.
123 H. Arendt, Vita Activa oder vom tätigen Leben, Stuttgart 1966, S. 20 ff., S. 281 ff.
124 M. Riedel, Metaphysik und Metapolitik. Studien zu Aristoteles und zur politischen Sprache der neuzeitlichen Philosophie, Frankfurt 1975, S. 80 ff., hier S. 103.

Krieg, wird bei ihm zum *summum bonum*. Theoretisches Wissen, Spekulation, Wissenschaft und Literatur wie auch die schönen Künste werden der politischen Praxis unterstellt. Auf diese Weise steht nicht mehr der Philosoph an der Spitze der wertbezogenen Hierarchie menschlicher Tätigkeiten, sondern der praktisch agierende Bürger oder der Staatsmann.

Diese politische Bewertung menschlicher Tätigkeiten findet ihre Entsprechung in einer bestimmten Form von Handlungstheorie. Die anthropologische Grundbefindlichkeit des Menschen ist für Ferguson die eines handelnden und aktiven Wesens: »Er ist gewissermaßen der Künstler sowohl seiner eigenen Gestalt als seines Schicksals und ist bestimmt, von der frühesten Zeit seiner Existenz an zu erfinden und Entwürfe zu machen.«[125]

Die Gesellschaft bietet hierbei stets die Umstände, Bedingungen und »Szenen« an, in welchen sich der Mensch zur Tugend und zum Glück hinaufarbeiten kann. Wenn Ferguson annimmt, »daß ein großer Teil der Meynungen, Handlungsarten und Bestrebungen des Menschen durch den Zustand der Gesellschaft, in welcher er lebt, bestimmt wird«[126], so ist dies freilich nicht im Sinne einer absoluten Bestimmung zu verstehen. Die aktive Natur des Menschen fordert vielmehr die persönliche Gestaltung der sozialen Tatsachen ebenso heraus, wie zugleich kein Mensch außerhalb oder unbeeinflußt von seiner gesellschaftlichen Wirklichkeit agieren kann. Dies wird von Ferguson nicht nur auf Politik, Ökonomie und Krieg bezogen, sondern auch auf geistige Aktivitäten wie Wissenschaft, Literatur und schöne Künste. Während die zeitgenössischen Protagonisten der Aufklärung, gerade auch in Auseinandersetzung mit Fergusons »Essay«[127], die theoretisch-kontemplative Tätigkeit als bestim-

125 Ferguson, Versuch, I, 1, in diesem Band S. 103 f.
126 Ferguson, Grundsätze der Moralphilosophie, S. 230 f.
127 Vgl. den bemerkenswerten Brief Baron Holbachs an Adam Ferguson aus Anlaß der Übersendung des »Essay« vom 15. 6. 1767:
». . . Obwohl Sie keinen großen Wert auf Theorie zu legen scheinen, muß sie doch notwendig der Praxis voraufgehen, und ich meine, daß Sie mit Ihrer großen Leistung dazu beigetragen haben, den Geist der Menschen aufzuklären und ihre Praxis dadurch zu verbessern. Ich verzweifle nicht an

menden Faktor ansahen, so vertrat er dagegen die Auffassung:
»Die Gesellschaft selbst ist ihre Schule, und ihre Lehren werden
in der Praxis wirklicher Begebenheiten erteilt.«[128]
Die Voraussetzungen selbst der größten und eigenständigsten
literarischen und wissenschaftlichen Werke entwickelten sich
nach Ferguson nicht bloß innerhalb des literarischen Diskurses.
Erst dort, wo die Wirklichkeit vom Menschen den vollen Einsatz seiner Kräfte und die uneingeschränkte Teilnahme abver-
langte, fand sich nach Ferguson der wahre Nährboden auch
großer literarischer und wissenschaftlicher Tätigkeit. Nicht daß
Poiesis wie bei Aristoteles unter der Herrschaft der Praxis vege-
tiert; sie verschmilzt vielmehr mit dieser zu einer Einheit im
Kampf um die Wahrheit, die praktisch, d. h. politisch und geistig in einem ausgefochten wird. Deshalb sollen auch Menschen
innerhalb des gesellschaftlichen Lebenszusammenhangs nicht
nach der Anhäufung formeller Kenntnisse eingeschätzt werden,
sondern »nach ihrer Kraft und ihrem Verhalten bei der Verfol-

der Perfektibilität der Menschheit, sondern glaube, daß die Menschen bisher bloße Kinder in bezug auf diejenigen Angelegenheiten waren, die am
wichtigsten für sie sind. Ich bin der Überzeugung, daß der größte Teil
unserer Nöte aus unserer Unwissenheit rührt, und erlauben Sie mir, Sir, der
ernsthaften Meinung zu sein, daß Ihr wertvolles Werk imstande ist und sein
wird, die Nebel zu vertreiben, die über unserem Verstand hängen. Wir sind
großen Männern immer zu Dank für diejenigen nützlichen Erfindungen
verpflichtet, welche die Frucht ihrer Einbildungskraft und Theorie sind.
Was diese Männer unter großen Mühen herausgefunden haben, das wird
nach und nach volkstümlich. Schritt für Schritt beeinflußt so die Wahrheit,
indem sie allgemein wird, auch die allgemeine Praxis, und dies trotz der
Bemühungen derer, deren Interesse es ist, die Menschheit im Dunkel zu
lassen. Auch die Tugenden, welche die Nationen erhalten oder doch wenigstens ihren Niedergang lange Zeit hinausschieben, müssen meiner Meinung
nach Ergebnis von Gelehrsamkeit sein. Die Moralität sollte auf diese Weise
aufgeklärt oder den Händen derjenigen entrissen werden, die ihr Bemühen
darein setzen, sie zu verdunkeln. Ich glaube, daß jedes Individuum schließlich tugendsamer werden wird und sogar die mächtigen Beweger der Menschen *(movers of men)* es als ihr eigenes Interesse erkennen werden, gemäß
den Regeln der Vernunft zu herrschen.« Zit. bei John Small, Biographical
Sketch of Adam Ferguson, S. 611.
128 Ferguson, Versuch III, 8, in diesem Band S. 330.

gung politischer Zwecke«.[129] Politische Aktivität wird auf diese
Weise zum *primum movens* menschlicher schöpferischer Tätigkeit überhaupt erhoben, und in diesem Lichte ist auch die ab-
schließende Sentenz Fergusons über die Grenzen menschlicher
Verstandeskraft zu bewerten: »Man kann sich nicht immer dem
spekulierenden Denken hingeben; manchmal muß man unweigerlich fühlen, daß man unter Menschen lebt.«[130]
Immanuel Kant konnte es sich – trotz des von ihm verfochtenen
Primats der praktischen Philosophie – leisten, im abgelegenen,
weit von den konkreten Ereignissen der Französischen Revolution entfernten Königsberg deren moralischen Wert als Zuschauer zu beurteilen.[131] Fergusons Auffassung zufolge steht
eine solche theoretisierende Zuschauerrolle als »impartial spectator« einem »modernen« Sozialphilosophen kaum an. Ob Wissenschaftler, Philosoph oder Staatsmann, der teilnehmende Ak-
teur rangierte für ihn stets vor dem unparteiisch beobachtenden
Zuschauer. Die Urteilsinstanz eines »impartial spectator« blieb
für ihn, im Unterschied zur »Theory of Moral Sentiments«
eines Adam Smith[132], auf Situationen von geringer moralischer

129 Versuch, I, 5, in diesem Band S. 134.
130 Versuch, I, 5, in diesem Band S. 136.
131 Kant, Der Streit der Fakultäten. Zweiter Abschnitt. Der Streit der
philosophischen Fakultät mit der juristischen. Erneuerte Frage: Ob das
menschliche Geschlecht im beständigen Fortschreiten zum Besseren sei
(1798), Abschnitt 6: »Von einer Begebenheit unserer Zeit, welche diese
moralische Tendenz des Menschengeschlechts beweist«, in: Kant, Schriften
zur Geschichtsphilosophie, hg. M. Riedel, Stuttgart 1974, S. 183–200, hier
S. 190: »Die Revolution eines geistreichen Volkes, die wir in unseren Tagen
haben vor sich gehen sehen, mag gelingen oder scheitern; sie mag mit Elend
und Greueltaten dermaßen angefüllt sein, daß ein wohldenkender Mensch
sie, wenn er sie zum zweitenmale unternehmend glücklich auszuführen
hoffen könnte, doch das Experiment auf solche Kosten zu machen nie
beschließen würde, – diese Revolution, sage ich, findet doch in den Gemütern aller Zuschauer (die nicht selbst in diesem Spiele mit verwickelt sind)
eine Teilnehmung dem Wunsche nach, die nahe an Enthusiasm grenzt, und
deren Äußerung selbst mit Gefahr verbunden war, die also keine andere als
eine moralische Anlage im Menschengeschlecht zur Ursache haben kann.«
132 Zum Gegensatz zwischen Ferguson und Smith über diese Fragen siehe
›Of the Principle of Moral Estimation: A Discourse between David Hume,

oder politischer Signifikanz begrenzt.[133] Gerade auch das Verhältnis von Ökonomie und Politik sieht Ferguson unter dem
Gesichtspunkt der Notwendigkeit dieses spezifischen Primats
politischer Praxis. Unter deutlicher Anspielung auf Adam
Smith und dessen noch vor dem Erscheinen stehenden »Inquiry
into the Nature and Causes of the Wealth of Nations« (1776)
hält er die Einseitigkeit einer Betrachtungsweise, welche vom
Primat der Ökonomie ausgeht, allenfalls als ersten Schritt einer
wissenschaftlich-theoretischen Abstraktion für gerechtfertigt:

> »Sinnreiche Betrachtungen über Handel und Reichtum sind von den fähig-
> sten Schriftstellern bereits genug angestellt worden. Das Publikum wird
> wahrscheinlich bald mit einer Theorie der Nationalökonomie versehen sein,
> die dem besten, was jemals über irgendeinen wissenschaftlichen Gegenstand
> veröffentlicht wurde, ebenbürtig sein wird. Aber für den Standpunkt, den
> ich selbst bei der Behandlung menschlicher Angelegenheiten einnehme,
> scheint nichts wichtiger zu sein als die allgemeine Vorsichtsmaßregel, wel-
> che die Autoren, auf die ich Bezug nehme, so gut verstehen, nämlich, diese
> Dinge nicht für die Summe der nationalen Glückseligkeit oder für den
> Hauptzweck eines Staatswesens zu nehmen. In der Wissenschaft betrachten
> wir unsere Objekte jedes für sich. In der Praxis wäre es ein Irrtum, sie nicht
> alle zugleich im Auge zu haben.«[134]

Fergusons hier mit Blick auf Adam Smith geäußerte vorsichtige
Kritik richtet sich nicht so sehr gegen theoretische Einsichten
schlechthin, sondern gegen eine Position einseitiger Theorie,
welche jede Disziplin separat für sich behandelt. Eine solche
Position steht seiner Auffassung nach in der Gefahr, die Totali-
tät der menschlichen Gesellschaft und die aus ihr entspringen-

Robert Clerk and Adam Smith«: An unpublished Ms. by Adam Ferguson,
hg. mit einem Vorwort von E. C. Mossner, in: Journal of the History of
Ideas 21 (1960), S. 222-232. Die in Dialogform gehaltene Schrift gilt in
wesentlichen Teilen Adam Smiths 1757 veröffentlichten moralphilosophi-
schem Hauptwerk »Theory of Moral Sentiments«. Auf Smiths Äußerung:
»I think I have removed all difficulties and made The *Theory* complete«
lautet die Antwort Fergusons alias Robert Clerk: »Your book is to me a
heap of absolute nonsense.« Ebda., S. 228.
133 Hierzu D. Kettler, History and Theory in Ferguson's »Essay on the
History of Civil Society«. A reconsideration, S. 443.
134 Versuch, III, 4, in diesem Band S. 287, Anmerkung, Zusatz seit der
3. Auflage von 1773.

den Anforderungen für menschliche Praxis aus den Augen zu
verlieren. Eine solche Position führe zu gelehrter Einseitigkeit
und Wirklichkeitsfremdheit. Anders bei einer Theorie, welche
aus der Ganzheit der menschlichen gesellschaftlichen Verhältnisse schöpfe oder, durch solche Erkenntnis vermittelt, den
Blick für die richtige Proportion von Theorie und Praxis gewinne. Erst sie mache den politischen »actor« gegenüber dem
bloßen »spectator« zum Protagonisten und ermögliche dadurch ein praktisches Handeln, welches nicht den optischen
Täuschungen einer isolierenden und zugleich abstrahierenden,
ökonomistischen Betrachtungsweise unterliege.
Fergusons Forderung eines Verhältnisses von Theorie und
Praxis, das unter dem Primat der Praxis steht, basiert letztlich
auf der Überzeugung von der Notwendigkeit eines ausgewo-
genen Verhältnisses der verschiedenen Aktivitäten menschlichen Lebens, welches stets sicherzustellen habe, daß sich die
politische Praxis der autonomen Bürger als Kern allen tugendhaften Handelns entfalten könne. Ferguson stellt diese
Forderung nicht aus einer schlicht rückwärtsgewandten Perspektive, welche die Bedeutung des ökonomischen Elements
in der »History of Civil Society« einfach negiert. Er schreibt
seine »History« im Gegenteil durchaus im Bewußtsein der
großen ökonomischen, rechtlichen und »zivilisatorischen« Errungenschaften der modernen Gesellschaft. Er sieht durchaus,
wie erst die zeitgenössische »polished society« viele angebo-
rene Talente und Fähigkeiten aktualisierte, wie sie immense
schlummernde Kräfte durch Arbeitsteilung und Spezialisierung freisetzte, wie sie mehr Freiheit, Besitz und persönliche
Rechte verwirklichte.[135] Aber zugleich fürchtete er – und dies
meinte er an den Auffassungen von Adam Smith kritisieren
zu müssen –, daß die Vorrangigkeit der Ökonomie in den
menschlichen Motivationen schließlich zur Vernichtung eben
dieser Errungenschaften der modernen Gesellschaften selbst
führen würde. Die Verdrängung des Primats politischer Aktivität durch ökonomistische Betrachtungs- und Handlungs-

135 Zur »liberalen« Position Fergusons in Fragen der politischen Ökonomie, die derjenigen Adam Smiths durchaus nahe kommt, vgl. Versuch,
III, 3, in diesem Band S. 285 ff.

weisen bahnte für ihn den Weg zum Despotismus und zum
»Niedergang der Nationen«.[136]

»Handel und gewinnbringende Künste mögen fortfahren zu gedeihen, aber
sie gewinnen einen Vorrang nur auf Kosten anderer Bestrebungen. Das
Verlangen nach Gewinn erstickt die Liebe zur Vollkommenheit. Interesse
ernüchtert die Einbildungskraft und verhärtet das Herz. Indem es Beschäftigungen in dem Maße empfiehlt, in dem diese Gewinn bringen und in ihren
Erträgen sicher sind, treibt es den Erfindergeist, ja selbst den Ehrgeiz, an
den Ladentisch und in die Werkstatt.«[137]

Wer also Interesse und das Streben nach Gewinn als Hauptmotiv fungieren lasse und sich nicht bemühe, es in einen allgemeinen Rahmen praktisch-politischen Handelns zu integrieren und
diesem unterzuordnen, der verengt nach Ferguson sein Blick-
feld und abstrahiert von der vollen und ganzen Wirklichkeit; er
»beschaut« gewissermaßen durch einen theoretisch einseitigen
Standpunkt eine komplexe totale Interdependenz menschlicher
Handlungen und Verhältnisse und ignoriert die soziale Einbin-
dung, von der auch noch ein interessenorientiertes Handeln
geprägt ist.[138] Werde Theorie auf diese Weise abstrakt, dann
setze sie zugleich in ihrem »Beschauen« auch falsche Wertmaß-
stäbe und helfe dadurch, den Weg zur Depravation der gesellschaftlichen Verhältnisse freizusetzen.

Auf dem Hintergrund einer solchen Einschätzung versucht
Ferguson, eine Philosophie moralischen Handelns zu entwik-
keln, welche zwar in den Antrieben und Motivationen des indi-
viduellen Menschen verankert ist, doch den konkreten Voraussetzungen und Bedingungen seines Handelns in den unterschiedlichen Lebenszusammenhängen verschiedener Gesell-
schaftsformationen und sozialer Situationen Rechnung trägt.
Die Aktivität des sozialen Subjekts wird auf diese Weise relati-
viert, indem sie auf ein System gesellschaftlicher Zusammen-
hänge bezogen wird, von dem individuelle Verhaltensweisen

136 So die Überschrift von Teil V, in diesem Band S. 367-412.
137 Versuch, V, 3, in diesem Band S. 388.
138 Siehe hierzu besonders Versuch I, VI: »Vom sittlichen Gefühl«, in
diesem Band S. 137-148, insbesondere die Anmerkung zum Verständnis
von »Interesse«, S. 142.

stets geprägt werden. Ferguson sieht solche soziale Situiertheit
menschlichen Handelns nicht nur statisch, sondern zugleich aus
einer Perspektive zeitlicher Gerichtetheit. So wie in ein und
demselben gesellschaftlichen Lebenszusammenhang noch
Überreste eines vergangenen und embryonale Vorbildungen eines zukünftigen enthalten sein können, so entfalten hier auch
Aktivität oder Trägheit ihre sozialen Wirkungen, die jeweils zu
gesellschaftlichem Fortschritt oder Niedergang führen.
Menschliche Verhaltensweisen werden so als Komponenten gesellschaftlicher Entwicklung gesehen, als Variablen, welche in
ihrer Interaktion auch Herrschaftsstrukturen und Machtgefüge
beeinflussen, die soziale Konstruktion der Wirklichkeit prägen.
Moralisches, menschliches Handeln wird auf diese Weise im
sozialen Handlungszusammenhang gebildet und trägt diesen
zugleich mit. Gerade wenn es um die Untersuchung der »Geschichte der bürgerlichen Gesellschaft« von ihren Anfängen bis
zur Gegenwart geht, wird der Moralphilosoph Ferguson auf
diese Weise zum Sozialwissenschaftler; doch bleibt er auch
hierbei immer Moralphilosoph, wenn es um die Möglichkeiten
geht, zukünftige Entwicklungen einzuschätzen.
Da es bei Ferguson keinen Endzustand gesellschaftlicher Entwicklungen gibt, der eine Utopie oder auch nur einen Plan
verwirklicht, stellt er sich soziales Handeln als strukturierten
Prozeß, als einen Zusammenhang dynamischer, miteinander
verflochtener Übergänge vor, durch welche gesellschaftliche
Entwicklungsmöglichkeiten keineswegs festgelegt werden, sondern als verschiedene Wege sozialer Entfaltung »machbar« erscheinen. Nirgends kommt dies klarer zum Ausdruck als in
seiner Einschätzung der zeitgenössischen »polished society«,
welche nach Fergusons Meinung aufgrund ihrer inneren Dynamik und Widersprüche immer in der Gefahr der Selbstzerstö-
rung steht. Doch ist diese Einschätzung der »polished society«
selbt von Widersprüchen geprägt: Zum einen entsteht der Eindruck, als habe Ferguson eine völlig deterministische Einschätzung der Entwicklung der »polished society« und sehe ihre
Widersprüche darauf hinauslaufen, daß Entwicklung sich hier
nur noch in Form eines dialektischen »Umschlags« vollziehen
könne, in der Form, daß diese Gesellschaft auf ihre Selbstzer-

störung hintreibe, sich aber gerade in und durch ihre Selbst-
zerstörung im *post-histoire* auch neu konstituieren könne:
»Wenn die menschliche Natur das Stadium äußerster Zerrüttung erreicht zu haben scheint, hat sie tatsächlich bereits wieder angefangen, sich zu bessern.«[139] Konträr hierzu existiert
bei Ferguson aber, gerade auch in seiner Einschätzung der
»polished society«, eine moralisierend aktivistische und volun-
taristische Einstellung, welche darauf abzielt, den Sinn bewußten menschlichen Eingriffs in soziale Prozesse vorzuführen, eines Eingriffs, dem Ferguson durchaus zutraut, gesellschaftliche
Entwicklungen zu steuern oder wenigstens aufzuhalten oder
abzuändern:

»Solange die Menschen außer ihrer Tugend nichts haben, auf das sie sich
verlassen können, sind sie imstande, jeden Vorteil wahrzunehmen. Doch
wenn sie am meisten auf ihr gutes Glück vertrauen, stehen sie am meisten in
der Gefahr, eine Umkehrung dieses Glücks zu erfahren. Wir sind geneigt,
diese Beobachtungen zu einer Regel zu machen, denn wenn wir nicht länger
willens sind, für unser Vaterland zu handeln, berufen wir uns als Entschuldigung unserer eigenen Schwäche und Torheit auf die angebliche Schicksal-
haftigkeit menschlicher Angelegenheiten.«[140]

Fergusons politische Moral zielt letztlich darauf ab, den Menschen nahezulegen, sich nicht auf Fortuna zu verlassen oder sie
als Ausrede zu mißbrauchen, sondern politische Aktivität und
Tugend anzustreben, um so durch Teilhabe an Interessenkämp-
fen und Parteikonflikten das Geschick einer Gesellschaft mitzu-
gestalten.
Diese moralphilosophische Maxime wird gleichsam unter der
Hand zur analytischen Kategorie, wenn Ferguson die Entwicklung politischer Verfassungen und Machtstrukturen aus Kämpfen und Konflikten aufzeigt. Auch noch der desolate Zustand
von Korruption, der scheinbar nicht mehr durch menschliches
Handeln verändert werden kann, wird von Ferguson als Konsequenz sozialen Handelns dargestellt: jener »casual«, d. h. zufälligen Unterordnungsverhältnisse, welche in der sozialen Ungleichheit der sich entwickelnden »polished society« und in den

139 Versuch, VI, 6, in diesem Band S. 471.
140 Versuch, VI, 6, in diesem Band S. 471.

daraus folgenden Interessenkonflikten ihren Ursprung haben.[141] Diese soziale Aktivität ist es, welche die menschlichen
Verhältnisse immer von neuem weitertreibt und neue historische »Szenen« entstehen läßt. Ferguson ist deshalb auch weit
davon entfernt, einen Zustand von Ruhe und Ordnung für erstrebenswert zu halten. Er würde die Quintessenz aller Politik
gerade ersticken: den immerwährenden Kampf menschlicher
Interessen und der mit ihnen verflochtenen Normengefüge.
Gesellschaftliches Handeln in Form von Konflikten und Antagonismen ist für Ferguson geradezu der Motor der menschlichen Geschichte und jeder Gesellschaft, die den Namen einer
»civil society« wirklich verdient.

»Unser Begriff von Ordnung in der bürgerlichen Gesellschaft ist häufig
falsch: er wird nach der Analogie unbeseelter und toter Dinge gebildet.
Bewegung und Tätigkeit betrachten wir als ihrer Natur zuwider. Wir glauben, daß solche Ordnung nur mit Gehorsam, Geheimhaltung und dem
stillen Gang der Geschäfte durch die Hände einiger weniger vereinbar sei.
Die gute Ordnung der Steine in der Mauer besteht darin, daß sie gehörig an
denjenigen Stellen befestigt werden, für die sie zugehauen sind. Würden sie
sich bewegen, so müßte das ganze Gebäude zum Einsturz kommen. Aber
die gute Ordnung der Menschen in der Gesellschaft besteht darin, daß sie
an einen Platz gestellt werden, wo sie befähigt sind, ihren Gaben gemäß zu
handeln. Das erste ist ein aus toten und unbelebten Teilen gefertigtes Gebäude, das zweite besteht aus lebendigen und tätigen Gliedern. Wenn wir in
einer Gesellschaft also nach einer Ordnung bloßer Untätigkeit und Ruhe
suchen, vergessen wir die eigentliche Beschaffenheit unseres Gegenstands.
Wir finden dann die Ordnung von Sklaven vor, nicht aber die von freien
Menschen.«[142]
»Eine vollständige Übereinstimmung in Meinungsangelegenheiten ist auch
in der erlesensten Gesellschaft nicht zu erreichen. Wäre sie dies, was würde
dann aus der Gesellschaft? ›Der Gesetzgeber Spartas‹, bemerkt Plutarch,
›scheint den Samen der Abweichung und Zwietracht unter seinen Landsleuten gesät zu haben: er war der Ansicht, daß gute Bürger zum Disput angeleitet werden sollten; er betrachtete den Wetteifer als die Fackel, durch
welche ihre Tugenden erweckt wurden, und glaubte, daß die Nachgiebig-

141 Versuch, VI, 3: »Von der Korruption wie sie verfeinerten Nationen
eigentümlich ist«, in diesem Band S. 431-439, besonders S. 433, S. 434,
S. 435 f.
142 Versuch, VI, 5, in diesem Band S. 457, Anmerkung.

keit, mit der Männer ihre Überzeugung ohne genauere Prüfung aufgeben, die Hauptquelle der Korruption sei.«[143]

Doch gerade in der Entfaltung der »polished society«, mit ihrer feinen und völlig auf Spezialisierung eingerichteten Arbeitsteilung, sieht Ferguson tendenziell eine Entwicklung zur Bürokratisierung und zentralen Verwaltung übermächtig werden, deren Raison ein aktives und konfliktfreudiges Handeln politischer Bürger ausschließt. Das Funktionieren eines sich selbst steuernden anonymen Apparats von Beamten und Amtsträgern, der für sein reibungsloses Funktionieren nur auf Ruhe und Ordnung bedacht ist, damit er sich in der Beschäftigung mit seinem »Kleinkram« ungestört entfalten kann, ist in eben der arbeitsteiligen Absonderung der verschiedenen Tätigkeiten voneinander angelegt, wie sie das Existenzprinzip der »commercial« oder »polished society« sind.[144]
Fergusons Analyse der »polished society« und der ihr inhärenten Korruption führt ihn zur realistischen Einsicht in zwei Möglichkeiten ihrer Entwicklung: entweder ihres Verfalls in »politische Sklaverei« und Despotismus aufgrund innerer Widersprüche oder aber die der Billigung von Konflikten und Parteikämpfen als der einzig möglichen Garanten politischer Freiheit und Gerechtigkeit in der »polished society«.
Nun ist Fergusons Ideal sicher die Reaktivierung der antiken Tugend (»virtue«), da er in der aktiven und konfliktfreudigen Teilnahme der Bürger die angemessenste Form politischen Handelns sieht. Doch sind auch dafür bestimmte Bedingungen notwendig, etwa die überschaubare Kleinräumigkeit eines Staatswesens sowie ein politisches Bewußtsein vom Ganzen und dementsprechende Verhaltensweisen, welche bei den »Untertanen einer souveränen Gewalt« in den modernen ausgedehnten Flächenstaaten gerade nicht mehr vorzufinden sind.[145]
Um der Entwicklung zum Despotismus auf der Basis einer entwickelten und zum Teil schon korrupten »polished society«

143 Versuch, I, 9, in diesem Band S. 177.
144 Versuch, V, 4, in diesem Band S. 400 ff.: »Vom Nachlassen des Nationalgeists, wie es bei verfeinerten Nationen üblich ist (Fortsetzung).
145 Versuch, VI, 5, in diesem Band S. 460 ff.

vorzubeugen, ist es nach Ferguson ganz im Geiste der antiken Tradition nötig, den Weg eines »second best« zu beschreiten:

»Die größte Tugend, von der irgendein Herrscher bisher ein Beispiel gegeben hat, besteht denn auch nicht in dem Wunsch, in seinem Volk den Geist der Freiheit und Unabhängigkeit zu nähren. Sie besteht vielmehr, was an sich selten genug und außerordentlich verdienstvoll ist, in der ständigen Aufsicht auf die Handhabung der Gerechtigkeit in Eigentumsangelegenheiten, in der Neigung, zu beschützen, Beschwerden abzustellen und das Interesse der Untertanen zu fördern«.[146]

Ferguson setzt auf diese Weise also nicht prinzipiell eine gute Verfassung für alle Zeiten und alle Gemeinwesen fest. Er versucht vielmehr, indem er die Veränderbarkeit sozialer Strukturen und Verhältnisse anerkennt, die relativ beste institutionelle Lösung für eine je konkrete Situation herauszufinden. Denn: »Die gleichen Einrichtungen, die zur einen Zeit ersonnen wurden, um die Ausübung einer Exekutivgewalt einzuschränken oder zu lenken, werden in einer anderen Zeit dazu dienen, ihre Grundlagen sicherer zu machen, ihr Stabilität zu verleihen.«[147] Nicht also der formale Charakter politischer Einrichtungen ist bestimmend, sondern, ob diese inhaltlich Ausdruck derjenigen Sozialstrukturen sind, von welchen sie jeweils getragen werden. Es gibt bei Ferguson keine sich selbst tragenden politischen und rechtlichen Institutionen, denn das gesellschaftliche Leben bedeutet Aktivität in der einen oder anderen Richtung, und die jeweilige politische Verfassung kann immer nur ihr Ausdruck sein. Ein optimales Funktionieren der »polished society« ist deshalb nur als Ausgleich der verschiedenen sozialen Kräfte möglich: »In Staaten, in denen Eigentum, Distinktion und Vergnügen als Köder für die Einbildungskraft ausgeworfen werden und der Leidenschaft als Anreiz dienen, scheint sich das Gemeinwesen zur Erhaltung seines politischen Lebens auf den Grad an Wetteifer und Eifersucht zu stützen, mit dem die Parteien sich einander widersetzen und gleichzeitig in Schranken halten.«[148] Ein aus den sozialen und politischen Kämpfen

---

146 Versuch, VI, 5, in diesem Band S. 452.
147 Versuch, VI, 5, in diesem Band S. 456.
148 Versuch, VI, 4, in diesem Band S. 445.

hervorgegangener Ausgleich bildet die einzige Basis der Existenz und möglichen Reform dieser Gesellschaft.

In Fergusons Analyse der »polished society« wird zumindest indirekt das Bild eines radikalen Antagonismus vorgezeichnet, in welchem die politische Tugend, die er als uneigennützige Liebe zum Gemeinwesen noch am ehesten in den antiken Republiken verwirklicht sieht, den Strukturprinzipien und Lebensverhältnissen der modernen Gesellschaft entgegensteht.[149] In der modernen Gesellschaft stellt, im Unterschied zu antiken, die aktive, eigennützige Interessenwahrung jedes einzelnen das belebende Prinzip ihrer Verfassung dar.[150] Da in der modernen »polished society« Vollkommenheit – obwohl erstrebenswert – nicht mehr zu realisieren ist, muß der Weg zur Realisierung der relativ besten Möglichkeiten eingeschlagen werden, wie sie durch die jeweilige Konstellation bedingt sind. Diese findet ihren Ausdruck nicht in einer statischen Struktur oder Verfassungs-Ordnung, sondern in den Auseinandersetzungen der verschiedenen gesellschaftlichen Kräfte, die von Ferguson fast uneingeschränkt positiv bewertet werden. Ja, er könnte von diesem Standpunkt aus geradezu als Befürworter von Bürgerinitiative(n), jedenfalls als Protagonist eines offensiven sozialen und politischen Pluralismus angesehen werden: »Die Liebe zum Gemeinwohl und der Respekt vor den Gesetzen, das sind die Punkte, in denen die Menschen einig sein müssen. Wenn aber in strittigen Fragen die Ansicht eines einzelnen oder irgendeiner Partei unabänderlich befolgt wird, dann ist die Sache der Freiheit bereits verraten.«[151] Denn nur im wechselseitigen Austragen sozialer und politischer Konflikte, im Prozeß der Läuterung der verschiedenen realen Interessen auf diesem Wege scheint ihm die Gewähr der wahren Interessenwahrnehmung der politischen Bürger zu liegen. Keine 99,9prozentige Übereinstimmung verlangt Ferguson vom Mitglied der »bürgerlichen Gesellschaft«, sondern den aktiven und intensiven Einsatz für seine Interessen und politische Ansichten. Gesetze sind auf diese Weise – zumindest in freien

149 Versuch, IV, 2, in diesem Band S. 343 f.
150 Versuch, I, 2, in diesem Band S. 110 f. und III, 4, S. 284 ff.
151 Versuch, VI, 5, in diesem Band S. 455.

Staaten – stets Ausdruck der Interessenwidersprüche, der lebendigen Parteidifferenzen, der Klassenunterschiede und des zu erkämpfenden Kompromisses aller sozialen und politischen Kräfte in allen nur denkbaren Situationen. Nicht Gleichschaltung und Anpassung werden von Ferguson gefordert, sondern der nach dem Austragen politischer Kämpfe erreichte und deshalb vertretbare Kompromiß. Freiheit und »weise Gesetze« sind so Resultat eines lebendigen Antagonismus und eines daraus resultierenden aktiven Ausgleichs:

»Zuweilen werden inmitten der Parteizwiste die öffentlichen Interessen, ja sogar die Grundsätze der Gerechtigkeit und der Redlichkeit vergessen. Doch daraus ergeben sich keineswegs unausweichlich jene fatalen Konsequenzen, die ein solches Maß an Korruption mit sich zu führen scheint. Oft ist das öffentliche Interesse gerade deshalb gesichert, weil ein jeder an seinem Platze entschlossen ist, sein eigenes Interesse zu wahren, und nicht etwa deshalb, weil die Individuen geneigt sind, dieses öffentliche Interesse als Endziel ihres Verhaltens zu betrachten. Freiheit wird durch die beständigen Meinungsverschiedenheiten und Gegensätze der vielen aufrechterhalten, nicht etwa durch ihren gemeinsamen Eifer für eine unparteiische Regierung. Die weisesten Gesetze werden in freien Staaten deshalb vielleicht niemals durch das Interesse und den Geist eines einzigen Menschenstands diktiert; sie werden von durchaus unterschiedlichen Händen eingebracht, bekämpft oder verbessert. Und so werden sie schließlich zum Ausdruck jener Vermittlung und Zusammen-Setzung, die streitende Parteien einander aufgenötigt haben.«[152]

Ein solcher Ansatz schließt allerdings eine Form der Interessenwahrnehmung gerade aus, wie sie sich etwa in einer monopolistischen Verflechtung von Wirtschaft und Macht durchsetzen würde. Ferguson hält keine Monopolansprüche, welcher Art auch immer, für gerechtfertigt. Seine Befürwortung des lebendigen Ausfechtens aller existierenden Interessen würde ihn sicherlich auch dahinbringen, eine technokratische Elitenherrschaft, wie sie sich heute etwa in der Verbindung von Wirtschaft, Wissenschaft und Technik zeigt, aufs Entschiedenste zu bekämpfen. Zwar war der Glaube an einen möglichen Ausgleich unterschiedlichster sozialer Interessen fest im Gedankengut der Aufklärung verankert; man glaubte andererseits aber

152 Versuch, III, 2, in diesem Band S. 266, vgl. VI, 5, S. 455.

nicht, daß radikale Antagonismen die Existenz der Gesellschaft am Ende selbst in Frage stellen könnten. Wenigstens Ferguson befürwortete sie von daher.

Ferguson ist also kein Träumer, der in seinen Tagen noch an die Möglichkeit glaubte, eine demokratische Republik nach antikem Vorbild wiederbeleben zu können. Zu weit hatte sich nach seiner Einschätzung die staatlich organisierte, von der Ungleichheit der Stände und Klassen bestimmte »verfeinerte Gesellschaft« seiner Zeit von den ökonomischen und sozialen Voraussetzungen dieser Demokratie entfernt.[153] Die Existenz eines tugendhaften Menschen, welcher für eine derartige Republik vonnöten wäre, schließt er für sich, für seine Zeit und Gesellschaft – ähnlich wie Rousseau – aus. In seiner Schilderung der verschiedenen möglichen Übergänge von der feudalen Adelsherrschaft zum neuzeitlichen Staat sieht Ferguson die beste Entwicklung dort, wo sich das »Volk« hierfür in den Kämpfen und Auseinandersetzungen mit der Krone neben seinen verfassungsrechtlichen Ansprüchen im Interessenkampf durchaus auch Reichtum und Macht aneignete.[154] So heißt es in deutlicher Anspielung auf die englischen Verfassungskämpfe des 17. Jahrhunderts und auf deren Resultat:

> »dort, wo das Volk kraft Verfassung eine Vertretungsgewalt in der Regierung erhielt und ein Oberhaupt besaß, unter dem es sich den Reichtum, den es sich erwarb, und das Bewußtsein seiner persönlichen Bedeutung zunutze machen konnte, da kehrte sich solche Politik gegen die Krone. Diese Politik schuf eine neue Gewalt, um die fürstliche Prärogative einzuschränken, um die Herrschaft der Gesetze zu begründen. So wurde ein neues Schauspiel in der Geschichte der Menschheit eröffnet: eine Monarchie mit einer Republik vermischt, und ein ausgedehntes Territorium, das während einiger Jahrhunderte ohne militärische Gewalt beherrscht wurde.«[155]

In dieser Entwicklung sieht Ferguson den besten Garanten einer optimalen Entfaltung der »polished society« und ein Palliativ gegen die Herrschaft der Korruption. Der Streit der politischen und sozialen Gruppen und Interessen, das lebendige Aus-

---

153 Versuch, III, 6, in diesem Band S. 305 ff., S. 309 ff.
154 Versuch, III, 2, in diesem Band S. 269 ff.
155 Versuch, III, 2, in diesem Band S. 271.

tragen von Konflikten werden von ihm nicht nur als ein bele-
bendes gesellschaftliches Element gesehen, sondern, durch den
richtigen Kompromiß vermittelt, als die tragende Kraft des an-
zustrebenden Rechtsausgleichs im einzelnen Staat ebenso wie in
der internationalen »balance of powers« im europäischen Staatensystem, kurzum eines »happy system of policy«.[156] Ist auf
diese Weise eine »monarchy mixed with a republic« erst einmal
konstituiert, dann hat sie, gerade aufgrund einer solchen »gemischten« Verfassung, in begrenztem Maße auch selbst die
Möglichkeit, als aktives Moment in der gesellschaftlichen Entwicklung zu fungieren. Der aus dem gesellschaftlichen Ringen
sich herauskristallisierende institutionalisierte Kompromiß ist
nach Ferguson der beste Wegweiser politischen Handelns in der
»polished society«. Er ist jedoch kein Selbstzweck und auch
nicht aus dem bloßen Willensakt eines Gesetzgebers entstanden, dem gleichsam ein präpolitischer Zustand vorausging, sondern in den gesellschaftlichen Verhältnissen und in der historischen Entwicklung verankert.
Nicht eine die politische Tugend fördernde Verfassung wird von
Ferguson also im Blick auf die »polished society« dem Staate
abverlangt, sondern eine, welche das Gemeinwesen unter minimalen Voraussetzungen erhält und vor allem für Gerechtigkeit in
Eigentumsfragen sorgt.[157] Fergusons Befürwortung des liberalen bürgerlichen Rechtsstaats basiert gleichsam auf einem unbewußten machiavellischen Kompromiß, der die Einwohner zu
ihren minimalen Verpflichtungen zwingt, auf der anderen Seite
aber gerade dadurch der »polished society« und ihren Antagonismen in diesem Rahmen Entfaltungsmöglichkeiten gewährt,
die sich allerdings nur bis zu dem Punkt realisieren dürfen, an
dem an die »Erhaltung« des Staates in Frage gestellt wäre.
Eine solch nüchterne Befürwortung und Rechtfertigung des
Verfassungsstaates ist vom moralisierenden Politologen Ferguson und dessen ursprünglichen Postulaten natürlich weit entfernt, wie es etwa aus folgender Äußerung in Fergusons moralphilosophischer Vorlesung deutlich wird: »Diejenigen Staats-

156 ›Essay‹, III, hg. von D. Forbes, 2, S. 133; dt. Ausgabe S. 184.
157 Versuch, VI, 5, in diesem Band S. 452.

verfassungen, welche die ursprüngliche Gleichheit der Menschen erhalten, den Geist der Bürger mit der Ausübung öffentlicher Pflichten beschäftigen; die Menschen lehren, den Rang nach dem Unterschiede persönlicher Eigenschaften zu bestimmen, gereichen zur Erhaltung und Übung der Tugend.«[158] Wir erfahren hier von einer ganzen Reihe positiver Aktivitäten, durch welche der Staat selbst zum Garanten der Tugend wird. Als Moralphilosoph will sich Ferguson augenscheinlich mit einem machiavellischen Status quo dann doch nicht zufriedengeben – wie in der realistischeren, »sozialwissenschaftlichen« Betrachtungsweise seines »Versuchs«. Er sucht in einer bis an den Rand der Anarchie gerückten Gesellschaft die »vorbeugende Richtschnur«, das vereinigende Band gegenüber den partikularen destruierenden Kräften, mit dessen instrumenteller Hilfe sich Ansätze jener »mächtigen Triebkraft« ausfindig machen lassen, welche vorbeugend die Korruption zu steuern vermögen. Nur so läßt sich ein an Hegel erinnernder Satz erklären, der sicherlich für den Moralphilosophen Ferguson typischer sein dürfte als für den realistischen Sozialwissenschaftler: »Die größte und sich am weitesten erstreckende Wohlthat, welche einzelne Menschen ihrem Geschlechte erweisen können, ist die Errichtung oder Erhaltung weiser Staatsverfassungen.«[159]

Mit diesem Satz schließt der den Fragen der Politik gewidmete Teil von Fergusons Moralphilosophie, und er ist gewissermaßen der letzte Akkord seiner Lehre vom Sollen, soweit diese auf »Staatskunst« bezogen ist. Wohl kaum aber kann dies als das letzte Wort seiner sozialwissenschaftlichen Analyse gelten. Ferguson, der doch den äußersten Übeln einer naturwüchsigen Entwicklung und den immanenten Widersprüchen der »polished society« vorbeugen will, kann als Moralphilosoph nur an zukunftsweisende Handlungsmöglichkeiten appellieren, die allerdings durch die realistischen Analysen seines »Essay« kaum abgestützt werden. Fergusons Hypothese, daß die modernen rechtsstaatlichen Institutionen auch noch nach Verfallprozeß der »polished society« aufzuhalten vermögen, ist zu sehr Postulat, als daß sie mit seiner eigenen sozialwissenschaftlichen Me-

158 Ferguson, Grundsätze der Moralphilosophie, S. 283.
159 Ebda., S. 284.

thode verifiziert werden könnte. Ferguson gesteht dies selbst
ein, wenn er feststellt: »Es hat ganz bestimmt nur wenige Beispiele von Staaten gegeben, welche die ursprünglichen Anlagen
der menschlichen Natur entweder durch die Künste oder durch
politische Maßnahmen verbessert haben oder sich darum bemüht hätten, die Zerrüttung dieser Anlagen durch weise und
wirksame Vorbeugungsmittel zu verhüten.«[160]
Zwei Gründe dürften jedoch Ferguson veranlaßt haben, wenn
nicht der Möglichkeit aktiver Gestaltung der politischen Verhältnisse durch eine Verfassung, so doch der Möglichkeit der
Vorbeugungsmaßnahmen gegen Korruption auf dem Weg über
zweckmäßige Verfassungseinrichtungen das Wort zu reden. Der
erste Grund – an Montesquieu angelehnt[161] – dürfte das englische Beispiel gewesen sein. Hier hatten, seiner Einschätzung
nach, rechtsstaatliche Institutionen in einer »monarchy mixed
with a republic« ihre Funktionsfähigkeit bewiesen und dem
Despotismus, der notwendig zum Verfall führt, Einhalt geboten.[162] Auf das englische Beispiel und auf die Entwicklung dieses Landes im 17. und 18. Jahrhundert deutet Ferguson jedenfalls hin, wenn er behauptet: »Man hat die Beobachtung gemacht, daß es bei einigen Völkern der Handelsgeist gewesen ist,
der, ganz darauf bedacht, seine Gewinne zu sichern, gerade
dadurch der politischen Weisheit den Weg gebahnt hat. So hat
etwa ein Volk, das Reichtum erworben hat und eifersüchtig
darauf bedacht war, sein Eigentum zu schützen, den Plan gefaßt, sich zu emanzipieren. Begünstigt von seiner jüngst erlangten Bedeutung ging es dazu über, seine Ansprüche noch weiter
auszudehnen und die Vorrechte in Frage zu stellen, die sein
Souverän in Anspruch zu nehmen gewohnt war.«[163] Hier wird
der bewußte Charakter politischer Tätigkeit gegenüber der naturwüchsigen Entwicklung der »polished society« vorsichtig
und gleichsam beobachtend als ein Positivum herausgestellt.
Das Volk (Ferguson versteht hierunter wohl vor allem den Adel

160 Versuch, V, 1, in diesem Band S. 371.
161 Zur Berufung auf Montesquieu und dessen Diskussion der unterschiedlichen Verfassungsformen siehe Versuch I, 10, in diesem Band S. 181 f.
162 Versuch, III, 2, in diesem Band S. 270 f.
163 Versuch, VI, 5, in diesem Band S. 448.

und das besitzende Bürgertum) »hat den Plan gefaßt«, es hat
also, durch ökonomische Gründe motiviert, auf den historischen Prozeß bewußt eingewirkt und dadurch eine mögliche
negative Entwicklung verhindert.

Möglich wurde eine solche Entwicklung gerade auf der Basis
einer spezifisch arbeitsteiligen Zuordnung von Ökonomie und
Politik in der modernen »polished society«. Ferguson betrachtet diese arbeitsteilige Zuordnung überwiegend negativ, vor allem insofern, als sie dem Einfluß ökonomischer Sonder- und
Partikularinteressen – er erwähnt vor allem die der Kaufleute
und des Handels – auf Politik und Verfassung Tür und Tor
geöffnet hatten, bis hin zur propagandistischen Substituierung
ökonomischer Sonderinteressen als »nationale Angelegenheit«:
»Es ist in der täglichen Unterhaltung geradezu peinlich, sehen
zu müssen, wie die Interessen des Handels unsere Überlegungen färben. Auf diese Weise wird ein Gegenstand fortwährend
als Hauptaufgabe nationaler Ratsversammlungen angepriesen,
bei dem doch jeder Regierungseingriff selten in angemessener
Weise am Platz ist, wenigstens nicht über den Schutz hinaus,
den der Eingriff gewährt.«[164] Solche Infiltration der Politik
durch partikulare Bedürfnisse sieht er selbst von denjenigen
Verhältnissen grundlegend unterschieden, wie sie in den »wilden Gesellschaften« herrschen, in denen Politik stets Ausdruck
der primären und allgemeinen Bedürfnisse und Interessen dieser Gesellschaften war. Vor allem aber wurde Politik dort nicht
als eine arbeitsteilige »Kunst« betrieben, wie in der »polished
society«, in der die Politik zum Gewerbe herunterkam und
gewissermaßen als Kehrseite dieser Entwicklung das Gewerbe
politisch wurde:

»Es hat sich gezeigt, daß, mit Ausnahme einiger weniger Fälle, die gewerblichen und politischen Künste gemeinsam zugenommen haben. Diese Künste
waren im modernen Europa so ineinander verflochten, daß wir nicht ausmachen können, welche in der zeitlichen Reihenfolge die ersten gewesen
sind oder welche den meisten Vorteil aus den wechselseitigen Einflüssen
gezogen haben, mit denen sie abwechselnd aufeinander einwirken.«[165]

164 Versuch, III, 4, in diesem Band S. 287 f.
165 Versuch, VI, 5, in diesem Band S. 448.

Diese Verwobenheit von Ökonomie und Politik im neuzeitlichen Europa bildet den realen Hintergrund des bewußten politischen Eingreifens in die verwickelten sozial-ökonomischen Verhältnisse der modernen Gesellschaft, dessen Notwendigkeit und begrenzte Chancen zugleich Ferguson aufzuzeigen versucht. Freilich sieht Ferguson diese Entwicklung als eine höchst widerspruchsvolle: Sie führt einerseits zur Bürokratisierung der modernen Gesellschaft, welche den Weg zu Korruption und Despotismus eröffnet. Andererseits führt diese Verschränkung von Ökonomie und Politik aber auch dazu, daß bewußtes politisches Handeln, auf philosophisch-politische Grundlagen gestützt, in die naturwüchsigen Entwicklungen dieser Gesellschaft eingreifen kann. Ferguson schreibt allerdings solch bewußtem politischen Handeln lediglich präventiven Charakter zu. Kein Beispiel aus seinen Schriften kann dies besser beweisen, als seine Schilderung der Situation Roms nach 146 v. Chr.: Nach dem Ende des Dritten Punischen Krieges und den neuen Eroberungen im Osten begann die Epoche der sozialen Spannungen, welche das Ende der Römischen Republik anzeigten. Hervorgerufen durch den neuen Reichtum der Ämterverwalter und ruhmreichen Kriegsherren entstand jener starke Gegensatz von Arm und Reich, wie ihn Ferguson bereits von vielen Historikern vor ihm betont fand. Was diese aber mit Verwunderung feststellen, stellt für Ferguson eine ganz normale, naturwüchsige Erscheinung dar: »Es läßt sich schwer einsehen, warum dies bey den Römern als etwas Sonderbares betrachtet wird. Bey jedem Volke werden, sobald die in der frühesten Simplicität gegründete Gleichgültigkeit gegen äußere Ehre und Reichtum durch veränderte Umstände aufgehoben wird, wenn nun nicht Gründe der Religion oder Philosophie entgegenwürken, solche Folgen entstehen.«[166]

Da aber – Ferguson zufolge – die Religion in Rom zu dieser Zeit abergläubisch und die Philosophie noch nicht eingeführt war, mußten sich die gesellschaftlichen Verhältnisse zum Negativen entwickeln. Religion und Philosophie werden auf diese Weise als die geistigen und moralischen Grundlagen jener poli-

166 A. Ferguson, Geschichte des Fortgangs und Untergangs der Römischen Republik, 3 Bde., Leipzig 1784-1786, Bd. 1, S. 384, Anm. 1.

tischen Aktivität herausgestellt, welche hier als »Entgegenwürken«, im »Versuch« aber als »Vorbeugen« bezeichnet werden. Damit sie aber zur Grundlage der bewußten politischen Aktivität werden können, müssen sie jedoch richtig vermittelt sein. Denn sie sollen ja in Händen politischer Bürger als treibende Kraft vorbeugender Handlungen dienen. Nun muß für die Aufnahme der Philosophie ein günstiges soziales Klima vorherrschen, das deren Entfaltung ermöglicht. Gerade dieses aber existierte Ferguson zufolge in Rom zu jener Zeit noch nicht, wurden doch noch wenige Jahre und Jahrzehnte vor den großen sozialen Spannungen griechische Lehrer und Philosophen aus Rom vertrieben.[167] Die Anwendbarkeit einer politischen Philosophie auf die Praxis hängt also in entscheidendem Maße von ihrer historischen Situierung ab, und die Möglichkeit hierzu existiert für Ferguson typischerweise erst mit dem Ende einer Epoche gesellschaftlicher Entwicklung, kaum jedoch in ihren Anfängen. Fast könnte es erscheinen, als hätten wir es hier mit Hegels Bild von der Eule der Minerva zu tun, deren Flug immer erst in der Abenddämmerung beginnt, die allerdings bei Hegel als Philosophie stets nur dazu dienen kann, ihre Zeit nachträglich reflektierend in Begriffe zu fassen.

Fergusons politische Philosophie dagegen ist, trotz ihres Selbstbezugs auf eine Spätphase gesellschaftlicher Entwicklung, nicht zur Reflexion bestimmt, sondern zur Anleitung praktischen und vorbeugenden Handelns. »Aber nur gute Politik allein kann für eine regelmäßige Handhabung der Gerechtigkeit sorgen oder eine Gewalt im Staat begründen, die bei jedem Anlaß bereit ist, die Rechte der Staatsangehörigen zu verteidigen.«[168] Ferguson sieht also Philosophie als eine Anweisung zum richtigen, vorbeugenden politischen Handeln. Doch da Philosophie stets nur allgemeine Regeln geben kann, bleibt die Frage nach der Möglichkeit ihrer Verwirklichung in der konkreten historischen Situation stets offen.

Die Einsicht in die Notwendigkeit der Vermittlung praktischer Philosophie mit den historisch-gesellschaftlichen Verhältnissen markiert den Ansatzpunkt von Fergusons Sozialwissenschaft,

167 Ebda., Bd. 1, S. 376 f.
168 Versuch, VI, 5, in diesem Band S. 448.

das Motiv seiner Erforschung der »History of Civil Society«. Im Bezugssystem seiner politischen Philosophie aber bedeutet solche Einsicht: Vorbeugen und Verteidigen als Hauptmotiv moralisch-politischen Handelns sind immer nur als angemessene Reaktionen auf reale soziale Situationen »machbar«, und auch dann sind sie nur Eingriffe in den historischen Prozeß, um den Weg zum Niedergang aufzuhalten oder abzuleiten. Die durch den Widerspruch von politischer Apathie und Korruption einerseits, ökonomischem Fortschritt andererseits gekennzeichnete Situation der modernen »verfeinerten« Gesellschaft seiner Zeit läßt Ferguson keine rosigen Zukunftsvisionen entwickeln, sondern ihn allenfalls in der Funktion eines »Feuerwehrmanns« reflektieren. Politisch-moralisches Handeln kann für ihn die sozialen Gegebenheiten der »polished society« nicht von Grund auf umstoßen oder verändern, sondern allenfalls deren Entwicklung (zum völligen Niedergang) aufhalten oder umleiten. Die sozialen und ökonomischen Vorgegebenheiten sind somit für Ferguson zwar keine vollständig determinierende Handlungsgrundlage, doch kann sich politisch-moralisches Handeln nur in ihrem Rahmen vollziehen.

Ferguson greift also nicht die auch von ihm diagnostizierten inneren Widersprüche und damit die Existenz der »polished society« als solche an. Er versucht lediglich, durch vorbeugende Maßnahmen deren Depravation zu verhüten. Er faßt die Probleme der »polished society« keineswegs an ihren sozial-ökonomischen Wurzeln, sondern an ihren sittlich-politischen Auswirkungen. Letztlich erscheinen ihm diese Probleme als solche des Widerspruchs zwischen Einzelinteresse und Gemeinwohl. Fergusons Hinnahme der modernen gesellschaftlichen Entwicklung als naturwüchsig und notwendig bedingt einerseits seine machiavellisch-realistische Einstellung, andererseits ergibt sich hieraus keine andere Möglichkeit praktischen Handelns als die des Warnens und Vorbeugens in Form des moralischen Appells an den tugendhaften Einzelnen. So ist es gerade der letzten Endes unvermittelte Widerspruch zwischen den moralischen Postulaten der *virtue* des einzelnen politischen Bürgers und seinen realistischen sozialwissenschaftlichen Einsichten, der Ferguson keine andere Möglichkeit läßt als konservatives Ver-

harren im Status-quo-Denken.[169] Zu einer Lösung dieser Widersprüche war es vielleicht doch notwendig, daß sich die Antagonismen der »verfeinerten Gesellschaft« weiter entfalteten und
sich auf dieser Grundlage eine Philosophie entwickelte, welche

169 Vgl. hierzu die lesenswerte Abhandlung von Heinrich Cunow, Fergusons Gesellschafts- und Staatstheorie, in: Die Neue Zeit 31 (1920), S.
598–605 (wiederabgedruckt in ders., Die Marxsche Geschichts-, Gesell-
schafts- und Staatstheorie, Bd. 1 Berlin 1920, S. 110–116).
Cunow hebt als eine der originellsten Leistungen Fergusons dessen Betonung des Zusammenhangs der Staats-, Regierungs- und Rechtsformen mit
der »casual subordination« der jeweils in Frage stehenden Gesellschaft, d. h.
der informellen Struktur der Stände-, Schichten- und Klassenbeziehungen
hervor. Zugleich verweist er jedoch auf die Grenzen von Fergusons Sichtweise. »Bei dieser Erkenntnis bleibt jedoch Ferguson stehen. Die Folgerung, daß, wenn die Regierungsweise und die Rechtsordnung eines Staates
durch das Machtverhältnis seiner Stände und Klassen bestimmt werden,
dann auch die inneren politischen Kämpfe im Staate eigentlich nichts anderes als Interessen- und Machtkämpfe dieser Schichten sind, zieht er nicht,
wenngleich er mehrfach von Interessenverschiedenheiten, Interessenge-
sichtspunkten, Interessenneid usw. der Parteien spricht. Und noch weniger
kommt er zu dem Schluß, daß dann die Zurückführung der inneren Staats-
zwistigkeiten auf einen bloßen Gegensatz zwischen Individuum und Gesellschaft beziehungsweise zwischen Egoismus und Gemeinwohl eine Ver-
kennung der in der gesellschaftlichen Entwicklung begründeten Stände-
und Klassengegensätze ist. Dazu kommt, daß Ferguson der Unterschied
zwischen Stand, Klasse und Partei, wie seine Terminologie beweist, nicht
klar wird. Wenn er deshalb auch von den besonderen Interessen der Stände
und Parteien spricht, bleibt er doch in der Ansicht befangen, daß die sozialen Kämpfe aus dem zwischen den Einzelinteressen und den sogenannten
Gemeininteressen bestehenden Widerspruch entspringen. Deshalb erfor-
dere das Gemeinwohl ... die Zurückdrängung des Egoismus ... Die Frage:
›Worin besteht denn das Gemeinwohl, wenn das politische Gemeinwesen
gar nichts Einheitliches mit bestimmten gleichartigen Gemeininteressen ist,
sondern vielmehr ein Zusammengesetztes aus verschiedenen Klassen mit
verschiedenen einander widerstreitenden Klasseninteressen?‹ wird von Ferguson gar nicht gestellt. Sein Scharfblick führt ihn wohl zu vielen tief in das
Wesen der Gesellschaft und des Staates eindringenden Beobachtungsresul-
taten, aber zur Zusammenfügung dieser zu einer in sich abgeschlossenen
Theorie gelangt er nicht.« Ebda., S. 604 f.; zur Frage der Terminologie von
»Klassen« und »Stand« bei Ferguson siehe unten, Anm. 183.

den Widerspruch zur treibenden Kraft machte und so eine Sozialwissenschaft ermöglichte, die mit ihrer dialektischen Philosophie auch die Möglichkeit zu deren Überwindung – theoretisch – anzeigte.

V

Ferguson konnte einen solchen Weg noch nicht beschreiten.
Die Ideologiehaltigkeit, aber auch die produktive Widersprüchlichkeit seines »Versuchs« wird deutlicher, sobald man der
Frage nachgeht, wen er denn als das soziale Subjekt ansah, das
den korrumpierenden Tendenzen der »polished society« vorbeugend Einhalt gebieten könnte. Ganz auf den Bahnen der
antiken Philosophie, geht es ihm darum, einen Träger ausfindig
zu machen, welcher jenseits der profanen Motivationen von
Profitmaximierung, Gewinn und partikularer Interessenver-
flechtung in der »commercial society« steht und auf diese Weise
das Allgemeininteresse vertreten kann.[170] Der Blick auf die
herrschenden Eliten seiner Zeit und Gesellschaft erschwerte
ihm jedoch diese Suche. Das Handels- und Wirtschaftsbürger-
tum als treibende Kraft der »commercial society« schied schon
aufgrund seines allenfalls partikularen, ökonomisch motivierten
Interesses, das es am politischen Ganzen nehmen konnte, von
vornherein als legitime politische Elite aus. »In der Brust des
Bürgers bildet der Wunsch nach Beförderung und Gewinn das
Motiv, das ihn antreibt, sich auf öffentliche Angelegenheiten
einzulassen. Er richtet sein politisches Verhalten nach diesen
Erwägungen ein.«[171] Der Adel, insbesondere die Gentry, d. h.
der nicht an Hof und Hauptstadt gebundene Landadel seiner
Zeit und Gesellschaft erscheint Ferguson als die einzige Schicht
der »polished society«, welche er für fähig hält, eine aktive
politisch-moralische Führungsrolle wahrzunehmen. Das tritt in
Fergusons politischer Pamphletistik sehr viel deutlicher hervor
als in seinem »Versuch«, insbesondere in einer Schrift, in welcher er sich für eine vom Adel geführte Bürgermiliz im Schott-

170 Vgl. hierzu Versuch, IV, 2, in diesem Band S. 342 ff., besonders S. 344.
171 Versuch, VI, 4, in diesem Band S. 445.

land seiner Zeit engagiert.[172] So viel läßt sich jedenfalls hiernach sagen: Die Mitglieder der Gentry gelten ihm noch am ehesten als die potentielle Verkörperung des autonomen politischen Bürgers und als Träger einer »civil society«, die diesen Namen verdient und die seiner Meinung nach den zeitgenössischen Verhältnissen auch gerecht wird. Doch zugleich war Fergusons Einstellung zu dieser Klasse äußerst widerspruchsvoll und kritisch, denn er sah in aller Deutlichkeit, daß auch sie durch ihre Verflochtenheit in die Dynamik der »commercial society« in Gefahr stand, ihrer wahren Bestimmung – wie er sie verstand: Politik und Waffendienst – nicht mehr genügen zu können.

»Our commerce has … affected our manners. It has increased our wealth, and wealth has become in a great measure the mark of distinction and honour. Our hands are employed in arts and manufactures, and traders are upon the same level and mixed with our gentry. That contempt of lucrative arts, which prevailed in former times, has disappeared, and we are now guided in the choice of profession, by the consideration of its profits and emoluments. Even our gentry have learned to estimate professions in the same manner, and we may well be ashamed to own, how few are found in our Army, to whom the pay is no temptation. The profession of arms, so becoming the birth and station of a gentleman, is not courted, because its profits are trivial. This reflection is to the honour of a few who must be excepted, because to resist the stream, or rise above the common level, is a proof of uncommon vigour.«[173]

»Steht eine solche Umwälzung der Sitten bevor [wie sie in der »polished society« stattfindet, d. Hg.], dann haben es die höheren Stände in jeder gemischten oder monarchischen Regierungsform nötig, vor allem auf sich selbst zu achten. Geschäftsleute oder Gewerbetreibende in untergeordneten Lebenslagen behalten ihre Beschäftigungen bei. Sie verfügen mit gewisser Notwendigkeit über solche Gewohnheiten, auf die sich ihre Ruhe und die bescheidenen Freuden ihres Lebens gründen. Sofern jedoch die höheren Stände den Staat im Stich lassen und jenen Mut und jene Erhabenheit des Geistes nicht mehr besitzen, auch die Talente nicht mehr üben, die zur Verteidigung und zur Regierung des Staates angewandt werden, sind sie in Wirklichkeit aufgrund der scheinbaren Vorteile ihrer hohen Stellung zum

172 Reflections previous to the Establishment of a Militia, London 1756; vgl. hierzu J. Robertson, The Scottish Enlightenment and the Militia Issue, S. 88 ff., S. 202 ff.
173 Reflections previous to the Establishment of a Militia, S. 9.

Abfall jener Gesellschaft geworden, deren Zierde sie einstmals waren. Früher die achtbarsten und glücklichsten Glieder der Gesellschaft, sind sie jetzt ihre elendsten und korruptesten geworden. Sie empfinden bei ihrer Annäherung an diesen Zustand und angesichts des Fehlens jeder manneswürdigen Beschäftigung eine Unzufriedenheit und eine Langeweile, die sie nicht erklären können: Sie grämen sich inmitten augenscheinlicher Genüsse. Sie offenbaren gerade aufgrund der Mannigfaltigkeit und Grillenhaftigkeit ihrer verschiedenen Bestrebungen und Vergnügungen einen unruhigen Zustand, der, ähnlich der Unruhe des Kranken, kein Beweis für Freude oder Wohlbehagen, sondern für Schmerzen und Leiden ist. Der eine wählt sich die Sorge um seine Gebäude, seine Ausstattung oder seine Tafel als Beschäftigung. Der andere wählt literarische Vergnügungen oder ein nichtswürdiges Studium. Ländlicher Jagdsport und städtische Zerstreuungen, der Spieltisch, Hunde, Pferde und Wein werden eingesetzt, um die Leere eines lustlosen und wertlosen Lebens auszufüllen. Sie reden von menschlichen Bestrebungen, als ob die ganze Schwierigkeit darin bestünde, überhaupt etwas zu tun zu finden. Sie hängen sich an irgendeine frivole Beschäftigung, als ob es nichts gäbe, was eher verdiente, getan zu werden. Was zum Wohl ihrer Mitmenschen dient, betrachten sie als Nachteil für sich selbst. Sie meiden denn auch jede Situation, die irgendwelche Kraftanstrengungen erfordert oder die sie verleiten könnte, ihrem Vaterland irgendeinen Dienst zu erweisen. Wir wenden unser Mitleid verkehrt an, wenn wir die Armen bedauern. Den Reichen würde es mit viel mehr Recht zugewandt, sind sie doch die ersten Opfer jener erbärmlichen Bedeutungslosigkeit, in die zu verfallen es die Bürger jedes korrupten Staates aufgrund ihrer Schwächen und ihrer Laster eilig haben.«[174]

Zwei Veränderungen adliger »Sitten« und Lebensweisen in der »commercial« oder »polished society« werden hier von Ferguson angesprochen und kritisiert: das Engagement des niederen Adels, der Gentry, in gewinnbringenden – bürgerlichen – Berufen und eine Abwendung der »höheren Stände«, d. h. des Hochadels und der Gentry insgesamt, von Politik und Kriegführung sowie ihre Hinwendung zu einem Leben in Passivität, Muße und Luxuskonsum. Doch mit dieser Kritik vertritt Ferguson ganz entschieden die Auffassung, daß die sozio-ökonomischen Veränderungen der »commercial society« und die Wandlungen von Wertsystem und Lebensweise im Gefolge dieser Veränderungen die Notwendigkeit einer politisch führenden

174 Essay, VI, 4, S. 445 f.

Rolle des Adels keineswegs überflüssig gemacht haben. Es ist
für Ferguson gewissermaßen kein anderer sozialer Träger in
Sicht, der »von persönlichen Besorgnissen frei« genug ist, sich
dem Interesse des Ganzen widmen zu können.

Doch diese im Grunde aristokratische Weltsicht auf die entstehende »commercial society« bei gleichzeitig eingestandenem
Verlust eines eindeutig identifizierbaren politischen Subjekts,
reduziert die Ergebnisse von Fergusons politischer Philosophie
keineswegs auf die Ausflüchte eines »heroischen Individualis-
mus« (J. Robertson)[175], dessen Spuren bei ihm freilich nach-
weisbar sind. Sie befähigt ihn vielmehr, gewissermaßen im
Spannungsfeld, das sich aus der Distanz einer Perspektive des
»civic humanism« zu den machiavellisch-realistischen sozialwissenschaftlichen Einsichten ergibt, zu einer kritischen Diagnose zeitgenössischer Entwicklungen.

Fergusons Diagnose seiner eigenen Zeit und Gesellschaft läuft
darauf hinaus, daß die »bürgerliche Gesellschaft«, je näher sie
der Gegenwart rückt, desto mehr in Gefahr gerät, zu einer
Gesellschaft ohne politische Bürger zu werden. Die letzten beiden Teile seines »Versuchs« – »Vom Niedergang der Nationen«[176] und »Von Korruption und politischer Sklaverei«[177] –
thematisieren dieses drohende politische Defizit aller »verfeinerten Gesellschaften«, derjenigen der Antike ebenso wie derjenigen seiner Zeit. Es sind nicht nur die negativen Auswirkungen
fortschreitender Arbeitsteilung und Kommerzialisierung, die
Ferguson in zunehmender politischer Apathie, in intellektueller
und menschlicher Verkümmerung und Entfremdung bei *allen*
gesellschaftlichen Schichten, keineswegs nur beim Adel, münden sieht. Auch ein anderes Resultat der Arbeitsteilung in der
»commercial society«: der moderne bürokratisierte Staat, gilt
ihm als eine Gefahr für die politische Freiheit des Bürgers.
Nach Fergusons Auffassung ist es hierbei von relativ untergeordneter Bedeutung, ob es sich um einen absolutistischen Für-

175 John Robertson, Adam Ferguson: The Priority of Values (unpublizier-
tes Manuskript), S. 37 in bezug auf den letzten Abschnitt des »Versuchs«,
VI, 6, in diesem Band S. 472.
176 Versuch, V, in diesem Band S. 368-412.
177 Versuch, VI, in diesem Band S. 413-472.

stenstaat oder um einen parlamentarisch regierten Rechts- und
Verfassungsstaat nach englischem Muster handelt. Ferguson bewegt sich jenseits der konventionellen Legitimationstheorien
politischer Herrschaft, wie sie in seiner Zeit und weit darüber
hinaus gültig waren. Angesichts der umwälzenden sozial-ökonomischen Prozesse der »commercial society« und der diesen
Prozessen inhärenten Zwänge und Normen bleiben die Gefähr-
dungen politischer Partizipation und Bürgerfreiheit irrespektive
der Staats- und Herrschaftsformen die gleichen. Zwar stellen
die Imperative und Normen der Regelmäßigkeit, Planbarkeit,
Ruhe, Effizienz und interessengebundenen Zweckrationalität
und deren Institutionalisierungen im rechtsstaatlich garantier-
ten Eigentum für Ferguson einerseits durchaus eine unbezwei-
felbare Errungenschaft der Moderne dar. Andererseits gelten sie
ihm jedoch auch als ein Danaergeschenk, das in seinen politischen Folgen eben diejenigen Grundlagen zu zerstören droht,
durch die es geschaffen wurde. Letztlich sieht Ferguson die
ökonomischen wie die politischen Triebkräfte der Moderne
eher in die historische Richtung der »politischen Sklaverei« und
des »Despotismus« wirken als in Richtung auf eine Ausweitung
politischer Partizipation und Bürgerfreiheit.

»Nehmen wir einmal an, eine Regierung hätte uns einen Grad an Ruhe
verschafft, wie wir ihn zuweilen als Bestes ihrer Früchte von ihr zu ernten
hoffen. Angenommen, die öffentlichen Angelegenheiten . . . würden mit der
geringstmöglichen Störung von Handel und gewinnbringenden Gewerben
vor sich gehen. Ein solcher Staat . . . hätte die öffentlichen Angelegenheiten
auf verschiedene Ämter verteilt, deren Verwaltung sich in Kleinkram und in
der Beachtung von bloßen Formen erschöpft. Indem dieser Staat alle Anstrengungen eines großen und freien Geistes überflüssig macht, wäre er
einem Despotismus sehr viel enger verwandt, als wir uns vorzustellen geneigt sind . . . Freiheit . . . ist niemals in größerer Gefahr, als wenn wir die
nationale Glückseligkeit nach den Segnungen bemessen, die ein Fürst zu
vergeben hat, oder aber nach der bloßen Ruhe, wie sie eine gerechte Verwaltung begleiten kann.«[178]

Ferguson gehört also nicht zu denjenigen seiner aufgeklärten
und letztlich optimistischen Zeitgenossen und Landsleute wie
Adam Smith und – in politischer wie ökonomischer Hinsicht –

178 Versuch, VI, 5, in diesem Band S. 458, S. 459.

auch David Hume, die der Auffassung waren, die Krisenerschei-
nungen des angebrochenen kommerziellen Zeitalters seien vorübergehender Natur und könnten durch politisch-institutionelle
Reformen gelöst werden.[179] Die Krise seiner Zeit und Gesellschaft liegt für Ferguson nicht, wie für Smith und für Hume, in
bloßen Abweichungen vom Pfad des »natural system of liberty«
und des »natural progress of opulence« – Abweichungen, die sie
durch bloße politische Kurskorrekturen und institutionelle Reformen für behebbar hielten. Ferguson lokalisiert diese Krise in
einer sehr viel grundlegenderen Weise: sie ist seiner Auffassung
nach im ebenso notwendigen wie zugleich widersprüchlichen
Fortschritt der »commercial society« selbst begründet.

Ein zentrales Prinzip dieses Fortschritts sieht Ferguson vor allem
in der »Teilung der Künste und Berufe«.[180] Sie gilt ihm als Quelle
der Produktivität, des Warenüberflusses, des privaten wie öffentlichen Reichtums, welche die Gesellschaften seiner Zeit vor
allen bisherigen auszeichneten. Ferguson unterscheidet zwar
nicht scharf zwischen einer Teilung der »gesellschaftlichen Arbeit« – wie sie zwischen verschiedenen Produktionszweigen und
Tätigkeitsbereichen und deren Vermittlung durch Warentausch
stattfand – und der Aufteilung der Arbeit innerhalb ein und
desselben Produktionsprozesses oder Tätigkeitsbereichs. Beide
Formen der »Teilung der Künste und Berufe« brachten für ihn
die gleichen Wirkungen hervor. Doch gilt seine Aufmerksamkeit
deutlich den modernen Formen geteilter Arbeit bei der Herstellung ein- und desselben Produkts:

»Der Genuß des Friedens und die Aussicht darauf, eine Ware für eine andere
eintauschen zu können, verwandelt nach und nach den Jäger und den Krieger
in einen Gewerbetreibenden und einen Kaufmann. Zufällige Umstände,
welche die Subsistenzmittel ungleich verteilen, natürliche Neigung und günstige Gelegenheiten verweisen die Menschen auf verschiedene Beschäftigungen. Ein Gefühl für die Nützlichkeit bringt sie dahin, ihre Berufe immer
wieder zu unterteilen.

179 Zu Smith siehe H. Medick, Naturzustand und Naturgeschichte der
bürgerlichen Gesellschaft, S. 262 ff.; zu Hume siehe D. Forbes, Hume's
Philosophical Politics, Cambridge 1975.
180 Versuch, IV, 1, in diesem Band S. 337-341: »Von der Teilung der Künste
und Berufe«.

Der Handwerker findet, daß seine Erzeugnisse um so vollkommener sind
und in seinen Händen zu immer größeren Mengen anwachsen, je mehr er
seine Aufmerksamkeit auf den besonderen Teil einer Arbeit beschränken
kann. Jeder gewerbliche Unternehmer findet, daß sich seine Unkosten um
so mehr vermindern und seine Gewinne dementsprechend erhöhen, je mehr
er die Aufgaben der Arbeiter unterteilen kann und je mehr Hände er mit der
Erzeugung besonderer Artikel beschäftigt. Auch der Konsument verlangt
bei jeder Art von Ware eine perfektere Kunstfertigkeit, als sie Hände produzieren können, die mit vielen Dingen zugleich beschäftigt sind. Der Fortschritt des Handels schließlich ist nur das Ergebnis einer fortgesetzten Unterteilung der mechanischen Künste ...
Durch die Teilung der Künste und Berufe werden die Quellen des Reichtums eröffnet. Jede Art von Material wird bis zur größten Vollkommenheit
bearbeitet und jede Ware wird so im größten Überfluß erzeugt.«[181]

Gleichzeitig mit diesen durchaus positiv bewerteten Wirkungen
der Arbeitsteilung sieht Ferguson auch ihre negativen Folgen.
Die »Teilung der Künste und Berufe« ist für ihn nicht nur
Quelle des Fortschritts, sondern auch eine Ursache sozialer
Ungleichheit, qualitativ verschieden von derjenigen Ungleichheit, wie sie durch unterschiedliche persönliche Eigenschaften
oder Unterschiede an Besitz und Vermögen hervorgebracht
wurde.[182] An der durch Arbeitsteilung erzeugten Ungleichheit
kritisiert Ferguson insbesondere die Momente der intellektuellen und gefühlsmäßigen Verkümmerung, der sozialen Unterwerfung und Abhängigkeit derjenigen, die den Zwängen des
arbeitsteiligen Produktionsprozesses am meisten ausgesetzt
sind, der handarbeitenden und gewerbetreibenden »classes«,
»orders« und »ranks«.[183] Innerhalb dieser »Klassen«, »Stände«

181 Versuch, IV, 1, in diesem Band S. 337 f.
182 Versuch, IV, 2, in diesem Band S. 342.
183 Die Termini »classes«, »orders«, »ranks«, hier übersetzt als »Klassen«,
»Stände« und »Ränge« werden in Fergusons »Essay« prinzipiell synonym
verwendet, allerdings mit bemerkenswerten und charakteristischen Häufungen und Konnotationen. In Versuch, IV, 2, in diesem Band S. 342 ff. (»Von
der Unterordnung als Folge der Teilung der Künste und Berufe«), also in
einem Kontext, in dem die Prinzipien der »Unterordnung« sozial-ökono-
misch bestimmt werden, überwiegt die Verwendung von »class« bzw. »classes«, also »Klasse« und »Klassen«, ob nun auf S. 343 vom »Künstler« als
Angehörigen einer »höheren Klasse« die Rede ist oder S. 344 von der »äußer-

oder »Ränge« sind es vor allem die »gewerblichen Arbeiter«[184],
»Landarbeiter«[185], generell die »untergeordneten Arbeiter«[186],
weniger dagegen die »Meister«[187], die von den negativen Auswirkungen der Arbeitsteilung direkt betroffen sind. Diese Auswirkungen erläutert Ferguson in prägnanter Weise:

»Viele gewerbliche Künste erfordern in der Tat keinerlei geistige Befähigung.
Sie gedeihen am besten bei vollständiger Unterdrückung von Gefühl und
Vernunft. Unwissenheit ist die Mutter des Gewerbefleißes ebensosehr wie des
Aberglaubens. Nachdenken und Phantasie sind dem Irrtum unterworfen,
aber die eingeschliffene Gewohnheit, die Hand oder den Fuß zu bewegen, ist
von beiden unabhängig. Dementsprechend gedeihen die Gewerbe (manufactures) am besten dort, wo der Geist am wenigsten zu Rate gezogen wird und

sten Armseligkeit mancher Klassen (classes)«; »unterste Stände (lowest orders)« wird hier synonym mit »classes« verwandt. Der S. 343 und S. 344 zu
findende Terminus »station«, übersetzt als »Stellung«, scheint zur Bezeichnung von Angehörigen der Ober-»Klasse« reserviert. In Versuch, III, 2, in
diesem Band S. 257 ff. (»Die Geschichte der Unterordnung«), in dem Probleme politischer Herrschaft, politischer Unterordnung und ständischer
Schichtung behandelt werden, überwiegt eine sozial-klassifikatorische Terminologie der »orders« und »ranks«, hier übersetzt als »Stände« und
»Ränge«, in charakteristischer Häufung auf S. 264 f. »Stellung«, also »station«, wird hier auf alle »Stände« und »Ränge« gleichermaßen angewandt.
S. 270 ist jedoch von »Klasse des Volks« (class of the people) die Rede.
Bemerkenswert ist, daß Ferguson – sobald er im gleichen Zusammenhang auf
die informellen, d. h. sozial-ökonomischen und sozial-kulturellen Prinzipien
und Mechanismen der »Unterordnung« zu sprechen kommt, die seiner
Auffassung nach der politisch-formellen »Unterordnung« zugrundeliegen,
und diese informellen Prinzipien als »zufällige Unterordnung (casual subordination)« (S. 273) bezeichnet – wiederum die Klassenterminologie anwendet, allerdings synonym mit der Verwendung des Begriffs »orders«: »Während die Art der Unterordnung zufällig ist und Regierungsformen hauptsächlich aus der Art und Weise hervorgehen, in der die Glieder eines Staates
ursprünglich nach Klassen geordnet sind (have been originally classed), und
aus verschiedenen Umständen, die einzelnen Menschenständen (orders of
men) Macht in ihrem Land verschaffen, gibt es doch gewisse Dinge, welche
die Aufmerksamkeit einer jeden Regierung beanspruchen« (S. 275).

184 Versuch, IV, 2, in diesem Band S. 342.   185 Ebda.
186 Versuch, IV, 1, in diesem Band S. 340.
187 Ebda. »Selbst im Gewerbe (manufacture) wird das Talent des Meisters
vielleicht kultiviert, während das des untergeordneten Arbeiters brachliegt.«

wo die Werkstatt, ohne besondere Anstrengung der Einbildungskraft, als eine Maschine betrachtet werden kann, deren einzelne Teile Menschen sind.«[188]

Es wird deutlich, daß Ferguson hier eine Entwicklung der Arbeitsteilung im Blick hat, die noch auf einer handwerklich-proto-industriellen bzw. manufakturellen Stufe steht. Der Mensch im Rahmen der manufakturellen »Werkstatt« verrichtet seine Arbeitsfunktion zwar wie der Teil einer »Maschine«. Doch bedeutet dies keineswegs, daß Ferguson davon ausgegangen wäre, die Einführung von Maschinen stehe im Begriff, die menschliche Arbeitskraft ganz oder teilweise zu ersetzen. Im Gegenteil, die Maschine als Ganzes besteht hier aus menschlichen Teilen. Sie ist Sinnbild für den automatischen, praxis-, gefühls- und vernunftlosen Vollzug einer Arbeit, die zwar als Teil eines Ganzen funktioniert, der aber die Teilnahme am Ganzen abgeht. Der Maßstab Fergusons ist durchaus noch der handwerklicher Qualitätsarbeit, allerdings auf der Grundlage einer Vorstellung von gewerblicher Arbeit, die sich im buchstäblichen Sinne am Vorbild der »Künste« orientiert und, unausgesprochen, auch am Vorbild der ganzheitlichen Praxis des politischen Bürgers.

So eindringlich Ferguson im Bild von der Werkstatt als einer sowohl die menschliche Arbeit wie die Arbeiter zerstückelnden »Maschine« eine kritische Grenze der Entwicklung der produktiven Kräfte auf der Basis der Arbeitsteilung aufzeigt, der Übergang von den »Manufakturen« zur Maschinenindustrie deutet sich bei ihm noch keineswegs als eine historische Notwendigkeit an. Die entfremdende Arbeit in der Maschinenindustrie ist in Fergusons Untersuchung der Wirkungen und Widersprüche der Arbeitsteilung in der »verfeinerten Gesellschaft« noch ebensowenig zentrales Thema wie bei Adam Smith, obgleich Smith in seinem »Wealth of Nations« den Gebrauch von Maschinen als Arbeitserleichterung und als eines untergeordneten Moments in der Dynamik der Arbeitsteilung in der »commercial society« bereits beschreibt[189]

188 Versuch, IV, 1, in diesem Band S. 340.
189 Siehe als locus classicus für Smiths Erörterung der Arbeitsteilung: A. Smith, An Inquiry into the Nature and Causes of the Wealth of Nations

Ferguson verbindet, im Vergleich zu Smith, mit seiner Betonung der negativen Folgen der Arbeitsteilung eine grundlegendere Perspektive. Dies kommt vor allem darin zum Ausdruck, daß er die negativen Auswirkungen nicht nur auf einzelne gesellschaftliche Schichten, insbesondere die »labouring poor«, begrenzt sieht, wie dies bei Smith der Fall ist.[190] Fergusons Erörterung des Prinzips der Arbeitsteilung nimmt gewissermaßen einen unabhängigen Standpunkt zwischen dem ökonomischen und aufklärerischen Mittelklassenoptimismus eines Adam Smith und der pauschalen Zivilisationskritik eines Rousseau ein.[191] Seine Untersuchung zeigt eine genaue Kenntnis der zeitgenössischen Formen, ökonomischen Funktionen und Er-

(Glasgow Edition of the Works and Correspondence of Adam Smith II, hg. von R. H. Campbell und A. S. Skinner, Bd. 1, Oxford 1976, Buch I, Kap. 1 bis 3, S. 13-36, insbesondere Kap. 1, »Of the Division of Labour«, S. 13-24, hier zur arbeitserleichternden und produktivitätsfördernden Wirkung von Maschinen, S. 17, S. 19-21.

Auch Smiths Vorlesungen »Lectures on Jurisprudence« in den Fassungen der Jahre 1762/63 und 1766 enthalten ausführliche Erörterungen des Prinzips der Arbeitsteilung; siehe A. Smith, Lectures on Jurisprudence (The Glasgow Edition of the Works and Correspondence of Adam Smith V), hg. von R. L. Meek und anderen, Oxford 1978, S. 341-353, S. 489-494; ebda. auch Vorstudien und Fragmente zum Prinzip der Arbeitsteilung, S. 562 ff.

190 Siehe hierzu H. Medick, Naturzustand und Naturgeschichte, S. 290 ff. Die zentrale Passage bei Adam Smith findet sich in: Wealth of Nations (Glasgow Edition), Bd. 2, Buch V, Kap. 1, T. III, S. 781 f.

191 Es geht bei dieser Frage nach den unterschiedlichen Einschätzungen der Bedeutung der Arbeitsteilung durch Ferguson und Smith nicht nur um ein Interpretationsproblem aus heutiger Sicht, sondern um einen bereits zwei Jahrhunderte andauernden Gelehrtenstreit. Er nahm seinen Anfang in einer Auseinandersetzung zwischen Smith und Ferguson, die u. a. um den Originalitätsanspruch für die Entdeckung des Prinzips der Arbeitsteilung ging. Mehrere Indizien sprechen dafür, daß Smith, zu einem relativ späten Zeitpunkt nach der Publikation des »Essay« (1767), Ferguson des Plagiats beschuldigte, ein Vorwurf, dem sich auch August Oncken zu Beginn dieses Jahrhunderts anschloß (A. Oncken, Adam Smith und Adam Ferguson, in: Zeitschrift für Socialwissenschaft 12 (1909), S. 129-137, und ebda., S. 202-216). Neuere Versuche, die Hintergründe dieses »Prioritätenstreits« aufzuhellen – er führte zu einer starken persönlichen Verstimmung zwischen Ferguson und Smith, die auf Initiative Fergusons erst kurz vor Smiths Tod

beigelegt wurde – gehen von einer glaubwürdig und zeitgenössisch überlieferten Äußerung Fergusons aus. In dieser Äußerung wies er den Plagiats-
vorwurf Smiths zurück und deutete an, daß er ebenso wie Smith entscheidende Anregungen einem – von Ferguson namentlich nicht erwähnten –
französischen Autor verdanke, Smith allerdings *vor* ihm auf diesen Autor
gestoßen sei. »(Ferguson's) book on Civil Society ought only to be considered as a college exercise, and yet there is in it a turn of thought and a species
of eloquence peculiar to Ferguson. Smith had been weak enough to accuse
him of having boroughed some of his inventions without owning them.
This Ferguson denied, but owned he had derived many notions from a
French author, and that Smith had been there before him.« The Autobio-
graphy of Dr. Alexander Carlyle, neue Auflage London 1910, S. 299.
Auf der Suche nach diesem unbekannten Dritten sind bisher zahlreiche
Autoren genannt worden: Montesquieu, Boisguilbert, die Physiokraten,
der Verfasser des Artikels über die Stecknadel *(epingle)* in der »Encyclopé-
die«. Siehe als Zusammenfassung R. Hamowy, Adam Smith, Adam Fergu-
son and the Division of Labour, in: Economica, N. S. 35 (1968) S. 249–259,
der die Auffassung vertritt, der unbekannte Dritte sei der Verfasser des
Artikels über die Stecknadel und die Stecknadelmanufaktur in der »Ency-
clopédie«. Mehrere inhaltliche Indizien sprechen meines Erachtens für
Rousseau als den unbekannten dritten, *französischen* Autor, worauf bereits
J. Viner in einer nicht näher begründeten Bemerkung hinwies. (J. Viner,
Einleitung zu John Rae, Life of Adam Smith [1895], Reprint New York
1965, S. 36). Smiths erste Publikation war ein umfänglicher Rezensionsarti-
kel in der Edinburgh Review des Jahres 1755, in dem er sich mit Rousseaus
gerade erschienenem Discours sur l'inégalité (1755) auseinandersetzte und
unter anderem eine zentrale Passage wörtlich zitierte, die sich mit der Verknüpfung zwischen gesellschaftlicher Arbeitsteilung und der Entstehung
sozialer Ungleichheit auseinandersetzte. Adam Smith, Letter to the Editors
of the Edinburgh Review, wiederabgedruckt in: ders., Essays on Philosophical Subjects (Glasgow Edition of the Works and Correspondence of
Adam Smith III), Oxford 1980, S. 242-256; die zitierte Passage aus Rousseaus zweitem Discours findet sich in: J. J. Rousseau, Diskurs über die Ungleichheit, hg. von Heinrich Meier, S. 195. Ebendiese Perspektive der un-
aufhebbaren Verknüpfung zwischen Arbeitsteilung und der Entstehung gesellschaftlicher Ungleichheit wird von Smith in seinen späteren Arbeiten,
affirmativ gewendet, von Rousseau übernommen und als zentrales »paradox of commerce« (I. Hont) zum positiven und notwendigen Prinzip des
»Reichtums der Nationen« und jeglichen wirtschaftlichen Wachstumspro-
zesses erhoben. Von Ferguson dagegen wird die gleiche Perspektive im
kritischen Geiste Rousseaus ausgearbeitet, unter Verzicht auf Rousseaus
spekulative Konstruktion einer »anthropologischen Differenz«, im empi-

rungenschaften der Arbeitsteilung. Zugleich beschreibt er diese
jedoch als ein zentrales Moment der Dialektik des Fortschritts
in der »polished« oder »commercial society«, als eine historische Triebkraft, welche diese Gesellschaft insgesamt zur Desintegration und in den Niedergang zu führen droht.

»am Ende und in ihren letztlichen Folgen führt diese Teilung der Berufe in
gewissem Maße dazu, die Bande der Gesellschaft zu zerbrechen ... Es
kommt dahin, daß die Gesellschaft aus Teilen besteht, von denen kein einziger vom Geist der Gesellschaft selbst beseelt ist.«[192]

Ferguson sieht die durch die »Teilung der Künste und Berufe«
vorangetriebene, scharfe Ausprägung sozialer Ungleichheit,
wachsender Vermögensunterschiede, der Kommerzialisierung
und Entgrenzung der Bedürfnisse in einer Veränderung der Lebensweise und der Einstellungen aller Angehörigen der »polished society« enden. Der Gesamtpersönlichkeit des politischen
Bürgers wird hierdurch die moralische Basis entzogen, und dies
bedeutet zugleich auch den Verfall eines jeglichen »public spirit« oder »national spirit« in der Gesellschaft insgesamt.[193] Der
entscheidende Punkt ist für Ferguson dort erreicht, wo auch
Politik und Kriegführung dem Prozeß der Arbeitsteilung durch
ihre Professionalisierung unterworfen werden und dem politischen Bürger hiermit objektive gesellschaftliche Verhältnisse
entgegentreten, durch welche ihm die Möglichkeit zur ungeteilten Teilnahme am politischen Ganzen genommen ist.

»Die Unterteilung der Künste und Berufe dient in gewissen Fällen dazu,
ihre Ausübung zu verbessern und ihre Endzwecke zu befördern. Durch die
Trennung der Gewerbe des Tuchmachers von denen des Lohgerbers werden
wir mit Schuhen und Tuch desto besser versorgt. Aber die Trennung der
Künste, welche den Bürger und den Staatsmann bilden, der Staats- und der
Kriegskunst, bedeutet einen Versuch, den menschlichen Charakter zu zer-

risch genauen Durchgang durch die Analyse der Strukturen und Funktionszusammenhänge der »polished« oder »commercial society« wie der vielschichtigen und differenzierten »History of Civil Society« überhaupt.
192 Versuch, V, 3, in diesem Band S. 388.
193 Siehe Versuch, V: »Vom Niedergang der Nationen«, insbes. 3 und 4, in
diesem Band S. 383-407: »Vom Nachlassen des Nationalgeists, wie es bei
verfeinerten Nationen üblich ist.«

reißen und eben diejenigen Künste zu zerstören, welche wir befördern wollen.«[194]

Eine solche Diagnose der Grenzen des Fortschritts und des drohenden politischen und moralischen Identitätsverlusts aller Mitglieder der »verfeinerten Gesellschaft« zeigt deutlich Fergusons Verankerung in der Tradition des »civic humanism« auf. Ferguson bemißt sowohl die ökonomisch-technische Seite der Arbeitsteilung wie ihre negativen gesamtgesellschaftlichen Auswirkungen an der Norm des politischen Bürgers. Doch Fergusons Diagnose der Grenzen des Fortschritts, die von diesem »antiken Standpunkt«[195] her erfolgte, blieb nicht hierauf beschränkt. Über Adam Smith hinausgehend, erblickte er auch für die ökonomische Entwicklung selbst ein mögliches Ende des Fortschritts: in der Erschöpfung der produktiven Möglichkeiten der Arbeitsteilung.

Eine solche Lektüre kann zwar bei Fergusons »Versuch über die Geschichte der bürgerlichen Gesellschaft« ansetzen, sie führt aber notwendigerweise über ihn hinaus. Denn Ferguson hat diese Problematik der ökonomischen Grenzen des Fortschritts in seinem »Essay« nur andeutungsweise zum Thema gemacht. Seine weiterreichende Perspektive zeigt sich sehr viel deutlicher in einem nachgelassenen, bisher nicht publizierten Manuskript. Mit deutlicher, kritischer Anspielung auf das klassische Beispiel der Stecknadelmanufaktur, mit Hilfe dessen Adam Smith in seinem »Wealth of Nations« die Steigerung von Produktivität, gesellschaftlichem Reichtum und allgemeiner Wohlfahrt als Wirkung der Arbeitsteilung und gesellschaftlichen Ungleichheit beschreibt[196], heißt es bei Ferguson:

»A Pin, we are told, furnishes a separate task to no less than twenty different workmen, and the implement is better and more cheaply furnished than

194 Versuch, V, 4, in diesem Band S. 404 f.
195 K. Marx, Teilung der Arbeit, in: ders., Zur Kritik der politischen Ökonomie (Manuskript 1861-1863), in: Karl Marx, Friedrich Engels, Gesamtausgabe (MEGA) 2. Abteilung, Bd. 3, Teil 1, Berlin 1976, S. 246; vgl. hierzu unten Anm. 199.
196 Siehe Smith, Wealth of Nations (Glasgow Edition), Bd. 1, Buch 1, Kap. 1, S. 14 f.

it could be by fewer workmen. Yet there are limits to this separation of labour. The pointing of a pin may be compleated by one person; to divide that task and pass it from one to another for the completion of it would be [a] loss of time and risk of defect in the work by the attempt to join effects not justly fitted to one another.

Similar limits might be pointed [to] in the performance of every mechanical task; and even if we should admit that the improvement of workmanship might be advanced indefinitely by this means, yet there are other considerations to make us pause in the pursuit of it.

The comparative importance of the improvement gained gradually diminishes and ceases at last to be of sufficient value to compensate the trouble of further arrangement. Parts cease to be equally well performed by separate hands as they would be by the same hand. In masonry, for instance, suppose the stone to be placed by one person and the mortar placed by another. The work probably would be inferior to that which one tradesman could produce: besides that, they would probably interfere and interrupt one another.

There is still a further consideration of consequence in this business. The separations of tasks is intended for the better performance of each and for the benefit of mankind in general. If it should ever mar the performance or become prejudiced to human nature, in either case, no doubt it ought to be stopped.

If in painting, for instance, the different shades, lights and colours were laid by different hands, the work, it is probable, might suffer and the artist's fancy impaired by his being restrained from the scope of his conception, which subsists not in parts but in the unity of whole.

The work of man may be important: but the artist himself is still more so . . .

Amidst the departments of business and profession, there ist great inequality of effect in the cultivation of intellectual faculty and moral habits, and some area of so mean a tendency in these respects as to be a matter of general regret, yet to be necessary for the general accomodation; and it may be difficult to fix the extent to which this may be endured and where it must be absolutely stopped. It may with confidence be said that slavery is a point to which it sould never extend, and yet there are voluntary stations and occupations in human society more debasing than slavery necessarily, or even generally, is. All we can say is that the less that there is of this sort, the better, and that subordination, however valuable, is too dearly bought by the debasement of [any] order or class of the people. . . .

Men are carryd along in the progress of establishments and of arts, as vessels afloat in the water are carryed along by the torrents to which it is subject.

And it is uncertain how far information respecting the direction of their
movements may enable them in any degree to change that direction or
modify the result.

Men certainly act from opinion as well as instinct or habit, and correct
opinion is desirable in itself, whatever be the measure of its influence in the
general affairs of men. It has been observed that, by the separation of tasks
and professions, the work is improved and obtained at a smaller cost ... But
if neither is always the case; it is not doubt of moment to distinguish the
instances in which the separation of arts and professions is unfavourable in
the result, whether in respect to the character of the artist or the value of his
work.«[197]

So ergibt sich am Ende einer Lektüre von Fergusons »Versuch
über die Geschichte der bürgerlichen Gesellschaft« die bemerkenswerte, nur scheinbar paradoxe Einsicht, daß es einer sozial
rückständigen Perspektive des »civic humanism« in der Entste-
hungsphase der bürgerlichen Kommerzgesellschaft im 18. Jahrhundert umfassender und kritischer möglich war, deren Widersprüche, Grenzen, ja sogar ihr mögliches historisches Ende in
den Blick zu nehmen, als dies ihre offiziellen Theoretiker,
Historiker und Ideologen im 19. und 20. Jahrhundert vermochten.

Wenn das Werk dieses in vielfacher Hinsicht eigenständigen
und eigenwilligen »schottischen Cato« eine Fortsetzung gefunden hat, dann ist diese sicherlich nicht bei den englischen Philo-
sophic Radicals, bei den politischen Ökonomen oder den Parla-
mentsreformern des frühen 19. Jahrhunderts zu suchen. Sehr
viel eher dürfte sie in der aristokratischen Kritik zu finden sein,
die ein Alexis de Tocqueville am Despotismus der modernen
Erwerbsgesellschaft geübt hat[198], oder aber in Karl Marx' Kritik

197 Of the Separation of Departments, Professions and Tasks Resulting
from the Progress of Arts in Society, in: Collection of Mss. Essays in the
Possession of Sir John Macpherson, Bt. Edinburgh University Library, Dc.
1.42. Den Hinweis auf dieses Manuskript verdanke ich dem Gespräch mit
Istvan Hont, dem an dieser Stelle herzlich gedankt sei. Hont selbst beabsichtigt, das Manuskript vollständig zu edieren.
198 Ein interessanter Vergleich der entsprechenden Argumentationen bei
Ferguson und bei Tocqueville findet sich bei A. O. Hirschmann, Leidenschaften und Interessen. Politische Begründungen des Kapitalismus vor
seinem Sieg, Frankfurt 1980, S. 128 ff.; für Tocqueville weitergeführt wurde

der politischen Ökonomie, der sich in einem zentralen Punkt: seiner Kritik der Arbeitsteilung in der bürgerlichen Gesellschaft, auf Ferguson als einen seiner Vorläufer berief.[199]

diese Perspektive von H. Chr. Schröder, Alexis de Tocqueville. Ein Aristokrat als Analytiker der demokratischen Gesellschaft, in: P. Alter u. a. (Hgg.), Geschichte und Politisches Handeln. Studien zu europäischen Denkern der Neuzeit, Stuttgart 1985, S. 164-185; zu Tocqueville und Ferguson vgl. ebda., S. 173 f.

199 Am ausführlichsten im Abschnitt: »Theilung der Arbeit« in den Vorstudien zum »Kapital«, aus dem Nachlaß ediert unter dem Titel »Zur Kritik der Politischen Ökonomie (Manuskript 1861-1863)«, in: Karl Marx, Friedrich Engels, Gesamtausgabe (MEGA), 2. Abteilung, Bd. 3, Teil 1, Berlin 1976, hier S. 248-251, 261, 267, 279. In den ebda. von Marx kommentierten Exzerpten aus einer französischen Ausgabe von Fergusons »Essay« wird deutlich, warum Marx – historisch irrtümlich – Adam Smith zum Schüler von Adam Ferguson macht, wie er dies in seiner Schrift »Elend der Philosophie« (Marx-Engels-Werke, Bd. 4 Berlin 1959, S. 146) und im »Kapital«, Bd. 1 (Marx-Engels-Werke, Bd. 23 Berlin 1962, S. 375) behauptet. Es ist nicht nur die Tatsache, daß Smiths »Wealth of Nations« erst 17 Jahre nach dem »Essay« publiziert wurde, worauf Marx im »Elend der Philosophie« (S. 146) verweist, sondern vor allem wohl Fergusons entschiedene Kritik der negativen Seiten der Arbeitsteilung, seine umfassendere Position in dieser Frage, die Ferguson für Marx – in einer unbewußten Denkannahme – zum »Lehrer« Adam Smiths bzw. Smith zum »Schüler« Fergusons machte. »Was ihn vor Smith auszeichnet, ist, daß er die negativen Seiten der Theilung der Arbeit schärfer und nachdrücklicher entwickelt (auch bei ihm noch die Qualität der Waare eine Rolle spielt, die A. Smith richtig vom capitalistischen Standpunkt als bloses accident bei Seite läßt« (Zur Kritik der politischen Ökonomie, S. 250).

Editorische Notiz:

Für die Übersetzung und Textgestaltung der vorliegenden Ausgabe sowie für die Kapitel I bis III und V der Einleitung war Hans Medick verantwortlich, für Kapitel IV Zwi Batscha.

Dem deutschen Text dieser Ausgabe wurde die 1767 in Edinburgh erschienene Erstausgabe von »An Essay on the History of Civil Society« zugrundegelegt. Es sind alle Varianten späterer Auflagen erfaßt, die inhaltlich wesentlich sind. Lediglich marginale, zumeist unübersetzbare, stilistische Änderungen wurden nicht verzeichnet. Alle Varianten sind nahezu vollständig in der englischen Neuausgabe des »Essay« von Duncan Forbes wiedergegeben. Diese englische Ausgabe verzeichnet die Varianten jedoch lediglich nach der letzten, zu Fergusons Lebzeiten erschienenen, Auflage von 1814, während die vorliegende deutsche Ausgabe die Änderungen jeweils nach derjenigen Ausgabe des »Essay« verzeichnet, in der sie zuerst vorkommen. Die größere Textgerechtigkeit dieses Verfahrens zeigt sich daran, daß nach der vierten Auflage von 1773 von Ferguson keine eigenen Änderungen im Text mehr vorgenommen wurden. Die wenigen, marginalen Änderungen späterer Auflagen sind eindeutig als Druckfehler zu interpretieren, nicht als Änderungen des Autors.

Englische Ausgaben des »Essay«:

An Essay on the History of Civil Society, Edinburgh 1767 (printed for A. Millar and T. Caddel in the Strand, London and A. Kincaid and J. Bell, Edinburgh)

dass., Dublin 1767

dass., The Third Edition, Corrected, London 1768

dass., The Fourth Edition, Revised and Corrected, London 1773

dass., A New Edition, Basel 1789

dass., The Sixth Edition, London 1793

dass., The Seventh Edition, Edinburgh 1814.

Die erste englische Neuausgabe nach 1814 erschien 1966: An Essay on the History of Civil Society 1767, edited, with an introduction by Duncan Forbes, Edinburgh 1966.

Deutsche Ausgaben des Essay:

Versuch über die Geschichte der bürgerlichen Gesellschaft, aus dem Englischen übersetzt, Leipzig 1768

Abhandlung über die Geschichte der bürgerlichen Gesellschaft. Aus dem englischen Original, und zwar nach der Ausgabe letzter Hand (7. Auflage 1814), ins Deutsche übertragen von Valentine Dorn, eingeleitet von Heinrich Waentig, Jena 1904 (Sammlung sozialwissenschaftlicher Meister Bd. 2).

dass., 2. Auflage, Jena 1923.

Erster Teil
Von den Grundzügen
der menschlichen Natur

1. Von der Frage nach dem Naturzustand

Werke der Natur bilden sich im allgemeinen stufenweise. Pflanzen entwickeln sich aus zarten Schößlingen und Tiere aus einem Zustand der Kindheit. Letztere sind zum Handeln bestimmt und weiten den Kreis ihrer Tätigkeit deshalb in dem Maße aus, in dem ihre Kräfte zunehmen: sie zeigen einen Fortschritt sowohl in dem, was sie vollführen, wie in den Fähigkeiten, welche sie erwerben. Dieser Fortschritt ist im Fall des Menschen größer als bei irgendeinem anderen Lebewesen. Nicht allein das Individuum schreitet von der Kindheit zum Erwachsenenalter fort, sondern auch die Gattung selbst vom Zustand der Rohheit zur Zivilisation. Deshalb auch der angebliche Ausgang der Menschheit aus ihrem Naturzustand; deshalb unsere Vermutungen und verschiedenen Meinungen über das, was der Mensch am Anfang seiner Existenz gewesen sein muß. Der Dichter, der Geschichtsschreiber und der Moralist spielen häufig auf diese alten Zeiten an. Unter dem Sinnbild von Gold oder Eisen stellen sie einen Zustand oder eine Lebensweise dar, von der die Menschheit entweder herabgesunken oder von der sie gewaltig fortgeschritten ist. Unter jeder dieser Voraussetzungen jedoch kann das erste Stadium unserer Existenz keine Ähnlichkeit mit dem gehabt haben, was die Menschen in irgendeiner späteren Periode dargestellt haben. Geschichtliche Denkmäler, selbst solche aus frühester Zeit, müssen dann immer noch als jüngeren Ursprungs betrachtet werden. Die allergewöhnlichsten Einrichtungen der menschlichen Gesellschaft sind von dieser Perspektive aus noch unter die Übergriffe zu rechnen, die Betrug, Unterdrückung oder geschäftige Erfindung auf das Reich der Natur begangen haben, wodurch sowohl die vornehmsten unserer Leiden wie auch Glückseligkeiten in gleicher Weise in Wegfall kamen.

Unter den Schriftstellern, welche versucht haben, die ursprünglichen Eigenschaften des menschlichen Charakters zu unterscheiden und die Grenzen zwischen Natur und Kunst festzustellen, haben einige das Menschengeschlecht in seinem ersten Zustand so dargestellt, als hätte es nur tierische Instinkte beses-

sen, ohne irgendeine Betätigung derjenigen Fähigkeiten, die es
den wilden Tieren überlegen macht, ohne politische Vereinigung, ohne Mittel, seinen Gefühlen Ausdruck zu verleihen, ja
selbst ohne irgendeine der Wahrnehmungen und Leidenschaften zu besitzen, die mitzuteilen Stimme und Gesten doch so
geeignet sind. Andere meinen, der Naturzustand habe in dauernden Kriegen bestanden, die durch den Wettstreit um Herrschaft und Interesse entfacht wurden, wobei jeder einzelne
einen besonderen Streit mit seinesgleichen hatte und wo die
bloße Gegenwart eines Mit-Menschen schon das Zeichen zum
Kampf war.

Der Wunsch, ein Lieblingssystem zu begründen, oder vielleicht
auch die törichte Hoffnung darauf, daß wir die Geheimnisse der
Natur bis zur Quelle des Seins erforschen können, haben in
dieser Hinsicht schon zu vielen fruchtlosen Untersuchungen
geführt und den Anlaß für mancherlei wilde Vermutungen geliefert. Von den unterschiedlichen Eigenschaften, welche die
Menschheit besitzt, wählen wir eine oder mehrere einzelne aus,
um darauf eine Theorie zu gründen, und indem wir unsere
Berichte über das abfassen, was der Mensch in einem eingebildeten Naturzustand gewesen ist, übersehen wir zugleich, wie er
im Bereich unserer eigenen Beobachtung und in den Zeugnissen
der Geschichte immer erschienen ist.

Bei jeder anderen Gelegenheit glaubt sich der Naturhistoriker
(natural historian) verpflichtet, Tatsachen zu sammeln, anstatt
Mutmaßungen anzustellen. Wenn er eine besondere Tierart behandelt, nimmt er an, daß ihre gegenwärtigen Anlagen und Instinkte die gleichen sind, die sie ursprünglich besessen hatte,
und daß ihre gegenwärtige Lebensweise die Fortsetzung ihrer
ursprünglichen Bestimmung ist. Er gibt zu, daß seine Kenntnis
des materiellen Weltsystems aus einer Sammlung von Tatsachen
besteht oder höchstens aus allgemeinen Grundsätzen, die aus
besonderen Beobachtungen und Experimenten hergeleitet sind.
Nur in bezug auf sich selbst und in bezug auf Dinge, die zu
kennen am wichtigsten und zugleich auch am leichtesten ist,
setzt er Hypothesen an die Stelle der Wirklichkeit und vermengt die Bereiche der Einbildung und der Vernunft, der Dichtung und der Wissenschaft.

Aber ohne weiter auf moralische oder physikalische Fragen zur Art oder Quelle unserer Erkenntnis einzugehen, ohne den Scharfsinn in Frage stellen zu wollen, der jedes Gefühl analysieren will und jeder Daseinsweise bis zu ihrem Ursprung nachspüren möchte, kann mit Sicherheit behauptet werden, daß der Charakter des Menschen, wie er jetzt ist, und die Gesetze seines animalischen und intellektuellen Wesens, von denen heute sein Glück abhängt, unsere Hauptaufmerksamkeit verdienen; und ferner, daß allgemeine Prinzipien hinsichtlich dieser oder anderer Fragen nur insofern von Nutzen sind, als sie auf richtiger Beobachtung beruhen und zur Kenntnis wichtiger Konsequenzen führen oder insoweit sie uns in Stand setzen, mit Erfolg zu handeln, wenn wir intellektuelle oder physische Naturkräfte für die großen Zwecke des menschlichen Lebens anwenden wollen.

Wenn sowohl die frühesten wie die neuesten Berichte aus allen Erdteilen die Menschen als in Scharen und Vereinigungen lebend darstellen und wenn der einzelne immer als durch Neigung einer Partei zugesellt erscheint, während er möglicherweise der Gegner einer anderen ist, wenn er der Erinnerung und Voraussicht fähig ist, bestrebt, seine eigenen Gefühle mitzuteilen und diejenigen anderer kennenzulernen, so müssen diese Tatsachen als das Fundament für all unser Nachdenken über den Menschen genommen werden. Seine gemischte Befähigung zur Freundschaft oder zur Feindschaft, seine Vernunft, sein Gebrauch der Sprache und artikulierter Laute sowie die Gestalt und die aufrechte Haltung seines Körpers, sie müssen als ebenso viele Merkmale seiner Natur betrachtet werden. Sie sind bei seiner Beschreibung ebenso zu berücksichtigen wie der Flügel und die Klaue bei der Beschreibung des Adlers und des Löwen, wie verschiedene Grade der Wildheit, Wachsamkeit, Furchtsamkeit und Schnelligkeit, die in der Naturgeschichte verschiedener Tiere ihren Platz haben.

Wenn die Frage gestellt würde: Was könnte der Menschengeist vollbringen, wenn er sich selbst überlassen bliebe und ohne fremde Leitung und Unterstützung wäre? Dann müssen wir uns nach der Antwort in der Geschichte der Menschheit umsehen. Besondere Experimente, wie sie sich bei der Begründung der

Prinzipien anderer Wissenschaften als so nützlich erwiesen haben, könnten uns wahrscheinlich in bezug auf diesen Gegenstand nichts Wichtiges oder Neues lehren. Wir müssen die Geschichte eines jeden tätigen Wesens aus seinem Verhalten in derjenigen Lage erschließen, für die es erschaffen wurde, nicht aber aus seinem Erscheinungsbild in einer erzwungenen oder ungewöhnlichen Lage. Ein Wilder zum Beispiel, der in den Wäldern gefangen wurde, wo er stets fern von seinesgleichen gelebt hat, ist nur ein vereinzeltes Beispiel und keineswegs der Repräsentant allgemeiner Charaktereigenschaften. Wie die Anatomie eines Auges, welches nie einen Lichteindruck empfangen hat, oder eines Ohres, in das nie der Schall eines Tons gedrungen ist, wahrscheinlich Fehler im Bau der Organe selbst aufweisen würden, die davon herrühren, daß letztere niemals die ihnen angemessenen Funktionen ausgeübt haben, so würde ein vereinzelter Fall obiger Art nur zeigen, in welchem Maße Verstandes- und Gefühlskräfte selbst dort existieren konnten, wo sie keine Gelegenheit zur Übung hatten, und welches die Fehler und Schwächen eines Herzens sein würden, das nie jene Gefühle empfunden hat, wie sie erst im gesellschaftlichen Leben erwachen.

Das Menschengeschlecht muß in Gruppen betrachtet werden, wie sie immer bestanden haben. Die Geschichte des Individuums ist ja nur ein Stückwerk aus denjenigen Gefühlen und Gedanken, die es mit Rücksicht auf seine Gattung gehabt hat. Jedes Experiment in dieser Hinsicht sollte darum nur mit ganzen Gesellschaften und nicht mit einzelnen Menschen gemacht werden. Wir haben jedoch allen Grund anzunehmen, daß im Fall, daß ein solches Experiment gemacht würde, z. B. mit einer Schar aus der Kinderstube verpflanzter Kinder, denen man es überließe, ununterrichtet und undiszipliniert eine Gesellschaft für sich zu bilden, wir nur die Wiederholung derselben Dinge sehen würden, die in so vielen verschiedenen Teilen der Erde bereits vor sich gegangen sind. Die Mitglieder unserer kleinen Gesellschaft würden essen und schlafen, sie würden sich gesellen und spielen, würden ihre eigene Sprache entwickeln, würden sich streiten und trennen, würden füreinander zugleich die wichtigsten Personen ihrer Szene sein und im Eifer ihrer Freundschaften und ihres Wettstreits sogar ihre persönlichen

Gefahren übersehen, ja darüber sogar die Sorge um ihre Selbsterhaltung vergessen. Ist nicht das Menschengeschlecht in der
gleichen Weise verpflanzt worden wie die eben geschilderte
Kinderkolonie? Wer hat seinen Weg geleitet? Wessen Vorschriften hat es gehört oder wessen Beispiel ist es gefolgt?
Wir müssen also annehmen, daß die Natur, die jedem Tier seine
Daseinsweise, seine Anlagen und seine Lebensart gegeben hat,
auch mit dem Menschengeschlecht auf die gleiche Weise verfahren ist. Und der Naturhistoriker, der die Besonderheiten dieser
Gattung bestimmen wollte, kann auch heute jeden Punkt auf
die gleiche Weise ergründen, wie ihm dies in einer früheren Zeit
möglich gewesen wäre. *Eine Eigenschaft jedoch, die den Menschen auszeichnet, ist in den Berichten über seine Natur des
öfteren übersehen worden oder wurde nur dazu benutzt, unsere
Aufmerksamkeit irrezuführen. Bei anderen Tierarten schreitet
das Individuum von der Kindheit bis zur Reife fort und erreicht
im Verlauf eines einzigen Lebens diejenige Vollkommenheit, die
ihm von Natur aus möglich ist. Die Menschen dagegen weisen
in der Gattung ebenso einen Fortschritt auf wie im Individuum.
Sie bauen in jedem Zeitalter auf einem Grunde, der früher gelegt wurde. Sie tendieren in einer Abfolge von Jahren zu einer
Vervollkommnung in der Ausbildung ihrer Fähigkeiten, zu
welcher die Hilfe langer Erfahrung erforderlich ist und zu der
viele Generationen ihre Bemühungen vereinigen mußten.* Wir

... Seit der Auflage von 1773 ersetzt durch:
Die Errungenschaften der Eltern vererben sich nicht ins Blut ihrer Kinder,
und auch der Fortschritt des Menschen ist nicht als eine physische Mutation
der Gattung zu betrachten. Das Individuum hat in jedem Zeitalter denselben Weg von der Kindheit bis zum Mannesalter zu durcheilen. Jedes kleine
Kind und jede unwissende Person heute ist ein Abbild dessen, was der
Mensch in seinem ursprünglichen Zustand gewesen ist. Er beginnt seine
Laufbahn mit den Vorteilen, die seinem Zeitalter eigentümlich sind, doch
sein natürliches Talent ist wahrscheinlich stets dasselbe. Der Gebrauch und
die Anwendung dieses Talents wechseln. Die Menschen setzen ihre Arbeit
im gemeinsamen Voranschreiten durch viele Zeitalter hindurch fort. Sie
bauen auf den Grundlagen, die von ihren Vorfahren gelegt sind. In einer
Abfolge von Jahren zielen sie auf eine Vervollkommnung in der Anwendung ihrer Kräfte, wozu die Hilfe langer Erfahrung erforderlich ist und zu
der viele Generationen ihre Bemühungen vereinigt haben müssen.

beobachten den Fortschritt, den sie gemacht haben, wir zählen
deutlich viele ihrer Schritte, wir können sie bis in die ferne
Vorzeit zurückverfolgen, von der weder Berichte noch Überreste erhalten sind, um uns davon zu unterrichten, was die Anfänge dieses wundervollen Schauspiels gewesen sind. Das Ergebnis ist, daß wir, anstatt uns mit dem Charakter unserer Gattung zu befassen, dessen Einzelheiten von den glaubwürdigsten
Autoritäten bezeugt sind, uns bemühen, sie durch unbekannte
Zeitalter und Begebenheiten zu verfolgen. Statt anzunehmen,
daß der Anfang unserer Geschichte beinahe im Einklang mit
dem Folgenden war, halten wir uns für berechtigt, jeden Umstand unserer gegenwärtigen Lage und Gestalt als zufällig und
unserer Natur fremd zu verwerfen. Der Fortschritt der
Menschheit aus einem angeblichen Zustand tierischen Empfindens bis zur Erlangung der Vernunft, zum Gebrauch der Sprache und zur Gewohnheit gesellschaftlichen Lebens wurde deshalb mit einer solchen Willkür der Einbildungskraft gezeichnet
und seine einzelnen Stufen mit einer solchen Kühnheit der Erfindung bestimmt, daß wir angesichts dessen versucht sind, neben den Materialien der Geschichte auch die Einflüsterungen
der Phantasie gelten zu lassen und vielleicht als Vorbild unserer
Natur in ihrem ursprünglichen Zustand sogar einige derjenigen
Tiere ansehen, deren Gestalt die meiste Ähnlichkeit mit der
unseren hat.[1]

Es wäre lächerlich, als eine Entdeckung herauszustellen, daß die
Spezies des Pferdes wahrscheinlich niemals dieselbe war wie die
des Löwen. Dennoch müssen wir im Gegensatz zu dem, was
die Federn hervorragender Schriftsteller geschrieben haben, betonen, daß die Menschen unter den Tieren immer als eine besondere und höhere Gattung erschienen sind. Weder der Besitz
gleicher Organe, noch die Annäherung an ihre Gestalt, noch
der Gebrauch der Hand[2], noch der fortgesetzte Umgang mit
diesem souveränen Künstler hat irgendeine andere Spezies befähigt, ihre Natur oder ihre Erfindungen mit den seinen zu vermischen. Noch in seinem rohesten Zustand steht er über ihnen
und noch in seiner größten Entartung sinkt er niemals auf ihre

1 Rousseau, Sur l'origine de l'inégalité parmi les hommes.
2 Traité de l'esprit.

Ebene herab. Er bleibt, kurz gesagt, in jeder Lage ein Mensch, und wir können über seine Natur nichts aus der Analogie zu anderen Tieren lernen. Wenn wir ihn erkennen wollen, müssen wir auf ihn selbst achten, auf den Gang seines Lebens und den Inhalt seines Benehmens. Die Gesellschaft erscheint bei ihm so alt zu sein wie das Individuum, und der Gebrauch der Sprache so allgemein wie der der Hand und des Fußes. Wenn es wirklich eine Zeit gab, wo er erst mit seiner Gattung bekannt werden und seine Fähigkeiten erwerben mußte, dann war dies eine Zeit, von der wir keine Überlieferung besitzen und hinsichtlich deren unsere Meinungen zwecklos sind und von keinem Beweis unterstützt werden.

Oft werden wir in diese grenzenlosen Regionen der Unwissenheit und der Mutmaßungen von einer Phantasie gelockt, die sich mehr darin gefällt, neue Formen zu schaffen, als diejenigen, die sich ihr darbieten, einfach festzuhalten. Wir sind die Narren einer Spitzfindigkeit, die jedem Mangel unseres Wissens abzuhelfen verspricht und die, indem sie einige Lücken in der Geschichte der Natur ausfüllt, vorgibt, unser Verständnis näher an die Quelle des Seins zu leiten. Auf die Glaubwürdigkeit nur weniger Beobachtungen gestützt, sind wir geneigt anzunehmen, daß das Geheimnis bald gelüftet werden kann und daß, was in der Natur mit *Weisheit* bezeichnet wird, auf die Wirkung physikalischer Kräfte zurückgeführt werden kann. Wir vergessen dabei, daß physikalische Kräfte, die in einer Folge angewandt und zu einem heilsamen Endzweck verbunden werden, gerade jene Beweise einer planmäßigen Anordnung ausmachen, von denen wir die Existenz Gottes herleiten, und daß wir, nachdem diese Wahrheit einmal zugegeben ist, nicht mehr länger nach der Quelle des Seins zu forschen haben. Alles, was uns verbleibt, ist, die Gesetze zu sammeln, die der Schöpfer der Natur gegeben hat, und sowohl in unseren neuesten wie in unseren ältesten Entdeckungen können wir nur eine Form der Schöpfung und der Vorsehung wahrnehmen, die zuvor unbekannt war.

Wir reden von der Kunst, als ob sie sich von der Natur unterscheide, doch die Kunst selbst ist dem Menschen natürlich. Er ist gewissermaßen sowohl der Künstler seiner eigenen Gestalt als seines Schicksals und ist bestimmt, von der frühesten Zeit seiner Existenz an zu erfinden und Entwürfe zu machen. Er wendet dieselben Talente für verschiedene Absichten an und spielt in sehr verschiedenen Szenen nahezu die gleiche Rolle. Stets möchte er seine Sache verbessern, und er trägt diese Absicht überall mit sich, wohin er auch geht, ob durch die Straßen der bevölkerten Stadt oder durch die Wildnis des Waldes. Obgleich er für jeden Zustand gleich gut befähigt erscheint, ist er doch gerade deshalb unfähig, in irgendeinem zu verharren. Zugleich hartnäckig und unbeständig, beklagt er sich über Neuerungen und ist doch niemals mit Neuerungen gesättigt. Er ist fortwährend mit Verbesserungen beschäftigt und klebt beständig an seinen Irrtümern. Wenn er in einer Höhle lebt, möchte er sie in eine Hütte verwandeln, und wenn er bereits gebaut hat, wird er in noch größerem Umfang bauen wollen. Aber er ist dabei nicht zu raschen und hastigen Übergängen geneigt. Er geht langsam, Schritt für Schritt vorwärts, und seine Kraft drängt wie die einer Sprungfeder im stillen gegen jeden Widerstand. Manchmal wird eine Wirkung hervorgerufen, bevor die Ursache wahrgenommen ist, und bei all seinem Talent für Projekte ist seine Arbeit oft vollendet, bevor der Plan ersonnen ist. Es scheint vielleicht gleich schwer zu sein, seinen Schritt aufzuhalten wie ihn zu beschleunigen. Während der Projektemacher sich beklagt, daß er zu langsam ist, hält ihn der Moralist für zu unbeständig; ob seine Bewegungen schnell oder langsam sind, die Szenen menschlicher Angelegenheiten wechseln unter dem Einfluß seiner Handhabung fortwährend. Sein Sinnbild ist ein fließender Strom, nicht ein stehendes Gewässer. Wir mögen wünschen, seine Verbesserungslust auf ihr rechtes Ziel zu lenken, wir mögen Beständigkeit in seinem Betragen verlangen, aber wir mißverständen die menschliche Natur, wenn wir ein Ende ihrer Arbeit oder einen Zustand der Ruhe herbeisehnen.

Die Beschäftigungen der Menschen verweisen in jedem Zustand auf die Freiheit ihrer Wahl, auf ihre vielfältigen Meinungen, auf die Vielfalt ihrer Bedürfnisse, durch die sie angetrieben werden. Aber sie genießen und leiden mit einer Empfindsamkeit oder einer Ausdauer, die in jeder Lage nahezu gleich sind. Sie nehmen die Küsten des Kaspischen Meeres oder des Atlantischen Ozeans in verschiedener Weise, aber mit gleicher Leichtigkeit in

Besitz. Am einen Ort sind sie an den Boden gebunden und scheinen für feste Niederlassungen und die Bequemlichkeit der Städte geschaffen zu sein. Sie verleihen einer Nation und ihrem Gebiet einen einheitlichen Namen. Am anderen Ort verhalten sie sich wie Zugvögel, bereit, die Erde zu durchstreifen, mit ihren Herden auf der beständigen Suche nach neuen Weideplätzen und günstigeren Jahreszeiten, immer dem Jahreslauf der Sonne nach.

Der Mensch findet seine Behausung ebenso in der Höhle wie in der Hütte oder im Palast. Seinen Unterhalt gewinnt er gleichermaßen in den Wäldern, auf der Viehweide und im Ackerbau. Er nimmt Titel, Ausrüstung und Kleidung als Unterscheidungszeichen an. Er ersinnt reguläre Regierungssysteme und komplizierte Gesetzeswerke: oder er hat, nackt in den Wäldern lebend, kein anderes Kennzeichen seiner Überlegenheit als die Stärke seiner Glieder und seinen Scharfsinn; keine andere Verhaltensregel als die freie Wahl; kein anderes Band zwischen sich und seinen Mitmenschen als die Zuneigung, die Liebe zur Geselligkeit und das Bedürfnis nach Sicherheit. Er ist vieler verschiedener Künste fähig, aber zur Erhaltung seines Daseins doch von keiner im besonderen abhängig. In welchem Maße er seine Kunstfertigkeit auch entwickelt hat, er scheint dabei die Annehmlichkeiten, die seiner Natur entsprechen, zu genießen und jeweils denjenigen Zustand gefunden zu haben, für den er bestimmt ist. Der Baum, den sich ein eingeborener Amerikaner an den Ufern des Orinoko[3] ausgesucht hat, um ihn als Zufluchtsort zu erklettern und als Wohnung für seine Familie, ist für diesen ein passender Aufenthaltsort. Das Sofa, die gewölbte Kuppel und der Säulengang können ihre eingeborenen Bewohner nicht wirksamer befriedigen.

Wenn wir deshalb gefragt werden, wo der Naturzustand zu finden ist, so können wir antworten: hier ist er; und es kommt nicht darauf an, ob man meint, daß wir dabei von der Britischen Insel sprechen oder vom Kap der Guten Hoffnung oder von der Magellanstraße. Solange dieses tätige Wesen im Begriff ist, seine Talente anzuwenden und auf alle Gegenstände rings herum zu

3 Lafitau, moeurs des sauvages.

wirken, sind alle Situationen in gleicher Weise natürlich. Wenn uns gesagt wird, daß das Laster doch zumindest der menschlichen Natur entgegen ist, dann können wir antworten: es ist noch schlimmer, Laster bedeutet Torheit und Erbärmlichkeit. Aber wenn die Natur nur der Kunstfertigkeit gegenübergestellt wird, so wäre zu fragen, in welchem Zustand des Menschengeschlechts die Spuren der Kunstfertigkeit wohl unbekannt sind? In den Lebensverhältnissen des Wilden wie denen des Bürgers gibt es viele Beweise menschlicher Erfindungsgabe; bei keinem von beiden Verhältnissen handelt es sich um einen fortwährenden Zustand, sondern vielmehr um ein Stadium, das zu passieren dieses wandernde Wesen bestimmt ist. Wenn der Palast unnatürlich sein soll, dann ist es die Hütte nicht weniger, und die höchste Verfeinerung politischer und moralischer Auffassungen ist in ihrer Art nicht künstlicher als die ersten Betätigungen des Gefühls und der Vernunft.

Wenn wir zugeben, daß der Mensch fähig ist, Verbesserungen zu unternehmen, und in sich selbst ein Prinzip des Fortschritts wie auch den Wunsch nach Vervollkommnung trägt, dann erscheint es unrichtig zu behaupten, daß er seinen Naturzustand verlassen habe, sobald er anfing fortzuschreiten, oder, daß er in eine Lage komme, für die er nicht bestimmt war, wenn er, wie andere Lebewesen, doch nur seiner Anlage folgt und diejenigen Kräfte anwendet, die die Natur ihm gegeben hat.

Die jeweils neuesten Äußerungen menschlichen Erfindungsgeistes sind nur die Fortsetzung gewisser Absichten, die schon in den frühesten Zeiten der Welt und im rohesten Zustand der Menschheit praktiziert wurden. Was der Wilde im Wald ersinnt oder beobachtet, das sind die Stufen, die fortgeschrittenere Völker von der Architektur der Hütte zu der des Palastes weiterführten und die den menschlichen Geist von den Sinneswahrnehmungen zu den allgemeinen Schlußfolgerungen der Wissenschaft brachten.

Erkannte Mängel sind für den Menschen in jeder Lebenslage ein Anlaß des Mißfallens. Unwissenheit und Verstandesschwäche erwecken Verachtung. Scharfsinn und moralische Führung zeichnen aus und rufen Achtung hervor. Wohin sollten seine Gefühle und Wahrnehmungen ihn in diesen Punkten führen?

Doch zweifelsohne zu einem Fortschritt, an welchem der Wilde ebenso wie der Philosoph beteiligt ist, innerhalb dessen sie zwar verschieden weit vorgerückt sind, aber dasselbe Ziel verfolgen. Die Bewunderung, welche Cicero für Literatur, Beredsamkeit und bürgerliche Errungenschaften hegte, war keineswegs echter als die eines Skythen für ein solches Maß ähnlicher Vorzüge, wie es seiner Fassungskraft erreichbar war. »Wenn ich mich rühmen sollte«, sagt ein Tatarenprinz[4], »dann würde ich es für die Weisheit tun, die ich von Gott empfangen habe. Denn einerseits stehe ich bei der Kriegsführung, bei der Aufstellung der Armeen, sowohl zu Pferde wie zu Fuß, aber auch bei der Leitung der Bewegung großer und kleiner Heere hinter niemandem zurück, andererseits habe ich doch auch mein Talent zum Schreiben, das vielleicht nur dem der Bewohner der großen Städte Persiens und Indiens nachsteht. Von anderen mir unbekannten Völkern spreche ich nicht.«

Der Mensch mag die Zwecke seiner Bestrebungen verfehlen; er mag seinen Fleiß falsch anwenden und seine Verbesserungen fehlleiten. Wenn er unter dem Eindruck solch möglicher Irrtümer einen Maßstab finden möchte, um sein eigenes Vorgehen zu beurteilen und um so den besten Zustand seiner Natur zu erreichen, so kann er ihn wahrscheinlich weder in der Praxis eines Individuums noch irgendeines Volkes finden, nicht einmal in dem, was die Mehrheit denkt oder in der herrschenden Meinung seiner Mitmenschen. Er muß ihn in den besten Begriffen seines Verstandes, in den besten Regungen seines Herzens suchen. Von da aus muß er die Vollkommenheit und das Glück entdecken, deren er fähig ist. Bei genauerer Nachforschung wird er finden, daß sein eigentlicher Naturzustand – in diesem Sinne verstanden – nicht ein Zustand ist, von dem sich die Menschheit für immer entfernt hat, sondern einer, den sie jetzt erreichen kann; nicht ein Zustand, der vor aller Anwendung ihrer Fähigkeiten existiert hätte, sondern einer, der durch ihre richtige Anwendung gerade erreicht wird.

Von allen Ausdrücken, die wir bei der Untersuchung menschlicher Angelegenheiten verwenden, sind die Worte *natürlich* und

---

4 Abulgaze Bahadur Chan, History of the Tartars.

unnatürlich am wenigsten in ihrer Bedeutung festgelegt. Im Gegensatz zu Einbildung, Widerspenstigkeit und anderen Fehlern des menschlichen Temperaments und Charakters ist »natürlich« ein lobendes Beiwort. Aber wenn es zur Spezifizierung einer besonderen menschlichen Verhaltensweise angewandt wird, die angeblich aus der Natur des Menschen hervorgeht, kann es zu keiner Unterscheidung dienen: Denn alle Handlungen der Menschen sind gleichermaßen das Ergebnis ihrer Natur. Eine solche Benennung kann sich höchstens auf die allgemeine und vorherrschende Sinnesart oder Praxis der Menschheit beziehen. Der Zweck jeder wichtigen Untersuchung über diese Fragen kann durch den Gebrauch einer Ausdrucksweise erreicht werden, die ebenso vertraut, aber doch präziser ist. Was ist Recht und Unrecht, was glücklich oder unglücklich in den Sitten der Menschen? Was in ihren unterschiedlichen Lebenssituationen ist ihren liebenswürdigen Eigenschaften jeweils ungünstig oder abträglich? Dies sind Fragen, auf die wir eine befriedigende Antwort erwarten können. Was immer der ursprüngliche Zustand unserer Gattung gewesen sein mag, es ist weitaus wichtiger, den Zustand zu kennen, nach dem wir streben sollten als denjenigen, den unsere Vorfahren angeblich verlassen haben.

2. Von den Prinzipien der Selbsterhaltung

Wie es in der menschlichen Natur Eigenschaften gibt, durch die sie von allen anderen Teilen der belebten Schöpfung unterschieden ist, so sind auch die Menschen untereinander in verschiedenen Klimazonen und in verschiedenen Zeitaltern außerordentlich verschieden. *Sofern wir solche Verschiedenheit aus den zugrunde liegenden moralischen oder physischen Prinzipien erklären können, ist dies eine Aufgabe von großer Bedeutsamkeit und einzigartiger Nützlichkeit.* Es scheint indessen nötig, zunächst die allgemeinen Eigenschaften unserer Natur in Betracht zu ziehen, bevor wir ihre Verschiedenheiten in den Blick nehmen oder gar versuchen, Unterschiede zu erklären, wie sie in ungleichem Besitz oder in der ungleichen Anwendung von Anlagen und Kräften bestehen, die der gesamten Menschheit in gewissem Maße gemeinsam sind.

Der Mensch hat, wie andere Lebewesen auch, gewisse instinktive Neigungen, die der Empfindung von Lust oder Schmerz und der Erfahrung dessen vorhergehen, was schädlich oder nützlich ist. Sie bringen ihn dazu, viele natürliche Funktionen zu erfüllen, sei es, daß diese sich auf ihn selbst oder auf seine Mitmenschen beziehen. Er hat eine Reihe von Anlagen, die auf seine Erhaltung als Lebewesen und auf die Fortpflanzung seiner Gattung hinzielen. Andere Anlagen leiten ihn zur Gesellschaft an. Gerade indem sie ihn auf die Seite eines Stammes oder einer Gemeinschaft bringen, verwickeln sie ihn häufig aber auch in Krieg und Streit mit der übrigen Menschheit. Seine Urteilskraft oder seine intellektuellen Fähigkeiten, die sich unter dem Namen der *Vernunft* von den analogen Begabungen anderer Lebewesen unterscheiden, beziehen sich auf die Dinge um ihn herum, ob diese nun Gegenstände bloßen Wissens oder auch der Billigung bzw. des Tadels sind. Der Mensch ist jedoch nicht nur geschaffen zu erkennen, sondern ebenso auch zu bewun-

... Seit der Auflage von 1773 ersetzt durch:
Diese Verschiedenheiten verdienen unsere Aufmerksamkeit, und der Lauf eines jeden Flusses, in den dieser gewaltige Strom sich teilt, verdient, bis zu seiner Quelle zurückverfolgt zu werden.

dern und zu verachten. Auch diese Tätigkeiten seines Geistes stehen in einer Hauptbeziehung zu seinem eigenen Charakter und dem seiner Mitmenschen. Denn diese Mitmenschen sind diejenigen Personen, auf die er bei der Unterscheidung dessen, was Recht und was Unrecht ist, am meisten achtet; auch seine Glückseligkeit genießt er unter gewissen bestimmten und festgesetzten Bedingungen. Um die Vorteile seiner Natur wahrzunehmen, muß er sowohl als besonderes Individuum wie als Mitglied der bürgerlichen Gesellschaft einen besonderen Weg gehen. Er ist außerdem in hohem Maße Gewohnheiten unterworfen. Durch deren Übung oder Bekämpfung kann er seine Talente und Anlagen so weit stärken oder sogar verändern, daß er weithin als der Schiedsrichter seiner eigenen Stellung in der Natur erscheint und auch als Schöpfer all derjenigen Verschiedenheiten, die in der tatsächlichen Geschichte seiner Gattung zum Vorschein kommen. Wenn wir irgendeinen Teil dieser Geschichte behandeln wollen, dann muß unsere Hauptaufmerksamkeit den allgemeinen charakteristischen Zügen gelten, auf die wir hier verwiesen haben. Sie verdienen, nicht allein der Reihe nach aufgezählt, sondern jeder für sich betrachtet zu werden.

Solange die Anlagen zur Erhaltung des Individuums in der Art instinktiver Wünsche wirken, sind sie beim Menschen fast dieselben wie bei den anderen Tieren. Doch früher oder später verbinden sie sich bei ihm mit Nachdenken und Voraussicht. Sie rufen seine Wertschätzung für den Begriff des Eigentums hervor und machen ihn mit jenem Gegenstand seines Trachtens bekannt, den er sein Interesse nennt. Der Mensch verfügt nicht über die Instinkte, die den Biber und das Eichhörnchen, die Ameise und die Biene lehren, ihre kleinen Vorräte für den Winter zu sammeln. Zunächst ist er deshalb unbekümmert. Dort wo es keine unmittelbare Ursache für seine Leidenschaft gibt, ist er der Trägheit ergeben. Doch im Laufe der Zeit wird er zum größten Vorratshalter aller Lebewesen. Er findet im aufgehäuften Reichtum, den er wahrscheinlich nie gebrauchen wird, den Gegenstand seiner größten Sorge und den Abgott seiner Seele. Er faßt die Beziehung zwischen seiner Person und seinem Eigentum in einer Weise auf, die das, was er sein Eigen nennt, gewissermaßen zu einem Teil seines Selbst macht, zu einem wesentlichen Bestandteil seiner gesellschaftlichen Stellung, seiner Lage und seines Charakters. Er kann durch solches Eigentum, ganz unabhängig von jedem wirklichen Genuß, glücklich oder unglücklich sein. Unabhängig von irgendeinem persönlichen Verdienst, kann er so zum Gegenstand der Hochachtung oder Verachtung werden. Er kann aber auch in seinem Eigentum beschädigt und verletzt werden, während seine Person selbst sicher und jedes Bedürfnis seiner Natur vollständig befriedigt ist.

Während andere Leidenschaften nur gelegentlich wirken, finden eigennützig Interessierte in solchen Auffassungen den Inbegriff ihrer alltäglichen Bestrebungen. Diese Auffassungen bilden für sie das Motiv zur Ausübung mechanischer und kommerzieller Künste, sie stellen aber auch eine Versuchung dar, Rechtsgrundsätze zu übertreten; bei außerordentlicher Verderbnis bilden sie auch den Preis, um dessentwillen sie sich prostituieren, und liefern dann den Maßstab für die Anschauungen von Gut und Böse. Wenn sie nicht durch die Gesetze der bürgerlichen Gesellschaft zurückgehalten würden, dann würden eigennützig Interessierte unter solchem Einfluß ein Schauspiel der Gewalttätigkeit oder der Gemeinheit bieten. Dieses Schauspiel würde unser Geschlecht abwechselnd in einem Zustand zeigen, der schrecklicher und widerlicher, nichtswürdiger und verächtlicher wäre als der irgendeines Tieres, das den Erdkreis bewohnt.

Obgleich sich die Erwägung aus Interesse auf die Erfahrung tierischer Bedürfnisse und Begehren gründet, besteht ihr Zweck nicht darin, irgendein besonderes Verlangen zu befriedigen, sondern die Mittel zur Befriedigung aller zu sichern. Häufig erlegt solche Interessenerwägung gerade denjenigen Wünschen, denen sie entsprungen ist, eine mächtigere und strengere Zurückhaltung auf, als es Religion oder Pflicht je vermöchten. Sie entspringt den Prinzipien der Selbsterhaltung im menschlichen Wesen, stellt aber eine Verfälschung oder wenigstens eine einseitige Folgerung aus diesen Prinzipien dar und wird in vielen Berichten sehr unpassend mit *Eigenliebe* bezeichnet.

*Liebe ist eine Gemütsbewegung, welche die Aufmerksamkeit

der Seele über sich selbst hinausträgt. Sie hat eine Eigenschaft,.. die wir *Zärtlichkeit* nennen, wie sie Erwägungen aus Interesse niemals begleiten kann. Diese Gemütsbewegung der Liebe besteht im Wohlgefallen und in dauernder Befriedigung an ihrem Gegenstand.* Sie ist von jedem äußeren Ereignis unabhängig. Auch inmitten von Enttäuschungen und Sorgen bringt sie deshalb Freuden und Triumphe mit sich, **die jenen ganz unbekannt sind, die ohne jede Rücksichtnahme auf ihre Mitmenschen handeln.** In jedem Wechsel der Lage bleibt sie völlig von denjenigen Gefühlen unterschieden, die wir in bezug auf persönlichen Erfolg oder Unglück empfinden. Aber da die Sorge, die ein Mensch für sein eigenes Interesse trägt, und die Aufmerksamkeit, die seine Zuneigung ihn für einen anderen Menschen empfinden läßt, durchaus ähnliche Folgen haben können, im einen Fall für sein eigenes Glück, im anderen für das seines Freundes, verwechseln wir die Grundsätze, aus denen er handelt. Wir nehmen an, daß es sich um die gleichen Grundsätze handelt, daß diese jeweils nur auf unterschiedliche Gegenstände bezogen sind. Wir mißbrauchen hiermit nicht nur den Begriff der Liebe, indem wir ihn in Verbindung mit dem Wort »eigen« bringen. Vielmehr beschränken wir in einer Art, die geeignet ist, unsere Natur herabzusetzen, diese angeblich selbstsüchtige Empfindung auf die Sicherung oder Anhäufung der Gegenstände unseres Interesses oder gar der Mittel zum bloß tierischen Überleben.

Es ist einigermaßen sonderbar, daß die Menschen sich einerseits so sehr nach ihren Geisteseigenschaften, nach ihren Anlagen, nach ihrer Gelehrsamkeit und ihrem Witz, nach Mut, Großmut und Ehre beurteilen, jene gleichen Menschen aber dennoch andererseits als in höchstem Grade selbstsüchtig oder um sich

... Seit der Auflage von 1768 ersetzt durch:
Liebe ist eine Gemütsbewegung, welche die Aufmerksamkeit der Seele über sich selbst hinausträgt. Sie ist die Empfindung eines Zusammenhangs mit der Person eines Mitmenschen als ihrem Gegenstand. Sie besteht im Wohlgefallen und in dauernder Befriedigung an diesem Gegenstand.
... Seit der Auflage von 1768 ersetzt durch:
die jenen ganz unbekannt sind, die sich von bloßen Interessenerwägungen leiten lassen.

selbst besorgt gelten. Sie werden deshalb so dargestellt, als ob sie sich am intensivsten um die tierische Seite des Lebens kümmern und am wenigsten bedacht sind, das Leben zu einem der Sorge würdigen Gegenstand zu machen. Dabei dürfte es schwer sein zu erklären, warum ein guter Verstand, ein energischer und großmütiger Sinn nicht von jedem Menschen, der seine fünf Sinne beisammen hat, ebenso als Teil seiner Selbst betrachtet werden sollte, wie sein Magen oder sein Gaumen, weit mehr jedenfalls als sein Besitz und seine Kleidung. Der Epikureer, der seinen Arzt konsultiert, wie er seinen Geschmack an gutem Essen wiederherstellen und seine Genußfähigkeit durch die Weckung von Appetit erneuern könne, dieser Epikureer sollte wenigstens mit gleicher Rücksichtnahme auf sich selbst fragen, wie er seine Zuneigung zu Vater und Mutter, zu seinem Kinde, zu seinem Vaterland oder zur Menschheit stärken könne. Es erscheint durchaus wahrscheinlich, daß ein Appetit dieser Art sich als keine geringere Quelle des Genusses erweisen dürfte als jene andere.

Dessenungeachtet schließen wir infolge unserer vermeintlich selbstsüchtigen Grundsätze viele jener glücklicheren und achtenswerteren Eigenschaften der menschlichen Natur aus dem Kreise unserer persönlichen Sorgen aus. Zuneigung und Mut gelten uns als reine Torheiten, die uns lediglich dazu bringen, uns selbst zu vernachlässigen und preiszugeben. Weisheit besteht für uns angeblich in der Rücksicht auf unser Interesse. Ohne zu erklären, was Interesse eigentlich bedeutet, wollen wir es als den einzig vernünftigen Beweggrund des Handelns der ganzen Menschheit verstanden wissen. Es gibt sogar ein ganzes System der Philosophie, das auf Grundsätze dieser Art aufgebaut ist, und unsere Meinung davon, was Menschen aufgrund selbstsüchtiger Prinzipien mit Wahrscheinlichkeit tun, ist so beschaffen, daß wir solchem Tun eine der Tugend sehr abträgliche Tendenz beilegen. Doch die Irrtümer dieses Systems bestehen nicht so sehr in allgemeinen Prinzipien als in deren besonderer Anwendung, nicht so sehr darin, die Menschen zu lehren, auf sich selbst Rücksicht zu nehmen, als vielmehr darin, sie vergessen zu machen, daß ihre glücklichsten Neigungen, ihre Redlichkeit und geistige Unabhängigkeit in Wirklichkeit ebenfalls Teile ihres Selbst sind. Die Gegner dieser angeblich selbstsüchtigen Philosophie, welche die Eigenliebe zur herrschenden Leidenschaft der Menschheit macht, haben vor allem darin recht gehabt, daß sie sich nicht so sehr gegen deren allgemeine Darstellung der menschlichen Natur wendeten, als vielmehr dagegen, daß hier eine bloße sprachliche Neuerung für eine wissenschaftliche Entdeckung ausgegeben werde.

Wenn einfache Menschen von ihren verschiedenen Handlungsmotiven sprechen, dann begnügen sie sich mit gewöhnlichen Worten, die sich auf bekannte und handgreifliche Unterschiede beziehen. *Solcher Art sind die Ausdrücke *Wohlwollen* und *Selbstsucht*, durch die sie ihren Wunsch nach dem Wohlergehen der anderen oder die Sorge um sich selbst zum Ausdruck bringen.* Spekulative Denker sind nicht immer mit solchem Vorgehen zufrieden. Sie wollen die Prinzipien der Natur ebensowohl analysieren wie aufzählen. Das wahrscheinliche Ergebnis hierbei ist, daß sie, ohne Aussicht auf einen wirklichen Vorteil, nur um den Anschein von etwas Neuem zu gewinnen, **die Ordnung der gewöhnlichen Wahrnehmungsweise stören.** Im vorliegenden Fall haben sie nun tatsächlich herausgefunden, daß es sich beim Wohlwollen um nicht mehr als um eine besondere Form der Eigenliebe handelt. Wenn dies anginge, dann würden sie uns verpflichten, nach einer neuen Reihe von Worten zu suchen, durch die wir die Selbstsucht der Eltern, wenn sie sich um ihr Kind sorgen, von der Selbstsucht, wenn sie sich nur um sich selbst sorgen, unterscheiden können. Denn nach dieser Philosophie geht es den Eltern in beiden Fällen nur darum, ihre eigenen Wünsche zu befriedigen, deshalb sind sie auch in beiden Fällen gleichermaßen selbstsüchtig. Der Ausdruck *wohlwollend* wird indessen nicht angewandt, um Personen zu charakterisieren, die keine eigenen Wünsche haben, er bezeichnet vielmehr Personen, deren eigene Wünsche sie drängen, das Wohlergehen

... Seit der Auflage von 1768 ersetzt durch:
Solcher Art sind die Ausdrücke »Wohlwollen« und »Selbstsucht«. Durch den ersten bringen sie ihre freundlichen Gefühle zum Ausdruck und durch den zweiten ihr Interesse.
... Seit der Auflage von 1768 ersetzt durch:
versuchen, den Wortgebrauch zu ändern.

anderer zu befördern. Tatsache ist, daß wir nur eine neue Zufuhr an Worten brauchen, anstelle jener, die wir durch diese scheinbare Entdeckung verloren haben sollen, und unser Nachdenken ginge dann wieder ganz so vonstatten wie früher. Jedenfalls ist es mit Sicherheit unmöglich, mit Menschen zu leben und zu handeln, ohne unterschiedliche Worte zu gebrauchen, um das Menschliche vom Grausamen und das Wohlwollen von der Selbstsucht zu unterscheiden.

Diese Ausdrücke haben in jeder Sprache ihre Entsprechungen. Sie wurden von Menschen erfunden, die ohne Spitzfindigkeit lediglich zum Ausdruck bringen wollten, was sie deutlich wahrnahmen und lebhaft empfanden. Und wenn ein spekulativer Denker beweisen sollte, daß wir in seinem Sinne selbstsüchtig sind, so heißt das noch lange nicht, daß wir dies im Sinne der gewöhnlichen Menschen auch wirklich sind oder daß wir – wie gewöhnliche Menschen seine Schlußfolgerungen verstehen würden – in jedem Augenblick dazu verurteilt sind, aus Beweggründen des Interesses, der Habsucht, des Kleinmuts und der Feigheit zu handeln. Denn so wird für gewöhnlich die Wirkung der Selbstsucht auf den menschlichen Charakter bestimmt.

Es heißt, daß uns eine Neigung oder Leidenschaft manchmal ein Interesse an ihrem Gegenstand verschafft, ja, die Menschlichkeit selbst uns zu einem Interesse am Wohlergehen des Menschengeschlechts führt. Dieser Ausdruck *Interesse*, der für gewöhnlich wenig mehr meint als unsere Aufmerksamkeit für das Eigentum, steht manchmal auch für Nützlichkeit im allgemeinen, und diese wiederum wird für gleichbedeutend mit Glück gehalten. Bei solchen Zweideutigkeiten ist es nicht überraschend, daß wir immer noch unfähig sind zu entscheiden, ob Interesse der einzige Beweggrund menschlichen Handelns ist und der Maßstab schlechthin, nach dem wir das Gute vom Schlechten unterscheiden.

So viel soll an dieser Stelle gesagt werden. Dies geschieht nicht aus dem Wunsche heraus, an der diesbezüglichen Kontroverse teilzunehmen, sondern einfach, um die Bedeutung des Wortes *Interesse* auf sein gewöhnlichstes Verständnis zu beschränken und um unsere Absicht anzudeuten, das Wort zur Bezeichnung jener Gegenstände unserer Sorge zu verwenden, die einen Bezug zu unserer äußeren Lage und zur Erhaltung unseres physischen Lebens haben. Wird das Wort in diesem Sinne gebraucht, so wird man sicherlich nicht annehmen, daß es gleichzeitig alle Beweggründe menschlichen Verhaltens umfasse. Wenn den Menschen schon abgesprochen wird, uninteressiertes Wohlwollen zu besitzen, so wird man doch nicht leugnen können, daß sie uninteressierte Leidenschaften anderer Art besitzen. Haß, Unwille und Wut drängen sie häufig dazu, im Gegensatz zu ihrem erkannten Interesse zu handeln, ja selbst ihr Leben aufs Spiel zu setzen, ohne irgendeine Hoffnung auf Entschädigung bei zukünftigen Gelegenheiten einer Beförderung oder bei sonstigen Vorteilen.

3. Von den Prinzipien der Vereinigung unter den Menschen

Es geschah stets in Gruppen und Gesellschaften, daß die Menschen umhergewandert sind oder sich niedergelassen haben, daß sie sich einig gewesen sind oder sich gestritten haben. Wie immer ihr Zusammenkommen beschaffen sei, seine Ursache liegt im Prinzip des Bündnisses oder der Vereinigung.

Bei der Sammlung von geschichtlichen Stoffen sind wir selten geneigt, unseren Gegenstand so zu nehmen, wie wir ihn vorfinden. Wir sind ärgerlich, wenn wir durch eine Menge kleiner Umstände und durch scheinbare Ungereimtheiten gestört werden. In der Theorie bekennen wir uns zur Erforschung allgemeiner Grundsätze. Um den Gegenstand unserer Untersuchung unserem Verständnis zugänglich zu machen, sind wir bereit, irgendein System anzunehmen. Indem wir auch menschliche Angelegenheiten auf solche Weise behandeln, möchten wir jede Wirkung aus einem einzigen Prinzip der Vereinigung oder einem einzigen Prinzip der Zwietracht herleiten. Der Naturzustand gilt uns entweder als ein Zustand des Krieges oder der Freundschaft. Dementsprechend erscheinen die Menschen als so geschaffen, daß sie sich entweder aus einem Prinzip der Zuneigung oder aus einem Prinzip der Furcht vereinigen, ganz wie dies ins System der verschiedenen Schriftsteller paßt. In der Tat zeigt die Geschichte unserer Gattung überreichlich, daß die Menschen füreinander beides, sowohl Gegenstand der Furcht wie der Liebe sind. Sowohl diejenigen, die beweisen möchten, daß die Menschen sich ursprünglich in einem Zustand der Einigkeit befunden haben, wie diejenigen, die sie ursprünglich im Krieg gegeneinander sehen, haben Argumente vorrätig, um ihre Behauptungen aufrechtzuerhalten. Unsere Anhänglichkeit an eine Gruppe oder an eine Sekte scheint ihre Bindekraft häufig aus der Feindschaft abzuleiten, die wir gegen eine andere entgegengesetzte Gruppe oder Sekte empfinden. Diese Feindseligkeit erwächst ihrerseits ebensooft aus einem Eifer zugunsten

der Seite, deren wir uns annehmen, und aus dem Wunsch, die
Rechte unserer Partei zu schützen.

»Der Mensch ist in Gesellschaft geboren«, sagt Montesquieu,
»und er verbleibt in derselben«. Die Anreize, die ihn dort halten, sind bekanntlich mannigfaltig. Hierunter können wir etwa
die Zuneigung für die Eltern rechnen, die, anstatt die Erwachsenen zu verlassen, wie bei den wilden Tieren, sich um so mehr
befestigt, je mehr sie sich mit der Achtung und der Erinnerung
an ihre frühen Wirkungen vermischt. Des weiteren können wir
eine Mensch und Tier gemeinsame Neigung anführen, sich unter die Herde zu mischen, der Masse seiner Gattung ohne weiteres Nachdenken zu folgen. Was diese Neigung im ersten Augenblick ihrer Wirkung bedeutete, wissen wir nicht. Doch bei
allen an Gesellschaft gewöhnten Menschen werden ihre Freuden und Enttäuschungen zu den Hauptvergnügungen oder Leiden des menschlichen Lebens gerechnet.

Traurigkeit und Melancholie sind mit Einsamkeit verbunden;
Heiterkeit und Vergnügen mit dem geselligen Verkehr der Menschen. Die Fußspur eines Lappen am schneebedeckten Strand
erweckt im einsamen Seefahrer Freude. Die stummen Zeichen
von Herzlichkeit und Freundlichkeit, die ihm signalisiert werden, rufen die Erinnerung an Freuden wach, die er in Gesellschaft empfunden hat. Nachdem er eine schweigende Szene dieser Art beschrieben hat, bemerkt der Verfasser einer Reisebe-
schreibung über den Norden abschließend: »Wir waren außerordentlich erfreut, mit Menschen Umgang zu haben, denn in
dreizehn Monaten hatten wir kein menschliches Wesen gesehen«.[1] Aber wir benötigen keine so fernliegenden Beobachtungen, um diese Behauptung zu bestätigen: Das Weinen des
Kleinkindes oder die Sehnsucht des Erwachsenen, wenn sie allein sind, die lebhafte Freude des einen und die Fröhlichkeit des
anderen bei der Rückkehr von Mitmenschen sind hinreichende
Beweise ihrer tiefen Grundlage in der Beschaffenheit unserer
Natur.

Geben wir von Handlungen Rechenschaft ab, so vergessen wir
oft, daß wir selbst gehandelt haben. Anstatt der Gefühle, die

1 Collection of Dutch Voyages.

uns in der unmittelbaren Gegenwart ihres Objekts zum Handeln anspornen, geben wir als Beweggründe unseres Verhaltens anderer Menschen gegenüber jene Erwägungen an, die uns in den Stunden der Einsamkeit und der kalten Überlegung einfallen. In dieser Stimmung kommen wir oft auf nichts Wichtiges, außer auf die überlegten Aussichten des Interesses. Ein so großes Werk, wie es die Gründung der Gesellschaft ist, muß dann unserem Verständnis nach das Resultat tiefen Nachdenkens sein und im Hinblick auf diejenigen Vorteile erfolgen, welche die Menschen aus dem Handel und aus wechselseitiger Unterstützung ziehen. Aber weder die Neigung, sich mit der Herde zu vermischen, noch der Gedanke an die Vorteile, deren man sich in dieser Lage erfreut, umfassen alle Prinzipien, durch die Menschen miteinander verbunden sind. Solche Bande sind sogar aus einem vergleichsweise schwachen Gewebe, werden sie mit dem beherzten Eifer verglichen, mit dem der Mensch seinem Freunde oder seinem Stamme anhängt, nachdem sie für eine Zeitlang die Laufbahn des Schicksals miteinander durcheilt haben. Wechselseitige Erfahrungen von Großmut, gemeinsame Proben der Tapferkeit, sie verdoppeln den Eifer der Freundschaft und entzünden eine Flamme in den Menschen, die selbst durch Erwägungen persönlichen Interesses oder persönlicher Sicherheit nicht ausgelöscht werden kann. Die überschwenglichsten Bekundungen der Freude und die lautesten Ausbrüche der Verzweiflung sind dann zu vernehmen, wenn die Gegenstände einer zärtlichen Zuneigung im Zustand des Triumphs oder des Leidens erblickt werden. Ein Indianer traf unerwartet seinen Freund auf der Insel Juan Fernandes wieder und warf sich ihm zu Füßen. »Wir standen und betrachteten schweigend diese zärtliche Szene«, bemerkt Dampier. Wenn wir uns die Frage stellen, worin wohl die Religion eines wilden amerikanischen Eingeborenen bestehe, was in seinem Herzen der äußersten Verehrung am nächsten komme, so lautet die Antwort: nicht in seiner Furcht vor dem Zauberer, auch nicht in seiner Hoffnung auf den Schutz der Luft- oder Waldgeister, vielmehr in der innigen Zuneigung, mit der er seinen Freund wählt und umarmt, mit der er ihm in allen Zeiten der Gefahr fest zur Seite bleibt, und mit der er seinen Geist aus der Ferne anruft, sollten

ihn Gefahren alleine überraschen.[2] Welche Beweise für die gesellschaftliche Anlage des Menschen wir auch immer in vertrauten oder zufälligen Szenen finden mögen, möglicherweise ist es
doch von Wichtigkeit, unsere Beobachtungen an den Beispielen
solcher Menschen zu machen, die im einfachsten Zustand leben
und die nicht gelernt haben vorzutäuschen, was sie tatsächlich
nicht empfinden.

Bloße Bekanntschaft und Gewohnheit nähren die Zuneigung.
Die Erfahrung der Gesellschaft formt jede Leidenschaft der
menschlichen Seele. Deren Triumphe und Glück, Unglück und
Sorgen bezeugen eine Abwechslung und Stärke der Emotionen,
wie sie nur in der Gesellschaft unserer Mitmenschen stattfinden
können. Hier lernt der Mensch, seine Schwächen, die Sorge um
seine Sicherheit und sein Auskommen zu vergessen. Er lernt
aber auch, mit jener Leidenschaft zu handeln, die ihn seine
Stärken entdecken läßt. Hier findet er, daß seine Pfeile schneller
fliegen als der Adler und seine Waffen tiefer verwunden als die
Tatze des Löwen oder der Zahn des Ebers. Es ist nicht allein das
Bewußtsein naher Hilfe, noch der Wunsch nach Auszeichnung
durch die öffentliche Meinung seines Stammes, die seinen Mut
entflammen oder sein Herz mit einem Maß an Vertrauen erfüllen, welche dasjenige Vertrauen übersteigt, das sich aus seiner
eigenen physischen Kraft ergeben würde. Heftige Gefühle der
Freundschaft oder der Anhänglichkeit sind die ersten kraftvollen Äußerungen in seiner Brust. Unter ihrem Einfluß wird jede
Rücksicht vergessen, mit Ausnahme der auf den Gegenstand
dieser Gefühle. Gefahren und Schwierigkeiten stacheln ihn nur
um so mehr an.

Für die Natur irgendeines Wesens ist sicherlich jener Zustand
der günstigste, in dem seine Kraft zunimmt. Ist also der Mut ein
Geschenk der Gesellschaft an den Menschen, dann haben wir
Ursache, die Verbindung mit seinesgleichen als den vornehmsten Teil seines Schicksals zu betrachten. Aus dieser Quelle
rührt nicht nur die Kraft, sondern auch die tatsächliche Existenz seiner glücklichsten Emotionen, nicht allein der bessere
Teil seines Charakters, sondern nahezu die Gesamtheit seines

2 Charlevoix, History of Canada.

vernünftigen Wesens. Man schicke den Menschen allein in die Wüste, und er wird zu einer Pflanze, die von ihren Wurzeln losgerissen ist. Die Form mag wohl bleiben, aber jede seiner Fähigkeiten verkümmert und verwelkt. Persönlichkeit und Charakter des Menschen hören auf zu existieren.

Die Menschen sind weit davon entfernt, die Gesellschaft nur wegen ihrer äußerlichen Annehmlichkeiten zu schätzen. Sie sind in der Regel dort am anhänglichsten, wo diese Annehmlichkeiten am seltensten sind. Dort, wo der Tribut ihrer Anhänglichkeit mit Blut bezahlt werden muß, sind sie zugleich am treuesten. Zuneigung entwickelt dort die größte Kraft, wo sie auf die größten Schwierigkeiten stößt. In der Brust der Eltern ist sie am besorgtesten inmitten der Gefahren und Leiden des Kindes. In der Mannesbrust verdoppeln sich ihre Flammen, sobald Kränkungen oder Leiden eines Freundes oder des Vaterlandes Hilfe erfordern. Kurz gesagt, wir können allein aus diesem Prinzip die hartnäckige Anhänglichkeit eines Wilden an seinen heimatlosen, wehrlosen Stamm erklären. Sie hält auch noch dann vor, wenn Versuchungen der Bequemlichkeit und Sicherheit ihn eigentlich veranlassen sollten, sich an einen sicheren und reicheren Ort zu begeben, um so Hunger und Gefahr zu entfliehen. Daher auch die sanguinische Zuneigung, die jeder Grieche zu seinem Vaterland hegte, daher der hingebungsvolle Patriotismus der frühen Römer. Laßt uns diese Beispiele mit dem Geist vergleichen, der in einem Handelsstaat herrscht, wo anzunehmen ist, daß die Menschen in vollem Umfange das Interesse erkannt haben, welches Personen an der Erhaltung ihres Landes haben. Wenn überhaupt jemals, so findet sich in der Tat hier der Mensch zuweilen als ein losgelöstes und einsames Wesen. Hier hat er ein Objekt gefunden, das ihn in Wettbewerb mit seinen Mitmenschen versetzt; er handelt mit ihnen, wie er es mit seinem Vieh und mit seinem Boden tut, des Gewinnes wegen, den sie ihm bringen. Die mächtige Maschine, von der wir annehmen, daß sie die Gesellschaft gebildet hat, sie dient hier nur dazu, ihre Mitglieder zu entzweien oder ihren Verkehr fortzusetzen, nachdem die Bande der Zuneigung zerrissen sind.

4. Von den Prinzipien des Krieges und der Zwietracht

»Es gibt einige Umstände im Schicksal der Menschen«, bemerkt Sokrates, »die zeigen, daß sie zu Freundschaft und Liebe bestimmt sind. Diese bestehen darin, daß sie sich gegenseitig brauchen, in ihrem gegenseitigen Mitleid, in ihrem Sinn für gegenseitige Wohltaten und in den Freuden, die sich aus gesellschaftlichem Umgang ergeben. Es gibt aber auch andere Umstände, die sie zu Krieg und Uneinigkeit treiben: die Bewunderung, das Verlangen, das sie nach den gleichen Dingen haben, ihre entgegengesetzten Ansprüche, die Herausforderungen, die sich aus ihrem Wettbewerb ergeben.«

Wenn wir uns bemühen, die Maximen natürlicher Gerechtigkeit auf die Lösung schwieriger Fragen anzuwenden, erkennen wir, daß Fälle denkbar sind und tatsächlich vorkommen, in denen Widerstand schon vor irgendeiner Herausforderung oder vor einem Akt der Ungerechtigkeit stattfindet und rechtmäßig ist. Wir erkennen, daß dort, wo die Sicherheit und die gleichzeitige Erhaltung vieler unvereinbar miteinander sind, die eine Partei das Recht auf Verteidigung wahrnehmen kann, ehe die andere einen Angriff begonnen hat. Wenn wir solchen Beispielen die Fälle von Irrtum und Mißverständnis hinzufügen, denen die Menschen ausgesetzt sind, dann wird verständlich, daß Krieg nicht immer aus der Absicht hervorgeht, zu verletzen, und daß sogar die besten Eigenschaften der Menschen, ihre Redlichkeit und ihre Entschlossenheit, sich noch inmitten ihrer Streitigkeiten äußern können.

Doch gibt es zu diesem Gegenstand noch mehr zu bemerken: Die Quellen von Uneinigkeit und Zwietracht finden sich nicht allein in den Umständen der Menschen. Die Menschen scheinen die Saat der Feindseligkeit auch in sich selbst zu tragen und alle Gelegenheiten zur Widersetzlichkeit gegeneinander mit Freuden zu ergreifen. Noch in der allerfriedlichsten Situation gibt es wenige, die nicht ebensô ihre Feinde wie ihre Freunde hätten, die kein Vergnügen daran fänden, sich dem Vorankommen des einen ebensosehr zu widersetzen wie die Absichten eines anderen zu begünstigen. Kleine und einfache Stämme, die in sich selbst den festesten Zusammenhalt zeigen, sind in ihrem Gegensatz zu anderen als besonderes Volk häufig von unversöhnlichstem Haß beseelt. Bei den Bürgern Roms war in den frühen Zeiten der Republik der Name eines Fremden gleichbedeutend mit dem eines Feindes. Bei den Griechen galt das Wort Barbar, unter dem das Volk jede Nation verstand, die einer anderen Rasse entstammte und eine von der seinen verschiedene Sprache sprach, als ein Ausdruck unbedingter Verachtung und Abneigung. Selbst dort, wo kein besonderer Anspruch auf Überlegenheit erhoben wird, offenbaren der Widerwille gegen Vereinigung, die häufigen Kriege oder vielmehr die dauernden Feindseligkeiten, wie sie bei wilden Völkern und getrennten Sippenverbänden stattfinden, wie sehr unser Geschlecht sowohl zum Widerstreit wie zur Eintracht veranlagt ist.

Neuere Entdeckungen haben uns die Kenntnis nahezu jeder Lage gebracht, in welche die Menschen versetzt werden. Wir finden die Menschen über große und weite Kontinente verstreut, auf denen die Verbindungen offenstehen und ein nationales Bündnis leicht zu schließen scheint. Wir haben sie aber auch in kleineren Bezirken lebend vorgefunden, die von Bergen, großen Flüssen und Meeresarmen begrenzt werden. Sie wurden auf kleinen und entfernten Inseln angetroffen, wo die Einwohner leicht zu versammeln sind und aus ihrer Verbindung unmittelbaren Vorteil ziehen können. Aber in all diesen Lagen waren sie gleichermaßen in Stämme zersplittert und betonten ihre Verschiedenheit hinsichtlich Namen und Gemeinschaft. Die Bezeichnungen *Mitbürger* und *Landsmann* würden ohne die Gegensetzung der Worte *Ausländer* und *Fremder*, auf welche sie sich beziehen, außer Gebrauch geraten und bedeutungslos werden. Wir lieben Individuen aufgrund ihrer persönlichen Eigenschaften. Aber wir lieben unser Land als einen besonderen Teil der Menschheit, und unser Eifer für sein Interesse ist zugleich eine Vorliebe für die Seite, auf der wir stehen.

Im geselligen Umgang der Menschen genügt es, daß wir eine Möglichkeit haben, unsere Begleitung zu wählen. Wir wenden uns von denen ab, die uns nicht gefallen, wir nehmen unsere Zuflucht zu einer Gesellschaft, die mehr nach unserem Sinne

ist. Wir lieben Unterscheidungen. Wir stellen uns in Gegensatz
zu anderen und streiten als Partei und als Gegenpartei, ohne
daß es einen handfesten Anlaß zur Auseinandersetzung gäbe.
Widerwillen nährt sich ebenso wie Zuneigung von der kontinu-
ierlichen Ausrichtung auf seinen besonderen Gegenstand. Trennung und Entfremdung erweitern ebensosehr wie die Widersetzlichkeit eine Kluft, deren Anfänge keineswegs auf irgendeinem Vergehen beruhten. Es scheint so, daß die Menschheit für
immer in Gruppen getrennt bleiben und eine Mehrheit von
Nationen bilden wird, bis sie auf den Zustand einer Familie
zurückgeführt oder einen äußeren Beweggrund gefunden hat,
um ihre Verbindung in größerer Zahl aufrechtzuerhalten.
Oft sind das Gefühl einer gemeinsamen Gefahr und die Angriffe eines Feindes den Völkern dadurch nützlich gewesen, daß
sie ihre Mitglieder fester verbanden und diejenigen Absonde-
rungen und tatsächlichen Trennungen verhinderten, in welchen
ihre bürgerliche Zwietracht sonst hätte enden können. Ein solches äußeres Motiv zur Einigung mag nicht allein im Fall großer
und weit ausgebreiteter Völker nötig sein, wo Bündnisse durch
die große Entfernung und die Unterschiede der Provinzen geschwächt werden, sondern sogar in der begrenzten Gesellschaft
kleiner Staaten. Rom selbst wurde von einer kleinen Partei gegründet, die ursprünglich aus Alba geflohen war. Seine Bürger
waren oft in der Gefahr, sich zu trennen, und wenn die Dörfer
und Kantone der Volsker weiter vom Schauplatz ihrer Uneinigkeit entfernt gewesen wären, dann hätte der Mons Sacer sicherlich bereits zu einem Zeitpunkt eine Kolonie erhalten, als das
Mutterland noch keineswegs reif für eine solche Abspaltung
war. Noch lange waren hier die Streitigkeiten des Adels und des
Volkes zu spüren, und die Tore des Janus-Tempels wurden häufig geöffnet, um die römischen Einwohner an die Pflichten zu
erinnern, die sie dem Vaterlande schuldeten.
Wenn Gesellschaften ebenso wie Individuen mit der Sorge um
ihre Selbsterhaltung belastet sind und wir in beiden unterschiedliche Interessen am Werke sehen, die ihrerseits Anlaß zu
Eifersucht und Wettstreit geben, dann kann es uns nicht erstaunen, aus solcher Quelle Feindschaften fließen zu sehen. Gäbe es
nun keine heftigen Leidenschaften gänzlich anderer Art, so

würden die Feindschaften, die einen Interessengegensatz begleiten, dem eigentlichen Wert des Gegenstandes stets angemessen
sein. »Die Hottentottenstämme«, bemerkt Kolben, »vergehen
sich aneinander durch Viehdiebstähle und durch Frauenraub.
Doch solche Regelverletzungen werden selten begangen, außer
in der Absicht, die Nachbarn zu reizen und sie zum Krieg zu
treiben.« Solche Plünderungen sind dann nicht der Grund eines
Krieges, sondern die Folgen bereits gehegter feindseliger Absichten. Auch die Völker Nordamerikas sind fast ununterbrochen in Kriege verwickelt, obwohl sie weder Herden zu bewa-
chen noch Niederlassungen zu betreiben haben. Sie können für
diese Kriege keinen anderen Grund angeben als Motive der
Ehre und den Wunsch, jenen Kampf fortzusetzen, den schon
ihre Väter geführt haben. Sie legen keinen Wert auf die Beute
eines Feindes, und der Krieger, der irgendein Beutestück erhascht hat, überläßt dies ohne Bedenken der ersten Person, die
ihm über den Weg läuft.[1]
Aber wir brauchen keineswegs den Atlantischen Ozean zu
überqueren, um Beweise der Feindseligkeit zu finden und im
Zusammenstoß unterschiedlicher Gesellschaften den Einfluß
erregter Leidenschaften zu beobachten, die keineswegs einem
bloßen Interessengegensatz entspringen. In der Tat weist die
menschliche Natur keinen Charakterzug auf, von dem auf dieser Seite des Globus nicht schreiendere Beispiele gegeben wären. Was ist es, das sich in der Brust gewöhnlicher Menschen
rührt, wenn die Feinde ihres Vaterlandes beim Namen genannt
werden? Woher kommen die Vorurteile, wie sie zwischen verschiedenen Provinzen, Distrikten und Dörfern desselben Imperiums oder Territoriums bestehen? Was ist es, das die eine
Hälfte der Völker Europas gegen die andere Hälfte aufbringt?
Der Staatsmann mag sein Verhalten aus Motiven nationaler Eifersucht und Vorsicht erklären, aber das Volk empfindet Abneigungen und Antipathien, für die es keine Rechenschaft geben
kann. Ihre gegenseitigen Vorwürfe der Treulosigkeit und Ungerechtigkeit sind, ganz wie die Plünderungen der Hottentotten,
nur Symptome einer Feindschaft, gleichsam die Sprache einer

1 Charlevoix, History of Canada.

feindlichen Einstellung, die bereits existiert. Anklagen wegen
Feigheit und Kleinmut, d.h. wegen solcher Eigenschaften, wie
sie ein interessierter und vorsichtiger Feind am liebsten an seinem Rivalen finden wollte, werden mit Abscheu ins Feld geführt und zur Ursache von Abneigung gemacht. Man höre nur,
wie die Bauern auf den verschiedenen Seiten der Alpen und der
Pyrenäen, des Rheins oder des englischen Kanals ihren Vorur-
teilen und nationalen Leidenschaften freien Lauf lassen. Wir
finden gerade bei ihnen reichliches Material für Krieg und
Zwietracht, ganz ohne Anleitung der Regierung, dazu noch
Funken, die bereit sind, dasjenige zu einer Flamme zu entfachen, was der Staatsmann häufig gerade auslöschen möchte.
Das Feuer wird nicht immer dorthin übergreifen, wo es die
Staatsräson hinlenkt, noch wird es dann aufhören, wenn eine
Gemeinsamkeit der Interessen zu einem Bündnis geführt hat.
»Mein Vater würde aus seinem Grabe auferstehen«, bemerkt ein
spanischer Bauer, »wenn er einen Krieg mit Frankreich vorher-
sehen könnte.« Welches Interesse sollten er oder die Gebeine
seines Vaters an den Streitigkeiten der Fürsten gehabt haben?
Solche Beobachtungen scheinen unsere Gattung anzuklagen
und ein ungünstiges Bild von der Menschheit zu entwerfen.
Aber dennoch stehen die Besonderheiten, die wir erwähnt haben, mit den liebenswürdigsten Eigenschaften unserer Natur in
Einklang und bilden oft den Hintergrund zur Betätigung unserer größten Fähigkeiten. Es sind schließlich die Gefühle der
Großmut und der Selbstverleugnung, die den Krieger zur Verteidigung seines Vaterlandes antreiben. Dies sind Anlagen, die
der Menschheit höchst günstig sind, die aber zugleich zu Prinzipien einer offenbaren Feindseligkeit unter den Menschen werden. Jedes Lebewesen ist dazu geschaffen, sich an der Ausübung seiner natürlichen Talente und Fähigkeiten zu erfreuen.
Der Löwe und der Tiger spielen mit der Tatze; dem Pferd bereitet es Vergnügen, seine Mähne im Winde flattern zu lassen, es
vergißt die Weide, um seine Schnelligkeit auf dem Feld zu erproben. Selbst der Stier, noch ehe seine Stirn bewaffnet ist, und
das Lamm, solange es noch Sinnbild der Unschuld ist, haben die
Neigung, mit der Stirn zu stoßen. Sie nehmen im Spiel diejenigen Konflikte vorweg, die sie später erdulden müssen. Auch der

Mensch ist zur Opposition veranlagt und dazu, die Kräfte seiner Natur gegen einen gleichen Gegner zu gebrauchen. Er liebt es, seine Vernunft, seine Beredsamkeit, seinen Mut, ja sogar seine körperliche Kraft zu erproben. Sein sportlicher Zeitvertreib ist häufig ein Abbild des Krieges. Im Spiel werden Schweiß und Blut oft freiwillig vergossen. Am Ende eines Zeitvertreibs durch Müßiggang und Festlichkeit stehen Wunden oder der Tod. Der Mensch wurde nicht dazu geschaffen, ewig zu leben, und sogar seine Vergnügungssucht hat ihm einen Weg zum Grab eröffnet.

Ohne die Rivalität der Nationen und ohne die Praxis des Krieges könnte die bürgerliche Gesellschaft selbst kaum Inhalt und Form gefunden haben. Zwar könnten die Menschen ohne förmliche Übereinkunft Handel treiben, doch ohne Übereinstimmung innerhalb der Nation in Sicherheit zu leben, dies wäre ihnen nicht möglich. Die Notwendigkeit öffentlicher Verteidigung hat viele staatliche Abteilungen ins Leben gerufen; die geistigen Fähigkeiten der Menschen haben in der Handhabung der Streitkräfte der Nation ihr größtes Betätigungsfeld gefunden. In Furcht zu erhalten oder einzuschüchtern und, wenn wir nicht mit Vernunft überzeugen können, mutig zu widerstehen, das sind die Tätigkeiten, die einem energischen Geist die anregendste Übung und die größten Triumphe gewähren. Wer nie mit seinen Mitmenschen gekämpft hat, dem bleibt die Hälfte der menschlichen Gefühle fremd.

Die Streitigkeiten von Individuen sind in der Tat häufig die Wirkungen unglücklicher und abscheulicher Leidenschaften, wie etwa von Mißgunst, Haß und Wut. Wenn solche Leidenschaften die Brust allein beherrschen, dann wird das Schauspiel der Uneinigkeit zum Gegenstand des Abscheus. Gemeinsamer Widerstand dagegen, von vielen geleistet, wird immer durch Leidenschaften anderer Art gemildert. Hier mischen sich Gefühle der Zuneigung und Freundschaft mit dem der Feindseligkeit. Die Tätigen und Tapferen werden zu Hütern ihrer Gesellschaft. In ihrem Fall stellt selbst noch Gewalttätigkeit eine Äußerung des Großmutes wie des Mutes dar. Das, was wir als Wirkung einer privaten Abneigung keineswegs ertragen könnten, nehmen wir als Äußerung von Nationalgefühl oder Parteigeist durchaus mit Beifall auf. Inmitten der Auseinandersetzungen gegnerischer Staaten meinen wir, in der Ausübung von Gewalttätigkeiten und Kriegslisten für den Patrioten und Krieger die glänzendste Laufbahn menschlicher Tugend gefunden zu haben. Selbst persönliche Gegnerschaft ist hier unserem Urteil über die Verdienste der Menschen keineswegs abträglich. Die Namen von Rivalen wie Agesilaos und Epaminondas, Scipio und Hannibal werden in gleicher Weise mit Lob bedacht. Selbst der Krieg, der doch in einer Hinsicht so verhängnisvoll erscheint, wird aus einer anderen Perspektive als Betätigung eines edelmütigen Geistes gesehen. Gerade seine Folgen, die wir bedauern, erscheinen nur als eine Krankheit mehr, welche der Schöpfer der Natur für unseren Ausgang aus dem menschlichen Leben bestimmt hat.

Diese Überlegungen mögen uns zusätzliche Einblicke in die Lage der Menschheit eröffnen. Doch dienen sie eher dazu, uns mit dem Gang der Vorsehung auszusöhnen, als daß sie uns veranlassen, unser eigenes Verhalten zu ändern, insbesondere an den Punkten, an denen wir uns mit Rücksicht auf die Wohlfahrt unserer Mitmenschen bemühen, deren Feindseligkeiten zu beschwichtigen und sie durch Bande der Zuneigung zu vereinen. In der Verfolgung solch liebenswerter Absichten können wir wenigstens in einigen Fällen hoffen, die bösen Leidenschaften der Eifersucht und des Neids zu entwaffnen. Wir können hoffen, der Brust des einzelnen ein Gefühl der Aufrichtigkeit gegenüber seinen Mitmenschen einzuflößen, sowie eine Einstellung der Menschlichkeit und Gerechtigkeit. Aber es wäre vergeblich zu erwarten, daß der Mehrheit eines Volkes der Wunsch nach Einigkeit untereinander vermittelt werden könnte, ohne gleichzeitig Feindseligkeit gegen jene zuzulassen, die sich dieser Mehrheit widersetzten. Könnten wir bei irgendeinem Volk mit einem Schlag den Wetteifer vernichten, der von auswärts angeregt wird, dann würden wir wahrscheinlich auch die Bande der Gesellschaft im Lande selbst zerreißen oder doch zumindest schwächen. Damit aber würden wir auch die geschäftigsten Szenen nationaler Betätigung und Tugend zum Erliegen bringen.

5. Von den Verstandeskräften

Es sind bereits viele Versuche unternommen worden, die menschlichen Anlagen zu analysieren, die wir bisher aufgezählt haben. Jedenfalls ist es ein Interesse der Wissenschaft, vielleicht sogar das wichtigste, das Vorhandensein einer Anlage festzustellen. Wir sind mehr an ihrem Dasein und ihren Folgen als am Ursprung oder der Art und Weise ihres Entstehens interessiert. Dieselbe Beobachtung kann auf die anderen Kräfte und Fähigkeiten unserer Natur angewandt werden. Deren Vorhandensein und Gebrauch machen den Hauptinhalt unseres Studiums aus. Denken und Urteilen, so sagen wir, sind die Wirkungen einer bestimmten Fähigkeit; doch in welcher Weise uns jene Fähigkeiten des Denkens und Urteilens verbleiben, wenn sie nicht praktiziert werden, oder aufgrund welcher Verschiedenheiten des Körperbaus sie in verschiedenen Personen ungleich sind, das sind Fragen, die wir nicht lösen können. Nur an ihren Wirkungen können wir sie entdecken: unangewendet bleiben sie selbst der Person verborgen, der sie angehören; ihre Tätigkeit ist so sehr ein Teil ihrer Natur, daß die Fähigkeit selbst in vielen Fällen kaum von einer durch häufige Übung erlangten Gewohnheit zu unterscheiden ist.

Personen, die mit verschiedenen Gegenständen beschäftigt sind und in unterschiedlichen Zusammenhängen handeln, scheinen im allgemeinen auch verschiedene Talente zu besitzen oder wenigstens dieselben Fähigkeiten in verschiedener Ausbildung und den verschiedenen Zwecken angepaßt aufzuweisen. Das besondere Genie der Völker kann ebenso wie das der Individuen auf diese Weise aus dem Zustand ihrer Vermögen geschlossen werden. Und es ist richtig, daß wir uns eine allgemeine Regel zu finden bemühen, nach der wir beurteilen können, was an den Fähigkeiten der Menschen bewundernswert ist, worin die glückliche Anwendung ihrer Anlagen besteht, bevor wir es wagen, ein Urteil über diesen Zweig ihrer Verdienste zu fällen, oder bevor wir uns etwa herausnehmen, denjenigen Grad an Achtung zu bemessen, den sie aufgrund ihrer verschiedenen Errungenschaften beanspruchen können.

Die früheste Funktion eines mit Verstand begabten Lebewesens besteht vielleicht darin, Sinneswahrnehmungen zu haben. Einer der großen Vorzüge des lebendig Handelnden besteht jedenfalls in der Kraft und Empfindsamkeit seiner Sinnesorgane. Die Freuden und Schmerzen, denen er von dieser Seite ausgesetzt ist, lassen ihm einen wichtigen Unterschied zwischen den Gegenständen deutlich werden, die so zu seiner Kenntnis gelangen, und es liegt durchaus in seinem Interesse, gut zu unterscheiden, bevor er sich der Leitung eines Triebes anvertraut. Er muß die Gegenstände des einen Sinnesvermögens mit Hilfe der Wahrnehmungen eines anderen genau untersuchen; er muß mit dem Auge prüfen, ehe er eine Berührung wagt, jedes Mittel der Beobachtung ausnutzen, bevor er das Verlangen von Durst und Hunger befriedigt. Auf diese Weise wird eine durch Erfahrung erlangte Unterscheidung zu einer Fähigkeit seines Geistes. Schlußfolgerungen des Denkens sind zuweilen dann nicht mehr von Sinneswahrnehmungen zu unterscheiden.

Die uns umgebenden Gegenstände haben außer ihrem besonderen Erscheinungsbild auch ihre Beziehungen zueinander. Durch ihren Vergleich regen sie Gedanken an, die uns nicht in den Sinn kämen, wenn sie für sich betrachtet würden. Sie haben ihre Wirkungen und gegenseitigen Einflüsse. Sie weisen unter gleichen Umständen gleiche Bewegungen und gleiche Folgen auf. Sobald wir die Punkte gefunden und zum Ausdruck gebracht haben, in denen die Gleichförmigkeit ihres Wirkens besteht, haben wir ein physikalisches Gesetz ermittelt. Viele dieser Gesetze, sogar die allerwichtigsten, sind den gewöhnlichen Menschen bekannt und offenbaren sich bereits nach einem Minimum von Reflexion. Andere Gesetze dagegen sind unter scheinbarer Verwirrung verborgen, deren Beseitigung gewöhnlichen Begabungen nicht möglich ist. Deshalb sind sie auch Gegenstand von Studium, langer Beobachtung und der Anwendung höherer Fähigkeiten. Geschäftsleute wenden ebenso wie Männer der Wissenschaft Fähigkeiten der Einsicht und der Urteilskraft an, um Verwicklungen dieser Art zu lösen. Der Grad an Weisheit, den beide jeweils haben, bemißt sich nach dem Erfolg bei der Entdeckung allgemeiner Regeln, die auf eine Vielzahl von Fällen anwendbar sind, Fällen, die zunächst nichts

miteinander gemeinsam zu haben scheinen; er bemißt sich
auch nach dem Erfolg bei der Entdeckung wichtiger Unterschiede zwischen Gegenständen, die gewöhnliche Menschen
oft zu verwechseln bereit sind.

Ziel der Wissenschaft ist es, eine Vielzahl von Besonderheiten
unter allgemeinen Gesichtspunkten zu sammeln und unterschiedliche Wirkungen auf ihr gemeinsames Prinzip zurück-
zuführen. Auch für den Genuß- oder den Geschäftsmenschen
gilt es, das gleiche zu tun, wenigstens im Rahmen seiner tätigen Unternehmungen. Es scheint so, als ob der Nachden-
kende wie der Handelnde in einer Hinsicht an einer gemeinsamen Aufgabe arbeiten, indem sie versuchen, durch Beobachtung und Erfahrung allgemeine Gesichtspunkte für die Betrachtung ihrer Gegenstände zu finden bzw. solche Regeln,
die aufs Detail ihres Verhaltens nützlich anzuwenden sind. Sie
wenden ihre Talente hierbei keineswegs immer auf verschiedene Gegenstände an. Sie scheinen sich vielmehr hauptsächlich durch die ungleiche Tragweite und die Mannigfaltigkeit
ihrer Beobachtungen und durch die unterschiedlichen Absichten zu unterscheiden, die sie jeweils bei deren Sammlung verfolgen.

Solange die Menschen fortfahren, nach solchen Trieben und
Leidenschaften zu handeln, die vornehmlich zur Erreichung
äußerer Zwecke führen, geben sie den detaillierten Blick auf
ihre Objekte selten auf, um sich weit auf die Straße allgemeiner Untersuchungen zu begeben. Sie bemessen das Ausmaß
ihrer Fähigkeiten an der Schnelligkeit ihrer Wahrnehmung für
das, was an jedem Gegenstand wichtig ist, und nach der
Leichtigkeit, mit der sie sich aus jeder schwierigen Angelegenheit herausziehen. Zugegebenermaßen stellt dies für ein
Wesen, das dazu bestimmt ist, inmitten von Schwierigkeiten
zu handeln, die wahre Probe seiner Fähigkeiten und seiner
Kraft dar. Ein Schwall an Worten und allgemeinen Vernünfteleien, der manchmal den Anschein von so viel Gelehrsamkeit
und Wissen trägt, bringt für die Lebensführung nur wenig
Nutzen. Die Fähigkeiten, aus denen solches entsteht, enden
in purer Prahlerei. Selten sind sie mit jener überlegenen Unterscheidungskraft verbunden, die der Handelnde in Zeiten

der Not anwendet, noch weniger aber mit jener Unerschrokkenheit und Geistesgegenwart, die nötig ist, um durch schwierige Lagen hindurchzukommen.

Die Fähigkeiten aktiver Menschen weisen indessen eine Mannigfaltigkeit auf, die derjenigen der Gegenstände entspricht, mit denen sie sich beschäftigen. Der Scharfsinn, der auf die äußere und unbeseelte Natur angewandt wird, bildet eine Art dieser Fähigkeit; jener, der sich der Gesellschaft und menschlichen Angelegenheiten zuwendet, bildet eine andere. Der Ruf besonderer Begabung für irgendeine Sache ist zweifelhaft, bis wir wissen, durch welche Art der Anstrengung jener Ruf gewonnen wird. Zum Lob der begabtesten Menschen läßt sich nichts Besseres sagen, als daß sie den Gegenstand wohl verstehen, mit dem sie sich befassen. Jeder Bereich, jeder Beruf würde gleichermaßen seine großen Männer haben, wenn es nicht eine Auswahl von Gegenständen für den Verstand und von Fähigkeiten für den Geist, aber auch von Gefühlen für das Herz und von Gewohnheiten für den tätigen Charakter gäbe.

Die geringsten Berufe vergessen sich oder den Rest der Menschheit in der Tat manchmal so sehr, daß sie sich beim Ruhm dessen, was in ihrem Sinn ausgezeichnet ist, jedes Attribut beilegen, das auch die Würdigsten als das Vorrecht ihrer überlegenen Fähigkeiten beanspruchen. Jeder Handwerker gilt in den Augen eines Lernenden und eines demütigen Bewunderers als ein großer Mann. Vielleicht können wir mit größerer Sicherheit etwas darüber aussagen, was einen Menschen glücklich und liebenswert macht, als darüber, was seinen Fähigkeiten Respekt und seinem Genie Bewunderung verschaffen würde. Falls man die Begabung selbst in den Blick nimmt, mag solches vielleicht unmöglich sein. Doch die Wirkung solcher Begabung wird uns auch Regel und Maßstab für unsere Beurteilung abgeben. Bewundert und geachtet zu werden bedeutet, Vorrang unter den Menschen zu haben. Diejenigen Fähigkeiten, die solchen Vorrang am ehesten hervorbringen, sind solche, welche der Menschheit Eindruck machen, die deren Absichten durchdringen, ihre Wünsche verhindern oder ihre Pläne vereiteln. Gepaart mit überlegener Energie führt die überlegene Fähigkeit dorthin, wohin jedes Individuum gelangen möchte. Sie zeigt den Zögernden und den Unentschlossenen einen deutlichen Weg zur Erreichung ihrer Ziele.

Diese Charakteristik betrifft nicht ein bestimmtes Gewerbe oder einen bestimmten Beruf. Sie beinhaltet vielmehr eine generelle Art von Fähigkeit, welche durch die gesonderte Beschäftigung der Menschen in bestimmten Berufen nur unterdrückt oder geschwächt zu werden pflegt. Wo würden wir denn die Talente finden, die dazu befähigen, mit Menschen in einem gemeinschaftlichen Ganzen zu handeln, wenn wir das Ganze in Teile zerbrechen und die Beobachtungen eines jeden auf eine gesonderte Spur beschränken?

Im Blick auf seine Mitmenschen zu handeln, seinen Geist öffentlich zu betätigen, ihm jede Betätigung des Gefühls und des Denkens zu gewähren, die dem Menschen als Mitglied der Gesellschaft, sei es als Freund oder als Feind, eigen sind, dies scheint der Hauptberuf und die Hauptbeschäftigung der Menschennatur zu sein. Wenn er arbeiten muß, um zu bestehen, so kann er für keinen besseren Zweck als für das Wohl der Menschheit bestehen. Bessere Talente als jene, die ihn befähigen, gemeinsam mit Menschen zu handeln, kann er nicht haben. Der Verstand scheint hier den Gefühlen in der Tat sehr viel zu entlehnen; es gibt eine Glückseligkeit in der Führung menschlicher Angelegenheiten, bei der es schwierig ist, die Schnelligkeit des Verstandes vom Eifer und von der Empfindsamkeit des Herzens zu unterscheiden. Wo beide vereint sind, da erzeugen sie jene Überlegenheit des Geistes, deren Häufigkeit unter den Menschen besonderer Zeiten und Nationen den Grad ihres Genies und das Ausmaß ihrer Distinktion und Ehre viel eher bestimmen sollte als der Fortschritt, den sie im spekulativen Denken oder in der Praxis mechanischer und freier Künste gemacht haben.

Solange Nationen einander auf der Bahn ihrer Entdeckungen und Untersuchungen noch folgen, ist die letzte immer auch die kenntnisreichste Nation. Systeme der Wissenschaft bilden sich allmählich heraus. Der Erdball selbst wird nur nach und nach überquert, und sobald die Geschichte eines jeden Zeitalters zur Vergangenheit geworden ist, bedeutet sie einen Zuwachs an Wissen für jene Zeitalter, die folgen. Die Römer wußten mehr

als die Griechen, und jeder Gelehrte im modernen Europa ist in
diesem Sinne gelehrter als die vollendetste Persönlichkeit, die
jemals einen dieser berühmten Namen (der antiken Völker) getragen hat. Aber wird man diesen Gelehrten deshalb schon als
ihnen überlegen ansehen?

Die Menschen sind nicht nach dem zu beurteilen, was sie wis-
sen, sondern nach dem, was sie vollbringen können, nach der
Geschicklichkeit, mit der sie Materialien für die verschiedenen
Zwecke des Lebens verwenden, nach ihrer Kraft und ihrem
Verhalten bei der Verfolgung politischer Zwecke und bei der
Auffindung der Mittel zu Krieg und nationaler Verteidigung.
Selbst in der Literatur sind sie nach den Werken ihrer Begabung
und nicht nach der Ausdehnung ihrer Kenntnisse einzuschätzen. Das Feld bloßer Beobachtung war in der griechischen Republik äußerst begrenzt. Die Hast eines tätigen Lebens schien
dort unvereinbar mit dem Studium. Nichtsdestoweniger war es
gerade dort, daß der menschliche Geist seine größten Begabungen sammelte und seine besten Belehrungen inmitten von
Schweiß und Staub erhielt.

Es ist dem modernen Europa eigentümlich, sich hinsichtlich des
menschlichen Charakters zum großen Teil auf das zu verlassen,
was in der Abgeschiedenheit und aus dem Bücherwissen gelernt
werden kann. Eine berechtigte Bewunderung der alten Literatur, die Meinung, daß menschliches Empfinden und menschliche Vernunft ohne deren Hilfe aus der menschlichen Gesellschaft verschwunden wären, haben uns ins Dunkel geführt.
Dort bemühen wir uns, aus Einbildung und bloßen Gedanken
das herzuleiten, was in der Wirklichkeit Sache der Erfahrung
und des Empfindens ist. Wir bemühen uns, mit Hilfe der Grammatik toter Sprachen und der Vermittlung gelehrter Kommen-
tatoren die Schönheit des Gedankens und der Beredsamkeit
zu erreichen, die doch ursprünglich dem beseelten Geist der
Gesellschaft entsprang und den lebendigen Eindrücken eines
tätigen Lebens entnommen war. Unsere Errungenschaften
beschränken sich hierbei häufig auf die Anfangsgründe jeder
Wissenschaft. Selten nur gelangen sie zu jener Ausweitung von
Geschicklichkeit und Macht, zu der uns nützliches Wissen verhelfen sollte. Wir lesen über Gesellschaften, sind aber nicht wil-

lens, mit Menschen zu handeln – gleichsam wie Mathematiker, die die Elemente des Euklids studieren, aber niemals ans Messen selbst denken. Wir wiederholen die Sprache der Politik, fühlen dabei aber nicht den Geist der Nationen. Wir beachten die Formalitäten militärischer Disziplin, wissen dabei aber nicht, wie eine Vielzahl von Menschen einzusetzen ist, um durch Kriegslist oder Gewalt einen Zweck zu erreichen.

Aber zu welchem Zweck, so könnte man meinen, überhaupt ein Übel bloßlegen, dem nicht abzuhelfen ist? Würde nicht das Genie der Menschen schon erwachen, wenn nationale Angelegenheiten nach Tätigkeit verlangen? Dient bei Mangel besserer Betätigung die nach dem Studium gewidmete Zeit, selbst wenn sie von keinem anderen Vorteil begleitet wird, nicht doch dazu, Mußestunden unschuldig auszufüllen und dem Streben nach ruinösen oder leichtfertigen Vergnügungen eine Grenze zu setzen? Aus keinem besseren Grunde als aus diesem bringen wir so viele unserer frühen Jahre unter der Zuchtrute zu, um etwas zu erwerben, von dem nicht zu erwarten ist, daß wir es über die Schulschwelle hinaus überhaupt beibehalten. Wir tragen in unser Studium so den gleichen oberflächlichen Charakter hinein wie in unsere Vergnügungen. Der menschliche Geist aber könnte unter einer Vernachlässigung der Gelehrsamkeit nicht mehr leiden als unter der falschen Wichtigkeit, die der Literatur dann beigemessen wird, wenn sie als alleiniger Lebenszweck gilt, statt sie als Hilfe für unsere Lebensführung zu gebrauchen und als Mittel, einen Charakter zu bilden, der in sich selbst glücklich und der Menschheit von Nutzen ist.

Wenn wir die Zeit, die mit der Entspannung unserer Geisteskräfte hingeht und mit dem Fernhalten von allen Dingen außer denen, die zur Erschlaffung und Korruption dienen, wenn wir diese Zeit damit zubrächten, jene oben erwähnten Kräfte zu stärken und den Geist zu lehren, seine Zwecke und seine Stärken zu erkennen, dann würden wir in den Jahren der Reife um eine Beschäftigung nicht so verlegen sein. Wir würden unsere Fähigkeiten nicht dazu mißbrauchen, auf unsere Chance am Spieltisch zu warten und hierdurch das Feuer verschwenden, das in unserer Brust noch vorhanden ist. Diejenigen wenigstens, die aufgrund ihrer Stellung einen Anteil an der Regierung ihres

Landes haben, sollten sich fähig zur Führung öffentlicher Geschäfte halten. Solange der Staat noch seine Armeen und Ratsversammlungen hat, sollten sie dort genug Stoff zu ihrer Unterhaltung finden, ohne ihr persönliches Vermögen aufs Spiel zu setzen, nur um die Langeweile eines lustlosen und unbedeutenden Lebens zu pflegen. Man kann sich nicht für immer dem spekulierenden Denken hingeben; manchmal muß man unweigerlich fühlen, daß man unter Menschen lebt.

6. Vom sittlichen Gefühl

Eine oberflächliche Beobachtung dessen, was sich im menschlichen Leben abspielt, ließe uns zu dem Schluß neigen, daß die Sorge um das bloße Auskommen die Haupttriebfeder menschlicher Handlungen ist. Diese Erwägung führt zur Erfindung und Ausübung mechanischer Künste. Sie lehrt uns den Unterschied von Vergnügen und Geschäft. Bei vielen läßt sie kaum einen anderen Zweck des Strebens und der Aufmerksamkeit zu. Die gewaltigen Vorteile des Eigentums und Vermögens bedeuten nur eine Vorsorge, die für sinnlichen Genuß getroffen wird, sofern man von der Hochschätzung des Eigentums absieht, die sich aus der Eitelkeit oder aus den ernsthafteren Rücksichten auf Unabhängigkeit und Macht ergibt. Hörte unsere Besorgnis in dieser Angelegenheit auf, dann ginge es nicht nur mit den Anstrengungen des Handwerkers, sondern auch mit den Studien des Gelehrten zu Ende. Jede Abteilung öffentlicher Geschäfte würde unnötig, jedes Senatsgebäude geschlossen und jeder Palast verlassen werden.

Ist also der Mensch im Hinblick auf sein Handlungsziel den bloßen Tieren zuzurechnen? Ist er von diesen nur durch solche Fähigkeiten zu unterscheiden, die ihn instand setzen, stets neue Erfindungen zum Unterhalt und zur Bequemlichkeit tierischen Lebens zu machen, ferner noch durch das Ausmaß einer Einbildungskraft, durch welche die Sorge um seine tierische Erhaltung beschwerlicher für ihn wird, als sie es für die tierische Herde ist, mit welcher er teil hat am Überfluß der Natur? Wäre dies der Fall, dann würde die Freude, die seinen Erfolg begleitet, oder der Kummer, der aus einer Enttäuschung erwächst, die Summe seiner Leidenschaften ausmachen. Der Sturzbach, der sein Besitztum zerstörte, oder die Überschwemmungen, die es fruchtbar machten, sie würden in ihm all jene Gefühle wachrufen, die ihn eben bei Gelegenheit eines Schadens ergreifen, der sein Vermögen behelligt, oder eines Vorteils, durch den dieses erhalten und vergrößert wird. Seine Mitmenschen fänden nur insofern Beachtung, als sie sein Interesse berühren. Der Ausgang jeder Handlung würde nach Gewinn und Verlust charak-

terisiert. Die Beiworte *nützlich* und *nachteilig* würden dazu
herhalten, seine Gefährten in der Gesellschaft zu unterscheiden,
ganz so wie diese Worte den Baum, der reichlich Frucht trägt,
von dem unterscheiden, der nur das Erdreich belastet oder die
schöne Aussicht versperrt.

Dies allerdings macht nicht die Geschichte unserer Gattung aus.
*Denn was von einem Mitmenschen herrührt, wird stets mit
besonderer Aufmerksamkeit wahrgenommen.* Jede Sprache
weist einen Überfluß an Worten auf, die ein spezifisches Moment in den Handlungen der Menschen zum Ausdruck bringen, das sich von Erfolg wie von Enttäuschung unterscheidet.
Das Herz entflammt sich nur in Gesellschaft, der Blick auf den
bloßen Interessenstandpunkt dagegen hat nichts Zündendes an
sich. Eine an sich unbedeutende Sache wird wichtig, sobald sie
die Absichten und Charaktere der Menschen ans Tageslicht
bringt. Der Fremde, der glaubte, daß Othello auf der Bühne
über den Verlust seines Taschentuches in Wut geriet, er befand
sich nicht weniger im Irrtum wie der Räsoneur, der jede hefti-
gere Leidenschaft der Menschen auf den bloßen Eindruck von
Gewinn oder Verlust zurückführte.

Die Menschen versammeln sich, um Geschäfte zu beraten, und
sie trennen sich aus Interessenneid. Aber in ihren verschiedenen
Zusammenstößen, ob nun als Freunde oder als Feinde, wird
eine Flamme entzündet, welche durch Rücksichten auf Interesse oder Sicherheit keineswegs niederzuhalten ist. Der Wert
einer Gunstbezeugung bei der Wahrnehmung freundlicher Gefühle wird keineswegs abgewogen, und das Wort *Unglück* hat
im Vergleich zu *Beleidigung* und *Unrecht* nur eine verhältnismäßig schwache Bedeutung.

Ob als Handelnde oder als Zuschauer, wir fühlen beständig die
Verschiedenheit menschlichen Betragens. Schon die bloße Er-
zählung von Dingen, die sich in Zeiten und Ländern fern von
den unseren abgespielt haben, erfüllt uns mit Bewunderung und
Mitleid, oder sie reißt uns zu Unwillen und Zorn hin. Unsere
Empfindsamkeit in dieser Hinsicht verleiht den Berichten der

... Seit der Auflage von 1768 ersetzt durch:
Denn was von einem Mitmenschen herrührt, wird stets mit besonderem
Gefühl wahrgenommen.

Geschichte und den Erfindungen der Poesie noch in der Abgeschiedenheit ihre Reize. Sie läßt Tränen des Mitleids fließen, läßt das Blut schneller pulsieren und verleiht dem Auge den lebhaftesten Ausdruck von Mißvergnügen oder Freude. Sie verwandelt das menschliche Leben in ein interessantes Schauspiel und reizt selbst die Trägen beständig, sich als Gegner oder Freunde an den Szenen zu beteiligen, die sich vor ihnen abspielen. Im Verein mit den Kräften der Überlegung und Vernunft bildet solche Empfindsamkeit die Basis einer sittlichen Natur. Indem sie die Bedingungen für Lob und für Tadel diktiert, dient sie dazu, unsere Mitgeschöpfe mit den bewundernswertesten und einnehmendsten oder aber den verhaßtesten und verächtlichsten Bezeichnungen zu klassifizieren.

Es ist erheiternd, Menschen zu finden, die zwar in ihren Spekulationen die Wirklichkeit moralischer Unterscheidungen leugnen, im einzelnen dann aber die von ihnen behaupteten allgemeinen Positionen vergessen und sich in Spott, Unwillen und Geringschätzung ergehen, als ob sich irgendeines dieser Gefühle regen könnte, wenn die Handlungen der Menschen gleichgültig wären. Diese Personen behaupten mit Schärfe, den Betrug aufzudecken, mit Hilfe dessen moralische Einschränkungen auferlegt worden sind, als wenn einen Betrug zu tadeln nicht auch schon hieße, sich auf die Seite der Moralität zu schlagen.[1]

Können wir die Prinzipien erklären, nach denen die Menschheit die Vorzüge der Charaktere beurteilt und aufgrund deren sie sich auf solch heftige Gefühle der Bewunderung oder Verachtung einläßt? Wenn zugestanden wird, daß wir dies nicht können, sind die Fakten deshalb weniger wahr? Oder sollten wir die Regungen des Herzens unterdrücken, bis diejenigen, die damit beschäftigt sind, wissenschaftliche Systeme aufzustellen, das Prinzip entdeckt haben, aus dem diese Regungen hervorgehen? Wenn wir uns einen Finger verbrannt haben, dann machen wir uns schließlich auch nichts aus Belehrungen über die Eigenschaften des Feuers; wenn es uns das Herz zerreißt oder der Geist vor Freude außer sich ist, haben wir keine Muße für Spekulationen über das Wesen sittlicher Empfindung.

1 Mandeville.

In diesen wie in anderen Punkten, auf welche Spekulation und Theorie angewendet werden, fügt es sich gut, daß die Natur ihren Lauf nimmt, während die Neugierigen mit der Suche nach ihren Prinzipien beschäftigt sind. Der Bauer oder das Kind können denken, urteilen und ihre Sprache sprechen, mit einer Unterscheidungskraft, mit einer Konsistenz und einer Rücksicht auf Analogie, daß die Logiker, die Moralisten und die Grammatiker nur verblüfft sein können, falls sie das Prinzip entdecken sollten, auf dem solches Vermögen beruht, oder falls sie dasjenige unter allgemeine Regeln subsumieren wollten, was in besonderen Fällen so vertraut und so gut begründet ist. Das Glück unserer Lebensführung hängt mehr von der Befähigung ab, die wir für das einzelne haben, mehr von der Eingebung besonderer Anlässe, als von irgendeiner Anleitung, wie wir sie in der Theorie oder in allgemeinen Spekulationen finden können.

Am Ende jeder Nachforschung müssen wir auf Tatsachen stoßen, die wir nicht erklären können. Solche Demütigung zu ertragen, würde uns häufig vor vielen fruchtlosen Bemühungen bewahren. Mit dem Bewußtsein unserer Existenz müssen wir zugleich eine Vielfalt von Umständen hinnehmen, die zur gleichen Zeit und auf die gleiche Weise zu unserer Kenntnis gelangen und die in Wirklichkeit unsere Daseinsweise ausmachen. Jeder Bauer wird uns sagen, daß der Mensch seine Rechte hat und daß es ungerecht ist, diese Rechte zu verletzen. Aber wenn wir ihn weiter fragen, was er unter dem Wort *Recht* versteht, dann zwingen wir ihn wahrscheinlich, ein weniger bedeutungsvolles oder weniger angemessenes Wort an die Stelle des ersteren zu setzen. Wir fordern von ihm eine explizite Erklärung für das, was ein ursprünglicher Modus seines Geistes und ein letztinstanzliches Gefühl ist, auf das er sich beruft, falls er sich über irgendeine besondere Anwendung seiner Sprache erklären will. Die Rechte der Individuen können sich auf verschiedene Gegenstände beziehen und unter verschiedenen Gesichtspunkten zusammengefaßt werden. Jedenfalls haben die Menschen noch vor der Einführung des Eigentums und vor der Etablierung von Rangunterschieden ein Recht, ihre Person zu verteidigen und frei zu handeln. Sie haben ferner ein Recht auf die Behauptung dessen, was sie aus Vernunft wahrnehmen und mit dem Herzen empfinden. *Nicht einen Augenblick können sie miteinander verkehren, ohne zu fühlen, daß die Rolle, die sie spielen, gerecht oder ungerecht sein kann.* Es ist indessen hier nicht unsere Sache, den Begriff eines Rechts in seinen verschiedenen Anwendungen zu verfolgen, sondern über das Gefühl der Befriedigung nachzudenken, mit welchem dieser Begriff in unserem Geist gehegt wird.

Wenn es wahr ist, daß die Menschen durch Instinkt vereinigt werden, daß sie aus Gefühlen der Güte und Freundschaft heraus gemeinsam handeln; wenn es ferner wahr ist, daß die Menschen schon vor näherer Bekanntschaft und Gewöhnung als solche bereits füreinander Gegenstand der Aufmerksamkeit und in gewissem Maße auch der Rücksicht sind, und daß, während ihr Wohlstand auf Gleichgültigkeit stößt, ihr Mißgeschick unser Mitleid findet; wenn Unglücksfälle nach der Zahl und nach dem Wert derjenigen Menschen bemessen werden, die davon betroffen sind; und wenn jedes Leiden eines Mitgeschöpfs eine Schar aufmerksamer Zuschauer herbeilockt; wenn wir schließlich im Falle derjenigen, denen wir gewöhnlich nicht unbedingt etwas Gutes wünschen, dennoch abgeneigt sind, als Werkzeuge ihres Leids zu dienen, dann sollte es scheinen, daß in diesen verschiedenartigen Kundgebungen einer freundschaftlichen Veranlagung auch ein hinreichender Grund für eine sittliche Auffassung liegt, und daß sich das Rechtsgefühl, das wir für uns selbst in Anspruch nehmen, durch eine Regung der Menschlichkeit und Unparteilichkeit auch auf unsere Mitmenschen ausdehnt.

Was setzt unsere Zunge in Bewegung, wenn wir einen Akt der Grausamkeit oder der Unterdrückung tadeln? Was hält uns von Beleidigungen zurück, die unsere Mitmenschen betrüben? In beiden Fällen ist es wahrscheinlich eine besondere Anwendung jenes Prinzips, das uns in Gegenwart des Leidens Tränen des Mitleids entlockt. Es handelt sich um eine Verbindung all jener

... Seit der Auflage von 1768 ersetzt durch:
Nicht einen Augenblick können sie sich zueinander gesellen, ohne zu fühlen, daß die Behandlung, die sie anderen angedeihen lassen oder die sie selbst erfahren, gerecht oder ungerecht sein kann.

Gefühle, die eine wohlwollende Veranlagung ausmachen. Wenn sie schon nicht auf den Entschluß, Gutes zu tun, hinauslaufen, dann doch wenigstens auf die Abneigung, das Werkzeug des Leidens zu sein.[2]

Die Motive für allen Tadel und für alles Lob aufzuzählen, die den Handlungen der Menschen zugrunde liegen, könnte sehr schwierig sein. Sogar während wir moralisieren, kann jede menschliche Veranlagung an der Bildung des Urteils beteiligt sein und unsere Zunge in Bewegung setzen. Wie die Eifersucht oft der wachsamste Hüter der Keuschheit ist, so erspäht Mißgunst oft am schnellsten die Schwächen unseres Nachbarn. Neid, Heuchelei und Eitelkeit können das Urteil diktieren, das wir abgeben, und die verderblichsten Prinzipien unserer Natur können unserem angeblichen Eifer für Moralität zugrunde liegen. Aber wenn es uns nur darum geht zu erkunden, warum diejenigen, welche der Menschheit wohlgesonnen sind, bei jeder Gelegenheit bestimmte Rechte ihrer Mitmenschen beach-

2 Es heißt, die Menschheit sei dem Interesse ergeben. Dies ist bei allen kommerziellen Völkern unzweifelhaft wahr: doch folgt daraus nicht, daß die Menschen aufgrund ihrer natürlichen Veranlagungen der Gesellschaft und wechselseitigen Zuneigung abgeneigt sind: selbst dort, wo Interesse am meisten triumphiert, gibt es Beweise des Gegenteils. Was haben wir von der Stärke jener Veranlagung zum Mitleid, zur Unparteilichkeit und zum guten Willen zu halten, welche ungeachtet der herrschenden Meinung, das Glück eines Menschen bestünde im Besitz der größten Reichtümer, Ämter und Ehren, dennoch die Parteien, die sich um solche Güter bewerben, in leidlicher Freundschaft erhält? Sie führt sie sogar dazu, sich ihres eigenen vermuteten Vorteils zu enthalten, sofern dessen Wahrnehmung Schaden für andere zu bringen scheint. Was dürfen wir nicht alles vom Menschenherzen in Umständen erwarten, die eine solche interessenorientierte Auffassung vom Vermögen verhindern? Was folgt für uns aus dem Einfluß einer ebenso beständigen und allgemeinen Anschauung wie der obigen, daß die menschliche Glückseligkeit nicht in der Befriedigung sinnlicher Triebe bestehe, sondern in der eines wohlwollenden Herzens, nicht in Vermögen oder Interesse, sondern in der Geringschätzung gerade dieser Dinge, im Mut und in der Freiheit, die sich aus solcher Geringschätzung ergeben, vereint mit der entschiedenen Wahl einer Handlungsweise, die sich auf das Wohl der Menschheit bezieht oder auf das Wohl jener besonderen Gesellschaft, der die jeweilige Partei zugehört?

ten, und warum sie der Wertschätzung zustimmen, die jenen Rechten gezollt wird, dann können wir keinen besseren Grund angeben, als daß diejenige Person, welche auf solche Weise beistimmt, der Wohlfahrt der Parteien wohlgesonnen ist, denen der Beifall gilt.

Beifall jedoch ist der Ausdruck eines besonderen Gefühls. Als Ausdruck der Hochachtung bedeutet er das Gegenteil von Verachtung. Sein Zweck ist Vollkommenheit, das Gegenteil von Fehlerhaftigkeit. Dieses Gefühl ist nicht der Menschenliebe gleichzusetzen. Es ist etwas, wodurch wir die Eigenschaften der Menschen und die Zwecke unseres Strebens einschätzen, etwas, das die Stärke jeden Begehrens oder jeder Abneigung verdoppelt, wenn wir erwägen, ob ihr jeweiliger Gegenstand dazu dient, unsere Natur zu erhöhen oder zu erniedrigen.

Wenn wir bedenken, daß das Vorhandensein einer freundlichen Neigung im menschlichen Geist häufig bestritten worden ist, wenn wir uns des Übergewichts interessierten Wettbewerbs erinnern, mit den ihn begleitenden Eigenschaften der Eifersucht, des Neids und der Mißgunst, dann mag die Behauptung sonderbar erscheinen, daß **Liebe und Mitleid die machtvollsten Prinzipien der Menschenbrust sind.** Doch sind sie bei vielen Gelegenheiten dazu bestimmt, sich mit der unwiderstehlichsten Gewalt geltend zu machen. Selbst wenn der Wunsch nach Selbsterhaltung beständiger und allgemeiner sein sollte, sind doch jene Prinzipien die ergiebigeren Quellen der Begeisterung, der Genugtuung und Freude. Mit einer Gewalt, die der von Entrüstung und Zorn nicht nachsteht, treiben sie das Herz zu jeder Aufopferung des Eigeninteresses an und halten es in jeder Mühsal und Gefahr unverzagt aufrecht.

Die Anlage, auf die sich die Freundschaft gründet, glüht in den Stunden der Ruhe vor Zufriedenheit. Sie ist angenehm jedoch nicht nur in den Momenten des Triumphes, sondern auch noch in denen der Sorge. Sie verleiht dem Äußeren Anmut. Durch ihren Ausdruck im Mienenspiel entschädigt sie für den Mangel

... Zusatz seit der Auflage von 1773.
... Seit der Auflage von 1773 ersetzt durch:
Liebe und Mitleid, neben dem Begehren nach Vorrang, die machtvollsten Prinzipien der Menschenbrust sind.

an Schönheit. Sie verleiht einen Reiz, dem keine Gesichtsfarbe und keine feinen Gesichtszüge gleichkommen können. Dieser Quelle verdanken die Vorgänge des menschlichen Lebens ihr hauptsächliches Glück, und die Nachahmungen in der Poesie leiten hieraus ihre höchste Schönheit ab. Beschreibungen der menschlichen Natur, sogar Darstellungen einer kraftvollen Handlungsweise und tapferen Mutes, nehmen das Herz nicht gefangen, falls sie nicht mit der Darstellung edelmütiger Gefühle vermischt sind und nicht mit einem Pathos einhergehen, das sich aus den Kämpfen, den Triumphen oder dem Unglück einer zärtlichen Zuneigung ergibt. Der Tod des Polites in der Äneide ist nicht ergreifender als der vieler anderer, die in den Ruinen Trojas umkamen. Aber der greise Priamus war zugegen, als dieser letzte seiner Söhne getötet wurde. Die Pein seines Schmerzes und seiner Trauer trieb den Vater aus seinem Versteck, so daß er von der gleichen Hand umgebracht wurde, die das Blut seiner Kinder vergossen hatte. Das Ergreifende Homers besteht in der Darstellung der Kraft der Zuneigung, nicht in der Erregung bloßen Schreckens und Mitleids – Leidenschaften, die er ohnehin vielleicht niemals zu erwecken versuchte.
Bei dieser Neigung, in Begeisterung zu entflammen, bei dieser Gewalt über das Herz, bei dem Wohlgefallen, das die Gefühle des Herzens begleitet, und bei all den Wirkungen in der Erweckung von Vertrauen und Achtung ist es nicht erstaunlich, daß ein Prinzip der Menschlichkeit bei all unserem Lob und Tadel tonangebend sein sollte. Selbst dort, wo es an der Bestimmung unseres Handelns gehindert wird, verschafft es dem Geist dennoch bei entsprechendem Nachdenken die Erkenntnis dessen, was im menschlichen Charakter wünschenswert ist. *Was hast Du mit Deinem Bruder Abel getan?* so hieß die erste Vorhaltung im Namen der Sittlichkeit. Selbst wenn die erste Antwort auf diese Frage noch oft wiederholt werden mußte, so hat die Menschheit ungeachtet dessen das Gebot ihrer Natur in gewissem Sinne doch ausreichend anerkannt. Die Menschen haben sich als Hüter ihrer Mitmenschen gefühlt, so gesprochen und selbst entsprechend gehandelt: sie haben Merkmale der Redlichkeit und wechselseitigen Zuneigung zum Prüfstein dessen gemacht, was im menschlichen Charakter verdienstvoll und

liebenswert ist: sie haben Grausamkeit und Unterdrückung
zum Hauptgegenstand ihrer Entrüstung und ihres Zorns gemacht: ja, selbst während der Kopf mit eigensüchtigen Projekten beschäftigt ist, wird das Herz doch oft zur Freundschaft
verleitet; während das Geschäft nach den Grundsätzen der
Selbsterhaltung abläuft, wird eine sorgenfreie Stunde auf Großmut und Güte verwendet.

Deshalb ist auch die Regel, nach der Menschen für gewöhnlich
äußerliche Handlungen beurteilen, von dem mutmaßlichen
Einfluß abgeleitet, den solche Handlungen auf das allgemeine
Beste haben. Sich des Unrechts zu enthalten, gilt als oberstes
Gesetz der natürlichen Gerechtigkeit; Glück zu verbreiten, ist
ein Gesetz der Sittlichkeit; und wenn wir tadeln, daß einer oder
mehreren Personen auf Kosten vieler anderer eine Gunst erwiesen wird, dann beziehen wir uns auf das Gemeinwohl als das
Hauptziel, auf welches die Handlungen der Menschen gerichtet
sein sollten.

Obwohl also ein Prinzip der Menschenliebe die Basis unserer
sittlichen Billigung und Mißbilligung ist, ist dennoch einzugestehen, daß wir doch manchmal Beifall und Tadel austeilen,
ohne genau darauf zu achten, in welchem Grad unseren Mitgeschöpfen geschadet oder genützt wird. Neben den Tugenden
der Redlichkeit, der Freundschaft, des Großmutes und des Gemeinsinns, die sich unmittelbar auf dieses Prinzip beziehen, gibt
es noch andere, die ihren Verpflichtungscharakter aus einer anderen Quelle ableiten. Werden Mäßigung, Klugheit und Tapferkeit in der gleichen Weise aufgrund eines Prinzips der Rücksicht auf unsere Mitgeschöpfe bewundert? Warum nicht, da sie
die Menschen doch glücklich für sich selbst und nützlich für
andere machen? Derjenige, der befähigt ist, das Wohl der Menschen zu fördern, ist weder ein Dummkopf, noch ein Narr,
noch ein Feigling. Könnte es überhaupt noch deutlicher zum
Ausdruck kommen, daß Mäßigung, Klugheit und Tapferkeit
für den Charakter, den wir lieben und bewundern, nötig sind?
Ich weiß wohl, warum ich sie mir für mich selbst wünschen
würde, warum ich sie gleichermaßen meinem Freund und jeder
Person wünsche, die Gegenstand meiner Zuneigung ist. Aber
warum noch nach Gründen der Billigung suchen, wo diese

Charaktereigenschaften zu unserem Glück so notwendig sind und bei der Vervollkommnung unserer Natur eine so große Rolle spielen? Wir müßten unsere Selbstachtung aufgeben und aufhören, das Vortreffliche auszuzeichnen, wenn derartige Eigenschaften unsere Geringschätzung erfahren sollten.

Ein Mensch mit wohlwollendem Herzen, der die Maxime befolgt, daß er selbst, als ein Individuum, nicht mehr ist als der Teil eines Ganzen, das seine Rücksicht verlangt, der hat in diesem Prinzip eine ausreichende Begründung für alle Tugenden gefunden. Aus diesem Prinzip ergeben sich eine Verachtung tierischer Genüsse, die seine Hauptfreude verdrängen würden, eine Geringschätzung von Gefahr wie Schmerz gleichermaßen, die seinen Bestrebungen für das Gemeinwohl Einhalt gebieten würden. »Eine starke und dauerhafte Zuneigung erhebt ihren Gegenstand und verringert jede Schwierigkeit oder Gefahr, die im Wege steht.« »Frage jene, die geliebt haben«, bemerkt Epiktet, »sie werden wissen, daß ich die Wahrheit sage.«

»Ich habe«, bemerkt ein anderer hervorragender Moralist,[3] »eine Vorstellung von der Gerechtigkeit, aufgrund deren ich mir als der glücklichste Mensch vorkommen würde, könnte ich ihr in jedem Falle folgen.« Vielleicht ist es sowohl für das Glück wie für das Verhalten der Menschen von Wichtigkeit – sofern beide überhaupt zu trennen sind –, daß sie sich von dieser Idee der Gerechtigkeit einen angemessenen Begriff machen: sie ist vielleicht nur ein anderes Wort für jenes Wohl der Menschheit, das die Tugendhaften zu fördern bestrebt sind. Wenn Tugend das höchste Gut ist, dann besteht ihre beste und hervorragendste Wirkung darin, sich selbst mitzuteilen und auszubreiten. *Die Menschen nach der Wahrnehmung ihrer moralischen Eigenschaften zu lieben und auch zu hassen,* für die eine Partei aus Gerechtigkeitsgefühl einzutreten und sich einer anderen aus Empörung über ihre Ungerechtigkeit mit Unwillen zu widersetzen, das sind die gewöhnlichen Merkmale der Rechtschaffenheit und die Wirkungen eines lebhaften, aufrichtigen und edel-

3 Lettres Persanes.
... Seit der Auflage von 1768 ersetzt durch:
Die Menschen nach den Unterschieden ihrer moralischen Eigenschaften zu beurteilen,

mütigen Geistes. Sich vor ungerechter Parteilichkeit und unbegründeten Abneigungen zu hüten, den Gleichmut der Seele zu bewahren, ohne deren Empfindsamkeit und Eifer zu beeinträchtigen, so daß in jedem Fall mit Unterscheidungsvermögen und Verstand vorgegangen wird, dies sind die Zeichen eines kraftvollen und gebildeten Geistes. Imstande zu sein, den Eingebungen eines solchen Geistes in allen Wechselfällen des menschlichen Lebens zu folgen, mit einer Geistesverfassung, die immer Herr ihrer selbst ist, im Glück wie im Unglück, und die auch dann noch im Vollbesitz all ihrer Kräfte bleibt, wenn es um das Leben oder die Freiheit geht, aber auch um bloße Interessenfragen, darin bestehen die Triumphe des Edelmutes und wahrer Seelenstärke. »Das Schicksal des Tages ist entschieden. Zieht diesen Wurfspieß nun aus meinem Körper«, bemerkte Epaminondas, »und laßt mich verbluten«.

In welcher Lage und durch welche Unterweisungen ist solch wundervoller Charakter zu bilden? Ist er in den Schulen der Torheit, des Mutwillens und der Eitelkeit zu finden, aus denen sich Mode verbreitet und guter Ton angezeigt wird? Ist solcher Charakter in den großen und reichen Städten zu Hause, wo die Menschen sich durch Equipagen, Kleider und die Reputation großen Vermögens den Rang streitig machen? Ist er in der bewunderten Umgebung eines Hofes zu finden, wo wir zu lächeln lernen, ohne wirklich erfreut zu sein, zu liebkosen, ohne Zuneigung zu empfinden, aber auch mit den heimlichen Waffen des Neids und der Eifersucht zu verletzen, um schließlich auch unser persönliches Ansehen noch auf Umstände zu begründen, in denen wir nicht immer mit Ehre bestehen können? Nein: solch ein Charakter wird vielmehr in einer Lage gebildet, wo die großen Gefühle des Herzens erwachen, wo die Charaktereigenschaften der Menschen, nicht aber ihre materielle Lage und ihr Vermögen, die Hauptunterscheidung bilden; wo die Ängstlichkeiten des Interesses oder der Eitelkeit in der lodernden Glut kraftvollerer Gefühle vergehen und wo die menschliche Seele, nachdem sie ihre Zwecke gefühlt und erkannt hat, gleichsam wie ein Raubtier, das Blut geleckt hat, nicht zu Bestrebungen herunterkommen kann, die ihre Fähigkeiten und ihre Kraft ungenützt lassen.

Nur geeignete Anlässe können im Verein mit einer erhabenen und glücklichen Veranlagung solch wunderbare Wirkung hervorrufen. Bloße Belehrung allein wird die Menschen immer unfähig finden, solche Bedeutung zu begreifen, unzugänglich für deren Vorschriften. Der Fall ist indessen bis zu dem Zeitpunkt nicht hoffnungslos, an dem wir unser politisches System wie unsere Sitten verbildet haben; bis wir unsere Freiheit für Titel, Equipagen und Auszeichnungen verkauft haben, bis wir kein anderes Verdienst mehr erkennen als das von Reichtum und Macht, keine Schande mehr außer derjenigen von Armut und Vernachlässigung. Welche Kraft der Belehrung kann einem Geist überhaupt noch aufhelfen, der mit solcher Unordnung verdorben ist? Welche Sirenenstimme kann noch einen Wunsch nach Freiheit wecken, wenn diese ohnehin nur für Gemeinheit und einen Mangel an Ehrgeiz steht? Welche Überredungskunst kann die Grimasse der Höflichkeit noch in wirkliche Gefühle der Menschenliebe und der Redlichkeit verwandeln?

7. Vom Glück

Ist es überhaupt noch nötig, über das Glück als einen besonderen Gegenstand zu handeln, nachdem wir die wirkenden Kräfte und moralischen Eigenschaften betrachtet haben, die das Wesen der Menschen auszeichnen? Bei genauer Überlegung ist dieser bedeutungsvolle Ausdruck, er zählt zu den häufigsten und vertrautesten in unserer Unterhaltung, vielleicht der am wenigsten verstandene. Er dient dazu, unsere Befriedigung auszudrücken, wenn irgendein Wunsch erfüllt ist. Er wird seufzend ausgesprochen, solange der Gegenstand unseres Begehrens fern ist. Er bezeichnet, was wir zu erhalten wünschen und was zu prüfen wir dann doch selten verweilen. Wir bemessen den Wert einer jeden Sache nach ihrem Nutzen und nach ihrem Einfluß auf unser Glück, gleichzeitig denken wir, daß der Nutzen selbst und das Glück keinerlei Erklärung bedürfen.

Diejenigen Menschen gelten gewöhnlich für die glücklichsten, deren Wünsche am häufigsten befriedigt werden. Aber wenn in Wirklichkeit der Besitz dessen, was wir wünschen, und sein fortgesetzter Genuß zum Glück erforderlich wären, dann würden die Menschen meist Ursache haben, sich über ihr Los zu beklagen. Ihre sogenannten Genüsse sind für gewöhnlich nur vorübergehend. Sobald der Gegenstand lebhaftester Erwartung erreicht ist, beschäftigt er den Geist nicht länger. Es folgt eine neue Leidenschaft, und die Einbildungskraft richtet sich, wie schon vorher, auf ein entferntes Glück.

Wie viele Überlegungen dieser Art werden uns von der Melancholie nahegebracht oder von den Wirkungen gerade jener Trägheit und Untätigkeit, in die wir unter dem Einfluß der Vorstellung des Freiseins von Sorgen und Mühen nur zu bereitwillig versinken?

Wenn wir eine förmliche Berechnung der Freuden und der Leiden anstellen, die den Menschen bereitet sind, dann wäre es purer Zufall, nicht herauszufinden, daß der Schmerz aufgrund seiner Heftigkeit, Dauer oder Häufigkeit in hohem Maße überwiegt. Die Lebhaftigkeit und Begehrlichkeit, mit welcher wir von einem Lebensstadium zum anderen drängen, unser Unwillen, auf Pfade zurückzukehren, die wir bereits betreten haben, unser Widerwille, im Alter zu Jugendstreichen zurückzukehren oder im Mannesalter Kinderspiele zu wiederholen, all dies ist dementsprechend als Beweis hingestellt worden, daß unsere Erinnerung an das Vergangene wie unser Gefühl des Gegenwärtigen gleichermaßen Gegenstand des Mißfallens und Verdrusses sind.[1]

Ein solcher Schluß befindet sich allerdings nicht in Übereinstimmung mit der Erfahrung, wie auch viele andere Schlüsse nicht, die aus unserer angeblichen Kenntnis der Ursachen gezogen werden. In jeder Straße, in jedem Dorf, in jedem Feld haben die meisten Menschen, denen wir begegnen, einen heiteren oder gedankenlosen, gleichgültigen, gesammelten, geschäftigen oder angeregten Ausdruck. Der Landarbeiter pfeift seinem Gespann, und der Handwerker fühlt sich wohl in seinem Beruf. Die Lustigen und die Fröhlichen empfinden mannigfache Freuden, deren Quellen wir nicht kennen. Selbst jene, welche das Elend menschlichen Lebens beweisen wollen, entfliehen, während sie mit ihrer Beweisführung beschäftigt sind, ihren Sorgen und finden einen leidlichen Zeitvertreib gerade darin, zu beweisen, daß die Menschen unglücklich sind.

Sogar die Ausdrücke *Freude* und *Schmerz* selbst sind vielleicht zweideutig. Aber es ist ein großer Irrtum anzunehmen, daß sie alle wesentlichen Bestandteile des Glücks oder Unglücks umfassen, wenn sie, wie es bei vielen unserer Vernünfteleien der Fall zu sein scheint, auf die bloßen Empfindungen beschränkt bleiben, die sich auf äußere Dinge beziehen, sei dies in unserer Erinnerung an die Vergangenheit, im Gefühl der Gegenwart oder in der Vorstellung von der Zukunft. Ein großer Irrtum wäre es auch zu glauben, daß die gute Laune eines gewöhnlichen Lebens durch das Vorherrschen jener Freuden aufrechterhalten wird, die ihre gesonderten Benennungen haben und deren man sich beim Nachdenken deutlich erinnert. Der Geist ist während des größten Teils seiner Existenz mit aktiven Bestrebungen beschäftigt, nicht nur mit der bloßen Beobachtung seiner eigenen Gefühle von Lust und Schmerz. Die Aufzählung

---

1 Maupertuis, Essai de Morale.

seiner verschiedenen Fähigkeiten, wie Verstand, Gedächtnis, Voraussicht, Gefühl, Wille und Absicht, enthält nur die Benennungen seiner verschiedenen Tätigkeiten.

Selbst bei Abwesenheit einer jeden Empfindung, die wir gewöhnlich als *Freude* oder *Leid* bezeichnen, kann unser bloßes Dasein noch sein *Glück* oder sein *Unglück* als entgegengesetzte Eigenschaften aufweisen. Was wir *Lust* oder *Schmerz* nennen, nimmt nur einen kleinen Teil des menschlichen Lebens ein, verglichen mit demjenigen Teil, den wir mit Entwürfen und ihrer Ausführung, mit Bestrebungen und Erwartungen, mit Verhalten, Nachdenken und sozialen Verpflichtungen zubringen. Schon aufgrund ihrer reinen Dauer verdienen diese tätigen Bestrebungen, so muß es scheinen, den größeren Teil unserer Aufmerksamkeit. Fallen ihre Anlässe fort, dann verlangt man nicht nach Vergnügungen, sondern danach, etwas zu tun. Sogar die Klagen eines Leidenden sind kein so sicheres Zeichen der Trübsal, wie es das Vor-sich-hin-Starren eines Beschäftigungslosen ist.

Eine Arbeit, die wir zu tun haben, rechnen wir allerdings selten unter die Segnungen des Lebens. Stets trachten wir nach einer Zeit reinen Genusses oder nach der Beendigung unserer Mühsal. Wir übersehen hierbei die Quelle, aus der der größte Teil unserer gegenwärtigen Zufriedenheit fließt. Man frage die Arbeitsamen, wo das Glück sei, nach welchem sie streben, und vielleicht werden sie antworten, daß es als Gegenstand irgendeiner gegenwärtigen Bestrebung zu finden ist. Wenn wir sie fragen, warum sie die Abwesenheit jenes Glücks nicht elend macht, so werden sie antworten, weil sie es zu erlangen hoffen. Doch wird der Geist inmitten prekärer und ungewisser Aussichten allein durch die Hoffnung aufrechterhalten? Würde die Sicherheit des Erfolgs die Pausen der Erwartung etwa mit angenehmeren Gefühlen ausfüllen? Man gebe dem Jäger seine Beute, dem Spieler das Gold, das den Einsatz bildet, so daß der eine seinen Körper nicht anzustrengen braucht und der andere seinen Geist nicht quälen muß, und beide werden wahrscheinlich über unsere Torheit lachen. Der eine wird sein Geld aufs Neue einsetzen, um sich überraschen zu lassen; der andere wird seinen Hirsch ins Feld treiben, um das Gebell der Hunde zu hören und ihm durch Gefahr und Mühsal zu folgen. Nehmt den Menschen ihre Beschäftigung, bringt ihre Wünsche zum Stillstand, und ihr Leben wird ihnen zur Last, die bloße Wiederholung einer Erinnerung zur Qual.

Die Männer dieses Landes, so bemerkt eine Dame, sie sollten nähen und stricken lernen. Das würde verhindern, daß ihre unausgefüllte Zeit ihnen selbst und anderen Leuten zur Last wird. Dies ist wahr, sagt eine andere; obwohl ich meinerseits niemals nach draußen sehe, zittere ich doch bei der Aussicht auf schlechtes Wetter. Denn dann kommen die Herren trübselig zu uns, um sich unterhalten zu lassen, und der Anblick eines niedergeschlagenen Ehemannes bietet nur ein melancholisches Schauspiel.

Man nimmt an, daß die Schwierigkeiten und Mühen menschlichen Lebens von der Güte Gottes ablenken. Aber mancher Zeitvertreib, den die Menschen sich selbst ausdenken, ist mit Gefahren und Schwierigkeiten verbunden. Der große Erfinder des Spiels menschlichen Lebens wußte die Spieler wohl zu versorgen. Die ungewissen Chancen sind zwar Gegenstand der Klage. Doch gäbe es sie nicht, dann würde das Spiel selbst die Parteien nicht länger interessieren.

Beim Ersinnen und Ausführen eines Plans, bei der Hingabe an die Flut der Erregungen und Gefühle scheint der Geist sein Wesen zu entfalten und sich selbst zu erfreuen. Talent und Einbildungskraft finden oft selbst dort intensive Beschäftigung, wo wir wissen, daß Ziel und Gegenstand nur von geringem Nutzen sind. Sie können von Geschäft und Spiel in gleicher Weise unterhalten werden. Ruhe wünschen wir nur, um unsere begrenzten und sich abnützenden Kräfte zu ergänzen. Selbst wenn die Geschäftigkeit ermüdet, ist das Vergnügen oft nur ein Wechsel der Beschäftigung. Wir sind keineswegs immer unglücklich, selbst dann nicht, wenn wir klagen. Es gibt eine Art betrübt zu sein, die einen angenehmen Seelenzustand bildet. Selbst noch die Klage ist oft ein Ausdruck eines Vergnügens. Dichter und Maler haben sich dieses Umstands bedient, und als Unterhaltungsmittel finden auch solche Werke eine günstige Aufnahme, die geschaffen wurden, um unsere Trauer zu erwecken.

... Zusatz seit der Auflage von 1773.

Für ein Wesen der hier beschriebenen Art ist es deshalb ein Segen, auf Handlungsantriebe zu stoßen, ob es nun im Wunsch nach Freude oder in der Abneigung gegen Schmerz geschieht. Seine Tätigkeit ist von größerer Wichtigkeit als das Vergnügen selbst, das es sucht, und Untätigkeit ein größeres Übel als das Leiden, das es meidet.

Die Befriedigungen sinnlichen Verlangens sind von kurzer Dauer, und Sinnlichkeit stellt nur eine Krankheit des Geistes dar, die durch Erinnerung zu heilen wäre, wenn sie nicht immer wieder durch Hoffnung entflammt würde. Die Jagd wird durch den Tod des Wilds nicht sicherer beendet, als die Genüsse des Lüsternen es durch die Mittel zur Befriedigung seiner Ausschweifung werden. Als Band der Gesellschaft, als Gegenstand fernen Strebens, bilden die Gegenstände der Sinneswahrnehmung einen wichtigen Teil im System menschlichen Lebens. Sie bringen uns dazu, mit der Erhaltung des Individuums und der Fortsetzung der Gattung wichtige Absichten der Natur zu erfüllen. Aber es würde ein Irrtum in der Theorie und ein noch größerer in der Praxis sein, sich auf ihren Gebrauch als einen Hauptbestandteil menschlichen Glücks zu verlassen. Selbst der Herrscher des Serails, für welchen alle Schätze seines Reichs den Verstecken seiner erschreckten Untertanen gewaltsam entrissen werden, für den allein die kostbarsten Smaragde und Diamanten aus dem Inneren der Erde gegraben werden und für den jeder Luftzug mit Duftwolken erfüllt wird, für den man aus allen Gegenden der Erde Schönheiten herbeiholt, deren unter südlicher Sonne gereifte Leidenschaften dann für seinen Gebrauch hinter Gittern eingeschlossen werden, selbst dieser Herrscher des Serails ist vielleicht immer noch unglücklicher als der große Haufen des Volkes, dessen mühevolle Arbeit und Eigentum diesem Herrscher geopfert werden, um ihm Mühsal zu ersparen und Genuß zu verschaffen.

Sinnlichkeit wird leicht durch die Gewohnheiten jenes Strebens überwunden, die einen tätigen Geist für gewöhnlich beschäftigen. Sobald die Neugierde erwacht oder Leidenschaft sich regt, selbst dann, wenn die Unterhaltung während eines Festmahls lebhaft, heiter oder ernst wird, werden die uns bekannten Tafelfreuden vergessen. Der Knabe schätzt sie geringer als das Spiel, und der erwachsene Mann wendet sich von ihnen ab und der Arbeit zu.

Wenn wir die Umstände in Betracht ziehen, die zur Natur irgendeines Lebewesens oder zu der des Menschen im besonderen passen, wie etwa Sicherheit, Obdach, Nahrung und die anderen Mittel des Genusses oder der Erhaltung, so glauben wir manchmal, einen fühlbaren und festen Grund gefunden zu haben, auf dem sein Glück beruht. Doch selbst diejenigen, welche am wenigsten zu moralisieren geneigt sind, machen die Beobachtung, daß Glück nicht mit Vermögen im Zusammenhang steht, obwohl Vermögen zugleich alle Mittel zum Auskommen, aber auch die Mittel zur sinnlichen Befriedigung einschließt. Die Umstände, welche Enthaltsamkeit, Mut und Geschick erfordern, setzen uns dem Risiko aus und gehören ihrer Art nach zu den beschwerlichen. Dennoch scheint der Fähige, der Tapfere und der Wagemutige dann am frohesten zu sein, wenn er sich inmitten von Schwierigkeiten befindet und gezwungen ist, diejenigen Kräfte zu gebrauchen, die er besitzt.

Als man Spinola erzählte, daß Sir Francis Vere starb, weil er nichts zu tun hatte, bemerkte er: »Das war auch genug, um einen General zu töten«.[2] Wie viele gibt es, für die selbst der Krieg noch ein Zeitvertreib ist, die das Leben eines Soldaten wählen, das Gefahren und fortwährenden Anstrengungen ausgesetzt ist; oder das Leben eines Seemanns, der im Kampf mit allen Widrigkeiten der Natur steht und jeder Bequemlichkeit beraubt ist; oder das eines Politikers, dessen Sport darin besteht, Parteien und Fraktionen anzuführen, und der, statt müßig zu gehen, lieber die Geschäfte von Menschen und Völkern übernimmt, für die er nicht die geringste Achtung hegt. Solche Menschen wählen die Beschwernis nicht, weil sie dem Vergnügen vorzuziehen wäre, sondern weil sie durch eine rastlose Veranlagung angetrieben werden, ihre Fähigkeit und Entschlußkraft fortwährend zu bewähren. Sie grämen sich und erschlaffen, sobald der Anlaß ihrer Arbeit entfällt.

Was bedeutet wohl Freude im Verständnis jenes Jünglings, der nach Tacitus die Gefahr an sich liebte, nicht aber die Belohnun-

2 Life of Lord Herbert.

gen der Tapferkeit? Wie steht es mit der Aussicht auf Vergnügen, wenn der Klang des Horns oder der Schall der Trompete,
das Gebell der Hunde oder der Kriegsruf den Eifer des Jägers
und des Soldaten erwecken? Die anregendsten Gelegenheiten
im menschlichen Leben sind Aufrufe, Gefahr und Mühsal zu
bestehen, nicht aber Verlockungen der Sicherheit und der Bequemlichkeit: der Mensch selbst ist in seiner Vollkommenheit
kein Genußwesen, nur dazu bestimmt, sich dessen zu erfreuen,
was die Elemente zu seinem Gebrauch hervorbringen, er ist
vielmehr wie seine Gefährten, der Hund und das Pferd, dazu
ausersehen, seine Natur zu betätigen und solcher Betätigung
den Vorrang vor dem zu geben, was als Vergnügung gilt: er ist
dazu bestimmt, sich inmitten von Behaglichkeit und Überfluß
zu grämen, aber inmitten der Schrecken, die sein Leben zu
bedrohen scheinen, zu frohlocken. Bei alledem hält seine Veranlagung zur Tat nur Schritt mit der Mannigfaltigkeit der
Kräfte, mit denen er ausgestattet ist. Noch die achtungswürdig-
sten Eigenschaften seiner Natur, Edelmut, Tapferkeit und Weisheit, beziehen sich deutlich auf die Schwierigkeiten, gegen welche zu kämpfen er bestimmt ist.
Wie sinnliche Genüsse geschmacklos werden, sobald der Geist
durch einen anderen Gegenstand angeregt wird, so werden bekanntlich auch Schmerzempfindungen durch jede heftige Gemütsbewegung zurückgedrängt. Wunden, die in der Hitze der
Leidenschaft, in der Hast oder in der Bestürzung der Schlacht
empfangen wurden, sie werden nicht empfunden, bis die Erregung des Geistes nachläßt. Sogar vorsätzlich angewandte und
künstlich verlängerte Marterqualen werden mit Festigkeit und
mit dem Anschein von Leichtigkeit ertragen, solange der Geist
von einem starken Gefühl besessen ist, ob es nun aus Religion,
Enthusiasmus oder der Liebe zur Menschheit herrührt. Die
fortgesetzten Kasteiungen abergläubischer Frömmler in verschiedenen Zeitaltern der christlichen Kirche, die grauenhaften
Bußübungen, wie sie immer noch lange Jahre hindurch von den
religiösen Eiferern des Ostens freiwillig ertragen werden, die
Geringschätzung, die die meisten wilden Völker gegen Hun-
gersnot und Martern hegen, die heitere und hartnäckige Geduld
des Soldaten im Feld, die Mühen, die der Jäger zu seinem Zeit-

vertreib erträgt, all dies zeigt, wie sehr wir bei Einschätzung des Unglücks der Menschen irren können, sollten wir es nach dem Ausmaß der Mühen und des Leidens beurteilen, die es zu bereiten scheint. Und wenn es eine Spitzfindigkeit wäre, zu behaupten, daß ihr Glück keineswegs nach dem Maßstab der gegenteiligen Freuden zu beurteilen ist, dann ist dies eine Spitzfindigkeit, die Regulus und Cincinnatus vor dem Beginn der Philosophie erfunden haben. *Fabricius wußte dies auch noch dann, als er nur Argumente von der Gegenseite zu hören bekam[3]:* Es ist eine Spitzfindigkeit, die jeder Knabe bei seinem Spiele kennt und die jeder Wilde bestätigt, sobald er aus seinem Wald heraus auf die befriedete Stadt blickt und die Plantage verachtet, deren Herrn nachzuahmen er keineswegs Lust verspürt.

Zugegebenermaßen ist der Mensch, ungeachtet all seiner geistigen Tätigkeit, ein Tier, in der vollen Reichweite dieser Bezeichnung. Wenn der Körper krank wird, erschlafft auch der Geist. Wenn das Blut zu fließen aufhört, entflieht auch die Seele. Belastet mit der Sorge um seine Selbsterhaltung, von Lust- oder Schmerzgefühlen gewarnt und behütet durch eine instinktive Furcht vor dem Tode, hat die Natur die Sicherheit des Menschen nicht der bloßen Wachsamkeit seines Verstandes anvertraut, aber auch nicht der Leitung seiner unsicheren Überlegungen.

Aus der Unterscheidung zwischen Geist und Körper ergeben sich Konsequenzen von größter Wichtigkeit. Doch die Tatsachen, auf die wir uns jetzt beziehen, beruhen auf keinerlei Lehrsätzen dieser Art. Sie sind gleichermaßen wahr, ob wir die in Frage stehende Unterscheidung zugeben oder zurückweisen, ob wir annehmen, daß dieser lebendig Handelnde aus einer einheitlichen Natur gebildet wird oder aus einer Verbindung verschiedener Naturen besteht. Selbst wenn der Materialist den Menschen als eine Maschine behandelt, kann er im Zustand seiner Geschichte keine Veränderung herbeiführen. Der Mensch bleibt ein Wesen, das mit Hilfe einer Vielzahl sichtbarer

---

3 *Plutarch, in der Vita Pyrrhi.*
... Zusatz seit der Auflage von 1773.

Organe unterschiedliche Funktionen wahrnimmt. Er beugt
seine Gelenke, seine Muskeln entspannen sich vor unseren Augen und ziehen sich dann wieder zusammen. Ein Herz schlägt
in seiner Brust, um das Blut in jeden Teil seines Körpers zu
treiben. Er vollführt andere Tätigkeiten, die wir nicht auf ein
körperliches Organ zurückführen können. Er nimmt wahr, er
erinnert sich und sieht voraus, er wünscht und verabscheut, er
bewundert und verachtet. Er genießt seine Freuden und erträgt
seinen Schmerz. All diese Funktionen hängen in gewissem
Maße recht oder schlecht zusammen. Wenn die Blutzirkula-
tion träge ist, erschlaffen die Muskeln, der Verstand wird langsam und die Einbildungskraft wird träge. Wenn ihn eine
Krankheit befällt, dann hat der Arzt nicht weniger auf das zu
achten, was er denkt, als auf das, was er ißt, er muß die Wie-
derkehr seiner Leidenschaft zusammen mit seinem Pulsschlag
beobachten.

Er nimmt mit all seinem Scharfsinn, seiner Vorsicht und seinen
Instinkten, die ihm zur Erhaltung seines Daseins gegeben sind,
am Schicksal anderer Lebewesen teil und scheint nur dazu geschaffen zu sein, sterben zu können. Myriaden gehen zugrunde,
ehe sie die Vollendung ihrer Art erreichen. Wird das Individuum vor die Wahl gestellt, die Verlängerung seines zeitlichen
Daseins der Entschlossenheit und sittlichem Verhalten oder
aber krassester Furcht zu verdanken, wählt es häufig die letztere
und verbittert sich mit seinem Hang zur Furchtsamkeit das
Leben, das zu erhalten es doch so bedacht ist.

Doch zuweilen scheint der Mensch von diesem quälenden Los
befreit zu sein und ohne jede Rücksicht auf die Dauer seines
Lebens zu handeln. Sobald er angestrengt nachdenkt oder mit
Eifer begehrt, bestürmen ihn Freuden und Leiden von jeder
anderen Seite umsonst. Noch in seiner Todesstunde empfangen
die Muskeln Spannkraft von seinem Geiste, die Seele scheint
gleichsam in ihrer vollen Stärke zu entfliehen und in der Mitte
eines Kampfes das letzte Ziel ihrer Mühen zu erreichen. Muley
Moluck kämpfte, auf seiner Bahre getragen und von Krankheit
entkräftet, dennoch die Schlacht, in deren Mitte er seinen Geist
aushauchte. Seine letzte Anstrengung bestand darin, sein Sterben verborgen zu halten, indem er einen Finger zum Zeichen

auf seine Lippen legte.[4] Es war diejenige Vorsichtsmaßnahme, die unter allen, die er bis dahin ergriffen hatte, vielleicht die notwendigste war, um eine Niederlage zu verhindern.

Kann keine Überlegung uns dazu verhelfen, diesen Seelenzustand zu erreichen, der so nützlich ist, um uns durch viele der gewöhnlichen Szenen des Lebens zu tragen? Selbst wenn wir behaupten, es sei nicht möglich, steht doch die Wirklichkeit des Glücks nicht außer Frage. Griechen und Römer hielten Geringschätzung des Vergnügens, Ausdauer im Leid und Nichtachtung des Lebens für hervorragende Eigenschaften eines Mannes und machten sie zum Hauptgegenstand der Erziehung. Zuversichtlich erwarteten sie, daß der starke Geist auch würdige Gegenstände finden würde, um seine Kraft an ihnen zu erproben. Als der erste Schritt zur entschlossenen Wahl derartiger Gegenstände galt es ihnen, die Armseligkeit eines ängstlichen und verzagten Geistes abzuschütteln.

Die Menschen haben im allgemeinen immer Gelegenheiten gesucht, um ihren Mut zu zeigen. Auf der Suche nach Bewunderung haben sie häufig ein Schauspiel geboten, das für jene Menschen zum Gegenstand des Schreckens wird, die aufgehört haben, den Mut um seiner selbst willen zu schätzen. Scaevola hielt seinen Arm ins Feuer, um die Seele des Porsenna zu erschüttern. Der Wilde gewöhnt seinen Körper an Martern, um in der Stunde der Bewährung über seinen Feind triumphieren zu können. Selbst der Muselmane zerfleischt sich, um das Herz seiner Geliebten zu gewinnen, heiteren Blicks tritt er blutüberströmt vor sie, um zu zeigen, daß er ihre Achtung verdient.[5]

Einige Völker entwickeln die Praxis, Schmerzen zuzufügen oder mit ihnen zu spielen so weit, daß dies entweder grausam oder sinnwidrig ist. Andere dagegen betrachten jede Aussicht auf körperliches Leiden als das größte Übel und verschlimmern inmitten ihrer Ängste noch jedes wirkliche Leiden durch die Schrecken einer schwachen und heruntergekommenen Einbildungskraft. Wir sind nicht verpflichtet, die Torheiten beider zu rechtfertigen, noch bei Behandlung der Frage, die sich auf die

4 *Vertot, Revolutions of Portugal.*
... Zusatz seit der Auflage von 1768.
5 Letters of the Right Honourable Lady M-y W-y M-e.

Natur des Menschen bezieht, dessen Kraft oder Schwäche aufgrund von Gewohnheiten oder Wahrnehmungen abzuschätzen, wie sie irgendeinem Volke oder Zeitalter eigentümlich sind.

8. Fortsetzung desselben Gegenstands

Wer immer die verschiedenen Lebensbedingungen und Sitten der Menschen verglichen hat, wie sie angesichts der Unterschiede der Erziehung oder des Vermögens bestehen, der wird befriedigt sein festzustellen, daß die bloße Lebenslage ihr Glück oder Unglück nicht ausmacht. Auch die Unterschiedlichkeit äußerer Bräuche hat in keiner Weise einen Gegensatz der Gefühle in Fragen der Moral zur Folge. Die Menschen drücken ihr Wohlwollen und ihre Feindschaften durch unterschiedliche Handlungen aus, doch bleiben Wohlwollen und Feindschaft selbst der Hauptbeweggrund im menschlichen Leben. Sie widmen sich verschiedenen Beschäftigungen oder fügen sich in unterschiedliche Lebenslagen, doch handeln sie dabei aus nahezu denselben Impulsen heraus. Es ist kein bestimmtes Maß an Bequemlichkeit erforderlich, um ihrem Bedürfnis zu genügen, noch gibt es irgendeinen Grad von Gefahr oder Sicherheit, der für ihr Handeln besonders geeignet wäre. Mut und Großmut, Furcht und Neid sind nicht für eine bestimmte Stellung der Menschen oder für einen bestimmten Stand eigentümlich. Es gibt auch keinen Zustand, in dem nicht wenigstens einige Menschen gezeigt hätten, daß es möglich ist, die Talente und Tugenden ihrer Gattung mit Schicklichkeit anzuwenden.

Worin besteht also jenes geheimnisvolle Etwas, das *Glück* genannt wird, das seinen Ort in einer solchen Verschiedenheit von Lebenslagen hat und für das zur einen Zeit und in der einen Gesellschaft Umstände als nötig angesehen werden, die zu einem anderen Zeitpunkt oder in einer anderen Gesellschaft als zerstörend oder wirkungslos gelten? Glück besteht nicht in der Aufeinanderfolge bloß sinnlicher Genüsse, die, wenn man von der Tätigkeit und der Gesellschaft absieht, in die sie uns verwikkeln, nur wenige Augenblicke menschlichen Lebens ausfüllen können. Bei zu häufiger Wiederholung verwandeln sich diese Genüsse in Überdruß und Ekel. Im Übermaß angewandt, zerstören sie die körperliche und geistige Verfassung, sie dienen gleichsam wie ein Blitz in der Nacht nur dazu, das Dunkel zu vertiefen, das sie gelegentlich durchbrechen. Glück ist also nicht jener Zustand der Ruhe bzw. jene eingebildete Sorgenfreiheit, wie sie aus der Entfernung heraus so häufig ein Gegenstand des Begehrens sind, doch bei ihrer Annäherung eine Langeweile oder Schlaffheit mit sich bringen, die noch unerträglicher sind als das Leiden selbst. Falls die vorhergehenden Beobachtungen zutreffen, dann ergibt sich Glück eher aus dem Bestreben als aus dem Erreichen eines Ziels, wie immer dies beschaffen sein möge. Es hängt in jeder neuen Lage, in die wir kommen, selbst im Verlauf eines gedeihlichen Lebens, mehr davon ab, in welchem Grade unsere Geistesgaben richtig angewandt werden, als von den Umständen, in denen wir zu handeln bestimmt sind, oder von den Materialien, die in unsere Hand gelegt sind bzw. von den Werkzeugen, mit denen wir ausgestattet sind.

Wenn dies eingestandenerweise in bezug auf jene Art der Bestrebungen zutrifft, die durch den Begriff *Vergnügen* unterschieden werden und die bei denjenigen Menschen, welche gewöhnlich für die glücklichsten gehalten werden, den größeren Teil des Lebens ausfüllen, dann können wir uns denken, daß es, in größerem Ausmaß als für gewöhnlich angenommen, auf jene vielen Arten geschäftiger Betätigung zutrifft, bei denen das zu erreichende Ziel und nicht die Beschäftigung selbst als Hauptzweck vermutet wird.

Man sagt, daß selbst der Geizhals die Sorge um seinen Reichtum zuweilen als einen Zeitvertreib betrachten kann und seinen Erben beschuldigt, mehr Vergnügen am Ausgeben zu haben als er es an der Anhäufung seines Vermögens hat. Angesichts dieses Ausmaßes an Gleichgültigkeit gegen das Verhalten anderer, angesichts der Beschränkungen seiner Sorge auf das, was er sich zum eigenen Tätigkeitsfeld gewählt hat, um so mehr dann, wenn er die Leidenschaften der Eifersucht und des Neids in sich selbst besiegt hat, die seinen lüsternen Sinn umtreiben, warum sagt man einem solchen Menschen, dessen Zweck das Geld ist, nicht ein Leben des Vergnügens und der Lust nach. Dieses Leben schöpfte ja nicht nur mehr aus dem vollen als das des Verschwenders, sondern auch mehr als das des Virtuosen, des Gelehrten, des Mannes von Geschmack oder dasjenige irgendeines Personenkreises, die alle einen Weg gefunden haben, ihre Muße ohne Anstößigkeit zuzubringen, und für welche insge-

samt die Erwerbungen oder das Hervorbringen von Werken auf
je verschiedene Weise ebenso unnütz sind wie es der Geldsack
für den Geizhals ist oder der Ladentisch für jene, die um der
bloßen Zerstreuung willen ein Glücks- oder Geschicklichkeits-
spiel spielen?

Wir sind der Zerstreuungen bald müde, die der Natur des Geschäfts nicht angemessen sind, d. h. solcher Zerstreuungen, die
keine Leidenschaften erwecken oder uns zu einer Übung verhelfen, die unseren Talenten und Fähigkeiten angemessen wäre.
Jagd und Spieltisch haben jeweils ihre eigentümlichen Gefahren
und Schwierigkeiten, um den Geist in Anregung und Beschäftigung zu halten. Alle Kampfspiele regen unseren Wetteifer an
und erwecken eine Art von Parteigeist. Der Mathematiker findet nur an verwickelten Problemen sein Vergnügen, der Rechts-
gelehrte und der Kasuist an Fällen, die ihre Subtilität und ihr
Unterscheidungsvermögen in Anspruch nehmen.

Wie jedes andere natürliche Verlangen kann der Wunsch nach
Tätigkeit übertrieben werden. Die Menschen können mit ihren
Vergnügungen ebensogut Übertreibungen begehen wie beim
Genuß des Weins oder anderer berauschender Getränke. Am
Anfang mag ein unbedeutender Einsatz und die Befriedigung
einer nur maßvollen Leidenschaft dazu gedient haben, den Spieler zu unterhalten. Doch die Arznei verliert ihre Wirkung, wenn
sie zur Gewohnheit wird: das Spiel vertieft sich, und der Einsatz
wird, um sein Interesse zu wecken, entsprechend erhöht. Der
Spieler macht Schritt für Schritt weiter, und schließlich gelangt er
dahin, daß er sein Vergnügen nur noch in den Leidenschaften der
Angst, der Hoffnung und Verzweiflung sucht und findet, Leidenschaften, die durch das Risiko geweckt werden, in welches er
die Gesamtheit seines Vermögens bringt.

Wenn die Menschen auf diese Weise ihre Vergnügungen in ein
ernsteres und interessanteres Schauspiel verwandeln können als
dasjenige der geschäftlichen Tätigkeit selbst, dann wird es
schwerfallen, einen Grund anzugeben, warum solche geschäftliche Tätigkeit und viele andere Beschäftigungen des menschlichen Lebens, ganz unabhängig von allen weiteren Konsequenzen und zukünftigen Ereignissen, nicht einfach zum Zweck des
Vergnügens erwählt werden können und annehmbar werden,

vor allem auch im Hinblick auf den Zeitvertreib, den sie bringen. Denn hier liegt möglicherweise gerade der Grund, auf welchem die Zufriedenen und Fröhlichen die Heiterkeit ihres Naturells ohne großes Nachdenken begründet haben. Er stellt vielleicht die festeste Basis der Seelenstärke dar, die irgendeine Überlegung nahe legen kann. Das Glück selbst wird gesichert, indem wir eine bestimmte Verhaltensweise zu unserem Vergnügen machen, indem wir das Leben sowohl hinsichtlich der allgemeinen Einschätzung seines Werts wie auch aus Anlaß jeder besonderen Gelegenheit als einen bloßen Schauplatz zur Übung der Geisteskräfte und der Verpflichtungen des Herzens betrachten. »Ich werde alles versuchen und unternehmen«, bemerkt Brutus, »niemals will ich aufhören, mein Vaterland aus diesem Zustand der Knechtschaft zurückzurufen. Wenn es günstig ausgeht, wird dies für uns alle Anlaß zur Freude sein, falls nicht, werde ich dessen ungeachtet fröhlich sein«. Warum noch in einer Enttäuschung fröhlich sein? Warum nicht niedergeschlagen sein, wenn das Vaterland besiegt wird? Vielleicht deshalb, weil Trauer und Niedergeschlagenheit nichts Gutes mit sich bringen können. Richtig wie dies ist, müssen sie doch ertragen werden, sobald sie sich einstellen. Und woher sollten sie auf mich einstürmen, so könnte der Römer fragen, bin ich doch meinem Kopfe gefolgt und kann ihm noch immer folgen. Die Ereignisse mögen die Umstände gewandelt haben, in denen ich zu handeln bestimmt bin, doch sollten sie mich wirklich daran hindern können, als Mann zu handeln? Zeigt mir eine Lage, in der ein Mensch weder handeln noch sterben kann, erst dann will ich zugeben, daß er elend ist.

Wer immer die Seelenstärke besitzt, das menschliche Leben ständig unter diesem Gesichtspunkt zu betrachten, der braucht nur seine Tätigkeiten gut zu wählen, um auch über jenen Zustand der Freude und der Freiheit der Seele zu verfügen, der wahrscheinlich die besondere Glückseligkeit ausmacht, für welche seine tätige Natur bestimmt ist.

Für gewöhnlich werden die Anlagen der Menschen und dementsprechend auch ihre Tätigkeiten in zwei Hauptklassen geteilt: in selbstsüchtige und soziale. Die ersteren werden in der Einsamkeit befriedigt. Wenn diese Anlagen Bezug auf die

Menschheit nehmen, dann ist es ein solcher des Wettstreits, des
Wettbewerbs und der Feindschaft. Die zweite Art der Disposi-
tionen und Tätigkeiten läßt uns geneigt sein, mit unseren Mitgeschöpfen zu leben und ihnen Gutes zu erweisen. Sie dienen
dazu, die Glieder einer Gesellschaft zu vereinigen. Sie führen
zur wechselseitigen Teilnahme an ihren Sorgen und Freuden
und machen die Gegenwart eines Menschen zu einem vergnüg-
lichen Anlaß. Zu dieser Art können die Leidenschaften der Geschlechter gerechnet werden, die Zuneigung von Eltern und
Kindern, die allgemeine Menschenliebe, aber auch die Anhänglichkeit an einzelne, und vor allem jene seelische Gewohnheit,
durch welche wir uns selbst nur als Teil einer geliebten Gemeinschaft betrachten, nur als individuelle Mitglieder einer Gesellschaft, deren Gemeinwohl das oberste Ziel unseres Strebens
und die große Richtschnur unseres Verhaltens darstellt. Diese
Neigung ist ein Prinzip der Lauterkeit, das keine parteiischen
Unterscheidungen kennt und an keine Grenzen gebunden ist.
Sie mag ihre Wirkungen über den Kreis des persönlich Bekannten ausdehnen. Sie kann uns wenigstens in Gedanken und im
Geiste eine Beziehung zum Universum und zur ganzen Schöpfung Gottes fühlen lassen. »Kann irgend jemand die Stadt des
Kekrops lieben«, bemerkt Antoninus, »und Ihr nicht die Stadt
Gottes?«
Keine Regung des Herzens ist gleichgültig. Entweder geschieht
sie als eine Äußerung der Lebhaftigkeit und Freude oder als ein
Gefühl der Traurigkeit, als ein Ausbruch des Vergnügens oder
als eine Zuckung des Schmerzes. Die Übungen unserer verschiedenen Anlagen aber dürften ebenso wie deren Befriedigungen mit großer Wahrscheinlichkeit für unser Glück oder Unglück äußerst wichtig sein.
Das Individuum ist mit der Sorge um seine kreatürliche Erhaltung belastet. Es kann in Einsamkeit leben und sogar weit entfernt von der Gesellschaft viele Funktionen der Sinne, der Einbildungskraft und der Vernunft ausüben. Für die richtige Erfüllung dieser Funktionen wird das Individuum sogar belohnt.
Alle natürlichen Vorgänge, die sowohl es selbst wie seine Mitmenschen betreffen, beschäftigen es nicht nur, ohne es zu quälen, in vielen Fällen sind sie sogar von wirklichem Vergnügen

begleitet und füllen die Lebenszeit mit angenehmer Beschäftigung aus.

Es gibt jedoch ein Ausmaß der Sorge für uns selbst, bei dessen Erreichen wir annehmen, daß die Sorge dann zur Quelle schmerzlicher Ängste und schrecklicher Leidenschaften wird, nämlich dort, wo sie in Geiz, Eitelkeit oder Stolz ausartet, wo sie, indem sie Gewohnheiten der Eifersucht und des Leids, der Furcht und Bosheit nährt, vernichtend für unsere eigenen Freuden wird, verderblich aber auch für die Wohlfahrt der Menschheit. Dieses Übel ist allerdings letztlich nicht irgendeinem Übermaß der Sorge für uns selbst zur Last zu legen, es ist einem bloßen Mißgriff in der Wahl unserer Objekte zuzuschreiben. Wir suchen ein Glück außerhalb von uns selbst, das doch nur in den Eigenschaften unseres Herzens zu finden ist. Wir glauben uns von zufälligen Ereignissen abhängig und werden deshalb in Spannung und Unruhe erhalten. Wir meinen, vom Willen anderer Menschen abhängig zu sein, und sind deshalb servil und furchtsam. Wir glauben, unsere Glückseligkeit beruhe auf Dingen, bezüglich deren die Mitmenschen unsere Rivalen und Konkurrenten sind. Im Streben nach Glück verwickeln wir uns in jene Szenen des Wettstreits, des Neids, des Hasses, der Feindschaft und der Rache, die uns zum höchsten Grad des Elends führen. Kurzum, wir handeln, als ob uns selbst zu erhalten auch hieße, unsere Schwäche zu erhalten und unsere Leiden zu verlängern. Wir legen die Übel einer verkehrten Einbildungskraft und eines verdorbenen Herzens unseren Mitmenschen ebenso zur Last, wie wir die Qualen unserer Enttäuschungen und Bosheit auf sie zurückführen. Während wir so unser Elend pflegen, sind wir überrascht, daß die Sorge um uns selbst keine besseren Begleiterscheinungen und Folgen hat. Doch derjenige, der daran denkt, daß er von Natur ein rationales Wesen und ein Glied der Gesellschaft ist, der ferner daran denkt, daß Sich-selbst-zu-Erhalten heißt, seine Vernunft und die besten Gefühle seines Herzens zu bewahren, der wird auf keine dieser Unannehmlichkeiten stoßen. Er wird in der Sorge für sich selbst nur Ursachen der Zufriedenheit und des Triumphes finden.

Die Teilung unserer Triebe in wohlwollende und selbstsüchtige

hat wahrscheinlich in gewissem Grade dazu beigetragen, unsere
Auffassung in bezug auf persönliches Vergnügen und privates
Wohl irrezuleiten. Unser Eifer, nachzuweisen, daß die wirkliche Tugend desinteressiert ist, hat deren Sache kaum gefördert.
Die Befriedigung eines selbstsüchtigen Begehrens soll, so wird
angenommen, Vorteile oder Vergnügen für uns selbst mit sich
bringen, die Befriedigung des Wohlwollens dagegen endigt angeblich im Vergnügen und Vorteil der anderen. In Wirklichkeit
bereitet jedoch die Befriedigung jeden Begehrens persönliches
Vergnügen. Da sein Wert im Verhältnis zur besonderen Art
oder Stärke des jeweiligen Gefühls steht, mag es durchaus vorkommen, daß dieselbe Person einen größeren Vorteil aus dem
Glück ziehen kann, das sie anderen verschafft hat, als aus demjenigen, das sie für sich selbst erlangt hat.

Da also die Befriedigungen des Wohlwollens uns ebensosehr
zugute kommen wie die irgendeines anderen Begehrens, so ist
schon die bloße Betätigung dieser Anlage in vielerlei Hinsicht
als die erste und vornehmste Ursache menschlichen Glücks zu
betrachten. Jede Handlung der Güte oder der Sorge von Eltern
für ihr Kind, jede Bewegung des Herzens, sei es aus Freundschaft oder aus Liebe, aus Eifer für das Gemeinwohl oder aus
allgemeiner Menschenliebe, sind ebenso viele Handlungen des
Vergnügens und der Befriedigung. Selbst Mitleid und Erbarmen, ja sogar Kummer und Melancholie haben, wenn sie einer
zarten Neigung aufgepfropft werden, an der Natur dieses Stammes teil. Wenn sie keine positiven Freuden darstellen, handelt es
sich bei ihnen doch um Schmerzen besonderer Art, die wir
nicht einmal für das wirkliche Vergnügen einzutauschen wünschen, das wir aus der Linderung fremden Kummers gewinnen.
Selbst die Extreme dieser Art unserer natürlichen Anlagen werden, da sie das Gegenteil von Haß, Neid und Bosheit sind,
niemals von jenen peinigenden Ängsten, von Eifersucht und
Furcht begleitet, die einen eigennützigen Geist verzehren. Sollte
aber tatsächlich aus einer vorgetäuschten Anhänglichkeit an unsere Mitmenschen eine böse Leidenschaft entspringen, so sollte
diese Zuneigung ruhig als nicht echt verurteilt werden. Sind wir
mißtrauisch oder eifersüchtig, dann handelt es sich bei unserer
vorgetäuschten Zuneigung wahrscheinlich um nicht viel mehr

als um ein Begehren, Aufmerksamkeit und persönliche Achtung zu finden, ein Motiv, das uns häufig dazu bewegt, uns mit unseren Mitmenschen zu verbinden, dem wir aber ebenso häufig deren Glück zu opfern bereit sind. Wir betrachten diese Mitmenschen dann als die bloßen Werkzeuge unserer Eitelkeit, unseres Vergnügens oder Interesses, nicht als diejenigen Parteien, denen wir die Wirkungen unseres Wohlwollens und unserer Liebe zuteil werden lassen können.

Ein Herz, das Neigungen dieser Art ergeben ist, ist von einem Gegenstand in Anspruch genommen, der es dauernd zu fesseln vermag. Es ist deshalb aber nicht dazu herabgewürdigt, solchen Freuden oder Vergnügungen anzuhängen, mit denen Personen von schlechtem Gemüt ihrem Überdruß abzuhelfen gezwungen sind. Enthaltsamkeit wird ein leichtes, sobald die Befriedigungen der Sinne durch jene des Herzens verdrängt werden. Auch Mut findet sich leicht oder, besser gesagt, er wird untrennbarer Bestandteil jener Seelenstärke, sobald uns Gesellschaft, Freundschaft oder öffentliches Handeln jeden Anlaß zu persönlicher Unruhe oder Furcht vergessen läßt und uns dazu bringt, uns hauptsächlich auf das Ziel unseres Strebens und unserer Zuneigung zu konzentrieren, nicht aber auf die kleinen Unannehmlichkeiten, Gefahren und Mühsale, denen wir beim Bestreben, dieses Ziel zu erreichen, begegnen mögen.

Hiernach sollte das Glück des Menschen also darin bestehen, seine sozialen Anlagen zur Triebfeder seiner Handlungen zu machen, sich selbst als Glied einer Gemeinschaft zu betrachten, für deren allgemeines Bestes sein Herz in brennendem Eifer erglühen mag, bis hin zur Unterdrückung jener persönlichen Sorgen, die die Grundlage schmerzhafter Ängste, der Eifersucht und des Neides sind. Mr. Pope hat eben dieses Gefühl folgendermaßen ausgedrückt:

»Der Mensch bedarf, gleich der edlen Rebe, zum Leben der Stütze; seine Kraft aber quillt ihm aus der Umarmung, die er gibt«.[1]

Wenn dies dem Individuum zum Guten gereicht, so gilt dasselbe für die Menschheit. Tugend bürdet so nicht länger eine

1 Derselbe Grundsatz gilt für jeden Teil der Natur. »Lieben ist Wonne. Hassen ist Pein«.

Pflicht auf, durch die wir gezwungen sind, anderen jenes Gute
zu erweisen, auf das wir selbst verzichten, sie unterstellt vielmehr in höchstem Maße jenen Zustand der Glückseligkeit als
unseren eigenen, den wir in der Welt zu fördern verpflichtet
sind.
*Gemeinhin nehmen wir an, es sei unsere Pflicht, Freundlich-
keiten zu erweisen, und es mache unser Glück aus, solche zu
empfangen. Aber wenn in Wirklichkeit Mut und ein Herz, das
dem Wohl der Menschheit verpflichtet ist, die Grundlagen
menschlicher Glückseligkeit ausmachen, dann bringt die Erwei-
sung von Freundlichkeiten derjenigen Person Glück, von der
sie ausgehen, nicht aber der, der sie erwiesen werden. Das oberste Gute aber, das Menschen von Seelenstärke und Großmut für
ihre Mitmenschen tun können, ist es, solcher glücklichen
Eigenschaften teilhaftig zu sein*. »Ihr werdet Eurer Stadt nicht
dadurch die größte Wohltat erweisen«, bemerkt Epiktet, »daß
Ihr die Dächer erhöht, sondern dadurch, daß Ihr die Seelen
Eurer Mitbürger erhebt. Denn es ist besser, daß große Seelen in
kleinen Wohnungen leben als daß elende Sklaven in großen
Häusern wohnen.«[2]
Für den Wohlwollenden bietet die Zufriedenheit anderer einen
Anlaß zur Freude. Schon das Dasein in einer Welt, die von
göttlicher Weisheit regiert wird, bedeutet für ihn ein Glück.
Von den Sorgen befreit, die zu Verzagtheit und Gemeinheit
führen, wird der Geist ruhig, aktiv, furchtlos und kühn, zu
jedem Unternehmen fähig und kraftvoll in der Ausübung jeder
Anlage, mit welcher die Menschennatur begabt ist. Auf dieser
Grundlage erhob sich die bewundernswerte Charakterstärke,
wie sie die berühmten Nationen des Altertums während einer
gewissen Periode ihrer Geschichte auszeichnete. Sie ließ Beispiele von Edelmut zum vertrauten und alltäglichen Bestandteil
ihrer Sitten werden, wie sie unter Regierungen, welche der Ausbildung des Gemeinsinns weniger günstig sind, nur selten vor-

2 Mrs. Carter's Übersetzung der Werke Epiktets.
... Seit der Auflage von 1773 rückt diese Passage unmittelbar hinter das
Pope-Zitat. Die bisher dort befindliche Passage »Wenn dies dem Individuum ... zu fördern verpflichtet sind« rückt an die zweite Stelle, unmittelbar vor das Epiktet-Zitat.

kommen, oder aber nur zum Gegenstand der Bewunderung und aufgeblasener Lobreden gemacht werden, ohne daß sie praktiziert oder auch nur verstanden werden. »Auf diese Weise«, bemerkt Xenophon, »starb Thrasybul, der in der Tat ein guter Mensch gewesen zu sein scheint.« Welch wertvolles Lob und wie wichtig für diejenigen, welche die Geschichte dieser bewundernswerten Person kennen! Die Mitglieder jener glorreichen Staatswesen waren gewohnt, sich als Teil eines Ganzen oder wenigstens als fest verbunden mit einer bestimmten Gesellschaftsklasse im Staate zu betrachten, als solche kümmerten sie sich nicht um persönliche Belange. Sie richteten ihr Augenmerk vielmehr fortwährend auf Ziele, welche die Seele anfeuern, die sie dazu brachten, immer im Hinblick auf ihre Mitbürger zu handeln und jene Künste der Überlegung, der Beredsamkeit, der Politik und des Krieges zu praktizieren, von welchen das Schicksal der Nationen oder der Menschen in ihrer Eigenschaft als Kollektivwesen abhängt. Der Seelenstärke, die in solcher Laufbahn angesammelt wurde, der Ausbildung des Verstandes, die dadurch erreicht wurde, verdanken diese Nationen nicht nur ihren Edelmut und die Überlegenheit des politischen und militärischen Verhaltens, sondern auch ihre Dichtkunst und Literatur, die bei ihnen nur die untergeordneten Anhängsel eines Genius waren, der anderweitig angeregt, kultiviert und verfeinert wurde.

Für den alten Griechen oder Römer bedeutete das Individuum nichts und die Öffentlichkeit alles. Für die modernen Menschen ist in zu vielen Völkern Europas das Individuum alles und die Öffentlichkeit nichts. Der Staat stellt hier nur noch eine Verbindung von Verwaltungsabteilungen dar, in denen Ansehen, Reichtum, Auszeichnung oder Macht als Lohn für geleistete Dienste angeboten werden. Bereits in den ersten Anfängen war es Grundsatz modernen Regierens, jedem Individuum einen bestimmten Rang und eine Würde zu verleihen, die es für sich selbst aufrechterhalten mußte. Unsere Ahnen dagegen fochten in rauher Vorzeit ihre persönlichen Ansprüche während der Pausen auswärtiger Kriege zu Hause aus. Durch ihre Wettkämpfe untereinander, durch das Gleichgewicht ihrer Kräfte bewahrten sie in der Sphäre des Staates eine Art politischer

Freiheit, während Parteiungen in der Privatsphäre fortwährender Beeinträchtigung und Unterdrückung ausgesetzt waren.
Ihre Nachkommen in verfeinerten Zeiten haben jene bürgerliche Zwietracht unterdrückt, aus welcher die Aktivität früherer
Zeiten hauptsächlich bestand. Aber sie verwenden die Ruhe, die
sie dadurch gewonnen haben, nicht etwa zur Pflege und Ausbildung des Eifers für jene Gesetze und jene Staatsverfassungen,
denen sie ihren Schutz verdanken, sondern allein dazu, um getrennt voneinander und jeder für sich die verschiedenen Künste
persönlichen Vorankommens und Profits auszuüben, denen mit
Erfolg nachzugehen ihre politischen Einrichtungen ihnen erlauben. Handel und Kommerz, von denen anzunehmen ist, daß sie
alle einträglichen Fertigkeiten in sich schließen, werden dementsprechend als das große Ziel der Völker und als das Haupt-
bemühen der Menschheit betrachtet.

Wir sind sehr daran gewöhnt, persönliches Vermögen als allei-
niges Ziel unserer Sorge zu betrachten. Dies gilt selbst in volkstümlichen Verfassungen und in Staaten, wo verschiedene Klassen der Bevölkerung aufgerufen sind, an der Regierung des
Landes teilzuhaben, und wo die genossenen Freiheiten ohne
Wachsamkeit und Aktivität der Untertanen nicht lange erhalten
werden können. Es gilt auch dort in einem Ausmaße, daß selbst
diejenigen, die, wie es im Volksmund heißt, ihr Vermögen nicht
mehr zu machen brauchen, sich dennoch in Verlegenheit um
eine Beschäftigung glauben. Sie nehmen ihre Zuflucht zum einsamen Zeitvertreib oder sie pflegen das, was sie den Sinn für
Gärtnerei, für Baukunst, für Malen oder Musik zu nennen belieben. Mit dieser Hilfe versuchen sie, die Leere eines lustlosen
Lebens auszufüllen. Sie umgehen so die Notwendigkeit, ihre
Langeweile durch irgendwelche positiven Dienste für ihr Land
oder für die Menschheit zu kurieren.

Die Schwachen oder die Hämischen sind hinlänglich mit allem
beschäftigt, was harmlos ist. Sie sind glücklich, wenn sie irgendeine Tätigkeit finden, welche die Auswirkungen eines Temperaments verhindert, dem sie selbst oder ihre Mitmenschen zum
Opfer fielen. Aber diejenigen, welche mit einer glücklichen Begabung, mit Fähigkeit und Stärke gesegnet sind, sie machen sich
einer wirklichen Ausschweifung schuldig, wenn sie irgendwel-

chen Vergnügungen nachgehen, die einen ungewöhnlich großen Teil ihrer Zeit in Anspruch nehmen. Sollten sie dem Glauben anheimfallen, daß irgendeine Tätigkeit oder ein Zeitvertreib sie mehr erfreuen könnte als diejenigen, welche gleichzeitig etwas tatsächlich Gutes für ihre Mitmenschen hervorbringt, so werden sie wirklich um ihr Glück betrogen.

Eine solch positive Art der Beschäftigung kann in der Tat nicht die Wahl der Gewinnsüchtigen, der Neidischen und der Böswilligen sein. Ihr Wert ist nur Menschen bekannt, die einen entgegengesetzten Charakter haben. Allein an deren Erfahrung wenden wir uns. Allein von ihrer Anlage geleitet und ohne die Hilfe übermäßiger Reflexionen, entledigen sich diese in Beruf, Freundschaft und im öffentlichen Leben ihrer Aufgabe oft auf die richtige Weise. Sie werden mit Befriedigung vom Strom ihrer Regungen und Gefühle getragen und genießen den gegenwärtigen Moment, ohne Erinnerungen an das Vergangene oder große Hoffnungen auf die Zukunft. Erst in der Spekulation, aber nicht in der Praxis werden sie darauf gebracht, daß Tugend aus einem Akt der Strenge und Selbstverleugnung besteht.

9. Vom Gemeinwohl

Der Mensch ist von Natur aus Glied einer Gemeinschaft. Betrachtet man das Individuum in dieser Eigenschaft, dann scheint es nicht mehr für sich selbst geschaffen zu sein. Es muß auf sein Glück und seine Freiheit verzichten, wo diese dem Wohl der Gesellschaft widersprechen. Das Individuum ist nur Teil eines Ganzen, und das Lob, das wir seiner Tugend schuldig zu sein glauben, ist nur ein Zweig jenes allgemeineren Lobs, das wir dem Glied eines Körpers, dem Teil eines Bauwerks oder einer Maschine dafür spenden, daß sie gut geeignet sind, ihren Platz auszufüllen und angemessene Wirkungen hervorzubringen.

Wenn dies aus dem Verhältnis eines Teils zu seinem Ganzen folgt, wenn also das öffentliche Wohl Hauptzweck der Individuen ist, so ist doch in gleicher Weise wahr, daß das Glück der einzelnen der große Endzweck der bürgerlichen Gesellschaft ist: denn in welchem Sinne kann eine Öffentlichkeit irgendein Gut genießen, wenn ihre Glieder, einzeln betrachtet, unglücklich sind?

Allerdings sind die Interessen der Gesellschaft und die ihrer Glieder leicht zu versöhnen. Wenn das Individuum der Öffentlichkeit jede nur mögliche Rücksichtnahme schuldet, so wird es, indem es diese Rücksichtnahme erweist, auch des größten Glücks teilhaftig, dessen es seiner Natur nach fähig ist. Die größte Wohltat, welche die Öffentlichkeit ihrerseits ihren Mitgliedern erweisen kann, besteht darin, sie mit sich verbunden zu halten. Derjenige Staat ist der glücklichste, der von seinen Untertanen am meisten geliebt wird, und die glücklichsten Menschen sind die, deren Herzen sich für eine Gemeinschaft engagieren, in der sie jeden Antrieb zu Großmut und Eifer finden und einen Spielraum zur Betätigung jedes ihrer Talente und jeder ihrer tugendhaften Anlagen.

Auch wenn wir auf diese Weise allgemeine Maximen gefunden haben, verbleibt noch der größere Teil unserer Schwierigkeiten. Er besteht in der richtigen Anwendung der Maximen auf besondere Fälle. Völker sind in bezug auf ihre gebietsmäßige Ausdehnung, ihre Volkszahl und ihren Reichtum verschieden, aber auch im Hinblick auf die Kunstfertigkeiten, die sie ausüben, und die Behausungen, die sie sich verschafft haben. Diese Umstände können die Sitten der Menschen nicht nur beeinflussen, sie geraten in unserer Einschätzung sogar in die Gefahr, mit dem Gegenstand der Sitten selbst verwechselt zu werden. Man schreibt ihnen ganz unabhängig von der Tugend zu, das Gemeinwohl zu konstituieren. Sie begründen angeblich einen Rechtsanspruch, kraft dessen wir unserer eigenen Eitelkeit und derjenigen anderer Völker frönen, ganz so, wie wir es mit der Eitelkeit von Privatleuten aufgrund ihrer Vermögen und Ehrentitel halten.

Doch wenn diese Art, Glück zu bemessen, schon in ihrer Anwendung auf Privatleute verderblich und falsch ist, ist sie dies um nichts weniger, wenn sie auf ganze Völker angewandt wird. Reichtum, Handel, die Ausdehnung eines Gebiets und die Kenntnis der Kunstfertigkeiten bilden zwar, falls richtig angewandt, die Grundlagen der Macht und die Mittel zu ihrer Erhaltung. Fehlen sie nur teilweise, bedeutet dies eine Schwächung der Nation, fallen sie aber gänzlich fort, würde die Gattung untergehen. Sie tendieren dazu, die Volkszahl zu erhalten, keineswegs aber dazu, Glück zu bringen. Sie werden die Unglücklichen deshalb ebensogut erhalten wie die Glücklichen. Sie erfüllen einen Zweck, genügen aber deshalb gerade nicht für alle Zwecke und haben nur wenig Bedeutung, wenn sie lediglich dazu verwendet werden, ein mutloses, niedergeschlagenes und knechtisches Volk zu erhalten.

Große und machtvolle Staaten sind imstande, schwache Staaten zu besiegen und zu unterwerfen. Verfeinerte und handeltreibende Völker weisen ein größeres Ausmaß an Reichtum auf, sie praktizieren auch eine größere Mannigfaltigkeit von Künsten, als es die rohen Völker tun. Aber das Glück der Menschen besteht in allen Fällen gleichermaßen in den Segnungen eines lauteren, tätigen und energischen Geistes. Und wenn wir den Zustand der Gesellschaft lediglich als etwas betrachten, auf das die Menschen durch ihre natürlichen Neigungen hingeleitet werden, als einen Zustand, der nach seiner Wirkung auf die Erhaltung der Gattung zu bewerten ist, auf das Reifen ihrer Talente wie auf die Anregung ihrer Tugenden, so hätten wir es

nicht nötig, unsere Gemeinwesen zu vergrößern, um solche
Vorteile zu genießen. Wir erlangen diese Vorteile häufig dort im
bemerkenswertesten Ausmaß, wo Völker unabhängig und klein
bleiben.

Die Menschenzahl zu vermehren, darf als ein großer und wichtiger Zweck gelten, aber die Erweiterung der Grenzen eines
besonderen Staatswesens stellt möglicherweise nicht den geeigneten Weg dar, um diesen Zweck zu erreichen. Daraus, daß wir
die Vermehrung der Zahl unserer Mitmenschen für wünschbar
halten, folgt noch nicht, daß sie alle auch unter einem Oberhaupt zu vereinigen sind. Wir sind geneigt, das Römische Reich
für ein Vorbild nationaler Größe und Prachtentfaltung zu halten. Aber die Größe, die wir in diesem Fall bewundern, bedeutete zugleich doch auch den Untergang der Tugend und des
Menschenglücks. Es stellte sich heraus, daß sie auf Dauer mit
all denjenigen Vorzügen unvereinbar war, deren sich dieses Er-
oberervolk zunächst in allen Regierungsdingen und Sitten
erfreut hatte.

Der Wettstreit der Völker ergibt sich aus ihrer Teilung. Ebenso
wie eine Menschenschar findet auch eine Gruppe von Staaten
die Gelegenheit zur Übung ihres Verstandes und zur Prüfung
ihrer Tugenden in denjenigen Geschäften, die sie untereinander
auf der Basis von Gleichheit und unterschiedlichem Interesse
betreiben. Die Sicherheitsmaßnahmen, die einen großen Teil
nationaler Politik umfassen, stehen in jedem Staat im Verhältnis
zu dem, was man vom Ausland befürchtet. Athen war für
Sparta ebenso notwendig zur Betätigung seiner Tugend wie es
der Stahl für den Flintstein zur Erzeugung des Feuers ist. Wären
die Städte Griechenlands unter einem einzelnen Oberhaupt vereinigt gewesen, dann hätten wir nie von Epaminondas oder
Trasybul, von Lykurg oder von Solon gehört.

Wenn wir deshalb das Interesse unserer Gattung bedenken, so
können wir zwar die Mißbräuche bedauern, die sich manchmal
aus Unabhängigkeit und Widerspruch der Interessen ergeben,
doch solange der Menschheit noch irgendwelche Maßstäbe der
Tugend verbleiben, können wir nicht wünschen, die Menschen
in einer Einrichtung zusammenzudrängen, wenn sie verschiedene Niederlassungen bilden könnten. Wir können nicht wün-

schen, die öffentlichen Angelegenheiten der Führung eines einzigen Senats, einer Legislative oder einer Exekutive zu übergeben, solange sie, genau unterschieden und getrennt, vielen Personen die Gelegenheit zur Ausübung ihrer Fähigkeit und ein Theater des Ruhms bieten könnten.

In dieser Frage mögen sich keine festen Regeln angeben lassen, aber die Bewunderung von unbegrenzter Herrschaft ist auf jeden Fall ein verderblicher Irrtum. Möglicherweise würde in keinem anderen Fall das wirkliche Interesse der Menschheit gründlicher mißverstanden.

Das für einen Staat zu wünschende Maß an Ausdehnung wird oft von der Lage seiner Nachbarn abhängig zu machen sein. Wo eine Anzahl von Staaten unmittelbar aneinanderstoßen, sollten sie nahezu gleich groß sein, so daß sie sich gegenseitig respektieren und rücksichtsvoll behandeln und jene Unabhängigkeit genießen, aus der das politische Leben der Völker besteht.

Als die Königreiche Spaniens vereinigt und die großen Lehen in Frankreich der Krone einverleibt wurden, war es auch für die Völker Großbritanniens nicht mehr länger ratsam, getrennt weiter zu existieren.

Gerade durch ihre Unterteilungen und ihr Machtgleichgewicht fanden die kleineren Republiken Griechenlands nahezu auf der Ebene jeden Dorfes die Grundlage für die Bildung einer Nation. Jeder kleine Distrikt wurde zur Pflanzschule ausgezeichneter Menschen. Was heute den erbärmlichen Winkel eines großen Reiches darstellt, das war damals das Feld, auf dem die Menschheit ihre höchsten Ehren geerntet hat. Im modernen Europa dagegen werden Republiken von ähnlicher Ausdehnung, gleichsam wie Sträucher im Schatten größerer Bäume, durch die Nachbarschaft machtvoller Staaten erstickt. Ein gewisses Mißverhältnis der Stärke vereitelt in diesem Fall in hohem Maße den Vorteil der Abtrennung kleinerer Einheiten. Die Republiken befinden sich hier in einer ähnlichen Lage wie ein Händler in Polen, der um so verächtlicher und ungeschützter lebt, weil er weder Herr noch Sklave ist.

Allerdings sind unabhängige Gemeinschaften, wie schwach sie auch immer sein mögen, Koalitionen abgeneigt, nicht allein, wo diese Koalitionen sich in gebieterischer Form oder in Gestalt eines Vertrags zwischen ungleichen Partnern darbieten, sondern auch dort, wo sie nichts anderes bedeuten als die Zulassung neuer Mitglieder in einem gleichen Berechtigungsanteil wie die alten. Der Bürger hat an der Annektierung von Königreichen keinerlei Interesse. Er wird seine Bedeutung in dem Maße vermindert finden, wie sich der Staat vergrößert. Doch ehrgeizige Männer finden bei der Vergrößerung eines Territoriums eine reichlichere Ernte an Macht und Reichtum, während das Regieren selbst als Aufgabe dann leichter wird. Deshalb der verderbliche Fortschritt des Imperiums. Deshalb lassen sich am Ende freie Völker, verleitet vom Trugbild zusätzlichen Machterwerbs, mit den Sklaven unter ein und dasselbe Joch spannen, die sie ursprünglich besiegt hatten.

Unser Wunsch, die Macht einer Nation zu erhöhen, ist deshalb der einzige Vorwand, ihr Territorium zu erweitern. Doch wenn eine solche Maßnahme zu weit getrieben wird, vereitelt sie meist ihren eigenen Zweck.

Ungeachtet des Vorteils der großen Zahl und der überlegenen Ressourcen im Kriege erwächst die Kraft eines Volkes doch aus seinem Charakter und nicht aus seinem Reichtum oder gar aus der großen Zahl seiner Angehörigen. Mit Hilfe eines Staatsschatzes läßt sich eine große Anzahl von Menschen in Sold nehmen, lassen sich Festungswälle aufwerfen und Kriegsmaterial herbeischaffen. Die Besitztümer der Ängstlichen werden so leicht hinweggenommen. Eine furchtsame Menge vernichtet sich so gleichsam selbst, denn Wälle können wieder abgetragen werden, wenn sie nicht von tapferen Männern verteidigt werden. Waffen haben nur in der Hand von Mutigen Bedeutung. Diejenige Truppe, auf welche Agesilaos als Schutzwall seiner Stadt hinwies, sie stellte eine dauerhaftere und wirkungsvollere Verteidigung ihres Vaterlands dar als der Fels und der Zement, mit dem andere Städte befestigt wurden.

Demjenigen Staatsmann würden wir wenig Dank schulden, der eine Verteidigung ersönne, welche die Betätigung der Tapferkeit überflüssig machte. Es ist für den Menschen als vernunftbegabtes Wesen weise eingerichtet, daß die Anwendung der Vernunft zu seiner Erhaltung notwendig ist. Es fügt sich in seinem Streben nach Auszeichnung glücklich für ihn, daß sein persönliches

Ansehen von seinem Charakter abhängt. Für die Nationen ist es ein Glück, daß sie danach streben müssen, den Mut und die Tugenden ihrer Völker zu pflegen, um machtvoll und sicher zu sein. Durch den Gebrauch solcher Mittel erreichen sie, in ein- und demselben Zusammenhang, ihre äußeren Zwecke und sind glücklich dazu.

Frieden und Einmütigkeit gelten gewöhnlich als die Hauptgrundlagen öffentlicher Glückseligkeit. Doch die Rivalität getrennter Gemeinwesen und die Aufwallungen eines freien Volkes sind die Prinzipien politischen Lebens und eine Schule freier Menschen. Wie sind solch widerstreitenden und gegensätzlichen Grundsätze zu versöhnen? Vielleicht ist solche Versöhnung gar nicht notwendig. Die Friedfertigen mögen tun, soviel sie nur können, um Feindschaften zu beschwichtigen und entgegengesetzte Meinungen zu versöhnen. Von Glück wird zu reden sein, wenn ihnen die Unterdrückung der Verbrechen und die Beruhigung der verderblichsten Leidenschaften der Menschen gelingt. Nichts außer Korruption und Sklaverei vermag indessen die Debatten zu unterdrücken, die unter integren Männern geführt werden, die in gleicher Weise an der Verwaltung des Staates teil haben.

Eine vollständige Übereinstimmung in Meinungsangelegenheiten ist auch in der erlesensten Gesellschaft nicht zu erreichen. Wäre sie dies, was würde dann aus der Gesellschaft? »Der Gesetzgeber Spartas«, bemerkt Plutarch, »scheint den Samen der Abweichung und Zwietracht unter seinen Landsleuten gesät zu haben: er war der Ansicht, daß gute Bürger zum Disput angeleitet werden sollten; er betrachtete den Wetteifer als die Fackel, durch welche ihre Tugenden erweckt wurden, und glaubte, daß die Nachgiebigkeit, mit der Männer ihre Überzeugung ohne genauere Prüfung aufgeben, die Hauptquelle der Korruption sei.«

Regierungsformen entscheiden angeblich über Glück oder Unglück der Menschen. Aber Regierungsformen müssen unterschiedlich sein, um der Ausdehnung, der Art des Auskommens, dem Charakter und den Sitten der verschiedenen Nationen zu entsprechen. In einigen Fällen mag man es der Menge überlassen, sich selbst zu regieren, in anderen sollte sie streng in

Schranken gehalten werden. Die Bewohner eines Dorfes in einem primitiven Zeitalter konnten ruhig der Führung der Vernunft und den Eingebungen ihrer harmlosen Ansichten anvertraut werden. Den Gefängnisinsassen von Newgate aber ist kaum zu trauen, nicht einmal mit Ketten an ihren Leibern und eisernen Fesseln an den Füßen. Wie wäre es also möglich, eine einzige Regierungsform zu finden, die sich den Menschen in jeder Lage anpassen würde?

Im folgenden Kapitel wollen wir dazu übergehen, die Unterschiede zu kennzeichnen, die Sprache zu erklären, die an dieser Stelle für verschiedene Beispiele der Unterordnung und Regierung vorkommen.

4. Fortsetzung desselben Gegenstands

Die wachsende Aufmerksamkeit, mit der sich Menschen im Fortschritt der gewerblichen Künste anscheinend um ihren Gewinn bemühen, oder die Feinheit, mit der sie ihre Vergnügungen noch veredeln, ja sogar der Gewerbefleiß selbst oder die Gewöhnung an eine langweilige Beschäftigung, bei der keine Ehre zu gewinnen ist, sie mögen vielleicht als Anzeichen einer zunehmenden Rücksichtnahme auf Interesse oder Verweichlichung angesehen werden, einer Rücksichtnahme, die sich im Genusse einer gemächlichen und bequemen Lebensart einstellt. Jede neue Kunstfertigkeit, durch die das Individuum seine Vermögenslage nach und nach zu verbessern lernt, bedeutet in Wahrheit eine Zunahme seiner privaten Beschäftigungen und eine neuerliche Ablenkung seines Geistes vom öffentlichen Wohl.

Korruption geht indessen nicht aus dem Mißbrauch gewerblicher Künste allein hervor; hinzukommen muß die Gunst der politischen Situation. Die Angelegenheiten, die ein niederträchtiges und käufliches Gemüt beschäftigen, bringen Korruption nicht ohne die Hilfe von Umständen zuwege, welche die Menschen in den Stand setzen, jeder von ihnen angenommenen schlechten Gewohnheit in Sicherheit zu frönen.

Die Vorsehung hat die Menschen befähigt, Höheres zu leisten, was sie bisweilen auch tatsächlich gehalten sind zu tun. Gerade inmitten solcher Verpflichtungen erwarten oder bewahren die Menschen am ehesten ihre Tugenden. Die Fähigkeiten eines kraftvollen Geistes gelangen in der Auseinandersetzung mit Schwierigkeiten zur Ausbildung, nicht aber im ruhigen Genuß einer friedlichen Stellung. Einsicht und Weisheit sind Früchte der Erfahrung, nicht aber Lehren aus der Zurückgezogenheit und Muße. Eifer und Großmut sind Eigenschaften eines Geistes, der in der Bewältigung herzergreifender Szenen angeregt und belebt wurde, sie sind nicht Gaben des Nachdenkens oder der Erkenntnis. Nichtsdestoweniger wird die bloße Unterbrechung nationaler und politischer Bemühungen manchmal irrtümlich für eine öffentliche Wohltat gehalten. Indessen gibt es

Formen, in denen Gesellschaften bestehen, zu fragen gefällt, welche Berechtigung ein Mensch oder eine gewisse Anzahl von Menschen denn überhaupt haben, ihre Handlungen einzuschränken, so wird man antworten: gar keine, vorausgesetzt, daß ihre Handlungen nicht den Zweck verfolgen, ihre Mitmenschen zu benachteiligen. Sollte dies der Fall sein, so liegen die Rechte zur Verteidigung und die Verpflichtung, das Begehen von Unrecht abzuwehren, in den Händen kollektiver Körperschaften ebenso wie von Individuen. Viele rohe Völker, die keinerlei formelle Gerichte zur Verurteilung von Verbrechen haben, versammeln sich, wenn sie durch ein offenkundiges Vergehen in Aufregung versetzt werden, um gegen einen Verbrecher dieselben Maßnahmen zu ergreifen, die sie gegen einen Feind richten würden.

Eine solche Erwägung bestätigt einen Souveränitätsanspruch, der von der Gesellschaft als ganzer ausgeübt wird, oder von jenen, denen Machtbefugnisse der Gesamtheit übertragen werden. Doch erlaubt sie in gleicher Weise einen beliebigen Herrschaftsanspruch, auch einen, der lediglich durch Gewalt aufrechterhalten wird?

Diese Frage ist hinreichend durch die Bemerkung beantwortet, daß jedem Individuum und jeder Menschengruppe ein Recht zusteht, Gerechtigkeit zu üben und Gutes zu erweisen. Die Ausübung dieses Rechts kennt keine andere Grenze als die des Mangels an Macht, es durchzusetzen. *Wer immer deshalb über Macht verfügt, kann sie auch zu diesem Zwecke einsetzen. Um sein Verhalten zu rechtfertigen, ist keine vorherige Übereinkunft notwendig.* Doch von einem Recht auszugehen, falsch handeln zu können und Unrecht zu tun, stellt einen Mißbrauch des Wortes und einen Widerspruch im Begriff selbst dar. Dies steht einer Gemeinschaft von Menschen ebensowenig zu wie einem einzelnen Usurpator. Würden wir ein derartiges Vorrecht bei irgendeinem Souverän gelten lassen, so könnten wir damit nur den tatsächlichen Umfang seiner Macht bezeichnen wollen und die Gewaltsamkeit, die ihn in Stand setzt, seinen Willen durchzusetzen. Eine solche Prärogative ist für einen Banditenführer an

... Zusatz seit der Auflage von 1773.

der Spitze seiner Bande oder aber für einen despotischen Fürsten
an der Spitze seiner Truppen anzunehmen. Sollte einer von beiden sein Schwert ziehen, so könnte sich zwar der Reisende oder
der Einwohner aus einem Gefühl der Notwendigkeit oder der
Furcht unterwerfen, doch wäre er dazu weder aus einem Motiv
der Pflicht noch der Gerechtigkeit verpflichtet.

Die Verschiedenheit der Formen, welche verschiedene Gesellschaften unserem Blick darbieten, ist indessen fast unendlich.
Die Klassen, in die sie ihre Angehörigen einteilen, die Art und
Weise, in der sie die Legislativ- und Exekutivbefugnisse einrich-
ten, die unmerklichen Umstände, die sie dahin führen, verschiedene Gebräuche zu haben und ihren Führern ungleiche Grade an
Macht und Autorität zu übertragen, all diese Faktoren geben
Anlaß zu unaufhörlichen Unterscheidungen zwischen Verfassungen, die sich beinahe gleichen. Sie verleihen den menschlichen Angelegenheiten eine Verschiedenheit im einzelnen, die in
ihrem vollen Umfang kein Verständnis erfassen und keine Erinnerung festhalten kann.

Um eine allgemeine und umfassende Kenntnis des Ganzen zu
erhalten, müssen wir hinsichtlich dieses wie jedes anderen Gegenstands entschlossen sein, viele Besonderheiten und Einzelheiten
zu übersehen, wie sie verschiedene Regierungen unterscheiden.
Wir sollten unsere Aufmerksamkeit auf bestimmte Punkte lenken, in denen viele übereinstimmen. Auf diese Weise wären einige
allgemeine Gesichtspunkte zu ermitteln, unter denen der Gegenstand genau betrachtet werden kann. Wenn wir so die charakteristischen Merkmale festgestellt haben, welche die Hauptpunkte
der Übereinstimmung bilden, wenn wir sie hinsichtlich ihrer
Konsequenzen für verschiedene Arten der Gesetzgebung, der
Exekutive und der Rechtsprechung verfolgt haben, im Hinblick
auf die Einrichtungen der Polizei, des Handels, der Religion und
des häuslichen Lebens, dann haben wir eine Kenntnis erworben,
die zwar die Notwendigkeit der Erfahrung nicht aufhebt, die aber
doch dazu dienen kann, unsere Untersuchungen zu lenken und
inmitten der einzelnen Angelegenheiten eine Anweisung und
Methode zur Anordnung von Besonderheiten zu geben, wie sie
unserer Beobachtung in den Blick kommen.

Wenn ich an das denke, was der Präsident Montesquieu geschrieben hat, dann weiß ich nicht, warum ich überhaupt noch über menschliche Angelegenheiten schreiben sollte. Doch bin auch ich durch eigene Überlegungen und Gefühle angetrieben. Ich könnte sie möglicherweise auch eher für das Verständnis eines gewöhnlichen Fassungsvermögens äußern, da ich doch mehr auf dem Boden gewöhnlicher Menschen stehe. Sollte es notwendig sein, den Weg für das zu bahnen, was im folgenden über die allgemeine Geschichte der Völker gesagt wird, indem ich etwa über die Gesichtspunkte berichte, unter die verschiedene Regierungsformen passend eingereiht werden können, so sollte der Leser vielleicht zunächst auf das verwiesen werden, was dieser tiefsinnige Politiker und liebenswerte Moralist bereits über diesen Gegenstand geäußert hat. In seinen Schriften ist nicht allein das Original von dem zu finden, was ich jetzt, der Ordnung halber, von ihm übernehme, sondern wahrscheinlich ebenso die Quelle vieler Bemerkungen, die ich an verschiedenen Stellen in der Annahme wiederholt haben mag, es handle sich um eigene Erfindungen, ohne ihren Urheber dabei zu zitieren.

Die antiken Philosophen handelten von der Regierung gewöhnlich nach drei Hauptmerkmalen: der Demokratie, der Aristokratie und der Despotie. Ihre Hauptaufmerksamkeit galt den Verschiedenheiten der republikanischen Regierungsform. Der wichtigen Unterscheidung, die Montesquieu zwischen Despotismus und Monarchie getroffen hat, schenkten sie nur wenig Beachtung. Auch er betrachtete das Regieren als auf drei allgemeine Formen zurückführbar und bemerkte: »um das Wesen einer jeden zu verstehen, genügt es, sich die Vorstellungen ins Gedächtnis zu rufen, die selbst solchen Menschen vertraut sind, die über sehr wenig Reflexionskraft verfügen. Auch diese Menschen werden drei Definitionen oder besser drei Tatsachen zugeben: daß eine Republik ein Staat ist, in welchem das Volk als kollektive Körperschaft oder ein Teil des Volkes die souveräne Gewalt besitzt: daß eine Monarchie derjenige Staat ist, in welchem eine Person nach feststehenden und bestimmten Gesetzen herrscht: daß ein Despotismus eine Herrschaft ist, in der ein einziger Mensch alles entscheidet und an sich zieht, ohne Gesetz oder Verwaltungsregel, einzig aus dem Antrieb seines Willens oder aus seinen Launen heraus.«

Republiken lassen eine sehr wichtige Unterscheidung zu, die bereits in der eben erwähnten Hauptdefinition angedeutet ist, diejenige zwischen Demokratie und Aristokratie. Bei der ersten verbleibt die oberste Gewalt in den Händen der kollektiven Körperschaft. Bei Ernennung durch diesen Souverän steht jedes obrigkeitliche Amt jedem Bürger offen. Er wird durch Erfüllung seiner Pflicht Diener des Volkes und ist diesem für jeden ihm anvertrauten Gegenstand verantwortlich.

Bei der zweiten liegt die Souveränität in den Händen einer besonderen Klasse oder eines besonderen Menschenstandes. Einmal ernannt, bleiben diese lebenslänglich oder sie sind durch den erblichen Vorrang von Geburt und Vermögen zu einer Stellung permanenter Oberherrschaft erhoben. Alle obrigkeitlichen Ämter werden von diesem Stande und durch Ernennungen von seiner Seite besetzt. In den verschiedenen Gremien, welche er bildet, wird alles, was sich auf Gesetzgebung, Exekutive oder Gerichtsbarkeit bezieht, endgültig entschieden.

Montesquieu hat diejenigen Gefühle oder Grundsätze erklärt, nach denen, wie wir vermuten müssen, die Menschen unter diesen verschiedenen Regierungsformen handeln.

In einer Demokratie müssen sie die Gleichheit lieben, sie müssen die Rechte ihrer Mitbürger achten, das allgemeine Band der Zuneigung für den Staat sollte sie vereinen. Falls sie persönliche Ansprüche erheben, dann müssen sie mit demjenigen Maß an Ansehen zufrieden sein, das sie mit Hilfe ihrer Fähigkeiten erreichen können, Fähigkeiten, die gerechterweise an denen eines Gegners zu messen sind; sie müssen ohne Hoffnung auf persönlichen Gewinn für das Gemeinwohl arbeiten und jeden Versuch zurückweisen, eine persönliche Abhängigkeit zu schaffen. Kurz gesagt sind Redlichkeit, Kraft und Würde des Geistes die Stützen der Demokratie. Tugend ist dasjenige Verhaltensprinzip, das zu ihrer Erhaltung erforderlich ist.

Welch herrlicher Vorrang findet sich also auf seiten einer volkstümlichen Regierung, und wie eindringlich würde die Menschheit nach der entsprechenden Regierungsform streben, wenn diese dazu diente, das Prinzip auch wirklich einzuführen oder in jedem Fall ein sicherer Beweis für sein Vorhandensein wäre! Aber vielleicht müssen wir zunächst einmal das Prinzip besessen haben, um mit einiger Hoffnung auf Gewinn die Form zu erhalten. Wo das erstere vollständig ausgelöscht ist, mag die letztere nur Übel bringen, wenn überhaupt ein zusätzliches Übel dort noch vermieden zu werden verdient, wo die Menschen bereits unglücklich sind.

In Konstantinopel oder Algier ist es jedenfalls ein trauriges Schauspiel, wenn Menschen vorgeben, nach Grundsätzen der Gleichheit zu handeln. Sie wollen hiermit nur die Schranken der Regierung abschütteln, um soviel wie möglich von jener Beute zu erhaschen, die in gewöhnlichen Zeiten der Herr an sich reißt, dem sie dienen.

Es ist einer der Vorzüge der Demokratie, daß die Menschen dort nach ihren Fähigkeiten und nach dem Verdienst ihrer Handlungen bewertet werden, denn der Hauptgrund der Auszeichnung liegt dort in persönlichen Eigenschaften. Obwohl alle den gleichen Anspruch auf Macht haben, wird der Staat tatsächlich nur von wenigen regiert. Die Mehrheit des Volkes, selbst in ihrer Eigenschaft als Souverän, beansprucht lediglich, ihre Sinne zu gebrauchen. Falls sie durch nationale Schwierigkeiten bedrängt oder durch öffentliche Gefahren bedroht wird, folgt sie ihren Gefühlen. Mit der Hitzigkeit, wie sie in überfüllten Versammlungen leicht entsteht, betreibt sie dann die Geschäfte, in die sie verwickelt ist, oder schlägt die Angriffe zurück, durch die sie bedroht wird.

Die vollkommenste Gleichheit an Rechten kann jedoch niemals den Vorrang überlegener Geister ausschließen, noch können Versammlungen des gesamten Volkes ohne Leitung ausgewählter Ratsgremien regieren. Gerade deshalb kann die Volksregierung mit der Aristokratie verwechselt werden. Aber dieses Merkmal allein macht noch nicht das Wesen einer aristokratischen Regierung aus. In dieser werden die Mitglieder des Staates zumindest in zwei Klassen geteilt, deren eine dazu bestimmt ist zu befehlen, die andere zu gehorchen. Weder Verdienste noch Fehler können eine Person aus einer Klasse in die andere emporheben oder absinken lassen. Die einzige Wirkung persönlicher Befähigung besteht darin, dem Individuum einen entsprechenden Grad der Achtung in seiner eigenen Klasse zu verschaffen, nicht aber seinen Rang zu verändern. In der einen

Stellung wird er gelehrt, den Vorrang zu behaupten, in der anderen, sich ihm unterzuordnen. Er nimmt entweder die Stellung eines Schutzherrn oder eines Klienten ein und ist entweder Souverän oder Untertan seines Landes. Die Gesamtheit der Bürger mag sich zur Ausführung der Pläne des Staates vereinigen, niemals aber zur Beratung seiner Maßnahmen oder zur Verordnung seiner Gesetze. Was in einer Demokratie dem ganzen Volke zustand, ist hier auf einen Teil beschränkt. Unter sich werden die Angehörigen des höheren Standes wahrscheinlich nach ihren Fähigkeiten bewertet, doch insgesamt bewahren sie gegenüber denjenigen niedrigeren Ranges eine dauernde Überlegenheit. Sie sind zugleich die Diener und die Herren des Staates und bezahlen mit ihren persönlichen Diensten und mit ihrem Blut für die bürgerlichen oder militärischen Ehren, die sie genießen.

Für das Mitglied einer solchen Gemeinschaft ist es nicht mehr der leitende Grundsatz, für sich selbst eine vollkommene Gleichheit an Privilegien und Stellung zu behaupten und diese in gleicher Weise seinen Mitbürgern zuzugestehen. Die Rechte der Menschen gestalten sich aufgrund ihrer jeweiligen Lage verschieden. Der eine Stand beansprucht mehr, als er zu gewähren geneigt ist; der andere muß einzuräumen bereit sein, was er für sich selbst nicht beansprucht. Mit gutem Grund bezeichnet Montesquieu deshalb als Prinzip solcher Regierungen die *Mäßigung*, nicht die *Tugend*.

Die Erhebung der einen Klasse geschieht hier als eine gemilderte Anmaßung, die Unterwerfung der anderen in Form einer begrenzten Ehrerbietung. Die erstere muß darauf bedacht sein, das beneidenswerte Moment ihres Vorrangs zu verbergen, um so dasjenige an den öffentlichen Einrichtungen zu bemänteln, was Anlaß zu Beschwerden bieten könnte. Sie muß durch ihre Bildung, durch ihre kultivierten Sitten und ihre verfeinerten Talente für denjenigen Platz qualifiziert erscheinen, den sie einnimmt. Die andere Klasse aber ist zu lehren, sich aus Respekt und persönlicher Anhänglichkeit unterzuordnen und auf diese Weise dasjenige zu gewähren, was andernfalls mit Gewalt nicht erzwungen werden könnte. Wenn solche Mäßigung auf der einen oder anderen Seite versagt, gerät die Verfassung ins

Wanken. Eine zum Aufruhr gebrachte wütende Volksmasse kann dasjenige Recht auf Gleichheit fordern, das ihr in demokratischen Staaten eingeräumt wird. Ein zur Herrschaft entschlossener Adel andererseits kann aus seinen Reihen einen Souverän wählen, wenn er einen solchen nicht bereits vorherbestimmt findet, der nun, ob aufgrund von Vermögensvorteilen, von Volkstümlichkeit oder persönlichen Fähigkeiten, für seine eigene Familie bereit ist, jene beneidete Macht zu ergreifen, die den Stand als ganzen bereits vorher über die Grenzen der Mäßigung hinweggetragen und einzelne Männer mit maßlosem Ehrgeiz angesteckt hat.

Man hat dementsprechend Monarchien mit den frischen Spuren der Adelsherrschaft angetroffen. In einer solchen Monarchie ist der Monarch allerdings nur der erste unter den Adeligen und muß sich mit einer begrenzten Macht begnügen. Seine Untertanen sind in Klassen eingeteilt. Er findet an jeder Ecke den Anspruch auf ein Privileg vor, das seine Autorität einschränkt. Er begegnet einer Gewalt, die hinreicht, seine Verwaltung innerhalb der Grenzen der Billigkeit und festbestimmter Gesetze zu halten.

Die Liebe zur Gleichheit ist unter solchen Regierungen allerdings in widersinniger Weise entwickelt und Mäßigung als solche unnötig. Vorrang wird zum Bestreben jeden Rangs, und jede Klasse kann ihre Vorzüge in ganzem Umfang entfalten. Der Herrscher selbst verdankt den größten Teil seiner Autorität klangvollen Titeln und der glänzenden Ausstattung, die er öffentlich zur Schau stellt. Die untergeordneten Stände betonen ihre Wichtigkeit durch eine ähnliche Schaustellung. Sie tragen zu diesem Zweck bei jeder Gelegenheit die Zeichen ihrer vornehmen Geburt oder die Prunkstücke ihres Vermögens. Was sonst könnte für das Individuum die Beziehung markieren, in welcher es zu seinen Mituntertanen steht, oder die zahllosen Stände unterscheiden, die die Kluft zwischen der Stellung des Herrschers und der des Bauern ausfüllen? Was sonst könnte in Staaten von großer Ausdehnung einen Anschein von Ordnung aufrechterhalten, unter Mitgliedern, die durch Ehrgeiz und Interesse getrennt sind und die ein Gemeinwesen bilden sollen, ohne über einen Sinn für gemeinsame Belange zu verfügen?

Monarchien werden für gewöhnlich dort gefunden, wo der Staat hinsichtlich seiner Bevölkerung und seines Gebiets über die Volkszahl und Ausdehnung hinausgewachsen ist, wie sie mit einer republikanischen Regierungsform vereinbar sind. Aus diesen Umständen erwachsen große Ungleichheiten bei der Besitzverteilung. Der Wunsch nach Vorrang wird zur herrschenden Leidenschaft. Jeder Stand möchte sein Vorrecht ausüben, und auch der Souverän versucht fortwährend, sein eigenes Vorrecht auszuweiten. Wenn Untertanen, die an der Behauptung ihres Vorrangs verzweifeln, für Gleichheit plädieren, *so ist er willens, ihre Forderungen zu begünstigen und zu unterstützen, um so eine Gewalt zu schwächen, mit welcher er bei vielen Anlässen aneinandergeraten muß.*

Viele verhaßte Vorrechte und Beschwerden, die einer monarchischen Regierung eigentümlich sind, mögen aus Anlaß einer solchen Politik dem Anschein nach beseitigt werden, aber der Zustand der Gleichheit, dem die Untertanen sich dann annähern, ist derjenige von Sklaven, die alle gleichermaßen vom Willen eines Herren abhängig sind, nicht derjenige freier Bürger, die imstande sind, ihren eigenen Willen durchzusetzen.

Nach Montesquieu ist das Prinzip der Monarchie die Ehre. Die Menschen mögen gute Eigenschaften, Würde des Geistes und Charakterstärke besitzen; doch das Gefühl der Gleichheit, das keinen Eingriff in die persönlichen Rechte des geringsten Bürgers duldet, der unbändige Sinn, der sich um keine Protektion bemühen will, noch etwas als Gunstbeweis empfangen will, was ihm als Recht zusteht; jener Gemeinsinn, der sich auf die Vernachlässigung persönlicher Rücksichten gründet: all diese Eigenschaften sind weder mit der Aufrechterhaltung der monarchischen Staatsverfassung vereinbar noch mit jenen Gewohnheiten in Übereinstimmung zu bringen, welche die Mitglieder eines solchen Staatswesens in irgendeinem Stand erwerben.

Jede gesellschaftliche Stellung schließt hier eine besondere Würde in sich und verweist auf die Angemessenheit eines Ver-

---

... Seit der Auflage von 1773 ersetzt durch:
so ist er willens, ihre Forderungen zu begünstigen und zu unterstützen, um so Ansprüche zu mildern, mit denen er bei vielen Anlässen aneinandergeraten muß.

haltens, wie es Männer vom Stande einzuhalten verpflichtet sind. Im Verkehr der Höherstehenden mit den Geringeren ist es das Ziel von Ehrgeiz und Eitelkeit, die Vorteile von Rang und Status zu verfeinern und herauszukehren. Im Verkehr, den die gute Gesellschaft untereinander hat, gilt es dagegen als Zeichen guter Erziehung, solche Unterscheidungen zu verbergen oder zurückzuweisen.

Obwohl die Gegenstände der Hochachtung hier mehr in Standeswürden als in persönlichen Eigenschaften bestehen, obgleich Freundschaft sich hier nicht aus bloßer Neigung bildet, noch Bündnisse durch die Wahl des Herzens geschlossen werden, sind dennoch Menschen, die auf solche Weise verbunden sind, in hohem Maße moralischer Vorzüge fähig, ohne ihren Stand selbst dabei zu ändern. Sie sind gleichzeitig aber auch vielen unterschiedlichen Graden der Korruption unterworfen. Sie sind sowohl imstande, eine wirksame Rolle als Glieder des Staates zu spielen als auch auf liebenswerte Weise am geselligen Verkehr der privaten Gesellschaft teilzunehmen; sie können andererseits aber auch mit ihrer Bürgerwürde abdanken, während sie gleichzeitig ihre Arroganz und ihre Anmaßung als Privatpersonen erhöhen.

In einer Monarchie verdanken alle Stände ihre Ehre der Krone. Aber sie betrachten diese Ehre im Laufe der Zeit als ein Recht und üben eine untergeordnete Macht im Staate aus. Solche Macht stützt sich auf die dauerhafte Rangstellung, deren sie sich erfreuen, und auf die Anhänglichkeit derjenigen, die sie zu leiten und zu schützen berufen sind. Obgleich sie sich nicht in nationale Ratsgremien und in öffentliche Versammlungen drängen und obwohl der Begriff eines Senats hier unbekannt ist, müssen die Ansichten, die sie zu ihren eigenen machen, auch beim Herrscher ins Gewicht fallen. Jedes Individuum ratschlagt hier in seiner besonderen Rolle als Individuum in gewissem Maße auch für sein Vaterland. Es ist in allem, was seinen Rang nicht mindert, bereit, dem Gemeinwesen zu dienen. Gegen alles jedoch, was sein Ehrgefühl herabsetzt, hegt es Abneigung und Abscheu, was auf eine Verneinung des Willens seines Fürsten hinausläuft.

Die Untertanen einer Monarchie finden sich zwar nicht durch

ein Gefühl gemeinsamer Interessen vereinigt, dafür sind sie miteinander durch die wechselseitigen Bande von Abhängigkeit und Protektion verstrickt. Doch in ähnlicher Weise wie Untertanen einer Republik sehen sie sich als Glieder einer aktiven Gesellschaft beschäftigt und ferner auch dazu verpflichtet, ihre Mitmenschen in duldsamer Weise zu behandeln. Solche Grundsätze der Ehre bewahren das Individuum für seine eigene Person vor Knechtschaft oder auch davor, Werkzeug der Unterdrückung in den Händen anderer zu werden. Wenn diese Prinzipien der Ehre versagen sollten, sei es, daß sie den Grundsätzen des Kommerzes Platz machen würden oder den Spitzfindigkeiten einer angeblichen Philosophie oder aber der fehlgeleiteten Glut eines republikanischen Geistes, wenn sie durch die Feigheit ihrer Untertanen verraten oder durch den Ehrgeiz der Fürsten unterdrückt werden, was soll dann aus den Völkern Europas werden?

Despotismus ist eine entartete Monarchie, in welcher zwar dem Anschein nach ein Hof und der Fürst erhalten bleiben, in der aber jeder untergeordnete Rang zerstört ist. Dem Untertanen wird erklärt, er verfüge über keine Rechte, noch könne er Eigentum besitzen. Er kann auch keine Stellung einnehmen, die von der augenblicklichen Eingebung seines Fürsten unabhängig ist. Solche Doktrinen stützen sich auf die Grundsätze der Eroberung. Sie müssen mit der Peitsche und mit dem Schwert beigebracht werden. Am leichtesten werden sie unter dem Terror von Ketten und Gefangenschaft angenommen. Furcht ist deshalb das Prinzip, das hier den Untertanen dahin bringt, seine Stellung einzunehmen. Der Herrscher, der die Zeichen des Schreckens so freigebig für andere bereit hält, hat reichlich Ursache, diesem Gefühl des Schreckens auch in seinem eigenen Inneren einen Hauptplatz einzuräumen. Das Gesetz, das er für die Rechte anderer ersonnen hat, greift bald auch auf seine eigenen über. Das ungestüme Begehren, seine Macht zu sichern und auszuweiten, läßt ihm diese Macht wie auch das Wohlergehen seines Volkes zu einem Geschöpf bloßer Einbildung und zügelloser Launen werden.

Wir können auf diese Weise mit großer Genauigkeit die idealen Grenzen ziehen, welche die einzelnen Regierungsformen von-

einander unterscheiden. Doch in der Wirklichkeit finden wir
sie, sowohl im Hinblick auf ihr Prinzip wie auf ihre Form,
vielfach miteinander vermischt. In welcher Gesellschaft werden
die Menschen nicht ebenso nach Merkmalen äußerer Unterschiede wie nach Merkmalen persönlicher Eigenschaften klassifiziert? In welchem Staatswesen werden sie nicht von einer Vielzahl von Prinzipien angetrieben, wie etwa Gerechtigkeit, Ehre,
Mäßigung und Furcht? Es ist Aufgabe der Wissenschaft, dieses
Durcheinander in ihrem Gegenstand nicht zu verhüllen, sondern aus der Vielzahl und Verbindung der Einzelheiten diejenigen Hauptpunkte herauszufinden, die unsere Aufmerksamkeit
verdienen und die, wohlverstanden, uns vor jener Verwirrung
bewahren, welche die Mannigfaltigkeit einzelner Fälle sonst
stiften könnte. In eben dem Maße, in dem Regierungen fordern,
daß Menschen nach Prinzipien der Tugend, der Ehre oder der
Furcht handeln, können sie auch mehr oder weniger unter die
Rubriken Republik, Monarchie oder Despotismus gebracht
werden. Die allgemeine Theorie wird so mehr oder weniger auf
ihre Besonderheiten anwendbar.

Regierungsformen ähneln sich wechselseitig durch viele und
oft unmerkliche Abstufungen hindurch, oder sie weichen
durch ebenso viele Abstufungen voneinander ab. Eine Demokratie nähert sich einer Aristokratie, wenn in ihr gewisse Ungleichheiten des Rangs zulässig sind. In volkstümlichen
ebenso wie in aristokratischen Regierungsformen haben einzelne Männer aufgrund ihrer persönlichen Autorität und oft
auch durch den Einfluß ihrer Familie eine Art monarchischer
Macht behauptet. Ein Monarch wiederum ist auf verschiedene
Weise eingeschränkt: auch ein despotischer Fürst ist im
Grunde nur ein Monarch, dessen Untertanen die wenigsten
Vorrechte fordern bzw. ein Monarch, der am besten imstande
ist, sie mit Gewalt zu unterwerfen. All diese Unterschiede
sind nur Stufen in der Geschichte der Menschheit, sie markieren flüchtige und veränderliche Zustände, welche sie durcheilt
hat, zuweilen von der Tugend unterstützt, zuweilen vom Laster niedergedrückt.

*Vollkommene Demokratie und Despotismus scheinen diejeni-
gen entgegengesetzten Extreme zu sein, zu denen es Regie-

rungsformen zuweilen bringen.* In der ersteren wird vollkommene Tugend erfordert, in der letzteren ist völlige Korruption·
anzunehmen. Doch in der bloß formalen Verfassung der Gesellschaften ist hinsichtlich des Ranges und der Unterschiede zwischen den Menschen nichts festgefügt außer dem zufälligen und
zeitweiligen Machtbesitz. Deshalb gehen Gesellschaften ihrer
bloßen Form nach leicht aus einem Zustand, in dem jedes Individuum ein gleiches Recht auf Herrschaft hat, in einen anderen
über, in dem alle gleichermaßen zu dienen bestimmt sind. In
beiden Zuständen tragen dieselben Eigenschaften, nämlich
Volkstümlichkeit, Geschicklichkeit und gute militärische Führung, den Ehrgeizigen zur Höhe empor. Der Bürger wie der
Sklave wird mit diesen Eigenschaften leicht vom gemeinen Soldaten zum Befehlshaber eines Heeres und gelangt aus einer
unbedeutenden in eine glänzende Stellung. In jedem dieser Zustände kann eine Einzelperson mit uneingeschränkter Gewalt
herrschen, in beiden kann aber auch der Pöbel jede Schranke
der Ordnung und jeden Zwang des Gesetzes durchbrechen.
Angenommen, unter den Untertanen eines despotischen Staates
würde sich Gleichheit ausbreiten und den Staatsangehörigen
Vertrauen, Furchtlosigkeit und Liebe zur Gerechtigkeit einflößen. Der despotische Fürst muß dann zur Menge herabsinken,
denn er hat aufgehört, ein Gegenstand der Furcht zu sein.
Würde dagegen die persönliche Gleichheit, deren sich die Mitglieder eines demokratischen Staates erfreuen, nur als ein gleicher Anspruch auf die Objekte der Habsucht und des Ehrgeizes
angesehen, dann kann sich der Monarch aufs neue aufwerfen
und von jenen unterstützt werden, welche an seinem Gewinn
teilhaben wollen. Wenn die Habsüchtigen und Käuflichen sich
zu Parteien zusammenrotten, so ist es belanglos, welchem Führer sie sich anschließen, ob er nun Cäsar oder Pompejus heiße;
die Hoffnungen auf Raub oder Macht sind die einzigen Motive,
die sie mit dem einen wie mit dem anderen verbinden.
In der Zerrüttung korrupter Gesellschaften hat sich die Szene

... Seit der Auflage von 1773 ersetzt durch:
Vollkommene Demokratie und Despotismus scheinen diejenigen entgegengesetzten Extreme zu sein, hinsichtlich deren Regierungsformen am weitesten voneinander abweichen.

häufig von der Demokratie zum Despotismus verwandelt, aber auch umgekehrt vom letzteren zum ersteren. Mitten aus einer Demokratie korrupter Menschen und aus einer Szene gesetzloser Verwirrung heraus erschleicht sich der Tyrann seinen Thron mit Waffen, die noch vom Blute dampfen. Doch seine Mißbräuche der Stellung, die er errungen hat, oder die Schwächen dieser Stellung selbst erwecken ihrerseits den Geist des Aufruhrs und der Rache und geben beiden Raum. Das Geschrei von Mord und Zerstörung, das im gewöhnlichen Verlauf einer Militärregierung den Untertanen auch noch an seinem privaten Zufluchtsort in Schrecken versetzt, tönt nun durch die Gewölbe und dringt durch die Gitter und eisernen Tore des Serails. Die Demokratie scheint in einer Szene wilder Unordnung und Tumult wieder aufzuleben; aber beide Extreme sind nur vorübergehende Anfälle von Krankheit oder Entkräftung eines zerrütteten Gesamtzustands.

Wenn Menschen irgendwo zu einem solchen Grad von Verdorbenheit gelangt sind, scheint keine unmittelbare Hoffnung auf Abhilfe mehr zu bestehen. Weder das Übergewicht der Menge noch das eines Tyrannen wird die Handhabung der Gerechtigkeit sichern. Weder die Zügellosigkeit eines bloßen Tumults noch die von Kleinmut und Knechtschaft herrührende Ruhe wird den Bürger lehren, daß er seinen Mitmenschen gegenüber zu Redlichkeit und Zuneigung bestimmt wurde. Und wenn spekulative Denker den gewohnheitsmäßigen Kriegszustand auffinden würden, den sie zuweilen mit dem Begriff *Naturzustand* zu beehren belieben, dann werden sie ihn in demjenigen Kampf finden, der zwischen dem despotischen Prinzen und seinen Untertanen tobt, nicht aber in den ersten Annäherungen eines rohen und einfachen Stammes an die Lebensbedingungen und häuslichen Einrichtungen der Völker.

Zweiter Teil
Von der Geschichte roher Völker

1. Von den Nachrichten zu diesem Gegenstand aus dem Altertum

Die Geschichte der Menschheit erstreckt sich über einen begrenzten Zeitraum und aus jeder Himmelsrichtung enthält sie Andeutungen, daß das Menschendasein einen Anfang gehabt hat. Völker, die sich heute durch allerhand Fertigkeiten und durch die Segnungen ihrer politischen Einrichtungen auszeichnen, leiten sich aus schwachen Anfängen her und bewahren in ihrer Geschichte immer noch Hinweise auf einen langsamen und stufenweisen Fortschritt, durch den sie ihre Vorzugsstellung gewonnen haben. Die Altertümer jeder Nation, wie verschiedenartig und entstellt sie auch sein mögen, enthalten über diesen Punkt doch stets dieselbe Auskunft.

In der biblischen Geschichte sehen wir die Stammeltern des Menschengeschlechts, zunächst noch ein einzelnes Paar, hinausgesandt, um die Erde zu besitzen und sich inmitten der Disteln und Dornen, die ihre Oberfläche bedeckten, ihren Lebensunterhalt zu erringen. Ihre Nachkommen, die abermals auf einige wenige vermindert wurden, hatten mit den Gefahren zu kämpfen, die ein schwaches und unentwickeltes Geschlecht erwarten, und nachdem viele Zeitalter vergangen waren, nahmen die bedeutendsten Völker von einer oder mehreren Familien ihren Ausgang, die ihre Herden zuvor in der Wüste geweidet hatten.

Die Griechen leiten ihre Abstammung von nichtseßhaften Stämmen her, deren häufige Wanderungen ein Beweis für den rohen und hilflosen Zustand ihrer Gemeinwesen sind und deren kriegerische Heldentaten, die in der Geschichte so berühmt geworden sind, nur die Kämpfe zeigen, mit denen sie um den Besitz eines Landes rangen, das sie später durch ihr dichterisches Talent, durch ihre Künste und ihre Politik in der Geschichte der Menschheit berühmt machten.

Italien muß in viele rohe und schwächliche Kantone unterteilt gewesen sein, als eine Räuberbande, denn als solche hat man sie uns betrachten gelehrt, an den Ufern des Tiber eine sichere Niederlassung gründete. So erhielt ein Volk, das nur aus einem

Geschlecht zusammengesetzt war, den Charakter einer Nation. Rom blickte während langer Zeiten von seinen Mauern nach allen Seiten auf feindliches Territorium herab und fand damals ebensowenig etwas vor, was die Schwächen seiner kindlichen Kraft gehemmt oder unterdrückt hätte, wie es später auf kaum etwas stieß, das den Fortschritt seines ausgedehnten Reiches hätte aufhalten können. Gleich einer Tataren- oder Skythen-Horde, die einen Wohnsitz aufgeschlagen hat, war dieses in Entstehung begriffene Volk jedem Stamme in seiner Nachbarschaft gleich, wenn nicht überlegen. Die Eiche, welche später das Feld beschattete, war einst eine schwache Pflanze in der Baumschule, von dem Unkraut nicht zu unterscheiden, das ihr frühes Wachstum aufhielt.

Die Gallier und Germanen sind mit den Merkmalen eines ähnlichen Zustands behaftet zu unserer Kenntnis gelangt. Die Einwohner Britanniens glichen zur Zeit der ersten römischen Invasionen in vieler Hinsicht den gegenwärtigen Eingeborenen Nordamerikas: sie waren ohne Kenntnis des Ackerbaus, sie bemalten ihre Körper und benutzten Tierfelle als ihre Kleidung.

So also scheint der Anfang der Geschichte bei allen Völkern gewesen zu sein, und in solchen Verhältnissen sollten wir auch nach dem ursprünglichen Charakter der Menschheit suchen. Eine solche Untersuchung betrifft einen sehr fernen Zeitabschnitt, hierbei sollte jede Schlußfolgerung auf den Tatsachen aufgebaut werden, die zu unserer Benutzung überliefert sind. Desungeachtet besteht unsere Methode allzu häufig darin, das ganze auf Vermutungen beruhen zu lassen, jeden Vorzug unserer Natur solchen Fertigkeiten zuzuschreiben, die wir selbst besitzen, und uns einzubilden, daß eine bloße Verneinung all unserer Tugenden schon eine hinreichende Beschreibung des Menschen in seinem ursprünglichen Zustand sei. Wir selbst halten uns für Muster an guter Sitte und Zivilisation, und wo nicht unsere eigenen Züge hervortreten, glauben wir, sei auch nichts vorhanden, das überhaupt wissenswert wäre. Aber es ist durchaus wahrscheinlich, daß wir hier wie in vielen anderen Fällen schlecht geeignet sind, mittels unserer vorgeblichen Kenntnis der Ursachen Wirkungen vorherzusagen oder gar zu bestimmen, welches die Eigenschaften und Tätigkeiten unserer eigenen Natur bei Abwesenheit jener Umstände gewesen sein müssen, unter denen wir sie in Tätigkeit gesehen haben. Wer würde auf bloße Vermutung hin annehmen, daß der nackte Wilde ein Stutzer und Spieler wäre, daß er auch ohne die Unterscheidung der Titel und Vermögen stolz und eitel sein könnte und daß seine Hauptsorge darin bestände, seine Person zu schmücken und dem Vergnügen nachzujagen: Selbst wenn wir annehmen würden, daß er auf solche Weise unsere Laster teilt und sich inmitten seiner Wälder in ebenden Torheiten überböte, die in der Stadt praktiziert werden, so würde doch niemand so kühn sein zu behaupten, daß er uns auch an Talenten und Tugenden übertreffen könnte, daß er einen durchdringenden Verstand, eine Einbildungskraft und Beredsamkeit, Geistesstärke, Leidenschaft und Mut besäße, welche die Kunstfertigkeiten, die Disziplin und die Politik weniger Völker zu vervollkommnen fähig wären. Dennoch sind diese Eigenschaften auch Teil der Beschreibung derjenigen, welche die Gelegenheit gehabt haben, die Menschen in ihrem primitivsten Zustande zu sehen, und außerhalb des Bereichs solcher Zeugnisse können wir weder mit Sicherheit Informationen über diesen Gegenstand erlangen noch uns gar anmaßen, sie zu geben.

Wenn Vermutungen und Ansichten, die von Ferne gebildet werden, keine hinreichende Glaubwürdigkeit für die Geschichte der Menschheit haben, dann müssen auch die einheimischen Überlieferungen eines jeden Volkes aus gleichem Grunde mit Vorsicht aufgenommen werden. Zumeist handelt es sich dabei um bloße Vermutungen oder Erdichtungen späterer Zeitalter, und selbst dann, wenn sie zunächst einige Ähnlichkeit mit der Wahrheit hatten, verändern sie sich doch durch die Einbildungskraft jener, welche sie überliefern. Sie empfangen so in jeder Generation eine verschiedene Gestalt. Sie tragen die Prägung der Zeiten, welche sie in der Form der Überlieferung durchlaufen haben, nicht aber jener Zeitalter, auf die sie sich angeblich als Schilderungen beziehen. Die Information, die sie geben, gleicht nicht dem Licht, das von einem Spiegel zurückgeworfen wird und das den Gegenstand darstellt, von dem es ursprünglich kam; sie gibt vielmehr, wie Strahlen, die gebrochen und verstreut von einer undurchsichtigen und matten

Oberfläche kommen, nur diejenigen Farben und Formen des Körpers wieder, von dem sie zuletzt reflektiert wurden.

Wenn überlieferte Märchen vom gemeinen Volk erzählt werden, tragen sie die Merkmale eines Nationalcharakters, und obgleich mit Widersinnigkeiten vermengt, erwecken sie doch oft die Phantasie und bewegen das Herz. Wurden sie zum Gegenstand der Dichtkunst und durch das Geschick und die Beredsamkeit eines glühenden und überlegenen Geistes ausgeschmückt, dann belehren sie den Verstand in gleicher Weise, wie sie das Herz gefangen nehmen. Nur wenn sie in die Hände bloßer Altertumsforscher fallen oder der Zierden beraubt werden, welche die Gesetze der Geschichte ihnen zu tragen verbieten, sind sie nicht mehr geeignet, die Phantasie zu beschäftigen oder überhaupt noch einem Zweck zu dienen.

Es wäre lächerlich, die Sage der Ilias oder Odyssee, die Legenden von Herkules, Theseus oder Ödipus als tatsächliche Berichte über die Geschichte der Menschheit anzuführen. Aber mit gutem Recht können sie zur Vergewisserung der Anschauungen und Empfindungen des Zeitalters zitiert werden, in dem sie erdichtet wurden, oder aber um das Genie des Volkes zu charakterisieren, mit dessen Vorstellungen sie vermengt und von dem sie liebevoll erzählt und bewundert wurden.

In dieser Weise kann der Dichtung zugestanden werden, Zeugnis für das Genie der Völker abzulegen, während die Geschichte nichts vorbringen kann, das Anspruch auf Glaubwürdigkeit hätte: Die griechische Sage, die den Charakter ihrer Schöpfer übermittelt, wirft denn auch Licht auf ein Zeitalter, von dem sonst keine Berichte erhalten sind. Die Überlegenheit dieses Volkes tritt in der Tat in keinem Falle mehr zutage als in der Kraft seiner Dichtungen und in der Geschichte jener märchenhaften Helden, Dichter und Weltweisen, deren Sagen von einer Phantasie erfunden oder verschönert wurden, die bereits von dem erfüllt war, um dessentwillen der Held gefeiert wurde. Dies trug dazu bei, den kühnen Enthusiasmus zu entfachen, mit dem diese Völker später bei der Verfolgung dieses nationalen Zieles vorgingen.

Es war für jene Völker ohne Zweifel von großem Vorteil, daß ihr Sagensystem von ihnen selbst stammte und bereits Bestandteil volkstümlicher Traditionen war, zugleich aber auch dazu diente, jene Veredlung des Verstandes, der Phantasie und des Gefühls auszubreiten, welche später durch die talentvollsten Männer auf die Sage selbst und ihre Moral übertragen wurde. Die Leidenschaften des Dichters durchdrangen so den Geist des Volkes. Die Vorstellungen genialer Männer teilten sich auf diesem Weg dem gewöhnlichen Volk mit und wurden so zum Ansporn eines Nationalgeistes.

Eine vom Ausland entlehnte Mythologie dagegen oder eine Literatur, die sich auf die Verhältnisse eines fremden Landes stützt und mit Hinweisen aus dem Ausland angefüllt ist, sind von weit beschränkterem Nutzen. Sie sagen allein dem Gelehrten etwas, und obgleich sie zur Aufklärung des Verstandes und zur Besserung des Herzens bestimmt sind, haben sie oft doch eine entgegengesetzte Wirkung. Sie können auf den Ruinen des gesunden Menschenverstandes die Selbstüberhebung großziehen. Das, was der Athenische Schiffer unschuldig an seinem Ruder sang, oder der Hirte hersagte, während er seine Herde bewachte, kann so als Anlaß zum Laster dargestellt werden und überhaupt der Grund für Pedanterie und Gelehrtendünkel sein.

Gerade unsere Gelehrsamkeit dient möglicherweise dort, wo ihr Einfluß um sich greift, in gewissem Grade dazu, unseren Nationalgeist herabzudrücken. Unsere eigene Literatur, die von anderen Völkern abgeleitet ist, die eben zu jener Zeit auf der Höhe von Macht und Ruhm standen, als unsere Vorfahren noch im Zustand der Barbarei lebten und damals folglich von denen, welche eine literarische Bildung erreicht hatten, verachtet wurden, hat Anlaß zu der traurigen Meinung gegeben, daß wir selbst die Nachkommen eines minderwertigen und verächtlichen Volkes sind, eines Volkes, auf das menschliche Einbildungskraft und Gefühl keine Wirkung hatten, bis der Genius ihm gleichsam durch Beispiele eingeflößt und durch Lehren angeleitet wurde, die von auswärts kamen. Die Römer, denen wir unsere Berichte hauptsächlich verdanken, haben ihren Vorfahren bei aller Barbarei ein System von Tugenden zugeschrieben, welches alle primitiven Völker wahrscheinlich gleichermaßen besitzen, und zwar Verachtung des Reichtums, Vaterlandsliebe, Ausdauer bei Mühsal, Gefahr und Anstrengung. Sie haben

unsere Vorfahren nichtsdestoweniger herabgesetzt, weil sie den
ihren so ähnlich waren, wenigstens was ihren Mangel an Kunstfertigkeit und die Vernachlässigung solcher Bequemlichkeiten
betrifft, welche diese Kunstfertigkeiten doch hervorbringen sollen.

Jedenfalls haben wir von den griechischen und römischen Historikern nicht nur die authentischsten und lehrreichsten, sondern auch die fesselndsten Schilderungen jener Volksstämme,
deren Nachkommen wir sind. Jene hervorragenden und klugen
Schriftsteller kannten die menschliche Natur. Sie vermochten
es, deren Grundzüge zu sammeln und ihre charakteristischen
Eigenschaften in jeder Situation darzustellen. Die ersten Geschichtsschreiber des modernen Europa, die diese Arbeit fort-
setzten, waren schlechte Nachfolger. Gewöhnlich nur für den
Mönchsberuf ausgebildet, blieben sie auf das Klosterleben beschränkt und waren damit beschäftigt aufzuzeichnen, was sie
als Tatsachen zu bezeichnen für gut hielten. Die Werke des
Genius dagegen ließen sie untergehen. Vom Stoff her, den sie
wählten, oder im Stil ihrer Kompositionen waren sie unfähig,
eine Darstellung des aktiven Geistes der Menschheit in irgendeiner Lage zu geben. Eine bloße Erzählung bedeutete ihrer Auffassung nach schon Geschichtsschreibung, auch wenn sie keinerlei Kenntnis von den Menschen vermittelte. Geschichte
selbst galt ihnen auch dann als vollendet, wenn man, inmitten
einer Aufzeichnung der Ereignisse und der Aufeinanderfolge
der Fürsten in chronologischer Reihenfolge, vergebens nach
charakteristischen Merkmalen des Verstandes und des Herzens
sucht, die doch allein bei jeder menschlichen Handlung die Geschichte entweder fesselnd oder nützlich machen.

Wir verlassen die Geschichte unserer ersten Vorfahren deshalb
gerne dort, wo auch Cäsar und Tacitus sie beendet haben. Bis
wir in den Bereich desjenigen kommen, was mit den Ereignissen der Gegenwart verknüpft ist und einen Teil des Systems
bildet, wie wir es jetzt verfolgen, haben wir wenig Grund, irgendwelche Themen zu erwarten, die unseren Geist belehren
und interessieren könnten. Wir dürfen allerdings daraus nicht
schließen, daß im modernen Europa der historische Stoff selbst
unfruchtbarer oder die Szene menschlicher Angelegenheiten

weniger interessant gewesen wäre, als auf all denjenigen Schau-
plätzen, auf denen die Menschheit damit beschäftigt war, die
Regungen des Herzens und die Bestrebungen der Freigebigkeit,
der Großmütigkeit und des Mutes zu äußern.

Die Untersuchung jener Zeiten geschieht noch nicht einmal
dann auf eine faire Weise, wenn geniale, mit ausgezeichneten
Fähigkeiten begabte und mit allen Kenntnissen einer gelehrten
und gesitteten Zeit ausgestattete Männer den Stoff, den sie gefunden haben, sammeln und die Geschichte eines ungebildeten
Zeitalters mit größtem Erfolg mit den Begebenheiten späterer
Zeiten verknüpfen. Auch für sie bleibt es schwer, mit Begriffen,
die einem neuen gesellschaftlichen Zustand entstammen, eine
richtige Vorstellung von dem zu geben, was die Menschen in
anderen, so verschiedenen Situationen waren, in Zeiten, die von
ihrer eigenen so entfernt liegen.

Wenn wir solchen Geschichtsschreibern auch die Belehrung
entnehmen, die ihre Schriften gewähren, so müssen wir häufig
doch die allgemeinen Begriffe vergessen, die sie anwenden.
Denn nur so lassen sich die wirklichen Sitten eines Zeitalters aus
den spärlichen Hinweisen erschließen, die sich gelegentlich darbieten. Die Titel *königlich* und *adelig* waren auf die Familien
des Tarquinius, Collatinus und Cincinnatus durchaus anwendbar, doch Lucretia beschäftigte sich gemeinsam mit ihren Mäg-
den mit häuslichen Arbeiten, und Cincinnatus ging hinter dem
Pfluge her. Die Würden und sogar die Ämter der bürgerlichen
Gesellschaft (civil society) waren in Europa schon vor vielen
Jahrhunderten unter ihren gegenwärtigen Benennungen bekannt. Doch in der Geschichte Englands finden wir folgendes:
Als ein König und sein Hof versammelt waren, um ein Fest zu
feiern, kam ein Geächteter, der vom Raub lebte, um an diesem
Fest teilzunehmen. Der König selbst erhob sich, um diesen
unwürdigen Gast gewaltsam aus der Gesellschaft zu entfernen.
Zwischen beiden entspann sich ein Ringen, das mit dem Tod
des Königs endete.[1] Ein Kanzler und Premierminister, dessen
glänzendes Auftreten und kostbares Hausgerät Gegenstand von
Bewunderung und Neid waren, ließ seine Gemächer jeden Tag

1 Hume, History, Kap. 8, S. 278.

im Winter mit reinem Stroh und Heu aufschütten, und im Sommer mit grünem Binsengras und Zweigen. Sogar das Bett des Staatsoberhaupts selbst wurde in jenen Zeiten nur mit Stroh versehen.[2] Diese malerischen Züge und charakteristischen Merkmale der Zeit lenken unsere Vorstellung ab vom angeblichen Unterschied zwischen Herrscher und Untertanen und hin auf jenen Zustand rauher Vertraulichkeit, in dem unsere Vorfahren lebten und handelten, immer im Hinblick auf Ziele und Grundsätze der Lebensführung, die wir auch dann selten verstehen, wenn wir uns bemühen, ihre Taten aufzuzeichnen oder ihren Charakter zu studieren. Thukydides dagegen, ungeachtet des Vorurteils seines Landes gegen Namen und Vorstellung des *Barbaren*, sah doch ein, daß er die älteren Sitten der Griechen an den Gebräuchen barbarischer Völker studieren mußte.

Die Römer mögen ein Ebenbild ihrer eigenen Vorfahren in den Darstellungen gefunden haben, die sie von den unseren verfaßt haben: Und wenn jemals ein Araberstamm ein zivilisiertes Volk werden sollte oder ein amerikanischer Indianerstamm dem Gift entrinnen könnte, das ihm von unseren europäischen Händlern verabreicht wird, so wird ein solches Volk in den kommenden Jahrhunderten die Nachrichten über seinen Ursprung am besten aus den Erzählungen der gegenwärtigen Zeit und aus den Schilderungen sammeln können, die jetzt von Reisenden gemacht werden. Wie in einem Spiegel sehen wir in der gegenwärtigen Lage dieser Völker die Züge unserer eigenen Ahnen, und von daher müssen wir unsere Schlüsse aus dem Einfluß der äußeren Umstände ziehen, in denen sich unseres Erachtens unsere Vorväter befanden.

Wodurch sollten sich ein Germane oder ein Brite in ihren geistigen oder körperlichen Gewohnheiten, in ihren Sitten und Wahrnehmungen von einem eingeborenen Amerikaner unterscheiden, der den Wald wie sie mit Pfeil und Bogen durchstreift und der, in einem ebenso strengen oder veränderlichen Klima, gezwungen ist, sein Leben durch die Jagd zu fristen? Wollen wir in zukünftigen Jahren eine richtige Vorstellung von dem Fortschritt bekommen, den wir von der Wiege an gemacht ha-

2 Hume, History, Kap. 8, S. 73.

ben, so müssen wir unsere Zuflucht zur Kinderstube nehmen und unsere Vorstellung von einer früheren Lebensweise nach dem Beispiele jener bilden, die noch gegenwärtig in derjenigen Lebensperiode stehen, welche wir beschreiben wollen. Denn jene Lebensperiode kann auf keine andere Art ins Gedächtnis zurückgerufen werden.

2. Von rohen Völkern
vor der Einführung des Eigentums

Von einem Ende Amerikas zum anderen, von Kamtschatka westwärts bis zum Flusse Ob und von der Nordsee quer über die ganze Landmasse bis zu den Grenzen Chinas, Indiens und Persiens, vom Kaspischen bis zum Roten Meer und von dort über das Innere des Afrikanischen Kontinents bis an seine Westküste finden wir überall Völker, die wir als barbarisch oder wild bezeichnen. Ein solch großer Teil der Erde, so verschieden nach Lage, Klima und Boden, mußte in den Sitten seiner Bewohner all diejenigen Unterschiede aufweisen, die sich aus dem ungleichen Einfluß der Sonne, im Verein mit unterschiedlicher Nahrung und Lebensweise, ergeben. Doch jede Frage über diesen Gegenstand ist verfrüht, bevor wir nicht versucht haben, uns eine allgemeine Vorstellung von unserer Gattung in ihrem rohen Zustand zu bilden und bevor wir nicht gelernt haben, bloße Unwissenheit von Stumpfsinn zu unterscheiden und den Mangel an Kunstfertigkeiten vom Mangel an Befähigung.

Von den Völkern, welche in diesen oder anderen der weniger kultivierten Teile der Erde wohnen, gewinnen einige ihre Subsistenz von der Jagd, vom Fischfang oder mit Hilfe der Naturerzeugnisse des Bodens. Sie schenken dem Eigentum wenig Aufmerksamkeit und weisen kaum erste Anfänge von Unterordnung oder Regierung auf. Andere Völker, die sich in den Besitz von Herden gesetzt haben, zu deren Unterhalt sie von Weideland abhängen, wissen, was es heißt, arm oder reich zu sein. *Sie kennen die Beziehungen zwischen Schutzherrn und Klienten, zwischen Diener und Herrn, und klassifizieren sich selbst nach dem Ausmaß ihrer Vermögen.* Eine solche Unterscheidung muß eine wesentliche Verschiedenheit der Charaktere erzeugen, sie liefert zwei getrennte Gesichtspunkte, unter denen die Geschichte der Menschheit in ihrem rohesten Zustand zu

... Seit der Auflage von 1773 ersetzt durch:
Sie kennen die Beziehungen zwischen Schutzherrn und Klienten, zwischen Diener und Herrn, und bestimmen ihre gesellschaftliche Stellung nach dem Ausmaß ihrer Vermögen.

betrachten ist: den des Wilden, der noch kein Eigentum kennt; und den des Barbaren, für den Eigentum, obwohl noch nicht durch Gesetze gesichert, doch bereits ein Hauptgegenstand der Sorge und des Begehrens ist.

Es muß als völlig offenkundig erscheinen, daß Eigentum ein Produkt des Fortschritts ist. Der Fortschritt macht neben anderen Besonderheiten, die ihrerseits Wirkung der jeweiligen Zeit sind, eine Methode der Abgrenzung des Besitzes erforderlich. Schon das Begehren danach geht aus Erfahrung hervor, und der Fleiß, mit dem es erworben oder vergrößert wird, erfordert eine Gewohnheit, im Hinblick auf entfernte Ziele zu handeln, groß genug, um die augenblickliche Neigung zu Trägheit oder Vergnügen zu überwinden. Diese Gewohnheit wird nur langsam ausgebildet, sie stellt in Wirklichkeit ein Hauptunterscheidungsmerkmal von Völkern im fortgeschrittenen Zustand der gewerblichen und kaufmännischen Künste dar.

In einem Stamm, der von Jagen und Fischen lebt, sind die Waffen, die Geräte und das Fell, die der einzelne trägt, für diesen sein einziges Eigentum. Die Nahrung für morgen lebt noch wild im Walde oder verborgen unter der Oberfläche des Sees. Sie kann nicht angeeignet werden, ehe sie gefangen ist, und da es sich um die Beute vieler handelt, die gemeinsam fischen oder jagen, so gehört sie selbst nach dem Fang noch der Gesamtheit. Sie wird zum unmittelbaren Gebrauch verwendet oder den öffentlichen Vorräten als Zuwachs hinzugefügt.

Wo wilde Völker wie in den meisten Teilen Amerikas die Ausübung der Jagd mit einer Art rohen Ackerbaus verbinden, behandeln sie das Erdreich und die Früchte des Bodens in analoger Weise wie ihr Hauptprodukt. Während die Männer gemeinsam jagen, bearbeiten die Frauen gemeinsam das Feld; und nachdem sie die Mühen der Saatzeit geteilt haben, genießen sie auch die Früchte der Ernte zusammen. Das Feld, das sie bebaut haben, wird, wie das Gebiet, in dem sie zu jagen gewohnt sind, vom gesamten Volk als Eigentum reklamiert und nicht stückweise an die einzelnen Mitglieder verteilt. Sie ziehen in Gruppen hinaus, um den Boden vorzubereiten, um zu pflanzen und zu säen. Die Ernte wird in einem öffentlichen Kornspeicher gesammelt. Aus diesem wird sie zu bestimmten Zeiten an die

einzelnen Familien zu deren Lebensunterhalt ausgeteilt.[1] Selbst
die Marktgewinne aus dem Handel mit Fremden werden in die
Vorratskammern des Volkes eingebracht.[2]

Wie das Fell und der Bogen dem Individuum gehören, so werden die Hütte und die ihr zugehörigen Gebrauchsgegenstände
jeweils von der Familie angeeignet. Da aber die häuslichen Geschäfte den Frauen übertragen werden, scheint auch das Haus-
haltszubehör ihnen zuzufallen. Mit wenig Rücksicht auf die
Abstammung väterlicherseits werden Kinder als Eigentum der
Mutter angesehen. Die Männer bleiben bis zu ihrer Verheira-
tung in der Hütte, in der sie geboren werden. Aber nachdem
sie eine neue Verbindung mit dem anderen Geschlecht eingegangen sind, wechseln sie ihre Behausung und ziehen zu derjenigen Familie, in welcher sie ihre Frauen gefunden haben. Der
Jäger und der Krieger werden von der Hausmutter als Teil
ihres Schatzes betrachtet. Ihr Einsatz wird für Zeiten der Gefahr und für kritische Gelegenheiten aufgespart. In der Zeit
zwischen den öffentlichen Ratsversammlungen und in den
Pausen von Jagd und Krieg werden sie von den Frauen unterhalten und schlendern träge, oder nur ihr Vergnügen suchend,
herum.[3]

Solange das eine Geschlecht fortfährt, sich hauptsächlich auf
seinen Mut, sein Talent für Politik und seine kriegerischen Heldentaten etwas einzubilden, ist diese Art von Eigentum, die
dem andern Geschlecht zugeteilt wird, in Wirklichkeit ein Zeichen der Unterwerfung, und nicht, wie manche Schriftsteller
behaupten, ein Merkmal dafür, daß es sich einen Vorrang er-

---

1 History of the Caribbees.
2 Charlevoix. *Dieser Bericht über rohe Völker ist in den meisten wichtigen Punkten, sofern er sich auf die Ureinwohner Amerikas bezieht, nicht so
sehr auf das Zeugnis des einen oder anderen angeführten Schriftstellers
gegründet. Er basiert vielmehr auf den übereinstimmenden Darstellungen
lebender Zeugen, die im Verlauf von Handel, Kriegen und Verträgen ausreichend Gelegenheit hatten, die Sitten der Völker zu beobachten. Für jene
Völker, die nicht mit lebenden Zeugen verkehrt haben mögen, ist es jedoch
notwendig, auf gedruckte Autoritäten zu verweisen.*
... Zusatz seit der Auflage von 1768.
3 Lafitau.

worben hat.[4] Es geht um die Sorge und Mühe für eine Sache, mit der der Krieger nicht beschwert zu werden wünscht. Dies bedeutet Knechtschaft und unausgesetzt schwere Arbeit dort, wo keine Ehren zu gewinnen sind. Diejenigen, deren Wirkungskreis dies bildet, sind in der Tat die Sklaven und Knechte ihres Landes. Wenn es durch eine solche Bestimmung der Geschlechter, solange die Männer fortfahren, sich der Verachtung niedriger und käuflicher Tätigkeiten hinzugeben, gelingt, die grausame Einrichtung der Sklaverei für einige Zeitalter hinauszuschieben und es in einer solch zarten, doch ungleichen, Verbindung möglich wird, mit Hilfe der Gefühle des Herzens die Rohheiten zu verhindern, wie sie an Sklaven verübt werden, dann haben wir durchaus Ursache, in diesem Brauch, wie vielleicht auch in vielen anderen Fällen, die ersten Eingebungen der Natur vielen ihrer späteren Verfeinerungen vorzuziehen.

Wenn die Menschheit in irgendeinem Falle Eigentum auf diejenige Art und Weise behandelt, wie wir sie eben beschrieben haben, dann können wir auch den weiteren Berichten von Reisenden leicht Glauben schenken, daß sie hier keine Rang- oder Standesunterschiede zuläßt und daß sie tatsächlich keine Art der Unterordnung außer derjenigen kennt, die auf der Verteilung von Funktionen beruht, die sich nach der Verschiedenheit des Alters, des Talents und der natürlichen Anlagen richtet. Persönliche Eigenschaften verleihen inmitten von Gelegenheiten, die ihre Entfaltung erfordern, durchaus ein Übergewicht, in Zeiten der Ruhe dagegen hinterlassen sie keine Überbleibsel an Macht oder an Vorrechten. Ein Krieger, der die Jugend seines Volkes beim Abschlachten von dessen Feinden angeführt hat oder der beste Jäger gewesen ist, kehrt später auf das Niveau seiner übrigen Stammesgenossen zurück. Solange Schlafen oder Essen die einzigen Aufgaben sind, kann er keinen Vorrang genießen, denn er schläft und ißt nicht besser als sie.

Wo Herrschaft keinen Gewinn abwirft, dort empfindet der eine Teil ebenso viel Abneigung gegen die Mühe unausgesetzten Befehlens, wie der andere die Demütigung unausgesetzter Unterwerfung ablehnt: »Ich liebe den Sieg, ich liebe große Taten«,

4 Lafitau.

läßt Montesquieu den Sulla sagen, »aber ich finde keinerlei Geschmack am langweiligen Detail friedlichen Regierens oder am Schaugepränge einer hohen Stellung«. Er hat damit vielleicht eines der vorherrschenden Gefühle einfachster Gesellschaftszustände getroffen, in denen die Schwäche der vom Interesse eingegebenen Motive oder die Unkenntnis jeder Höherstellung, die nicht auf Verdienst beruht, deren Verachtung ersetzt. Die Beschaffenheit des Gemüts ist in diesem Gesellschaftszustand jedoch nicht allein auf Unwissenheit begründet. Die Menschen sind sich ihrer Gleichheit bewußt und bestehen zäh auf ihren entsprechenden Rechten. Selbst während sie einem ihrer Führer in den Krieg folgen, können sie Ansprüche auf förmliche Herrschaft nicht ertragen: sie gehorchen keinerlei Befehlen und nehmen keine anderen militärischen Verpflichtungen auf sich als diejenigen, die sich aus gegenseitiger Treue und gleicher Hingabe an das gemeinsame Unternehmen ergeben.[5]

Es steht zu vermuten, daß diese Beschreibung in verschiedener Weise auf unterschiedliche Völker anzuwenden ist, die ungleiche Fortschritte in der Ausbildung des Eigentums gemacht haben. Bei den Einwohnern der Karibik und anderen Bewohnern der wärmeren Landstriche Amerikas ist die Häuptlingswürde erblich oder sie wird durch Wahl auf Lebenszeit verliehen: Hier ruft die ungleiche Verteilung des Eigentums eine sichtbare Unterordnung hervor.[6] Aber bei den Irokesen und anderen Völkern der gemäßigten Klimazone sind die Bezeichnungen *Obrigkeit* und *Untergebener*, *vornehm* und *gering*, ebenso unbekannt wie *arm* und *reich*. Die alten Männer gebrauchen ihre natürliche Autorität, ohne mit einer Zwangsgewalt ausgestattet zu sein. Sie verwenden sie dazu, ihren Stamm zu beraten oder seine Entschlüsse herbeizuführen. Der militärische Führer zeichnet sich durch die Überlegenheit seines Mannesmuts und seiner Tapferkeit aus, der Staatsmann nur durch die Aufmerksamkeit, mit der sein Rat gehört wird, der Krieger durch das Vertrauen, mit dem die Jugend seines Volkes ihm auf das Schlachtfeld folgt. Und wenn anzunehmen ist, daß ihr Einvernehmen eine Art politische Regierung konstituiert, so handelt es sich dabei um

5 Charlevoix.
6 Wafer, Account of the Isthmus of Darien.

eine Regierung, auf die keiner unserer sprachlichen Ausdrücke
anwendbar ist. Denn Macht besteht hier aus nichts als aus der
natürlichen Überlegenheit des Geistes. Die Ausübung eines
Amtes bedeutet nichts anderes als die natürliche Betätigung
eines persönlichen Charakters, und während die Gemeinschaft
durchaus mit dem Anschein von Ordnung handelt, gibt es doch
in der Brust keines ihrer Mitglieder irgendein Gefühl der Ungleichheit.[7]

Wir können die Behauptung wagen, daß wir in diesem glücklichen, aber formlosen Verfahren, wo das Alter allein einen Platz
im Rat verleiht, wo Jugend, Begeisterung und Tapferkeit auf
dem Schlachtfeld ein Anrecht auf die Stellung des Führers geben, wo bei jedem beunruhigenden Anlaß die ganze Gemeinschaft zusammengerufen wird, den Ursprung des Senates, der
ausübenden Gewalt und der Volksversammlung gefunden haben. Dies sind Einrichtungen, durch welche die Gesetzgeber
der Antike so berühmt geworden sind. Der Senat der Griechen
und der Römer scheint nach der Etymologie seines Wortes ursprünglich aus älteren Männern zusammengesetzt gewesen zu
sein. Der römische Heerführer verkündigte sein Aufgebot ganz
ähnlich wie der amerikanische Indianerkrieger, und die Bürger
bereiteten sich für den Feldzug aufgrund einer freiwilligen Verpflichtung vor. Die Eingebungen der Natur, welche die Politik
der Völker in den Wildnissen Amerikas lenkten, wurden an den
Ufern des Eurotas und des Tiber bereits früher befolgt: Lykurg
und Romulus fanden das Vorbild ihrer Einrichtungen ebendort,
wo die Angehörigen eines jeden wilden Volkes die erste Form
der Vereinigung ihrer Talente und ihrer Kräfte finden.

Bei den nordamerikanischen Völkern ist jedes Individuum unabhängig. Seinen Gefühlen und Gewohnheiten entspricht es jedoch auch, für die Familie zu sorgen. Vergleichbar ebenso vielen getrennten Stämmen, sind die Familien keiner Beaufsichti-
gung oder Regierung von außerhalb unterworfen. Was immer
im Hause vorgeht, selbst Blutvergießen und Mord, geht nur sie
allein an. Sie sind jedoch gleichzeitig Glieder eines Kantons. Die
Frauen versammeln sich, um ihren Mais zu bauen, die alten

7 Colden, History of the five Nations.

Männer gehen in die Ratsversammlungen, der Jäger und der
Krieger gesellen sich im Felde zur Jugend ihres Dorfes. Viele
solche Kantone tun sich zusammen, um eine nationale Ratsversammlung zu bilden oder ein Unternehmen von nationaler Bedeutung auszuführen. Zur Zeit als die Europäer sich in Amerika
erstmals niederließen, hatten sechs solcher Völker einen Bund
geschlossen. Sie hatten ihre Bundesversammlungen oder Gene-
ralstände. Durch die Festigkeit ihres Bündnisses und die Geschicklichkeit ihrer Ratsversammlungen hatten sie sich die Vormacht von der Mündung des St.-Lorenz-Stromes bis zu der des
Mississippi erworben.[8] Sie schienen sowohl die Zwecke einer
Konföderation wie die einer besonderen Nation zu kennen. Sie
trachteten nach einem Machtgleichgewicht. Der Staatsmann des
einen Landes beobachtete die Pläne und das Vorgehen eines
anderen. Gelegentlich warf er das Gewicht seines Stammes in
die eine oder in die andere Waagschale. Sie hatten ihre Bündnisse und ihre Verträge, die sie, gleich den europäischen Nationen, aus Staatsraison aufrechterhielten oder brachen. Sie hielten
Frieden aus Notwendigkeit oder aus Zweckmäßigkeitsgründen.
Kriege begannen sie entweder im Fall einer Herausforderung
oder aus Eifersucht.

Auf diese Weise verhielten sie sich mit der Einigkeit und Kraft
von Nationen, ohne irgendeine geordnete Regierungsform und
ohne ein anderes Band der Einigung als jenes, das mehr einer
Eingebung des Instinks als der Erfindung der Vernunft glich.
Fremde finden, ohne daß sie entdecken könnten, wo hier die
Obrigkeit ist oder in welcher Weise sich der Senat zusammensetzt, doch immer eine Ratsversammlung, mit der sie verhandeln können, oder aber eine Truppe von Kriegern, mit der sie
kämpfen können. Der Verkehr im Inneren ihrer Gesellschaft
vollzieht sich ohne Polizei und Zwangsgesetze in geordneter
Weise. Das Fehlen lasterhafter Neigungen bedeutet hier eine
größere Sicherheit als irgendeine öffentliche Einrichtung zur
Unterdrückung von Verbrechen.

Manchmal kommen allerdings auch Unordnungen vor, besonders in Zeiten der Ausschweifung. Der unmäßige Genuß von

8 Lafitau, Charlevoix, Colden etc.

berauschenden Getränken, dem sie sehr ergeben sind, hebt dann die gewöhnliche Vorsicht ihres Benehmens auf und entflammt die heftigsten Leidenschaften in ihnen, die sie zu Streitigkeiten und Blutvergießen antreiben. Wird ein Mensch getötet, geschieht es selten, daß sein Mörder unmittelbar zur Rechenschaft gezogen wird. Er muß vielmehr eine Fehde mit der Familie und mit den Freunden durchführen, im Falle, daß es ein Fremder ist, mit den Landsleuten des Verstorbenen, manchmal sogar mit seinem eigenen Volke zu Hause, wenn das zugefügte Unrecht derart war, daß es die ganze Gesellschaft in Aufregung versetzte. Volk, Kanton und Familie bemühen sich, ein Vergehen, das eines ihrer Mitglieder begangen hat, durch Geschenke zu sühnen. Durch Aussöhnung der gekränkten Parteien versuchen sie, spätere Folgen von Rache und Feindschaft zu verhüten, die das Volk mehr erschrecken als das ursprüngliche Vergehen.[9] Allerdings bleibt Blutvergießen selten ungestraft, sofern die schuldige Person dort verbleibt, wo sie das Verbrechen begangen hat. Der Freund des Verstorbenen versteht seine Rachsucht zwar zu verbergen, aber nicht auf Dauer zu unterdrükken. Er wird die Kränkung, die seinem Geschlecht oder seinem Hause zugefügt wurde, mit Sicherheit heimzahlen, auch noch wenn Jahre vergangen sind.

Solche Erwägungen machen sie vorsichtig und wachsam, lassen sie ihre Leidenschaften zügeln und geben ihrer gewöhnlichen Haltung einen Anschein von Ruhe und Fassung, ausgeprägter als ihn verfeinerte Völker besitzen. In ihrem Benehmen sind sie währenddessen herzlich. Dem Bericht von Charlevoix zufolge erweisen sie sich in ihrem Umgang eine gegenseitige Achtung und Rücksichtnahme, zärtlicher und rührender als diejenige, die wir im Zeremoniell verfeinerter Gesellschaften zum Ausdruck bringen.

Dieser Schriftsteller (Charlevoix) hat beobachtet, daß die Völker, die er auf seinen Reisen in Nordamerika kennengelernt hat, Akte der Großzügigkeit und Güte niemals im Sinne einer Pflicht erwähnten. Sie handelten aus Zuneigung in gleicher Weise, wie sie auch aus Begierde handelten, ohne Rücksicht auf

9 Lafitau.

die Folgen. Im Erweis einer Freundlichkeit lag für sie die Befriedigung eines eigenen Verlangens. Sobald die Tat vollendet war, verschwand sie aus dem Gedächtnis. Empfingen sie eine Gunst, dann konnte das zu Freundschaft führen, oder auch nicht. Wenn nicht, so schienen die Parteien keinen Begriff von Dankbarkeit als einer Pflicht zu haben, die den einen zur Wiedervergeltung nötigt bzw. den anderen zu Vorwürfen gegen denjenigen berechtigt, der solche Wiedervergeltung unterlassen hat. Der Geist, aus welchem sie heraus Geschenke geben und empfangen, ist derselbe, den Tacitus bei den alten Germanen beobachtet hat. Sie erfreuen sich daran, betrachten sie aber nicht als eine Sache der Verpflichtung.[10] Solche Gaben haben wenig Folgewirkung, es sei denn, daß sie zur Bestätigung eines Handels oder eines Vertrags verwendet werden.

Es war ihr Lieblingsgrundsatz, daß kein Mensch einem anderen von Natur aus verpflichtet ist, daß er also auch nicht gezwungen ist, irgendeine Auflage oder unbillige Behandlung zu ertragen.[11] So haben sie in einem anscheinend finsteren und ungastlichen Prinzip das Fundament der Gerechtigkeit entdeckt und beachten ihre Vorschriften mit einer Festigkeit und Redlichkeit, die keine gesittete Lebensart hat erhöhen können. Die Freiheit, die sie in allem gewähren, was sich auf die angeblichen Pflichten der Güte und Freundschaft bezieht, dient nur dazu, das Herz noch mehr zu verpflichten, sobald es einmal von Zuneigung erfaßt ist. Wir dagegen wollen unsern Gegenstand zwar auch ohne Zwang wählen, doch betrachten wir Güte als eine Aufgabe, während die Pflichten der Freundschaft sogar durch Vorschriften zu erzwingen sind. Wir verschlechtern das System der Moralität durch unser Verlangen nach Rücksichten also eher, als daß wir es verbessern. Durch unsere Forderung nach Dankbarkeit und unsere häufigen Vorschläge, ihre Beachtung zu erzwingen, zeigen wir nur, daß wir ihr Wesen mißverstanden haben. Wir erwähnen hiermit nur Symptome jener wachsenden Neigung zum Eigennutz, an der wir die Zweckmäßigkeit der Freundschaft und sogar der Großmut messen und die uns veranlaßt, auch noch in einem Umgang aus Zuneigung den Geist

10 Muneribus gaudent, sed nec data imputant, nec acceptis obligantur.
11 Charlevoix.

des Schachers einzuführen. Ganz entsprechend diesem Vorgang sind wir oft dazu gezwungen, eine Gunstbezeugung aus der gleichen Einstellung heraus abzulehnen, mit der wir eine versklavende Verpflichtung oder eine Bestechung ablehnen. Dem ungekünstelten Wilden dagegen ist jede Gunstbezeugung willkommen. Er empfängt jedes Geschenk ohne Zurückhaltung oder Überlegung.

Die Liebe zur Gleichheit und die Liebe zur Gerechtigkeit waren ursprünglich ein und dasselbe. Obwohl aufgrund der Verfassung verschiedener Gesellschaften deren Angehörigen ungleiche Vorrechte verliehen werden und obwohl die Gerechtigkeit selbst erfordert, daß solche Vorrechte gebührend berücksichtigt werden, sinkt doch derjenige, welcher vergessen hat, daß die Menschen ursprünglich gleich waren, leicht zum Sklaven herab; vergißt er dies in seiner Eigenschaft als Herr, so können ihm die Rechte seiner Mitmenschen nicht anvertraut werden. Dieses glückliche Prinzip verleiht dem Geist sein Unabhängigkeitsgefühl, es macht ihn unempfindlich gegen Gunstbezeugungen, die in der Macht anderer Menschen liegen, es hindert ihn aber auch daran, Kränkungen zu begehen, und hält das Herz offen für die Neigungen der Großmut und der Güte. Es gibt auch dem ungebildeten amerikanischen Indianer noch das Gefühl der Redlichkeit und der Rücksichtnahme auf das Wohl anderer, was in gewissem Grade den arroganten Stolz seines Benehmens mildert und, zumindest in Zeiten des Vertrauens und des Friedens, Handel und Verkehr der Fremden sicher macht, ohne die Interventionen von Regierung oder Gesetz.

Fundamente der Ehre bei diesen Völkern sind hervorragende Fähigkeiten und große Tapferkeit, aber nicht die Vorzüge äußeren Prunks und Vermögens. In Achtung stehende Talente sind solche, welche sie in ihrer Lage wirklich gebrauchen können, etwa die genaue Kenntnis eines Landes und Erfahrungen in der Kriegführung. Ein Anführer bei den Kariben wurde in bezug auf diese Fähigkeiten einer Prüfung unterzogen. Sollte ein neuer Heerführer gewählt werden, dann wurde zunächst ein Kundschafter ausgesandt, um die Wälder, die zum Feindesland führten, zu durchqueren. Nach dessen Rückkehr mußte der Kandidat selbst den Weg finden, den jener genommen hatte. Man nannte ihm einen Bach oder eine Quelle an der Grenze, er aber mußte den kürzesten Weg zu diesem besonderen Ort finden und an der entsprechenden Stelle einen Pfahl einschlagen.[12] Sie können denn auch die Spuren wilder Tiere oder die des Menschen auf viele Meilen in unwegsamen Wäldern verfolgen und ihren Weg quer durch bewaldetes und unbewohntes Land finden. Dies ist ihnen mit Hilfe verfeinerter Beobachtungen möglich, die dem Reisenden entgehen, der an andere Hilfsmittel gewöhnt ist. Sie steuern in schlanken Kanus über aufgewühlte Gewässer, mit einer Geschicklichkeit, die derjenigen des erfahrensten Steuermanns gleicht.[13] Sie verfügen über einen durchdringenden Blick für die Gedanken und Absichten derjenigen, mit denen sie es zu tun haben. Wenn sie täuschen wollen, dann verstecken sie sich hinter Schliche, denen auch der Schlaueste nur selten gewachsen ist. In ihren öffentlichen Versammlungen sprechen sie mit einer kraftvollen und bilderreichen Beredsamkeit. Beim Aushandeln ihrer Verträge gehen sie mit vollkommener Einsicht in ihre nationalen Interessen vor.

Wenn sie auf diese Weise fähige Meister im Detail ihrer eigenen Angelegenheiten sind, gut befähigt, sich bei besonderen Anlässen entsprechend zu verhalten, so betreiben sie doch keine Wissenschaft und verfolgen keine allgemeinen Prinzipien. Sie scheinen sogar unfähig, irgendwelche entfernteren Konsequenzen in Betracht zu ziehen, außer denjenigen, welche sie bei der Jagd oder im Kriege erfahren haben. Bei der Versorgung verlassen sie sich ganz auf die jeweilige Jahreszeit. Sie verbrauchen die Früchte der Erde während des Sommers, im Winter irren sie auf der Suche nach Beute durch die Wälder und über schneebedeckte Einöden. Sie bilden im einen Moment keine Verhaltensmaximen aus, welche die Irrtümer des folgenden Moments vermeiden könnten. Es gehen ihnen auch solche Wahrnehmungen ab, welche in den Pausen der Leidenschaft aufrichtige Beschämung, Mitleid und Reue oder aber auch Selbstbeherrschung hervorbringen. Reue für begangene Gewalttaten ist bei ihnen selten, noch wird ein Mensch in nüchternem Zustand über-

12 Lafitau.
13 Charlevoix.

haupt für das verantwortlich gemacht, was er in der Hitze der Leidenschaft oder in einem Moment der Ausschreitung begangen hat.

Ihr Aberglaube ist niedrig und gemein, und wenn solches nur bei rohen Völkern vorkäme, dann könnten wir die Wirkungen der Zivilisation nicht genug bewundern. Doch leider ist dies ein Gegenstand, in bezug auf den nur wenige Gesellschaften berechtigt sind, ihre Nachbarn zu tadeln. Wenn wir den Aberglauben des einen Volkes betrachtet haben, so finden wir bei dem eines anderen nur wenig Unterschiede hierzu. Er ist nur eine Wiederholung ähnlicher Schwachheiten und Torheiten, die alle aus einer gemeinsamen Quelle fließen, einer verworrenen Vorstellung von unsichtbaren Kräften, von denen man annimmt, daß sie alle gefährlichen Ereignisse herbeiführen, auf die sich menschliche Voraussicht nicht erstrecken kann.

Bei allem, was vom bekannten und regelmäßigen Gang der Natur abhängt, verläßt sich der Geist auf sich selbst. In sonderbaren und ungewöhnlichen Situationen jedoch wird er zum Opfer seiner eigenen Bestürzung. Statt seiner eigenen Umsicht und seinem Mut zu vertrauen, nimmt er seine Zuflucht zu Prophezeiungen und zu allerhand Bräuchen, die zwar irrational sein mögen, aber deshalb nur um so mehr verehrt werden. Aberglaube, wie er aus Ängsten und Zweifeln entsteht, wird durch Unwissen und Geheimnistuerei großgezogen. Doch seine Grundsätze sind durchaus nicht immer mit denen des gewöhnlichen Lebens vermengt, noch lähmen seine Schwächen und seine Torheit durchgängig die Wachsamkeit, die Einsicht und den Mut, welche die Menschen beim Betreiben ihrer gewöhnlichen Angelegenheiten anzuwenden gewohnt sind. Ein Römer, der die Zukunft mit Hilfe des Vogelpickens erforscht, oder ein spartanischer König, der die Eingeweide eines Tieres untersucht, Mithridates, der sich von seinen Frauen bei der Interpretation seiner Träume beraten läßt, all dies sind Beispiele, welche hinlänglich beweisen, daß in dieser Frage eine kindische Albernheit durchaus mit den größten militärischen und politischen Begabungen vereinbar ist.

Das Vertrauen in die Wirksamkeit abergläubischer Praktiken ist nicht auf irgendein Zeitalter oder ein Volk begrenzt. Auch von den gebildetsten Griechen und Römern waren nur wenige imstande, diese Schwäche abzuschütteln. In ihrem Fall wurde sie noch nicht einmal durch das höchste Ausmaß an Zivilisation beseitigt. Diese Schwäche ist erst dem Licht der wahren Religion oder dem Studium der Natur gewichen. Erst hierdurch wurden wir dazu gebracht, eine weise Vorsehung, die durch natürliche Ursachen wirkt, an die Stelle von bloßen Trugbildern zu setzen, wie sie die Unwissenden erschrecken oder unterhalten.

Der Hauptehrenpunkt bei den wilden Völkern Amerikas, wie in der Tat überall dort, wo die Menschheit nicht außerordentlich korrumpiert ist, ist Mut und Standhaftigkeit. Aber ihre Mittel, diesen Ehrenpunkt zu behaupten, sind von denen der europäischen Völker sehr verschieden. Ihre gewöhnliche Methode der Kriegführung ist die des Angriffs aus dem Hinterhalt. Ihr Streben geht dahin, durch die Überrumpelung eines Feindes das größtmögliche Blutbad anzurichten oder unter geringster Gefahr für sich selbst möglichst viele Gefangene zu machen. Es gilt ihnen als Torheit, beim Angriff auf den Feind die eigene Person preiszugeben. An Siegen, die mit dem Blut ihrer eigenen Leute befleckt sind, freuen sie sich nicht. Sie halten sich nichts darauf zugute, dem Feind – wie in Europa – unter gleichen Bedingungen entgegenzutreten. Ja, sie prahlen sogar damit, daß sie sich wie Füchse anschleichen oder wie Vögel fliegen oder gar wie Löwen zerfleischen. Der Tod in der Schlacht gilt in Europa als eine Ehre. Unter den Eingeborenen Amerikas gilt er als Schande.[14] Sie sparen ihren Mut für Prüfungen auf, die sie aushalten, wenn sie unverhofft angegriffen werden oder in die Hände ihrer Feinde fallen; oder aber auch, wenn sie gezwungen werden, ihre eigene Ehre und die ihres Volkes unter Martern zu behaupten, die eher Beweise der Standhaftigkeit als des Mutes verlangen.

Bei diesen Anlässen sind sie weit davon entfernt, der Vermutung stattzugeben, sie wollten dem Konflikt entgehen. Ihn zu vermeiden, und sei es durch einen freiwilligen Tod, hält man für ehrlos. Die größte Schande, die man einem Gefangenen antun

14 Charlevoix.

kann, ist die, ihm bei der Art, wie sein Todesurteil vollstreckt wird, die Ehre eines Mannes zu verweigern. »Haltet ein mit den Stichen Eurer Messer«, rief ein alter Mann inmitten seiner Marter, »laßt mich lieber den Feuertod sterben, damit jene Hunde, Eure Bundesgenossen von jenseits des Meeres, lernen, wie Männer zu leiden.«[15] Gewöhnlich stachelt das Opfer bei solchen feierlichen Marter-Prüfungen den Haß seiner Peiniger wie seinen eigenen mit Ausdrücken trotziger Verachtung an. Und wenn wir mit der menschlichen Natur unter dem Eindruck ihrer Verirrungen auch Mitleid empfinden, so müssen wir doch gleichzeitig ihre Stärke bewundern.

Die Völker, bei denen dieser Brauch vorherrschte, waren gewöhnlich bestrebt, ihre eigenen Verluste dadurch auszugleichen, daß sie Kriegsgefangene in ihre Familien adoptierten: noch im letzten Augenblick gab die gleiche Hand, die zur Folter erhoben war, häufig auch das Zeichen zur Adoption. Der Gefangene wurde hierdurch das Kind oder der Bruder seines Feindes und erhielt Anteil an allen Vorrechten eines Bürgers. Bei der Behandlung derer, die litten, schienen sie nicht von Prinzipien des Hasses oder der Rache geleitet zu werden. Sie beachteten sowohl bei der Anwendung wie im Ertragen von Martern einen Ehrenkodex. Eine fremdartige Art von Zuneigung und Zartgefühl brachte sie dazu, äußerste Grausamkeit als Zeichen höchsten Respekts zu praktizieren. Der Feigling wurde augenblicklich von Frauenhand getötet. Dem Tapferen dagegen wurde das Recht auf alle Proben der Standhaftigkeit zugute gehalten, die Menschen nur erfinden und anwenden könnten. »Es macht mir Freude«, bemerkt ein alter Mann zu seinem Gefangenen, »daß mir ein so tapferer Jüngling zufiel. Eigentlich hatte ich im Sinn, Dir die Lagerstätte meines Neffen anzuweisen, der von Deinen Landsleuten getötet wurde. Ich wollte all meine Zärtlichkeit auf Dich übertragen, um mein Alter in Deiner Gesellschaft zu erheitern. Aber gelähmt und verstümmelt, wie Du jetzt erscheinst, ist der Tod besser für Dich als das Leben: mach Dich deshalb bereit, wie ein Mann zu sterben.«[16]

Vielleicht geschieht es im Hinblick auf diese Proben, oder eher

15 Colden.
16 Charlevoix.

aus Bewunderung für das Prinzip der Standhaftigkeit, aus dem
sie hervorgehen, daß die amerikanischen Eingeborenen von frühester Jugend an so bestrebt sind, ihre Nerven zu stählen.[17]
Kinder werden gelehrt, sich im Ertragen schwerster Qualen
miteinander zu messen; Jünglinge werden erst nach härtesten
Proben ihrer Ausdauer in die Altersklasse der Männer aufgenommen, und Anführer im Krieg werden durch Hunger, durch
Verbrennungen und Erstickungsversuche auf die Probe gestellt.[18]
Die Annahme liegt nahe, daß sich bei rohen Völkern, wo die
Subsistenzmittel nur unter solch großen Schwierigkeiten her-
beizuschaffen sind, der Geist niemals über die Betrachtung dieses Gegenstandes erheben könnte, und daß der Mensch in dieser Lage Beispiele der niedrigsten und käuflichsten Gesinnung
geben müßte. Gerade das Gegenteil ist der Fall. In dieser Hinsicht besonders von Naturtrieben geleitet, sorgen die Menschen
in ihrem einfachsten Zustand für nicht mehr Nahrungsmittel,
als sie ihre Eßlust unbedingt erfordert. Ihr Wunsch nach Vermögen erstreckt sich nicht weiter als auf die Mahlzeit, die ihren
Hunger befriedigt. Besitz von Reichtum begründet für sie keine
Überlegenheit des Rangs, die wiederum ein gewohnheitsmäßi-
ges Prinzip der Habsucht, der Eitelkeit oder des Ehrgeizes na-
helegen könnte. Sie können sich keiner Aufgabe widmen, die
nicht ihre unmittelbare Leidenschaft erregt, und sie finden kein
Vergnügen an Beschäftigungen, bei denen keine Gefahren zu
bestehen und keine Ehren zu gewinnen sind.
Kaufmännische Fertigkeiten oder eine niedrige Gesinnung galten nicht nur bei den alten Römern als verächtlich. Ein ähnlicher Geist herrscht in jeder rohen und unabhängigen Gesellschaft. »Ich bin ein Krieger und kein Kaufmann«, bemerkte ein
eingeborener Amerikaner zum Gouverneur von Kanada, der
ihm Waren im Austausch gegen Gefangene anbot, die er gemacht hatte. »Eure Kleider und Haushaltsgegenstände reizen

---

17 Dieser Schriftsteller (Charlevoix) berichtet, daß er einen Knaben und ein
Mädchen gesehen habe, deren nackte Arme zusammengebunden waren. Sie
legten eine glühende Kohle zwischen sich, um zu sehen, wer als erster
gezwungen wäre, sie abzuschütteln.
18 Lafitau.

mich nicht, aber meine Gefangenen sind jetzt in Eurer Gewalt und Ihr könnt Euch ihrer bemächtigen. Solltet Ihr es tun, dann muß ich hinausziehen und mehr Gefangene machen, oder aber mein Leben bei diesem Versuch lassen. Sollte dies mein Schicksal sein, werde ich wie ein Mann sterben. Doch bedenkt, daß mein Volk Euch für meinen Tod verantwortlich machen wird.«[19] Dank solcher Auffassungen haben sie eine Erhabenheit und Festigkeit des Auftretens, wie sie der Stolz kaum dem Adel verleiht, selbst dort, wo er bei verfeinerten Völkern am meisten bewundert wird.

Ihrer eigenen Person schenken sie viel Aufmerksamkeit. Viel Zeit und Erdulden von Schmerzen verwenden sie auf die Verzierung ihrer Körper, d.h. auf solche Verfahren, die permanente Flecken erzeugen, mit welchen sie bemalt sind, oder auf die Erhaltung der Farbe, die sie fortwährend ausbessern, um anziehend auszusehen.

Ihre Abneigung gegen jede Art von Beschäftigung, die ihnen als erniedrigend gilt, läßt sie einen großen Teil ihrer Zeit mit Müßiggang oder Schlaf verbringen. Ein Mann, der hundert Meilen im Schnee zurücklegt, um ein wildes Tier zu verfolgen oder um seinen Feind zu überfallen, wird sich keiner Art gewöhnlicher Arbeit unterziehen, um sich Nahrung zu verschaffen. »Merkwürdig«, sagt Tacitus, »daß ein und dieselbe Person der Ruhe so abgeneigt und zugleich der Trägheit doch so ergeben ist.«[20]

Glücksspiele sind nicht die Erfindung verfeinerter Zeitalter. Wißbegierige Menschen haben in den Denkmälern aus dunkler Vorzeit vergeblich nach ihrem Nichtvorhandensein gesucht. Es ist wahrscheinlich, daß sie bereits in Zeiten angefangen haben, die auch für die Mutmaßungen der Altertumsforscher noch zu entfernt und zu roh sind. Gerade der Wilde bringt seine Felle, seine Geräte und seine Glasperlen an den Spieltisch. Er findet dort Leidenschaften und Aufregungen vor, wie sie die Anstrengungen mühsamen Gewerbefleißes nicht erzeugen können: solange der Ausgang des Würfelns noch ungewiß ist, rauft er sein Haar und schlägt seine Brust mit einer Wut, die ein gewitzterer

19 Charlevoix.
20 Mira diversitas naturae, ut idem homines sic ament nertiam et oderint quietem.

Spieler manchmal zu unterdrücken gelernt hat. Häufig verläßt er eine solche Szene nackt und von all seinem Besitz entblößt. Dort, wo Sklaverei existiert, setzt er selbst seine Freiheit noch aufs Spiel, um eine Chance zu haben, einen früheren Verlust wiedergutzumachen.[21]

Bei all diesen Schwächen, Lastern oder auch achtenswerten Eigenschaften, die der menschlichen Gattung in ihrem rohesten Zustand eigen sind, können doch Geselligkeitstrieb, Freundschaft und Vaterlandsliebe, Scharfsinn, Beredsamkeit und Mut ihre ursprünglichen Eigenschaften gewesen sein und nicht erst die späteren Folgen von Planung oder Erfindung. Selbst wenn die Menschen befähigt sind, ihre Sitten zu verbessern, so wurde das zu verbessernde Material doch von der Natur geliefert. Als Ziel solcher Kultivierung der Sitten erscheint es auch nicht, Gefühle der Hingabe und der Großmut anzuregen, und auch nicht, die Grundlagen eines ehrenwerten Charakters zu schaffen, sondern den zufälligen Ausschreitungen der Leidenschaften zu begegnen und einen Geist, der die besten Neigungen in ihrer größten Stärke empfindet, davor zu bewahren, gerade im Zusammenhang hiermit der Spielball brutalen Verlangens und unbezähmbarer Gewalt zu werden.

Wäre Lykurg noch einmal damit beschäftigt, die Materien zu bearbeiten, die wir beschrieben haben, so würde er entdecken, daß sie in vielen wichtigen Einzelheiten von der Natur selbst für seinen Gebrauch vorbereitet wurden. Da sein Gleichheitsprinzip in Fragen des Eigentums hier bereits eingeführt ist, würde er keine Auseinandersetzungen aufgrund entgegengesetzter Interessen der Armen und Reichen zu fürchten haben. Sein Senat, seine Volksversammlung sind bereits errichtet. Die von ihm geforderte Disziplin ist in gewissem Maße angenommen und an die Stelle seiner Staatssklaven treten die Aufgaben, die einem der beiden Geschlechter zugewiesen sind. Doch trotz all dieser Vorteile würde er der bürgerlichen Gesellschaft immer noch eine äußerst wichtige Lehre zu vermitteln haben. Sie besteht

---

21 Tacitus, Lafitau, Charlevoix.
... Seit der Auflage von 1768 ersetzt durch:
Wäre Lykurg noch einmal damit beschäftigt, einen Regierungsplan für das Volk zu entwerfen, so würde er entdecken,

darin, daß nur wenige herrschen, die Menge aber gehorchen lernt. All seine Vorsichtsmaßregeln gegen das zukünftige Eindringen käuflicher Kunstfertigkeiten, gegen die Bewunderung des Luxus und gegen die Leidenschaft fürs Eigeninteresse, wären weiterhin durchaus angebracht. Die Aufgabe aber, seine Bürger zu lehren, ihre Gelüste zu beherrschen, gleichgültig gegen Vergnügen wie Schmerz zu sein, sie zu lehren, auf dem Schlachtfeld die vorgeschriebene Form einheitlicher Vorsichtsmaßregeln einzuhalten, ebenso zu vermeiden, überfallen zu werden, wie auch davon abzusehen, den Feind zu überraschen, diese Aufgabe wäre für ihn hier vielleicht noch schwieriger zu lösen als die vorige.

Rohe Völker besitzen diese Vorzüge im allgemeinen nicht. Deshalb müssen sie im Laufe eines fortwährenden Kampfes stets der überlegenen Geschicklichkeit und Disziplin zivilisierter Nationen weichen, dies, obwohl sie standhaft beim Erdulden von Beschwerden und Strapazen sind, obgleich sie geradezu süchtig nach Krieg sind und durch ihre Arglist und Beherztheit selbst reguläre Truppen mit Furcht und Schrecken erfüllen können. Deshalb gelang es den Römern, die Provinzen Galliens, Germaniens und Britanniens zu überrennen; deshalb gewinnen auch die Europäer ein wachsendes Übergewicht über die Völker Afrikas und Amerikas.

Aufgrund des Rufs der Überlegenheit, welchen bestimmte Gesellschaften besitzen, glauben sie ein Recht auf Herrschaft zu haben. Selbst Cäsar scheint vergessen zu haben, was die Leidenschaften, aber auch die Rechte der Menschheit waren, als er sich beklagte, daß sich die Briten, nachdem sie ihm, vielleicht um sein Eindringen zu verhüten, eine Botschaft der Unterwerfung nach Gallien gesandt hatten, dennoch anmaßten, für ihre Freiheit zu kämpfen und sich seiner Landung auf ihrer Insel zu widersetzen.[22]

In der gesamten Beschreibung des Menschengeschlechts gibt es möglicherweise keinen merkwürdigeren Umstand als jene gegenseitige Verachtung und Abneigung, die sich Nationen entgegenbringen, deren kommerzielle Kunstfertigkeiten sich auf

22 Caesar questus, quod quum ultro in continentem legatis missis pacem a se petissent, bellum sine causa intulissent. Lib. 4.

unterschiedlichem Stande befinden. Alle Nationen widmen sich
ihren eigenen Bestrebungen und betrachten ihre eigene Lage als
Muster menschlicher Glückseligkeit. Deshalb erheben sie auch
alle Anspruch auf Vorrang und geben durch ihr Tun einen hin-
reichenden Beweis ihrer Aufrichtigkeit. Selbst der Wilde kann
noch weniger als der Bürger dazu gebracht werden, der Lebensweise zu entsagen, in welcher er erzogen ist. Er liebt jene Freiheit des Geistes, die an keine feste Aufgabe gebunden ist und
die keinen Vorgesetzten anerkennt. Wie sehr er auch versucht
sein mag, sich mit verfeinerten Völkern zu vermischen und sein
Los zu verbessern: sobald sich ihm die Freiheit dazu bietet,
kehrt er in die Wälder zurück. In den Straßen der volkreichen
Stadt grämt er sich und vergeht vor Kummer. Unzufrieden
wandert er über das freie wie das bebaute Feld. Er versucht, die
Grenzen und den Wald wieder zu erreichen, wo er mit einer
Konstitution, die für die Mühseligkeiten und Strapazen seiner
Lebenslage ausgerüstet ist, in süßer Sorgenfreiheit und in ver-
führerischer Gesellschaft lebt, ohne daß es hier andere Verhal-
tensregeln gäbe als die schlichten Befehle des Herzens.

3. Von rohen Völkern
unter dem Einfluß von Eigentum und Interesse

Bei den Jägervölkern an den Grenzen von Sibirien war eine sprichwörtliche Verwünschung in Gebrauch, daß ihr Feind genötigt werden möchte, wie ein Tatar zu leben und die Torheit begehen solle, sich mit Viehzucht und Viehhüten zu belasten.[1] Ihrer Auffassung nach hatte die Natur die Wälder und Wüsten mit Wild versehen und so die Arbeit des Hirten überflüssig gemacht, dem Menschen im übrigen nur die Mühe gelassen, seine Beute aufzuspüren und zu ergreifen.

Die Gleichgültigkeit der Menschen oder vielmehr ihre Abneigung gegen jede Anstrengung, zu der sie nicht unmittelbare Instinkte oder Leidenschaften treiben, verzögert ihren Fortschritt bei der Ausweitung des Begriffs vom Eigentum. **Man hat allerdings herausgefunden, daß dieser Begriff, auch während die Subsistenzmittel gemeinschaftlich bleiben und die öffentlichen Vorräte noch ungeteilt sind, doch bereits auf verschiedene Gegenstände angewandt wird.** So gehören das Fell und der Bogen dem Individuum, während das Haus mit seiner Einrichtung der Familie zugeeignet ist.

Sobald der Vater eine bessere Versorgung seiner Kinder zu wünschen beginnt, als sie bei einer gemeinsamen Bewirtschaftung durch viele Mitbeteiligte möglich ist, sobald er seine Arbeit und seine Geschicklichkeit von den anderen getrennt angewendet hat, trachtet er auch nach einem ausschließlichen Besitz

1 Abulgaze, Genealogical History of the Tartars.
... Seit der Auflage von 1773 ersetzt durch:
Die Gleichgültigkeit der Menschen oder vielmehr ihre Abneigung gegen jede Anstrengung, zu der sie nicht unmittelbare Instinkte oder Leidenschaften treiben, verzögert den Fortschritt des Gewerbefleißes und der Aneignung.
... Seit der Auflage von 1773 ersetzt durch:
Man hat allerdings herausgefunden, daß Eigentum, auch während die Subsistenzmittel gemeinschaftlich bleiben und die öffentlichen Vorräte noch ungeteilt sind, doch bereits an verschiedenen Gegenständen wahrgenommen wird.

und strebt dabei sowohl nach dem Eigentum des Bodens wie nach dem Genuß seiner Früchte.

Sobald der einzelne bei seinen Genossen nicht länger die Neigung vorfindet, jeden Gegenstand dem öffentlichen Gebrauch zu überlassen, wird er von der Sorge für sein persönliches Vermögen überwältigt. Die Aufmerksamkeit, die jede andere Person sich selbst schenkt, beunruhigt ihn. Er wird gleichermaßen von Nachahmung und Eifersucht wie vom Gefühl der Notwendigkeit angetrieben. Er läßt Interessenerwägungen Macht über seinen Geist gewinnen. Sobald aber jedes gegenwärtige Verlangen hinreichend befriedigt ist, kann er im Blick auf die Zukunft handeln bzw. schmeichelt seiner Eitelkeit damit, dasjenige aufgehäuft zu haben, was Gegenstand des Wettbewerbs und der allgemeinen Wertschätzung geworden ist. Aus diesem Grunde kann er sich dort, wo Gewalttätigkeit unterdrückt ist, einträglichen Gewerben zuwenden, sich auf eine langwierige, mühevolle Aufgabe beschränken und mit Geduld auf den späteren Ertrag seiner Arbeit warten.

So gelangen die Menschen auf vielen und langsamen Stufen zum Gewerbefleiß (industry). *Sie werden gelehrt, auf ihr Interesse zu achten, sich gleichzeitig aber unrechtmäßiger Gewinne zu enthalten.* Der Besitz dessen, was sie redlich verdienen, wird ihnen gesichert. Auf diese Weise bilden sich allmählich die Arbeitsgewohnheiten des Arbeiters, des Handwerkers und des Händlers heraus. Ein gesammelter und gehorteter Vorrat einfacher Naturprodukte oder eine Viehherde sind in jeder rohen Gesellschaft die erste Art von Reichtum. Bodenbeschaffenheit und Klima entscheiden, ob der Bewohner sich in der Hauptsache eher dem Ackerbau oder der Viehzucht widmet, ob er einen festen Wohnsitz gründet oder mit all seiner Habe unaufhörlich umherzieht.

Im Westen Europas und – von wenigen Ausnahmen abgesehen – in Amerika vom Süden bis in den Norden, in der sogenannten Heißen Zone wie überall in wärmeren Himmelsgegenden haben sich die Menschen hauptsächlich mit verschiedenen Arten des

... Seit der Auflage von 1773 ersetzt durch:
Sie werden gelehrt, auf ihr Interesse zu achten, gleichzeitig werden sie vom Raub zurückgehalten.

Ackerbaus beschäftigt und sind so zur Niederlassung bewogen worden. *In den östlichen und nördlichen Regionen Asiens* hängen sie gänzlich von ihren Herden ab und haben ihren Aufenthaltsort beständig gewechselt, um neue Weidegründe aufzusuchen. Die Künste, welche zu einer festen Niederlassung gehören, sind von den Bewohnern Europas ausgebildet und in unterschiedlicher Weise kultiviert worden. Diejenigen Künste, die sich mit einem beständigen Wanderleben vereinbaren lassen, sind seit den frühesten geschichtlichen Zeugnissen über die Skythen oder Tataren beinahe gleich geblieben. Das Zelt, das auf einem beweglichen Gestell aufgeschlagen wird, das Pferd, das zu jedem Zweck verwendet wird, zur schweren Arbeit wie zum Kriege, zur Milch- wie zur Fleischgewinnung, sie haben nach den frühesten wie den neuesten Berichten die Reichtümer wie die Ausstattung dieser Wandervölker ausgemacht.

Auf welche Weise auch immer sich rohe Völker ihren Unterhalt verschaffen, unter dem ersten Einfluß des Eigentums gibt es doch gewisse Punkte, in denen sie nahezu übereinstimmen. Homer lebte entweder mit einem Volke, das sich auf dieser Entwicklungsstufe befand, oder er fühlte sich bewogen, dessen Charakter so darzustellen. Tacitus hat diese Völker zum Gegenstand einer besonderen Abhandlung gemacht. Falls dies ein Gegenstand sein sollte, unter dem die Menschen betrachtet zu werden verdienen, so ist einzugestehen, daß die Voraussetzungen zur Sammlung der charakteristischen Merkmale außerordentlich günstig sind. Das Bild ist bereits von den geschicktesten Händen entworfen worden. Auf einen einzigen Blick bieten die Werke dieser berühmten Schriftsteller alles, was in den Berichten der Historiker verstreut worden ist oder was wir gegenwärtig in den Sitten derjenigen Menschen beobachten können, die sich noch in einer ähnlichen Lage befinden.

Wenn wir vom vorher geschilderten Zustand auf jenen blicken, den wir jetzt vor Augen haben, dann sehen wir, wie auch hier die Menschen noch viele Spuren ihres frühesten Charakters bewahren. Sie sind noch immer der Arbeit abgeneigt, dem Krieg ergeben, Bewunderer der Standhaftigkeit und, nach den Worten

... Seit der Auflage von 1768 ersetzt durch:
In den nördlichen und mittleren Regionen Asiens

des Tacitus, verschwenderischer mit ihrem Blut als mit ihrem Schweiß.[2] Sie lieben den phantastischen Zierat an ihren Kleidern und bemühen sich, die lustlosen Pausen eines Lebens, das hauptsächlich Gewalttätigkeiten gewidmet ist, mit waghalsigem Sport und mit Glücksspielen auszufüllen. Alle niedrige Beschäftigung überlassen sie den Frauen und Sklaven. Aber wir bemerken doch gleichzeitig, daß die Bande der Gesellschaft lockerer und innere Ruhestörungen häufiger werden, weil der einzelne sein Sonderinteresse gefunden hat. *Und da die Glieder eines jeden Gemeinwesens jetzt durch ungleiche Anteile in der Verteilung des Eigentums voneinander unterschieden sind, ist der Grund zu einer dauerhaften und fühlbaren Unterordnung gelegt.*

Diese besonderen Umstände ereignen sich in der menschlichen Gattung, während sie im Begriffe ist, aus dem wilden in den gewissermaßen barbarischen Zustand überzugehen. Angehörige ein und derselben Gesellschaft bekämpfen sich jetzt im Wettbewerb oder aus Rachsucht. Sie vereinigen sich unter Führern, die sich durch ihr Vermögen und durch den Glanz ihrer Abstammung auszeichnen. Sie verbinden das Begehren nach Beute mit der Liebe zum Ruhm. In der Meinung, daß alles, was mit Gewalt erworben ist, dem Sieger rechtmäßig zugehört, werden sie zu Menschenjägern und entscheiden jede Auseinandersetzung mit dem Schwert. Jedes Volk bildet in diesem Zustand eine Räuberbande, die ihre Nachbarn ohne Zurückhaltung oder Gewissensbisse beraubt. Achilles sagt, daß man sich des Viehs auf jedem Felde bemächtigen könne. Dementsprechend wurden die Küsten des Ägäischen Meeres von den Helden Homers aus keinem anderen Grunde verwüstet, als daß jene Helden sich einfach in den Besitz des Kupfers und Eisens, des Viehs, der Sklaven und der Frauen setzen wollten, die bei den Völkern ringsumher zu finden waren.

Ein Tatar auf seinem Pferde ist gewissermaßen ein Raubtier, das nur danach fragt, wo Vieh zu finden ist und wieweit er reiten muß,

2 Pigrum quin immo et iners videtur, sudore acquirere quod possis sanguine parare.

... Seit der Auflage von 1773 ersetzt durch:
Und da die Angehörigen eines jeden Gemeinwesens jetzt durch ungleichen Besitz voneinander unterschieden sind, ist der Grund zu einer dauerhaften und fühlbaren Unterordnung gelegt.

um es zu besitzen. Der Mönch, der das Mißfallen Mango Khans erregt hatte, beschwichtigte diesen, indem er versprach, daß der Papst und die christlichen Fürsten all ihre Herden ausliefern würden.[3]

In allen barbarischen Gesellschaften Europas, Asiens und Afrikas herrschte ausnahmslos ein ähnlicher Geist. Die frühe Geschichte Griechenlands und Italiens und die Dichtungen des Altertums enthalten Beispiele seiner Stärke. Dieser Geist war es, der unsere Vorfahren zuerst in die Provinzen des Römischen Reiches führte und der sie später, vielleicht mehr als es ihnen die Verehrung des Kreuzes nahelegte, nach Osten zog, wo sie sich mit den Tataren die Siegesbeute des Sarazenischen Reiches teilten.

Nach den Schilderungen des letzten Kapitels könnten wir der Meinung zuneigen, daß die Menschheit in ihrem einfachsten Zustand unmittelbar im Begriff steht, Republiken zu errichten. Ihre Liebe zur Gleichheit, ihre Gewohnheit, öffentliche Versammlungen abzuhalten, ihr Eifer für den Stamm, dem sie angehören, all dies sind Eigenschaften, die sie befähigen, unter jener Regierungsform zu leben. Fast scheint es so, als ob sie nur noch wenige Schritte bis zur Einführung eines republikanischen Zustands zu machen haben. Sie haben nur noch die Mitgliederzahlen ihrer Ratsversammlungen zu bestimmen und die Formen ihres Zusammentritts festzustellen. Sie haben nur noch eine permanente Autorität mit der Unterdrückung von Unordnungen zu betrauen und einige gesetzliche Vorschriften zugunsten jener Gerechtigkeit zu treffen, die sie bereits anerkannt haben und die sie aus natürlicher Neigung so genau beachten.

Doch sind diese Schritte bei weitem nicht so leicht zu machen, als es bei einem oberflächlichen oder flüchtigen Blick den Anschein hat. Der Entschluß, eine Obrigkeit aus einer Mitte Gleichgestellter zu wählen, der sie von da an das Recht übertragen, ihre eigenen Handlungen zu kontrollieren, liegt den Gedanken einfacher Menschen fern. Keine Überredung könnte sie wahrscheinlich dazu bewegen, dieser Maßnahme zuzustimmen oder ihnen auch nur einen Begriff ihres Nutzens zu vermitteln.

3 Rubruquis.

Selbst nachdem diese Völker einen militärischen Führer gewählt haben, betrauen sie ihn noch nicht mit irgendeiner Art von politischer Autorität. Der Heerführer der Kariben maßte sich nicht an, innere Streitigkeiten zu entscheiden. Die Worte *Rechtsprechung* und *Regierung* waren in ihrer Sprache unbekannt.[4]

Ehe diese wichtige Veränderung stattfinden kann, müssen die Menschen an Rangunterschiede gewöhnt sein, und *ehe sie begreifen, daß Unterordnung eine freiwillige Angelegenheit ist, müssen sie durch Zufall in ungleiche Lebenslagen gekommen sein.* Der Wunsch nach Eigentum entspringt ursprünglich nur ihrem Bestreben, den Lebensunterhalt zu sichern. Aber die Tapferen, die im Krieg anführen, haben dementsprechend auch den größten Anteil an der Beute. Die Hervorragenden sinnen immer gern auf erbliche Ehren, und die Menge, welche die Eltern bewundert, ist auch bereit, ihre Achtung auf deren Nachkommen zu übertragen.

Besitz vererbt sich, und der Glanz einer Familie wird mit deren zunehmendem Alter heller. Herkules, der vielleicht ein ausgezeichneter Krieger war, wurde für die Nachwelt zum Gott, und seinem Geschlecht war königliche Würde und fürstliche Gewalt vorbehalten. Sobald die Vorzüge von Vermögen und Geburt sich verbinden, genießt der Häuptling sowohl bei den Festen wie auf dem Schlachtfeld einen Vorrang. Seine Anhänger nehmen ihre Plätze unter ihm ein, und anstatt sich als Glieder einer Gemeinschaft zu betrachten, gewinnen sie ihren Rang von jetzt an als Gefolgsleute eines Häuptlings, ja, sie benennen sich sogar nach dem Namen ihres Anführers. In der Verteidigung seiner Person und in der Aufrechterhaltung seiner Stellung finden sie einen neuen Gegenstand öffentlicher Hingabe. Sie opfern noch von ihrer Substanz, um ihm Vermögen zu schaffen. Sein Lächeln und sein Stirnrunzeln leiten sie. Sie bewerben sich um einen Platz bei dem Fest, das von ihren eigenen Ausgaben bestritten wird, als ob dies die höchste Auszeichnung sei.

Wie der frühere Zustand der Menschheit auf die Demokratie

4 History of the Caribbees.

... Seit der Auflage von 1768 ersetzt durch:
ehe sie begreifen, daß Unterordnung erforderlich ist, müssen sie durch Zufall in ungleiche Lebenslagen gekommen sein.

hinzuweisen schien, so scheint der jetzige die Anfänge einer monarchischen Regierung darzustellen. Doch ist er noch weit von jener Einrichtung entfernt, die in späteren Zeitaltern unter dem Namen *Monarchie* bekannt ist. Der Unterschied zwischen Anführer und Gefolgsmann, zwischen Fürsten und Untertanen ist immer noch unvollkommen ausgeprägt. Beider Bestrebungen und Beschäftigungen sind die gleichen, ihr Geist ist gleich entwickelt, sie essen aus derselben Schüssel und schlafen miteinander auf dem Boden. Die Kinder des Königs hüten die Viehherden ebenso wie es die Kinder seiner Untertanen tun, und ein Schweinehirt war oberster Ratgeber am Hof des Odysseus.

Doch ein Häuptling ist jetzt von seinen Stammesgenossen hinreichend unterschieden, um deren Bewunderung zu erregen und ihrer Eitelkeit durch ihre angebliche Verwandtschaft mit seiner vornehmen Abstammung zu schmeicheln. Er wird zum Gegenstand der Verehrung der Stammesgenossen, aber nicht ihres Neides. Er wird als gemeinsames Bindeglied betrachtet, nicht aber als gemeinsamer Herr. Er begibt sich als erster in Gefahr und trägt einen Hauptteil ihrer Sorgen. Sein Ruhm wird an der Zahl seiner Gefolgsleute gemessen, aber auch an seinem hervorragenden Edelmut und an seiner Tapferkeit. Der Ruhm seiner Anhänger bemißt sich nach ihrer Bereitschaft, ihr Blut in seinen Diensten zu vergießen.[5]

Die häufige Praxis des Krieges führt dazu, die Bande der Gesellschaft zu stärken. Gerade häufige Plünderungen veranlassen die Männer zu Proben ihrer gegenseitigen Anhänglichkeit und ihres Mutes. Was jede gute Anlage in der Menschenbrust zu zerstören und zu vernichten drohte, was die Gerechtigkeit aus den Gesellschaften der Menschen zu verbannen schien, das zielt gleichzeitig darauf ab, die Menschengattung zu Sippen und Bruderschaften zu verbinden. Diese verhalten sich in der Tat grausam und feindselig gegeneinander, aber innerhalb der einzelnen Gesellschaften sind die Mitglieder einander treu, uneigennützig und großmütig. Das Bestehen häufiger Gefahren und die Erfahrung von Treue und Tapferkeit erwecken die Liebe zu

5 Tacitus, De moribus Germanorum.

ebenjenen Tugenden, machen sie zum Gegenstand der Bewunderung und lassen ihre Besitzer als lieb und wert erscheinen.
Von großen Leidenschaften wie Ruhmsucht und Siegesverlan-
gen angetrieben, aufgestachelt durch die Drohungen eines Feindes oder von Rache erfüllt, in bangem Zweifel zwischen den
Aussichten auf Ruin oder auf Sieg, verbringt der Barbar doch
jeden Augenblick der Ruhe in Trägheit. Er kann sich nicht dazu
herablassen, ein Gewerbe oder eine mechanische Arbeit zu ver-
richten: Das Raubtier ist gleichzeitig ein Faulenzer; der Jäger
und Krieger schläft, während Frauen und Sklaven unter schweren Mühen für seinen Unterhalt sorgen müssen. Aber man zeige
ihm nur von fern einen Kampf, und er wird sofort kühn, ungestüm, ränkevoll und raubgierig. Keine Schranke kann seiner
Gewalttätigkeit widerstehen und keine Anstrengung seine Tatkraft schwächen.
Aber selbst unter solchen Umständen sind die Menschen sowohl großzügig und gastfrei gegenüber Fremden als auch gütig,
liebevoll und freundlich in der Gesellschaft ihresgleichen.[6]
Freundschaft und Feindschaft sind für sie Worte von größter
Wichtigkeit, und sie vermengen ihre Funktionen keineswegs.
Sie haben ihren Feind ausgegrenzt und ihre Freunde gewählt.
Selbst bei einer Plünderung gilt Ruhm als deren Hauptzweck,
Beute gilt lediglich als Siegesmedaille. Ganze Völker und
Stämme fallen ihnen zum Raub, den einsamen Reisenden dagegen, vor dem sie sich nur den Ruf des Großmuts erwerben
können, lassen sie unverletzt ziehen oder er wird mit großarti-
ger Freigebigkeit behandelt.
Obgleich sie unter ihren verschiedenen Häuptlingen in kleine
Kantone geteilt und zumeist durch Eifersucht und Feindseligkeit voneinander getrennt sind, verbinden sie sich doch manchmal zu größeren Einheiten, wenn sie durch Kriege oder durch
schreckliche Feinde bedrängt werden. Wie die Griechen während ihres Feldzuges nach Troja, folgen sie dann einem bedeu-
tenden Führer und bilden aus vielen getrennten Stämmen ein
Königreich. Doch solche Vereinigungen finden nur gelegentlich
statt. Selbst während sie andauern, gleichen sie eher einer Repu-

6 Jean du Plan Carpen, Rubruquis, Caesar, Tacitus.

blik als einer Monarchie. Die untergeordneten Häuptlinge bewahren ihr Ansehen und mischen sich mit dem Anspruch auf Gleichberechtigung in die Beratungen ihres Führers ein, ganz so wie es die Angehörigen ihrer verschiedenen Sippen gewöhnlich mit ihnen tun.[7] Aus welchem Grunde auch sollten wir annehmen, daß Männer, die in der größten Ungezwungenheit miteinander leben und unter denen Rangunterschiede so undeutlich markiert sind, auf ihre persönlichen Gefühle und Neigungen verzichten oder sich einem Führer indirekt unterwerfen, der sie weder in Furcht versetzen noch sie bestechen kann?

Es bedarf schon des Rückgriffs auf militärischen Zwang oder der Bezahlung käuflicher Elemente, um jene Verpflichtung zu erpressen oder zu erkaufen, der sich der Tatar seinem Fürsten gegenüber unterzieht, wenn er verspricht, »daß er hingehen will, wohin er befohlen wird, daß er kommen will, wenn er gerufen wird, daß er jeden töten will, der ihm bezeichnet wird, und daß er in Zukunft die Stimme des Königs ebenso achten will wie ein Schwert.«[8]

Dies sind die Bedingungen, zu denen selbst das trotzige Herz des Barbaren herabgedrückt werden konnte, aufgrund eines Despotismus, den er selbst errichtet hatte. Während des Tiefstands kommerzieller Fertigkeiten in Europa wie in Asien haben die Menschen solch politische Sklaverei durchaus kennengelernt. Wenn in jeder Brust das eigene Interesse vorherrscht, dann können auch der Souverän und seine Partei der Anstekkung nicht entfliehen. Er gebraucht die Macht, die ihm übertragen ist, um sein Volk in ein Stück Eigentum zu verwandeln und über dessen Besitzungen zu seinem eigenen Gewinn oder Vergnügen zu verfügen. Wenn Reichtum von irgendeinem Volk zum Maßstab für Gut oder Böse erhoben wird, dann sollte es mit der Übertragung von Machtbefugnissen an seinen Fürsten vorsichtig sein. »Bei den Suionen«, sagt Tacitus, »stehen Reichtümer in hohem Ansehen und dieses Volk ist dementsprechend entwaffnet und zur Sklaverei herabgedrückt«.[9]

In diesem jammervollen Zustand geschieht es, daß Menschen,

7 Kolbe, Description of the Cape of Good Hope.
8 Simon de St. Quintin.
9 De moribus Germanorum.

die zugleich sklavisch, eigennützig, hinterlistig, heimtückisch und blutdürstig sind, die Zeichen einer wenn auch nicht unheilbaren, so doch beklagenswerten Korruption an sich tragen.[10] Krieg ist bei ihnen nur ein Raubzug, um den einzelnen zu bereichern. Der Handel verkehrt sich in ein System von Fallstricken und Betrügereien, und das Regieren wird abwechselnd tyrannisch oder kraftlos.

Es wäre ein Glück für das Menschengeschlecht, wenn es, solange es von Eigeninteresse geleitet und nicht durch Gesetze regiert wird, in Völkerschaften von mäßiger Ausdehnung zersplittert wäre. Diese würden in jedem Kanton irgendeine natürliche Schranke gegen eine weitere Ausdehnung finden und genug damit beschäftigt sein, ihre jeweilige Unabhängigkeit aufrechtzuerhalten, ohne dabei jedoch imstande zu sein, ihre Herrschaft weiter auszudehnen.

Es gibt unter Menschen in unzivilisierten Zeitaltern keine Rangunterschiede, die groß genug wären, um ihren Gesellschaften die Form einer gesetzmäßigen Monarchie zu geben. Wo sie in einem Gebiet von beträchtlicher Ausdehnung unter einem Oberhaupt vereinigt sind, da scheint der kriegerische und aufrührerische Geist seiner Bewohner die Zügel von Gewaltherrschaft und militärischer Macht zu erfordern. Wo irgendein Grad von Freiheit erhalten bleibt, sind die Herrschaftsbefugnisse des Fürsten äußerst unsicher, wie dies in den meisten rohen Monarchien Europas der Fall war, sie hängen dann hauptsächlich von seinem persönlichen Charakter ab. Wo aber umgekehrt die Herrschaftsbefugnisse des Fürsten der Kontrolle seines Volkes vollständig entzogen sind, stehen sie ebenso außerhalb jeder Rechtsschranke. Raubgier und Terror werden die vorherrschenden Motive des Verhaltens. Sie prägen den Charakter der beiden einzigen Parteiungen, in welche die Menschheit geteilt ist, nämlich die des Unterdrückers und die der Unterdrückten.

Solches Mißgeschick drohte Europa während langer Zeiten aufgrund der Eroberungszüge und der Niederlassung neuer Ein-

---

10 Chardin, Travels.

wohner.[11] Das gleiche Mißgeschick hat sich in Asien tatsächlich
ereignet, wo ähnliche gewaltsame Erwerbungen stattgefunden
haben. Selbst den Tataren hat es auf seinem Lastwagen im Gefolge seiner Herden überrascht, hier sogar ohne die gewöhnlichen Betäubungsmittel, wie sie Verweichlichung darstellt, oder
eine knechtische Schwäche, die dem Luxus entspringt. Aus den
Reihen dieses Volkes im Herzen eines großen Kontinents erhoben sich kühne und unternehmende Krieger. Sie unterwarfen die
benachbarten Horden durch Überfall oder durch überlegene
Geschicklichkeit. Während ihres Vordringens gewannen sie reichen Zuwachs an Zahl und an Stärke. Gleich einem reißend
anschwellenden Strom wurden sie zu stark für jede Schranke, die
ihrem Zug entgegengestellt werden konnte. Der jeweils siegreiche Stamm stellte für eine Reihe von Generationen die Leib-
wache des Fürsten. Während die Stammesmitglieder so an der
kollektiven Beute teilhaben konnten, waren sie zugleich gefügige
Werkzeuge der Unterdrückung. Gewaltherrschaft und Korruption haben auf diese Weise ihren Weg in Gegenden gefunden, die
vor allem wegen der ungezähmten Freiheit der Natur berühmt
waren: so wurde schließlich eine Macht wieder entwaffnet, die
der Schrecken jedes verweichlichten Landes war. Eine Pflanzschule der Völker überantwortete sich damit dem Verfall.[12]
Wo rohe Völker solchem Unglück entgehen, da benötigen sie
auswärtige Kriege, um den inneren Frieden zu erhalten. Denn
zeigt sich von auswärts her kein Feind, so haben sie Muße zu
persönlicher Fehde und verwenden ihren ganzen Mut auf die
Streitigkeiten im Inneren, den sie in Kriegszeiten zur Verteidigung ihres Landes einsetzen.
»Bei den Galliern«, bemerkt Cäsar, »gibt es nicht nur in jeder
Völkerschaft, in jedem Distrikt und in jedem Dorfe Unterabteilungen, sondern beinahe in jeder Familie. Jedermann hat sich
dort in den Schutz eines Patrons zu flüchten.«[13] Bei einer sol-

11 Siehe Hume, History of the Tudors. Jenes Königshaus der Tudors
schien zur Errichtung einer vollkommenen Gewaltherrschaft nichts weiter
nötig zu haben als mehrere Regimenter Soldaten unter dem Oberbefehl der
Krone.
12 Siehe History of the Huns.
13 De bello Gallico, lib. 6.

chen Konstellation der Parteiungen werden nicht nur die Fehden der Sippen, sondern auch die Zwistigkeiten und Ansprüche der Individuen durch Gewalt entschieden. Sofern der Souverän nicht durch Aberglauben unterstützt wird, bemüht er sich vergeblich, eine Rechtsprechung durchzusetzen oder eine Unterwerfung unter die Entscheidungen des Gesetzes zu erzwingen. Bei einem Volk, das gewohnt ist, seine Habe der Gewalttätigkeit zu verdanken, und das eine bloße Anhäufung von Vermögen, die sich nicht dem Ruhm der Tapferkeit verdankt, verachtet, ist kein Schiedsrichter zugelassen außer dem Schwert. Scipio bot in einer Erbauseinandersetzung zweier Spanier seine Vermittlung zur Entscheidung ihrer jeweiligen Ansprüche an. »Solches«, bemerkten diese, »haben wir bereits unseren Verwandten verweigert. Wir unterstellen unseren Streit nicht dem Urteil von Menschen und selbst unter den Göttern wenden wir uns an Mars allein.«[14]

Es ist wohlbekannt, daß die europäischen Völker eine solche Verfahrensweise zu einem Grad des Formalismus entwickelt haben, wie er in anderen Teilen der Erde unerhört war. Der Richter in Zivil- und Kriminalangelegenheiten vermochte in den meisten Fällen nichts anders zu tun als die Bedingungen festzusetzen und es dann den Parteien zu überlassen, ihre Sache im Zweikampf auszutragen. Diese Völker glaubten, der Sieger werde durch ein Gottesurteil bestimmt. Wenn sie in irgendeinem Fall diese außergewöhnliche Verfahrensweise fallen ließen, dann setzten sie an deren Stelle eine noch wunderlichere Berufung auf das Schicksal, die sie ebenfalls für die Bekundung eines Gottesurteils hielten.

Die wilden Völker Europas liebten den Zweikampf sogar als Übung und Sport. Wenn wirkliche Streitigkeiten fehlten, forderten sich die Gefährten gegenseitig zu Proben ihrer Geschicklichkeit heraus, bei denen häufig einer von ihnen umkam. Als Scipio das Begräbnis seines Vaters und seines Onkels beging, traten die Spanier paarweise zum Kampf an, um die Feierlichkeit durch eine öffentliche Schaustellung ihrer Zweikämpfe zu erhöhen.[15]

14 Livius.
15 Livius, lib. 3.

In diesem wilden und gesetzlosen Zustand, wo die Wirkungen der wahren Religion so wünschenswert und heilsam gewesen wären, beansprucht der Aberglaube häufig noch das Übergewicht über die Bewunderung der Tapferkeit. Eine Menschengruppe, wie die Druiden bei den alten Galliern und den Briten[16] oder auch angebliche Wahrsager, wie die am Kap der Guten Hoffnung, finden im Glauben, der ihrer Zauberei geschenkt wird, ein Mittel, um sich in den Besitz der Macht zu setzen. Ihr Zauberstab tritt selbst noch mit dem Schwert in Konkurrenz. Einigen Völkern verschafft er auf diese Weise, nach Art der Druiden, die ersten Anfänge einer bürgerlichen Regierung, anderen gibt er aber, wie im Fall des angeblichen Sohns der Sonne bei den Natchez und des Lamas bei den Tataren, einen Vorgeschmack von Despotismus und absoluter Sklaverei.

Gewöhnlich ist es uns schwer verständlich, wie sich Menschen unter Sitten und Gebräuchen zu erhalten vermögen, die von den unseren so außerordentlich verschieden sind. Wir sind geneigt, das Elend barbarischer Zeiten durch die Vorstellung dessen zu übertreiben, was wir selbst in einer Situation erleiden würden, an die wir nicht gewöhnt sind. Doch jedes Zeitalter hat seine Tröstungen ebenso wie seine Leiden.[17] In den Pausen zwi-

---

16 Caesar.

17 Als Priscus mit einer Botschaft zu Attila gesandt wurde, wurde er von einer Person, welche skythische Kleidung trug, auf griechisch begrüßt. Er drückte sein Erstaunen aus und wollte den Grund ihres Aufenthalts in so wilder Gesellschaft wissen. Man sagte ihm, daß dieser Grieche ein Gefangener gewesen sei, eine Zeitlang sogar ein Sklave, bis er zum Lohn für eine bemerkenswerte Tat seine Freiheit erhielt. »Ich lebe hier glücklicher«, sagte er, »als ich jemals unter römischer Herrschaft gelebt habe. Für jene, die mit den Skythen leben, gibt es, falls sie die Anstrengungen des Krieges aushalten, nichts, was sie belästigt. Sie genießen ihren Besitz ungestört. Ihr dagegen seid beständig die Beute äußerer Feinde oder einer schlechten Regierung. Es ist Euch verboten, Waffen zu Eurer eigenen Verteidigung zu tragen. Ihr leidet unter der Nachlässigkeit und dem schlechten Verhalten jener, die ernannt sind, Euch zu beschützen. Die Leiden des Friedens sind größer als die des Krieges. Niemals trifft die Mächtigen und Reichen eine Bestrafung. Den Armen wird kein Mitleid bezeugt. Obgleich Eure Einrichtungen weise erdacht waren, sind ihre Folgen durch die Handhabung korrupter Menschen verderblich und grausam.« Excerpta de Legationibus.

schen den gelegentlichen Exzessen ist der freundschaftliche Verkehr der Menschen, selbst noch in ihrem rohesten Zustand, liebevoll und glücklich.[18] In rohen Zeitaltern sind die Person und das Eigentum des Individuums sicher. Denn jeder hat hier sowohl Freunde wie Feinde, und wenn der eine geneigt ist, zu belästigen, so ist der andere bereit, zu beschützen. Und gerade die Bewunderung der Tapferkeit, die in einigen Fällen dazu führt, Gewalttätigkeit zu rechtfertigen, flößt doch auch gewisse Grundsätze von Großmut und Ehre ein, die darauf gerichtet sind, Kränkungen zu verhüten.

Die Menschen ertragen die Mängel ihrer Politik ganz so wie sie die Beschwerden und Unannehmlichkeiten ihrer Lebensweise ertragen. Die Schrecken und Unannehmlichkeiten des Krieges werden denen gleichsam zur Erholung, die an sie gewöhnt sind und welche die Anspannung ihrer Leidenschaften über weniger aufregende und schwierige Anlässe hinausgetrieben haben. Alte Männer unter den Höflingen Attilas weinten, wenn sie von Heldentaten hörten, die sie selbst nicht mehr begehen konnten.[19] Und wenn bei den keltischen Völkern das Alter den Krieger untauglich für seine früheren Strapazen gemacht hatte, so war es Brauch, den Tod durch Freundeshand zu erbitten, um so die Langeweile eines teilnahmslosen und untätigen Lebens abzukürzen.[20]

Trotz all dieser Wildheit ihres Geistes wurden die rohen Völker des Westens durch die Politik und die geregeltere Kriegsführung der Römer unterworfen. Der Ehrbegriff, den die europäischen Barbaren sich als Individuen gebildet hatten, brachte sie in eine besonders ungünstige Lage, weil er sie auch noch bei ihren Nationalkriegen davon abhielt, ihren Feind unversehens zu überfallen oder sich die Vorteile der Kriegslist zunutze zu machen. Und obgleich diese europäischen Barbaren als Individuen kühn und unerschrocken waren, waren sie, wie andere rohe Völker, dem Aberglauben ergeben und panischem Schrecken unterworfen, sobald sie in größeren Gruppen versammelt waren.

18 D'Arvieux, History of the Wild Arabs.
19 Ebda.
20 Ubi transcendit florentes viribus annos, Impatiens aevi spernit novisse senectam. Silius, lib. I, 225.

Im Bewußtsein ihres persönlichen Muts und ihrer Kraft waren sie am Vorabend einer Schlacht stets zuversichtlich. Weit über alle Grenzen der Mäßigung hinaus waren sie stolz auf einen Erfolg und niedergeschlagen im Unglück. Da sie jedoch geneigt waren, jedes Ereignis als Gottesgericht anzusehen, waren sie niemals befähigt, ihre Kraft durch gleichförmige Anstrengung oder durch bedachtsames Vorgehen voll auszunutzen, um auf diese Weise ihr Mißgeschick wieder wettzumachen oder ihren Vorteil zu mehren.

Der Herrschaft des Gefühls und der Leidenschaft unterworfen, waren sie dort großmütig und treu, wo sie Zuneigung gefaßt hatten. Unerbittlich, trotzig und grausam aber waren sie dann, wenn sie Widerwillen empfanden. Der Völlerei und dem unmäßigen Genusse berauschender Getränke ergeben, berieten sie Staatsgeschäfte noch in der Hitze ihrer Ausschweifung, und in eben diesen gefährlichen Augenblicken schmiedeten sie auch Pläne für kriegerische Unternehmungen oder trugen ihre inneren Streitigkeiten mit dem Dolch oder mit dem Schwert aus.

Im Krieg zogen sie den Tod der Gefangenschaft vor. Wenn die siegreichen Heere der Römer eine Stadt im Sturme nahmen oder ein Lager sprengten, fanden sie oft die Mütter im Begriff, ihre Kinder zu töten, damit diese nicht den Feinden in die Hände fallen könnten. Die Eltern aber waren bereit, den vom Blut ihrer Kinder geröteten Dolch zuletzt auch in die eigene Brust zu stoßen.[21]

An all diesen Besonderheiten erkennen wir jene Geistesstärke, die vermag, auch noch den Aufruhr respektabel zu machen. Sie befähigt die Menschen, sofern sie sich in günstiger Lage befinden, sowohl die Grundlagen innerer Freiheit zu schaffen wie ihre nationale Unabhängigkeit und Freiheit gegen auswärtige Feinde zu behaupten.

21 Livius, lib. XLI, 11. Dio Cassius.

Dritter Teil
Von der Geschichte der Politik und der Künste

1. Von den Einflüssen des Klimas und der natürlichen Umgebung

Alles, was wir bisher über die Lage und die Sitten der Völker bemerkt haben, ist hauptsächlich aus Begebenheiten in gemäßigten Klimazonen abgeleitet. Doch in gewissem Maße kann es auch auf den unzivilisierten Zustand der Menschen in allen Teilen der Erde angewandt werden. Wenn wir aber die Absicht haben, die Geschichte unserer Gattung in ihren weiteren Errungenschaften zu verfolgen, werden wir bald auf Themen stoßen, die unserer Beobachtung engere Grenzen ziehen. Der Genius politischer Weisheit und bürgerlicher Künste scheint seinen Sitz in besonderen Teilen der Erde aufgeschlagen und seine Günstlinge aus besonderen Menschenrassen erwählt zu haben.

Als ein animalisches Wesen ist der Mensch befähigt, in jedem Klima zu existieren. Unter der senkrechten Sonne des Äquators herrscht er gemeinsam mit dem Löwen und dem Tiger, jenseits des Polarkreises lebt er mit dem Bären und dem Rentier zusammen. Seine wandelbaren Fähigkeiten setzen ihn instand, sich die Gewohnheiten beider Lebenslagen anzueignen, seine Begabung für das Betreiben von Künsten befähigt ihn, die Mängel dieser Lebenslagen auszugleichen. Ein gemäßigtes Klima scheint seine Natur jedoch am meisten zu begünstigen. In welcher Weise wir die Tatsache auch erklären, es ist nicht zu bezweifeln, daß dieses Lebewesen die höchsten Ehren seiner Gattung stets innerhalb der gemäßigten Zone erreicht hat. Die Künste, die es auf diesem Schauplatz wiederholt erfunden hat, die Reichweite seiner Vernunft, die Fruchtbarkeit seiner Phantasie und die Kraft seiner Begabung für Literatur, Handel, Politik und Krieg, sie sind ein ausreichender Hinweis entweder auf einen deutlichen Vorteil der äußeren Umstände oder auf eine natürliche Überlegenheit des Geistes.

Es trifft zu, daß die bedeutendsten Menschenrassen roh gewesen sind, ehe sie verfeinert wurden. In einigen Fällen sind sie wieder zur Rohheit zurückgekehrt: Ihr Genie dürfen wir deshalb nicht aus ihrem momentanen Besitz an Kunst, Wissenschaft oder politischem Vermögen ableiten.

Es gibt eine Stärke, eine Reichweite der Fähigkeiten und eine
Empfindsamkeit des Geistes, die sowohl für den Wilden wie für
den Bürger charakteristisch ist, für den Sklaven gleichermaßen
wie für den Herrn. Die gleichen Geisteskräfte können sich
durchaus unterschiedlichen Zwecken zuwenden. Ein moderner
Grieche ist vielleicht in Folge desselben lebhaften Temperaments, das seinen Vorfahren im Feldlager oder in der Ratsversammlung seiner Nation feurig, erfinderisch und kühn gemacht
hat, boshaft, knechtisch und listig. Ein moderner Italiener
zeichnet sich durch Empfindsamkeit, Lebhaftigkeit und Geschicklichkeit aus, doch er verschwendet diese Fähigkeiten
eines alten Römers auf Trivialitäten. Er entfaltet jene Leidenschaften, vor denen Gracchus auf dem Forum entbrannte, um
die Versammlungen eines ernsthafteren Volkes zu erschüttern,
heute in einer Szene des Vergnügens oder auf der Suche nach
leichtfertigem Beifall.

Kommerzielle und gewinnbringende Künste sind in manchen
Himmelsgegenden der Hauptzweck der Menschen gewesen
und durch alle Katastrophen hindurch von ihnen festgehalten
worden. In anderen Himmelsgegenden sind sie trotz aller
Schwankungen des Glücks bis heute vernachlässigt worden,
während sie in den gemäßigten Zonen Europas und Asiens zeitweilig bewundert und zeitweilig verachtet waren.

Im einen Gesellschaftszustand werden Künste gering geachtet,
und zwar infolge desselben Seeleneifers und Tätigkeitsdrangs,
mit dessen Hilfe sie in einem anderen Gesellschaftszustand mit
größtem Erfolg praktiziert werden. Wenn die Menschen von
ihren Leidenschaften in Anspruch genommen werden, wenn sie
überhitzt und aufgestachelt sind von den Kämpfen und Gefahren ihres Landes, wenn die Trompete erschallt oder das Signal
zum allgemeinen Gefecht gegeben wird und die Herzen deshalb
höher schlagen, dann wäre es ein Zeichen von Stumpfsinn oder
von niederer Gesinnung, wenn jemand noch Muße für das
Nachdenken über das Wohlleben oder für die Erreichung von
Verbesserungen fände, die nur Annehmlichkeit und Bequemlichkeit zum Ziel haben.

Die häufigen Wechselfälle und Rückschläge des Glücks, welche
die Völker gerade auf dem Boden erfuhren, auf dem die Künste

gediehen sind, sind wahrscheinlich die Folgen eines geschäftigen, erfinderischen und unbeständigen Geistes, mit dem die Menschen jede nationale Betätigung auf die Spitze getrieben haben. Sie haben das Gebäude des despotischen Imperiums dort zur größten Höhe emporgeführt, wo sie die Grundlagen der Freiheit am besten kannten. Sie gingen in den Flammen zugrunde, die sie selbst entzündet hatten. Aber sie allein waren vielleicht auch imstande, abwechselnd die höchste Vervollkommnung oder die tiefste Korruption zu entfalten, zu welchen der menschliche Geist fähig ist.

Zweimal ist die Menschheit unter solchen Umständen im Verlauf ihrer Geschichte von rohen Anfängen zu den höchsten Stufen der Verfeinerung emporgestiegen. Doch Spuren eines tätigen und ungestümen Geistes hat sie in jedem Zeitalter hinterlassen, ob es nun durch seine zeitweiligen Fähigkeiten dazu bestimmt war, aufzubauen oder zu zerstören. Die Pflasterstraßen und die Ruinen Roms sind unter Staub begraben, der von den Füßen der Barbaren aufgewirbelt wurde. Mit Verachtung traten sie die Verfeinerungen des Luxus nieder und wiesen jene Künste von sich, deren Gebrauch neu zu entdecken und zu schätzen den Nachkommen dieses selben Volkes vorbehalten war. Die Zelte wilder Araber werden sogar noch jetzt zwischen den Ruinen herrlicher Städte aufgeschlagen, und die menschenverlassenen Ebenen, die an Palästina und an Syrien grenzen, werden einstmals vielleicht wieder zur Pflanzschule junger Völker werden. Wie der Begründer Roms mag der Häuptling eines Araberstamms von heute bereits die Wurzeln einer Pflanze ins Erdreich gesenkt haben, die in einer zukünftigen Epoche blühen wird, oder den Grund zu einem Gebäude gelegt haben, das seine wahre Größe erst in einem fernen Zeitalter zeigen wird.

Ein großer Teil Afrikas ist immer unbekannt geblieben. Aber das Schweigen der Geschichte über dortige Veränderungen ist angesichts der Tatsache, daß kein anderslautender Beweis zu finden ist, ein Hinweis auf die Begabungsschwäche seiner Völker. Wie bekannt auch die heiße Zone rings um den Erdball dem Geographen bereits sein mag, bisher hat sie nur wenig Bausteine für die Geschichte geliefert. Obgleich sie an vielen Orten in nicht unbeträchtlichem Ausmaß mit Künsten und Gewerben zur Gewinnung des Lebensunterhalts ausgestattet ist, hat sie doch nirgends wichtigere Projekte politischer Weisheit zur Reife gebracht, noch irgendwelche Tugenden angeregt, die zur Freiheit und zur Führung bürgerlicher Angelegenheiten erforderlich sind.

Allerdings fand man gerade bei den Bewohnern der neuen Welt, die in der heißen Zone leben, heraus, daß bei ihnen die rein mechanischen und gewerblichen Künste die allergrößten Fortschritte gemacht haben: Es ist in Indien und in den Regionen dieser Hemisphäre, die von den senkrechten Strahlen der Sonne beschienen werden, daß die gewerblichen Künste und die Praxis des Handels am ältesten sind und den Verfall der Zeiten und die Umwälzungen der Imperien mit nur geringer Abnahme überlebt haben.

Es scheint, daß die Sonne, welche die Ananas und die Tamarinde zur Reife bringt, auch einen Grad von Sanftmut einflößt, der selbst noch die Härten einer despotischen Regierung mildern kann. Die Wirkung einer sanften und friedfertigen Charakteranlage bei den Eingeborenen des Ostens ist denn auch so, daß keine Eroberung, kein Einfall von Barbaren, wie es bei den halsstarrigen Eingeborenen Europas der Fall war, mit einer vollständigen Vernichtung all dessen endet, was die Liebe zur Bequemlichkeit und zum Vergnügen hervorgebracht haben.

Die Eingeborenen Indiens werden ohne großes Sträuben ihrerseits von einem Herrn an den anderen verschoben. Sie sind bei jedem Wandel bereit, ihren Gewerbefleiß fortzusetzen, sich mit den Freuden des Lebens und den Hoffnungen auf sinnliches Vergnügen zu bescheiden. Eroberungskriege werden nicht etwa verlängert, um die daran beteiligten Parteien zu erbittern oder das Land zu verheeren, um welches jene Parteien kämpfen. Selbst der barbarische Eindringling läßt noch die Handelsniederlassung unangetastet, sofern sie nicht seinen Zorn herausgefordert hat. Obgleich er Herr blühender Städte ist, schlägt er sein Lager lediglich in deren Nachbarschaft auf. Er überläßt seinen Erben die freie Wahl, nach und nach an den Vergnügungen, an den Lastern und am Prunk teilzunehmen, die seine Erwerbungen erlauben. Noch weit mehr als er selbst sind seine Nachfolger dazu geneigt, den Bienenstock zu pflegen, je mehr sie von dessen Süßigkeiten versuchen. Sie schonen den Einwohner mitsamt seiner Behausung, wie sie die Herde oder den Stall schonen, dessen Eigentümer sie werden.

Die moderne Beschreibung Indiens ist eine Wiederholung der früheren Beschreibungen, und der gegenwärtige Zustand Chinas leitet sich aus einer solch fernen Vorzeit her, daß es in der Geschichte der Menschheit hierzu keine Parallele gibt. Die Thronfolge der Herrscher hat sich hier zwar geändert, doch der Staat wurde von keinen Umwälzungen berührt. Der Afrikaner und der Samojede sind in ihrer Unwissenheit und Barbarei nicht gleichförmiger, als es der Chinese und der Inder in der Praxis der Gewerbe und bei der Befolgung einer gewissen Polizei gewesen sind, die – wenn wir ihren eigenen Überlieferungen glauben dürfen – nur dazu bestimmt war, ihren Handelsverkehr zu ordnen und sie in ihrem Eifer für knechtische oder gewinnbringende Künste zu beschützen.

Wenn wir von dieser allgemeineren Darstellung dessen, was die Menschen getan haben, zur genaueren Beschreibung dieses Lebewesens selbst übergehen, das verschiedene Himmelsgegenden bewohnt hat und je nach Temperament, Körperbeschaffenheit und Charakter höchst verschiedenartig gestaltet ist, so würden wir eine Mannigfaltigkeit der Begabung finden, die in Übereinstimmung mit den Wirkungen seiner Lebensführung und dem Ergebnis seiner Geschichte steht.

In der Vervollkommnung seiner natürlichen Fähigkeiten zeigt der Mensch eine lebhafte und zarte Empfindsamkeit. Er ist in seiner Einbildungskraft wie in seinem Nachdenken umfassend und mannigfaltig, er ist aufmerksam, scharfsinnig und feinsinnig in allem, was seine Mit-Geschöpfe angeht, entschieden und entflammt bei der Verfolgung seiner Zwecke, der Freundschaft und Feindschaft ergeben, eifersüchtig auf seine Unabhängigkeit und seine Ehre, die er weder zugunsten von Sicherheit noch Gewinn aufgeben will. In all seiner Korruption oder Vervollkommnung behält er seine natürliche Empfindsamkeit, wenn nicht sogar seine Kraft bei. Sein Handel und Wandel kann je nach der Richtung, die sein Geist genommen hat, zum Segen oder zum Fluch geraten.

Allerdings scheint unter den Extremen von Hitze oder Kälte

das Tätigkeitsfeld der menschlichen Seele begrenzt zu sein. Die Menschen sind dort, sei es als Freunde oder als Feinde, von untergeordneter Bedeutung. Unter dem Einfluß des einen Extrems sind sie stumpfsinnig und schwerfällig, bescheiden in ihren Wünschen, regelmäßig und friedfertig in ihrer Lebensweise. Unter dem Einfluß des anderen Extrems sind sie fieberhaft in ihren Leidenschaften, schwach in ihren Urteilen und aufgrund ihres Temperaments dem sinnlichen Genuß ergeben. In beiden Fällen ist das Herz käuflich und macht wichtige Zugeständnisse an kindische Bestechungen. Der Geist ist beide Male zur Knechtschaft bereit. Das eine Mal wird er durch die Furcht vor der Zukunft unterdrückt, das andere Mal kann er nicht einmal durch das Gefühl der Gegenwart aufgerüttelt werden.

Die europäischen Völker, die im Süden oder im Norden ihrer eigenen glücklicheren Himmelsgegenden siedeln oder erobern wollen, stoßen auf wenig Widerstand. Sie dehnen ihre Herrschaft nach Belieben aus, und stoßen auf keine andere Schranke als den Ozean und den Überdruß an Eroberungen. Dem russischen Territorium sind nach und nach gewaltige Provinzen einverleibt worden, fast ganz ohne die Schmerzen und Kämpfe, wie sie der Unterjochung eines Volkes vorhergehen. Sein Herrscher, der ganze Stämme zu seinem Herrschaftsbereich zählt, mit denen vielleicht kein einziger seiner Sendboten jemals verkehrt hat, entsandte einige Landvermesser, sein Imperium zu vergrößern. Er führte auf diese Weise ein Projekt aus, für das die Römer ihre Konsuln und Legionen verwenden mußten.[1] Diese modernen Eroberer beklagen sich schon dann über Aufruhr, wenn sie auf Widerspruch stoßen. Sie sind erstaunt, dort als Feinde behandelt zu werden, wo sie zur Auferlegung von Tribut erscheinen.

Es scheint jedoch, daß diese modernen Eroberer an den Küsten des östlichen Meeres auf Völker[2] gestoßen sind, die ihren Herrschaftstitel in Frage stellten und ihre Ansprüche auf Steuerzahlung wie auch auf Auslieferung von Habseligkeiten für nichts erachtet haben. Hier ist vielleicht der Genius des antiken Europa und, in Gestalt der Wildheit, auch der Geist nationaler

1 Siehe den russischen Atlas.
2 Die Tschuwaschen.

Unabhängigkeit wieder zu finden.[3] Es ist jener Geist, der in der westlichen Welt den siegreichen Heeren Roms das Feld streitig machte und die Versuche der persischen Monarchen vereitelte, die Dörfer Griechenlands den Grenzen ihres ausgedehnten Reiches einzuverleiben.

Die großen und auffallenden Verschiedenheiten zwischen den Bewohnern weit voneinander entfernter Himmelsgegenden sind, wie die Unterschiede zwischen anderen Lebewesen in verschiedenen Regionen, leicht zu beobachten. Das Pferd und das Rentier sind getreue Sinnbilder des Arabers und des Lappländers. Der Eingeborene Arabiens gleicht in dieser Hinsicht dem Tier, für dessen Art sein Land berühmt ist. Ob er wild in den Wäldern lebt, oder in den Künsten unterwiesen ist, er ist lebhaft, tatkräftig und feurig bei der Ausführung von Entschlüssen, zu denen er sich entschieden hat. In ihrem rohen Zustand flieht diese Menschenrasse in die Wüste, um ihre Freiheit zu behaupten. Mit umherziehenden Trupps beunruhigt sie die Grenzen der Weltreiche und verbreitet in derjenigen Gegend Schrecken, der sich ihre beweglichen Lager nähern.[4] Werden sie durch die Aussicht auf Eroberung angestachelt oder stellen sie sich darauf ein, nach einem Plan zu handeln, so breiten sie ihre Herrschaft und das System ihrer Einbildungskraft über weite Strecken der Erde aus. Besitzen sie Eigentum und siedeln sich an, so geben sie ein Beispiel lebhaften Erfindergeists und überlegener Begabung bei der Ausübung der Künste und bei wissenschaftlichen Studien. Im Gegensatz hierzu ist der Lappländer, gleich dem animalischen Bundesgenossen seines Klimas, ausdauernd und an Hunger gewöhnt. Er ist eher stumpfsinnig als zahm, brauchbar nur in einer besonderen Hinsicht und unfähig zur Veränderung. Ganze Völkerschaften verharren von Jahrhundert zu Jahrhundert in denselben Umständen. Je nach dem Land, das sie bewohnen, lassen sie sich mit unbeweglichem Phlegma die Benennung *Dänen, Schweden* oder *Moskoviter* gefallen. Sie dulden es, daß ihr Land wie ein Gemeinbesitz entlang derjenigen Linie aufgeteilt wird, auf der jene Völker die Grenzen ihres Imperiums gezogen haben.

3 Anmerkungen zur genealogischen Geschichte der Tartaren, durch Strahlenberg verbürgt.
4 D'Arvieux.

Diese Verschiedenheiten der Begabung können nicht nur in Extremfällen genau voneinander unterschieden werden. Ihr kontinuierlicher Wechsel hält Schritt mit den Variationen des Klimas, mit denen wir sie verknüpft glauben. Und obgleich gewisse Grade an Fähigkeit, Scharfsinn und Eifer nicht den Nationen in ihrer Gesamtheit eigentümlich sind, noch die gewöhnlichen Eigenschaften irgendeines Volkes bilden, so werden doch ihre ungleiche Häufigkeit und ihr ungleiches Ausmaß in verschiedenen Ländern aus den Sitten, aus dem Ton der Unterhaltung, aus der Begabung für geschäftliche Dinge, für Vergnügen und literarische Arbeiten hinreichend deutlich, wie sie in jedem dieser Länder vorherrschen.

Den südlichen Völkern Europas, den antiken ebenso wie den modernen, verdanken wir die Erfindung und Ausgestaltung jener Mythologie und jener frühen Überlieferungen, die der Phantasie fortwährend ihren Stoff und der poetischen Anspielung ihr Betätigungsfeld geliefert haben. Wir verdanken ihnen die romantischen Sagen des Rittertums ebenso wie die späteren Vorbilder eines vernünftigeren Stils, durch die das Herz und die Einbildungskraft angeregt und der Verstand unterwiesen wird.

Im Norden haben sich vor allem die Früchte des Gewerbefleißes im Überfluß verbreitet. Das wissenschaftliche Studium hat hier seine gründlichste Ausbildung erfahren. Im Süden dagegen waren die Anstrengungen der Einbildungskraft und des Gefühls am häufigsten und am erfolgreichsten. Während die Küsten der Ostsee durch die Studien eines Kopernikus, Tycho Brahe und eines Kepler berühmt wurden, gelangten die Ufer des Mittelmeers als Geburtsstätte genialer Männer verschiedenster Art und als Hort von Dichtern, Geschichtsschreibern, aber auch Gelehrten zu Ehren.

In der einen Gegend entsprang die Gelehrsamkeit dem Herzen und der Phantasie, in der anderen ist sie immer noch auf Urteilskraft und Gedächtnis beschränkt. In der Literatur der nordischen Völker sind die detaillierte und wahrheitsgetreue Darstellung öffentlicher Vorgänge, mit geringem Gespür für ihre verhältnismäßige Bedeutung, gut aufgehoben, desgleichen die Verträge und Rechtsansprüche der Völker, die Geburtsdaten und Genealogien der Fürsten. Das Licht des Verstandes und die Gefühle des Herzens dagegen läßt man hier leicht in Vergessenheit geraten. Die Geschichte des menschlichen Charakters dagegen, interessante Memoiren, die sich ebenso auf die sorglosen Ereignisse des Privatlebens wie auf die förmlichen Handlungen einer öffentlichen Stellung beziehen, der geistreiche Witz, der beißende Spott, Zärtlichkeit, Pathos oder die erhabene Kraft der Beredsamkeit, sie sind sowohl in alten wie in neuen Zeiten mit wenigen Ausnahmen auf die gleichen Breitengrade beschränkt gewesen, in denen auch die Feige und der Weinstock wachsen.

Sind die Mannigfaltigkeiten natürlicher Begabung wirklich vorhanden, dann müssen sie ihre Grundlage zum großen Teil in der körperlichen Beschaffenheit haben. Es wurde bereits häufig darauf hingewiesen, daß der Wein dort am besten gedeiht, wo seine Hilfe zur Beschleunigung der Gärung des menschlichen Bluts am wenigsten erfordert wird. Geistige Getränke sind bei südlichen Völkern wegen ihrer verderblichen Wirkung verboten, oder sie sind aus Liebe zur Mäßigkeit und weil das Temperament ohnehin schon lebhaft genug ist nicht besonders begehrt. Im Norden dagegen üben sie einen besonderen Reiz aus, weil sie den Geist anregen und einen Geschmack von jener lebhaften Phantasie und jenem Feuer der Leidenschaft vermitteln, die das Klima gerade versagt.

Glühendes Begehren und feurige Leidenschaften, wie sie im einen Klima zwischen den Geschlechtern herrschen, verwandeln sich im anderen zu einer nüchternen Wertschätzung oder zum geduldigen Ertragen wechselseitiger Abneigung. Solcher Wandel ist bereits bei der Überquerung des Mittelmeers zu bemerken, aber auch dann, wenn man dem Laufe des Mississippi folgt oder die Gebirge des Kaukasus ersteigt oder wenn man über die Alpen und die Pyrenäen an die Küsten der Ostsee kommt.

An den Grenzen Louisianas herrscht das weibliche Geschlecht mit Hilfe der doppelten Triebkraft von Aberglauben und Leidenschaft. Bei den Eingeborenen Kanadas dagegen sind die Frauen Sklaven, sie werden dort hauptsächlich nach den von ihnen ertragenen Anstrengungen und nach den geleisteten häuslichen Diensten bewertet.[5]

Die brennenden Leidenschaften und die quälende Eifersucht des Serails und des Harems, die in Asien und Afrika so lange Zeit geherrscht haben, sind auch in den südlichen Teilen Europas kaum den Unterscheidungen der Religion und der bürgerlichen Einrichtungen gewichen. Mit Abnahme der Sonnenwärme jedoch findet man in ein- und demselben Breitengrad, daß sich diese Charakterzüge leichter in eine nur zeitweilige Leidenschaft verwandeln, die den Geist zwar in Anspruch nimmt, und ihn zu romantischen Heldentaten anfeuert, ohne ihn jedoch zu entkräften. Weiter gegen Norden zu verwandelt sich diese zeitweilige Leidenschaft zum Geist der Galanterie, der eher den Witz und die Phantasie in Anspruch nimmt als das Herz, der die Intrige dem Genuß vorzieht und Affektiertheit und Eitelkeit dort unterschiebt, wo Gefühl und Begehren versagt haben. Je weiter sich ein- und dieselbe Leidenschaft von der Sonne entfernt, desto mehr sinkt sie zur Gewohnheit einer nur noch häuslichen Beziehung herab oder sie erkaltet zu einem Zustand der Gefühllosigkeit, in dem die Geschlechter sich freiwillig kaum noch zu gemeinsamem Leben verstehen.

Diese Verschiedenheiten des Temperaments und des Charakters korrespondieren allerdings nicht genau mit der Zahl der Temperaturgrade, wie sie auf der Erde zwischen Äquator und den beiden Polen gemessen werden, noch hängt auch nur die Lufttemperatur selbst vom jeweiligen Breitengrad ab. Verschiedenheiten des Bodens und der Höhenlage, die Entfernung oder die Nähe zum Meer, solche Gegebenheiten haben bekanntermaßen Einfluß auf die Atmosphäre und können auch auf die körperliche Beschaffenheit eine bedeutende Wirkung ausüben.

Auch wenn die Klimazonen Amerikas unter demselben Breitengrad liegen, weichen sie doch erfahrungsgemäß von denen Europas ab. Man nimmt an, daß dort ausgedehnte Sümpfe, große Seen, alte verweste undurchdringliche Wälder im Verein mit anderen Umständen eines unbebauten Landes die Luft mit schweren und schädlichen Dünsten anfüllen. Hierdurch soll

5 Charlevoix.

sich die Rauheit des Winters verdoppeln. Die Unbequemlichkeiten der kalten Zone sollen sich durch wiederholte und anhaltende Nebel, Schnee und Frost viele Monate hintereinander bis weit in die dem Breitengrad nach gemäßigte Zone hinein erstrekken. Allerdings haben der Samojede und der Lappländer an den Küsten Amerikas auch noch auf einem niedrigeren Breitengrad ihr Gegenstück. Die Indianer Kanadas und die Irokesen weisen eine Ähnlichkeit mit den alten Einwohnern der mittleren Himmelsgegenden Europas auf. Ähnlich dem asiatischen Inder war der Mexikaner der Lust ergeben und in Weichlichkeit versunken. Auch in der Nachbarschaft wilder und freier Völker hatte er es ohne weiteres geduldet, daß sich auf der Grundlage seiner Schwäche ein tyrannischer Aberglaube und das dauerhafte Gebäude eines despotischen Regierungssystems erhoben.

Ein großer Teil des tatarischen Gebiets liegt auf dem gleichen Breitengrad wie Griechenland, Italien und Spanien. Dennoch ist das Klima verschieden. Während die Küsten nicht nur des Mittelmeers, sondern auch des Atlantik durch eine gemäßigte Veränderung und Abwechslung der Jahreszeiten begünstigt werden, werden die östlichen Teile Europas und das nördliche Festland Asiens von den Jahreszeiten mit all ihren Extremen heimgesucht. Es wird berichtet, daß sich zur einen Jahreszeit die Plagen eines glühendheißen Sommers bis fast ans Eismeer erstrecken und der Einwohner sich dann gegen schädliches Ungeziefer mit der gleichen Rauchwolke schützen muß, in die er sich während einer anderen Jahreszeit zur Abwehr der grimmigen Kälte hüllt. Die Rückkehr des Winters geschieht gänzlich unvermittelt. Von den nördlichen Grenzen Sibiriens bis an die Berghänge des Kaukasus und an die Grenzen Indiens verwandelt sie die Erdoberfläche in eine Wüste.

Angesichts solch ungleicher Verteilung des Klimas scheinen das Lebensschicksal und der Volkscharakter der Nordasiaten dem der Europäer nachzustehen, die doch unter den gleichen Breitengraden wohnen. Dennoch ist, wenn man dem Meridian in beiden Ästen nachgeht, eine gleiche stufenweise Veränderung des Temperaments und des Geistes zu bemerken. Der südliche Tatar behauptet gegenüber dem Tungusen und dem Samojeden den gleichen Vorrang, den gewisse Nationen Europas bekanntermaßen vor ihren nördlichen Nachbarn haben, wobei allerdings beide in einer vorteilhafteren Umwelt leben.

Die südliche Erdhalbkugel bietet kaum Gelegenheit zu ähnlichen Beobachtungen. Die gemäßigte Zone ist hier noch immer unentdeckt oder ist nur an den beiden Vorgebirgen bekannt, dem Kap der Guten Hoffnung und dem Kap Horn, die sich auf der anderen Seite des Längengrads bis in gemäßigten Breiten hinein erstrecken. Aber man findet, daß der Wilde Südamerikas, ungeachtet dessen, daß die Völker Perus und Mexikos dazwischen wohnen, seinem Gegenstück in Nordamerika gleicht. Auch der Hottentotte ähnelt in vielen Dingen dem europäischen Barbaren. Er hängt zäh an seiner Freiheit, besitzt die ersten Anfänge einer Staatskunst und nationaler Kraft, die ihrerseits dazu dienen, seine Rasse von den übrigen afrikanischen Stämmen zu unterscheiden, die den senkrechten Strahlen der Sonne in vermehrtem Umfang ausgesetzt sind.

Wir haben mit diesen Beobachtungen nur das ausgesprochen, was schon der flüchtigste Blick auf die Geschichte der Menschheit ohnehin offenbar werden läßt, was schon aus dem bloßen historischen Dunkel mancher Völker, die weite Teile der Erde bewohnen, wie aus dem Glanz anderer geschlossen werden kann. Doch wir sind noch immer nicht imstande zu erklären, in welcher Weise das Klima das Temperament der Einwohner beeinflussen oder ihre Talente fördern kann.

Daß die Gemütsverfassung und die Verstandestätigkeit des Geistes in gewissem Ausmaß vom Zustand der animalischen Organe abhängig sind, ist aus der Erfahrung wohl bekannt. Die Menschen unterscheiden sich voneinander in ihrer Krankheit und Gesundheit, unter dem Einfluß von Ernährungsveränderungen, der Luftverhältnisse und der körperlichen Übung. Doch selbst angesichts solch bekannter Beispiele wissen wir nicht, wie wir die Ursache mit ihrer angenommenen Wirkung verbinden sollen. Und obgleich das Klima eine Vielfalt solcher Ursachen in sich schließt und hierdurch eine Art regelmäßigen Einflusses auf den Charakter der Menschen haben mag, können wir doch niemals hoffen, die Art dieser Einflüsse zu erklären. Wir können sie jedenfalls nicht erklären, bevor wir die Struktur jener feineren Organe verstanden haben, mit denen das Wirken der Seele verbunden ist, eine Erkenntnis, zu der wir wahrscheinlich niemals gelangen werden.

Wenn wir in der Situation eines Volkes diejenigen Umstände angeben, die seine Tätigkeiten bestimmen, und die dadurch auch seine Gewohnheiten und seine Lebensweise regeln, und wenn wir, statt uns auf den angeblichen physischen Ursprung seiner Anlagen zu beziehen, deren Beweggründe einem bestimmten Verhalten zuschreiben, so sprechen wir dabei von Ursachen und Wirkungen, deren Verknüpfung besser bekannt ist. Wir können zum Beispiel durchaus verstehen, warum eine Menschenrasse wie die Samojeden, die einen großen Teil des Jahres über in Finsternis leben muß oder sich in Höhlen verkriecht, sich in ihren Sitten und Wahrnehmungen von anderen unterscheiden muß, die sich zu jeder Jahreszeit frei bewegen, oder die, statt Schutz gegen äußerste Kälte zu suchen, mit der Suche nach Abhilfen gegen die Qualen brennender Sonne beschäftigt sind. Feuer und körperliche Übung sind die Hilfsmittel gegen die Kälte. Ruhe und Schatten bieten Sicherheit gegen die Hitze. Die Holländer sind in Europa arbeitsam und gewerbefleißig, in Indien werden sie schlaffer und träger.[6]

Ein äußerster Grad an Hitze oder an Kälte ist vielleicht in moralischer Hinsicht dem Tätigkeitsdrang des Menschen in gleichem Maße ungünstig. Sie bieten beide unüberwindliche Schwierigkeiten und geben starken Anlaß zu Gleichgültigkeit und Trägheit. Desgleichen hindern sie auch die ersten Anstrengungen einer Begabung oder beschränken ihren Fortgang. Einige mittlere Grade der Unbequemlichkeit in der natürlichen Umgebung regen den Geist sofort an. Mit der Hoffnung auf Erfolg ermutigen sie auch seine Bemühungen. »Gerade in den ungünstigen Situationen«, bemerkt Rousseau, »haben die Künste wohl am meisten geblüht. Ich könnte Ägypten als ein Beispiel anführen, wo sie sich im Schwemmland des Nil verbreiteten, und Afrika, wo sie sich vom felsigen Boden und vom dürren Sand bis zu den Wolken erhoben. An den fruchtbaren

---

6 Die holländischen Matrosen, die auf die Belagerung Malakkas angesetzt waren, zerrissen oder verbrannten das Segeltuch, das sie für ihre Zelte erhielten, damit sie sich nicht der Mühe unterziehen mußten, sie zu bauen oder aufzuschlagen. Voy. de Matelief.

Ufern des Eurotas dagegen waren sie nicht imstande, Wurzeln zu schlagen.«

Wo die Menschen ihr Auskommen von Anfang an mit großer Mühe und inmitten von Schwierigkeiten suchen, werden die Mängel ihrer Situation durch Gewerbefleiß wett gemacht. Während trockenes, verlockendes und gesundes Land unbebaut bleibt[7], wird der ungesunde Morast unter großen Anstrengungen trockengelegt. Das Meer wird durch starke Dämme zurückgedrängt, deren Material und Kosten der zu gewinnende Boden kaum bestreiten oder wieder hereinbringen kann. Es werden Häfen eröffnet. Sie sind gerade dort mit zahlreichen Schiffen überfüllt, wo das Wasser nicht tief genug ist, um Lastschiffe zu tragen, wenn diese nicht im Hinblick auf diese spezifische Situation erbaut sind. Elegante und stolze Gebäude werden auf morastigem Untergrund errichtet und alle Bequemlichkeiten menschlichen Lebens werden im Überfluß dort geschaffen, wo die Natur nicht darauf vorbereitet scheint, Menschen überhaupt aufzunehmen. Man erwartet vergebens, daß der Standort für Künste und Handel vom Vorhandensein natürlicher Vorteile bestimmt wird. Die Menschen leisten mehr, wenn sie gewisse Schwierigkeiten zu überwinden haben, als wenn sie angebliche Vorzüge genießen. Der Schatten einer dürren Eiche und Fichte ist für die Geisteskräfte der Menschen günstiger als jener der Palme oder des Tamarindenbaums.

Unter die Vorteile, welche die Völker instand setzen, sowohl die Laufbahn der Politik wie die der Künste zu beschreiten, sollten wir nach den bereits gemachten Beobachtungen auch jeden Umstand rechnen, der sie dazu befähigt, sich in getrennte und unabhängige Gemeinwesen zu teilen und so selbst zu erhalten. Rivalität und Wettbewerb der Völker sind für die Kräftigung der Prinzipien politischen Lebens in einem Staatswesen nicht weniger nötig, wie es Gesellschaft und Zusammenkommen mit anderen Menschen für die Bildung des Individuums sind. Ihre Kriege, Verträge, ihre wechselseitige Eifersucht und die Anstalten, die sie im Hinblick aufeinander treffen, sie bilden mehr als die Hälfte der menschlichen Beschäftigungen und lie-

7 Man vergleiche den Zustand Indiens mit dem von Holland.

fern den Stoff für ihre größten und fruchtbarsten Anstrengungen. Dicht beieinanderliegende Inseln, ein Festland, das durch viele natürliche Schranken abgeteilt ist, große Flüsse, Bergketten und Meeresarme sind deshalb am besten geeignet, die Pflanzschule unabhängiger und ansehnlicher Völker zu werden. Wird auf diese Weise die Unterschiedlichkeit zwischen den Staaten deutlich aufrechterhalten, so wird in jeder besonderen Einheit ein Prinzip politischen Wesens verwirklicht. Die Hauptstadt eines jeden Gebietes ist wie das Herz in einem lebendigen Körper. Sie verteilt das belebende Blut und den Nationalgeist mit Leichtigkeit an seine Bewohner.

Die beachtlichsten Völker waren immer dort zu finden, wo wenigstens ein Teil der Grenze vom Meer bespült worden ist. Solche Befestigung ist in den Zeiten der Barbarei wahrscheinlich die stärkste aller Befestigungsmöglichkeiten. Sie macht allerdings selbst dort die Bemühung um eine nationale Verteidigung nicht überflüssig. Bei einem vorgerückten Entwicklungsstand der Künste verschafft sie jedoch dem Handel den größten Spielraum und die größte Leichtigkeit.

An den Küsten des Stillen und des Atlantischen Ozeans waren denn auch blühende und unabhängige Nationen verstreut. Sie umgaben auch das Rote Meer, das Mittelmeer und die Ostsee. Auf dem weiten asiatischen Kontinent dagegen findet sich kaum eine Völkerschaft, die den Namen einer Nation verdiente, mit Ausnahme einiger Stämme, die sich an die in Indien und Persien angrenzenden Gebirge zurückgezogen haben, oder solcher, die in den Buchten und an den Küsten des Kaspischen und des Schwarzen Meeres eine rohe Form der Niederlassung gegründet haben. Die grenzenlosen Ebenen Asiens werden weit und breit von Horden durchstreift, die in immerwährender Bewegung sind oder aber durch ihre wechselseitigen Feindseligkeiten fortwährend vertrieben und bedroht werden. Obwohl sie sich bei ihren Jagdzügen oder beim Suchen nach Weideplätzen vielleicht niemals wirklich miteinander vermischen, können sie doch kein deutliches Unterscheidungsmerkmal aufweisen, wie es für eine Nation charakteristisch ist. Denn ein solches Unterscheidungsmerkmal setzt ein festes Territorium voraus und wird durch ein Gefühl der Zuneigung zum Geburtsort eingeprägt. Sie ziehen hordenweise herum, ohne eine nationale Einrichtung oder Übereinkunft. Für jedes neue Reich, das sich aus ihrer Mitte bildet, werden sie zum leicht erworbenen Zuwachs, so auch für das chinesische oder das moskovitische Reich, mit denen sie Austausch betreiben, um ihre Subsistenz- und Genußmittel zu erwerben.

Wo sich ein glückliches System von Nationen gebildet hat, da verlassen sich diese nicht auf die von der Natur errichteten Grenzen, um die Fortdauer ihrer gesonderten Identität und ihrer politischen Unabhängigkeit zu erreichen. Hier führt gegenseitige Eifersucht zur Aufrechterhaltung eines Machtgleichgewichts.

Mehr als der Rhein und der Ozean, mehr als die Alpen und die Pyrenäen im modernen Europa, mehr als die Thermopylen, die Thrakischen Gebirge oder die Buchten von Salamis und Korinth im alten Griechenland dient dieses Prinzip der Eifersucht dazu, die Absonderung zu verlängern, dem die Einwohner jener glücklichen Himmelsgegend ihre Glückseligkeit als Nationen, den Glanz ihres Ruhms und ihre bürgerlichen Errungenschaften verdanken.

Wenn wir die Absicht haben, die Geschichte der bürgerlichen Gesellschaft weiter zu verfolgen, dann sollte sich unsere Aufmerksamkeit hauptsächlich auf solche Beispiele richten. Wir müssen an dieser Stelle von jenen Gegenden der Erde Abschied nehmen, in denen unsere Gattung aufgrund der Wirkungen von Lage und Klima in ihren nationalen Bestrebungen eingeschränkt oder nur mit untergeordneten Geisteskräften ausgestattet zu sein scheint.

2. *Die Geschichte der Unterordnung*

Wir hatten die Menschen bisher als solche betrachtet, die auf der Grundlage der Gleichberechtigung miteinander vereinigt sind, oder als solche, die geneigt sind, eine Unterordnung zuzulassen, die sich lediglich auf freiwillige Hochachtung und Anhänglichkeit für ihre Führer gründet, doch in beiden Fällen ohne irgendeinen verabredeten Regierungsplan oder ein System von Gesetzen.

Der Wilde, dessen Vermögen in seiner Hütte, in seinem Fell und in seinen Waffen besteht, begnügt sich mit der Vorsorge und mit der Sicherheit, die er sich selbst verschaffen kann. Er sieht im Verkehr mit seinesgleichen keinen Diskussionsgegenstand, der der Entscheidung eines Richters überantwortet werden müßte. Abzeichen obrigkeitlicher Würde oder Merkmale dauernder Herrschaft findet er in keiner Hand.

Obgleich der Barbar durch seine Bewunderung für persönliche Eigenschaften, durch den Glanz eines heldenmütigen Geschlechts oder durch die Überlegenheit des Besitzes veranlaßt wird, dem Banner eines Anführers zu folgen und im eigenen Stamm eine untergeordnete Rolle zu spielen, weiß er doch nicht, daß das, was er aus freier Entscheidung tut, sich zu einer Verpflichtung entwickeln muß. Unbekannt mit Formen, handelt er aus Affekten. Wenn er aber herausgefordert oder in Streitigkeiten verwickelt wird, so nimmt er in allen Rechtsfragen seine Zuflucht zum Schwert als letztem Entscheidungsmittel.

Die menschlichen Angelegenheiten nehmen in der Zwischenzeit ihren Fortgang. Was der einen Generation nur eine Neigung war, sich mit ihresgleichen zusammenzuscharen, wird in den folgenden Zeitaltern zum Prinzip nationaler Vereinigung. Was ursprünglich als ein Bündnis zu gemeinsamer Verteidigung begann, wird zum verabredeten Plan politischer Kraftentfaltung. Die Sorge um die Subsistenz wird zum unruhigen Streben, Reichtum zu akkumulieren, und zum Fundament kaufmännischer Fertigkeiten.

... Seit der Auflage von 1773 ersetzt durch:
Die Geschichte politischer Einrichtungen

Wenn die Menschen in der Bestrebung, Unannehmlichkeiten zu beseitigen oder sichtbare und naheliegende Vorteile zu erreichen, dem augenblicklichen Antrieb ihres Geistes folgen, dann gelangen sie zu Zielen, die noch nicht einmal ihre Phantasie voraussehen konnte. Gleich anderen Lebewesen verfolgen sie die Bahn ihrer Natur, ohne zu bemerken, wohin diese führt. Derjenige, der zuerst sagte »ich will mir dieses Feld aneignen, ich will es meinen Erben hinterlassen«, nahm nicht wahr, daß er die Grundlagen bürgerlicher Gesetze und politischer Einrichtungen schuf. Derjenige, der sich als erster einem Führer unterordnete, war sich nicht bewußt, daß er ein Beispiel für dauernde Unterordnung schuf, unter dessen Vorwand der Raffgierige seinen Besitz an sich reißen und der Hochmütige seine Dienste beanspruchen würde.

Im allgemeinen sind die Menschen hinlänglich dazu geneigt, Pläne und Entwürfe zu machen. Doch derjenige, der dies für andere tun möchte, wird in jeder Person einen Widersacher finden, die es für sich selbst tun möchte. Wie die Winde, von denen wir nicht wissen, woher sie kommen, und die wehen, wohin sie wollen, stammen auch die Formen der Gesellschaft von einem dunklen und fernen Ursprung her. Lange vor der Entstehung der Philosophie entspringen diese den Instinkten und nicht den Spekulationen der Menschen. Die Masse der Menschen wird in ihren Einrichtungen und Maßnahmen durch die Umstände geleitet, in die sie versetzt ist. Selten wird sie von ihrem Wege abgezogen, um der Idee eines einzelnen Pläneschmieds zu folgen.

Jeder Schritt und jede Bewegung der Menge wird sogar in denjenigen Zeitaltern, die man die aufgeklärten nennt, mit gleicher Blindheit für die Zukunft gemacht. Die Nationen stoßen gleichsam im Dunkeln auf Einrichtungen, die zwar durchaus das Ergebnis menschlichen Handelns sind, nicht jedoch die Durchführung irgendeines menschlichen Planes.[1] Wenn Cromwell äußerte, ein Mensch steige niemals höher als dann, wenn er nicht wisse, wohin er gehe, so läßt sich dies mit noch größerem Recht von ganzen Gesellschaften behaupten. Denn sie erleiden

1 De Retz, Memoirs.

die größten Umwälzungen zu den Zeiten, in denen an keine Veränderung gedacht wird und wo selbst die gewiegtesten Politiker nicht immer wissen, wohin sie den Staat mit ihren Projekten führen.

Wenn wir dem Zeugnis der neuzeitlichen Geschichte wie dem glaubwürdigsten Teil der alten Gehör schenken, wenn wir auf die Praxis der Nationen in allen Teilen der Erde und in jeder Lage achten, ob sie nun roh oder gesittet sind, werden wir wenig Grund finden, unsere Behauptungen wieder zurückzunehmen. Keine Verfassung wird durch Verabredung gebildet, keine Regierung entspricht der Kopie eines Plans. Die Bürger eines kleinen Staates kämpfen für die Gleichheit, diejenigen eines größeren sehen sich auf eine bestimmte Art und Weise in Klassen eingeteilt, die zugleich die Grundlagen für eine Monarchie schafft. Sie schreiten in fließenden Übergängen von einer Regierungsform zur anderen fort und häufig nehmen sie unter altem Namen eine neue Verfassung an. Die menschliche Natur enthält gleichsam den Samen zu jeglicher Regierungsform, doch er keimt und reift erst mit der Zeit. Das Vorherrschen einer besonderen Spezies ergibt sich oft als Folge eines kaum wahrnehmbaren Bestandteils, der mit dem Erdreich vermischt ist.

Wir sollten deshalb die überlieferten Geschichten über alte Gesetzgeber und Staatengründer mit Vorsicht aufnehmen. Ihre Namen sind zwar seit langer Zeit gerühmt worden, ihre angeblichen Pläne fanden Bewunderung. Doch fast immer betrachtet man als die Wirkung planvoller Überlegung, was wahrscheinlich nur die Folge einer frühen Situation war. Wie Ursache und Wirkung werden auch Urheber und Werk beständig miteinander verbunden. Dies ist die einfachste Form, unter der wir die Begründung von Nationen betrachten können. Wir schreiben einem vorbedachten Plane zu, was nur durch Erfahrung gewußt werden konnte, was keine menschliche Weisheit vorauszusehen vermochte und was kein Individuum ohne die mitwirkende Stimmung und Anlage seines Zeitalters ins Werk setzen konnte.

Wenn die Menschen in Zeiten umfassenden Nachdenkens mit der Suche nach Reformen beschäftigt sind und doch fast unlöslich an ihren Einrichtungen hängen, und wenn sie zwar unter dem Druck vieler anerkannter Unbequemlichkeiten leiden, aber

doch die Fesseln der Gewohnheit nicht brechen können, wie
haben wir uns wohl ihre Gemütsstimmung zu den Zeiten des
Romulus und des Lykurg vorzustellen? Auch damals waren sie
gewiß nicht geneigter, die Vorstellungen von Neuerern anzunehmen oder die Eindrücke der Gewohnheit abzuschütteln. Sie
waren damals, als ihre Kenntnisse geringer waren, keineswegs
biegsamer und lenkbarer und angesichts der größeren Enge
ihres Geistes auch keineswegs fähiger zur Verfeinerung.

Wir meinen vielleicht, daß rohe Völker ein so starkes Gefühl für
die Mängel haben müßten, unter denen sie leiden, und sich der
Notwendigkeit einer Veredlung ihrer Sitten so bewußt sind,
daß sie auch bereit sein müßten, jeden Verbesserungsplan mit
Freuden aufzunehmen und jeden einleuchtenden Vorschlag mit
selbstverständlicher Zustimmung aufzugreifen. Wir neigen deshalb auch zu der Annahme, die Harfe des Orpheus habe im
einen Zeitalter durchaus bewirken können, was die Eloquenz
Platos in einem anderen Zeitalter nicht zustande brachte. Hierbei mißverstehen wir jedoch das Charakteristikum primitiver
Zeitalter: Die Menschen empfinden in diesen nur die wenigsten
Mängel und sind denn auch am wenigsten begierig, sich mit
Reformationen zu befassen.

Indessen kann das Vorhandensein gewisser Einrichtungen in
Rom und Sparta nicht bestritten werden, aber es ist wahrscheinlich, daß die Regierung dieser beiden Staaten aus der besonderen Situation und dem Genius des Volkes hervorging, nicht aber
aus den Projekten einzelner Männer, daß also die berühmten
Krieger und Staatsmänner, die als Gründer dieser Gesellschaft
gelten, nur eine hervorragende Rolle unter den zahlreichen anderen Menschen spielten, die zu den gleichen Einrichtungen
neigten. Diese Krieger und Staatsmänner jedoch hinterließen
der Nachwelt einen Ruhm, der sie als Erfinder vieler Bräuche
gelten ließ, die auch bereits vor ihnen im Schwange gewesen
waren und die dazu beitrugen, sowohl ihre eigenen Sitten und
ihren Genius, wie auch die Sitten und den Genius ihrer Landsleute zu bilden.

Bereits an früherer Stelle wurde angemerkt, daß die Sitten roher
Gesellschaften in vielen Einzelheiten mit dem übereinstimmen,
was als Erfindung früher Staatsmänner ausgegeben wird. Doch

sogar das Muster einer republikanischen Regierung, eines Senats und einer Volksversammlung, ja selbst die Gleichheit des Eigentums oder die Gütergemeinschaft können nicht der Erfindungsgabe oder dem Scharfsinn einzelner vorbehalten gewesen sein.

Sofern wir Romulus als den Gründer des römischen Staates ansehen, müssen wir annehmen, daß er, der seinen Bruder tötete, um alleine herrschen zu können, keineswegs bestrebt war, unter die Einschränkungen der Kontrollgewalt des Senats zu geraten, und auch nicht geneigt war, Entschlüsse kraft eigener Souveränität dem Kollektiv-Entscheid einer Körperschaft zu unterbreiten. Das Verlangen nach Herrschaft widerstrebt seiner Natur nach aller Beschränkung. Wie jeder Führer in einem rohen Zeitalter stieß auch dieser Häuptling wahrscheinlich auf eine Gruppe von Leuten, die bestrebt waren, sich in seine Entschlüsse einzumischen, während er andererseits ohne sie auch nicht vom Fleck kommen konnte. Er stand Anlässen gegenüber, zu denen sich das ganze Volk wie auf ein Trompetensignal versammelte und zu denen es Entschließungen faßte, die ein Individuum vergeblich zu bekämpfen oder zu verändern versucht hätte. Rom, das auf diese Weise nach dem allgemeinen Muster jeder anderen kunstlosen Gesellschaft seinen Anfang nahm, gelangte vor allem im Verfolg gelegentlicher Aushilfsmittel zu dauernden Verbesserungen. Es ordnete sein politisches Gebäude, indem es den Ansprüchen der unterschiedlichen Parteien gerecht wurde, die sich im Staate bildeten.

Schon in den frühesten Zeiten der Gesellschaft lernen die Menschen Reichtum zu begehren und Auszeichnungen zu bewundern. Habgier und Ehrgeiz sind ihnen durchaus eigen und treiben sie gelegentlich zu Plünderungen und Eroberungen. *Doch in ihrem gewöhnlichen Verhalten werden diese Motive durch andere Gewohnheiten und Bestrebungen balanciert oder zurückgehalten.* Wenn dies nicht durch Trägheit oder Unmäßigkeit geschieht, dann durch persönliche Anhänglichkeit oder durch persönliche Abneigung, wie sie der fehlgeleiteten Rück-

---

... Seit der Auflage von 1768 ersetzt durch:
Doch in ihrem gewöhnlichen Verhalten werden sie von anderen Motiven geleitet und zurückgehalten.

sicht auf eigene Interessen entspringen. *Solche Handlungsum-
stände machen die Menschen zuweilen nachlässig, zuweilen gewalttätig.* Sie erweisen sich als Quelle bürgerlichen Friedens
oder von Zwietracht, machen aber jedenfalls diejenigen, die
durch sie angetrieben werden, unfähig, angemaßte Gewalt auch
auf Dauer zu behaupten. **Sklaverei und Plünderung drohen
zwar zunächst von auswärts,** doch Krieg, ob nun offensiv
oder defensiv gewendet, ist die Hauptbeschäftigung eines jeden
Stammes. Der äußere Feind erfüllt die Gedanken dieser Menschen, sie haben keine Zeit für häusliche Zerwürfnisse. Jedes
besondere Gemeinwesen hat dabei den Wunsch, sich selbst zu
sichern. In dem Maße, indem dies durch die Befestigung der
Grenzen, durch die Schwächung des Feindes oder durch die
Gewinnung von Verbündeten gelingt, überlegt der einzelne
auch zu Hause, was er für sich selbst gewinnen oder verlieren
könne. Der Anführer wünscht die Vorteile zu erweitern, die mit
seinem Rang verbunden sind. Der Untergebene wird eifersüchtig auf seine Rechte, die jedem Eingriff offenstehen. Parteien,
die sich vorher aus Zuneigung und aus Gewohnheit vereinigten
oder aus Rücksicht auf ihre gemeinsame Selbsterhaltung, entzweien sich nun wegen ihrer unterschiedlichen Ansprüche auf
Vorrang oder Gewinn.
Wenn so die Parteihader im Lande selbst entfacht werden und
die Ansprüche auf Freiheit sich denjenigen auf Herrschaft ge-
genüberstellen, dann finden die Angehörigen einer jeden Gesellschaft einen neuen Schauplatz zur Entfaltung ihrer Tätigkeit.
Vielleicht waren sie ursprünglich über Angelegenheiten ihrer
Interessen in Streit geraten oder hatten unentschieden zwischen
verschiedenen Führern geschwankt, niemals hatten sie sich jedoch bisher als Bürger vereinigt, um den Übergriffen eines Souveräns zu widerstehen oder um ihre gemeinsamen Rechte als
Volk zu behaupten. Wenn der Fürst in einer solchen Auseinan-

... Seit der Auflage von 1768 ersetzt durch:
Solche Motive und Gewohnheiten machen die Menschen zuweilen nachläs-
sig und gewalttätig.
... Seit der Auflage von 1768 ersetzt durch:
Sklaverei und Plünderung drohen zwar für jedes Gemeinwesen zunächst
von auswärts,

dersetzung einerseits zahlreiche Anhänger findet, die seine Ansprüche unterstützen, andererseits aber auch auf viele andere
trifft, die sich ihm widersetzen, so kann sich das Schwert, das
zunächst gegen auswärtige Feinde geschliffen wurde, auch gegen die Brust der Mitbürger richten. Jede Periode des Friedens
mit dem Ausland kann dann mit Krieg im Innern ausgefüllt
werden. In den öffentlichen Versammlungen ertönen jetzt die
heiligen Namen der Freiheit, Gerechtigkeit und bürgerlichen
Ordnung. In Abwesenheit anderer Beunruhigungen liefern sie
einer Gesellschaft jetzt reichlich Stoff zur Gärung und Erbitterung in ihrem Innern.

Wenn das, was von den kleinen Fürstentümern berichtet wird,
die sich in alten Zeiten in Griechenland, in Italien und in ganz
Europa bildeten, mit denjenigen Charakterzügen überein-
stimmt, wie wir sie von den Menschen unter den ersten Eindrücken des Eigentums, des Interesses und der Erbunterschiede
entworfen haben, so entsprechen die Aufstände und Bürgerkriege, die in eben jenen Staaten auf die Vertreibung ihrer Könige folgten, oder die Streitfragen, die sich hinsichtlich der Vorrechte von Herrschern oder Untertanen ergaben, durchaus der
Darstellung, die wir jetzt vom ersten Schritt auf politische Ordnung hin und vom Wunsch nach einer gesetzmäßigen Verfassung geben.

Wie diese Verfassung in ihrer frühesten Form beschaffen sein
mag, hängt von der Verschiedenheit der Umstände in der Ge-
samtsituation der jeweiligen Völker ab. So kommt es auf die
räumliche Ausdehnung des Fürstentums in seinem rohen Zustand an, ferner auf den Grad an Ungleichheit, dem die Menschen sich unterworfen hatten, bevor sie *anfingen, sich den
Mißbräuchen dieser Ungleichheit zu widersetzen.* Ebenso ergibt sich eine Abhängigkeit von dem, was wir *Zufälle* zu nennen pflegen, wie etwa vom persönlichen Charakter eines Individuums oder von Kriegsereignissen.

Jedes Gemeinwesen ist zu Anfang klein. Die Neigung, aufgrund derer die Menschen sich ursprünglich vereinigen, ist
nicht der Beweggrund, aus dem heraus sie später die Grenzen

... Seit der Auflage von 1773 ersetzt durch:
anfingen, sich den Mißbräuchen der Macht zu widersetzen.

ihres Imperiums erweitern. Kleine Stämme sind einer Verbindung untereinander sogar abgeneigt, sofern sie sich nicht aus Gründen gemeinsamer Sicherheit oder zum Zwecke von Eroberungen zusammenschließen. Wenn sich mehrere Nationen zur Verfolgung eines einzelnen Zieles verbinden, wie etwa beim wahren oder sagenhaften Bunde der Griechen zur Zerstörung Trojas, so trennen sie sich auch leicht wieder voneinander, um dann aufs neue nach den Grundsätzen rivalisierender Staaten zu handeln.

Es gibt vielleicht ein gewisses Maß an nationaler Ausdehnung, innerhalb dessen sich die Leidenschaften der Menschen leicht von einem oder von wenigen auf die Gesamtheit übertragen, und es gibt auch bestimmte Personenzahlen, die eine Versammlung oder gemeinsames Handeln erleichtern. Solange sich eine Gesellschaft nicht über diese Schranken hinaus erweitert und ihre Mitglieder noch leicht zu versammeln sind, versäumt der Staat selten, selbst im Fall von politischen Auseinandersetzungen, nach republikanischen Grundsätzen zu verfahren und eine Demokratie zu begründen. In den meisten rohen Fürstentümern leitet das Oberhaupt sein Vorrecht aus dem Ansehen seines Geschlechterverbandes her, aber auch von der freiwilligen Ergebenheit seines Stammes. Bei dem vom Oberhaupt befehligten Volk handelt es sich zugleich um seine Freunde, um seine Untergebenen und seine Soldaten. Nehmen wir nun an, daß sie aufgrund einer Veränderung in ihren Sitten aufhören, seine Würde zu achten, daß sie Gleichheit untereinander fordern oder aber von Eifersucht erfüllt werden, wenn er sich zuviel herausnimmt, dann ist das Fundament seiner Macht bereits untergraben. Wenn der freiwillige Untertan widerspenstig wird, wenn größere Parteien oder die Gesamtheit jeweils für sich selbst handeln wollen, so wird ein kleines Königreich wie das athenische selbstverständlich zu einer Republik.

Die Veränderungen der Zustände und der Sitten, die im Fortschritt der Menschheit den Nationen ihre Führer und Fürsten entstehen lassen, bringen zur gleichen Zeit einen Adel und eine Mannigfaltigkeit von Rängen (ranks) hervor. Diese erheben, in vermindertem Grade, ebenfalls Anspruch auf Vorrang. Auch der Aberglaube mag einen Menschenstand (order of men) ent-

stehen lassen, der im Gewand einer Priesterschaft ein Sonderinteresse verfolgt. Wegen ihrer Einigkeit und Festigkeit als Körperschaft und wegen ihres unstillbaren Ehrgeizes verdienen
diese Menschen in die Reihe derjenigen gezählt zu werden, die
Anspruch auf Macht erheben. Diese verschiedenen Menschen-
stände (orders of men) sind gleichsam die Elemente, aus deren
Mischung sich der politische Körper in der Hauptsache bildet.
Jeder Stand zieht einen Teil der gesamten Volksmasse auf seine
Seite. Auch das gemeine Volk bildet gelegentlich eine Partei für
sich. Wie die Menschenvielfalt auch immer klassifiziert und unterschieden werden mag, sie wird sich durch ihre entgegengesetzten Ansprüche und unterschiedlichen Ansichten wechselseitig stören und hinderlich sein. Die Menschen haben aber,
indem sie die Grundsätze und Begriffe eines besonderen Standes in die nationalen Ratsversammlungen hineintragen und dabei Sonderinteressen verfolgen, zugleich auch Anteil an der Bildung oder Erhaltung der politischen Gestalt des Staates.
Die Ansprüche eines besonderen Standes würden zur Tyrannei
führen, falls sie nicht durch eine Nebenmacht gehemmt würden. Die eines Fürsten würden im Despotismus enden, die des
Adels oder der Priesterschaft in den Mißbräuchen einer Aristokratie, die der Volksmasse in den Wirren der Anarchie. Solche
Endresultate sind zwar niemals der erklärte, selten auch nur der
verhüllte Zweck der betreffenden Partei. Die Maßnahmen aber,
welche jede einzelne Partei verfolgt, werden nach und nach zu
jedem dieser Extreme führen, wenn man sie nur die Oberhand
gewinnen läßt.
Beim Streben nach solchem Übergewicht und inmitten der
Hindernisse, die sich entgegengesetzten Interessen in den Weg
stellen, kann die Freiheit entweder von dauernder oder von
vorübergehender Existenz sein. Je nach der zufälligen Kombi-
nation, die so vielfältige Teile erzeugen können, kann die Verfassung eine jeweils unterschiedliche Form und einen unterschiedlichen Charakter erhalten.
Um Gemeinwesen ein gewisses Maß an politischer Freiheit zu
gewährleisten, ist es möglicherweise hinreichend, daß ihre Angehörigen auf ihren Rechten bestehen, ob dies nun in ihrer
Eigenschaft als einzelne geschieht oder als Angehörige unter-

schiedlicher Stände (orders). Dies würde heißen, daß in Republiken der Bürger seine eigene Gleichheit mit Festigkeit behauptet, zumindest aber den Ehrgeiz seiner Mitbürger innerhalb mäßiger Grenzen hält; daß in einer Monarchie Menschen aller Ränge (ranks) ihre private und öffentliche Stellung aufrechterhalten und weder den Zumutungen des Hofes noch den Forderungen der Volksmassen diejenigen Würden opfern, die dazu bestimmt sind, in gewisser Unabhängigkeit vom Vermögen, dem Thron Festigkeit, dem Untertanen aber Achtung zu verschaffen.

Zuweilen werden inmitten der Parteizwiste die öffentlichen Interessen, ja sogar die Grundsätze der Gerechtigkeit und der Redlichkeit vergessen. Doch daraus ergeben sich keineswegs unausweichlich jene fatalen Konsequenzen, die ein solches Maß an Korruption mit sich zu führen scheint. Oft ist das öffentliche Interesse gerade deshalb gesichert, weil ein jeder an seinem Platze entschlossen ist, sein eigenes Interesse zu wahren, und nicht etwa deshalb, weil die Individuen geneigt sind, dieses öffentliche Interesse als Endziel ihres Verhaltens zu betrachten. Freiheit wird durch die beständigen Meinungsverschiedenheiten und Gegensätze der vielen aufrechterhalten, nicht etwa durch ihren gemeinsamen Eifer für eine unparteiische Regierung. Die weisesten Gesetze werden in freien Staaten deshalb vielleicht niemals durch das Interesse und den Geist eines einzigen Menschenstands diktiert; sie werden von durchaus unterschiedlichen Händen eingebracht, bekämpft oder verbessert. Und so werden sie schließlich zum Ausdruck jener Vermittlung und Zusammen-Setzung, die streitende Parteien einander aufgenötigt haben.

Wenn wir die Geschichte der Menschheit unter einer solchen Perspektive betrachten, dann können wir um die Ursachen nicht verlegen sein, die in kleinen Gemeinschaften die Waagschale auf die Seite der Demokratie zogen, die in anderen, größeren und volkreicheren Gemeinschaften aber der Monarchie den Vorrang gaben, und die schließlich, bei vorhandener Mannigfaltigkeit von Bedingungen und in verschiedenen Zeitaltern, die Menschheit instand setzten, die Grundzüge verschiedener Regierungsformen zu vermischen und zu vereinen, und, anstatt jener einfachen Verfassungen, die wir erwähnt haben[2], eine Mischung aller zuwege zu bringen.

Wenn die Menschen aus einem Zustand der Rohheit und der Einfachheit auftauchen, ist die Erwartung gerechtfertigt, daß sie aus einem Geist der Gleichheit oder der mäßigen Unterordnung heraus handeln, an den sie gewöhnt waren. Wenn sie in Städten zusammengedrängt sind oder innerhalb der Grenzen eines kleinen Territoriums, dann handeln sie unter dem Druck ansteckender Leidenschaften. Jeder einzelne empfindet dann seine Wichtigkeit so, wie sie sich aus dem Verhältnis zu seiner Stellung in der Menge und zu deren geringer Zahl ergibt. Diejenigen, welche Anspruch auf Macht und Herrschaft erheben, erscheinen hier in einem zu vertrauten Licht, um die Menge täuschen zu können. Sie haben keine Hilfen an der Hand, durch welche sie die Widerspenstigkeit eines Volkes zähmen könnten, das sich ihren Anmaßungen widersetzt. Es wird uns überliefert, daß Theseus, der König von Attika, die Einwohner seiner zwölf Kantone in eine Stadt zusammenzog. Dies aber erwies sich als eine wirksame Methode, um diejenigen, die zuvor getrennte Mitglieder seiner Monarchie waren, in einer Demokratie zu vereinigen, und den Sturz der königlichen Gewalt zu beschleunigen.

Der Monarch eines umfangreichen Territoriums verfügt über viele Vorteile, um seine Stellung zu behaupten. Er kann die Pracht eines königlichen Hofstaates unterhalten, ohne seine Untertanen zu verletzen, und er kann die Phantasie seines Volkes durch eben jenen Reichtum blenden, den dieses ihm verschafft hat. Er kann die Einwohner des einen Distrikts gegen die des anderen ausspielen. Denn da die Leidenschaften, die zu Meuterei und Aufruhr führen, zu bestimmter Zeit nur einen Teil seiner Untertanen erfassen können, fühlt er sich stark im Besitz einer allgemeinen Machtvollkommenheit. Sogar die Entfernung, in der sich seine Residenz von den vielen Untertanen befindet, die seinem Befehl unterstehen, vergrößert die geheimnisvolle Scheu und den Respekt, die seiner Regierung zuteil werden.

2 Siehe Erster Teil, Abschnitt 10.

Allerdings können bei all diesen verschiedenen Tendenzen, Zufall und Korruption, vereinigt mit vielen anderen Umständen, einzelne Staaten aus ihrer Bahn werfen und Ausnahmen von jeder allgemeinen Regel hervorrufen. Dies war in einigen der späteren Fürstentümer Griechenlands, auch in einigen Fürstentümern des modernen Italiens, in Schweden, Polen und im Deutschen Reich tatsächlich der Fall. Aber die Generalstaaten der Niederlande und die schweizerischen Kantone sind vielleicht die ausgedehntesten Gemeinwesen, die, unter Aufrechterhaltung der nationalen Einheit, der Tendenz zu einer monarchischen Regierung während eines erheblichen Zeitraums widerstanden haben. Schweden stellt das einzige Beispiel einer Republik dar, die in einem großen Königreich auf den Trümmern einer Monarchie errichtet worden ist.

Der Souverän eines kleinen Ländchens oder einer einzelnen Stadt führt sein Zepter auf Widerruf, sofern er nicht durch die im heutigen Europa sich überall ausbreitenden monarchischen Sitten unterstützt wird. Er wird beständig vom Geist des Aufruhrs in seinem Volke beunruhigt, von Eifersucht geleitet. An der Macht hält er sich nur durch Strenge, durch Vorbeugungsmaßregeln und durch Gewalt.

Die volkstümlichen und aristokratischen Mächte einer großen Nation mögen, wie dies in Deutschland und in Polen der Fall ist, bei der Behauptung ihrer Ansprüche den gleichen Schwierigkeiten begegnen. Um die von seiten eines angemaßten Königtums drohenden Gefahren zu vermeiden, sehen sie sich genötigt, der Fürstenobrigkeit auch noch die an und für sich notwendige Vollmacht einer vollstreckenden Gewalt zu verweigern.

Die europäischen Staaten schufen schon durch die Art ihrer ursprünglichen Niederlassung die Grundlagen der Monarchie und waren auf diese Weise vorbereitet, sich unter regelrechten und umfassenden Regierungen zu vereinigen. Auch die Griechen, deren heimische Entwicklung zur Gründung so vieler unabhängiger Republiken führte, würden wahrscheinlich ein ähnliches Beispiel geliefert haben, wenn sie unter Agamemnon in Asien eine Eroberung und Besiedlung vollzogen hätten. Aber die Ureinwohner irgendeines Landes, die viele gesonderte Gemeinwesen bilden, gelangen nur schrittweise zu jenem Zusammenschluß und zu jener Einheit, zu welcher erobernde Stämme in einem einzigen Schritt gedrängt werden, um ihre Eroberungen zu gewährleisten oder ihre Besitzungen zu sichern. Cäsar stieß in Gallien auf einige Hundert unabhängige Nationen, denen selbst ihre gemeinsame Bedrohung noch nicht zu ausreichender Einheit verhalf. Die germanischen Eindringlinge, die im römischen Reich siedelten, gründeten zwar im gleichen Gebiet eine Reihe gesonderter Niederlassungen, doch diese waren bei weitem umfangreicher als diejenigen, welche die alten Gallier durch ihre Bündnisse und Verträge oder als Endresultat ihrer Kriege auch nach langen Jahren hätten erreichen können.

Mit der Aufsplitterung des römischen Reiches in Kolonien wurden überall auch die Grundlagen zu großen Monarchien und die Wurzeln weit ausgedehnter Herrschaft gelegt. Wir verfügen über keine exakten Nachrichten über die Zahl der Völker, die, in scheinbarer Übereinstimmung, während mehrerer Zeitalter fortfuhren, diese verlockende Beute zu erobern und an sich zu reißen. Wo sie Widerstand erwarteten, da bemühten sie sich, eine entsprechende Kriegsmacht aufzustellen. Wenn sie den Entschluß zur Siedlung gefaßt hatten, machten sich ganze Nationen auf den Weg, um den Raub zu teilen. Doch da sie über eine weiträumige Provinz verstreut waren, konnten sie sich ohne Aufrechterhaltung ihrer Verbindung nicht sicher fühlen. So fuhren sie denn fort, denjenigen als Anführer anzuerkennen, unter dem sie gekämpft hatten. Sie waren wie ein Heer, das in Abteilungen an verschiedene Standorte entsandt wird, darauf vorbereitet, sich wieder zu versammeln, sobald die Umstände ihr gemeinsames Vorgehen oder ihre gemeinsame Beratung erfordern sollten.

Jede besondere Partei erhielt ihre angewiesenen Posten und jeder untergeordnete Häuptling seine Besitzungen, aus denen er sowohl seinen eigenen Unterhalt wie auch den seiner Gefolgsleute zog. Das Regierungsmodell war dem Muster militärischer Subordination nachgebildet und ein Lehensgut diente jeweils als zeitweilige, dem Rang entsprechende Bezahlung eines Offi-

ziers.[3] Die eine Klasse des Volks (class of the people) war für
den Militärdienst bestimmt, die andere zur Arbeit und zum
Feldbau zugunsten ihrer Herren. Der Offizier verbesserte sein
Lehen nach und nach, indem er eine zunächst zeitweilige Belehnung in eine lebenslängliche verwandelte und diese wiederum,
unter Beachtung gewisser Bedingungen, schließlich zu einer
erblichen werden ließ.

Der Adelsrang wurde allenthalben erblich und erzeugte in jedem Staate einen mächtigen und beständigen Menschenstand.
Während dieser das gemeine Volk in Knechtschaft hielt, bestritt
er andererseits die Ansprüche des Fürsten. Er verweigerte ihm
bei Gelegenheit den Dienst oder kehrte die Waffen sogar gegen
ihn. Er bildete eine feste und unübersteigbare Barriere gegen
einen allgemeinen Despotismus im Staate, aber er selbst spielte
sich zugleich mit Hilfe seiner kriegerischen Hintersassen als der
Tyrann jedes kleinen Bezirks auf und verhinderte so die Einführung einer geregelten Ordnung oder einer regelmäßigen Anwendung des Gesetzes. Er nutzte den Vorteil, der sich aus einer
schwächlichen Regierung oder der Minderjährigkeit eines Regenten ergab, um die Übergriffe auf die Rechte des Souveräns
immer weiter zu treiben, oder er beschränkte, indem er die
Monarchie zum Wahlkönigtum machte, die monarchische Gewalt durch aufeinanderfolgende Verträge und Abmachungen
bei jeder neuen Wahl und untergrub sie dadurch. Auf diese
Weise wurden die Vorrechte des Fürsten in manchen Fällen, wie
besonders im deutschen Reiche, auf einen bloßen Rechtstitel
herabgedrückt. Nationale Vereinigung zeigte sich dann nur
noch in der Beachtung einiger nichtssagender Formalitäten.

Dort, wo angesichts bedeutender erblicher Vorrechte der Krone
die Auseinandersetzungen des Souveräns mit seinen Vasallen
einen anderen Ausgang nahmen, da wurden die feudalen Herrschaften allmählich ihrer Macht entkleidet. Die Adeligen wurden auf das Niveau von Untertanen herabgedrückt und gezwungen, ihre Ehrentitel und ihre jurisdiktionellen Befugnisse
nur noch in Abhängigkeit vom Fürsten auszuüben. Es galt als
dessen vermeintliches Interesse, diese in einen Zustand gleicher

3 Siehe Dr. Robertson, History of Scotland, Bd. 1; Dalrymple, History of
Feudal Tenures.

Unterwürfigkeit wie das gemeine Volk zu versetzen und seine eigene Machtvollkommenheit auszudehnen, indem er den Landarbeiter und Feudalabhängigen von den Bedrückungen ihrer unmittelbaren Oberherrn befreite.

Dieses Projekt ist den Fürsten Europas verschiedentlich gelungen. Doch indem sie das gemeine Volk beschützten und hierdurch die Praxis kommerzieller und einträglicher Kunstfertigkeiten anregten, bereiteten sie gleichzeitig dem staatlichen Despotismus den Weg. Durch dieselbe Politik, mit deren Hilfe sie den Untertanen von vielen Bedrückungen befreiten, vermehrten sie zugleich die Macht der Krone.

Doch dort, wo das Volk kraft Verfassung eine Vertretungsgewalt in der Regierung erhielt und ein Oberhaupt besaß, unter dem es sich den Reichtum, den es sich erwarb, und das Bewußtsein seiner persönlichen Bedeutung zunutze machen konnte, da kehrte sich solche Politik gegen die Krone. Diese Politik schuf eine neue Gewalt, um die fürstliche Prärogative einzuschränken, um die Herrschaft der Gesetze zu begründen. So wurde ein neues Schauspiel in der Geschichte der Menschheit eröffnet: eine Monarchie mit einer Republik vermischt und ein ausgedehntes Territorium, das während einiger Jahrhunderte ohne militärische Gewalt beherrscht wurde.

Dies waren die Schritte, mit denen die Nationen Europas zu ihren gegenwärtigen Einrichtungen gelangt sind. In einigen Fällen haben sie es zu gesetzmäßigen Verfassungen gebracht, in anderen zu einer milderen Form von Despotismus, in wieder anderen Fällen fahren sie fort, jede für sich, mit der Tendenz auf eines dieser verschiedenen Extreme zu kämpfen.

Der Fortschritt des Imperiums drohte in der Frühgeschichte Europas überhand zu nehmen und den Unabhängigkeitssinn der Nationen in ein ähnliches Grab zu versenken, wie es die ottomanischen Eroberer für sich selbst und für die unglücklichen Menschen bereitet haben, die sie besiegt hatten. Die Römer wurden schrittweise dazu veranlaßt, die Grenzen ihres Imperiums auszuweiten. Jede neue Erwerbung wurde mit einem ermüdenden Krieg bezahlt und erforderte die Anlegung von Militärkolonien sowie eine ganze Reihe von Maßregeln, um jeden neuen Besitz zu sichern. Der feudale Oberherr dagegen war vom selben Moment an, in dem er ein Gebiet erworben hatte, von dem Wunsch beseelt, sein Territorium zu erweitern und die Zahl seiner Vasallen zu vermehren. Häufig eignete er sich neue Provinzen einfach durch Belehnung an; seine wachsende Herrschaft nahm vormals unabhängige Staaten in ihre Obhut, ohne eine wesentliche Neuerung in deren Verfassung vorzunehmen.

Auf diese Weise waren getrennte Fürstentümer, gleich Teilen einer Maschine, leicht zusammenzufügen. Wie das Baumaterial eines Hauses standen sie gleichsam zum Aufrichten bereit. Doch das Ergebnis solchen Strebens war, daß sie zwar mit Leichtigkeit zusammengesetzt, aber ebenso leicht auch wieder auseinandergenommen wurden. Die Unabhängigkeit schwacher Staaten wurde nur durch die gegenseitige Eifersucht der Starken gewährleistet oder durch das allgemeine Bestreben aller, ein Gleichgewicht der Kräfte zu erhalten.

Das glückliche System der Staatskunst, welches die europäischen Staaten zur Bewahrung dieses Gleichgewichts verfolgt haben, und der Grad an Mäßigung, der selbst für siegreiche und mächtige Monarchien beim Abschluß ihrer Verträge zur Gewohnheit geworden ist, ehrt die Menschheit und könnte die Hoffnung auf dauernde Glückseligkeit erwecken. Dies könnte wenigstens aus einer Auffassung abgeleitet werden, die in einem früheren Zeitalter oder bei anderen Nationen vielleicht niemals stärker verbreitet gewesen ist als jetzt, nämlich die, daß dasjenige Volk, das einen Eroberungszug zuerst beginnt, sich selbst ebenso zugrunde richtet wie seine Nebenbuhler.

Wie an einem Gebäude von gewaltigem Umfang können wir an solchen (großen) Staaten die verschiedenen Bestandteile eines politischen Körpers vielleicht am deutlichsten sehen. Wir können jene Übereinstimmung oder jenen Gegensatz der Interessen wahrnehmen, die dazu dienen, verschiedene Menschengruppen zu vereinen oder zu entzweien und diese durch Behauptung ihrer unterschiedlichen Ansprüche dazu führen, eine Vielzahl unterschiedlicher politischer Verfassungen einzurichten. Aber auch die kleinsten Republiken bestehen aus den gleichen Teilen wie jene Staaten und aus Mitgliedern, die von einem ähnlichen Geist angetrieben werden. Sie liefern Beispiele von Regierungen, die höchst verschiedenartig gestaltet sind durch die zufälligen Verbindungen der Parteiungen und durch die unterschiedlichen Vorteile, mit denen jene Parteiungen sich in die Auseinandersetzung einlassen.

In jeder Gesellschaft gibt es eine zufällige Unterordnung (casual subordination), die von ihrer formalen Ordnung unabhängig ist und die ihrer Verfassung häufig widerspricht. Die Regierung und das Volk reden jedes seine eigene Sprache. Sie scheinen auf der einen Seite keinen Anspruch auf Macht ohne gesetzliche Ermächtigung anzuerkennen, auf der anderen Seite keinen Anspruch ohne den Vorzug erblicher Würden. Doch in Wirklichkeit schafft die zufällige Unterordnung, die möglicherweise aus der Verteilung des Eigentums oder aus einem anderen Umstand hervorgeht, diejenigen ungleichen Grade an Einfluß, die dem Staat seine Färbung geben und seinen Charakter bestimmen.

Der Stand der Plebejer, der in Rom seinerzeit als ein untergeordneter galt und von den höheren obrigkeitlichen Ämtern ausgeschlossen war, hatte doch als Körperschaft ausreichend Kraft, diese verhaßte Unterscheidung zu beseitigen. Doch das plebejische Individuum handelte weiterhin unter dem Eindruck eines untergeordneten Rangs, es gab seine Stimme bei jeder Wahl einem Patrizier, dessen Schutz es erfahren oder dessen persönliche Macht es empfunden hatte. Auf diesem Wege setzte sich die Übermacht der Patrizierfamilien für einen gewissen Zeitraum so regelmäßig durch, wie sie es eigentlich nur durch die anerkannten Grundsätze der Aristokratie vermocht hätte. Aber da die höheren Staatsämter allmählich auch den Plebejern zufielen, schwächten sich die Wirkungen dieser vormaligen Unterscheidungen ab oder wurden verhütet. Gesetze, die erlassen wurden, um die Ansprüche der verschiedenen Stände zu ordnen, wurden leicht umgangen. Der Pöbel wurde zur Partei und die Verbindung mit ihm wurde der sicherste Weg zur Herrschaft. Claudius qualifizierte sich erst aufgrund einer fiktiven Adoption in eine plebejische Familie als Volkstribun, und Cäsar, der sich der Sache der plebejischen Partei eifrig annahm, gelangte erst dadurch zur Machtergreifung und Tyrannis.

In solch unbeständigen und vorübergehenden Zuständen stellen Regierungsformen bloße Verfahrensweisen dar, durch die jedes

neue Zeitalter sich vom vorhergehenden unterscheidet. Eine
Faktion ist immer bereit, alle sich ihr bietenden gelegentlichen
Vorteile zu ergreifen, und die Menschen finden unter diesen
Umständen, wenn sie von irgendeiner Partei bedroht werden,
kaum einen besseren Schutz als den des Gegners dieser Partei.
Cato verband sich mit Pompejus gegen Cäsar. Er war gegen
nichts so sehr auf der Hut als gegen jene Aussöhnung der Parteien, die im Endeffekt auf eine Vereinigung der verschiedenen
Anführer wider die Freiheit der Republik hinausgelaufen wäre.
Diese illustre Persönlichkeit ragte unter ihren Zeitgenossen wie
ein Mann unter lauter Kindern hervor. Er erhob sich über seine
Gegner ebenso sehr durch einen klaren Verstand wie durch
umfassende Einsicht, wie insbesondere auch durch die männliche Seelenstärke und die Uneigennützigkeit, mit der er die Absichten eines alten und kindischen Ehrgeizes zu vereiteln
strebte, die auf den Ruin der Menschheit hinarbeiteten.
Obgleich freie Regierungsformen selten oder niemals dem Kopf
eines einzelnen Plänemachers entspringen, werden sie oft doch
durch die Wachsamkeit, die Tätigkeit und den Eifer eines einzelnen Mannes erhalten. Glücklich sind jene Menschen, die dieses Feld für ihre Mühen wählen. Und es ist ein Glück für die
Menschheit, wenn ein solches Tätigkeitsfeld nicht zu spät erwählt wird. Eine solche späte Rolle war dem Leben eines Cato
und eines Brutus am Vorabend von verhängnisvollen Staatsumwälzungen vorbehalten, sie trieb insgeheim auch den Zorn eines
Thrasea und Helvidius an; sie beschäftigt die Überlegungen von
Männern spekulativen Verstandes in Zeiten der Verderbnis.
Doch auch noch in solch späten und unwirksamen Fällen war es
ein Glück, ein Ziel zu kennen und zu würdigen, das für die
Menschheit von so großer Bedeutung ist. Das Streben danach,
die Liebe dazu, wie erfolglos sie auch immer gewesen sein mögen, haben der menschlichen Natur ihren schönsten Glanz verliehen.

3. Von Gegenständen nationaler Bedeutung im allgemeinen und von den Einrichtungen und Sitten, die damit zusammenhängen

Während die Art der Unterordnung zufällig ist und Regierungsformen hauptsächlich aus der Art und Weise hervorgehen, in der die Glieder eines Staates ursprünglich nach Klassen geordnet waren (have been originally classed), und aus verschiedenen Umständen, die einzelnen Menschenständen (orders of men) Macht in ihrem Land verschaffen, gibt es doch gewisse Dinge, welche die Aufmerksamkeit einer jeden Regierung beanspruchen. Sie leiten die Vorstellung und Urteile der Menschen in jeder Gesellschaft und bieten so nicht allein ein Betätigungsfeld für den Staatsmann, sondern führen in gewisser Weise das Gemeinwesen als Ganzes zu solchen Einrichtungen hin, auf deren Autorität die Macht der Obrigkeit beruht. Solche Gegenstände von allgemeiner Bedeutung sind die Nationalverteidigung, die Rechtspflege, die Erhaltung und innere Wohlfahrt des Staates. Werden diese Aufgaben vernachlässigt, so steht zu befürchten, daß auch der Schauplatz verschwinden muß, auf dem die Parteien um Macht, um Privilegien oder um Gleichheit miteinander ringen, und die Gesellschaft selbst nicht mehr länger bestehen kann.

Daß diese Fragen Beachtung verdienen, wird in jeder öffentlichen Versammlung behauptet werden. Dies wird bei jeder politischen Auseinandersetzung dazu führen, daß man sich auf den gesunden Menschenverstand beruft, der in der Auseinandersetzung mit den Privatansichten einzelner Individuen und mit den Ansprüchen der Parteien als der große Gesetzgeber der Nationen angesehen werden kann.

Die zur Erreichung der meisten nationalen Zwecke erforderlichen Maßnahmen sind eng miteinander verknüpft. Sie müssen deshalb zusammen verfolgt werden; oft sind sie sogar identisch. Die Macht, die zur Verteidigung gegen auswärtige Feinde in Bereitschaft steht, kann ebenso gut dazu verwendet werden, den Frieden im eigenen Land aufrechtzuerhalten. Die Gesetze, die zur Sicherung der Rechte und Freiheiten des Volkes erlassen sind, können auch als Anreiz zur Bevölkerungsvermehrung und zum Handel dienen. Jedes Gemeinwesen ist, ohne Rücksicht darauf, wie Menschen von spekulativem Verstand seine Zwecke klassifizieren oder unterscheiden mögen, in jedem einzelnen Fall dazu verpflichtet, diejenige Regierungsform anzunehmen oder zu erhalten, die am besten geeignet ist, seine Vorteile zu bewahren oder Unglücksfälle zu verhüten.

Völker haben aber ebenso wie Privatleute ihre Lieblingsziele und ihre hauptsächlichen Bestrebungen, die sowohl ihre Sitten wie ihre Einrichtungen unterschiedlich gestalten. Sie gelangen sogar durch verschiedene Mittel zum selben Ziel. Gleich Menschen, die ihr Glück in mehreren Berufen machen, behalten sie jedoch die Gewohnheiten ihres Hauptberufs in jeder Lage bei, in welche sie geraten. Die Römer wurden durch Eroberung reich; ihre Menschenzahl vermehrte sich während einer bestimmten Zeitperiode, wahrscheinlich auch noch dann, als ihre Neigung zum Krieg die Erde zu entvölkern drohte. Manche neuzeitlichen Nationen gelangen durch die Maximen des Handels zu Herrschaft und Ausbreitung. Während sie eigentlich nur beabsichtigen, Reichtümer im eigenen Lande anzuhäufen, gewinnen sie fortwährend auch im Ausland imperialen Vorrang.

Die Charaktere kriegerischer und Handel treibender Völker sind vielfach verknüpft. Sie bilden sich in verschiedenem Grade aus, je nach dem Einfluß der Umstände, die mehr oder weniger häufig Anlaß zum Krieg geben und das Verlangen nach Eroberung erwecken, oder auch von Umständen, die ein Volk in Ruhe leben und an den Verbesserungen seiner einheimischen Ressourcen arbeiten lassen. Umständen, die es aber auch gestatten können, mit den Früchten eigenen Fleißes von Fremden zu kaufen, was der Boden und das Klima des eigenen Landes verweigern.

Die Mitglieder eines jeden Gemeinwesens sind mehr oder weniger von Staatsgeschäften in Anspruch genommen, je nachdem die Verfassung ihnen gestattet, an der Regierung teilzuhaben und ihre Aufmerksamkeit auf öffentliche Angelegenheiten lenkt. Ein Volk wird seine Talente entwickeln oder nicht entwickeln, je nachdem diese Talente auf die Praxis der Gewerbe oder auf gesellschaftliche Angelegenheiten angewandt werden. Es veredelt oder korrumpiert seine Sitten, je nachdem es ermutigt und angeleitet wird, nach den Grundsätzen von Freiheit und Gerechtigkeit zu handeln, oder aber in einen Zustand der Niedrigkeit und Knechtschaft herabgewürdigt wird. Doch welche Vorteile von den Völkern jeweils erworben oder welche Übel in irgendeiner dieser wichtigen Hinsichten vermieden werden, sie gelten gewöhnlich nur als zufällige Ereignisse. Selten werden sie den unmittelbaren Zwecken der Politik (policy) selbst zugerechnet oder unter die Prinzipien der Staatsräson aufgenommen.

Wir laufen Gefahr, der Lächerlichkeit anheim zu fallen, wenn wir politische Einrichtungen allein zu dem Zweck fordern, menschliche Talente zu entwickeln und Gesinnungen eines freien Geistes zu bilden. Um die Bestrebungen gewöhnlicher Menschen anzuregen oder ihr Verhalten zu bestimmen, müssen wir ihnen irgendeine Interessenmotivation oder Aussichten auf äußere Vorteile anbieten. Tapfer, erfinderisch und beredsam möchten sie nur aus Notwendigkeit oder um des Profits willen sein. Sie preisen den Nutzen des Reichtums, einer zahlreichen Bevölkerung und anderer Hilfmittel zum Kriege, oft vergessen sie dabei aber, daß alldies ohne die Anleitung durch tüchtige Eigenschaften und ohne die Unterstützung durch nationale Kraftentfaltung keinerlei Bedeutung hat. Auch auf seiten des Staates ist deshalb der Zug zu einer besonderen Ausrichtung der Politik (policy) zu erwarten und zu finden, die sich von der Rücksicht auf öffentliche Sicherheit, vom Verlangen nach Schutz der persönlichen Freiheit oder des Privateigentums leiten läßt, selten aber von der Erwägung moralischer Folgen oder der Würdigung der wirklichen Veredelung des Menschengeschlechts.

4. Von Bevölkerung und Reichtum

Wenn wir uns vorstellen, was die Römer empfunden haben müssen, als die Nachricht kam, daß die Blüte ihrer Stadt bei Cannä umgekommen sei, wenn wir bedenken, was der Redner im Sinn hatte, als er sagte, »die Jugend bedeutet für das Volk das, was der Frühling für die Jahreszeiten ist«, wenn wir von der Freude hören, mit welcher ein Jäger oder ein Krieger in Amerika an Kindes Statt angenommen werden, um die Ehre von Familie oder Volk aufrechtzuerhalten, so kommen uns die mächtigsten Motive zur Vermehrung und Erhaltung unserer Mitbürger zum Bewußtsein. Selbstinteresse, Liebe und Gesichtspunkte der Staatsklugheit vereinigen sich, um uns dieses Ziel nahezulegen. Niemand vernachlässigt es ganz, außer dem Tyrannen, der seinen eigenen Vorteil mißversteht, außer dem Staatsmann, der die Aufgabe gering achtet, die ihm überantwortet ist, oder solche Leute, die korrumpiert sind, die ihre Mitbürger als Rivalen bei der Verfolgung ihrer eigenen Interessen und als Konkurrenten bei ihren gewinnbringenden Bestrebungen betrachten.

Bei wilden Völkerschaften und in kleinen Gemeinwesen, die häufig in Kämpfe und Schwierigkeiten verwickelt sind, bildet die Erhaltung und Vermehrung ihrer Angehörigen eine außerordentlich wichtige Frage. Der amerikanische Indianer berechnet seine Niederlage nach der Zahl der Menschen, die er verloren hat, oder er schätzt seinen Sieg nach der Zahl der Gefangenen, die er machte, nicht etwa danach, wer das Feld behauptet hat oder von dem Orte vertrieben wurde, an dem er auf seinen Feind gestoßen ist. Ein Mensch, mit dem er sich in all seinen Bestrebungen verbinden kann, den er als Freund umarmen kann, in dem er einen Gegenstand seiner Zuneigung und einen Helfer bei seinen Kämpfen findet, der ist für ihn der kostbarste Zuwachs seines Vermögens.

Selbst dort, wo zwischen einzelnen Menschen keinerlei Freundschaft in Frage kommt, findet die Gesellschaft insgesamt, wenn sie damit beschäftigt ist, eine Partei zu bilden, die sich selbst verteidigen oder ihren Feind schädigen kann, keine Aufgabe von größerer Bedeutung als die Vermehrung ihrer Volkszahl. Dementsprechend werden Kriegsgefangene, die an Kindes Statt angenommen werden, oder Kinder beiderlei Geschlechts, die öffentlich erzogen werden können, als die reichste Beute betrachtet, die beim Feinde zu machen ist. Der Brauch der Römer, den Besiegten Anteil an den Privilegien ihrer Stadt zu gewähren, der Raub der Sabinerinnen und die darauf folgende Verbindung mit jenem Volk, all dies waren keine vereinzelten oder ungewöhnlichen Beispiele in der Geschichte der Menschheit. Dieselbe Politik wurde überall da verfolgt und galt dort als natürlich und einleuchtend, wo die Stärke eines Staates auf den Waffen einiger weniger beruhte und wo die Menschen als solche geschätzt wurden, ganz abgesehen von ihrem Rang oder ihrem Vermögen.

Es sollte deshalb so scheinen, daß in rohen Zeitaltern, in denen die Menschen in kleinen Gruppen leben und die Erde dementsprechend dünn bevölkert ist, *ein solcher Bevölkerungsmangel nicht der Achtlosigkeit seitens des Staates entspringt.* Es ist sogar anzunehmen, daß das wirksamste Verfahren, das man zur Vermehrung der Gattung anwenden kann, darin besteht, die Vereinigung von Völkern zu verhindern und die Menschheit zu nötigen, in solch kleinen Körperschaften zu handeln, daß die Erhaltung ihrer Zahl zum Hauptgegenstand ihres Bemühens wird. Allerdings würde dies allein nicht genügen: wir müßten wahrscheinlich den Anreiz zur Bildung von Familien hinzufügen, dessen sich die Menschen bei einer entsprechend günstigen Politik erfreuen, ferner auch die Subsistenzmittel, die sie ihrer Praxis der Künste und Gewerbe verdanken.

Die Mutter ist nicht willens, die Zahl ihrer Nachkommen zu vermehren, und nur schlecht darauf vorbereitet, diese aufzuziehen, wenn sie gezwungen ist, ihre Nahrung unter großen Mühen selbst zu suchen. Man sagt uns, daß sie in Nordamerika ein ohnehin schon kaltes oder gemäßigtes Naturell mit einer Enthaltsamkeit verbindet, der sie sich gerade angesichts dieser Schwierigkeiten unterwirft. Es ist ihrem Verständnis nach eine

---

... Seit der Auflage von 1773 ersetzt durch:
Ein solcher Bevölkerungsmangel nicht aus der Achtlosigkeit seitens derer entspringt, die ihn beheben sollten.

Sache der Klugheit und des Gewissens, das eine Kind so weit zu
bringen, daß es Wildbret essen und hinter ihr herlaufen kann,
bevor sie sich der Gefahr aussetzt, bei ihren Wanderungen
durch die Wälder erneut eine Last mitschleppen zu müssen.

In wärmeren Breiten vermehrt sich die Menschenzahl vielleicht
infolge eines klimatisch bedingten unterschiedlichen Temperaments und infolge der größeren Leichtigkeit der Subsistenzgewinnung, obwohl das Ziel selbst durchaus vernachlässigt wird.
Ohne Rücksicht auf die Bevölkerungsvermehrung wird der
Verkehr der Geschlechter hier nur als Mittel der Wollust angesehen. Wie man uns erzählt, wird dies an einigen Orten sogar
zum Gegenstand barbarischer politischer Vorschriften gemacht,
um so die Absichten der Natur zu besiegen oder zu beschränken. Auf der Insel Formosa ist es den Männern untersagt, vor
dem Alter von vierzig Jahren zu heiraten. Werden die Frauen
dort vor dem Alter von sechsunddreißig Jahren schwanger, so
erhalten sie auf Anweisung der Obrigkeit eine Abtreibung
durch Anwendung von Gewaltmitteln, die das Leben der Mutter ebenso wie das des Kindes in Gefahr bringen.[1]

In China wird die den Eltern erteilte Erlaubnis, ihre Kinder zu
töten oder auszusetzen, offenbar als eine Erleichterung aufgefaßt, um sie von der Last einer zahlreichen Nachkommenschaft
zu befreien. Doch ungeachtet dessen, was wir über einen dem
menschlichen Herzen so widerstrebenden Brauch hören, hat
dieser keineswegs diejenigen Wirkungen auf die Bevölkerungsbeschränkung, welche er scheinbar zu haben droht; wie bei
vielen anderen Einrichtungen war der tatsächliche Einfluß demjenigen entgegengesetzt, auf den er hinzudeuten schien. Die
Eltern heiraten mit der Aussicht auf dieses Mittel der Erleichterung und die Kinder bleiben trotzdem am Leben.

Wie wichtig die Bevölkerungsvermehrung dem Menschen auch
immer erscheinen mag, es wird in der Geschichte der bürgerlichen Staatskunst schwerfallen, irgendwelche weisen und wirksamen Einrichtungen zu entdecken, die einzig und allein auf
ihre Gewährleistung berechnet waren. Die Praktiken roher
oder schwacher Nationen sind unangemessen, denn sie können

1 Collection of Dutch Voyages.

die Hindernisse nicht überwinden, die in ihrer Lebensweise zu finden sind. Die Zunahme des Gewerbefleißes, die Bemühungen der Menschen, ihre Künste auszubilden, ihren Handel auszudehnen, ihren Besitz zu sichern und ihre Rechte zu befestigen, dies sind in Wirklichkeit die sichersten Mittel, die Bevölkerung zu befördern. Aber diese Mittel ergeben sich aus anderen Motiven, sie ergeben sich aus der Rücksicht auf das Selbstinteresse und auf die persönliche Sicherheit. Sie sind auf das Wohlergehen der bereits Lebenden gerichtet, nicht darauf, die Bevölkerungszahl zu mehren.

Indessen ist es auch wichtig zu wissen, daß dort, wo ein Volk in seinen politischen Einrichtungen glücklich ist und seine gewerblichen Bestrebungen Erfolg haben, die Bevölkerung wahrscheinlich verhältnismäßig wachsen wird. Die meisten anderen Mittel, die man zu diesem Zweck ersinnt, dienen nur dazu, die Erwartungen der Menschen zu täuschen oder ihre Aufmerksamkeit fehlzuleiten.

Bei der Begründung einer Kolonie, beim Bestreben, gelegentliche Verluste infolge von Pestseuchen oder Krieg zu ersetzen, kann das unmittelbare Eingreifen eines Staatsmanns nützlich sein. Aber wenn wir beim allgemeinen Nachdenken über die Vermehrung der Menschenzahl ihre Freiheit und ihr Glück übersehen, wird unsere Hilfeleistung zur Mehrung der Bevölkerung schwach und unwirksam werden. Sie verleitet uns nur, an der Oberfläche zu arbeiten oder einen Schatten zu verfolgen, während wir die Sorge für das Wesentliche außer acht lassen. Sie veranlaßt uns, einem Zustand des Verfalls mit kleinen Linderungsmitteln zu begegnen, während man die Wurzel des Übels unberührt läßt. Oktavius erneuerte die Gesetze, die sich in Rom auf die Bevölkerungsvermehrung bezogen, oder erzwang ihre Durchsetzung. Aber es kann von ihm wie von vielen anderen Fürsten in ähnlicher Situation gesagt werden, daß sie dort Gift verabreichen, wo sie auf ein Heilmittel sinnen, und daß sie Lebensprinzipien schwächen und lähmen, während sie sich bemühen, durch äußere Anwendungen an der Haut die Blüte eines verfallenen und siechen Leibes wieder zu erwecken.

In Wirklichkeit ist es ein Glück für die Menschen, daß dieser wichtige Gegenstand nicht immer von der Weisheit der Fürsten oder von der politischen Klugheit einzelner Männer abhängt. Ein auf Freiheit bedachtes Volk findet für sich selbst den Zustand heraus, in dem es den Neigungen der Natur folgen kann, mit nachdrücklicherer Wirkung, als es sich aus irgend etwas ergeben würde, was Staatsversammlungen ersinnen. Geben Fürsten oder Projektemacher vor, diese Angelegenheiten zu meistern, dann können sie nichts Besseres tun, als sich zu hüten, ein Interesse zu verletzen, das sie nicht besonders fördern können, und davon Abstand zu nehmen, Verstöße zu begehen, die vielleicht nicht wieder gutzumachen sind.

»Was für eine glückliche Situation bestand doch für die Menschheit«, bemerkt Hume, »als die Nationen auf kleine Territorien und winzige Gemeinwesen verteilt waren, wo jedermann sein Haus und sein Feld für sich selbst besaß und jede Provinz ihre eigene freie und unabhängige Hauptstadt hatte. Wie günstig wäre ein solcher Zustand für Gewerbefleiß und Agrikultur, für Eheschließung und Bevölkerung!« Doch gäbe es in diesem Zustand wahrscheinlich auch keine Pläne der Staatsmänner zur Belohnung von Verheirateten oder zur Bestrafung von einzelnen Lebenden, zur Beförderung der Ansiedlung Fremder oder zur Verhinderung der Auswanderung Einheimischer. Da jeder Bürger hier einen sicheren Besitz vorfände und eine Vorsorge für seine Erben, würde er auch nicht von der düsteren Furcht vor Unterdrückung oder Not entmutigt werden. Wo jede andere natürliche Funktion frei wirken könnte, wäre auch jene, welche die Kinderstube versorgt, nicht zu hemmen. Die Natur verlangt von den Mächtigen, gerecht zu sein, aber im übrigen hat sie die Erhaltung ihrer Werke nicht deren visionären Plänen anvertraut. Wodurch könnte der Staatsmann das Feuer der Jugend überhaupt noch erhöhen? Laß es ihn nur nicht ersticken und die Wirkung ist sichergestellt. Wo wir mit der einen Hand die Menschen unterdrücken und erniedrigen, ist es umsonst, wie Oktavius in der anderen Hand den Köder der Heirat oder die Geißel der Unfruchtbarkeit zu halten. Es ist vergebens, neue Einwohner aus dem Ausland einzuladen, solange jene, welche wir bereits haben, über ihre Eigentumsrechte nur mit Unsicherheit verfügen und nicht nur vor der Aussicht auf eine zahlreiche Familie erzittern, sondern sogar vor der

Aussicht auf ein ungewisses und zweifelhaftes Auskommen für sich selbst. Der willkürliche Herrscher, der solches zur Lebensbedingung seiner Untertanen gemacht hat, verdankt die Überbleibsel seines Volkes den mächtigen Trieben der Natur, nicht irgendeinem seiner eigenen Einfälle.

Die Menschen werden dort, wo die Bedingungen verlockend sind, rasch zunehmen und jedes Land innerhalb weniger Generationen bis an die Grenze seiner Subsistenzmittel bevölkern. Ja, sie werden sich auch noch unter Umständen vermehren, die auf einen Verfall hindeuten. Die häufigen Kriege der Römer und diejenigen manch anderen blühenden Gemeinwesens, ja sogar die Pest und der Sklavenmarkt finden Ersatz, wenn der Abfluß geregelt wird, ohne die Quelle zu zerstören, wenn für die Nachkommen ein Abgang gefunden wird, ohne die Familien zu zerrütten, denen sie entstammen. Wo die Natur eine einigermaßen glückliche Vorsorge für den Menschen getroffen hat, da gleicht der Staatsmann, der glaubt, die Bevölkerungszahl durch Eheschließungsprämien, durch Lockmittel für Ausländer oder durch Auswanderungsverbot für Einheimische zum Wachsen gebracht zu haben, häufig der Fliege in der Fabel. Diese brüstete sich bei der Drehung des Rades und der Vorwärtsbewegung des Wagens ihres eigenen Erfolgs. Auch der Staatsmann hat nur begleitet, was bereits in Bewegung war. Er schlug gewissermaßen ein Ruder, um den Wasserfall zu beschleunigen, und bewegte seinen Fächer, um die Windgeschwindigkeit zu erhöhen.

Projekte großer Besiedlung und rascher Bevölkerung sind die Menschen immer teuer zu stehen gekommen, wie erfolgreich sie schließlich gewesen sein mögen. Man erzählt uns, daß bei den ersten Versuchen, Petersburg zu bevölkern, jährlich mehr als hunderttausend Bauern wie Vieh nach Petersburg getrieben wurden und dort jedes Jahr aus Mangel an Subsistenzmitteln umkamen.[2] Der Indianer dagegen versucht nur, sich in der Nähe von Bananenbäumen anzusiedeln, und bei jeder Vermehrung seiner Familie fügt er seinem Ernterevier einen neuen Baum hinzu.[3]

2 Strahlenberg.
3 Dampier.

Wenn jeweils ein Bananenbaum, ein Kakaobaum und eine
Palme ausreichen können, um einen Einwohner zu unterhalten,
so müßte das Menschengeschlecht in den wärmeren Klimazonen eigentlich so zahlreich werden wie die Bäume des Waldes.
Da aber in vielen Gegenden der Erde der natürliche Ertrag
infolge von Klima und Bodenbeschaffenheit nahezu bedeutungslos ist, so bestehen die Subsistenzmittel hier nur aus den
Früchten von Arbeit und Geschicklichkeit. Wenn ein Volk an
seiner sparsamen Lebensweise festhält und seinen Gewerbefleiß
und seine Kunstfertigkeit währenddessen vergrößert, muß auch
seine Bevölkerungszahl im Verhältnis wachsen. Es kommt von
daher, daß die bestellten Felder Europas bevölkerter sind als die
Wildnis Amerikas oder die Ebenen der Tartarei.

Aber selbst die Menschenvermehrung, welche die Anhäufung
des Reichtums begleitet, hat ihre Grenzen. *Lebensnotdurft* ist
ein schwankender und relativer Begriff. Der Wilde versteht etwas anderes darunter als der verfeinerte Bürger. Der Begriff ist
jeweils abhängig vom Geschmack und von den Lebensgewohn-
heiten. Solange die Künste zunehmen und der Reichtum
wächst, solange das Vermögen der Individuen oder ihre Aussichten auf Gewinn soviel erbringen, wie ihrer Meinung nach
zur Gründung einer Familie erforderlich ist, nehmen sie die
Sorge hierfür bereitwillig auf sich. Aber wenn der Besitz, wie
überreichlich er an sich auch sein mag, hinter das Maß des
Üblichen zurückfällt und ein für die Heirat ausreichendes Vermögen nur unter Schwierigkeiten zu erwerben ist, wird das
Bevölkerungswachstum gehemmt oder beginnt zu sinken. Seiner eigenen Vorstellung nach kehrt der Bürger dann auf das
Niveau eines Wilden zurück. Er meint, seine Kinder müßten
aus Not umkommen, und er verläßt eine Szene, selbst wenn sie
tatsächlich von Fülle überfließt, da er das Vermögen nicht hat,
welches das Ansehen seiner gesellschaftlichen Stellung oder
seine Wünsche erfordern. Eine bloße Anhäufung von Reichtum
kann letztlich nicht als Lösung dieses Übels angesehen werden.
Denn woraus sie auch immer bestehen mag, seltene und kostbare Stoffe wird es nie genug geben. Wenn Seide und Perlen
gewöhnlich werden, werden die Menschen irgendeinen neuen
Schmuck begehren, den nur Reichtum allein verschaffen kann.

Ihre Nachfrage wird sich erneuern, sobald ihre Laune befriedigt ist. Denn es ist das fortwährende Wachsen des Reichtums, nicht etwa ein bereits erreichtes Maß, das die begehrliche Einbildungskraft befriedigt.

Die Menschen werden durch Motive des Eigeninteresses zur Arbeit und zum Betreiben gewinnbringender Künste angespornt. Man sichere dem Arbeitenden die Früchte seiner Arbeit, man gebe ihm Hoffnung auf Unabhängigkeit und Freiheit, und die Öffentlichkeit wird einen treuen Diener für den Erwerb von Reichtum gefunden haben, einen treuen Verwalter für die Hortung seines eigenen Gewinns. Wie hinsichtlich der Bevölkerungsvermehrung, kann der Staatsmann auch in diesem Fall wenig mehr tun, als sich davor zu hüten, Unheil zu stiften. In den Anfängen des Handels reicht es für ihn, zu wissen, wie er die Betrügereien unterdrücken kann, denen der Handel unterworfen ist. In seiner Weiterentwicklung aber wird der Handel zu jenem Erwerbszweig, bei welchem die Menschen am wenigsten fehlgehen können, wenn sie sich an die Resultate ihrer eigenen Erfahrung halten.

In rohen Zeitaltern ist der Händler kurzsichtig, betrügerisch und käuflich. Aber beim Vorankommen und im fortgeschrittenen Zustand seines Gewerbes erweitern sich auch seine Ansichten. Es begründen sich feste Regeln: Er wird pünktlich, umsichtig, verläßlich und unternehmend. In einer Zeit allgemeiner Korruption hat er allein jede Tugend für sich, ausgenommen die Kraft, sein Erworbenes zu verteidigen. Er bedarf keiner Hilfe von seiten des Staates außer dessen militärischen Schutzes, oft ist er dessen einsichtsvollstes und achtenswertestes Mitglied. Nach unseren Informationen ist der Großkaufmann selbst in China bereit, Vertrauen zu schenken und einzuflößen, in einem Land, in dem bei allen anderen Ständen Diebstahl und Korruption vorherrschen. Während seine Landsleute nach dem Vorbild und unter den Beschränkungen einer schurkenhaften Politik handeln, richtet er sich nach den vernünftigen Einsichten des Handels und nach allgemein gültigen Maximen.

Wo Bevölkerung und Nationalreichtum miteinander verknüpft sind, da sind Freiheit und persönliche Sicherheit die großen Fundamente beider. Selbst wenn dieses Fundament erst im Staat gelegt wird, sind für dessen Angehörige zahlenmäßiges Wachstum und Gewerbefleiß doch von Natur gesichert. Das eine wird durch das heftigste Begehren des menschlichen Wesens garantiert, das andere durch eine Erwägung, welche die gleichförmigste und dauerhafteste von allen ist, die den Geist beherrschen. Hauptziel der Politik in Hinsicht auf beide ist es hiernach, der Familie ihren Lebensunterhalt und ihre bleibende Existenzgrundlage zu sichern, den Arbeitsamen in der Besorgung seiner Geschäfte zu schützen, die polizeilichen Einschränkungen und sozialen Neigungen der Menschen mit ihren besonderen und eigennützigen Bestrebungen in Einklang zu bringen.

Geht es um einen besonderen Beruf, um eine besondere Arbeit und ein besonderes Gewerbe, dann ist stets der erfahrene Praktikus der Meister; jeder, der nur nach allgemeinen Vernunftgrundsätzen davon redet, ist dagegen ein Lehrling. Ziel von Handel und Gewerbe ist es, den einzelnen Menschen reich zu machen. Je mehr er für sich selbst gewinnt, desto mehr vergrößert er den Reichtum seines Landes. Wenn zu diesem Zweck Schutz erforderlich ist, muß er gewährt werden. Kommen Verbrechen und Betrügereien vor, sind sie zu unterdrücken. Weiteres kann sich keine Regierung anmaßen. Würde der raffinierte Politiker selbst aktiv eingreifen, dann würde er nur die Störungen und die Anlässe zur Klage vervielfältigen. Vergißt der Kaufmann sein Eigeninteresse, um große Pläne für sein Vaterland zu schmieden, so ist der Zeitpunkt der Visionen und Hirngespinste nahe, die solide Basis von Handel und Gewerbe aber untergraben. Man sollte einen solchen Kaufmann lehren, daß der Fortgang des Handels solange gesichert ist, als er seinen eigenen Vorteil verfolgt und keinen Anlaß zu Beschwerden gibt.

Die allgemeine Polizei Frankreichs ging von der Voraussetzung aus, daß die Ausfuhr von Getreide dem Land, in dem das Getreide gewachsen ist, Kraft entzieht. Sie hatte diesen Handelszweig deshalb bis vor kurzem mit einem strengen Exportverbot belegt. In England hatten die Grundherren und Pächter Ansehen genug, Prämien auf die Ausfuhr von Getreide zu erwirken und den Verkauf ihrer Ware dadurch zu befördern. Das Resultat hat erwiesen, daß das Privatinteresse ein besserer Schutzherr von Handel und Überfluß ist als eine verfeinerte Staatskunst.

Die eine Nation entwirft einen klug ersonnenen Plan für eine Besiedlung des nordamerikanischen Kontinents, hat aber zum Verhalten von Händlern und anderen kurzsichtigen Menschen nur wenig Zutrauen. Eine andere Nation überläßt es den Menschen, ihre eigene Position in einem Zustand der Freiheit zu bestimmen und für sich selbst zu denken. Der geschäftige Fleiß und die begrenzten Ansichten der einen schufen eine blühende Ansiedlung, die großen Projekte der anderen blieben bis heute ein Traum.

Doch sehe ich gern von einem Gegenstand ab, mit dem ich nicht hinreichend vertraut bin und wozu mich die Absichten, mit denen ich schreibe, noch weniger treiben. *Sinnreiche Betrachtungen über Handel und Reichtum sind von den fähigsten Schriftstellern bereits genug angestellt worden. Sie hatten nichts Wichtigeres über diesen Gegenstand zu vermelden, als die Mahnung zu allgemeiner Vorsicht, diese Gegenstände nicht als etwas zu betrachten, das die Summe der Wohlfahrt einer Nation oder den Hauptzweck eines Staates ausmache.*

Die eine Nation vernachlässigt über der Suche nach Gold und kostbaren Metallen die einheimischen Quellen des Reichtums und wird in bezug auf die Bedürfnisse täglichen Lebens von ihren Nachbarn abhängig. Eine andere Nation ist dermaßen darauf bedacht, ihre inneren Ressourcen zu verbessern und ihren Handel auszuweiten, daß sie für die Verteidigung dessen, was sie erwirbt, von Ausländern abhängig wird. Es ist in der

---

... Seit der Auflage von 1773 ersetzt durch:
Sinnreiche Betrachtungen über Handel und Reichtum sind von den fähigsten Schriftstellern bereits genug angestellt worden. Das Publikum wird wahrscheinlich bald mit einer Theorie der Nationalökonomie versehen sein, die dem besten, was jemals über irgendeinen wissenschaftlichen Gegenstand veröffentlicht wurde, ebenbürtig sein wird.[4] Aber für den Standpunkt, den ich selbst bei der Behandlung menschlicher Angelegenheiten einnehme, scheint nichts wichtiger zu sein als die allgemeine Vorsichtsmaßregel, welche die Autoren, auf die ich Bezug nehme, so gut verstehen, nämlich, diese Dinge nicht für die Summe der nationalen Glückseligkeit oder für den Hauptzweck eines Staatswesens zu nehmen. In der Wissenschaft betrachten wir unsere Objekte jedes für sich. In der Praxis wäre es ein Irrtum, sie nicht alle zugleich im Auge zu haben.
4 Von Herrn Smith, dem Verfasser der Theory of Moral Sentiments.

täglichen Unterhaltung geradezu peinlich, sehen zu müssen, wie die Interessen des Handels unsere Überlegungen färben. Auf diese Weise wird ein Gegenstand fortwährend als Hauptaufgabe nationaler Ratsversammlungen angepriesen, bei dem doch jeder Regierungseingriff selten in angemessener Weise am Platz ist, wenigstens nicht über den Schutz hinaus, den der Eingriff gewährt.

Wir beklagen uns über einen Mangel an Gemeinsinn (public spirit). Aber was immer die Folge solchen Mangels in der Praxis sein mag, in der Theorie ist er nicht unser Fehler. Wir räsonieren fortwährend für das allgemeine Beste, aber das Fehlen umfassender Gesichtspunkte wäre häufig besser als die tatsächliche Verwirklichung jener, denen wir Ausdruck verleihen. *Wir möchten, daß Nationen, ähnlich wie eine Handelskompagnie, an nichts anderes denken als an die Vergrößerung ihres Kapitals, daß sie ihre Versammlungen abhalten, nur um über Gewinn und Verlust zu beraten, ganz wie die Kaufleute ihren Schutz einer Gewalt anvertrauen, die sie selbst nicht besitzen.*

Da die Menschen, wie andere Lebewesen auch, ihren Lebensunterhalt scharenweise finden, lassen wir dort, wo Lebensmittel angehäuft und Reichtümer vergrößert werden, unsere Rücksicht auf das Glück und auf den sittlichen und politischen Charakter eines ganzen Volkes fallen. Wir sind ängstlich um die Herde besorgt, die wir selbst fortpflanzen wollen und richten unser Augenmerk deshalb auf nichts anderes als auf den Stall und die Weide. Wir vergessen, daß die vielen oft ein Raub von wenigen gewesen sind, daß für den Armen nichts so aufreizend ist wie die Schatztruhen des Reichen und daß, falls es dahin kommt, den Preis für die Freiheit zu entrichten, das gewichtige Schwert des Siegers in die entgegengesetzte Waagschale fallen kann.

Wie immer das tatsächliche Verhalten der Völker in dieser An-

... Seit der Auflage von 1773 ersetzt durch:
Wir möchten, daß Nationen, ähnlich wie eine Handelskompagnie, an nichts denken als an Monopole und Handelsgewinn, daß sie ihre Versammlungen abhalten, nur um über Gewinn und Verlust zu beraten, ganz wie die Kaufleute ihren Schutz einer Gewalt anvertrauen, die sie selbst nicht besitzen.

gelegenheit auch beschaffen sein mag, sicher ist, daß viele unserer Schlußfolgerungen uns um des Ziels des Reichtums und der Bevölkerung willen in eine Situation reißen würden, wo die Menschen, die der Korruption ausgesetzt sind, unfähig wären, ihren Besitz zu verteidigen, ja wo sie schließlich der Unterdrükkung und dem Ruin anheimfallen müßten. Wir schneiden so die Wurzeln ab, während wir die Zweige wachsen lassen und das Laub verdichten wollen.

Vielleicht entspringt es der Auffassung, daß die Tugenden der Menschen ohnehin gesichert sind, daß einige, die ihre Aufmerksamkeit den öffentlichen Angelegenheiten zuwenden, an nichts anderes denken als an die Zahlen und den Reichtum eines Volkes. Andere dagegen sind aus Abscheu vor der Korruption auf nichts weiter bedacht als auf die Erhaltung nationaler Tugenden. Die menschliche Gesellschaft aber schuldet beiden Auffassungen großen Dank. Nur durch ein Mißverständnis werden sie einander entgegengesetzt. Doch selbst, wenn sie vereint sind, haben sie nicht Kraft genug, jene erbärmliche Partei zu bekämpfen, die jede Angelegenheit nur im Lichte ihres persönlichen Interesses betrachtet und die sich um die Sicherheit und Vermehrung keines anderen Kapitals kümmert als ihres eigenen.

5. Von Nationalverteidigung und Eroberung

Es ist unmöglich, mit Gewißheit zu bestimmen, wieviel von der Politik eines Staates sich auf den Krieg oder auf die nationale Sicherheit bezieht. »Unser Gesetzgeber dachte«, so bemerkt der Kreter bei Plato, »daß sich die Völker von Natur aus in einem Zustand der Feindseligkeit befinden. Er traf entsprechende Maßnahmen. Von der Erkenntnis her, daß alle Besitztümer der Besiegten dem Sieger zufallen, hielt er es für lächerlich, für sein Land irgendeinen nützlichen Vorschlag zu machen, bevor er sichergestellt hatte, daß es nicht erobert werden konnte.«

Kreta, von dem man annimmt, daß es das Muster einer militärischen Staatsverfassung abgegeben hat, wird für gewöhnlich als das Vorbild betrachtet, von dem sich die berühmten Gesetze Lykurgs herleiten. Es scheint, daß die Menschen in allen Fällen einen handgreiflichen Gegenstand haben müssen, nach dem sie ihr Handeln richten. Sogar für ihre tugendhaften Entscheidungen benötigen sie einen Gesichtspunkt äußerer Nützlichkeit. Die Disziplin Spartas war kriegerischer Natur. Daß dieses Volk auf der Beachtung so vieler Regeln beharrte, die für andere Nationen unnötig erscheinen, es sei denn angesichts einer feindlichen Bedrohung, mag aus einem Gefühl für deren Nützlichkeit auf dem Schlachtfeld geschehen sein, eher jedenfalls als aufgrund der Kraft ungeschriebener und mündlich überlieferter Gesetze oder von angeblichen Verpflichtungen zur Loyalität, wie sie durch den Gesetzgeber auferlegt werden.

Jede Einrichtung dieses einzigartigen Volks war ein Beispiel für Gehorsam, Tapferkeit und Eifer für das öffentliche Wohl. Aber es bleibt merkwürdig, wie die Spartaner es vorzogen, allein durch ihre Tugenden zu erwerben, was andere Völker geneigt sind, mit ihren Schätzen zu kaufen. Es ist auch wohlbekannt, daß die Spartaner im Verlauf ihrer Geschichte Disziplin allmählich nur noch aufgrund ihrer moralischen Wirkungen schätzten. Sie hatten das Glück eines mutigen, uneigennützigen und seinen besten Regungen ergebenen Herzens kennengelernt, und sie strebten danach, sich diese Charaktermerkmale für sich selbst zu erhalten, indem sie ehrgeizigen Interessen und Hoffnungen auf kriegerischen Ruhm entsagten, ja sogar ihre Bevölkerung opferten.

Es war das Überleben derjenigen Spartaner, die dem Schlachtfeld entkamen, nicht aber das Schicksal derjenigen, die mit Kleombrotus bei Leuktra fielen, das die Hütten Lakedaemoniens mit Trauer und ernstem Nachdenken erfüllte.[1] Die Furcht, ihre Bürger könnten in der Fremde durch Umgang mit sklavischen und käuflichen Menschen korrumpiert werden, ließ sie im Perserkrieg auf den Rang von Führern verzichten. Für 50 Jahre blieb es Athen überlassen, ohne Nebenbuhler jene ehrgeizige und gewinnbringende Laufbahn zu verfolgen, durch welche diese Stadt sich so viel Macht und Reichtum erwarb.[2]

Wir hatten Gelegenheit, zu beobachten, daß in jedem rohen Gesellschaftszustand die Hauptbeschäftigung der Krieg ist, ferner, daß in barbarischen Zeitaltern die Menschen aufgrund ihrer Aufspaltung in kleine Parteien fast unaufhörlich in Feindseligkeiten verwickelt sind. Dieser Umstand verleiht einem militärischen Anführer in seinem Land einen beständigen Vorrang und läßt während kriegerischer Zeitalter jedes Volk der monarchischen Regierungsform zuneigen.

Von allen Aufgaben ist die der Anführung eines Heeres am wenigsten aufteilbar. Es mag uns deshalb mit gutem Grund erstaunen, daß die Römer nach langen Zeiten militärischer Erfahrung und, nachdem sie kurz zuvor die Waffen Hannibals in vielen Schlachten zu fühlen bekommen hatten, zwei Heerführer an die Spitze derselben Armee stellten und es ihnen überließen, ihre Ansprüche derart auszugleichen, daß sie sich im Kommando jeden Tag miteinander abwechselten. Das gleiche Volk hielt es bei anderen Gelegenheiten jedoch für ratsam, die Amtsführung untergeordneter Instanzen aufzuheben und in Zeiten großer Bedrohung die gesamte Staatsgewalt den Händen einer einzigen Person anzuvertrauen.

Republiken haben es im allgemeinen bei der Kriegführung für notwendig befunden, dem Exekutivzweig ihrer Regierung gro-

1 Xenophon.
2 Thukydides, Buch I.

ßes Vertrauen zu schenken. Ein römischer Konsul, der seine Truppenaushebung vorgenommen und den militärischen Eid abgenommen hatte, erhielt von diesem Moment an auch die Verfügung über den Staatsschatz und über das Leben aller, die unter seinem Kommando standen.[3] Axt und Rutenbündel waren dann nicht mehr länger nur ein bloßes Amtszeichen oder ein bloßes Schaustück in den Händen des Liktors, sie wurden vielmehr auf Befehl des Vaters mit dem Blut seiner eigenen Kinder befleckt; ohne Berufungsmöglichkeit fielen sie auf Meuterer und Ungehorsame jeder Art nieder.

In jedem freien Staatswesen besteht die beständige Notwendigkeit, die Grundsätze des Kriegsrechts von denen des bürgerlichen Rechts zu unterscheiden. Ein Mensch, der nicht gelernt hat, blind zu gehorchen, wenn der Staat ihn einem militärischen Anführer unterstellt hat, und der nicht willens ist, seiner persönlichen Freiheit auf dem Schlachtfeld mit demselben Großmut zu entsagen, mit der er sie in den politischen Beratungen seines Landes behauptet, er hat die wichtigste Lektion der bürgerlichen Gesellschaft noch zu lernen. Denn er ist mit solchen Eigenschaften nur geeignet, einen Platz in einem rohen oder korrumpierten Staatswesen einzunehmen, wo die Prinzipien der Meuterei und der Unterwürfigkeit nebeneinander bestehen und das eine wie das andere Prinzip häufig am falschen Platz angewandt wird.

Selbst Nationen, die einer demokratischen oder aristokratischen Regierungsform zuneigten, haben aus Rücksicht auf Kriegserfordernisse ihre Zuflucht zu solchen Einrichtungen genommen, die der Monarchie sehr nahe kommen. Selbst dort, wo in normalen Zeiten das höchste Staatsamt von mehreren Personen gemeinsam verwaltet wurde, hat man bei besonderen Anlässen die mit ihm verbundene gesamte Macht und Autorität einer einzigen Person übertragen. Bei großen Bedrohungen, d. h. wenn das politische Gebäude selbst entweder erschüttert oder gefährdet war, benutzte man die monarchische Herrschaft wie eine Stütze, um den Staat gegen das Wüten eines Sturms zu verteidigen. So wurden in Rom Diktatoren ernannt und in den

3 Polybios.

Vereinigten Provinzen der Niederlande Statthalter. Selbst in gemischten Regierungsformen wurde auf diese Weise gelegentlich die königliche Prärogative durch zeitweise Außerkraftsetzung der Gesetze erweitert.[4] Unter diesen Umständen scheinen die Schutzwälle der Freiheit beseitigt, um den König mit unumschränkter Gewalt zu bekleiden.

Hätten die Menschen nichts anderes im Auge als den Krieg, so wäre es wahrscheinlich, daß sie auf Dauer eine monarchische Regierung jeder anderen vorziehen würden. Wenigstens würde dann jede Nation die vollziehende Gewalt mit uneingeschränkter Machtvollkommenheit betrauen, um zu geheimen und einheitlichen Beratungen zu gelangen. Aber zum Glück für die bürgerliche Gesellschaft haben die Menschen Ziele anderer Art. Zudem hat sie die Erfahrung gelehrt, daß die Heerführung zwar eine absolute und ungeteilte Befehlsgewalt erfordert, daß aber die Kraft der Nation doch am besten entwickelt wird, wenn möglichst zahlreiche Menschen an Gleichheit gewöhnt sind und auch noch der geringste Bürger sich bei Gelegenheit ebenso zum Befehlen wie zum Gehorchen bestimmt glaubt. Es ist unter solchen Umständen, daß der Diktator einen Geist und eine Kraft vorfindet, die bereit sind, seinen Ratschlüssen zu folgen. Überhaupt geschieht es erst hier, daß ein Diktator selbst heranwächst oder eine Menge von Anführern sich der Öffentlichkeit zur Wahl stellen. Schließlich ereignet es sich aber auch hier, daß die Wohlfahrt des Staates von Einzelpersonen unabhängig wird. Eine beharrliche Weisheit kann dann im Verein mit einem System bleibender und regelmäßiger kriegerischer Einrichtungen dazu dienen, den Überlebenskampf einer Nation selbst noch unter den unglücklichsten Umständen zu verlängern. Aufgrund dieses Vorteils waren die Römer, angesichts der Vielzahl hervorragender Führer, die ihnen nacheinander entstanden, fast zu allen Zeiten gleichermaßen bereit, sich mit ihren Feinden in Asien oder Afrika auseinanderzusetzen. Das Geschick dieser Feinde dagegen war von dem zufälligen Auftreten einzelner Männer abhängig, wie es z. B. ein Mithridates oder ein Hannibal waren.

4 In England durch die Aufhebung der Habeas Corpus Akte.

Der Soldat hat, wie man sagt, seine besondere Ehre und eine Denkweise, die ihm ebenso eigentümlich ist wie das Schwert. In freien und nicht korrumpierten Staaten besteht diese Ehre im Eifer für das öffentliche Wohl. Krieg ist für diese Staaten eine Sache der Leidenschaften, nicht nur die bloße Vollstreckung eines Berufs. Seine guten und schlechten Folgen werden in extremer Weise empfunden: Der Freund bekommt die wärmsten Proben der Zuneigung zu spüren, der Feind dagegen die härtesten Folgen der Feindschaft. Die berühmtesten Völker des Altertums führten nach diesem System Krieg, dies auch zur Zeit der höchsten Blüte ihrer bürgerlichen Errungenschaften und ihrer größten Verfeinerung.

In kleinen und rohen Gesellschaften fühlt sich ein Individuum angegriffen, sobald sich die Gesamtheit im Kriegszustand befindet. Niemand kann hier daran denken, seine Verteidigung auf einen anderen abzuwälzen. »Der König von Spanien ist ein großer Fürst«, bemerkte ein amerikanischer Häuptling zum Gouverneur von Jamaika, der ein Heer zusammenstellte, um sich einem Unternehmen gegen die Spanier anzuschließen. »Habt Ihr die Absicht, mit einer so kleinen Streitmacht gegen einen so großen König Krieg zu führen?« Als man ihm sagte, die Truppen, die er sähe, sollten noch durch andere aus Europa verstärkt werden, und der Gouverneur könne für dieses Mal nicht mehr aufbieten, fragte der eingeborene Amerikaner: »Wer sind denn die Leute, die sich hier als bloße Zuschauer drängen? Sind es nicht Eure Leute? Warum geht Ihr nicht alle gemeinsam in einen so großen Krieg?«

Man antwortete ihm, daß die Zuschauer Kaufleute und andere Einwohner seien, die keinen Kriegsdienst leisteten. »Würden sie denn immer noch Kaufleute bleiben«, fuhr dieser Staatsmann fort, »wenn der König von Spanien Euch hier angreifen würde? Ich für meinen Teil bin nicht der Meinung, daß man Kaufleuten die Erlaubnis geben sollte, in jedem beliebigen Land zu leben. Wenn ich in den Krieg ziehe, lasse ich niemanden zuhaus außer den Frauen.« Es sollte scheinen, daß dieser einfache Krieger Kaufleute für eine Art neutraler Personen hielt, die an Streitigkeiten ihres Landes keinen Anteil hatten. Im übrigen wußte er augenscheinlich nicht, wie weit auch der Krieg selbst zu einem

Handelsgegenstand gemacht werden kann, welch mächtige Armeen vom Ladentisch aus in Bewegung gesetzt werden können, wie oft menschliches Blut gegen Wechselbriefe gekauft und verkauft wird, ohne daß zwischen den Nationen überhaupt Feindseligkeiten bestehen, wie oft schließlich in dieser Hinsicht selbst ein Fürst, die Adeligen und die Staatsmänner in manch verfeinerter Nation als Kaufleute betrachtet werden können.

Mit dem Fortschreiten der gewerblichen Künste und der Staatskunst werden die Angehörigen eines jeden Staates in Klassen eingeteilt. Zu Beginn dieser Teilung existiert kein strengerer Unterschied als der zwischen dem Krieger und dem friedlichen Einwohner. Es bedarf keines weiteren Unterschieds, um die Menschen in das Verhältnis von Herrn und Sklaven zu versetzen. Selbst wenn sich die Härten einer voll ausgebildeten Sklaverei gemildert haben, wie dies im modernen Europa infolge des Schutzes und des Eigentums der Fall ist, die dem Gewerbetreibenden und Arbeiter zuteil wurden, dient dieser Unterschied immer noch dazu, den adeligen vom gemeinen Mann zu trennen und diejenige Menschenklasse hervorzuheben, die in ihrem jeweiligen Land zur Regierung und zur Herrschaft bestimmt ist.

Es war für die Menschheit gewiß nicht vorauszusehen, daß sie diese Ordnung in ihrem Streben nach Verfeinerungen umkehren würden oder die Regierung und die militärische Gewalt der Nationen sogar in verschiedene Hände legen würden. Aber ist es nicht etwa in gleicher Weise unvorhersehbar, daß die vormalige Ordnung sich wiederherstellen kann? Daß der friedliche Bürger, wie sehr er auch mit Privilegien ausgezeichnet sei, sich eines Tages vor derjenigen Person werde beugen müssen, der er sein Schwert anvertraut hat? Sollten solche Umwälzungen tatsächlich erfolgen, würde dieser neue Herrscher wohl in seinem eigenen sozialen Stand den Geist des Adels und der freien Bürger wiedererwecken? Wird er die Charaktermerkmale des Kriegers und des Staatsmanns wieder beleben? Wird er seinem Lande die bürgerlichen und militärischen Tugenden wieder zurückgeben? Die Antwort fällt mir schwer. Montesquieu bemerkt, daß die Regierung Roms auch noch zu dem Zeitpunkt, als sie unter den Kaisern in die Hände des Heeres geriet, wählbar und republika-

nisch wurde. Doch von einem Fabius oder Brutus hörte man
nichts mehr –, nachdem die Prätorianergarden zur Republik
geworden waren.

Wir haben einige der Hauptklassen aufgezählt, in die ein Volk
eingeteilt werden kann, sobald es aus dem Zustand der Barbarei
auftaucht. Solche sind der Adel, das Volk und die Anhänger des
Fürsten; sogar die Priesterschaft wurde nicht vergessen: Sobald
wir aber in Zeiten der Verfeinerung angelangt sind, muß auch
die Armee dieser Liste hinzugefügt werden. Sind die Geschäfts-
kreise der Regierung und Kriegführung getrennt, so gebührt
dem Staatsmann der Vorrang. Der Ehrgeizige wird den Militärdienst dann natürlich auf diejenigen abwälzen, die sich mit einer
untergeordneten Stellung zufrieden geben. Diejenigen, welche
den größten Vermögensanteil besitzen und somit das größte
Interesse an der Verteidigung ihres Landes haben, sie müssen,
wenn sie sich vom Schwert losgesagt haben, für dasjenige bezahlen, was sie zu betreiben aufgehört haben. Heere werden
nicht nur dann durch Bezahlung unterhalten, wenn sie weit von
zu Hause entfernt sind, sondern auch noch dann, wenn sie sich
inmitten ihres Landes befinden. Um den Soldaten zu veranlassen, jetzt diejenigen gefährlichen Pflichten, aus Gewohnheit
und aus Furcht vor Bestrafung, routinemäßig zu vollziehen, die
nicht mehr länger von der Liebe zum öffentlichen Wohl oder
zum Nationalgeist inspiriert werden, ersinnt man eine militärische Disziplin.

Wenn wir uns den Bruch vor Augen halten, den eine solche
Einrichtung für das System öffentlicher Tugenden bedeutet, ist
es unerfreulich zu sehen, daß die meisten Nationen, welche sich
der bürgerlichen Künste befleißigt haben, in gewissem Grade
eine solche Einrichtung übernommen haben. Nicht nur Staaten,
die entweder Kriege führen müssen oder unsichtbare Besitzungen in der Ferne zu verteidigen haben, nicht allein ein Fürst, der
auf seine Machtvollkommenheit eifersüchtig ist oder Eile hat,
der Vorteile militärischer Disziplin teilhaftig zu werden, nicht
allein solche Institutionen und Personen sind geneigt, fremde
Truppen in Dienst zu nehmen oder stehende Heere zu unterhalten. Sogar Republiken, die nur wenige der eben genannten
Anlässe kennen und keinen der Beweggründe, die in Monar-

chien vorherrschen, haben erfahrungsgemäß denselben Pfad beschritten.

Wenn militärische Einrichtungen in der inneren Politik der Nationen einen so beträchtlichen Platz einnehmen, dann sind die tatsächlichen Folgen des Krieges für die Geschichte der Menschheit von gleicher Wichtigkeit. Ruhm und Beute waren die frühesten Anlässe für Auseinandersetzungen. Die Einräumung von Vorherrschaft oder die Zahlung eines Lösegelds waren der Preis des Friedens. Das Verlangen nach Sicherheit und das Begehren nach Herrschaft bringen die Menschheit in gleicher Weise dazu, einen Zuwachs an Macht zu wünschen. Ob als Sieger oder als Besiegte, sie streben nach Bündnissen, und mächtige Nationen, die den Erwerb einer Provinz oder einer Festung an ihren Grenzen als einen entsprechenden Gewinn betrachten, sind fortwährend darauf bedacht, ihre Grenzen auszudehnen.

Die Maximen der Eroberung sind nicht immer von denen der Selbstverteidigung zu unterscheiden. Wenn der Nachbarstaat gefährlich ist, wenn er zu wiederholten Malen lästig fällt, dann stellt seine Schwächung und Entwaffnung eine Grundregel dar, eine Regel, die ihren Sinn ebenso in Überlegungen der Sicherheit wie der Eroberung findet. Wenn der Nachbarstaat einmal niedergeworfen ist, aber dennoch geneigt bleibt, den Kampf zu erneuern, so muß er von dieser Zeit an förmlich beherrscht werden. Rom bekannte sich niemals zu irgendwelchen anderen Eroberungsmaximen. Es entsandte seine aufsässigen Heere überall hin, unter dem gefälligen Vorwand, für sich und seine Verbündeten einen dauernden Frieden zu schaffen, den zu stören es sich die alleinige Macht vorbehalten wollte.

Die Gleichheit der Bündnisse, welche die griechischen Staaten gegeneinander eingingen, erhielt für einige Zeit deren Unabhängigkeit und Absonderung voneinander. Diese Zeit war die eigentlich glänzende und glückliche Periode ihrer Geschichte. Sie wurde eher durch die Wachsamkeit und das kluge Verhalten zuwege gebracht, das diese Staaten in unterschiedlichem Maße zeigten, als durch die Mäßigung ihrer Ratsversammlungen oder durch irgendeine Besonderheit ihrer inneren Staatsverfassung, welche ihren Fortschritt aufhielt. Zuweilen waren die Sieger schon damit zufrieden, daß sie die Regierung der von ihnen unterjochten Staaten in eine der ihren ähnlichen Form verwandelten. Was bei Zunahme der auferlegten Lasten die nächste Stufe gewesen wäre, ist schwer zu bestimmen. Doch auch wenn wir bedenken, daß es der einen Partei um die Auferlegung von Tributen ging, der anderen dagegen um die Vormacht im Kriege, so ist doch unbezweifelbar, daß die Athener ebenso wie die Spartaner aus nationalem Ehrgeiz oder aus dem Begehren nach Reichtum in gleicher Weise darauf aus waren, die Herren Griechenlands zu werden. Beide versuchten dies mit ihren Verbündeten, wobei die Spartaner sich ursprünglich lediglich selbst verteidigen wollten. Sie bereiteten sich zu Hause füreinander das Joch, dem sie dann gemeinsam mit ihren Verbündeten von außen unterworfen wurden.

In den Eroberungen Philipps von Makedonien hat sich allem Anschein nach der Wunsch nach Selbsterhaltung und Sicherheit mit einem Ehrgeiz vermischt, wie er einem Fürsten von Natur eignet. Er kehrte seine Waffen der Reihe nach gegen jene Seiten, von denen er getroffen, in Schrecken versetzt oder provoziert wurde. Als er die Griechen unterworfen hatte, nahm er sich vor, sie gegen ihren Erzfeind Persien zu führen. Er entwarf hiermit einen Plan, der später von seinem Sohn ausgeführt wurde.

Nachdem die Römer sich zu Herren Italiens gemacht und Karthago bezwungen hatten, wurden sie selbst von seiten Makedoniens bedroht. Hiermit wurden sie veranlaßt, ein bis dahin unbekanntes Meer auf der Suche nach einem neuen Betätigungsfeld für ihre militärische Macht zu überqueren. Vom ersten bis zum letzten Tag ihrer Geschichte betrieben sie ihre Kriege, ohne dabei die Eroberungen zu beabsichtigen, die sie tatsächlich machten, vielleicht ohne überhaupt vorauszusehen, welchen Vorteil sie aus der Unterjochung ferner Provinzen ziehen sollten oder auf welche Weise sie neue Erwerbungen beherrschen würden. Trotzdem fuhren sie fort, sich dessen zu bemächtigen, was ihnen nacheinander in erreichbare Nähe kam. Angereizt durch eine Politik, die sie zu fortwährenden Siegen und beständigen Gebietserweiterungen trieb, dehnten sie die Grenze ihres Staates, die noch wenige Jahrhunderte vorher auf den Umkreis eines Dorfes beschränkt gewesen war, bis an den Euphrat, an die Donau, die Weser, den Forth und den Ozean aus.

Es wäre müßig zu behaupten, daß das Genie irgendeines Volkes der Eroberung abgeneigt sei. Zwar sind die wirklichen Interessen einer Nation solchen Eroberungen für gewöhnlich zuwider, aber jeder Staat, der zu einer eigenen Verteidigung und deshalb auch zum Erringen von Siegen bereit ist, steht gleicherweise in der Gefahr, sich zur Eroberung verleiten zu lassen.

Überall in Europa werden im Sold dienende, disziplinierte Armeen aufgestellt. Sie stehen bereit, den Erdball zu überqueren. Gleichsam wie eine von schwachen Dämmen gehaltene Flut werden sie hieran nur durch politische Formen oder durch ein zeitweiliges Machtgleichgewicht gehindert. Würden die Schleusen brechen, auf welche Überschwemmungen müßten wir uns dann nicht gefaßt machen? Schließlich haben sich bereits schwächliche Königreiche und Imperien vom Koreanischen Meer bis zum Atlantischen Ozean ausgebreitet. Jeder Staat kann durch die Niederlage seiner Truppen in eine bloße Provinz verwandelt werden. Jedes Heer, das heute im Feld auf einen Gegner trifft, kann morgen schon gemietet werden. Jeder Sieg schließlich kann dem Sieger einen Zuwachs an neuer militärischer Gewalt bringen.

Die Römer, die sowohl zur See wie auf dem Lande über weniger gute Verkehrsmittel verfügten, behaupteten gleichwohl in einem ansehnlichen Teil Europas, Asiens und Afrikas ihre Herrschaft über wilde und unbändige Nationen. Was könnten die Flotten und Kriegsheere Europas angesichts des Zugangs, den sie heute durch den Handel zu jedem Teil der Welt haben und angesichts der Leichtigkeit ihres Transports nicht vollbringen, wenn folgender verderblicher Grundsatz die Herrschaft erlangen würde: Daß die Größe einer Nation nach dem Ausmaß ihres Territoriums zu bestimmen ist oder das Interesse eines besonderen Volkes darin bestehe, seine Nachbarn in Knechtschaft zu stürzen.

6. Von bürgerlicher Freiheit

Wäre Krieg der Hauptzweck der Völker, entweder zum Beute-machen oder zur Verteidigung, dann würde jeder Stamm von seinem frühesten Zustand an auf die Verfassung einer Tataren-horde abzielen. Mit jedem seiner Erfolge würde ein solcher Stamm nach der Grandeur eines Tatarenreichs streben. Der mili-tärische Anführer würde die bürgerliche Obrigkeit überflüssig machen. Vorkehrungen, mit allen Besitzungen zu fliehen oder aber mit allen Kräften die Verfolgung aufzunehmen, würden in jeder Gesellschaft die Summe ihrer öffentlichen Einrichtungen ausmachen.

Es würde dann derjenige für den Begründer einer Nation ge-halten, der den Skythen an den Ufern der Wolga oder des Jenissei zuallererst gelehrt hätte, ein Pferd zu besteigen, seine Hütte auf Rädern weiterzubewegen, seinen Feind gleicherma-ßen durch Angriffe wie durch Fluchtbewegungen zu ermatten, in vollem Lauf Lanze und Bogen zu handhaben, und, falls er aus dem Feld geschlagen wäre, noch seine Pfeile in den Wind zu schießen, damit sie seine Verfolger treffen. Auch wer seine Landsleute darin unterwiesen hätte, das gleiche Tier sowohl in der Milchwirtschaft wie auf der Schlachtbank und in der mili-tärischen Auseinandersetzung zu gebrauchen, würde als Be-gründer einer Nation gelten. Möglicherweise würden all diese Personen aber auch zur Belohnung für ihre nützlichen Erfin-dungen mit göttlichen Ehren bekleidet, ganz so wie Zeres und Bacchus bei den Griechen. Aufgrund solcher Einrichtungen würden die Namen und Errungenschaften eines Herkules und eines Jason der Nachwelt überliefert worden sein, die eines Lykurg oder eines Salomon dagegen, der Helden einer eigent-lich politischen Gesellschaft, sie würden in den Annalen des Ruhms weder ein erdichtetes noch ein wirkliches Ansehen ge-winnen können.

Jeder Stamm kriegerischer Barbaren kann unter seinen Angehö-rigen die stärksten Gefühle der Zuneigung und Ehre unterhal-ten, dem Rest der Menschheit dagegen können sie als Banditen

und Straßenräuber erscheinen.[1] Sie können gleichmütig gegen
den eigenen Vorteil sein und die Gefahr verachten. Aber unser
Gefühl für Menschlichkeit, unsere Rücksichtnahme auf das
Völkerrecht, unsere Bewunderung bürgerlicher Weisheit und
Gerechtigkeit, ja sogar unsere eigene Weichlichkeit veranlassen
uns, uns mit Verachtung oder Abscheu von einer Szene abzuwenden, in der so wenige unserer guten Eigenschaften zur Gel-
tung kommen und die so sehr dazu dient, uns unsere Schwächen vorzuhalten.

Erst in der Führung der Geschäfte der bürgerlichen Gesellschaft finden die Menschen Gelegenheit zur Betätigung ihrer
besten Fähigkeiten wie auch den Gegenstand ihrer besten Regungen. Die Kriegskunst wird erst dann vollkommen, wenn sie
gleichsam auf die Vorteile der bürgerlichen Gesellschaft aufge-
propft wird. Erst dann lernt man die Ressourcen des Heerwe-
sens und die komplizierten Triebfedern kennen, die bei seiner
Führung berührt werden müssen. Die berühmtesten Krieger
waren zugleich auch Bürger: Im Vergleich zu einem Römer
oder einem Griechen war ein thrakischer, germanischer oder
gallischer Häuptling ein Anfänger. Der Eingeborene von Pella
lernte die Prinzipien seiner Kunst von Epaminondas und von
Pelopidas kennen.

Wenn die Nationen ihre Politik, wie im vorhergehenden Abschnitt bemerkt wurde, der Wahrscheinlichkeit eines auswärtigen Krieges anpassen müssen, sind sie in gleicher Weise auch
gehalten, für die Erhaltung des Friedens im Inneren Vorsorge
zu treffen. Denn wo keine Gerechtigkeit ist, gibt es auch keinen
Frieden. Frieden kann zwar angesichts von Spaltungen, Streitigkeiten und gegensätzlichen Meinungen existieren, nicht aber bei
der Verübung von Ungerechtigkeiten. Der Schädiger und der
Geschädigte befinden sich in einem Zustand der Feindseligkeit,
wie schon die Bedeutung des Wortes deutlich macht.

Wo die Menschen den Frieden genießen, verdanken sie dies
entweder ihrer wechselseitigen Rücksichtnahme und Zuneigung oder dem Zwang des Gesetzes. Die glücklichsten Staaten
sind die, welche den Frieden ihrer Angehörigen durch die erste

---

1 D'Arvieux, History of the Arabs.

dieser Methoden gewährleisten. Aber es ist immer noch ungewöhnlich, den Frieden auch nur durch die zweite zu erreichen. Die erste Methode würde die Anlässe zum Krieg und Wettbewerb verhindern, die zweite aber die Ansprüche der Menschen durch Verabredungen und Verträge zum Ausgleich bringen. Sparta lehrte seine Bürger, nicht auf das Eigen-Interesse zu schauen. Andere freie Nationen dagegen sichern das Interesse ihrer Angehörigen und betrachten gerade dies als den Hauptteil ihrer Rechte.

Das Gesetz ist ein Vertrag, auf den sich die Angehörigen einer Gemeinschaft geeinigt haben und unter dem Obrigkeit wie Untertanen dauerhaft ihre Rechte genießen und den gesellschaftlichen Frieden aufrechterhalten. Das Verlangen nach Gewinn ist der Hauptanlaß zu Übergriffen. Das Gesetz hat seinen hauptsächlichen Bezugspunkt deshalb im Eigentum. Es will die verschiedenen Arten bestimmen, nach denen Eigentum erworben werden kann, wie etwa durch Ersitzung, Abtretung und Erbfolge. Es trifft die nötigen Vorkehrungen, um den Besitz von Eigentum sicher zu machen.

Außer der Habgier gibt es noch andere Beweggründe, aus denen heraus Menschen ungerecht sind. Zu ihnen gehören Stolz, Bosheit, Neid und Rache. Das Gesetz will diese Prinzipien selbst ausrotten oder wenigstens ihre Wirkung verhindern.

Aus welchem Motiv Unrecht auch immer begangen wird, es gibt verschiedene besondere Umstände, an denen der Betroffene Schaden nehmen kann. Er mag an seinen Gütern, an seiner Person oder an seiner Freiheit Schaden nehmen. Die Natur hat ihn zum Herrn einer jeden Handlung gemacht, die andere nicht schädigt. Die Gesetze einer besonderen Gesellschaft berechtigen ihn vielleicht zu einer bestimmten sozialen Stellung und geben ihm einen gewissen Anteil an der Regierung seines Landes. Jedes Unrecht, das ihn in dieser Hinsicht einer ungerechten Beschränkung unterwirft, kann deshalb als Eingriff in seine politischen Rechte bezeichnet werden.

Nimmt man von einem Bürger an, daß er Eigentums- und Standesrechte hat und in deren Ausübung geschützt ist, so gilt er als frei. Gerade die Einschränkungen, durch die er an der Begehung von Verbrechen gehindert wird, sind Teile dieser Freiheit.

Keine Person ist frei, wo irgendeine Person ungestraft Böses tun kann. Selbst der despotische Fürst auf seinem Thron bildet keine Ausnahme von dieser allgemeinen Regel. Er selbst wird in dem Augenblick zum Sklaven, indem er beansprucht, daß Gewalt irgendeinen Streitfall entscheide. Die Mißachtung, die er den Rechten seines Volkes entgegenbringt, fällt auf ihn selbst zurück. In der allgemeinen Unsicherheit aller Umstände gibt es keinen unsichereren Besitztitel als seinen eigenen.

Entsprechend den verschiedenen Besonderheiten, auf welche sich die Menschen beziehen, wenn sie von Freiheit sprechen, gelangen sie auch zu einem unterschiedlichen Verständnis des Begriffs. Diese Unterschiede beziehen sie auf die Sicherheit der Person und der Güter, auf die Würde des Standes oder die Teilnahme an politisch wichtigen Angelegenheiten, doch ebenso auf die verschiedenen Methoden, durch welche ihre Rechte gesichert werden. *Jedes Volk ist überdies geneigt, anzunehmen, daß die rechte Bedeutung von Freiheit nur bei ihm selbst zu finden ist.*

Manche haben aus der Erwägung heraus, daß die ungleiche Verteilung des Reichtums ungerecht sei, eine Neuverteilung des Eigentums als Quelle der Freiheit gefordert. Ein solcher Plan entspricht einer demokratischen Regierungsform, und nur unter einer solchen ist er mit irgendwelchem Erfolg eingeführt worden.

Neue Niederlassungen wie die des Volkes Israel und einzigartige Einrichtungen, wie die in Sparta und Kreta, haben Beispiele für die tatsächliche Verwirklichung gegeben. Doch in den meisten anderen Staaten konnte es selbst der demokratische Geist nicht weiterbringen, als den Kampf um die Ackergesetze zu verlängern und bei Gelegenheit den Erlaß von Schulden zu er-

... Seit der Auflage von 1773 ersetzt durch:
Jede freie Nation ist überdies geneigt, zu vermuten, daß Freiheit nur bei ihr selbst zu finden ist. Sie bemißt die Freiheit nach ihren eigenen besonderen Gewohnheiten und nach ihrem System von Verhaltensweisen.
... Seit der Auflage von 1773 ersetzt durch:
Manche haben aus der Erwägung heraus, daß die ungleiche Verteilung des Reichtums ungerecht sei, eine Neuverteilung des Reichtums als Quelle öffentlicher Gerechtigkeit gefordert.

reichen. Er erinnerte das Volk trotz aller Vermögensunterschiede daran, daß es noch immer einen Anspruch auf Gleichheit hatte.

In Rom, in Athen und in vielen anderen Republiken stritt der Bürger für sich selbst und für seinen Stand. Das Ackergesetz wurde während eines langen Zeitraums immer wieder eingebracht und debattiert: Es diente dazu, den Geist wachzuhalten, es nährte eine Gesinnung der Gleichheit und eröffnete ein Feld, auf welchem diese Gesinnung ihre Kraft entfalten konnte. Aber niemals wurde das Gesetz so durchgeführt, daß es seine übrigen formelleren Wirkungen entfaltet hätte.

Viele der Einrichtungen, welche dazu dienen, die Schwachen vor Unterdrückung zu schützen, sichern gleichzeitig den Besitz von Eigentum und tragen hierdurch zu seiner ungleichen Verteilung bei, dadurch aber auch zur Übermacht derer, von denen Machtmißbrauch zu befürchten ist. Solche Mißbräuche waren sowohl in Athen wie in Rom sehr frühzeitig zu spüren.[2]

Man hat vorgeschlagen, die übermäßige Anhäufung von Reichtum in einzelnen Händen dadurch zu verhindern, daß man das Wachstum privater Vermögen begrenzt, daß man die Unveräußerlichkeit des Erbes untersagt und das Erstgeburtsrecht bei der Erbfolge außer Kraft setzt. Man hat des weiteren vorgeschlagen, die Vernichtung mittlerer Vermögen zu verhindern sowie den Gebrauch und deshalb auch den Wunsch nach großen Vermögen durch Aufwandsgesetze einzuschränken. Diese verschiedenen Methoden lassen sich mehr oder weniger mit den Interessen des Handels vereinbaren und können denn auch von einem Volk, dessen nationales Ziel der Erwerb von Reichtum ist, in unterschiedlichem Maße übernommen werden. Sie haben ihre Wirkung auch insofern, als sie den Anlaß zur Mäßigung geben oder einen Sinn für Gleichheit vermitteln, ferner auch dadurch, daß sie die Leidenschaften dämpfen, welche die Menschen reizen, sich gegenseitig Unrecht zu tun.

Es scheint in besonderer Weise Ziel von Aufwandsgesetzen und der gleichen Verteilung des Reichtums zu sein, die Befriedigung von Eitelkeit zu verhindern, das Zurschaustellen großer Ver-

2 Plutarch in seinem Leben Solons. – Livius.

mögens zu hemmen und durch diese Mittel das Begehren nach Reichtum zu schwächen, in der Brust des Bürgers aber jene Mäßigung und selbstverständliche Gerechtigkeit zu erhalten, von denen sein Verhalten bestimmt sein sollte.

In einem Staat, in dem die ungleiche Verteilung von Eigentum erlaubt ist und wo dem Vermögen zugestanden wird, Auszeichnung und Rang zu verleihen, wird dieses Ziel nicht vollkommen erreicht. In der Tat ist es schwer, diese Quelle der Korruption, mit welchen Methoden auch immer, zu verstopfen. Von allen Nationen, deren Geschichte zuverlässig bekannt ist, scheint dieser eigentümliche Plan und seine Durchführung allein in Sparta verstanden worden zu sein.

Eigentum war zwar auch dort tatsächlich durch Gesetz anerkannt. Aber aufgrund gewisser Vorschriften und Gebräuche, die, wie es scheint, die wirksamsten sind, welche die Menschen bis dahin herausgefunden hatten, wurden die Sitten, die unter einfachen Völkern vor der Einrichtung des Eigentums vorherrschen, in gewissem Maße beibehalten.[3] Lange Zeit hindurch wurde die Leidenschaft nach Reichtum unterdrückt. Der Bürger wurde dazu gebracht, sich selbst als Eigentum seines Landes, nicht aber als Besitzer eines privaten Vermögens zu betrachten.

Das väterliche Erbe eines Bürgers zu kaufen oder zu verkaufen wurde als Schande betrachtet. In jeder Familie wurden Sklaven mit der Sorge für die bewegliche Habe betraut. Gewinnbringende Künste aber waren den Freigeborenen fremd. Gerechtigkeit gründete sich hier auf die Verachtung der gewöhnlichen Lockmittel zum Verbrechen. Die vom Staat getroffene Vorsorge für die bürgerliche Freiheit bestand in den Einstellungen, die man in den Herzen der Bürger vorherrschen ließ.

Das Individuum war von aller Sorge befreit, die ihm aufgrund seines Vermögens hätte erwachsen können. Es wurde im Dienst der Öffentlichkeit erzogen und erhielt von dieser auch seine lebenslange Beschäftigung. Seine Speisung fand gemeinsam mit anderen an einem öffentlichen Ort statt, wohin er außer seinen Talenten und Tugenden keine anderen Auszeichnungen mit-

3 Siehe 2. Teil, Abschnitt 2.

bringen durfte. Seine Kinder waren die Mündel und Zöglinge
des Staates, und er selbst wurde gelehrt, Beschützer und Anlei-
ter der Jugend seines Landes zu sein, nicht aber ängstlicher
Vater einer besonderen Familie.

Man berichtet uns, daß dieses Volk einige Sorgfalt auf seine
persönliche Ausschmückung verwendete und von weitem an
der roten oder purpurnen Farbe seiner Gewänder zu erkennen
war. Es konnte jedoch seine Ausstaffierung, seine Gebäude
oder seinen Hausrat nicht zum Gegenstand der Betätigung seiner Phantasie oder dessen machen, was wir heute *Geschmack*
nennen würden. Der Zimmermann und der Baumeister blieben
auf den Gebrauch der Axt und der Säge beschränkt. Ihre Arbeit
muß sehr einfach gewesen und ihrer Form nach wahrscheinlich
lange Zeit gleich geblieben sein. Die Findigkeit des Künstlers
wurde auf die Veredelung seiner eigenen Person verwandt,
nicht auf die Ausschmückung der Wohnungen seiner Mitbürger.

Sie hatten aufgrund solcher Vorstellungen zwar Senatoren, obrigkeitliche Amtsträger, Heerführer und Staatsdiener, aber
keine reichen Leute. Ehren teilten sie wie die Helden Homers
nach dem Maß des Bechers und der Schüssel aus. Ein Bürger,
der in seiner politischen Eigenschaft der Schiedsrichter ganz
Griechenlands war, erachtete sich für geehrt, wenn er eine doppelte Portion einer einfachen Speise zum Abendbrot erhielt. Er
war aktiv, scharfsinnig, tapfer, uninteressiert und großmütig,
doch sein Vermögen, seine Tafel und sein Hausrat würden nach
unserer Ansicht den Glanz all seiner Tugenden getrübt haben.
Benachbarte Völker aber wandten sich um Heerführer an diese
Pflanzschule von Staatsmännern und Kriegern, ganz so, wie wir
uns heute um die Meister jeder Kunst an jene Länder wenden,
in denen sie besonders hervorragend sind, wie z. B. um Köche
nach Frankreich und um Musiker nach Italien.

Wir sind hiermit vielleicht noch nicht ausreichend über das Wesen der spartanischen Gesetze und Einrichtungen unterrichtet,
um zu verstehen, auf welche Weise alle Ziele dieses eigenartigen
Staates erreicht wurden. Doch die diesem Volke gezollte Bewunderung und der fortgesetzte Hinweis zeitgenössischer Geschichtsschreiber auf seine anerkannte Überlegenheit erlaubt

uns nicht, die Tatsachen selbst in Zweifel zu ziehen. »Als ich darauf kam«, bemerkt Xenophon, »daß diese Nation zwar nicht der bevölkerungsreichste, aber doch der mächtigste Staat Griechenlands war, wurde ich von Staunen und vom ernsten Wunsch erfaßt, die Kunstgriffe zu erfahren, durch welche diese Nation ihre Überlegenheit erreicht hatte. Aber als ich ihre Einrichtungen kennenlernte, hörte meine Verwunderung auf. – Wie sich ein Mensch vor dem andern hervortut und wie derjenige, der sich Mühe gibt, seinen Geist zu bilden, die andere Personen übertreffen muß, die diesen vernachlässigt haben, so müssen auch die Spartaner jede andere Nation überragen. Denn sie sind der einzige Staat, in welchem die Tugend selbst als Regierungszweck erstrebt wird.«

Betrachtet man Eigentumsangelegenheiten nur im Hinblick auf den notdürftigen Unterhalt oder auch auf das Vergnügen, so haben sie nur geringe Bedeutung für die Korrumpierung der Menschen oder für die Erweckung eines Geistes von Wettbewerb und Eifersucht. Betrachtet man die gleichen Angelegenheiten aber im Hinblick auf Auszeichnung und Ehre, dort, wo Vermögen gleichzeitig auch Rangunterschiede schafft, dann erregen sie die heftigsten Leidenschaften und absorbieren alle Gefühle der menschlichen Seele. Sie versöhnen Habgier und Gemeinheit mit Ehrgeiz und Eitelkeit. Sie bringen die Menschen durch die Praxis schmutziger und käuflicher Genüsse in den Besitz einer angeblichen Hoheit und Würde.

Wo diese Quelle der Korruption hingegen wirksam verstopft wird, dort ist der Bürger pflichtergeben und die Obrigkeit gerecht. Jede Verfassung mag unter diesen Umständen weise gehandhabt werden. Auch Vertrauensstellungen werden voraussichtlich gut besetzt sein. Desgleichen ist es wahrscheinlich, daß alle Fähigkeiten und Kräfte, die im Staat vorhanden sind, auch in seinem Dienste angewandt werden, nach welchen Vorschriften auch immer Amt und Macht hier verliehen werden. Denn unter dieser Voraussetzung sind Erfahrungen und Geschicklichkeit die einzige Richtschnur. Sie bilden die einzigen Rechtstitel auf öffentliches Vertrauen. Und falls die Bürger in besonderen Klassen eingeteilt werden, tun sie ein-

ander durch die Verschiedenheit ihrer Meinungen Einhalt, nicht
aber durch den Widerstreit ihrer eigennützigen Absichten.

Der Tadel, den jene der spartanischen Regierung angedeihen
lassen, die sie nur ihrer äußeren Form nach betrachteten, ist
leicht erklärbar. Diese Regierung war nicht darauf eingerichtet,
Missetaten dadurch zu verhindern, daß man die selbstsüchtigen
und parteiischen Einstellungen der Menschen miteinander ins
Gleichgewicht brachte, sondern darauf, seelische Tugenden zu
erwecken, Schuldlosigkeit durch das Fehlen strafbarer Neigungen hervorzurufen und ihren inneren Frieden aus der Gleichmut ihrer Angehörigen gegenüber den gewöhnlichen Motiven
von Streit und Unordnung herzuleiten. Es wäre müßig, nach
ihrer Ähnlichkeit mit einer anderen Staatsverfassung zu suchen,
in der ihre hauptsächlichsten Charakteristika und Unterschiede
nicht zu finden sind. Die souveränen Kollegialorgane, der Senat
und die Ephoren, hatten auch in anderen Republiken ihresgleichen, und insbesondere hat man eine Ähnlichkeit mit der Regierung Karthagos herausgefunden.[4] Allein welche Übereinstimmung von Wichtigkeit kann schon zwischen einem Staat
ausgemacht werden, dessen einziger Zweck die Tugend war,
und einem anderen, dessen Hauptzweck im Reichtum bestand;
zwischen einem Volk, dessen verbündete Könige in derselben
Hütte wohnten, die kein anderes Vermögen besaßen als ihr
täglich Brot, und einer Handelsrepublik, in der ein angemessenes Besitztum als notwendige Voraussetzung für die höheren
Staatsämter gefordert wurde?

Andere kleine Gemeinwesen vertrieben ihre Könige, wenn sie
hinsichtlich ihrer Absichten argwöhnisch wurden oder deren
Tyrannei erfahren hatten; hier aber wurde die erbliche Thronfolge der Könige erhalten. Andere Staaten fürchteten die Kriege
und Kabalen ihrer Angehörigen beim Wettbewerb um Rang
und Würden, hier aber stellte ein Ansuchen die alleinige Bedin-
gung dar, um einen Platz im Senat zu erhalten. Die höchste
richterliche Gewalt in der Person der Ephoren war einigen
Männern sicher anvertraut, die durch das Los und ohne Rang-
unterschied aus allen Ständen des Volkes gewählt wurden. Will

4 Aristoteles.

man einen Gegensatz zu diesem wie zu vielen anderen Punkten der spartanischen Staatsklugheit ausmachen, so wäre er in der gesamten Geschichte der Menschheit zu finden.

Indessen gedieh Sparta, trotz aller angeblichen Irrtümer seiner Regierungsform, während langer Zeiten, dank der Lauterkeit seiner Sitten und des Charakters seiner Bürger. Als jene sittliche Integrität dann zerstört wurde, siechte dieses Volk nicht in der Kraftlosigkeit solcher Nationen dahin, die in Weichlichkeit versinken. Seine Angehörigen stürzten sich in den gleichen Strom, der schon andere Staaten in den Strudel der Leidenschaften und der Ausschreitungen barbarischer Zeiten hineingerissen hatte. Sie betraten die Laufbahn anderer Nationen, nachdem die des alten Sparta an das Ende gekommen war. Nachdem sie aufgehört hatten, ihr Volk moralisch zu veredeln, bauten sie Wälle und begannen, ihre Besitzungen zu verbessern. Nach diesem neuen Plan überlebten sie in ihrem Kampf um das politische Dasein auch das System derjenigen Staaten, die unter der makedonischen Herrschaft zugrunde gingen. Die Spartaner erlebten auch noch das Handeln in einem anderen Staatensystem, das mit der achäischen Liga entstand. Sie waren das letzte Gemeinwesen Griechenlands, das zu einem Dorf im römischen Reich wurde.

Sollte jemand denken, wir hätten uns zu lange bei der Geschichte dieses einzigartigen Volkes aufgehalten, so könnte folgendes als Entschuldigung dienen, nämlich, daß die Spartaner allein es waren, die, in den Worten Xenophons, die Tugend zum Staatszweck erhoben haben.

Wir selbst müssen uns damit bescheiden, unsere Freiheit aus einer anderen Quelle herzuleiten. Wir müssen Gerechtigkeit von den Schranken erwarten, die der Gewalt der Obrigkeit gesetzt sind, und uns zu unserem Schutz auf Gesetze verlassen, die zur Sicherung des Vermögens und der Person des Untertanen erlassen worden sind. Wir leben in Gesellschaften, in denen die Menschen reich sein müssen, um groß zu sein, wo selbst das Vergnügen oft noch aus Eitelkeit erstrebt wird, wo das Begehren nach einem angeblichen Glück dazu dient, die schlimmsten Leidenschaften zu entfachen und dann selbst aber zur Grundlage des Elends wird, wo die öffentliche Gerechtigkeit – gleich-

sam wie Fesseln an unserem Leibe – zwar das tatsächliche Begehen von Verbrechen verhindern mag, aber doch kein Gefühl für
Redlichkeit und ausgleichende Gerechtigkeit einflößt.

Die Menschen verfallen in demjenigen Moment in diesen Zustand, in dem sie von der Leidenschaft nach Reichtum und
Macht ergriffen werden. Aber in jedem Fall ist ihr Zustand
gemischter Natur. Auch noch im besten Zustand existiert ein
Zusatz von Übel, und auch im schlimmsten ist noch Gutes
beigemengt. Selbst wenn die Menschen außer Strafgesetzen und
polizeilichem Zwang über keinerlei Einrichtungen zur Erhaltung guter Sitten verfügen, leiten sie aus instinktiven Gefühlen
doch eine Liebe zur Lauterkeit und Redlichkeit ab. Gerade aus
der Berührung mit der Gesellschaft selbst schöpfen sie eine
Hochachtung für dasjenige, was ehrenhaft und lobenswert ist.
Aus ihrer Vereinigung und dem gemeinsamen Widerstand gegen auswärtige Feinde gewinnen sie Eifer für ihr eigenes Gemeinwesen und den Mut, dessen Rechte zu behaupten. Wenn
die häufige Vernachlässigung der Tugend als einem politischen
Ziel den Verstandeskräften des Menschen Unehre machen
sollte, so wird ihr Glanz und ihr häufiges Vorkommen als spon-
taner Antrieb des Herzens doch die Ehre unserer Natur wiederherstellen.

In jedem zufälligen und gemischten Zustand nationaler Sitten
hängt die Sicherheit eines jeden Individuums und seine politische Bedeutung in starkem Maße von ihm selbst ab, mehr aber
noch von der Partei, mit der es verbunden ist. Aus diesem
Grund sind alle, welche ein gemeinsames Interesse empfinden,
geneigt, sich zu Parteien zu vereinigen und sich gegenseitig zu
unterstützen, soweit es dieses Interesse erfordert.

Wo die Bürger eines freien Gemeinwesens verschiedenen Ständen
angehören, hat jeder Stand ein besonderes Maß an Ansprüchen
und Forderungen. Im Hinblick auf die anderen Staatsangehörigen
ist dieser Stand eine Partei, im Hinblick auf die Verschiedenheit
der Interessen unter seinen eigenen Mitgliedern kann es unzählige
Unterabteilungen geben. Doch sind in jedem Staat zwei Haupt-
interessen sehr bald wahrzunehmen, diejenigen des Fürsten und
seiner Anhänger, diejenigen des Adels oder irgendeiner zeitweiligen Partei, in ihrem Gegensatz zum Volk.

Wo die höchste Gewalt der kollektiven Ausübung durch die Gesamtheit vorbehalten ist, scheint es überflüssig, auf weitere Einrichtungen zur Sicherung der Rechte der Bürger zu sinnen. Aber es ist für eine kollektive Körperschaft schwer, wenn nicht gar unmöglich, diese Macht in einer Weise zu handhaben, welche die Notwendigkeit aller anderen politischen Vorsichtsmaßnahmen überflüssig macht.

Wenn sich Volksversammlungen jede Regierungsfunktion anmaßen und wenn sie mit demselben Ungestüm darauf bestehen, über Punkte nationaler Politik zu beraten oder Fragen der Billigkeit oder Gerechtigkeit zu entscheiden, mit dem sie ansonsten ihre Gefühle, das Bewußtsein ihrer Rechte und ihre Erbitterung gegen auswärtige oder einheimische Feinde mit großer Geschicklichkeit und Angemessenheit zum Ausdruck bringen können, dann ist die Öffentlichkeit mannigfachen Unannehmlichkeiten ausgesetzt. Unter solchen Umständen würden volkstümliche Regierungen, vor allen anderen, Irrtümern in der Verwaltung und Schwächen bei der Durchführung öffentlicher Maßnahmen am meisten unterworfen sein.

Um dergleichen Nachteile zu vermeiden, läßt sich das Volk stets gefallen, einen Teil seiner Gewalt zu delegieren. Es setzt einen Senat ein, um Fragen, die dem ganzen Volk zur letztlichen Entscheidung vorgelegt werden, zu besprechen und vorzubereiten, wenn nicht sogar zu erledigen. Es überträgt die vollstreckende Gewalt einer Ratsversammlung dieser Art oder aber einer obrigkeitlichen Person, die den Volksversammlungen vorsteht. In der Praxis dieses ebenso notwendigen wie gewöhnlichen Aushilfsmittels gibt es eine Partei für die wenigen, eine andere für die vielen, dies selbst dann, wenn demokratische Formen aufs sorgfältigste beachtet werden. Die eine greift an, die andere verteidigt. Beide sind bereit, diese Rollen abwechselnd zu übernehmen. Aber obgleich in Wirklichkeit der Freiheit eine große Gefahr von seiten des Volkes selbst entsteht, und zwar dadurch, daß es in Zeiten der Korruption leicht zum Werkzeug der Usurpation und Tyrannei gemacht wird, sieht die gewöhnliche Regierungstätigkeit doch so aus, daß die Exekutive eine überlegene Miene zur Schau trägt und die Rechte des Volkes deshalb fortwährenden Übergriffen ausgesetzt scheinen.

Am Tag, an dem sich das römische Volk in seinen Wahlbezirken versammelte, mischten sich auch die Senatoren in die Masse, und der Konsul war nichts anderes als der Diener der Menge. Doch sobald diese furchterregende Versammlung aufgelöst war, trafen sich die Senatoren, um ihrem Souverän die Geschäfte vorzuschreiben. Der Konsul ging mit Axt und Rutenbündel bewaffnet umher, um einen jeden Römer, in seiner Eigenschaft als Individuum, diejenige Unterwerfung zu lehren, die er dem Staat schuldig war.

Auf diese Weise versammelt sich die Gesamtheit des Volkes nur gelegentlich, dies selbst dort, wo sie souverän ist. Und obgleich es bei solchen Gelegenheiten alle Fragen entscheidet, die sich auf seine Rechte und Interessen als Volk beziehen und seine Freiheit mit unwiderstehlicher Gewalt behaupten kann, hält es sich doch nicht für sicher und ist dies in Wirklichkeit auch keineswegs – ohne eine beständigere und gleichförmigere Macht, die zu seinen Gunsten wirkt.

Die große Menge ist überall stark. Doch zur Sicherheit ihrer Angehörigen, ob diese nun getrennt voneinander oder gemeinsam versammelt sind, fordert sie ein Oberhaupt, um ihre Macht zu lenken und anzuwenden. Wie man uns berichtet, waren zu diesem Zweck in Sparta die Ephoren, in Karthago der Rat der Hundert und in Rom die Volkstribunen eingesetzt. So vorbereitet, ist die Volkspartei in vielen Fällen imstande gewesen, ihren Gegnern die Spitze zu bieten. Sie hat sogar aristokratische und monarchische Gewalten mit Füßen getreten, denen sie ansonsten keineswegs gewachsen gewesen wäre. In solchen Fällen litt der Staat für gewöhnlich unter den Verzögerungen, Unterbrechungen und Verwirrungen, welche die volkstümlichen Führer fast immer in den Regierungsgeschäften bewirkten, sei dies aus persönlichem Neid oder aus vorherrschender Eifersucht gegen die Großen.

Wo das Volk, wie in einigen größeren Gemeinschaften, nur einen Anteil an der Gesetzgebung hat, kann es die parallelen Gewalten nicht überwältigen, die ebenfalls Anteil daran haben und imstande sind, sich selbst zu verteidigen. Wo das Volk nur

… Seit der Auflage von 1768 ersetzt durch:
Am Tag, an dem sich das römische Volk versammelte

durch seine Vertreter handelt, kann seine Macht einheitlich angewandt werden. Ja, es kann auf diese Weise im Rahmen einer Regierungsverfassung einen dauerhafteren Part spielen als in irgendwelchen anderen Verfassungen, in denen das Volk die gesamte Gesetzgebungsmacht besitzt oder beansprucht. Denn dort ist das Volk, sobald es versammelt ist, der Tyrann eines ungesunden Staatswesens, sobald es zerstreut ist, dessen Sklave. In angemessen gemischten Regierungen, wo das Interesse des Volkes im Interesse des Prinzen oder des Adels ein Gegengewicht findet, ist zwischen diesen Interessen tatsächlich ein Gleichgewicht hergestellt, auf dem öffentliche Freiheit und öffentliche Ordnung in gleicher Weise beruhen.

Alle verschiedenen Arten gemischter Regierungsformen gehen aus einer solch zufälligen Anordnung verschiedener Interessen hervor. Vom Grad der Beachtung, den jedes besondere Interesse sich selbst verschaffen kann, hängt die Billigkeit der Gesetze ab, welche die Interessen gemeinsam in Kraft setzen, sowie auch die Möglichkeit, zu erzwingen, daß es bei der Vollstreckung des Gesetzes genau bei seinem wörtlichen Inhalt bleibt. Staaten sind dementsprechend nicht alle in gleicher Weise geeignet, das Geschäft der Gesetzgebung zu übernehmen. Sie sind auch im Erreichen der Vollständigkeit und der regelmäßigen Beachtung ihres jeweiligen bürgerlichen Gesetzbuchs ungleich erfolgreich.

In demokratischen Einrichtungen, in denen sich die Bürger selbst im Besitz der Souveränität fühlen, sind diese nicht in gleicher Weise wie die Untertanen anderer Regierungen darum besorgt, ihre Rechte in Form von Statuten tatsächlich erklärt oder gesichert zu erhalten. Sie vertrauen auf ihre persönliche Kraft, auf die Unterstützung durch ihre Partei und auf den Gemeinsinn.

Nimmt die Gesamtheit sowohl das Amt des Richters wie des Gesetzgebers wahr, dann denkt sie selten daran, Vorschriften für die Anleitung ihres eigenen Verhaltens zu entwerfen. Noch seltener aber sieht man sie eine Vorschrift befolgen, nachdem eine solche verabschiedet wurde. Sie spricht sich das eine Mal von dem los, was sie ein anderes Mal selbst verordnete. In ihrem Vermögen, zu richten, läßt sie sich, vielleicht noch mehr, als es

bei ihrer gesetzgeberischen Tätigkeit der Fall ist, von Leidenschaften und Parteilichkeiten leiten, die sich aus den besonderen
Umständen des jeweils anstehenden Falls ergeben.

Aber auch unter den einfachsten Regierungen anderer Art, ob
nun unter einer Aristokratie oder Monarchie, sind Gesetze notwendig. Hierbei gibt es verschiedene Interessen, die beim Entwurf jeden Statuts miteinander in Einklang gebracht werden
müssen. Der Souverän wünscht, durch ausdrückliche und öffentlich bekannt gemachte Vorschriften, seiner Verwaltung Stabilität und Ordnung zu verleihen. Der Untertan seinerseits
möchte die Bedingungen und Grenzen seiner Pflichten kennen.
Er fügt sich oder er revoltiert, je nachdem die Bedingungen,
unter denen er mit seinem Souverän oder mit seinen Mituntertanen leben muß, mit seinem eigenen Rechtssinn übereinstimmen oder nicht.

Weder ein Monarch noch eine adelige Ratsversammlung können, wenn einer von beiden die Souveränität besitzt, vorgeben,
nach Belieben zu regieren oder zu richten. Keine Obrigkeit, ob
sie nun zeitweilig oder erblich eingesetzt ist, kann ohne Gefahr
jenen guten Ruf der Gerechtigkeit und Billigkeit vernachlässigen, dem sie die Autorität und die Achtung, die ihr persönlich
gezollt werden, in hohem Maße verdankt. Nationen aber sind
hinsichtlich des Inhalts und der Ausführung ihrer Gesetze in
dem Maße glücklich gewesen, in dem sie jedem Stand des Volkes, durch Repräsentation oder auf andere Weise, einen wirklichen Anteil an der Gesetzgebung eingeräumt haben. Das Gesetz wird unter Verfassungen dieser Art buchstäblich zum Vertrag, den die betroffenen Parteien miteinander vereinbart haben
und beim Zustandekommen von dessen Bestimmungen sie ihre
Meinung zum Ausdruck gebracht haben. Die Interessen, welche durch ein Gesetz berührt werden sollen, werden auf diese
Weise auch bei seiner Entstehung konsultiert. Jede Klasse erhebt für sich selbst einen Einspruch, sie schlägt einen Zusatz
oder eine eigene Verbesserung vor. Sie alle treffen durch ein
Grundgesetz gemeinsam Vorkehrungen, jeden kontroversen
Gegenstand in Ordnung zu bringen. Solange sie fortfahren, sich
ihrer Freiheit zu erfreuen, fahren sie auch fort, ihre Gesetze zu
vermehren und Gesetzesbände aufzuhäufen, so als ob sie jeden

möglichen Grund zum Streit ausräumen könnten und ihre Rechte schon dadurch sicher wären, daß sie sie schriftlich aufgezeichnet haben.

Rom und England haben sich in ihren gemischten Regierungsformen, deren eine zur Demokratie, deren andere zur Monarchie neigte, als die großen Gesetzgeber unter den Nationen erwiesen. Ersteres hat dem europäischen Kontinent das Fundament und einen großen Teil des Überbaus seines bürgerlichen Gesetzbuchs hinterlassen. Das letztere hat auf seiner Insel die Autorität und Herrschaft des Rechts auf eine Stufe der Vollendung gehoben, wie sie in der Geschichte der Menschheit niemals zuvor erreicht worden ist.

Unter solch günstigen Einrichtungen erlangen bekannte Rechtsbräuche sowie die Praxis und Entscheidungen der Gerichtshöfe ebenso die Gültigkeit von Gesetzen wie positive parlamentarische Gesetzesbestimmungen, und jedes Verfahren wird nach einer festen und bestimmten Regel durchgeführt. Zur unparteiischen Anwendung allgemeiner Regeln auf besondere Fälle werden die besten und wirksamsten Vorsichtsmaßregeln getroffen. Es ist bemerkenswert, daß sich in beiden Beispielen, die wir angeführt haben, eine überraschende Übereinstimmung in den einzigartigen Methoden ihrer Rechtsprechung findet. In beiden Fällen hat sich das Volk in gewissem Maße das richterliche Amt selbst vorbehalten. Es brachte die Entscheidung von Fällen des bürgerlichen oder des Strafrechts vor das Tribunal von Gleichen, die, indem sie über ihre Mitbürger zu Gericht saßen, auch sich selbst bestimmte Lebensbedingungen vorschrieben.

Letztlich aber dürfen wir die Sicherung der Gerechtigkeit nicht in bloßen Gesetzen erblicken. Sie ist vielmehr jenen Mächten zu danken, welche diese Gesetze zustande gebracht haben und ohne deren beständige Unterstützung sie außer Gebrauch kommen müssen. Parlamentarische Gesetzesbestimmungen dienen dazu, die Rechte eines Volkes aufzuzeichnen. Sie bezeugen die Absicht der Parteien, dasjenige zu verteidigen, was der Buchstabe des Gesetzes zum Ausdruck gebracht hat. Aber ohne die tatsächliche Kraft, dasjenige auch aufrechtzuerhalten, was als Recht anerkannt ist, ist die bloße Urkunde oder die schwächliche Absicht nur von wenig Bedeutung.

Eine Volksmenge, die durch Unterdrückung in Aufruhr gesetzt wurde oder ein besonderer Stand, der sich eines zeitweiligen Vorteils bemächtigt hat, haben viele Freibriefe, Zugeständnisse und Abmachungen zugunsten ihrer Ansprüche erlangt. Wo aber keine entsprechende Vorsorge getroffen wurde, diese auch zu bewahren, da gerieten die geschriebenen Gesetzesartikel oft zusammen mit dem Anlaß in Vergessenheit, auf den sie bezogen waren.

Die Geschichte Englands und jedes freien Landes ist reich an Beispielen von parlamentarischen Gesetzesbestimmungen, die in Kraft gesetzt wurden, als das Volk oder seine Vertreter versammelt waren, die aber niemals befolgt wurden, sobald die Krone oder die ausübende Gewalt nur sich selbst überlassen blieb. Die gerechtesten Gesetze auf dem Papier sind mit dem äußersten Despotismus in der Verwaltung vereinbar. Besaß doch sogar die Form des Geschworenengerichts in England zu einer Zeit gesetzliche Autorität, während der das Verfahren der Gerichtshöfe noch willkürlich und gewalttätig war.

Als den Eckstein bürgerlicher Freiheit müssen wir jene Satzung bewundern, welche dazu nötigt, die Geheimnisse jeden Kerkers zu enthüllen, den Grund jeder Verhaftung bekanntzumachen und einen Angeklagten in Person vorzuführen, so daß er innerhalb einer bestimmten Zeit seine Freilassung oder sein Gerichtsverfahren fordern kann. Niemals wurde dem Mißbrauch der Macht durch eine weisere Vorschrift begegnet. Es gehört kein geringeres Gebäude als das der ganzen politischen Verfassung Großbritanniens dazu, kein geringerer Geist als der hartnäckige und ungestüme Eifer dieses glücklichen Volks, um ihre Wirkungen zu sichern.

Schon die Sicherheit der Person und das Recht auf Eigentum, die in den Worten eines Parlamentsgesetzes so genau definiert werden können, hängen zu ihrer Aufrechterhaltung also von der Kraft und von der Eifersucht eines freien Volkes und vom Grad der öffentlichen Achtung ab, die jeder Stand im Staate für sich selbst behauptet. Noch einleuchtender ist es freilich, daß das, was wir politische Freiheit genannt haben, das heißt das Recht des einzelnen, in seinem jeweiligen Stand für sich selbst und für die Öffentlichkeit zu handeln, auf keiner anderen

Grundlage beruhen kann. Durch die verschiedenen Arten politisch-rechtlichen Verfahrens kann der Besitz gerettet und die Person befreit werden; aber die Rechte des Geistes können durch keine andere Gewalt behauptet werden als durch diejenige, die von ihm selbst ausgeht.

7. Von der Geschichte der Künste

Wir haben bereits bemerkt, daß die Kunst eine natürliche Betätigung des Menschen ist. Die Geschicklichkeit, die er nach vielen Jahren der Praxis erwirbt, ist nur die Verbesserung eines Talents, das er von Anfang an besessen hat. Vitruv findet die Anfangsgründe der Baukunst bereits in der Form einer skythischen Hütte vor. Der Waffenschmied kann die ersten Produkte seines Berufs in der Schleuder und im Bogen finden, der Schiffszimmermann die des seinigen im Kanu des Wilden. Selbst der Geschichtsschreiber und der Dichter können die ursprünglichen Versuche ihrer Kunst in den Erzählungen und Gesängen auffinden, welche die Kriege, die Liebeshändel und die Abenteuer der Menschen in ihrem rohesten Zustand verherrlichen.

Dazu bestimmt, seine eigene Natur zu kultivieren oder seine Situation zu verbessern, findet der Mensch stets einen Gegenstand für seine Aufmerksamkeit, Geschicklichkeit und Arbeit. Selbst dort, wo er persönlich keine Vervollkommnung anstrebt, werden seine Fähigkeiten durch eben jene Übungen gestärkt, in denen er sich selbst als Person zu vergessen scheint: Seine Vernunft und seine Neigungen werden auf diese Weise vorteilhaft mit den Angelegenheiten der Gesellschaft in Verbindung gebracht; seine Erfindungsgabe und seine Geschicklichkeit werden geübt, indem er sich Unterkunft und Nahrung verschafft. Seine besonderen Bestrebungen werden ihm von den Umständen der Zeit und des Landes vorgeschrieben, in denen er lebt. In der einen Situation wird er durch Kriege und politische Beratungen in Anspruch genommen, in der anderen durch die Sorge um sein Interesse, um seine persönliche Gemächlichkeit oder Bequemlichkeit. Seine Mittel passen sich den Zwecken an, die er im Blick hat. Indem er seine Erfindungen vervielfältigt, gelangt er stufenweise zur Vervollkommnung seiner Künste. Wenn sich sein Können auf jeder Stufe seines Fortschreitens vermehrt, dann muß sich sein Begehren währenddessen ebenfalls ausweiten: Denn es würde ebenso vergeblich sein, ihm eine Erfindung vorzuschlagen, deren Gebrauch er geringschätzte, als ihm von Segnungen zu erzählen, über die er nicht verfügen könnte.

Man nimmt allgemein an, daß nachfolgende Zeitalter von den vorhergehenden gelernt und die Völker ihren jeweiligen Teil an Gelehrsamkeit oder Kunstfertigkeit vom Ausland übernommen haben. Die Römer haben, so glaubt man, von den Griechen gelernt und die Modernen in Europa von diesen beiden. Wir gehen mit dieser Vorstellung oft sogar so weit, daß wir nichts Originelles mehr in der Praxis oder den Sitten irgendeines Volkes zugeben wollen. Der Grieche gilt uns als Kopie des Ägypters, und sogar der Ägypter war angeblich ein Nachahmer, obwohl wir das Muster aus den Augen verloren haben, nach dem er sich gebildet hat.

Bekanntermaßen verbessern sich die Menschen durch Beispiel und Umgang. Aber warum suchen wir, wenn von ganzen Völkern die Rede ist, deren Angehörige sich doch gegenseitig anregen und anleiten, den Ursprung der Künste außerhalb des Landes? Trägt nicht jede Gesellschaft die Prinzipien dieser Künste in sich selbst und bedarf es nicht nur einer günstigen Gelegenheit, um sie ans Licht zu bringen? Falls sich einem Volk eine solche Gelegenheit bietet, ergreift es sie im allgemeinen auch. Solange sie andauert, vervollkommnet das Volk auch die Erfindungen, die es in seiner Mitte veranlaßt hat, oder es übernimmt diese bereitwillig von anderen. Aber es wendet seine eigene Erfindungskraft niemals auf Dinge an, die nicht in der Richtung seiner gewöhnlichen Bestrebungen liegen, und es sieht sich im Ausland auch niemals nach Belehrungen in solchen Dingen um. Es übernimmt niemals eine Verfeinerung, deren Nutzen es noch nicht entdeckt hat.

Wir lassen häufig die Bemerkung fallen, daß Erfindungen zufällig gemacht werden. Es ist jedoch wahrscheinlich, daß eine solch zufällige Entdeckung, die dem Künstler in einem Zeitalter entgeht, von einem anderen, der ihm später nachfolgt und der vom Nutzen dieser Entdeckung bessere Kenntnis hat, aufgegriffen wird. Wo die Umstände günstig sind und wo das Volk Aufmerksamkeit für die Gegenstände irgendeiner Kunst aufbringt, dort wird jede Erfindung dadurch bewahrt, daß sie allgemein benutzt wird. Jedes Vorbild wird eifrig studiert, und jeder Zufall wird gut ausgenutzt. Wenn Völker also tatsächlich etwas von ihren Nachbarn entlehnen, so entlehnen sie wahr-

scheinlich nur das, was sie selbst zu erfinden beinahe in der
Lage gewesen wären.

Deshalb wird selten irgendeine Praxis, die dem einen Land
eigentümlich ist, auf ein anderes Land übertragen, ehe der Weg
hierzu nicht durch die Einführung ähnlicher Umstände gebahnt
ist. Deshalb auch unsere häufigen Klagen über die Stumpfsin-
nigkeit oder Hartnäckigkeit der Menschen und die langsame
Übertragung der Künste von einem Ort zum andern. Während
die Römer die Künste Griechenlands übernahmen, fuhren die
Thraker und die Illyrier fort, sie mit Gleichgültigkeit zu betrachten. Jene Künste blieben während des einen Zeitabschnitts
auf die griechischen Kolonien und während eines anderen Zeitabschnitts auf die Römer beschränkt. Selbst dort, wo sie sich
durch unmittelbaren Umgang verbreiteten, wurden sie von unabhängigen Völkern immer noch mit einer geradezu schläfrigen
Erfindungsgabe aufgenommen. Sie machten in Rom keinen
schnelleren Fortschritt, als sie es in Griechenland getan hatten.
Nur im Gefolge neuer Ansiedlungen und im Verein mit der
Staatskunst Italiens gelangten sie bis an die äußersten Grenzen
des Römischen Reiches.

Die Menschen neuerer Zeiten, die aus ihren Ländern auswan-
derten und wohl angebaute Provinzen in Besitz nahmen, behielten die Künste bei, die sie zu Hause praktiziert hatten. Auch
dort, wo der neue Herr eine reiche Ernte hätte erzielen können,
jagte er noch seinen Bären oder hütete seine Viehherden. Er
errichtete seine Hütte im Angesicht eines Palastes, und er be-
grub die Gebäude, Skulpturen, Gemälde und die Bibliotheken
der früheren Einwohner unter einem gemeinsamen Trümmer-
haufen. Siedlungen errichtete er nach seinen eigenen Plänen. Er
öffnete den Springquell der Erfindungen aufs Neue, ohne aus
der Entfernung wahrzunehmen, auf welche Höhen der Fortschritt der früheren Einwohner seine Nachkommen führen
könnte. Die hüttenartige Behausung des gegenwärtigen Geschlechts erweiterte so ihr Ausmaß nur stufenweise, ganz so,
wie es beim vorherigen der Fall war. Öffentliche Gebäude erreichten neue Pracht erst nach dem Muster eines neuen Ge-
schmacks. Doch selbst dieser Geschmack überlebte sich im Verlauf der Zeiten wieder, und die Völker Europas kehrten zu

Vorbildern zurück, die ihre Väter zerstört hatten, und sie weinten über den Ruinen, die sie nicht wiederherstellen konnten.

Nachdem der ursprüngliche Genius moderner Nationen zum Durchbruch gekommen war, wurden die literarischen Überreste des Altertums sorgfältig studiert und nachgeahmt. Die rohen Versuche der Dichtkunst in Italien und in der Provence glichen jenen der Griechen und alten Römer. Wie weit der Wert unserer Kunstwerke ohne die Unterstützung dieser Vorbilder allein durch allmähliche Verbesserungen gestiegen sein würde, oder ob wir durch Nachahmung mehr gewonnen haben, als wir dadurch verloren haben, daß wir unsere eingeborene Denkweise und unseren Märchensinn aufgegeben haben, das muß der Vermutung überlassen bleiben. Gewiß aber verdanken wir den Griechen und Römern sowohl den Stoff wie die Form vieler unserer Werke. Ohne ihr Beispiel würde der ganze Grundzug unserer Literatur wie auch der unserer Sitten und unserer Politik im Vergleich zu dem, den wir jetzt besitzen, unterschiedlich ausgefallen sein. Soviel kann jedoch mit Sicherheit behauptet werden, daß zwar die römische wie die moderne Literatur gleichermaßen nach dem griechischen Original schmecken, die Menschen jedoch in beiden Fällen nicht aus dieser Quelle getrunken hätten, hätten sie nicht auch Eile gehabt, ihre eigenen Quellen zu eröffnen.

Gefühl und Einbildungskraft, der Gebrauch der Hand und des Kopfes sind nicht Erfindungen besonderer Menschen. Die Blüte der Künste, die von ihnen abhängt, ist bei jedem Volk eher ein Beweis der politischen Glückseligkeit in seinem Innern als für irgendeine von auswärts erhaltene Unterweisung oder für irgendeine natürliche Überlegenheit an Fleiß oder Begabung.

Wenn sich die Aufmerksamkeit der Menschen auf besondere Gegenstände richtet, wenn die Errungenschaften eines Zeitalters unversehrt dem nächsten überlassen werden, wenn jedes Individuum an seinem Platze beschützt ist und es ihm gestattet wird, den Eingebungen seiner Bedürfnisse nachzugehen, dann häufen sich Erfindungen, und es wird schwer, den Ursprung irgendeiner Kunst noch aufzufinden. Es sind viele Schritte, die zur Vollkommenheit führen, und wir wissen nicht, wem wir das

höchste Lob zollen sollen, ob dem ersten oder dem letzten, der
einen Teil zum Fortschritt beigetragen haben mag.

8. Von der Geschichte der Literatur

Wenn wir uns auf die im vorhergehenden Kapitel enthaltenen allgemeinen Bemerkungen verlassen dürfen, dann sind die Literatur ebenso wie die mechanischen Künste eine natürliche Frucht menschlichen Geistes. Sie werden stets dort spontan entstehen, wo Menschen in glückliche Umstände versetzt sind. Bei gewissen Nationen ist es ebensowenig nötig, uns auswärts nach dem Ursprung ihrer Literatur umzusehen, als es dies wäre, falls wir wissen wollen, woher denn die Vergnügungen und Leibesübungen kommen, denen sich die Menschen in einem Zustand des Wohlergehens und der Freiheit ohnehin aus eigener Neigung hingeben.

Wir pflegen die Künste gern als etwas zu betrachten, was der Natur des Menschen fremd und äußerlich ist. Allein es gibt keine Kunst, die ihre Veranlassung nicht im menschlichen Leben gefunden hat und die sich uns nicht in der einen oder anderen Lage, in der sich das Menschengeschlecht befunden hat, als Mittel zur Erreichung eines nützlichen Zwecks angeboten hat. Die gewerblichen und kommerziellen Künste gingen aus der Liebe zum Eigentum hervor und wurden durch die Aussicht auf Sicherheit und Gewinn angespornt. Literatur und schöne Künste hatten ihren Ursprung im Verstand, in der Phantasie und im Herzen. Sie sind bloße Übungen des Geistes auf der Suche nach seinen besonderen Vergnügungen und Beschäftigungen, und sie werden durch Umstände gefördert, die dem Geist erlauben, sich zu erfreuen.

Die Menschen werden gleicherweise durch Vergangenheit, Gegenwart und Zukunft in Anspruch genommen. Sie sind auf jede Beschäftigung vorbereitet, die ihren Kräften Spielraum gibt. Während langer Zeiten bleiben deshalb die Werke des Erzählens, der Erdichtung oder des vernünftigen Nachdenkens, wie sie die Einbildungskraft zu beschäftigen pflegen oder das Herz berühren, ein Gegenstand der Aufmerksamkeit und eine Quelle der Freude. Die Erinnerung menschlicher Handlungen, die mündlich oder schriftlich aufbewahrt wird, ist die natürliche

Befriedigung einer Leidenschaft, die aus Neugierde, Bewunderung und aus der Liebe zum Vergnügen besteht.

Die Schöpfungen des bloßen Genies sind zuweilen bereits vollendet, bevor viele Bücher geschrieben werden und die Wissenschaft weit vorangekommen ist. Der Künstler braucht die Hilfe der Gelehrsamkeit dann nicht, wenn seine Beschreibung oder Geschichte sich auf naheliegende und benachbarte Gegenstände bezieht, auf das Verhalten und den Charakter von Menschen, mit denen er selbst Umgang hatte und an deren Beschäftigungen und Schicksalen er teilgenommen hat.

Der Dichter ist aufgrund dieses Vorteils der erste, der die Früchte seines Genies darbietet und der auf der Bahn jener Künste vorangeht, durch die es dem Geist bestimmt ist, seine Einbildungen darzustellen und seine Leidenschaften zum Ausdruck zu bringen. Jeder Barbarenstamm hat seine poetischen oder historischen Verse, die den Aberglauben, den Enthusiasmus und die Bewunderung des Ruhms in sich tragen, wovon die Menschenbrust im frühesten Zustand der Gesellschaft erfüllt ist. Sie ergötzen sich an vershaften Kompositionen, weil der Takt der abgezählten Silben entweder für die Sprache des Gefühls natürlich ist oder weil sie, des Schreibens unkundig, genötigt sind, dem Gedächtnis mit dem Ohr zu Hilfe zu kommen, um so die Wiederholung zu erleichtern und die Erhaltung ihrer Werke zu sichern.

Achten wir auf die Sprache, die Wilde bei irgendeiner feierlichen Gelegenheit gebrauchen, so scheint es, daß der Mensch von Natur aus ein Dichter ist. Ob der Mensch nun anfänglich durch die bloße Armut seiner Sprache und durch den Mangel passender Ausdrücke dazu genötigt ist oder durch das Vergnügen der Einbildungskraft beim Bemerken der Analogie ihrer Objekte verführt wird, er kleidet jedenfalls jede Wahrnehmung in die Form von Bild und Metapher. »Wir haben den Baum des Friedens gepflanzt«, sagt ein eingeborener amerikanischer Redner, »und wir haben das Kriegsbeil unter seinen Wurzeln vergraben. Von nun an werden wir in seinem Schatten ruhen. Wir wollen gemeinsam die Kette erstrahlen lassen, die unsere Nationen zusammenbindet.« So klingen die Häufungen bildhafter Ausdrücke, deren sich diese Völker in ihren öffentlichen Ansprachen bedienen. Ebenso haben sie bereits jene lebhaften Bilder und jene kühne Ungebundenheit der Sprache angenommen, welche die Gebildeten später so geeignet fanden, um die unvermittelten Übergänge der Einbildungskraft und das Feuer eines leidenschaftlichen Geistes zum Ausdruck zu bringen.

Verlangt man von uns zu erklären, wie die Menschen denn überhaupt Dichter oder Redner sein konnten, ehe sie Unterstützung durch das Wissen des Gelehrten und des Kritikers fanden, so könnte die entsprechende Gegenfrage unsererseits lauten, wie denn überhaupt Körper aufgrund ihrer Schwere fallen konnten, ehe die Gesetze der Schwerkraft in Büchern aufgezeichnet waren? *Ebenso wie die Materie hat auch der Geist seine Gesetze. Die Beispiele hierfür sind in der menschlichen Praxis zu finden.* Der Kritiker aber sammelt diese Gesetze erst, nachdem das praktische Beispiel gezeigt hat, was sie sind.

Bei rohen Völkern wird jede Erzählung in Versen wiederholt und in die Form eines Gesangs gebracht. Wie wir bereits erwähnt haben, kommt dies wahrscheinlich durch die natürliche Verbindung zwischen den Regungen einer erhitzten Phantasie und den Eindrücken zustande, die Musik und ergreifende Töne hervorrufen. Die frühe Geschichte aller Völker stimmt in bezug auf diese Besonderheit überein. Priester, Staatsmänner und Philosophen haben ihre Unterweisungen in den ersten Zeiten Griechenlands in Gedichtform gegeben. Sie hielten sich damit an die Leute, deren Beschäftigung in Musik und Heldengedichten bestand.

Doch es ist weniger erstaunlich, daß bei allen Völkern die Dichtung die erste Art der Darstellung überhaupt war, als daß ein augenscheinlich so schwerer und dem allgemeinen Gebrauch so fernliegender Stil nahezu überall der erste war, der zur vollendeten Reife gedieh. Die am meisten bewunderten Dichter lebten jenseits der Reichweite historischer Erinnerung, ja, fast jenseits der Reichweite der Überlieferung. Der kunstlose Gesang der

---

... Seit der Auflage von 1773 ersetzt durch:
Ebenso wie die Materie hat auch der Geist seine Gesetze. Die Beispiele hierfür finden sich im Lauf der Natur.

Wilden, die Heldensagen des Barden, sie weisen zuweilen eine
großartige Schönheit auf, die keine Veränderung der Sprache
veredeln und kein Kunstgriff eines Kritikers verbessern
kann.[1]

Trotz des angeblichen Nachteils eines beschränkten Wissens
und einer rohen Auffassungsgabe, verfügt der einfache Poet
über Eindrücke, die seinen Mangel an Geschicklichkeit mehr als
ausgleichen. Die besten dichterischen Stoffe, die Charaktere des
Gewalttätigen und des Mutigen, des Großmütigen und des Un-
erschrockenen, große Gefahren, Proben der Tapferkeit und der
Treue, sie alle stehen ihm unmittelbar vor Augen oder werden
mündlich überliefert, so daß sie die Seele wie die Wahrheit
selbst beflügeln, da sie für die Wahrheit gehalten werden. Der
einfache Dichter ist nicht wie Vergil oder Tasso genötigt, die
Empfindungen oder Szenen eines Zeitalters wieder hervorzu-
zaubern, das weit hinter seinem eigenen zurückliegt. Er braucht
sich nicht durch einen Kritiker darüber belehren zu lassen, was
ein anderer gedacht haben würde oder auf welche Weise ein
anderer seine Vorstellungen zum Ausdruck gebracht haben
würde.[2] Denn die einfachen Leidenschaften, ob nun Freundschaft, Empörung oder Liebe, sind die Regungen seines eigenen
Geistes, und er hat keine Veranlassung, andere nachzuahmen.
In seinen Vorstellungen und Gefühlen ist er einfach und heftig.
Er kennt keine übermäßige Vielfalt der Gedanken oder der
Stile, die seine Urteilskraft fehlleiten oder strapazieren könnten.
Er übermittelt die Regungen des Herzens in Worten, die ihm
vom Herzen eingegeben werden, denn er kennt keine anderen.
Es rührt von daher, daß wir zwar bei Vergil und anderen späte-
ren Dichtern Urteilskraft und Erfindungsgabe bewundern, sol-
che Ausdrücke aber auf Homer falsch angewandt zu sein schei-
nen. Obgleich er in seinen Vorstellungen ebenso einsichtsvoll
wie erhaben ist, ist nicht vorauszusehen, wohin das Licht seines
Verstandes und die Bewegungen seines Herzens jeweils führen.
Es ist, als spreche er aus göttlicher Eingebung, nicht aus Erfindung, als wäre er bei der Wahl seiner Gedanken und Ausdrücke

1 Siehe die Übersetzungen gaelischer Dichtungen von James McPherson.
Zusatz seit der Auflage von 1768
2 Siehe Longinus.

von einem übernatürlichen Instinkt geleitet und nicht von der Reflexion.

Die Sprache früherer Zeiten ist in einer Hinsicht einfach und begrenzt, in anderer Hinsicht ist sie vielfältig und frei, gestattet sie doch Freiheiten, die dem Dichter späterer Zeiten versagt sind.

In rohen Zeitaltern werden die Menschen nicht durch Unterschiede des Rangs oder Berufs voneinander abgesondert. Sie leben auf die gleiche Weise, und sie sprechen dieselbe Mundart. Der Barde braucht seine Worte nicht aus der eigentümlichen Mundart unterschiedlicher Lebenslagen auszuwählen. Er braucht seine Sprache auch nicht vor den charakteristischen Fehlern des Handwerkers, des Bauern, des Gelehrten oder des Höflings zu hüten, um jene elegante Angemessenheit und echte Erhabenheit zu erzielen, die von der Vulgarität der einen Klasse ebenso frei ist, wie von der Pedanterie der anderen oder der Leichtfertigkeit der dritten. Seine Benennung jedes Gegenstands und jedes Gefühls ist eindeutig, und wenn seine Vorstellung die Erhabenheit der Natur besitzt, dann wird auch sein Ausdruck eine Reinheit aufweisen, die nicht von seinem Belieben abhängt.

Trotz dieser augenscheinlichen Beschränkung in der Wahl seiner Worte hat er die Freiheit, gewöhnliche Arten der Konstruktion zu durchbrechen. Er kann in der Form einer nicht durch Regeln festgelegten Sprache für sich selbst ein Silbenmaß erfinden, das der Stimmung seines Geistes entspricht. Da seine Bedeutung treffend und seine Sprache abgehoben ist, scheint die Freiheit, die er sich nimmt, auf eine Vervollkommnung der Grammatik, nicht aber auf ihre Übertretung hinauszulaufen. Er überliefert den kommenden Zeitaltern einen Stil und wird zum Vorbild, nach welchem seine Nachfolger urteilen.

Aber wie es sich auch verhalten mag mit der frühzeitigen Befähigung der Menschen für die Dichtkunst und mit den Vorteilen die sie daraus für die Pflege dieser Art von Literatur gezogen haben, ob die frühe Reife dichterischer Ausarbeitungen nun von daher kommt, daß man sie zuerst studiert hat, oder von daher, daß sie einen gewissen Reiz auf Menschen lebhaften Gemüts ausüben, die ihrerseits am besten geeignet sind, die Beredsamkeit ihrer Muttersprache zu vervollkommnen: es stellt jedenfalls eine bemerkenswerte Tatsache dar, daß wir in jeder Nation Dichter haben, die mit Vergnügen gelesen werden. Dies ist nicht allein in Ländern der Fall, wo jede Art von poetischer Anlage ursprünglich war und gleichsam in natürlicher Folge zur Entfaltung gelangte, sondern selbst in Rom und im modernen Europa, wo die Gelehrten früh anfingen, fremde Vorbilder nachzuahmen. Prosaschriftsteller derselben Zeitalter kann man angesichts der Dichter vernachlässigen.

Sophokles und Euripides gingen den Geschichtsschreibern und Sittenlehrern Griechenlands voran. In gleicher Weise waren nicht nur Nävius und Ennius Dichter, welche die römische Geschichte in Versen schreiben, auch Lucilius, Plautus, Terenz, und wir können auch Lukrez noch hinzufügen, kamen früher als Cicero, als Sallust oder Caesar. Dante und Petrarca gingen in Italien allen guten Prosaschriftstellern voran. In Frankreich waren Corneille und Racine die Vorläufer des glänzenden Zeitalters der Prosadarstellungen. Auch in England hatten wir nicht nur Chaucer und Spenser, sondern auch Shakespeare und Milton bereits zu einer Zeit, als unsere Versuche in Geschichte oder Wissenschaft noch ganz in den Kinderschuhen steckten und sie unsere Aufmerksamkeit deshalb auch nur wegen der sachlichen Fragen verdienen, die sie behandeln.

Hillanicus wird zu den ersten Prosaschriftstellern Griechenlands gerechnet. Er lebte entweder unmittelbar vor Herodot oder war sein Zeitgenosse. Er begann damit, daß er es als seine Absicht erklärte, jene wilden Darstellungen und übertriebenen Erfindungen aus der Geschichte zu entfernen, durch die diese von den Dichtern entwürdigt worden sei.[3] Ihn wie seine unmittelbaren Nachfolger mögen der Mangel an Urkunden oder an vertrauenswürdigen Zeugen bezüglich weit zurückliegender Begebenheiten daran gehindert haben, der Wahrheit all den Vorteil angedeihen zu lassen, den sie aus dem Übergang zur Prosa gezogen haben könnte. Es gibt allerdings Zeiten im Fort-

---

3 Angeführt von Demetrius Phalerius.

schreiten der Gesellschaft, in denen ein solcher Vorschlag eine vorteilhafte Aufnahme finden muß. Sobald die Menschen anfangen, sich mit Gegenständen der Politik und der kommerziellen Künste zu beschäftigen, wünschen sie nicht nur bewegt, sondern ebensosehr auch informiert und unterwiesen zu werden. Sie interessieren sich dann für das, was an vergangenen Begebenheiten wirklich gewesen ist. Sie bauen ihre Überlegungen und Schlüsse auf dieser Grundlage auf, um sie dann auf gegenwärtige Angelegenheiten anzuwenden. Sie möchten über die verschiedenen Bestrebungen und Projekte unterrichtet sein, mit denen sie selbst im Begriffe stehen, sich einzulassen. Die Sitten der Menschen, die Praxis alltäglichen Lebens und die Form der Gesellschaft, sie liefern dem moralischen und politischen Schriftsteller den Stoff für seine Schriften. Auch wenn sie in gewöhnlicher Sprache übermittelt sein sollten, meint man jetzt, daß bloßer Scharfsinn, Richtigkeit des Empfindens und korrekte Darstellung literarisches Verdienst ausmachen. Diese wenden sich mehr an die Vernunft als an Phantasie und Gefühl. Sie finden deshalb eine Aufnahme, die sich der Belehrung verdankt, die sie mit sich bringen.

Die Talente der Menschen können ihre Anwendung in einer Vielfalt von Angelegenheiten finden. Ihre Forschungen können sich auf verschiedene Gegenstände erstrecken. Wissen ist in jedem Bereich der bürgerlichen Gesellschaft wichtig und zur Ausübung jeder Kunst erforderlich. Die Wissenschaften von der Natur, von der Moral, von Politik und Geschichte finden jeweils ihre besonderen Bewunderer. Selbst die Dichtung nimmt immer mannigfaltigere Formen an, behält aber zugleich ihren früheren Platz im Reiche blühender Phantasie und begeisterter Leidenschaft.

Die Dinge entwickelten sich so weit, ohne daß es der Hilfe fremder Beispiele oder der Anleitung durch Schulwissen bedurft hätte. Thespis' Karren wurde nicht in ein Theater verwandelt, um die Gelehrten zu erfreuen, sondern um das gemeine Volk Athens zu erheitern. Über den Wert dichterischen Verdienstes wurde sowohl vor als nach der Erfindung von Regeln von eben diesem Volk entschieden. Die Griechen kannten keine Sprache außer ihrer eigenen, und wenn sie ein gelehrtes Volk wurden, so nur dadurch, daß sie über dasjenige weiter nachdachten, was sie selbst hervorgebracht hatten. Die kindische Mythologie, die sie aus Asien entlehnt haben sollen, trug ebenso wenig dazu bei, ihre Liebe zu den Künsten zu befördern wie den praktischen Erfolg bei der Ausübung dieser Künste.

Wenn der Geschichtsschreiber von den Ereignissen berührt wird, die er entweder selbst miterlebt oder gehört hat, wenn er durch Nachdenken oder Leidenschaft dazu getrieben wird, sie zu erzählen, wenn der Staatsmann, der öffentlich sprechen soll, genötigt ist, sich auf jeden größeren Auftritt mit wohl einstudierten Ansprachen vorzubereiten, wenn die gesellige Unterhaltung umfassender und verfeinerter wird und wenn endlich die sozialen Gefühle und Betrachtungen der Menschen der Feder anvertraut werden, dann kann aus dem Getriebe aktiven Lebens auch ein System der Gelehrsamkeit hervorgehen. Die Gesellschaft selbst ist die Schule, und ihre Lehren werden in der Praxis wirklicher Begebenheiten erteilt. Ein Autor schreibt aufgrund von Beobachtungen, die er selbst über den Gegenstand seines Interesses gemacht hat, nicht aufgrund dessen, was ihm Bücher nahegebracht haben. Jedes seiner Werke trägt den Stempel seines Charakters als Menschen und nicht nur den seiner bloßen Tüchtigkeit als Student oder als Gelehrter. Es ist fraglich, ob ein mühevolles Suchen nach entlegenen Vorbildern und ein unermüdliches Forschen nach Belehrung in dunklen Anspielungen und unbekannten Sprachen sein Feuer nicht gedämpft hätten und ihn zu einem Schriftsteller untergeordneten Rangs gemacht haben würden.

Läßt sich die Gesellschaft in dieser Weise als Schule der Gelehrsamkeit betrachten, dann ist es zugleich auch unwahrscheinlich, daß ihre Lehren in jedem besonderen Staatswesen und in jedem Zeitalter verschieden sind. Eine bestimmte Zeit lang unterdrückte die ernsthafte Hinwendung des römischen Volks zu Politik und Krieg die literarischen Künste. Diese Wendung scheint sogar das Genie des Historikers und des Dichters erstickt zu haben. Die Einrichtungen Spartas veranlaßten eine allgemeine Geringschätzung von allem, was nicht mit den praktischen Tugenden eines starken und entschlossenen Geistes zusammenhing. Die Reize der Einbildungskraft und eine schwungvolle Sprache wurden von diesem Volk den Künsten eines Kochs oder Parfümeurs zugerechnet. Die Gesänge der Spartaner zum Lob der Tapferkeit werden von etlichen Schriftstellern erwähnt, und ihre Sammlungen witziger Sprichwörter und schlagfertiger Entgegnungen wurden bis heute bewahrt. Sie verweisen auf die Tugenden und die Fähigkeiten eines aktiven Volks, nicht aber auf dessen Befähigung zur Wissenschaft oder zum literarischen Geschmack. Im Besitz dessen, was an Herzenstugenden für die Erlangung der Glückseligkeit wesentlich war, verfügten sie über eine klare Erkenntnis ihres Werts und wurden durch keines jener zahllosen Dinge verwirrt, deren Einschätzung den Menschen im allgemeinen so schwerfällt. Festgelegt auf ihre eigenen Wertvorstellungen, führten sie eine scharfe Klinge gegen die Torheiten der Menschen. »Wann werdet Ihr anfangen, sie zu praktizieren?«, so lautete die Frage eines Spartaners an eine Person, die im fortgeschrittenen Lebensalter immer noch mit der bloßen Frage nach dem Wesen der Tugend beschäftigt war.

Während dieses Volk seine Bemühungen auf die eine Frage beschränkte, wie es den Mut und die uneigennützigen Neigungen des menschlichen Herzens verbessern und erhalten könne, gaben seine Rivalen, die Athener, der Verfeinerung der Gegenstände des Nachdenkens und der Leidenschaft freien Spielraum. Für jedwede Bemühung des Verstandes, die etwas zum Lebensgenuß, zur Verschönerung und zur Bequemlichkeit des Daseins beitrug, verliehen sie einen Lohn in der Form von Gewinn oder Ansehen. Hierdurch und durch die Mannigfaltigkeit der Umstände, in denen sich ihre Bürger befanden, durch die Ungleichheit der Vermögen und ihre verschiedenartigen Bestrebungen auf dem Gebiet des Krieges, der Politik, des Handels und der gewinnbringenden Gewerbe, erweckten sie alles, was in den natürlichen Anlagen der Menschen entweder gut oder schlecht war. Jeder Weg zur Größe stand offen. Der Beredsamkeit, der Tapferkeit, militärischem Können, Neid, Verleumdung, Kriegen und Verrat, ja selbst der Muse wurde gehuldigt, um den Menschen in einem geschäftigen, scharfsinnigen und unruhigen Volk Ansehen zu verleihen.

Wir können aus diesem Beispiel den sicheren Schluß ziehen, daß geschäftige Lebensart sich zwar zuweilen nicht mit gelehrtem Fleiß vertragen will, aber Einsamkeit und Muße dennoch nicht die Haupterfordernisse zur Verbesserung, vielleicht nicht einmal zur Ausübung literarischer Talente sind. Die am meisten ins Auge fallenden Betätigungen der Einbildungskraft und des Gefühls haben einen Bezug zur Menschheit. Sie werden durch die Gegenwart und den Verkehr der Menschen untereinander angeregt. Am stärksten sind sie dann, wenn sie durch das Wirken ihrer Haupttriebfedern, d. h. durch Wetteifer, Freundschaft und jene Gegensätze, wie sie in einem geraden und strebsamen Volk bestehen, von der Seele in Bewegung gesetzt werden. Inmitten der großen Anlässe, welche eine freie, ja sogar freizügige Gesellschaft in Bewegung setzen, werden ihre Mitglieder zu jeder Anstrengung fähig. Dieselben Umstände, die einem Themistokles und einem Thrasybul Gelegenheit zur Betätigung gaben, inspirierten durch Ansteckung auch das Genie eines Sophokles und eines Plato. Der Unduldsame und der Erfindungsreiche finden hier gleichermaßen Spielraum für ihre Talente. Literarische Denkmäler werden so zu Aufbewahrungsstätten von Mißgunst und Torheit ebenso wie von Weisheit und Tugend.

Griechenland war zwar in viele kleine Staaten zersplittert und mehr als irgendein anderer Fleck auf der Erde von inneren Zwistigkeiten und auswärtigen Kriegen erschüttert. Dennoch bot es ein Muster für jede Art von Literatur. Die Flamme breitete sich nach Rom aus, und zwar nicht zu der Zeit, als der Staat aufhörte, kriegerisch zu sein und seine politischen Kämpfe eingestellt hatte, sondern als er die Liebe zu Verfeinerung und Genuß mit seinen nationalen Bestrebungen verknüpfte und einer Neigung zum forschenden Bemühen nachgab, inmitten von Gärungen, die durch Kriege und Ansprüche gegnerischer Fraktionen veranlaßt wurden. Auch in Europa wurde die Flamme unter den unruhigen Staaten Italiens wieder angefacht. Zusammen mit dem Geist, der das Gebäude gotischer Politik erschütterte, breitete sie sich nach Norden hin aus. Sie entzündete sich, während die Menschen unter bürgerlichem oder religiösem Vorzeichen in Parteien gespalten waren und sich über Dinge nicht einig werden konnten, die man für die wichtigsten und heiligsten hielt.

Das Beispiel vieler Zeiten kann uns zur Genüge darauf hinweisen, daß großzügige Unterstützungen, wie sie gelehrten Gesellschaften gewährt wurden, und die Muße, die man ihnen für ihre gelehrte Tätigkeit verschaffte, nicht die tauglichsten Mittel sind, um die Tätigkeit des Genies anzuregen. Im Schatten mönchischer Zurückgezogenheit verschmachtete selbst die Wissenschaft, angeblich doch ein Abkömmling der Muße. Menschen, die fern von den Gegenständen nützlicher Erkenntnis leben und von den Beweggründen eines tätigen und aktiven Geistes unberührt bleiben, vermögen nur den Jargon einer technischen Sprache hervorzubringen und die Abgeschmacktheit akademischer Formen aufzuhäufen.

Um aus einer Beobachtung der Natur heraus richtig zu sprechen und zu schreiben, muß man natürliche Gefühle empfunden haben. Derjenige, der sein Leben mit Durchblick und mit Eifer gestaltet, wird wahrscheinlich in entsprechendem Maße auch Kraft und Erfindungsgeist auf die Betätigung seiner wissenschaftlichen Talente anwenden. Obgleich die Schriftstellerei zu einem Gewerbe werden und alle Hinwendung und Mühe erfordern kann, die auf jeden anderen Beruf verwandt werden, bestehen die Haupterfordernisse dieses Berufs doch in der Kraft und Sensibilität eines starken Geistes.

Zur einen Zeit kann die Schule ihr Licht und ihre Anweisung aus dem praktischen Leben beziehen, zu einer anderen Zeit werden die Reste eines tatkräftigen Geistes sicherlich durch literarische Denkwürdigkeiten wesentlich unterstützt, ferner auch durch die Geschichte von Begebenheiten, in der Beispiele und Erfahrungen früherer und besserer Zeiten aufbewahrt sind. Die Menschen mögen, auf welche Art auch immer, zu großen Leistungen in Wort und Tat herangebildet werden, doch es scheint die blendendste aller Täuschungen zu sein, die Vervollkommnung menschlichen Charakters in den bloßen Errungenschaften spekulativen Denkens zu suchen, während wir die Eigenschaften des Muts und der Liebe zum gemeinen Besten vernachlässigen, die doch so notwendig sind, um unser Wissen zu einem Gegenstand des Glücks oder des Nutzens zu machen.

Vierter Teil
Von den Folgen, die sich aus dem Fortschreiten bürgerlicher und kommerzieller Künste ergeben

1. Von der Teilung der Künste und Berufe

Es liegt auf der Hand, daß ein Volk, wie sehr es auch durch ein Gefühl der Notwendigkeit und einen Wunsch nach Bequemlichkeit angetrieben wird oder durch irgendwelche Vorteile seiner Lage und politischen Grundsätze begünstigt ist, doch keinen großen Fortschritt in der Pflege der lebenserhaltenden Künste machen kann, bis es die verschiedenen Aufgaben, die jeweils besondere Geschicklichkeit und Aufmerksamkeit erfordern, voneinander getrennt und verschiedenen Personen anvertraut hat. Der Wilde oder der Barbar, der alles selbst bauen, pflanzen und herstellen muß, zieht in den Pausen, in denen er von großen Kämpfen und Anstrengungen frei ist, den Genuß der Untätigkeit den Verbesserungen seiner Vermögenslage vor: die Vielfalt seiner Bedürfnisse entmutigt möglicherweise seinen Gewerbefleiß; seine geteilte Aufmerksamkeit hindert ihn vielleicht daran, die zur Behandlung eines besonderen Gegenstands erforderliche Geschicklichkeit zu erwerben.

Doch der Genuß des Friedens und die Aussicht darauf, eine Ware für eine andere eintauschen zu können, verwandelt nach und nach den Jäger und den Krieger in einen Gewerbetreibenden und einen Kaufmann. Zufällige Umstände, welche die Subsistenzmittel ungleich verteilen, natürliche Neigung und günstige Gelegenheiten verweisen die Menschen auf verschiedene Beschäftigungen. Ein Gefühl für die Nützlichkeit bringt sie dahin, ihre Berufe immer wieder zu unterteilen.

Der Handwerker findet, daß seine Erzeugnisse um so vollkommener sind und in seinen Händen zu immer größeren Mengen anwachsen, je mehr er seine Aufmerksamkeit auf den besonderen Teil einer Arbeit beschränken kann. Jeder gewerbliche Unternehmer (undertaker in manufacture) findet, daß sich seine Unkosten um so mehr vermindern und seine Gewinne dementsprechend erhöhen, je mehr er die Aufgaben seiner Arbeiter unterteilen kann und je mehr Hände er mit der Erzeugung besonderer Artikel beschäftigt. Auch der Konsument verlangt bei jeder Art von Ware eine perfektere Kunstfertigkeit, als sie

Hände produzieren könnten, die mit vielen Dingen zugleich beschäftigt sind. Der Fortschritt des Handels schließlich ist nur das Ergebnis einer fortgesetzten Unterteilung der mechanischen Künste.

Jedes Handwerk kann die ganze Aufmerksamkeit eines Mannes in Anspruch nehmen und hat ein Geheimnis, das nur durch eine regelrechte Lehrzeit studiert oder erlernt werden kann. Es gibt ganze Nationen Gewerbetreibender, welche nur aus Angehörigen bestehen, die außer ihrem eigenen besonderen Gewerbe in allen anderen menschlichen Angelegenheiten unwissend sind, die zur Erhaltung und Vergrößerung ihres Gemeinwesens beitragen können, ohne dessen Gesamtinteresse zum Gegenstand ihrer Rücksicht oder Aufmerksamkeit zu machen. Jeder einzelne Mensch unterscheidet sich dort durch seinen Beruf und nimmt einen Platz ein, für den er geeignet ist. Der Wilde dagegen, der keine andere Unterscheidung kennt als die seines Verdienstes, seines Geschlechts oder seiner Gattung und für den sein Gemeinwesen oberster Gegenstand seiner Zuneigung ist, er wundert sich zu sehen, daß ihn sein bloßes Menschsein in einer Situation dieser Art zu keinerlei Stellung befähigt: mit Erstaunen, Abscheu und Widerwillen flieht er in die Wälder zurück. Durch die Teilung der Künste und Berufe werden die Quellen des Reichtums eröffnet. Jede Art von Material wird bis zur größten Vollkommenheit bearbeitet, und jede Ware wird so im größten Überfluß erzeugt. Der Staat kann seine Gewinne und Einkünfte nach der Zahl seiner Menschen berechnen. Er kann sich durch seine Schätze jene nationale Achtung und Macht verschaffen, die der Wilde nur unter Aufopferung seines Blutes behauptet.

Die Vorteile, die man in den untergeordneten Gewerbezweigen (inferior branches of manufacture) durch die Trennung ihrer einzelnen Teile gewinnt, scheinen jenen zu gleichen, die sich auf ähnliche Weise in den höheren Bereichen der Staatskunst und des Kriegswesens ergeben. Der Soldat wird jeder Sorge außer der für seinen Dienst enthoben. Staatsmänner teilen die Regierungsgeschäfte auf, und öffentliche Bedienstete können in jedem Amt durchaus mit Erfolg arbeiten, ohne in den eigentlichen Staatsgeschäften erfahren zu sein, wenn sie nur die For-

men beachten, die aufgrund der Erfahrung anderer bereits eingeführt sind. Sie werden, gleichsam wie die Teile einer Maschine, veranlaßt, ohne vorherige Verabredung untereinander
zu einem einheitlichen Zweck zusammenzuwirken: wie der Gewerbetreibende sind sie blind für irgendeinen übergeordneten
Zusammenhang, und doch vereinigen sie sich mit ihm dazu,
dem Staate seine Ressourcen, seine Leitung und seine Gewalt zu
liefern.

Die Kunstfertigkeiten des Bibers, der Ameise und der Biene
werden der Weisheit der Natur zugeschrieben. Diejenigen verfeinerter Nationen aber schreibt man ihnen selbst zu, und man
glaubt, daß sie auf eine Fähigkeit verweisen, die derjenigen roher Geister überlegen ist. Doch auch die Einrichtungen der
Menschen sind, wie jene aller Tiere, Eingebungen der Natur
und Ergebnis eines Instinkts, der durch die Verschiedenheit der
Umstände geleitet wird, in welche Menschen versetzt sind. Jene
Einrichtungen gingen aus aufeinanderfolgenden Verbesserungen hervor, die ohne Verständnis für ihre allgemeinen Wirkungen vollbracht wurden. Sie führen die menschlichen Angelegenheiten schließlich in einen Zustand der Komplexität, wie ihn
auch die größten geistigen Fähigkeiten nicht hätten ersinnen
können, mit denen die Menschennatur jemals ausgerüstet
wurde. Ja, selbst wenn das Ganze schließlich zur Ausführung
gelangt ist, kann es nie in seinem vollen Umfang begriffen werden.

Wer könnte die getrennten Beschäftigungen und Berufe voraussehen oder auch nur aufzählen, durch welche sich die Angehörigen irgendeines Handelsstaats voneinander unterscheiden?
Wer könnte sich die Mannigfaltigkeit der Kunstgriffe ausdenken, wie sie in abgesonderten Werkstätten ausgeführt werden,
Kunstgriffe, welche der Handwerker in der Konzentration auf
seine Arbeit erfindet, um seine besondere Aufgabe abzukürzen
oder zu erleichtern? Jede Generation mag in der Erreichung
dieses großen Ziels im Vergleich zu den ihr vorhergehenden
erfinderisch erschienen sein. Im Vergleich zu den nachfolgen-
den muß sie unbeholfen erscheinen. Zu welcher Höhe es
menschliche Erfindungskraft auch in aufeinanderfolgenden
Zeitaltern gebracht haben mag, sie bewegt sich doch mit glei-

cher Geschwindigkeit fort, darauf zu, den letzten ebenso wie
den ersten Schritt kommerzieller oder bürgerlicher Vervollkommnung nur ganz allmählich zu tun.

Allerdings kann bezweifelt werden, ob das Ausmaß nationaler
Leistungsfähigkeit entsprechend dem Fortschreiten der Künste
zunimmt. Viele gewerbliche Künste erfordern in der Tat keinerlei geistige Befähigung. Sie gedeihen am besten bei vollständiger
Unterdrückung von Gefühl und Vernunft. Unwissenheit ist die
Mutter des Gewerbefleißes ebensosehr wie des Aberglaubens.
Nachdenken und Phantasie sind dem Irrtum unterworfen, aber
die eingeschliffene Gewohnheit, die Hand oder den Fuß zu
bewegen, ist von beiden unabhängig. Dementsprechend gedeihen die Gewerbe (manufactures) am besten dort, wo der Geist
am wenigsten zu Rate gezogen wird und wo die Werkstatt,
ohne besondere Anstrengung der Einbildungskraft, als eine
Maschine betrachtet werden kann, deren einzelne Teile Menschen sind.

Der Urwald wurde vom Wilden gerodet, ohne daß er die Axt
dazu gebrauchte. Und Lasten sind ohne die Hilfe mechanischer
Kräfte gehoben worden. Das Verdienst des Erfinders ist wahrscheinlich auf jedem Gebiete größer als das des Vollbringers, und
derjenige, welcher ein Werkzeug erfand oder auch ohne dessen
Hilfe arbeiten konnte, der verdient das Lob der Findigkeit in
weit höherem Ausmaß als der bloße Gewerbetreibende, der mit
Hilfe dieses Werkzeugs ein überlegenes Produkt liefert.

Allein wenn viele Teile in der Praxis jeder Kunstfertigkeit und
in den Einzelheiten eines jeden Gewerbezweiges keine besonderen Fähigkeiten erfordern oder tatsächlich dazu tendieren,
den geistigen Horizont einzuengen und zu begrenzen, so gibt es
doch andere, die zu allgemeineren Betrachtungen und zur Erweiterung des Denkens führen. Selbst im Gewerbe (manufacture) wird das Talent des Meisters vielleicht kultiviert, während
das des untergeordneten Arbeiters brachliegt. Der Staatsmann
mag eine umfassende Kenntnis menschlicher Angelegenheiten
haben, während die Hilfskräfte, die er beschäftigt, das System
nicht kennen, innerhalb dessen sie zusammenwirken. Der höhere Offizier mag es in der Kenntnis des Krieges weit gebracht
haben, während der einfache Soldat auf einige Bewegungen der

Hand und des Fußes beschränkt bleibt. Der erstere kann gewonnen haben, was der letztere verloren hat, und während er mit der Führung disziplinierter Armeen beschäftigt ist, kann es ihm obliegen, alle jene Kunstgriffe der Deckung, Täuschung und Strategie in größerem Maße auszuüben, wie sie auch der Wilde betreibt, wenn er einen kleinen Trupp anführt oder lediglich sich selbst verteidigt.

In jeder Kunst und in jedem Beruf kann der Praktiker dem Wissenschaftler Stoff für allgemeine Spekulationen liefern. Ja, das Denken selbst kann in diesem Zeitalter der Arbeitsteilungen ein besonderer Beruf werden. In der Geschäftigkeit bürgerlicher Bestrebungen und Berufe erscheinen die Menschen in vielfältigen Beleuchtungen und geben reichlichen Anlaß zum Nachforschen und zur Phantasie, was zur außerordentlichen Belebung und Erweiterung der Konversation dient. Auch die Früchte des Scharfsinns werden zu Markte gebracht, und die Menschen bezahlen bereitwillig für alles, was auch immer zu ihrer Unterweisung und ihrem Vergnügen dient. Hierdurch tragen sowohl der Müßiggänger wie der Geschäftige zum Fortschritt der Künste und Gewerbe bei und verleihen verfeinerten Nationen jenes Ansehen überlegener Erfindungsgabe, vermittels deren sie solche Ziele erreicht zu haben scheinen, nach denen schon der Wilde in seinem Urwald getrachtet hatte: Wissen, Ordnung und Reichtum.

2. Von der Unterordnung
als Folge der Teilung der Künste und Berufe

Der eine Grund der Unterordnung besteht in der Verschiedenheit natürlicher Talente und Neigungen, ein zweiter in der ungleichen Verteilung des Eigentums und ein dritter, nicht weniger in die Augen fallender, in den Gewohnheiten, zu denen man
durch die Ausübung verschiedener Künste gelangt.

Manche Beschäftigungen sind geistig, andere mechanisch. Sie
erfordern jeweils unterschiedliche Begabungen und veranlassen
verschiedene Gesinnungen. Und ob dies nun die Ursache für
den Vorzug ist oder nicht, den wir tatsächlich der einen oder
anderen Beschäftigung geben, ist es doch sicherlich vernünftig,
uns unser Urteil über den Rang, der den Vertretern gewisser
Berufe und Stände gebührt, nach dem Einfluß ihrer Lebensweise auf die Entwicklung ihrer Geisteskräfte oder auf die Erhaltung der Gefühle des Herzens zu bilden.

Es gibt eine dem Menschen natürliche Erhabenheit. Aufgrund
derer ist zu vermuten, daß der Mensch sich auch schon in seinem rohesten Zustand, wenn ihn die Not noch so sehr drückt,
über die Rücksicht auf bloßes Auskommen und Interesse erheben würde. Er möchte den Anschein erwecken, in seinen
freundschaftlichen Beziehungen nur dem Ruf des Herzens zu
folgen. Er möchte sich in Gefahr und Bedrängnis als aufrecht
erweisen und die gemeinen Sorgen den Schwachen oder Unter-
würfigen überlassen.

Eben diese Anschauungen regeln in jeder Situation seine Begriffe
von Niedrigkeit oder Würde. In einer verfeinerten Gesellschaft
läßt ihn sein Verlangen, den Anschein niedriger Gesinnung zu
vermeiden, seine Rücksichtnahme auf das verbergen, was sich
auf seine bloße Erhaltung und seinen Lebensunterhalt bezieht.
Seinem Urteil zufolge werden der Bettler, der von der Wohlfahrt
abhängt, der Landarbeiter, der harte Arbeit verrichtet, um essen
zu können, sowie der gewerbliche Arbeiter, dessen Kunst keine
Geistesanstrengung erfordert, durch den Zweck, den sie verfolgen, und durch die Mittel, die sie zu dessen Erreichung anwenden, gleichzeitig auch erniedrigt. Berufe dagegen die mehr

Kenntnis und Studium erfordern, die aus der Übung der Einbildungskraft und der Liebe zur Vollkommenheit hervorgehen und sowohl Beifall wie Gewinn mit sich bringen, sie versetzen den Künstler in eine höhere Klasse (class). Sie bringen ihn jener Stellung (station) näher, deren Angehörige zu den höchststehenden gerechnet werden, weil sie an keine spezifische Aufgabe gebunden sind, weil es ihnen freisteht, der Neigung ihres Geistes zu folgen und jene Form der Teilnahme an der Gesellschaft zu wählen, zu der sie von den Gefühlen ihres Herzens oder vom Ruf der Öffentlichkeit veranlaßt werden.

Diese letztere Stellung war es, welche die Bürger jeder antiken Republik angesichts der Unterscheidung zwischen Freien und Sklaven für sich selbst zu erreichen und zu erhalten suchten. Frauen und Sklaven waren in ältesten Zeiten zu Zwecken häuslicher Tätigkeit und körperlicher Arbeit abgesondert. Mit dem Fortschreiten gewinnbringender Künste wurden die Sklaven für gewerbliche Berufe erzogen. Zum Nutzen ihrer Herren wurden sie sogar mit dem Warenverkauf betraut. Freigeborene dagegen wollten dafür angesehen sein, weiter keine anderen Aufgaben zu haben als jene der Politik und des Krieges. Auf diese Weise wurde die Ehre der einen Hälfte der Gattung derjenigen der anderen Hälfte geopfert, wie Steine aus ein und demselben Steinbruch im Fundament vergraben werden, um die Blöcke zu tragen, die zufällig für die oberen Teile des Gebäudes zugehauen wurden. Inmitten unserer Lobpreisungen für die Griechen und Römer werden wir durch diesen Umstand daran erinnert, daß keine menschliche Einrichtung vollkommen ist.

Die Vorteile, die sich für die Freien aus dieser grausamen Unterscheidung ergaben, wurden in vielen griechischen Staaten nicht allen Bürgern in gleicher Weise zuteil. Da der Reichtum ungleich verteilt war, waren allein die Vermögenden von der Arbeit befreit. Die Armen aber waren in Umstände herabgedrückt, in denen sie für ihr eigenes Auskommen arbeiten mußten: materielles Interesse war die herrschende Leidenschaft beider. Auf diese Weise wurde der Besitz von Sklaven wie jedes andere lukrative Eigentum zum Gegenstand der Habsucht, er diente nicht der Befreiung von niedrigen Rücksichten. Die umfassende Wirkung der Einrichtung wurde allein in Sparta erzielt, und dort wurde sie während einer beträchtlichen Zeit auch dauernd genossen. Wir empfinden ihre Ungerechtigkeit, wir leiden mit dem Heloten angesichts der Härte und der ungleichen Behandlung, der er ausgesetzt war. Aber wenn wir nur an die Oberschicht unter den Angehörigen dieses Staates denken, uns an deren Erhabenheit und die Großmut ihres Geistes erinnern, für welche Gefahr nichts Schreckliches bedeutete und Interesse kein Mittel zur Korruption war, wenn wir diese Menschen als Freunde oder als Bürger betrachten, dann sind wir – wie auch sie selbst – gar zu gern bereit zu vergessen, daß Sklaven ein Recht darauf haben, wie Menschen behandelt zu werden.

Erhabenheit des Gefühls und Großmut der Seele suchen wir in den Reihen jener Bürger, die aufgrund ihrer Umstände und ihrer Vermögen von niedrigen Sorgen und Rücksichten befreit sind. Dies war die Art des freien Mannes in Sparta; und auch, wenn das Los eines Sklaven bei den Völkern der Antike wirklich trauriger war als das eines armen Landarbeiters oder Gewerbetreibenden bei den heutigen Völkern, so ist doch zu bezweifeln, ob die oberen Stände von heute, die im Besitz von Achtung und Ehren sind, diejenige verhältnismäßige Würde besitzen, die ihre Stellung erfordert. Wenn die Ansprüche auf gleiches Recht und gleiche Freiheit darauf hinauslaufen sollten, jede Klasse gleichermaßen knechtisch und käuflich zu machen, so bilden wir eine Nation von Heloten und haben keine freien Bürger mehr.

In jedem kommerziellen Staat muß, ungeachtet aller Ansprüche auf gleiche Rechte, die Erhöhung einiger weniger die vielen niederdrücken. Man meint, daß angesichts einer solchen Beschaffenheit der Umstände die äußerste Armseligkeit mancher Klassen (classes) hauptsächlich aus einem Mangel an Kenntnissen und allgemeiner Bildung herrühre. Wir berufen uns gern auf solche Klassen als auf ein Abbild dessen, was unser Geschlecht in seinem rohen und ungesitteten Zustand gewesen sein müsse. Aber wir vergessen dabei, wie viele Umstände, insbesondere in volkreichen Städten, zur Korruption der untersten Stände (lowest orders) neigen. Unwissenheit ist unter all ihren Fehlern noch der geringste. Die Bewunderung für Reichtum, den man nicht besitzt, aus der zuletzt ein Prinzip des Neids und der knechtischen Unterordnung wird; die Gewohnheit, unausgesetzt im Hinblick auf Profit und im Gefühl der Unterwürfigkeit zu handeln; die Laster, zu welchen sie verlockt werden, um ihren Ausschweifungen frönen und ihre Habsucht befriedigen zu können, all dies sind Beispiele nicht von Unwissenheit, sondern von Korruption und Gemeinheit. Der Wilde mag zwar unserer schulischen Unterweisung noch nicht teilhaftig geworden sein, dafür ist er aber auch mit unseren Lastern nicht bekannt. Er kennt keinen Vorgesetzten und kann deshalb auch nicht knechtisch sein. Vermögensunterschiede sind ihm unbekannt und deshalb auch der Neid. Er handelt nach Maßgabe seiner Fähigkeiten, und dies in der höchsten Stellung, welche die menschliche Gesellschaft anbieten kann, nämlich als Ratgeber und als Krieger seines Landes. Was die Ausbildung seiner Gefühle betrifft, so weiß er alles, was das Herz wissen muß: er kann den Freund, den er liebt, und das öffentliche Interesse, das seinen Eifer weckt, genau erkennen.

Die Haupteinwände gegen eine demokratische oder volkstümliche Regierung gründen sich auf die Ungleichheiten, die unter den Menschen als eine Folge der gewerblichen Künste entstehen. Und es ist einzugestehen, daß Versammlungen des ganzen Volkes, wenn sie aus Menschen bestehen, deren Neigungen gemein und deren gewöhnliche Hantierungen ungeistig sind, sich von diesen Personen her ganz sicher nicht zum Befehlen eignen, ungeachtet dessen, daß man ihnen die Wahl ihrer Oberhäupter und Führer anvertraut hat. Wie kann denn derjenige mit der Leitung von Nationen betraut werden, dessen Gesichtskreis auf sein eigenes Auskommen oder auf seine bloße Erhaltung beschränkt ist? Werden solche Menschen zur Beratung von Staatsangelegenheiten zugelassen, so bringen sie entweder Verwirrung und Tumult oder Unterwürfigkeit und Korruption in die Ratsversammlungen. Sie gestatten dem Staat selten, sich von verderblichen Parteikämpfen freizuhalten oder von der Wirkung schlecht gefaßter oder schlecht durchgeführter Beschlüsse Abstand zu nehmen.

Trotz all dieser Mängel behielten die Athener ihre Volksregierung bei. Der Gewerbetreibende war bei Strafe verpflichtet, auf dem öffentlichen Marktplatz zu erscheinen und die Debatten über Angelegenheiten des Krieges und des Friedens mit anzuhören. Er wurde durch geldliche Belohnungen angetrieben, Zivil- und Kriminalprozessen beizuwohnen. Doch ungeachtet einer Übung, die so sehr dazu diente, ihre Talente auszubilden, kamen die Unbemittelten immer mit einer Einstellung, die auf Profit aus war, oder mit den Gewohnheiten eines unedlen Berufs. Im Gefühl ihrer persönlichen Ungleichheit und Schwäche befangen, waren sie bereit, sich ganz dem Einfluß eines volkstümlichen Führers zu überlassen, der ihren Leidenschaften schmeichelte und auf ihre Furcht spekulierte. Oder sie waren, vom Neid getrieben, bereit, jeden, der unter den vornehmen Bürgern großes Ansehen genoß und hervorragte, ohne große Umstände aus dem Staat zu verbannen. Ihre Vernachlässigung des Gemeinwohls zur einen Zeit oder ihre schlechte Verwaltung zur anderen brachte sie alle Augenblicke in die Gefahr, die Souveränität aus ihren Händen zu verlieren.

Tatsächlich wird das Volk in diesem Fall häufig von einer einzigen Person regiert oder aber von einigen wenigen, die mit ihm umzugehen wissen. Perikles verfügte in Athen über eine Art fürstliche Autorität. Crassus, Pompejus und Cäsar waren in Rom für einen beträchtlichen Zeitraum in Besitz der Oberherrschaft.

Ob nun in kleinen oder in großen Staaten, eine Demokratie wird nur unter Schwierigkeiten aufrechterhalten. Dies ergibt sich aus der Ungleichheit der Lebenslagen und der ungleichen Ausbildung des Geistes, wie sie die verschiedenen Bestrebungen und Tätigkeiten begleiten, welche die Menschen im fortgeschrittenen Stadium kommerzieller Künste voneinander trennen. Wir sprechen hiermit nur gegen eine formale Demokratie, nachdem ihr Grundprinzip verschwunden ist, und fassen die Lächerlichkeit der Ansprüche auf gleichen Einfluß und gleiche Achtung ins Auge, nachdem die Charaktere der Menschen aufgehört haben, einander ähnlich zu sein.

Solange sich die Menschen in ihrem rohen Zustand befinden, sind ihre Sitten recht einförmig. Sobald sie jedoch zivilisiert sind, lassen sie sich auf eine Vielzahl von Bestrebungen ein. Sie betreten ein weiteres Tätigkeitsfeld und geraten in stärkere Trennung und in größere Entfernung voneinander. Unter der Voraussetzung indessen, daß sie von ähnlichen Anlagen und gleichen Eingebungen ihrer Natur geleitet sind, werden sie sowohl am Ende ihrer Laufbahn wie an ihrem Anfang in vielen Dingen miteinander übereinstimmen. Solange Gemeinwesen ihren Angehörigen diejenige Verschiedenheit der Ränge und Berufe zugestehen, wie wir sie als Folge der Begründung des Handels bereits beschrieben haben, werden sie sich einander auch in vielen Auswirkungen dieser Teilung ähneln sowie in anderen Umständen, in denen sie sich nahekommen.

Staatsmänner bemühen sich unter jeder Regierungsform, die Gefahren zu beseitigen, die ihnen von auswärts her drohen, und Ruhestörungen abzuwenden, die sie im eigenen Lande belästigen. Haben sie mit solchem Bemühen Erfolg, so erringen sie im Verlauf weniger Zeitalter eine Vorherrschaft für ihr Vaterland. Sie errichten weit von der Hauptstadt entfernt eine Grenze. Ein wechselseitiges Verlangen nach Ruhe ergreift allmählich von den Menschen Besitz. Hierin und in solchen öffentlichen Einrichtungen, die zur Bewahrung des gesellschaftlichen Friedens dienen, finden sie Erholung von auswärtigen Kriegen und Befreiung von inneren Unruhen. Sie lernen, jeden Streit ohne Aufruhr zu entscheiden und jedem Bürger den Besitz seiner persönlichen Rechte mit Hilfe der Autorität des Gesetzes zu sichern.

Durch solche Bedingungen, nach denen emporstrebende Nationen trachten und die sie in gewissem Grade erreichen, haben die Menschen den Grund zur Sicherheit gelegt. Sie gehen auf dieser Basis dazu über, ein Gebäude aufzurichten, das ihren Ansichten entspricht. Die sich hieraus ergebenden Folgen jedoch sind in verschiedenen Staaten unterschiedlich, ja, sie unterscheiden sich sogar bei den verschiedenen Ständen (orders) desselben Gemeinwesens. Ihre Wirkung auf jedes Individuum entspricht seiner jeweiligen gesellschaftlichen Stellung. Sie versetzen den Staatsmann und den Soldaten in die Lage, ihren unterschiedlichen Vorgehensweisen bestimmte Formen zu geben, sie ermöglichen es dem Praktiker jeden Berufs, seinen besonderen Vorteil zu verfolgen, sie verschaffen dem, der seinem Vergnügen nachgeht, Zeit zur Verfeinerung, dem spekulativen Denker schließlich verschaffen sie Muße für literarische Konversation oder Studium.

Dinge, die nur wenig Bezug zu den aktiven Bestrebungen der Menschheit haben, werden in dieser Lage zu Gegenständen der Neugierde erhoben. Ja, sogar die Betätigung von Gefühl und Vernunft selbst wird zum Beruf. Die Gesänge des Barden, die Ansprachen des Staatsmannes und Kriegers, die mündliche Überlieferung und die Geschichtserzählung von alten Zeiten, sie werden als Modelle oder früheste Erzeugnisse ebenso vieler Künste angesehen, wie es auch zum Zweck verschiedener Berufe wird, diese Künste nachzuahmen oder zu verbessern. Ebenso wie die Gegenstände der Naturgeschichte werden die Schöpfungen der Phantasie nach Klassen und Gattungen unterschieden. Regeln jeder Art werden besonders gesammelt. Auch die Bibliothek wird wie ein Warenhaus mit fertigen Produkten verschiedener Künste angefüllt, Produkten, die mit Hilfe des Sprachlehrers und des Kritikers auf ihre besondere Weise den Geist belehren und das Herz bewegen wollen.

Jede Nation ist ein buntscheckiges Gemisch verschiedener Charaktere. Sie enthält unter jeder politischen Verfassung wenigstens einige Beispiele jener Mannigfaltigkeit, welche die verschiedenen Gemüter, Temperamente und Wahrnehmungen der Menschen in ihren so unterschiedlichen Anwendungen sehr wahrscheinlich hervorbringen. Jeder Beruf hat seine Ehre und sein System von Sitten: der Kaufmann hat seine Pünktlichkeit und seine Redlichkeit in Handel und Wandel, der Staatsmann seine Fähigkeit und geschickte Art zu verfahren, der Mann von Welt hat sein wohlgeartetes Wesen und seinen Witz. Jede Stellung (station) hat ihre Aufführung, ihre Kleidung, ihr Zeremoniell, durch die sie sich unterscheidet und durch die sie den jeweiligen Nationalcharakter hinter dem Charakter des gesellschaftlichen Ranges (rank) oder dem des Individuums verbirgt.

Diese Beschreibung kann ihre Anwendung ebensogut auf Athen und Rom wie auf London und Paris finden. Ein roher oder ungeübter Beobachter würde die Verschiedenheiten an den Wohnungen und Beschäftigungen einzelner Menschen wahrnehmen, nicht aber jene im Aussehen verschiedener Nationen. Er würde schon in den Straßen derselben Stadt eine ebenso große Mannigfaltigkeit entdecken wie im Territorium eines besonderen Volkes. Er könnte die Wolke, die sich vor ihm zusammenzieht, nicht durchdringen, noch erkennen, wie sich der Händler, der Gewerbetreibende, der Gelehrte des einen Landes von seinem Gegenüber im anderen Land unterscheidet. Einem Eingeborenen würde es jedoch in jeder Provinz durchaus möglich sein, einen Fremden zu erkennen, und wenn dieser Eingeborene selbst auf Reisen geht, dann fällt ihm der Anblick eines fremden Landes in demjenigen Moment auf, in dem er die Grenzen des eigenen überschreitet. Das Aussehen der Person, der Ton der Stimme, die Eigenart der Sprache und der Gang der Unterhaltung sind nicht länger dieselben, ob sie nun ausdrucksvoll oder langweilig, heiter oder ernst seien.

Viele dieser Verschiedenheiten können bei verfeinerten Nationen aus Wirkungen des Klimas oder aus Ursachen der Mode hervorgehen *oder aber aus Ursachen, die noch verborgener und dunkler sind.* Aber die Hauptunterscheidungen, mit denen wir rechnen dürfen, sind von der Rolle abzuleiten, die ein Volk in seiner Eigenschaft als Nation spielt, ferner von denjenigen Zwecken, die ihm durch den Staat vor Augen gestellt werden oder auch von der Verfassung seiner Regierung. Denn die Verfassung hat, indem sie ihren Untertanen die Bedingungen geselligen Zusammenlebens vorschreibt, auch einen großen Einfluß auf die Ausbildung ihrer Anschauungen und Gewohnheiten.

Das römische Volk, dazu bestimmt, durch Eroberung und durch den Raub von Provinzen reich zu werden, die Karthager, erpicht auf die Gewinne aus dem Warenhandel und auf die

---

... Seit der Auflage von 1768 ersetzt durch:
oder aber aus Ursachen, die noch verborgener und unbeobachteter sind.

Erträge ihrer Handelsniederlassungen, sie müssen die Straßen ihrer jeweiligen Hauptstädte mit Menschen verschiedener Neigungen und verschiedenen Aussehens angefüllt haben. Wollte der Römer Größe zeigen, so griff er zum Schwert. Dementsprechend fand der Staat die Ausrüstung seiner Armeen dort in den Häusern der Bürger vor. Der Karthager zog sich zum gleichen Zweck an sein Rechenpult zurück. War der Staat in Gefahr oder hatte er einen Entschluß zum Krieg gefaßt, dann borgte er von seinen Gewinnen, um damit ein auswärtiges Heer zu kaufen.

Angehörige einer Republik und der Untertan einer Monarchie müssen sich voneinander unterscheiden, denn durch die Verfassungsformen ihrer Länder werden ihnen jeweils verschiedene Rollen zugewiesen: der eine ist dazu bestimmt, mit seinesgleichen zu leben oder aufgrund seiner persönlichen Talente und seines Charakters um Auszeichnung zu kämpfen. Der andere wird in eine vorherbestimmte gesellschaftliche Stellung geboren, in der jeder Anspruch auf Gleichheit nur Verwirrung schafft und wo man auf nichts sinnt als auf Vorrang. Vorausgesetzt, die Institutionen seines Landes sind ausgereift, wird jeder von beiden in den Gesetzen einen Schutz seiner persönlichen Rechte finden. Aber diese Rechte selbst werden auf verschiedene Weise verstanden werden, und im Rahmen unterschiedlicher Auffassungen lassen sie auch eine unterschiedliche Geistesart entstehen. Der Republikaner muß sich im Staate betätigen, um seine Ansprüche zu verfechten; er muß sich einer Partei anschließen, um sicher zu sein, er muß eine bilden, um zur Größe zu gelangen. Der Untertan einer Monarchie beruft sich auf seine Abstammung, um seinen Anspruch auf Ehre anzumelden; er macht seine Aufwartung bei Hofe, um seine Wichtigkeit zu beweisen; er stellt die Zeichen von Abhängigkeit oder Gunst heraus, um sich in der Öffentlichkeit Achtung zu verschaffen.

Nationale Einrichtungen, die zur Erhaltung der Freiheit ausersehen sind, können dem Bürger, anstatt ihn anzuregen, für sich selbst zu handeln und seine Rechte zu behaupten, eine Sicherheit verleihen, die von seiner Seite keine persönliche Aufmerksamkeit oder Anstrengung mehr erfordert. Diese scheinbare

Vollkommenheit der Regierung dürfte die gesellschaftlichen Bande eher schwächen und die verschiedenen Ränge, die sie versöhnen wollte, eher trennen und einander entfremden. Es könnten weder Parteien, wie sie sich in Republiken bilden, noch höfische Versammlungen monarchischer Staaten überhaupt stattfinden, wenn ihre Mitglieder nicht mehr vom Gefühl gegenseitiger Abhängigkeit zusammengehalten würden. Handelsplätze würden zwar möglicherweise noch häufig besucht, auch dem bloßen Vergnügen in der Masse wäre durchaus nachzugehen, die Privatsphäre aber würde zum bloßen Zufluchtsort für den Notfall. Man wäre den Störungen abgeneigt, die sich aus Rücksichtnahme und Aufmerksamkeit ergeben könnten. Solche Rücksichtnahme und Aufmerksamkeit für nicht wichtig zu halten und zu verachten, könnte zum wichtigsten Teil des politischen Glaubensbekenntnisses und zur Ehrensache werden.

Eine solche Geistesverfassung wird wahrscheinlich weder in Republiken noch in Monarchien gedeihen. Sie gehört eigentlich eher einer Mischung beider an, wo die Rechtsprechung besser gesichert ist, wo der Untertan versucht ist, nach Gleichheit Ausschau zu halten, aber an ihrer Stelle nur Unabhängigkeit findet. Aus einem Gefühl der Gleichheit wird er dort gerade diejenigen Unterscheidungen hassen lernen, denen er aufgrund ihrer tatsächlichen Bedeutung zugleich bemerkenswerte Rücksichtnahme angedeihen läßt.

Die Menschen sind in jeder von beiden Verfassungsformen, der republikanischen wie der monarchischen, und auch, wenn sie auf der Grundlage der Prinzipien beider handeln, verpflichtet, sich um die Gunst ihrer Mitbürger zu bewerben sowie Talent und Geschicklichkeit darauf zu verwenden, ihr Vermögen zu mehren oder auch nur auf die Erhaltung ihrer Sicherheit zu sehen. Sie finden in beiden Verfassungen eine Schule der Urteilskraft und der Einsicht. Doch in der einen Verfassung werden sie gelehrt, die Verdienste persönlichen Charakters zugunsten derjenigen Fähigkeiten zu vernachlässigen, die öffentliches Ansehen genießen. In der anderen Verfassung werden sie unterwiesen, große und achtungswürdige Talente zugunsten von Eigenschaften gering zu achten, die bei Vergnügungen und in der

Privatgesellschaft anziehend oder erfreulich sind. In beiden Fällen sind sie gezwungen, sich mit Sorgfalt der Mode und den Sitten des jeweiligen Landes anzupassen. Für launenhafte Einfälle und individuelle Grillen finden sie kein Wirkungsfeld. Der Republikaner muß volkstümlich sein und der Höfling gebildet und verfeinert. Der erstere sollte sich in jeder Gesellschaft für gut aufgehoben halten, der zweite muß sich seinen Umgang wählen und sich nur dort auszuzeichnen wünschen, wo die Gesellschaft selbst ehrenwert ist. Er nimmt gegen die unter ihm Stehenden ein gönnerhaftes Wesen ein, doch umgekehrt duldet er es seinerseits auch, daß andere ihm gegenüber die gleiche Einstellung bekunden. Für einen Spartaner, der nichts so sehr fürchtete wie Pflichtversäumnis, der nichts und niemanden so sehr liebte wie seinen Freund und den Staat, der immer auch sich selbst gegenüber darauf bedacht war, seinen Charakter zu bewahren, für einen Spartaner war es keineswegs so nötig wie häufig für den Untertanen einer Monarchie, seine Ausgaben und sein Vermögen den Wünschen seiner Eitelkeit anzupassen und sich in einer gesellschaftlichen Stellung zu zeigen, die so hoch ist, wie es seine Geburt und sein Ehrgeiz überhaupt möglich machen.

Es gibt indessen keinen Umstand, bei dem wir häufiger ungerecht sind, als wenn wir dem Individuum den angeblichen Charakter seines Landes beilegen oder häufiger noch, unsere Meinung über ein Volk nach dem Beispiel eines oder einiger weniger seiner Angehörigen bilden. Es war der Staatsverfassung von Athen gemäß, einen Kleon und einen Perikles hervorzubringen, doch waren keineswegs alle Athener deshalb schon wie Kleon oder Perikles. Themistokles und Aristides lebten im gleichen Zeitalter, der eine unterwies sein Volk in dem, was gewinnbringend war, der andere lehrte es, was gerecht sei.

4. Fortsetzung desselben Gegenstands

*Beim Bemühen, ihre Vermögenslage zu verbessern, vernach-
lässigen die Menschen häufig sich selbst.* Während sie für ihr
Land räsonieren, vergessen sie oft jene Erwägungen, die ihre
Aufmerksamkeit am meisten verdienen. Bevölkerungszahl,
Reichtümer und andere Ressourcen zur Kriegführung sind von
größter Wichtigkeit. Nationen aber bestehen aus Menschen.
Eine Nation jedoch, die sich aus heruntergekommenen und feigen Menschen zusammensetzt, ist schwach, eine andere Nation
dagegen, die aus kraftvollen, von Gemeinsinn beseelten (public-
spirited), entschlossenen Männern besteht, ist stark. Wo andere Vorzüge gleich verteilt sind, mögen rein militärische Ressourcen eine Auseinandersetzung entscheiden, aber in Händen,
die sie nicht anwenden können, stiften sie keinen Nutzen.
Tugend ist ein notwendiger Bestandteil nationaler Stärke. Doch
Befähigung und kraftvoller Verstand sind nicht weniger nötig,
um staatliches Wohlergehen zu gewährleisten. Beide werden
durch Disziplin und durch die Tätigkeiten verbessert, denen die
Menschen sich widmen. Wir verachten oder bemitleiden das
Los der Menschen, solange sie in unsicheren Einrichtungen lebten und sich genötigt sahen, den Charakter des Senators, des
Staatsmanns und des Soldaten in ein und derselben Person zu
verkörpern. **Verfeinerte Nationen entdecken,** daß jeder
einzelne dieser Charaktere für eine Person genügt und die
Zwecke eines jeden leichter zu erreichen sind, wenn sie voneinander getrennt werden. Trotzdem kamen Nationen unter den
erstgenannten Umständen zu Fortschritt und Blüte. Die letzteren Umstände aber waren gerade diejenigen, in welchen der
Nationalgeist erschlaffte und die Nation in Verfall geriet.
Wir können unser Menschengeschlecht mit guten Gründen be-

... Seit der Auflage von 1768 ersetzt durch:
Während die Menschen sich derjenigen Bestrebung hingeben, die als die
selbstsüchtigste von allen bekannt ist, nämlich der Verbesserung ihrer Ver-
mögenslage, vernachlässigen sie häufig sich selbst.
... Seit der Auflage von 1768 ersetzt durch:
Kommerzielle Nationen entdecken,

der Welt hat diese auch noch auf diejenigen Nationen großen
Einfluß, die nicht auf eine monarchische Verfassung gegründet
sind. Nach den Grundsätzen dieser Regierungsform machen
wir einen Unterschied zwischen dem Staat und seinen Angehörigen, d. h. zwischen dem König und dem Volk. Krieg wird
infolge dieser Unterscheidung zu einer Betätigung großer Politik, nicht mehr der Volksstimmung. Während wir unter diesen
Umständen im Krieg ein öffentliches Interesse bekämpfen, wollen wir das private Interesse schonen. Wir bringen dem Individuum ein Maß an Respekt und an Rücksichtnahme entgegen,
das dem Blutvergießen in der Hitze des Sieges oft Einhalt gebie-
tet und dem Kriegsgefangenen selbst noch in der Stadt, die er zu
zerstören kam, eine gastfreundliche Aufnahme verschafft. Diese
Bräuche sind so fest begründet, daß kaum eine Provokation von
seiten eines Feindes oder das Abpressen von Zwangsdienst die
Übertretung solcher angeblich fundamentalen menschlichen
Regeln entschuldigen könnte, oder den Anführer, der ihnen
zuwider handelt, davor bewahrt, zum Gegenstand des Abscheus und des Horrors zu werden.
Das allgemeine Verhalten der Griechen und Römer war solchen
Praktiken entgegengesetzt. Sie versuchten, bei Auseinandersetzungen den gegnerischen Staat dadurch zu treffen, daß sie seine
Angehörigen vernichteten, sein Territorium verwüsteten und
den Besitz seiner Untertanen zerstörten. Pardon gewährten sie
nur, um Sklaven zu machen, oder um Gefangene einer fei-
erlicheren Form der Hinrichtung zuzuführen. War ein Feind
entwaffnet, dann wurde er zumeist entweder auf dem Markt
verkauft oder getötet, damit er niemals wieder zur Gegenpartei
zurückkehren könnte, um sie zu verstärken. Wenn dies bei einem Krieg auf dem Spiel stand, so nimmt es nicht Wunder, daß
Schlachten mit Verzweiflung ausgefochten und jede Festung bis
zum Letzten verteidigt wurde. Es ging bei solchem Spiel mit
dem menschlichen Leben um hohen Einsatz, und es wurde auch
mit einem dementsprechenden Ernst gespielt.
Angesichts eines solchen Zustands der Sitten und Gebräuche
konnte der Terminus *Barbar* bei den Griechen und Römern
nicht in dem Sinne angewandt werden, wie wir ihn heute benut-
zen: nämlich um ein Volk zu charakterisieren, das die kommer-

ziellen Künste nicht achtet, das mit seinem eigenen Leben wie mit demjenigen anderer verschwenderisch umgeht, das ungestüm in seiner Anhänglichkeit an die eigene Gesellschaft ist und unversöhnlich in seiner Abneigung gegen eine andere. Denn solcher Art war während eines großen und glanzvollen Teils ihrer Geschichte ihr eigener Charakter, wie auch der einiger anderer Nationen, die wir gerade aus diesem Grunde durch die Benennung *barbarisch* oder *roh* unterscheiden.

Es wurde bereits darauf hingewiesen, daß jene berühmten Nationen einen großen Teil ihres Rufes nicht dem tatsächlichen Inhalt ihrer Geschichte verdanken, sondern vielmehr der Art und Weise, wie diese überliefert worden ist, d. h. der Fähigkeit ihrer Historiker und anderer Schriftsteller. *Ihre Geschichte ist von Menschen erzählt worden, die wußten, wie sie unsere Aufmerksamkeit mehr auf die Wirkungen des Verstandes und des Herzens als auf die faktischen Details richten konnten.* Sie verstanden sich darauf, Handlungen, die wir heute allgemein hassen und verurteilen würden, in der Form liebenswerter Charakterschilderungen darzustellen. Wie es Homer, dem Vorbild griechischer Literatur, gelang, konnten auch sie uns die Greuel eines rachsüchtigen, grausamen und erbarmungslosen Vorgehens gegen einen Feind vergessen lassen um des tapferen Verhaltens, des Mutes und der ungestümen Leidenschaften willen, mit denen ein Held sich der Sache seines Freundes und seines Vaterlandes annahm.

Unsere Sitten sind so verschieden, das System, das wir für unsere Anschauungen zur Richtschnur nehmen, ist in vielen Dingen so entgegengesetzt, daß wir nichts weniger vermöchten, als uns mit dieser Praxis der antiken Völker auszusöhnen. Wäre diese Praxis von einem schlechten Chronisten aufgezeichnet worden, der nur die Einzelheiten der Ereignisse festhält, ohne Licht auf die handelnden Personen zu werfen, einem Berichterstatter, der, wie etwa ein tatarischer Historiker, nur erzählt, wieviel Blut auf dem Schlachtfeld vergossen oder wieviele Ein-

... Seit der Auflage von 1773 ersetzt durch:
Ihre Geschichte ist von Menschen erzählt worden, die wußten, wie sie unsere Aufmerksamkeit mehr auf die Wirkungen des Verstandes und des Herzens als auf die äußeren Wirkungen richten konnten.

wohner in einer Stadt niedergemetzelt wurden, dann würden wir die Griechen niemals von ihren barbarischen Nachbarn unterschieden haben und nie daran gedacht haben, daß sogar den Römern bis sehr spät in ihrer Geschichte, ja bis zum Niedergang ihres Reiches der Charakter der Zivilisiertheit zukam.

Es würde ohne Zweifel belustigend sein, die Bemerkungen eines Reisenden kennenzulernen, wie wir sie manchmal ins Ausland schicken, damit sie die Sitten der Menschheit erkunden, und es diesem Reisenden, ohne die Beihilfe der bereits geschriebenen Geschichte, zu überlassen, den Charakter der Griechen aus dem Zustand ihres Landes und aus der Praxis ihrer Kriegführung zu erschließen. »Vergleicht man dieses Land mit dem unseren«, könnte er dann verlauten lassen, »so zeigt es ein unfruchtbares und verödetes Aussehen. Ich traf auf der Straße Scharen von Arbeitern an, die auf den Feldern beschäftigt waren, doch nirgendwo stieß ich auf den Wohnsitz eines Herren oder eines Gutsbesitzers. Man sagte mir, es sei unsicher, auf dem Lande zu wohnen. Die Bevölkerung jeden Distrikts drängte sich denn auch in Städten zusammen, um dort einen geeigneten Platz zur Verteidigung zu finden. Es ist für sie wirklich ganz unmöglich, zivilisierter zu werden, ehe sie nicht ein gewisses Maß an geregelter Regierung eingeführt haben und Gerichtshöfe besitzen, vor denen sie ihre Klagen vorbringen können. Im Augenblick handelt jede Stadt, nein, ich sollte vielmehr eher sagen, jedes Dorf, für sich selbst, und es herrscht die größte Unordnung. Ich wurde zwar nicht wirklich belästigt, doch solltet ihr wissen, daß sie sich selbst als Nationen bezeichnen und all ihren Unfug unter dem Vorwand der Kriegführung verüben.«

»Ich habe nicht die Absicht, mir irgendeine der Freiheiten anderer Reisender herauszunehmen, noch mich mit dem berühmten Verfasser der Reise nach Lilliput zu messen. Ich kann mich jedoch nicht enthalten, Euch mitzuteilen, was ich empfand, als ich sie über ihr Land, über ihre Armeen, über ihre Staatseinkünfte, ihre Verträge und Bündnisse reden hörte. Man sollte sich einfach vorstellen, daß sich die Kirchenaufseher und einfachen Polizisten von Highgate oder von Hampstead in Staatsmänner oder in Generäle verwandeln würden, dann hätte man eine annähernde Vorstellung von diesem einzigartigen Land. Ich gelangte durch einen Staat, in dessen Hauptstadt das beste Haus nicht vom geringsten Eurer Arbeiter hier bewohnt würde, ja, wo selbst Eure Bettler keine Lust hätten, mit dem König zu tafeln. Und doch hält man sie für eine große Nation, und sie haben nicht weniger als zwei Könige. Einen von ihnen bekam ich tatsächlich zu sehen, was für ein Potentat er war! Kaum, daß er einen Rock auf dem Leibe hatte. Was die Tafel seiner Majestät anbelangt, so war er genötigt, mit seinen Untertanen in ein und dasselbe Speisehaus zu gehen. Sie verfügten über keinen Pfennig Geld, und so war ich genötigt, mein Essen auf öffentliche Kosten zu erhalten, da auf dem Markt keinerlei Nahrungsmittel zu kaufen waren. Wahrscheinlich werdet Ihr Euch einbilden, daß es silbernes Tafelgeschirr und eine große Aufwartung gegeben haben muß, um einen berühmten Fremden zu bedienen. Aber mein ganzes Gastmahl bestand aus einer Schüssel elender Suppe, die mir ein nackter Sklave brachte, der es mir überließ, mit der Suppe nach meinem Gutdünken zu verfahren. Und auch dabei war ich noch fortwährend in der Gefahr, daß sie mir von den Kindern gestohlen wurde, die ebenso begierig sind, Gelegenheiten zu erhaschen, und ebenso geschickt, ihr Futter zu erschnappen, wie es nur je ein verhungerter Windhund gewesen ist. Kurzum, das Elend des ganzen Volkes war ebenso unbeschreiblich wie mein eigenes, solange ich mich dort aufhielt. Man könnte denken, ihre ganze Aufmerksamkeit wäre darauf gerichtet, sich selbst, soviel als möglich, selbstquälerischen Zweifeln hinzugeben: mit einem ihrer Könige sind sie sogar deshalb unzufrieden, weil er beliebt ist. Während ich mich dort aufhielt, hatte er einem Günstling eine Kuh zum Geschenk gemacht, einem anderen eine Weste.[1] Man erklärte daraufhin öffentlich, daß solche Art, Freunde zu gewinnen, auf die Beraubung der Öffentlichkeit hinauslaufe. Mein Gastgeber sagte mir sehr ernsthaft, ein Mensch solle keinerlei Verpflichtung übernehmen, die seine dem Vaterland geschuldete Liebe schwächen könne, noch solle er irgendeine persönliche Abhängigkeit über die bloße Gewohnheit hinaus entwickeln, mit seinem Freunde

---

1 Plutarch in seinem *Leben des Agesilaos*.

zu leben und diesem, wenn möglich, eine Freundlichkeit zu erweisen.

Ich fragte ihn einmal, warum sie denn nicht, um ihrer selbst willen, ihre Könige in den Stand setzten, ein wenig mehr Staat zu machen? Er antwortete mir, ›weil wir ihnen gerne das Glück, mit anderen Menschen zusammenzuleben, erhalten wollen‹. Als ich ihre Häuser mangelhaft fand und mich insbesondere darüber überrascht äußerte, daß sie keine besseren Kirchen bauten, war seine Antwort: ›Was würdet ihr denn überhaupt noch sein, wenn ihr die Religion innerhalb von Steinmauern vorfändet?‹ Dies soll als Beispiel für unsere Unterhaltung genügen. Wie gedankenreich sie auch war, ihr dürft mir doch glauben, daß ich mich nicht lange damit aufhielt, von ihr zu profitieren.

Das Volk an diesem Ort ist allerdings nicht ganz so einfältig. Es gibt einen ziemlich großen, viereckigen Marktplatz mit einigen ganz ansehnlichen Gebäuden. Auch wurde mir gesagt, daß sie etliche Barken und Leichterschiffe hätten, womit sie Handel treiben. Falls es die Gelegenheit erfordert, lassen sie diese als Kriegsflotte auffahren, ganz wie beim festlichen Umzug unseres Lord Majors (von London). Was mich jedoch am meisten erfreut, ist, daß ich von dort aus hoffentlich eine Schiffspassage erhalten werde und so diesem elenden Land werde Lebewohl sagen können. Ich habe mich einiger Mühe unterzogen, um ihre religiösen Zeremonien zu beobachten und um überhaupt Merkwürdiges zu erfahren. Ich habe einige Inschriften abgeschrieben, die ihr finden werdet, wenn ihr mein Tagebuch nachlest. Ihr werdet dann beurteilen können, ob ich auf genug Wissenswertes gestoßen bin, das mich für die Anstrengungen und für die schlechte Unterbringung entschädigt hat, denen ich mich unterworfen habe. Was das Volk selbst anbetrifft, werdet Ihr mir nach den Beispielen, die ich Euch gegeben habe, doch gewiß glauben, daß sie keine sehr anregende Gesellschaft gewesen sein können: sie waren zwar arm und schmutzig, gaben aber trotzdem vor, stolz zu sein. Mancher Bursche, der keinen Pfifferling wert ist, hält es doch für unter seiner Würde, seinen Lebensunterhalt durch Arbeit zu verdienen. Auf den Gassen gehen sie barfuß und ohne die geringste Kopfbedeckung; sie sind in Überwürfe eingehüllt, die nicht anders als Schlafgewänder aussehen. Begeben sie sich zum Kampfsport und zu sportlichen Übungen, bei denen sie großen Wert auf Proben der Gewandtheit und der Stärke legen, dann werfen sie alle Kleidung ab und sehen dann genauso aus wie ein Haufen nackter Kannibalen. Stämmige Glieder, muskulöse Arme, die Fähigkeit, die ganze Nacht über im Freien zu schlafen, lange zu fasten und mit jeder Art von Nahrung auszukommen, all diese Eigenschaften werden als standesgemäße Vollkommenheiten betrachtet. Soviel ich sehen konnte, verfügen sie über keine geordnete Regierung. Das eine Mal tut der Pöbel, das andere Mal tun die besseren Leute das, was ihnen beliebt. Sie versammeln sich in großen Scharen unter freiem Himmel und stimmen nur selten in irgendeiner Sache überein. Wenn ein Bursche genug Anmaßung und eine laute Stimme hat, kann er auch eine große Rolle spielen. Es gab hier vor einiger Zeit einen Lohgerber, der für eine Weile alles beherrschte. Er tadelte alles, was andere getan hatten, so laut und redete so großspurig über das, was geschehen müsse, daß er schließlich hinausgesandt wurde, um seine Worte in Erfüllung zu bringen und anstatt seines Leders dem Feind das Fell zu gerben.[2] Ihr werdet vielleicht denken, er wurde als Rekrut eingezogen. Nein, – er wurde ausgesandt, das Heer zu befehligen. In der Tat sind sie selten lange eines Sinnes, außer dann, wenn es um ihre Bereitschaft geht, den Nachbarn zuzusetzen. Sie ziehen in Trupps aus und rauben, plündern und morden, wo immer sie hinkommen.« So etwa, können wir uns vorstellen, würde unser Reisender geschrieben haben. In der Erinnerung an den Ruf, den diese Nationen aus der Ferne erlangt haben, könnte er vielleicht hinzugesetzt haben, »daß er nicht verstehen könne, wie Gelehrte, feine Herren und sogar Frauen einstimmig ein Volk bewundern könnten, das ihnen selbst so wenig ähnlich ist«.

Um uns ein Urteil von dem Charakter zu bilden, mit dem sie auf dem Schlachtfeld und in ihren Auseinandersetzungen mit benachbarten Völkern handelten, müssen wir sie zu Hause beobachten. In ihren bürgerlichen Auseinandersetzungen waren sie kühn und furchtlos, bereit, bis zum Äußersten zu gehen und

2 Thukydides, lib. IV; Aristophanes.

ihre Zwistigkeiten mit Gewalt zu entscheiden. Die einzelnen zeichneten sich durch ihren persönlichen Geist und durch ihre Kraft, nicht aber durch den Wert ihres Besitzes oder den Rang ihrer Abstammung aus. Ihre Wertschätzung der Person gründete sich auf einen Sinn für Gleichheit und nicht auf einen solchen der Ehrerbietung.

Der Anführer im einen Feldzug war während des nächsten ein einfacher Soldat und diente in Reih und Glied. Sie waren eifrig darauf bedacht, körperliche Stärke zu erwerben, denn ihr Waffengebrauch im Kriege galt sowohl als Probe auf die Stärke eines Soldaten wie auf die Befähigung eines Führers. Die Überreste ihrer Bildhauerei zeigen eine männliche Grazie, einen Ausdruck von Einfachheit und Ungezwungenheit, der, da er in der Wirklichkeit häufig vorkam, auch dem Künstler bekannt und geläufig sein mußte. Selbstvertrauen und Kraft des Geistes entstammten vielleicht der Stärke und Behendigkeit des Körpers. Ihre Beredsamkeit und ihr Stil wiesen eine starke Ähnlichkeit mit ihrem äußeren Auftreten auf. Der Verstand erfuhr seine Übung hauptsächlich in der Praxis öffentlicher Angelegenheiten. Selbst die achtenswertesten Personen mußten sich unter das Volk mischen und leiteten das Ausmaß ihres Vorrangs allein aus ihrem Verhalten, ihrer Beredsamkeit und ihrer persönlichen Stärke her. Sie besaßen keine Ausdrucksformen, die eine zeremonielle und wohlabgewogene Ehrerbietung bezeugten. Anzüglichkeiten gingen in Schmähungen über, und häufig benutzten die bewundernswertesten und vollendetsten Redner die gröbsten Ausdrücke. Ihre Streitigkeiten kannten keine anderen Regeln als die unmittelbaren Eingebungen der Leidenschaft, die in Vorwürfe, in Gewalt und in Schläge ausarteten. Glücklicherweise waren sie stets unbewaffnet. Ein Schwert in Friedenszeiten zu tragen, das galt unter ihnen als Merkmal eines Barbaren. Griffen sie anläßlich von Parteiauseinandersetzungen zu den Waffen, so half sich die siegreiche Partei, indem sie ihre Gegner durch Ächtung und Blutvergießen vertrieb. Der Usurpator versuchte, seine Stellung durch die gewaltsamsten und schnellsten Hinrichtungen zu behaupten. Umgekehrt wurde er durch Verschwörungen und Mordanschläge bekämpft, in denen auch der angesehenste Bürger bereit war, den Dolch zu zücken.

So beschaffen war der Grundzug ihres Wesens bei den gelegentlichen Gärungen im eigenen Land. Gegen ihre auswärtigen Nebenbuhler und Feinde brach er für gewöhnlich mit entsprechender Heftigkeit und Gewalt hervor. Während ihrer Kriegszüge schenkten sie der Stimme der Menschlichkeit nur wenig Gehör. Ganze Städte wurden vom Erdboden vertilgt oder versklavt, Gefangene wurden verkauft, verstümmelt oder zum Tode verurteilt.

Betrachtet man die Völker der Antike von dieser Seite, so verdienen sie kaum die Hochachtung der Bewohner des modernen Europa. Diese halten sich etwas darauf zugute, die Gesittungen des Friedens auch in die Praxis des Krieges einzubringen. Sie schätzen das Lob einer unterschiedslos erwiesenen Milde höher als das eines kriegerischen Heldenmuts oder der Vaterlandsliebe. Aber dennoch haben die Völker der Antike in anderer Hinsicht unsere Anerkennung erworben. Ihre brennende Liebe zu ihrem Vaterland, ihre Geringschätzung von Leiden und Tod in dessen Dienst, ihre männlichen Vorstellungen von persönlicher Unabhängigkeit, die jedes Individuum, selbst unter schwankenden Einrichtungen und unvollkommenen Gesetzen, zum Hüter der Freiheit seiner Mitbürger werden ließen, die Tatkraft ihres Geistes, kurzum, der Scharfsinn, die geschickte Art ihrer Lebensführung und die Stärke ihres Geistes haben ihnen unter allen Nationen den ersten Platz verschafft.

Wie groß ihr Haß war, so war es auch ihre Zuneigung: sie liebten vielleicht dort, wo wir nur Mitleid empfinden, waren hartherzig und unbeugsam, wo wir zwar nicht barmherzig, sondern nur unentschlossen sind. Schließlich wird das Verdienst eines Menschen nach seiner Redlichkeit und dem Großmut gegen seine Mitmenschen, nach seinem Eifer für nationale Aufgaben und nach seiner Kraft bei der Behauptung politischer Rechte bestimmt, nicht nach der Mäßigung allein, die häufig aus der bloßen Gleichgültigkeit gegen nationale und öffentliche Interessen hervorgeht und dazu beiträgt, die Nerven erschlaffen zu lassen, von deren Kraft doch allein die Stärke eines privaten wie öffentlichen Charakters abhängt.

Sobald in der makedonischen und römischen Monarchie die ganze Nation als Privatbesitz eines Fürsten angesehen wurde

und die Einwohner einer Provinz als dessen gewinnbringendes
Eigentum galten, wurde der Besitz des Territoriums, nicht aber
die Vernichtung des Volkes zum Ziel der Eroberung. Der fried-
fertige Bürger nahm an den Zwistigkeiten der Herrscher nur
wenig Anteil; die Gewalttätigkeit des Soldaten wurde durch
Disziplin im Zaum gehalten. Er kämpfte jetzt, weil ihm beigebracht worden war, Waffen zu tragen und zu gehorchen. Im
Eifer des Sieges vergoß er zwar manchmal unnötigerweise Blut,
er besaß aber, außer im Fall von Bürgerkriegen, keine Leidenschaften, die seine Erbitterung länger, als er sich im Felde selbst
befand, und über den Tag der Schlacht hinaus gereizt hätten.
Die Führer richteten ihr Verhalten nach dem Zweck eines Unternehmens aus. Sie steckten das Schwert in die Scheide, sobald
dieser Zweck erreicht war.

Bei den modernen Nationen Europas, wo die Ausdehnung des
Territoriums einen Unterschied zwischen dem Staat und seinen
Untertanen zuläßt, sind wir gewohnt, an den einzelnen Menschen mit Mitgefühl zu denken, selten aber mit Eifer an das
öffentliche Wohl. Wir haben die Gesetze des Krieges verbessert
und Linderungsmittel gegen ihre Härte erdacht. Wir haben die
Höflichkeit mit dem Gebrauch des Schwertes verbunden; wir
haben gelernt, Krieg unter Aufrechterhaltung von Verträgen
und Verabredungen zu führen und dem Wort eines Feindes zu
vertrauen, dessen Untergang wir gleichzeitig in Erwägung ziehen. Ruhm ist jetzt eher durch Schonung und Schutz der Besiegten zu erlangen als durch ihre Vernichtung: so wird der
scheinbar liebenswerteste aller Zwecke erreicht, d. h. eine Anwendung von Gewalt nur noch zu dem Zweck, Gerechtigkeit
walten zu lassen und nationale Rechte zu wahren.

Dies ist vielleicht das hauptsächlichste Charakteristikum, welchem wir bei den modernen Nationen das Prädikat *zivilisiert*
oder *verfeinert* verleihen. Doch wir haben bemerkt, daß es bei
den Griechen weder mit dem Fortschritt der Künste einherging,
noch Schritt hielt mit der Entwicklung von Politik, Literatur
und Philosophie. Es wartete auch keineswegs auf die Rückkehr
von Bildung und Verfeinerung unter die Menschen der Moderne. Es fand sich bereits in den frühen Perioden unserer Geschichte und diente damals, mehr vielleicht noch als heute,

dazu, die Sitten jener Zeitalter auszuzeichnen, die in anderer Hinsicht roh und undiszipliniert waren. Ein König von Frankreich wurde vor ungefähr 400 Jahren als Gefangener in den Händen seiner Feinde mit ebenso viel Auszeichnung und Höflichkeit behandelt, wie es vielleicht ein gekröntes Haupt in diesem Zeitalter der Verfeinerung unter gleichen Umständen erwarten könnte.[3] Der Prinz von Condé wurde in der Schlacht bei Dreux besiegt und gefangengenommen, trotzdem schlief er eine Nacht mit seinem Feinde, dem Herzog von Guise[4], im selben Bett.

Wenn die Moral volkstümlicher Überlieferungen und der Geschmack an märchenhaften Legenden, welche die Erzeugnisse oder die Unterhaltung besonderer Zeitalter sind, ebenfalls solch sichere Hinweise auf die Begriffe und den Charakter dieser Zeitalter enthalten, dann dürfen wir annehmen, daß der Grund für das, was man heute als Kriegs- und Völkerrecht ansieht, in den Sitten Europas zusammen mit denjenigen Gefühlen gelegt wurde, die ihren Ausdruck in den Erzählungen fahrender Ritter und Minnesänger finden. Unser gegenwärtiges Kriegssystem unterscheidet sich von dem der Griechen in keinem größeren Ausmaße, als sich die Lieblingscharaktere unserer Ritterromanzen von jenen der Ilias und jeder antiken Dichtung unterscheiden. Der Held der griechischen Fabel, der mit überlegener Kraft, mit Mut und Geschicklichkeit begabt ist, benutzt jeden Vorteil, den er seinem Feinde voraus hat, diesen ohne Gefahr für sein eigenes Leben zu töten. Angetrieben vom Begehren nach Beute oder vom Prinzip der Rache wird er sich bei seinem Vorgehen niemals durch die Stimme der Reue oder des Mitleids aufhalten lassen. Homer, der es von allen Dichtern am besten verstand, Gefühle einer heftigen Zuneigung darzustellen, versucht selten, Mitleid zu erwecken. Hektor fällt unbejammert, und sein Leichnam wird von jedem Griechen beschimpft.

Unsere moderne Fabel oder Romanze verbindet dagegen im allgemeinen einen Gegenstand des Mitleids, der schwach, unterdrückt und hilflos ist, mit einem Gegenstand der Bewunde-

3 Hume, History of England.
4 Davila.

rung, der tapfer, großmütig und siegreich ist. Oder man sen-
det den Helden in die Fremde, nur damit sich dieser der Gefahr aussetzt und Gelegenheiten zur Erprobung seiner Tapferkeit sucht. Belastet mit den Grundsätzen einer verfeinerten
Höflichkeit, die selbst noch einem Feinde gegenüber praktiziert werden muß, und mit einem überängstlichen Ehrgefühl,
das es ihm nicht gestattet, durch List und Überraschung irgendwelche Vorteile zu gewinnen, gleichgültig gegen jede
Beute, kämpft der Held der modernen Romanze nur des
Ruhmes wegen und gebraucht seine Tapferkeit, um Unglückliche zu retten und Unschuldige zu beschützen. Wenn er
dann siegreich ist, so wird er als ein Wesen hingestellt, das
sich in seinem Großmut und seiner Güte ebenso hoch über
die Natur erhebt wie in seiner kriegerischen Tapferkeit und in
seinem Heldenmut.

Stellt man einen solchen Unterschied zwischen dem System der
antiken und der modernen Fabel fest, so wird es schwerfallen,
den Ursprung so gänzlich verschiedener und entgegengesetzter
Ehrbegriffe bei Nationen aufzuweisen, die alle gleichermaßen
roh, dem Krieg ergeben und begierig nach militärischem Ruhm
waren. Der Held der griechischen Dichtung richtet sich nach
den Grundsätzen der Erbitterung und feindseligen Leidenschaft. Seine kriegerischen Maximen sind dieselben, wie sie in
den Wäldern Amerikas herrschen. Sie verlangen von ihm, tapfer
zu sein, aber sie gestatten ihm auch, gegenüber seinem Feind
jede nur mögliche Art der Täuschung zu praktizieren. Der Held
der modernen Romanze dagegen bekundet eine Verachtung von
Kriegslist wie von Gefahr. Er verbindet scheinbar widersprüch-
liche Charakterzüge und Neigungen in ein und derselben Person: Grausamkeit mit Milde, Blutgier mit Gefühlen der Zärtlichkeit und des Mitleids.

Als das System des Rittertums sich vollständig ausgebildet hatte,
verfuhr es gegenüber dem schönen Geschlecht mit wunderbarer
Hochachtung und Verehrung. Es ging nach festgesetzten Formen des Zweikampfs vor und richtete sich nach Charaktermerk-
malen, in denen eine Einheit von Heldentum und Heiligkeit
unterstellt wurde. Spielregeln des Duells und eine Art gericht-
liche Herausforderung waren bereits unter den alten keltischen

Völkern Europas bekannt.[5] Die Germanen zollten auch schon in ihren heimischen Wäldern dem weiblichen Geschlecht eine Art Verehrung. Die christliche Religion flößte barbarischen Zeitaltern Milde und Mitleid ein. Diese verschiedenen Prinzipien mögen in ihrer Verbindung als Begründung eines Systems gedient haben, in dem der Heldenmut sich nach den Vorschriften der Religion und Liebe richtete und das Kriegerische und das Milde zu einer Einheit wurden. Sobald die Charaktermerkmale des Helden und des Heiligen sich mischten, mag der milde Geist des Christentums die Auffassungen der Menschen von dem bestätigt haben, was im Gang ihrer Streitigkeiten als verdienstvoll und hervorragend anzusehen war, obgleich dieser milde Geist oft durch die Bigotterie gegnerischer Parteien in Gift verwandelt wurde und keineswegs immer die Grausamkeit des Kriegers bezwingen oder die Bewunderung von Mut und Gewalt unterdrücken konnte.

In der frühen und mündlich überlieferten Geschichte der Griechen und Römer wurden Entführungen als der häufigste Anlaß zum Krieg erwähnt. Zweifelsohne waren die beiden Geschlechter zu allen Zeiten in gleicher Weise wichtig füreinander. Doch ist der Enthusiasmus der Liebe in den Gebieten Asiens und Afrikas am machtvollsten. Schönheit als wertvoller Besitz wurde wahrscheinlich von den Landsleuten Homers mehr geschätzt als von denen des Amadis von Gallien oder von den Erfindern der modernen Galanterie. »Was Wunder«, bemerkte der alte Priamus beim Anblick Helenas, »daß ganze Völker um den Besitz so großer Schönheit kämpfen?« Und in der Tat wurde diese Schönheit von mehreren Liebhabern besessen, ein Sujet, hinsichtlich dessen sich die Empfindungen des modernen Helden sehr verfeinerten, ja, sich gleichsam in die Wolken zu erheben schienen. Er betete aus respektvoller Distanz an und bediente sich seiner Stärke, um die Bewunderung seiner Geliebten zu fesseln, nicht um ihren Besitz zu erringen. Eine kalte und unbezwingbare Keuschheit wurde zum Götzenbild erhoben, das durch Mühen, Leiden und Kämpfe des Helden und Liebhabers zu verehren war.

5 Livius, lib. 28 c. 21.

Ohne Zweifel begünstigten die feudalen Einrichtungen dieses romantische System durch den hohen Rang, zu dem sie gewisse Familien erhoben. Nicht allein der Glanz edler Abstammung, sondern auch das stattliche, mit Zinnen und Türmen bewehrte Schloß diente dazu, die Einbildungskraft zu entflammen und für die Tochter oder Schwester tapferer Häuptlinge Verehrung zu erwecken. Es war die Ehre dieser Frauen, unantastbar und keusch zu sein. Sie konnten kein anderes Verdienst anerkennen als das eines Hochgemuten und Tapferen, noch gestatten, daß man sich ihnen in anderer Weise näherte als mit Zartheit und Respekt.

Was in diesen Anschauungen ursprünglich lediglich etwas absonderlich war, das wurde von den Romanzenschreibern zu Übertreibungen verkehrt. Es wurde unter dem Namen der Ritterlichkeit sogar als Verhaltensmuster des täglichen Lebens hingestellt. Die Geschicke von Völkern wurden so von Galanterie bestimmt. Das menschliche Leben wurde in seinen wichtigsten Anlässen zu einer Szene der Affektiertheit und Narrheit gemacht. Krieger zogen aus, um die Legenden wahrzumachen, die sie gelesen hatten. Fürsten und Heerführer widmeten ihre ernsthaftesten Heldentaten einer wirklichen oder eingebildeten Geliebten.

Doch wie auch der Ursprung dieser oft so luftigen und lächerlichen Vorstellungen gewesen sein mag, an ihren dauerhaften Einwirkungen auf unsere Sitten ist nicht zu zweifeln. Der Ehrbegriff, das Vorherrschen der Galanterie in unserem Umgang wie auf unseren Theatern, viele der Ansichten, die das gemeine Volk sogar auf die Kriegführung überträgt, seine Vorstellung etwa, daß es einen Heerführer entehre, wenn er das Angebot einer Schlacht unter gleichen Bedingungen ablehnt, all dies sind unzweifelhaft Überbleibsel jenes antiquierten Systems: Ritterlichkeit, die sich mit dem eigentümlichen Geist unserer modernen Politik verquickt, hat wahrscheinlich auch jene Besonderheiten im Völkerrecht veranlaßt, durch die sich moderne Staaten von den antiken unterscheiden. Und ob man unseren Maßstab zur Bemessung von Graden der Höflichkeit und Zivilisation von daher oder vom Fortschritt der kommerziellen Künste nimmt, in beiden Fällen stellt sich heraus, daß wir die berühmten Nationen des Altertums weit übertroffen haben.

Fünfter Teil
Vom Niedergang der Nationen

1. Von den Meinungen über nationale Größe und von der Wechselhaftigkeit menschlicher Verhältnisse

Keine Nation befindet sich in so unglücklichen Umständen, daß sie sich dem Rest der Menschheit für unterlegen hält: wenige sind willens, auch nur den Anspruch auf Gleichheit zu dulden. Die meisten werfen sich selbst zugleich zum Richter wie zum Vorbild für das auf, was sie ihrer Art nach für ausgezeichnet halten. Sie nehmen ihrer Meinung nach den ersten Platz ein und gestehen anderen nur insoweit Achtung und Vorzug zu, als diese ihrer eigenen Beschaffenheit nahekommen. Die eine Nation bildet sich in dieser Weise etwas auf den persönlichen Charakter oder die Gelehrsamkeit einiger weniger ihrer Angehörigen ein, eine andere auf ihre Staatsklugheit, auf ihren Reichtum, auf ihre Gewerbetreibenden, ihre Gärten und ihre Gebäude, und diejenigen, die nichts haben, dessen sie sich rühmen könnten, sind eitel, weil sie unwissend sind. Vor der Regierungszeit Peters des Großen meinten die Russen, im Besitz jeder nur möglichen nationalen Ehre zu sein. Sie sahen auf die *Nemei* oder *sprachlosen Völker* (mit welcher Benennung sie ihre Nachbarn im westlichen Europa belegten) mit einem entsprechenden Grad an Verachtung herab.[1] In China war die Landkarte der Welt eine viereckige Platte, auf der die Provinzen dieses großen Reiches den größten Teil einnahmen. An den Rändern blieben nur wenige obskure Winkel übrig, in welche nach Vorstellung der Chinesen der armselige Überrest der Menschheit verwiesen war. »Wenn ihr weder unsere Schriftzeichen gebraucht, noch wißt, was in unseren Büchern steht«, bemerkte der gelehrte Chinese zu einem europäischen Missionar, »welche Gelehrsamkeit und welche Wissenschaft könnt ihr dann überhaupt haben?«[2]

Der Ausdruck *verfeinert* (polished), bezog sich, seiner Etymologie nach zu urteilen, ursprünglich auf den Zustand der Nationen hinsichtlich ihrer Gesetze und ihrer Regierung, *und als

1 Strahlenberg.
2 Gemelli Carceri.

zivilisierte Menschen galten damals Menschen, die in den Pflichten eines Bürgers geübt waren*. In seinen späteren Anwendungen bezieht sich der Ausdruck nicht weniger auf die Befähigung der Nationen zu den freien und mechanischen Künsten, zur Literatur und zum Handel **und als zivilisierte Menschen gelten jetzt Gelehrte, Leute von Welt und Händler**. Doch wie immer dieser Ausdruck angewendet werden mag, es scheint, falls es noch einen achtbareren Ausdruck geben sollte als diesen, daß sich dann jede Nation, auch noch die barbarischste oder korrumpierteste, diesen Ausdruck beilegen würde. Sie würde das Gegenteil davon jenen Nationen nachsagen, gegen die sie eine Abneigung empfände oder zu denen sie einen Unterschied wahrnähme. Die Worte *Fremder* oder *Ausländer* werden selten ohne ein gewisses Maß an absichtlichem Vorwurf ausgesprochen. Das Wort *Barbar*, das bei dem einen, überheblichen Volk gebraucht wurde, und das Wort *Heide*, das bei einem anderen in Gebrauch war, diente jeweils nur dazu, den Fremden zu kennzeichnen, dessen Sprache und Stammbaum vom eigenen unterschieden war.

Selbst wenn wir vorgeben, unsere Meinungen auf Vernunftgründen aufzubauen, und den Vorzug, den wir der einen Nation vor der anderen geben, rechtfertigen können, schenken wir unsere Aufmerksamkeit doch häufig Umständen, die mit dem Nationalcharakter in keinem Zusammenhang stehen und die wenig dazu beitragen, die Wohlfahrt der Menschen zu befördern. Eroberung oder die große Ausdehnung eines Territoriums, ohne Ansehen seiner jeweiligen Bevölkerung, und großer Reichtum, gleichgültig wie er verteilt und angewendet wird, dies sind Vorzüge, um deren willen wir unserer eigenen Eitelkeit und der anderer Nationen schmeicheln, ganz so, wie wir es mit Privatleuten aufgrund ihres Vermögens und ihrer Ehre tun. Manchmal streiten wir sogar darüber, wessen Hauptstadt wohl die größte sei, wessen König die unumschränkteste Gewalt habe und an wessen Hof das Brot der Untertanen in der sinnlosesten Schwelgerei verzehrt werde. Dies sind allerdings die Begriffe gemeiner Geister, aber es ist unmöglich auszumachen,

... Zusatz seit der Auflage von 1768
... Zusatz seit der Auflage von 1768

wieweit solche Begriffe gemeiner Geister die Menschheit nicht
auch tatsächlich anleiten können.

Es hat ganz bestimmt nur wenige Beispiele von Staaten gegeben, welche die ursprünglichen Anlagen der menschlichen Natur entweder durch die Künste oder durch politische Maßnahmen verbessert haben oder die sich darum bemüht hätten, die
Zerrüttung dieser Anlagen durch weise und wirksame Vorbeugungsmittel zu verhüten. Hingebung und Geisteskraft, wie sie
das einende Band und die Stärke vom Gemeinwesen sind, waren von Gott eingegebene ursprüngliche Eigenschaften der
Menschennatur. Aber auch noch die weiseste Politik der Völker
hat, wie wir annehmen dürfen, mit wenigen Ausnahmen eher
dazu tendiert, den Frieden der Gesellschaft aufrechtzuerhalten
und die äußeren Wirkungen schlechter Leidenschaften zu unterdrücken, als die natürliche Anlage des Herzens zu Gerechtigkeit und Güte zu stärken. Sie wirkte durch Einführung einer
Vielzahl von Künsten darauf hin, die Erfindungskraft der Menschen zu üben. Indem sie aber die Menschen in vielerlei Bestrebungen, Untersuchungen und Studien verwickelte, trug sie
nicht nur dazu bei, den Geist zu unterweisen, sondern ihn häufig auch zu korrumpieren. Sie gab Stoff für das Streben nach
Unterdrückung und für die Eitelkeit an die Hand. *Sie trug,
indem sie das Individuum fortwährend mit neuen Gegenständen persönlicher Sorge belastete, dazu bei, eine ängstliche Aufmerksamkeit des Individuums für sich selbst zu wecken und
diese an die Stelle des Vertrauens und der Zuneigung zu setzen,
die es für seine Mitmenschen empfinden sollte.*

Gleichgültig, ob dieser Verdacht zutreffend ist oder nicht, haben wir die Absicht, auf Umstände hinzuweisen, die dazu beitragen könnten, ihn zu bestätigen oder zu widerlegen. Wie es
von Wichtigkeit ist, die wirkliche Glückseligkeit der Völker zu

---

... Seit der Auflage von 1768 ersetzt durch:
Sie trug, indem sie das Individuum fortwährend mit neuen Gegenständen
persönlicher Sorge belastete, dazu bei, eine ängstliche Aufmerksamkeit des
Individuums für ein abgesondertes Vermögen zu wecken und diese an die
Stelle des Vertrauens und der Zuneigung zu setzen, unter deren Einfluß es
sich mit seinen Mitgeschöpfen zur gemeinsamen Erhaltung verbinden
sollte.

verstehen, so ist es sicher ebenso wichtig, zu wissen, welches denn die Schwächen und Laster sind, durch welche Menschen nicht nur diese Glückseligkeit verderben, sondern sich auch im einen Zeitabschnitt alle äußeren Vorteile verscherzen, die sie im vorhergehenden gewonnen hatten.

Reichtum, Vergrößerung und Macht der Nationen sind im allgemeinen Wirkungen der Tugend. Der Verlust dieser Vorteile aber ist oft eine Folge des Lasters. Nehmen wir an, die Menschen hätten bei der Entdeckung und Anwendung all derjenigen Künste, durch die Staaten erhalten und regiert werden, Erfolg gehabt, sie hätten durch Bemühung ihrer Weisheit und ihrer Großmut die bewunderten Einrichtungen und Vorteile eines zivilisierten und blühenden Volkes erreicht, dann würde nach gewöhnlichem Dafürhalten der auf diesen Zustand folgende Teil ihrer Geschichte eine vollständige Darbietung jener reifen Früchte enthalten, von denen sie bis dahin nur die Blüte und die ersten Anfänge gehabt hätten. Mehr noch als der vorhergehende Abschnitt ihrer Geschichte würde nach allgemeiner Einschätzung dieser spätere unsere Aufmerksamkeit verdienen und unsere Bewunderung erregen.

Das tatsächliche Ergebnis hat indessen dieser Erwartung nicht entsprochen. Die Tugenden der Menschen haben ihren stärksten Glanz während der Zeit ihrer Kämpfe, keineswegs aber nach der Erreichung ihrer Ziele gehabt. Diese Ziele selbst werden zwar aufgrund von Tüchtigkeit erreicht, sie bilden dann aber häufig die Ursachen von Korruption und Laster. Die Menschen haben im Streben nach nationaler Glückseligkeit Fertigkeiten entwickelt, die ihren Reichtum vermehren. Sie haben diese Fertigkeiten an die Stelle derjenigen gesetzt, die ihre Natur verbessern. Dort, wo sie eigentlich von Scham hätten erfüllt sein sollen, haben sich die Menschen mit den schmückenden Beiworten *zivilisiert* und *verfeinert* selbst noch Bewunderung gezollt. Auch noch dort, wo sie für einige Zeit nach Grundsätzen handelten, die darauf zielten, den Nationalcharakter zu heben, zu kräftigen und zu erhalten, sind sie diesem Zweck früher oder später entfremdet worden. Sie wurden Opfer unglücklicher Umstände oder solcher Nachlässigkeiten, wie sie das Wohlergehen selbst ermutigt hatte.

Krieg, der den Menschen eine vorzügliche Beschäftigung ihres unruhigen Geistes bietet, bringt es aufgrund der Mannigfaltigkeit seines jeweiligen Ausgangs mit sich, Schicksale zu verändern. Während er dem einen Stamm oder der einen Gesellschaft den Weg zum Aufstieg eröffnet und sie zur Herrschaft führt, bringt er andere Gesellschaften und Stämme zur Unterwerfung und setzt so dem Schauspiel ihrer nationalen Bemühungen ein Ende. Der berühmte Wettstreit zwischen Karthago und Rom war für beide Parteien die natürliche Betätigung eines ehrgeizigen Sinns, der keine Opposition oder auch nur Gleichberechtigung dulden wollte. Erfolgreiches Vorgehen und Glück der Heerführer bewahrten für einige Zeit ein unentschiedenes Gleichgewicht beider Seiten. Doch auf welche Seite die Waage sich schließlich auch senken mochte, die eine der großen Nationen mußte fallen, einer der Sitze von Weltmacht und Staatsklugheit mußte von seinem Platz weichen. In der Folge mußte sich entscheiden, ob das Altsyrische oder das Lateinische jene Gelehrsamkeit bewahren würde, die in kommenden Zeiten die Studien der Gelehrten beschäftigen sollte.

Staaten sind so von auswärts her erobert worden, bevor sie irgendwelche Zeichen inneren Verfalls aufwiesen. Dies geschah selbst inmitten von Wohlstand und zu Zeiten ihrer größten Hingabe an nationale Zwecke. Athen empfing eine tödliche Wunde zu der Zeit, als es auf der Höhe seines Ehrgeizes und Ruhms angekommen war und den Versuch unternahm, seine Seemacht über die griechischen Gewässer hinaus auszudehnen. Nationen jeder Art, ob nun schreckenerregend aufgrund ihrer rohen Wildheit oder geachtet wegen ihrer Disziplin und militärischen Erfahrung, ob im Aufstieg begriffen oder im Niedergang, sie alle fielen, trotz ihrer Stärke, der Reihe nach dem Ehrgeiz und dem Hochmut der Römer zum Opfer. Solche Beispiele mögen den Ehrgeiz und die Vorsicht der Staaten erregen und deren Beunruhigung hervorrufen. Das Auftreten ähnlicher Gefahren mag die Fähigkeiten von Politikern und Staatsmännern üben. Doch bloße Wendungen des Schicksals bilden den gewöhnlichen Inhalt der Geschichte. Sie sollten deshalb seit langem aufgehört haben, unser Erstaunen hervorzurufen.

Fänden wir heraus, daß Völker, im Ausgang von kleinen Anfän-

gen, allmählich in den Besitz von Fertigkeiten gelangen, die zur
Herrschaft führen, und sie dieser Vorzüge auch in demselben
Maß sicher würden, indem sie fähig wären, die Herrschaft zu
gewinnen, daß sie also auf einer ununterbrochenen Glücksbahn
voranschritten, bis sie durch äußeres Mißgeschick zerbrochen
würden, und ihre Stärke solange behielten, bis eine glücklichere
oder stärkere Macht entstünde, um sie niederzuwerfen, dann
würde das in Frage stehende Thema nur geringe Schwierigkeiten bieten. Es gäbe dann keine Veranlassung zu soviel Nachdenken. Doch wir beobachten bei vielen Nationen eine Art sponta-
ner Rückkehr in einen Zustand des Dunkels und der Schwäche.
Trotz beständiger Warnung vor der ihnen drohenden Gefahr
lassen sie sich in der einen Zeit von Mächtigen unterwerfen, die
in einer früheren Zeit in keinen Wettstreit mit ihnen hätten
eintreten können, von Gewalten also, die sie oft verspottet und
verachtet hatten. Angesichts eines solchen Sachverhalts wird die
Angelegenheit merkwürdiger und ihre Erklärung schwieriger.
Die Tatsache selbst ist aus einer Reihe unterschiedlicher Beispiele bekannt. So ging die Herrschaft über Asien mehr als
einmal aus den Händen einer größeren Macht in die einer geringeren über. Die einstmals so kriegerischen Staaten fühlten
ein Nachlassen ihrer Kraft. Sie traten den Vorrang, den sie den
Herrschern des Ostens streitig gemacht hatten, an die Streitmacht eines obskuren Fürstentums ab, die in wenigen Jahren
furchterregend angewachsen und unter der Leitung eines einzigen Mannes zur Höhe emporgestiegen war. Das Römische
Reich stand Jahrhunderte lang allein da. Es hatte jeden Nebenbuhler unterworfen. Weit und breit war keine Macht zu erblik-
ken, von der eine Herausforderung zu befürchten gewesen
wäre. Doch am Ende sank es vor einem in der Kriegskunst
unerfahrenen und verächtlichen Feinde zu Boden. Es war feindlichen Einfällen, Plünderungen und zuletzt auch Eroberungen
preisgegeben, in deren Gefolge es an seinen am äußersten Rande
gelegenen Teilen verfiel und nach sämtlichen Seiten hin ein-
schrumpfte. Sein Territorium wurde zerstückelt. Ganze Provinzen trennten sich ab, abgerissen keineswegs aufgrund überlegener Gewalt, sondern gleichsam wie Äste, die aufgrund ihres
Alters abfallen. Der Geist, mit dem Marius die Angriffe der

Barbaren in einem früheren Zeitalter verspottet und zurückge-
schlagen hatte, die bürgerliche und militärische Gewalt, mit
welcher die Konsuln und ihre Legionen dieses Reich ausge-
dehnt hatten, sie bestanden nicht mehr. Die Größe Roms, dazu
verurteilt, in ebendem Maße Schritt für Schritt niederzugehen,
wie sie aufgestiegen war, wurde bei jedem neuen Zusammenstoß geschwächt. Am Ende wurde sie auf ihren ursprünglichen
Umfang reduziert, auf den Bezirk einer einzigen Stadt, und da
ihre Erhaltung nur noch vom Erfolg oder Mißerfolg einer einzigen Belagerung abhing, wurde sie auch mit einem Schlag vernichtet. Der Brand, der die Welt mit seinen Flammen erfüllt
hatte, erlosch wie ein Kerzenstumpf im Leuchter.
Solche Beispiele haben die allgemeine Vorstellung entstehen lassen, daß der Fortschritt von Gesellschaften zu dem, was wir die
Gipfel nationaler Größe nennen, nicht weniger natürlich sei,
wie ihr Zurücksinken in Schwäche und historisches Dunkel
notwendig und unvermeidlich ist. Das Bild von der Jugend und
vom Greisenalter wird auf Nationen übertragen. Man glaubt,
daß auch ganze Gemeinwesen wie einzelne Menschen eine bestimmte Lebenszeit haben, daß die Schicksalsgöttinnen gewissermaßen auch für sie einen Faden spinnen, dessen einer Teil
gleichmäßig und stark, dessen anderer aber schwach und durch
den Gebrauch gelockert ist, einen Faden, der schließlich, wenn
die Zeit gekommen ist, durchschnitten wird, um einer Erneue-
rung des Sinnbilds durch jene Platz zu machen, die in der Nachfolge aufsteigen. Karthago, das um so vieles älter war als Rom,
hat, wie Polybius bemerkt, seinen Verfall denn auch entsprechend früher erlebt: Auch die Überlebenden trugen, wie er
voraussah, in ihrem Herzen bereits den Keim des Todes.
Das Bild ist in der Tat passend, und die Geschichte der Menschheit läßt seine Anwendung vertraut erscheinen. Doch es muß
auch einleuchten, daß die Umstände von Nationen und die von
Individuen sehr verschieden voneinander sind. Der menschliche
Körper wächst und vergeht nach einem allgemeinen Verlaufs-
muster. Er existiert in jedem Individuum in Gestalt eines zer-
brechlichen Gefüges und für eine Zeit begrenzter Dauer. Er
nutzt sich durch Betätigung ab und erschöpft sich durch beständige Wiederholung seiner Funktionen. Bei einer Gesellschaft

jedoch, deren Mitgliederbestand sich in jeder Generation erneu-
ert, deren Stamm sich immerwährender Jugend und sich stets
häufender Vorteile zu erfreuen scheint, können wir nicht mit
gleichen Vernunftgründen erwarten, Schwächen als eine Folge
bloßen Alters und der Länge der Zeit zu entdecken.

Das Thema ist nicht neu, und jedem Leser werden zahlreiche
Gedanken dazu einfallen. Mittlerweile können für die Menschheit selbst Ansichten nicht ganz fruchtlos sein, die wir über
einen solch wichtigen Gegenstand lediglich aus bloßer Spekulation hegen. In wie geringem Maße sich die Mühen spekulativer
Denker auch tatsächlich auf das Verhalten der Menschen aus-
wirken mögen, einer der verzeihlichsten Irrtümer, die ein
Schriftsteller begehen kann, ist doch der, zu glauben, er sei mit
einer Sache beschäftigt, mit welcher er viel Gutes bewirken
kann. Allein, wir überlassen die Sorge um die Wirkungen anderer und fahren fort, die Ursachen der Unbeständigkeit unter
den Menschen, die Quellen ihres inneren Verfalls und die zum
Untergang führende Zerrüttung zu betrachten, der die Nationen im Zustand einer angeblich vollkommen gesitteten Lebensart unterworfen sind.

2. Von den zeitweiligen Anstrengungen und vom Nachlassen des Nationalgeists

Aus dem, was wir über die allgemeinen Charakteristika der menschlichen Natur bereits bemerkt haben, ging hervor, daß der Mensch nicht zur Ruhe geschaffen ist. Jede liebenswürdige und achtenswerte Eigenschaft in ihm ist eine tätige Kraft, und jeder seiner empfehlenswerten Züge verkörpert eine Anstrengung. Sind schon seine Irrtümer und Verbrechen die Äußerungen eines tätigen Wesens, so bestehen seine Tugenden und sein Glück gleichermaßen in der Betätigung seines Geistes. Aller Glanz, den er um sich verbreitet, um die Aufmerksamkeit seiner Mitmenschen zu fesseln oder in Anspruch zu nehmen, leuchtet, wie der Schweif eines Meteors, nur so lange, wie seine Bewegung anhält: Momente der Ruhe sind gleichbedeutend mit Dunkelheit. Wir wissen, daß die zu erfüllenden Aufgaben seine Kräfte häufig übersteigen, sie können ebenso aber auch hinter seinen Kräften zurückbleiben. Er kann zu viel bewegt sein, aber auch zu wenig, ohne daß wir die richtige Mitte zwischen den Lebenslagen, in denen er durch zuviel Anstrengung überfordert ist, und denjenigen, in denen er in Langeweile verfallen würde, genau bestimmen können. Wir wissen, daß er in vielerlei Aufgaben Verwendung finden kann, die ganz unterschiedliche Leidenschaften in Anspruch nehmen, daß er sich infolge von Gewöhnung in äußerst unterschiedliche Lagen fügen kann. Doch alles, was wir im allgemeinen ausmachen können, ist dieses: Mögen die Dinge, mit denen er sich befaßt, sein, wie sie wollen, das ganze Gebäude seiner Natur verlangt von ihm, beschäftigt zu sein, seine Glückseligkeit aber fordert ihm ab, gerecht zu sein.

Wir haben im folgenden zu untersuchen, warum einzelne Nationen ihren Vorrang vor andern verlieren, warum und woher es kommt, daß Gesellschaften, die die Aufmerksamkeit der ganzen Menschheit durch Beispiele des Großmuts, aufrechten Verhaltens und nationalen Erfolgs auf sich gezogen haben, von der Höhe ihrer Ehren herabsinken und die Palme des Erfolgs, die sie im einen Zeitalter gewonnen hatten, in einem anderen Zeitalter wieder abtreten müssen. Hierfür würden sich wahrscheinlich viele Gründe angeben lassen. Einer ist wohl in der Wankelmütigkeit und Unbeständigkeit der Menschen zu suchen, die ihrer Bestrebungen und Anstrengungen müde werden, obwohl die Gelegenheiten, die zu solchen Bestrebungen Anlaß gaben, in gewissem Maße fortbestehen. Ein anderer Grund würde sich aus dem Wechsel der Umstände und dem Wegfall von Anlässen ergeben, die ursprünglich dazu dienten, ihren Geist anzufeuern.

Öffentliche Sicherheit und die verhältnismäßigen Interessen einzelner Staaten, politische Einrichtungen, Parteiansprüche, Handel und Gewerbe, dies alles sind Gegenstände, welche die Aufmerksamkeit der Nationen auf sich ziehen. Die Vorteile, die mit Hilfe etlicher dieser besonderen Gegenstände gewonnen werden, bestimmen den Grad nationaler Wohlfahrt. Bemühung und Kraft, mit denen sie zu jeder Zeit verfolgt werden, bilden den Maßstab für die Existenz eines Nationalgeists. Hören diese Gegenstände auf, ihre anregende Wirkung auszuüben, so können Nationen als schläfrig gelten. Werden sie für geraume Zeit vernachlässigt, so müssen die Staaten in Verfall geraten und ihr Volk herunterkommen.

Selbst bei den vorangeschrittensten, unternehmendsten, erfindungsreichsten und gewerbefleißigsten Nationen ist dieser Geist schwankend. Manche, die noch so lange fortfahren, um Vorteile zu gewinnen, oder auch, um sie zu bewahren, erleben doch Zeiten der Schlaffheit ebenso wie des Eifers. Der Wunsch nach öffentlicher Sicherheit ist zu allen Zeiten ein mächtiges Verhaltensmotiv, aber am stärksten wirkt er in Verbindung mit gelegentlichen Leidenschaften, d. h. wenn Herausforderungen das Blut entflammen, wenn Erfolge ermutigen oder Kränkungen erbittern.

Ein ganzes Volk handelt wie die Individuen, aus denen es sich zusammensetzt, unter dem Einfluß zeitweiliger Launen, erregter Hoffnungen oder heftiger Feindseligkeiten. Es ist zum einen Zeitpunkt geneigt, nationale Bemühungen mit Heftigkeit in Angriff zu nehmen, zu einem anderen Zeitpunkt aber, sie aus bloßer Trägheit und aus Überdruß fallenzulassen. Solche Völker sind in ihren bürgerlichen Auseinandersetzungen und Streitigkeiten im Inneren gelegentlich eifrig oder nachlässig. Anstekkende Leidenschaften entstehen oder lassen wieder nach, aus nichtssagenden ebenso wie aus wichtigen Gründen. Parteien sind das eine Mal bereit, sich aus bloßer Willkür oder aus Zufall zu erheben und hiervon ihre Existenz und ihren Widerspruch abzuleiten, ein andermal lassen sie die wichtigsten Anlässe schweigend vorübergehen. Wenn sich zufällig eine literarische Ader auftut oder ein neuer Diskussionsgegenstand auftaucht, so häufen sich plötzlich wirkliche oder vorgebliche Entdeckungen. Jede Unterhaltung wird dann wißbegierig und lebhaft. Wird eine neue Quelle des Reichtums gefunden oder eröffnet sich eine Aussicht auf Eroberung, dann entflammt sich die menschliche Einbildungskraft und ganze Erdteile werden plötzlich in verderbliche oder erfolgreiche Abenteuer verwickelt.

Könnten wir uns den Geist ins Gedächtnis zurückrufen, den unsere Vorfahren äußerten, oder uns in die Ansichten versetzen, die sie hatten, als sie, einer Flut gleich, aus ihren alten Wohnsitzen hervorbrachen, um sich über das römische Reich zu ergießen, so würden wir wahrscheinlich in den Gemütern dieser Menschen, wenigstens nach ihren ersten Erfolgen, Antriebe entdecken, für die kein Versuch zu beschwerlich und kein Hindernis unübersteigbar war.

Die hierauf folgenden unternehmungsfreudigen Zeitalter in Europa waren jene, in denen die Sturmglocke der Schwärmerei geläutet wurde und die Gefolgsleute des Kreuzes in das Morgenland einfielen, um ein Land auszuplündern und ein heiliges Grab wiederzugewinnen. Es waren die Zeiten, in denen das Volk in verschiedenen Staaten um die Freiheit kämpfte und das ganze Gebäude politischer und religiöser Usurpation angriff, Zeiten auch, in denen die Bewohner der einen Welthälfte auf die andere losgelassen wurden, nachdem sie Mittel und Wege gefunden hatten, den Atlantik zu überqueren und das Kap der Guten Hoffnung zu umschiffen. Im Blute watend, und um den Preis jedes Verbrechens und jeder Gefahr, überquerten Expeditionen aus aller Herren Länder die Welt auf der Suche nach Gold.

Selbst die Schwachen und Trägen werden durch die Ansteckung solch bemerkenswerter Zeitalter noch zu Unternehmungen aufgestachelt. Auch Staaten, deren Verfassung die Prinzipien einer fortwährenden, der menschlichen Wohlfahrt günstigen oder schädlichen Bemühung keineswegs verkörpern, können dann plötzliche Anfälle von Eifer und einen zeitweiligen Anschein nationaler Kraftentfaltung aufweisen. Bei solchen Nationen stellt die Rückkehr der Mäßigung in der Tat nichts als ein Zurücksinken in die Dunkelheit dar. Die Vermessenheit des einen Zeitalters verwandelt sich im darauffolgenden in Niedergeschlagenheit.

Doch bei Staaten, deren innere Politik vom Glück begünstigt ist, kann selbst unter gewaltsamen Zuckungen der Wahnsinn am Ende noch in Weisheit verwandelt werden. Von seinen Torheiten geheilt und durch Erfahrung weiser geworden, kann ein Volk zu seiner gesunden Gemütsverfassung zurückkehren. Es kann aber nach einer Besserung seiner Fähigkeiten auch dieselben Szenen weiterführen, die seine Tollheit eröffnet hat, und dann als höchst geeignet erscheinen, nationalen Zielen mit Erfolg nachzugehen. Ähnlich wie die antiken Republiken unmittelbar nach einem beunruhigenden Aufstand oder wie das Königreich Großbritannien am Ende seiner Bürgerkriege behalten diese Völker den aktiven Geist bei, der in der jüngsten Vergangenheit erwacht war, und entwickeln bei jeder Beschäftigung die gleichen Kräfte, ob es nun um Politik, um Gelehrsamkeit oder um Künste geht. Nachdem sie sich zunächst am Rand des Untergangs befanden, gelangen sie schließlich doch zu größtem Wohlstand.

Die Menschen verfolgen ihre Absichten mit einem Maß an Eifer, das zur wirklichen Wichtigkeit ihres Ziels in keinem Verhältnis steht. Ob sie nun in Opposition zueinander stehen oder in einem Bündnis vereint sind, sie verlangen nur nach Vorwänden zum Handeln. Sie vergessen in der Hitze des Gefechts den Gegenstand ihrer Auseinandersetzung. Mit den formellen Räsonnements, die sich hierauf beziehen, suchen sie nur einen Deckmantel für ihre Leidenschaften. Ist das Herz einmal entflammt, so kann keine Überlegung seinen Eifer unterdrücken. Läßt seine Glut nach, so können keine Vernunftsschlüsse, keine Beredsamkeit die früheren Gefühle wieder erwecken und entfachen.

Fortgesetzter Wetteifer unter Staaten muß vom Ausmaß der

Gleichheit abhängen, durch das ihre Kräfte im Gleichgewicht gegeneinander gehalten werden, oder aber von den Anreizen, durch die eine Partei oder alle Parteien zusammen angetrieben werden, ihre Kämpfe fortzusetzen. Lange Ruhepausen zwischen Kriegen führen in jedem Zeitalter der bürgerlichen Gesellschaft gleichermaßen zum Erschlaffen militärischen Geistes. Die Unterwerfung Athens durch Lysander versetzte den Einrichtungen des Lykurg den Todesstoß. Die ruhige Inbesitznahme Italiens hätte beinahe dem kriegerischen Fortschritt der Römer ein Ende gemacht, was vielleicht ein Glück für die Menschheit gewesen wäre. Nach einigen Jahren der Ruhe fand Hannibal Italien in einer Situation vor, in der es auf seinen Angriff unvorbereitet war. Auf die Römer aber traf er in einer Verfassung, als wollten sie an den Ufern des Po jenem kriegerischen Ehrgeiz entsagen, der sie später, beflügelt vom Gefühl einer neuen Gefahr, bis zum Euphrat und zum Rhein trug.

Selbst Staaten, die sich durch kriegerische Tapferkeit hervorgetan haben, legen manchmal ihre Waffen aus Ermattung nieder und werden fruchtloser Auseinandersetzungen überdrüssig. Wenn sie ihre Rolle als unabhängige Gemeinwesen allerdings aufrechterhalten, werden sie häufig Veranlassung haben, sich ihrer Tatkraft zu erinnern und sie neu zu praktizieren. Auch unter volkstümlichen Regierungen vergessen die Menschen zuweilen ihre politischen Rechte und erscheinen dann zeitweilig als träge und untätig. Doch falls sie ihre Kraft zur Selbstverteidigung beibehalten haben, kann solche Unterlassung ihrer Praxis nicht von langer Dauer sein. Politische Rechte werden stets angetastet, sobald sie vernachlässigt werden. Doch Beunruhigungen von dieser Seite müssen die Aufmerksamkeit der Parteien oft aufs neue erwecken. Liebe zur Gelehrsamkeit und zu den Künsten mag die Verfolgung dieser Rechte eine Zeitlang ändern oder gar schwächen. Doch solange sich die Menschen im Besitz der Freiheit befinden und der Betätigung des Erfindergeists kein Einhalt geschieht, kann die Öffentlichkeit zu verschiedenen Zeiten zwar durchaus mit ungleicher Leidenschaft vorwärtsschreiten, ihr Fortschritt wird dabei jedoch selten gänzlich aufhören, die im einen Zeitalter errungenen Vorteile werden im folgenden kaum völlig verlorengehen.

Wollen wir die Ursachen völliger Korruption aufdecken, dann müssen wir jene Staatsumwälzungen untersuchen, welche die Anlässe allen erfinderischen Forschens und aller Beschäftigung mit den freien Künsten beseitigen oder verhindern, die den Bürger der Gelegenheit berauben, sich als Mitglied der Öffentlichkeit zu betätigen, die seine aktive Gesinnung zerstören, seine Gefühle erniedrigen und seinen Geist zum Betreiben öffentlicher Angelegenheiten unbrauchbar machen.

3. Vom Nachlassen des Nationalgeists, wie es bei verfeinerten Nationen eigentümlich ist

Nationen, die ihre Umstände verbessern, haben sich im Lauf ihres Vorankommens mit äußeren Feinden auseinanderzusetzen, gegen die sie äußerste Erbitterung hegen und mit denen sie in vielen Zusammenstößen um ihre Existenz als Volk ringen. Zeitweilig finden sie auch in ihrer inneren Politik Unbequemlichkeiten und Beschwernisse vor, die zu heftiger Ungeduld antreiben. Sie ersinnen dann Reformen und neue Einrichtungen, aus denen sie Hoffnung und Zuversicht auf nationales Glück schöpfen. In frühen Zeitaltern ist jede Kunst unvollkommen und noch zahlreicher Verbesserungen fähig. Auch die Anfangsgründe jeder Wissenschaft sind dann noch Geheimnisse, die ihrer Entdeckung harren und erst nach und nach unter Beifall und Triumph veröffentlicht werden.

Wir können uns vorstellen, wie die Menschen in Zeitaltern des Fortschritts die Welt noch offen vor sich liegen haben, Kundschaftern gleich, die zur Entdeckung fruchtbarer Ländereien ausgezogen sind. Auf Schritt und Tritt stoßen sie auf etwas, das den Anschein des Neuen hat. Jedes neue Gebiet betreten sie mit Erwartung und Freude. Sie nehmen jedes Unternehmen mit dem Eifer von Menschen in Angriff, die glauben, daß sie im Begriff sind, zu nationaler Glückseligkeit und zu dauerndem Ruhm zu gelangen. Inmitten der Hoffnungen auf zukünftige Erfolge vergessen sie vergangene Enttäuschungen. Aus bloßer Unwissenheit werden rohe Gemüter von jeder nur möglichen Leidenschaft besessen. Parteiisch gegenüber ihrer Lage und ihren eigenen Bestrebungen, meinen sie, daß jede andere Lage unbedeutender sei als jene, in der sie sich selbst gerade befinden. Von Erfolgen wie Mißgeschick in gleicher Weise angestachelt, sind sie zuversichtlich, heftig und vorschnell. Kenntnisreicheren Zeiten, die auf die ihrigen folgen, hinterlassen sie somit Denkmale unvollkommenen Geschicks und einer nur rohen Ausübung jeder Kunst. Aber zugleich hinterlassen sie auch Spuren eines starken und eifrigen Geistes, den aufrechtzuerhalten oder nachzuahmen ihre Nachfolger nicht immer imstande sind.

Dies kann vielleicht als angemessene Beschreibung blühender Gesellschaften gelten, wenigstens während gewisser Perioden ihres Voranschreitens. Die Lebhaftigkeit, mit der sie voranschreiten, mag zu verschiedenen Zeiten ungleich sein. Sie kann ihre plötzlichen Beschleunigungen ebenso haben wie ihre Stillstände, die sich aus der Unbeständigkeit menschlicher Leidenschaften und aus dem zufälligen Vorhanden- oder Nichtvorhandensein derjenigen Anlässe ergeben, welche diese Leidenschaften hervorrufen. Aber stößt der Geist, der eine Zeitlang mit dem Betreiben politischer und kommerzieller Künste fortfährt, auf eine natürliche Grenze der Beendigung seiner eigenen Tätigkeit? Kann das Geschäft der bürgerlichen Gesellschaft zur Vollendung kommen und jede Gelegenheit zu weiteren Anstrengungen damit entfallen? Führen fortwährende Enttäuschungen zum Nachlassen berechtigter Hoffnungen? Wird die intensive Bekanntschaft mit den Gegenständen auch zur Abstumpfung des Reizes des Neuen führen? Bewirkt etwa Erfahrung selbst eine Abkühlung geistigen Eifers? Läßt sich die Gesellschaft auch hierin wieder dem Individuum vergleichen und läßt sich deshalb vermuten, daß die Kraft einer Nation, zwar nicht ebenso wie die eines natürlichen Körpers, durch physischen Verfall vergeht, aber doch wohl aus Mangel an Übung erkranken kann, um am Ende ihrer eigenen Anstrengungen wegzusterben? Können Gesellschaften sich nach Vollendung all ihrer Pläne wie Menschen verhalten, die zu Jahren gekommen sind und die ihre Vergnügungen deshalb verachten und den Leidenschaften der Jugend gegenüber unempfindlich werden? Können dementsprechend auch Gesellschaften kalt und gleichgültig gegenüber Dingen werden, die sie in einem roheren Zeitalter zu entflammen pflegten? Kann ein verfeinertes Gemeinwesen deshalb mit einem Menschen verglichen werden, der in Erschlaffung und lustlose Gleichgültigkeit versinkt, nachdem er seinen Plan ausgeführt, sein Haus gebaut und bestellt hat, nachdem er, kurz gesagt, die Reize aller Dinge erschöpft und all sein Feuer verbraucht hat? Verhält es sich so, dann haben wir wenigstens nochmals ein Gleichnis gefunden, das unserer Bestimmung entspricht. Doch ist es auch in diesem Fall wahrscheinlich, daß die Ähnlichkeit nur unvollkommen ist. Die Schlußfolgerung, die sich hieraus ergeben würde, dient, wie die meisten anderen aus Analogie abgeleiteten Beweise, mehr zur Unterhaltung der Einbildungskraft als zur Vermittlung einer wirklichen Information über den Gegenstand, auf den sie sich bezieht.

Der menschlichen Kunstfertigkeit geht ihr Stoff niemals gänzlich aus, und die Mühen des Fleißes kommen deshalb niemals an ihr Ende. Nationaler Eifer steht zu keiner Zeit in angemessenem Verhältnis zur Gelegenheit seiner Betätigung. *Auch die Neugierde entspricht niemals dem Umfang der Sache, die noch zu untersuchen bleibt.*

Die Unwissenden und Arglosen, denen die Gegenstände der Wissenschaft als neu erscheinen und die mit den Bequemlichkeiten des Lebens allzu schlecht ausgestattet sind, sind für gewöhnlich, statt aktiver und neugieriger zu sein, ruhiger und weniger wißbegierig als die Wissenden und die Verfeinerten. Vergleichen wir die einzelnen Gegenstände, womit sich die Menschen in ihrem rohen und in ihrem verfeinerten Zustand beschäftigen, so werden wir finden, daß sie sich im Zustand der Verfeinerung außerordentlich vermehrt und erweitert haben. Doch auch dann verdienen die von uns aufgeworfenen Fragen noch beantwortet zu werden: Selbst wenn wir in den fortgeschrittenen Zeiten einer Gesellschaft die Ziele menschlichen Strebens nicht beseitigt oder beträchtlich vermindert finden, so werden wir doch wenigstens ihre Veränderung feststellen. Be-

... Seit der Auflage von 1773 ersetzt durch:
Auch die Neugierde der Gelehrten entspricht niemals dem Umfang der Sache, die noch zu untersuchen bleibt.

... Seit der Auflage von 1768 ersetzt durch:
Die Unwissenden und Arglosen, denen die Gegenstände der Wissenschaft als neu erscheinen und deren Lebensweise äußerst einfach ist, sind für gewöhnlich, statt aktiver und neugieriger zu sein, ruhiger und weniger wißbegierig als diejenigen, die mit Wissen und mit den Bequemlichkeiten des Lebens bestens ausgestattet sind. Vergleichen wir die einzelnen Gegenstände, womit sich die Menschen zu Beginn und dann im vorgerückten Zeitalter kommerzieller Künste beschäftigen, so werden wir finden, daß sie sich im Zustand der Verfeinerung außerordentlich vermehrt und erweitert haben. Doch auch dann verdienen die von uns aufgeworfenen Fragen noch

urteilen wir hiernach den Nationalgeist, so werden wir auf der einen Seite eine Vernachlässigung feststellen, die nur unvollkommen durch die wachsende Aufmerksamkeit ausgeglichen wird, die einer anderen Seite geschenkt wird.

Im allgemeinen trifft es zu, daß es in all unseren Bestrebungen ein Ende unserer Mühen und einen Ruhepunkt gibt, den wir anstreben. Wir möchten diese Unbequemlichkeit gerne abstellen oder jenen Vorteil gewinnen, so daß unsere Mühen aufhören können. »Wenn ich Italien und Sizilien erst erobert habe, werde ich meine Ruhe genießen«, bemerkt Pyrrhus. Ein solches Ende wird bei all unseren nationalen Bemühungen ebenso vorausgesetzt wie bei unseren persönlichen. Aus der Ferne erscheint es, trotz wiederholter Erfahrungen des Gegenteils, als Höhepunkt des Glücks. Doch voll Weisheit hat die Natur den Erfolg unseres Planens bei den meisten Dingen vereitelt. Die eingebildete Glückseligkeit ungestörter Ruhe ist nirgends in die Reichweite unseres tatsächlichen Vermögens gestellt. Die Erreichung eines Ziels bildet nur den Anfang einer neuen Bestrebung. Die Entdeckung einer Kunstfertigkeit ist nur die Verlängerung des Fadens, durch den wir zu weiteren Nachforschungen angehalten werden, die einzige Hoffnung, aus dem Labyrinth zu entkommen.

Das Streben nach Bequemlichkeit und nach Reichtum zählt zu den Beschäftigungen, welche die Übung des Erfindungsgeists und die Pflege menschlicher Talente zum Zweck haben. Hierunter zählen all jene Verrichtungen, welche dazu dienen, die gewerbliche Produktion auszuweiten und die gewerblichen Künste zu vervollkommnen. Hierbei ist einzugestehen, daß die Gegenstände des Handels ohne bestimmte Grenze fortwährend aufgehäuft werden können. Deshalb sind auch die Künste, die zur Veredlung dieser Handelsgegenstände angewandt werden, zu fortwährender Verfeinerung imstande. Kein noch so großes Ausmaß an Vermögen, kein Grad an Geschicklichkeit verringert, wie man sieht, die angeblichen Bedürfnisse des Menschen-

beantwortet zu werden: Selbst wenn wir die Gegenstände menschlichen Strebens als Ergebnis von Handel und Kommerz nicht beseitigt oder beträchtlich vermindert finden, so werden wir doch wenigstens ihre Veränderung feststellen.

lebens. Verfeinerung und Überfluß züchten neue Wünsche, während sie gleichzeitig die Mittel bereitstellen oder Kunstgriffe praktizieren, um diese Wünsche zu befriedigen.

Als Folge des Betreibens kommerzieller Künste nehmen die Vermögensungleichheiten in starkem Maße zu. Die Mehrzahl eines jeden Volkes wird durch Notdurft gezwungen, oder wenigstens durch Ehrgeiz und Habsucht mächtig angetrieben, jedes Talent anzuwenden, das sie besitzt. Die Einwohner Chinas sind, nachdem sie in der Beschäftigung mit Gewerben und Handel eine Geschichte von etlichen tausend Jahren hinter sich haben, immer noch die arbeitsamsten und gewerbefleißigsten unter allen Völkern der Erde.

Diese Beobachtung läßt sich zum Teil auch auf die Schönen Künste und die Literatur ausdehnen. Auch sie haben ihr unerschöpfliches Material und entspringen Wünschen, die nicht zu stillen sind. Aber die Achtung, die literarischem Verdienst bezeugt wird, ist dem Wandel unterworfen und eine Angelegenheit vorübergehender Moden. Häufen sich gelehrte Werke, so nimmt allein schon der Wissenserwerb diejenige Zeit in Anspruch, die man auf Erfindungen anwenden könnte. Das Ziel bloßer Gelehrsamkeit wird auch mit mäßigen und niedrigen Talenten erreicht. Die sich mehrende Zahl derjenigen, die hierauf Anspruch erheben, vermindert zugleich den Glanz der wenigen, die wirklich hervorragend sind. Ist es lediglich unsere Absicht, das zu lernen, was andere bereits gelehrt haben, so werden auch unsere bloßen Kenntnisse wahrscheinlich geringer sein als die unserer Lehrer. Große Namen werden selbst dann noch immer mit Bewunderung wiederholt, wenn wir aufgehört haben, die Grundlagen unseres Lobs zu überprüfen. Neue Bewerber um große Namen werden nicht etwa deshalb verworfen, weil sie an ihre Vorgänger nicht heranreichen, sondern weil sie diese nicht übertreffen oder vielmehr, weil wir in Wirklichkeit das Verdienst der ersteren ohne Prüfung als ausgemacht betrachtet haben und das Verdienst beider deshalb nicht angemessen beurteilen können.

Nachdem die Bibliotheken wohl angefüllt und jeder Pfad des Erfindergeists besetzt ist, bewundern wir das bereits Geleistete. Im Verhältnis hierzu sind wir gegen Versuche zu Neuem vor-

Fünfter Teil, Kapitel 3

eingenommen. Statt uns wie Rivalen zu verhalten, werden wir Schüler und Bewunderer. Wir setzen die bloße Kenntnis von Büchern an die Stelle des forschenden und lebendigen Geistes, aus dem heraus sie ursprünglich geschrieben wurden.

Handel und gewinnbringende Künste mögen fortfahren zu gedeihen, aber sie gewinnen einen Vorrang nur auf Kosten anderer Bestrebungen. Das Verlangen nach Gewinn erstickt die Liebe zur Vollkommenheit. Interesse ernüchtert die Einbildungskraft und verhärtet das Herz. Indem es Beschäftigungen in dem Maße empfiehlt, in dem diese Gewinn bringen und in ihren Erträgen sicher sind, treibt es den Erfindergeist, ja selbst den Ehrgeiz, an den Ladentisch und in die Werkstatt.

Die Teilung der Berufe scheint, ganz abgesehen von diesen Erwägungen, eine Vervollkommnung der Geschicklichkeit zu versprechen. Sie ist auch tatsächlich die Ursache dafür, daß die Erzeugnisse jeder Kunst um so vollkommener werden, je mehr der Handel voranschreitet. Doch am Ende und in ihren letztlichen Folgen führt diese Teilung der Berufe in gewissem Maße dazu, die Bande der Gesellschaft zu zerbrechen, leere Formen an die Stelle des Erfindergeists zu setzen und die Individuen von jenem gemeinsamen Schauplatz ihrer Beschäftigung abzuziehen, auf dem die Gefühle des Herzens und der Geist am glücklichsten Verwendung finden.

Angesichts der *Unterscheidung* der Berufe, durch welche die Mitglieder einer verfeinerten Gesellschaft voneinander getrennt werden, nimmt man an, daß jedes Individuum ein bestimmtes Talent oder seine besondere Geschicklichkeit besitzt, mit der die anderen eingestandenermaßen nicht vertraut sind. *Es kommt dahin, daß die Gesellschaft aus Teilen besteht, von denen kein einziger vom Geist der Gesellschaft selbst beseelt ist.* »Wir nehmen an ein und derselben Person«, so bemerkte Perikles, »eine gleiche Aufmerksamkeit für private wie für öffentliche Angelegenheiten wahr, und an Menschen, die sich besonderen Berufen zugewandt haben, eine ausreichende Kenntnis des-

---

... Seit der Auflage von 1773 ersetzt durch:
Es kommt dahin, daß die Gesellschaft aus Teilen besteht, von denen kein einziger von dem Geist beseelt ist, der im Verhalten von Nationen vorherrschen sollte.

sen, was sich auf die Gesamtheit bezieht. Wir betrachten allein
jene Menschen als völlig unbedeutend, die kein Interesse für
den Staat haben.« Diese Lobrede auf die Athener wurde wahrscheinlich in der Befürchtung gehalten, daß ihnen das Gegenteil
leicht von ihren Feinden vorgeworfen werden oder auch bald
eintreten könne. Und so geschah es denn auch, daß staatliche
wie militärische Geschäfte in Athen schlechter verwaltet wurden, sobald diese, wie andere Aufgaben auch, zur Angelegenheit abgesonderter Berufe wurden. Die Geschichte dieses Volks
zeigt mehr als zu Genüge, daß die Menschen in dem Maße
aufhörten, gute Bürger, ja sogar Dichter und Redner zu sein, in
welchem sie sich in der Ausübung dieser und anderer getrennter
Berufe auszeichneten.

Lebewesen, denen weniger Ehre widerfährt als uns, haben
Weisheit genug, ihre Nahrung zu beschaffen und die Mittel für
ihre einsamen Freuden zu finden. Dem Menschen allein aber ist
es vorbehalten, in der Gesellschaft seiner Mitgeschöpfe zu beraten, zu überreden, zu widersprechen, anzufeuern und inmitten
der Heftigkeit seiner Freundschaften wie seines Widerstreits das
Gefühl für sein persönliches Interesse oder für seine Sicherheit
zu verlieren.

Der Geist erkennt seinen natürlichen Stand dann, wenn wir in
irgendeinen jener Teilbereiche verwickelt sind, in welche die
Menschen geschieden sind, ob es sich dem Namen nach nun um
ein Land, um einen Stamm oder aber um eine Gruppe von
Menschen handelt, die in irgendeiner Weise von gemeinsamen
Interessen betroffen sind und von gemeinsamen Leidenschaften
geleitet werden. In diesem Stand finden die Empfindungen des
Herzens und die Gaben des Verstandes ihre natürliche Betätigung. Weisheit, Wachsamkeit, Treue und Tapferkeit sind die
Eigenschaften, die in einer solchen Szene erforderlich sind und
auf deren Verbesserung sie gleichzeitig abzielt.

Wenn in einfachen oder barbarischen Zeitaltern die Nationen
schwach und von Feinden umgeben sind, dann ist die Liebe
zum Land, zur Partei oder zu einer Faktion ein und dasselbe.
Das Gemeinwesen wird durch eine Handvoll Freunde gebildet,
der Rest der Menschheit aber sind dessen Feinde. Tod und
Sklaverei sind die gewöhnlichen Übel, die sie abzuwenden be-

strebt sind, Sieg und Herrschaft die Ziele, die sie anstreben. Unter dem Eindruck dessen, was sie von den Einfällen Auswärtiger zu leiden haben könnten, setzt sich jede blühende Gesellschaft zum Ziel, ihre Kraft zu steigern und ihre Grenzen auszuweiten. Die Sicherheit nimmt in dem Maße zu, in dem dieses Ziel erreicht wird. Diejenigen, welche die fern von der Grenze liegenden Gebiete im Landesinneren in Besitz haben, sind an auswärtige Bedrohungen nicht gewöhnt. Diejenigen aber, die fern vom Sitz der Regierung an den äußersten Grenzen wohnen, sind nicht daran gewöhnt, überhaupt auf politische Interessen zu hören. Die Öffentlichkeit aber wird hier zu einem Gegenstand, der vielleicht die Vorstellungskraft beider übersteigt. Sie genießen zwar den Schutz ihrer Gesetze und ihrer Armeen, brüsten sich mit ihrem Glanze und ihrer Macht, aber die glühenden Empfindungen der Hingabe an das öffentliche Wohl, die in kleinen Staaten an die Zärtlichkeit des Vaters und des Liebhabers, des Freundes und des Gefährten heranreichen, sie verlieren allein schon dadurch einen großen Teil ihrer Stärke, daß sich ihr Gegenstand ausweitet.

Die Sitten roher Völker bedürfen der Reform. Auswärtige Streitigkeiten und Uneinigkeiten im Inneren sind bei diesen Völkern die Wirkung sehr heftiger und blutiger Leidenschaften. Ein Zustand größerer Ruhe hat vielerlei glückliche Wirkungen. Aber wenn Nationen den Plan zur Ausweitung und Friedensstiftung so weit treiben, daß ihre Angehörigen weder imstande sind, die gemeinsamen gesellschaftlichen Bande länger wahrzunehmen, noch durch gemeinsame Zuneigung zu bewegen sind, sich ihres Vaterlandes anzunehmen, dann verfallen sie mit Sicherheit in den entgegengesetzten Fehler. Indem sie zu wenig übrig lassen, was den Geist der Menschen noch anregen könnte, führen sie Zeiten der Tatenlosigkeit, wenn nicht gar des Verfalls, herbei.

Auf diese Weise können die Glieder eines Gemeinwesens wie die Einwohner einer eroberten Provinz dazu gebracht werden, jedes Gefühl einer umfassenderen Verbindung, das Verwandtschafts- oder Nachbarschaftsgefühl ausgenommen, zu verlieren. Sie sind mit keinen gemeinsamen Angelegenheiten außer mit denen des Handels befaßt. Freilich sind auch dies Beziehungen und Angelegenheiten, bei denen Redlichkeit und Freundschaft immer noch stattfinden können. Allerdings kann hier kein Nationalgeist mehr geäußert werden, dessen Ebbe und Flut wir gegenwärtig betrachten.

Unsere Beobachtung, daß eine Erweiterung des Staates leicht dazu führt, die Bande politischer Einigung zu lockern, trifft jedoch nicht für solche Nationen zu, die bereits von Anfang an klein waren und ihre Grenzen niemals besonders erweitert haben, auch nicht für solche Nationen, die bereits in ihrem rohen Zustand die Ausdehnung eines großen Reiches aufwiesen.

In Ländern beträchtlichen Umfangs, die einer einzigen Regierung unterworfen und gleichzeitig im Besitz der Unabhängigkeit sind, ist die nationale Einheit in rohen Zeitaltern außerordentlich unvollkommen. Jeder Distrikt bildet gewissermaßen eine getrennte Partei. Die Abkömmlinge verschiedener Familien treten einander unter der Benennung von *Stämmen* oder *Clans* gegenüber. Sie werden nur selten dazu gebracht, in dauernder Übereinstimmung zu handeln. Ihre Fehden und Zwistigkeiten vermitteln häufiger den Eindruck von ebenso vielen Nationen im Kriegszustand als den eines durch politische Verbindungen geeinten Volks. Allerdings erwerben sie sich in ihren privaten Auseinandersetzungen und inmitten einer ansonsten schädlichen Unordnung eine Energie, deren Stärke bei vielen Anlässen der Macht des Staates zugute kommt.

Wie groß der Umfang einer Nation auch beschaffen sein mag, bürgerliche Ordnung und ständige Regierung sind Vorteile von größter Wichtigkeit. Hieraus folgt jedoch nicht, daß jede Einrichtung, die zur Erreichung dieser Ziele getroffen wird und die bei ihrer Einführung die besten Fähigkeiten der Menschen anspornen und kultivieren mag, deshalb auch so beschaffen ist, daß sie dauerhafte Wirkungen hervorbringt und die Erhaltung jenes Nationalgeists sichert, aus dem sie entstand.

Ziehen wir in Betracht, daß Ruhe oder gar Untätigkeit in hohem Maße das Ziel gewöhnlicher Menschen sind und diese ihre Regierungen häufig so gestalten wollen, daß nicht nur Ungerechtigkeit und Irrtum verhindert werden, sondern auch Tätigkeit und geschäftiges Treiben, und daß sie schließlich auch durch die Schranken, die sie gegen die verwerflichen Handlungen von Menschen errichten, diese gleichzeitig daran hindern, überhaupt zu handeln, dann haben wir Ursache, die politischen Verfeinerungen dieser gewöhnlichen Menschen zu fürchten. Jede Auseinandersetzung in einem freien Volk kommt nach der Meinung solcher Politiker einem Aufruhr gleich und läuft auf einen Bruch des öffentlichen Friedens hinaus. Doch um welchen Groll geht es dabei? Um welchen Aufschub öffentlicher Angelegenheiten? Welcher Mangel an Verschwiegenheit und Schnelligkeit steht hier in Frage? Welcher Mangel an Polizei? Zuweilen scheint es, daß selbst Männer von hervorragender Begabung sich einbilden, der gemeine Mann habe kein Recht zu handeln oder zu denken. Auch manch großem Fürsten beliebt es, die Vorsichtsmaßregel lächerlich zu machen, nach welcher die Richter eines freien Landes an die strikte Auslegung des Gesetzes gebunden sind.[1]

Es fällt uns leicht, eine eingeschränkte Auffassung von dem zu entwickeln, was den Menschen im Einklang mit der öffentlichen Ordnung zu tun erlaubt sei. Das lebhafte Treiben in einer Republik und die Zügellosigkeit ihrer Angehörigen erfüllen die Untertanen einer Monarchie mit Abneigung und mit Mißfallen. Die Freiheit, mit der ein Europäer in den Straßen und Feldern umherwandern darf, würde einem Chinesen als sicheres Vorspiel zu Verwirrung und Anarchie erscheinen. »Können Menschen ihr Oberhaupt überhaupt anblicken, ohne zu erzittern? Können sie ohne ein bestimmtes und vorgeschriebenes Zeremoniell miteinander verkehren? Welche Hoffnung auf Frieden ist vorhanden, wenn die Straßen nicht zu einer bestimmten Stunde gesperrt werden? Was für eine wilde Unordnung muß entstehen, wenn den Menschen gestattet ist, alles zu tun, was ihnen beliebt?«

Wenn die Vorsichtsmaßregeln, die Menschen auf diese Weise gegeneinander ergreifen zur Unterdrückung ihrer Verbrechen notwendig sein sollten, und nicht etwa dem verderbten Ehrgeiz oder der grausamen Eifersucht ihrer Herrscher entspringen, dann muß das Verfahren an sich als eines der besten Heilmittel gegen menschliche Laster begrüßt werden. Die Schlange muß auf Distanz gehalten und der Tiger in Ketten gelegt werden.

---

1 Memoirs of Brandenburg.

Doch wenn eine harte Politik verfolgt wird, um zu versklaven, nicht etwa um Verbrechen zu verhindern, und diese Politik die tatsächliche Wirkung hat, die Sitten zu korrumpieren und den Nationalgeist auszulöschen, wenn ihre Härten angewandt werden, um den Bewegungen eines freien Volkes ein Ende zu machen, nicht aber seiner Korruption abzuhelfen, wenn des öfteren Formen als heilsam begrüßt werden, bloß weil sie dazu dienen, die Stimme der Menschen zum Schweigen zu bringen oder aber diese Formen gerade als schädlich verdammt werden, weil sie dieser Stimme Gehör verschaffen, so dürfen wir wohl erwarten, daß viele dieser berühmten Verbesserungen der bürgerlichen Gesellschaft einzig und allein zu dem Zweck existieren, den politischen Sinn einzuschläfern. Sie dienen dann eher dazu, Tugenden in Ketten zu legen, als dazu, rastlose Ausschreitungen der Menschen zu verhindern.

Sollte es für irgendein Volk, angesichts aller inneren Verfeinerungen seiner Politik, das erklärte Ziel sein, die Person und das Eigentum des Untertanen zu sichern, ohne dabei jedoch auf den politischen Charakter dieser Untertanen Rücksicht zu nehmen, dann mag die Verfassung zwar frei sein, die ihr Zugehörigen können jedoch der von ihnen besessenen Freiheit durchaus unwürdig werden und unfähig, sie zu erhalten. Die Wirkungen einer solchen Verfassung laufen dann möglicherweise darauf hinaus, alle Stände ihren jeweiligen besonderen Vergnügungen nachgehen zu lassen. Sie können solche Vergnügungen unter dieser Voraussetzung auch ziemlich ungestört genießen. Die Folge einer derartigen Verfassung kann aber auch ein Streben nach Gewinn sein, den alle Stände dann ohne jede Rücksicht auf das Gemeinwohl für sich behalten dürfen.

Sollte dies das Endziel politischer Kämpfe sein, dann kann die Durchführung dieser Absicht, nämlich dem einzelnen sein Besitztum und die Mittel zu seinem Lebensunterhalt zu sichern, die Ausübung gerade jener Tugenden unterbinden, die erforderlich waren, um die Herbeiführung dieses Ziels zu gewährleisten. Ein Mensch, der gemeinsam mit seinen Mitbürgern herrschaftliche Anmaßung bekämpft, um seinen Besitz und seine Person zu verteidigen, mag in solchem Kampf die Gelegenheit zur Äußerung einer beträchtlichen Großmut und eines tatkräftigen Geistes finden. Derjenige, der sich im Rahmen politischer Einrichtungen, die er aufgrund seiner persönlichen Sicherheit für völlig gesichert hält, auf den bloßen Genuß seines Vermögens verlegt, der hat in Wirklichkeit die Vorteile, die er aus der Tugend anderer gezogen hat, zu einer Quelle der Korruption verkehrt. Zu gewissen Zeiten leiten die Individuen ihren Schutz hauptsächlich aus der Stärke der Partei ab, der sie zugehören. In Zeiten der Korruption jedoch schmeicheln sie sich in der Hoffnung, daß die Öffentlichkeit ihnen stets jene Sicherheit gewähre, die sie früher ihrer eigenen Wachsamkeit und Energie, der warmen Zuneigung ihrer Freunde und der Ausübung jeder ihrer Fähigkeiten verdanken mußten, welche sie geachtet, gefürchtet oder beliebt machen konnte. Deshalb dienen zur einen Zeit schon die bloßen Umstände dazu, die Gesinnungen und Sitten der Menschen anzuregen. Zu einer anderen Zeit sind zur Gewährleistung des gleichen Zwecks große Weisheit und Hingebung an das Wohl der Menschheit auf seiten ihrer Führer erforderlich.

Rom ging, so möchte man denken, nicht an Lethargie zugrunde, noch war sein Untergang die Folge des Nachlassens politischen Eifers im eigenen Lande. Seine Krankheit war allem Anschein nach von heftigerer und hitzigerer Natur. Wenn auf der einen Seite die Tugenden eines Cato und Brutus in der Todesstunde der Republik Gelegenheit zur Betätigung fanden, so fanden auf der anderen Seite während derselben stürmischen Zeit auch die Neutralität und die vorsichtige Zurückhaltung des Attikus dort ihren sicheren Aufenthaltsort. Auch die große Masse des Volkes blieb gleichsam unberührt vom Toben eines Sturms, durch den die oberen Stände zerstört wurden. In den Gemütern des Volkes war der Sinn für das Gemeinwohl völlig ausgelöscht. Selbst die Erbitterung des Parteienkampfes hatte aufgehört. Nur jene, die Soldaten einer Legion oder Parteigänger eines Führers waren, vermochten an den inneren Erschütterungen aktiv teilzunehmen. Aber dieser Staat verfiel nicht aus Mangel an hervorragenden Männern in Dunkelheit. Suchen wir für die Zeit, von der wir sprechen, nur nach den Namen einiger Personen, die sich in der Geschichte der Menschheit ausgezeichnet haben, so gibt es keine Periode, in der die Liste zahlreicher wäre. Aber diese Namen wurden im Kampf um die Vorherrschaft berühmt, nicht in der Ausübung gleicher Rechte. Das Volk war korrumpiert und das größte Reich der damaligen bekannten Welt bedurfte eines Herrn.

Republikanische Regierungen stehen im allgemeinen in der Gefahr, infolge des Übergewichts besonderer Parteien und des aufrührerischen Geistes der Volksmenge unterzugehen. Beide sind aufgrund ihrer Korruption nicht mehr länger imstande, an der Verwaltung des Staates teilzunehmen. Unter anderen Verfassungen jedoch, wo die Freiheit selbst dann erfolgreicher zu erhalten ist, wenn die Menschen korrupt sind, erlebt die nationale Kraft gerade aufgrund des Mißbrauchs jener Sicherheit einen Niedergang, der aus der angeblichen Vollkommenheit der öffentlichen Ordnung entsteht.

Eine Verteilung von Macht und Amt, eine Vollstreckung der Gesetze, durch welche gegenseitigen Übergriffen und Belästigungen ein Ende gemacht wird, durch welche Person und Eigentum den Individuen völlig gesichert werden, ohne die Hilfe von Freunden, ohne Kabalen, ohne Verpflichtungen, sie machen dem Genius einer Nation alle Ehre. Solche Einrichtungen hätten jedoch ohne jene Bemühungen von Verstand und Integrität und ohne solche Proben eines entschiedenen und kraftvollen Sinns, wie sie die Annalen eines Volkes schmücken und kommenden Zeitaltern Stoff für gerechte Bewunderung und Beifall hinterlassen, nicht fest begründet werden können. Doch gesetzt den Fall, dieses Ziel wäre erreicht. Die Menschen handelten im Genusse der Freiheit nicht mehr länger aus freimütigen Gefühlen heraus oder im Blick auf die Erhaltung öffentlichen Anstands; die Individuen würden sich ohne irgendwelche eigene Aufmerksamkeit oder Anstrengung für gesichert halten. Dann könnte sich herausstellen, daß ihnen solch vielgerühmte Vorteile nur die Gelegenheit bieten, die Bequemlichkeiten und Erfordernisse des Lebens in Ruhe zu genießen. Sie würden, um mit Cato zu sprechen, hierdurch lediglich gelehrt, ihre Häuser, ihre Landgüter, ihre Statuen und ihre Gemälde höher zu schätzen als die Republik. Es könnte sich dann zeigen, daß sie insgeheim einer freien Verfassung überdrüssig werden, deren sie sich in ihren Reden doch stets rühmen, die sie aber in ihren Taten fortwährend vernachlässigen.

Gefahren für die Freiheit sind nicht Gegenstand unserer gegenwärtigen Betrachtung. Aber diese Gefahren können aus keinem
Anlaß größer werden als dann, wenn die Erschlaffung eines
Volkes anzunehmen ist, dessen persönlichem Einsatz jede Verfassung nicht nur ihre ursprüngliche Einrichtung verdankt, sondern auch ihre fortwährende Erhaltung. Niemals ist dieses Gut
weniger sicher als in der Hand von Menschen, die annehmen,
daß sie es in Sicherheit genießen. Sie schenken aus diesem
Grunde dem Gemeinwesen nur insofern Beachtung, als es ihrer
Habgier eine Reihe gewinnbringender Beschäftigungen anbie-
tet. Um derentwillen würden sie auch jene Rechte noch opfern,
die sie selbst erst zum Gegenstand von Aufmerksamkeit und
Wertschätzung haben werden lassen.
Aus der ganzen Tendenz dieser Überlegungen sollte sich ergeben, daß ein bestimmter Nationalgeist häufig nur von vorübergehender Beschaffenheit ist, und zwar nicht infolge einer unheilbaren Krankheit der menschlichen Natur, sondern aufgrund
von freiwilligen Versäumnissen und von Korrumpiertheit. Länger hat sich dieser Nationalgeist vielleicht einzig und allein bei
der Durchführung einiger Unternehmungen zur Erwerbung
von territorialem Zugewinn oder von Reichtum erhalten. Doch
wie eine unnütze Waffe wird er auch hier alsbald zur Seite
gelegt, sobald sein Ziel erreicht ist.
Gewöhnliche Einrichtungen endigen schließlich mit einem
Nachlassen ihrer Kraft. Sie sind zur Erhaltung von Staaten unfähig, weil sie die Menschen dazu verleiten, sich auf ihre Fertigkeiten statt auf ihre Tugenden zu verlassen und dasjenige schon
für eine Verbesserung der Menschennatur zu halten, das doch
nur ein bloßer Zuwachs an Bequemlichkeit oder an Reichtum
ist.[2] Einrichtungen dagegen, die den Geist kräftigen, die Mut
einflößen und die nationale Glückseligkeit befördern, können
niemals zum Untergang einer Nation führen.
Ist es also, bei all unserer Bewunderung für die Künste, nicht
möglich, auch diesen einen Platz zuzuweisen? Hierauf mögen
Staatsmänner selbst eine Antwort geben, die mit der Regierung

2 *Adeo in quae laboramus sola crevimus, divitias luxuriamque. Livius, lib.
VII c. 25*.
... Zusatz seit der Auflage von 1768

ganzer Nationen betraut sind. Denn ihre Aufgabe ist es, darzutun, ob sie zu hervorragenden Stellungen nur deshalb emporgestiegen sind, um ihren Leidenschaften für ihr eigenes Interesse zu frönen, ein Interesse, das sie doch besser in der Verborgenheit befriedigen würden, oder ob sie nicht vielmehr imstande sind, das Glück eines Volkes zu verstehen, dessen Angelegenheiten zu führen, sie sich so gerne bereit erklären.

4. Fortsetzung desselben Gegenstands

Das Naturrecht gilt für Nationen ebenso wie für Individuen. Es gibt der Gesamtheit das Recht, sich selbst zu erhalten, die Mittel zum Leben ungestört anzuwenden, die Früchte der Arbeit für sich zu behalten, die Beachtung von Verabredungen und Verträgen zu verlangen. Es verdammt den Aggressor im Fall von Gewalttätigkeit, dem Geschädigten erlaubt es ein Recht auf Selbstverteidigung und einen Anspruch auf Wiedergutmachung. Seine Anwendung jedoch gibt oft Anlaß zu Streitigkeiten und erzeugt eine Vielfalt von menschlicher Anschauung und Praxis.

Alle Völker stimmen darin überein, daß Recht und Unrecht zu unterscheiden sind und für Unrecht Wiedergutmachung zu erzwingen ist, sei es durch Vergleich oder durch Gewalt. In gewissem Grade haben die Völker sich stets auf Vertragstreue verlassen, dabei aber so gehandelt, als ob Gewalt der letzte Schiedsrichter bei allen Streitigkeiten wäre und Selbstverteidigung das zuverlässigste Pfand ihrer Sicherheit. Von diesen gemeinsamen Anschauungen geleitet, haben sie sich aber voneinander nicht nur in rein äußerlichen Dingen unterschieden, sondern auch in Fragen von äußerster Wichtigkeit: hinsichtlich der Art der Kriegführung, der Folgen der Gefangenschaft und des Rechts der Eroberung und des Sieges.

Waren mehrere unabhängige Gemeinwesen häufig in Kriege verwickelt und haben sich daraus feste Bündnisse und Gegnerschaften gebildet, dann entwickeln sie auch Gewohnheiten, die zur Grundlage gewisser Regeln oder Gesetze werden. Diese Gewohnheiten sind bei all ihrem wechselseitigen Verkehr zu beachten und anzuführen. Auch noch im Kriege folgen diese Gemeinwesen systematischen Grundsätzen, ja, selbst noch bei ihren auf wechselseitige Vernichtung abzielenden Operationen treten sie für die Beachtung von Formen ein.

Die alten Staaten Griechenlands und Italiens leiteten ihre Sitten aus der Beschaffenheit ihrer republikanischen Verfassung her. Die Staaten des modernen Europas beziehen sie aus dem Einfluß der Monarchie. Durch ihre Vorherrschaft in diesem Teil glückwünschen, daß es einem Zustand barbarischer Unordnung und Gewalttätigkeit entronnen ist und in einen Zustand inneren Friedens und regelmäßiger Politik gelangt ist. Es ist ein Zustand, in dem man den Dolch in die Scheide steckte und die Erbitterung bürgerlicher Auseinandersetzungen hinter sich ließ, ein Zustand, in dem die Vernunftschlüsse des Weisen und die Zunge des Beredsamen zu den Waffen wurden, mit Hilfe deren sich die Menschen auseinandersetzen. Doch können wir uns unmöglich enthalten, zu bedauern, daß die Menschen es bei der Suche nach Vollkommenheit jemals dahin haben kommen lassen, jeden Zweig der Staatsverwaltung hinter den Ladentisch zu verlegen und, statt für den Staatsmann und Krieger, nur noch für den Handlungsdiener und Buchhalter Verwendung haben.

Um dieses System auf die Spitze zu treiben, werden Männer erzogen, welche die militärischen Anweisungen eines Caesar zwar noch abschreiben könnten, vielleicht sogar noch imstande wären, einen Teil seiner Pläne auszuführen. Kein einziger jedoch wird so erzogen, daß er in all den verschiedenen Umständen auftreten könnte, für welche ein Führer selbst befähigt sein muß, und zwar sowohl im staatlichen Bereich wie auf dem Schlachtfeld, zu Zeiten der Zwietracht wie der Einigkeit. Es gibt somit Niemanden, der die Ratsversammlung beleben könnte, wenn sie über *gewöhnliche Angelegenheiten berät,* oder auch, falls sie durch Angriffe von auswärts beunruhigt wird.

Die Politik Chinas bietet das vollkommenste Modell einer Einrichtung, auf welche auch die gewöhnlichen Feinheiten des Regierens zumeist abzielen. Die Bewohner dieses Reiches besitzen in höchstem Maße jene Künste, von denen nach Ansicht gewöhnlicher Geister Glückseligkeit und Größe der Nationen abhängen. In einem Ausmaß, das in der Geschichte der Menschheit nicht seinesgleichen hat, brachte der Staat dort große Mengen an Menschen und andere militärische Ressourcen an sich. Man hat dort das getan, was wir sehr zu bewundern geneigt sind. Man hat die nationalen Angelegenheiten dahin gebracht,

... Seit der Auflage von 1768 ersetzt durch:
innere Angelegenheiten berät,

daß auch der Geringste noch die Befähigung hierzu hat. Man
hat sie in Teile zerstückelt und in getrennte Behörden verbannt.
Man hat jeden Vorgang mit glänzenden Zeremonien und mit
majestätischen Formen umkleidet, und falls die Verehrung solcher Formen den Aufruhr nicht zu unterdrücken vermag, wird
zu diesem Zweck eine strenge und rücksichtslose Polizei angewendet, die mit allen Mitteln körperlicher Züchtigung vorgeht.
Gegen alle menschlichen Stände werden Peitsche und Knüppel
geschwungen. Sie werden unverzüglich angewandt und sind
selbst von jedem Amtsträger gefürchtet. Ein Mandarin etwa
wird ausgepeitscht, weil er einem Taschendieb zu wenige oder
zu viele Schläge zudiktiert hat.
Jeder Bereich der Staatsverwaltung wird zum Gegenstand eines
besonderen Berufs erhoben, und jeder Bewerber um ein Amt
muß eine reguläre Ausbildung absolviert haben. Wie bei der
Universitätsausbildung muß er den Grad, den er zu erwerben
trachtet, durch seine Geschicklichkeit oder durch die Jahre, die
er dazu braucht, erworben haben. Die höchsten Instanzen in
der Staatsverwaltung, im Kriegswesen, in der Verwaltung der
staatlichen Einkünfte ebenso wie in der Literatur werden durch
Graduierte der verschiedenen Studienrichtungen wahrgenommen. Doch obwohl Gelehrsamkeit der sicherste Weg zur Beförderung ist, läuft sie doch nur darauf hinaus, lesen und schreiben
zu können. Der oberste Regierungszweck aber besteht hier
darin, die Früchte des Erdbodens anzubauen und zu konsumie-
ren. Doch trotz all dieser Ressourcen und der gelehrten Anstalten, die getroffen werden, um diese Ressourcen nutzbar zu machen, ist der Staat in Wirklichkeit schwach. Zum wiederholten
Male hat er ein Beispiel für das geliefert, was wir hier zu erklären versuchen. Mit all den Doktoren des Krieges und der Politik, mit all den Millionen, die für den Militärberuf bestimmt
sind, wird es dem Staat nicht möglich, auch nur einen Angehörigen zu finden, der imstande wäre, in der Stunde der Gefahr
für sein Vaterland einzutreten oder eine Verteidigung gegen die
wiederholten Einfälle eines Feindes aufzurichten, eines Feindes,
der im Ruf steht, unerfahren und schwach zu sein.
Es ist schwer abzuschätzen, wie lange der Verfall von Staaten
durch die Pflege derjenigen Künste aufzuhalten ist, von denen

das wirkliche Glück und die Stärke der Staaten abhängt. Desgleichen ist schwer zu beurteilen, wie dieser Verfall dadurch gesteuert werden kann, daß in den höheren Rängen jene Begabungen für Politik und Kriegführung gepflegt werden, die ohne großen Nachteil nicht voneinander zu trennen sind, und wie es ferner möglich ist, auch in der großen Masse des Volkes jenen Eifer für das Vaterland und jenen kriegerischen Sinn zu erhalten, der ein Volk instand setzt, an der Verteidigung seiner Rechte teilzunehmen.

Es können Zeiten kommen, in denen jeder Besitzer seine eigenen Besitzungen verteidigen muß und jedes freie Volk seine Unabhängigkeit selbst aufrechtzuerhalten hat. Es wäre vorstellbar, daß für Extremfälle solcher Art eine Söldnerarmee eine hinreichende Vorsichtsmaßnahme darstellt. Doch oft sind gerade die eigenen Truppen der Feind, gegen den ein Volk zu kämpfen gezwungen ist. Wir mögen uns in jedem besonderen Fall schmeicheln, daß Extremfälle dieser Art fernliegen. Sobald wir jedoch über das Schicksal der Menschheit im allgemeinen nachdenken, wird es unvermeidbar, sich diesem Fall zu stellen und auf solche Fälle Bezug zu nehmen, in denen er sich tatsächlich ereignet hat. Diese Situation hat sich in jedem der Fälle ergeben, in denen verfeinerte Nationen zur Beute roher Völker geworden sind und friedliche Einwohner mit militärischer Gewalt zur Unterwerfung gezwungen wurden.

Gesetzt den Fall, die Verteidigung und Regierung eines Volks wird in die Hände weniger Personen gelegt, welche die Verwaltung des Staates oder des Krieges zu ihrem Beruf machen. Gleichgültig, ob diese Personen nun Fremde oder Einheimische sind, ob sie plötzlich abgezogen werden, wie die römischen Legionen aus Britannien, ob sie sich gegen ihre Auftraggeber wenden, wie die Armee Karthagos, oder ob sie von einem Schicksalsschlag überwältigt und zerstreut werden, die Masse des feigen und undisziplinierten Volks muß in einem solchen Fall einen fremden oder einheimischen Feind aufnehmen, als ob er eine Pest oder ein Erdbeben wäre, mit hoffnungsloser Bestürzung und mit Angst. Die große Zahl der Volksmassen vergrößert hierbei nur den Triumph und die reiche Beute des Eroberers.

Staatsmänner und Heerführer, die an die bloße Beachtung von Formen gewöhnt sind, werden durch ein Außerkraftsetzen herkömmlicher Regeln verwirrt. Sie verzweifeln schon bei geringfügigen Anlässen an ihrem Land. Sie waren nur dazu befähigt, ihre Runden auf einer bestimmten Bahn zu drehen. Aus ihren Stellungen gedrängt, sind sie jedoch in Wirklichkeit unfähig, gemeinsam mit anderen Menschen zu handeln. Sie nahmen nur an Formalitäten teil, deren Tendenz sie nicht verstanden. Ihrer Vorstellung nach hat mit dem Wegfall der prozeduralen Vorgehensweisen auch der Staat selbst aufgehört zu existieren. Volkszahl, Besitztümer und Ressourcen eines großen Volkes dienen ihrer Vorstellung nach nur dazu, eine Szene heilloser Verwirrung und des Schreckens zu schaffen.

In rohen Zeitaltern verstand man unter dem Begriff einer *Gemeinschaft*, eines *Volkes* oder einer *Nation* eine Anzahl Menschen. Solange seine Mitglieder beisammen blieben, galt der Staat als unversehrt. Als die Skythen vor Darius flohen, machten sie sich zugleich über dessen kindische Versuche lustig, sie zu zerstören. Athen überlebte die Verwüstungen des Xerxes, Rom, in seinen ersten Anfängen, die der Gallier. Doch bei verfeinerten und merkantilen Staaten liegt der Fall manchmal umgekehrt. Die Nation bildet ein festes Territorium, das von seinen Eigentümern angebaut und verbessert wird. Man zerstöre nur die Besitzungen, und es ist auch schon um den Staat geschehen, dies auch, wenn der Herrscher noch übrig bleibt.

Schwäche und Weichlichkeit, deren verfeinerte Nationen zuweilen angeklagt werden, haben ihren Sitz wahrscheinlich ausschließlich im Geiste. Die körperliche Stärke aller Lebewesen, und die des Menschen insbesondere, hängt von seiner Nahrung und von der Art der Arbeit ab, die er gewohnt ist. Gesunde Nahrung und harte Arbeit, wie sie in jeder verfeinerten und kommerziellen Nation das Los der vielen sind, verschaffen der Öffentlichkeit eine Anzahl von Menschen, die über Körperkräfte verfügen und an Mühe und schwere Arbeit gewöhnt sind.

Doch selbst verfeinerte Lebensumstände und gute Unterbringung entkräften an sich, wie die Erfahrung zeigt, den Körper nicht. Die Armeen Europas waren gezwungen, die Probe aufs

Exempel zu machen, als die Sprößlinge begüterter Familien, weichlich erzogen und in zärtlicher Sorgfalt genährt, sich der Auseinandersetzung mit den Wilden stellen mußten. Durch Nachahmung ihres Geschicks lernten sie, die Wälder, ebenso wie diese, zu durchstreifen und in der Wüste zu jeder Jahreszeit zu überleben. Sie haben so ein Wissen wiedergewonnen, zu dessen Vergessen die zivilisierten Nationen viele Zeitalter gebraucht haben. Die Lehre dieses Wissens besteht darin, daß das Glück des Menschen solange unversehrt bleibt, wie er sein eigener Herr ist.

Man könnte indessen denken, daß nur wenige der berühmten Nationen des Altertums, deren Schicksal den Anlaß zu soviel Nachdenken über die Wechselfälle menschlichen Daseins geliefert hat, großen Fortschritt in jenen entkräftenden Künsten gemacht haben, die wir erwähnt haben, oder jene Anstalten getroffen haben, aus denen die in Frage stehende Gefahr möglicherweise hervorgehen konnte. Insbesondere die Griechen hatten zu der Zeit, als sie unter das makedonische Joch gerieten, die gewerblichen Künste noch nicht auf die Höhe geführt, wie sie bei den blühendsten und reichsten Nationen Europas heute üblich ist. Sie hatten immer noch die Form unabhängiger Republiken beibehalten. Dem Volk wurde im allgemeinen die Teilhabe an der Regierung gestattet. Und da sie nicht fähig waren, Armeen in Sold zu nehmen, waren sie notwendigerweise gezwungen, auch an der Verteidigung ihres Landes teilzunehmen. Infolge ihrer häufigen Kriege und inneren Erschütterungen waren sie an Gefahren gewöhnt und mit beunruhigenden Situationen vertraut. Sie standen deshalb immer noch im Ruf, die besten Soldaten und besten Staatsmänner der damals bekannten Welt zu sein. Der jüngere Kyros versprach sich von ihrer Hilfe die Herrschaft über Asien. Nach seiner Niederlage verwirrte ein Heer von zehntausend Mann auf seinem Rückzug, obwohl es seiner Führer beraubt war, die gesamte Streitmacht des persischen Reiches. Der Bezwinger Asiens jedenfalls glaubte sich für diese Eroberung nicht eher gerüstet, bis er eine Armee aus den unterworfenen Republiken Griechenlands gebildet hatte.

Es trifft allerdings zu, daß der militärische und politische Geist dieser Nationen zur Zeit Philipps von Makedonien erheblich geschwächt war. Dieser Geist hat vielleicht unter der Vielfalt der Interessen und Bestrebungen, aber auch der Genüsse gelitten, womit ihre Angehörigen sich zunehmend beschäftigten. Sogar zwischen den bürgerlichen und militärischen Berufen nahmen sie eine Art Trennung vor. Als Phokion, wie uns von Plutarch berichtet wird, beobachtete, wie sich die führenden Männer seiner Zeit auf unterschiedliche Lebenswege begaben, daß sich einige den bürgerlichen, andere aber militärischen Angelegenheiten widmeten, entschied er sich, eher dem Beispiel eines Themistokles, Aristides und Perikles zu folgen. Sie waren die Führer früherer Zeiten, die auf beide Rollen in gleicher Weise gut vorbereitet waren.

In den Reden des Demosthenes finden wir fortwährend Hinweise auf diesen Zustand der Sitten. Wir hören ihn die Athener ermahnen, nicht nur den Krieg zu erklären, sondern sich zur Ausführung ihrer eigenen militärischen Absichten auch selbst zu bewaffnen. Wir finden, daß es einen Stand von Kriegern gab, die leicht aus dem Dienst des einen Staates in den eines anderen übergingen und die, wenn sie im eigenen Lande vernachlässigt wurden, sich Unternehmungen auf eigene Rechnung zuwandten. Sie waren vielleicht keine besseren Krieger, als es sie in früheren Zeiten gegeben hatte. Aber sie waren an keinen besonderen Staat gebunden, während die seßhaften Einwohner jeder Stadt sich jetzt zum Kriegsdienst nicht mehr für befähigt hielten. Die militärische Disziplin wurde so möglicherweise verbessert, aber die Kraft der Nationen war in Verfall geraten. Als Philipp von Makedonien oder Alexander die griechischen Heere besiegten, die hauptsächlich aus Soldaten bestanden, die ihr Glück ausschließlich im Krieg zu machen versuchten, wurde ihnen die Bezwingung der anderen Einwohner leicht gemacht. Und als Alexander später mit Hilfe eben jener Soldaten in das Persische Reich einfiel, scheint er wenig kriegerischen Sinn in Griechenland zurückgelassen zu haben. Indem er das Kriegsvolk mitnahm, scheint er hinreichend Vorsorge getroffen zu haben, um seine Herrschaft über dieses aufrührerische und widerspenstige Volk auch während seiner Abwesenheit zu sichern.

Die Unterteilung der Künste und Berufe dient in gewissen Fällen dazu, ihre Ausübung zu verbessern und ihre Endzwecke zu befördern. Durch die Trennung der Gewerbe des Tuchmachers von denen des Lohgerbers werden wir mit Schuhen und mit Tuch desto besser versorgt. Aber die Trennung der Künste, welche den Bürger und den Staatsmann bilden, der Staats- und der Kriegskunst, bedeutet einen Versuch, den menschlichen Charakter zu zerreißen und eben diejenigen Künste zu zerstören, die wir befördern wollen. Durch eine solche Trennung berauben wir in Wirklichkeit ein freies Volk gerade dessen, was es zu seiner eigenen Sicherheit nötig hat. Wir treffen so zwar Verteidigungsanstalten gegen Einfälle von auswärts. Sie eröffnen aber zugleich die Aussicht auf eine Usurpation der Staatsgewalt und bedrohen uns mit der Aufrichtung eines Militärregiments im Inneren.

Es könnte uns in Erstaunen versetzen, Hinweise auf die ersten Anfänge kriegerischer Unterweisung in Rom nicht vor der Zeit des Kriegs gegen die Kimbern zu finden. Erst damals erlernten, wie uns Valerius Maximus berichtet, die römischen Soldaten den Gebrauch des Schwerts von den Gladiatoren. Die Gegner eines Pyrrhus und eines Hannibal hatten dem Bericht dieses Schriftstellers zufolge noch Unterricht in den ersten Anfangsgründen ihres Handwerks nötig. Sie hatten die griechischen Eindringlinge zwar durch die Anordnung und Wahl ihrer Feldlager bereits mit Furcht und Achtung erfüllt. Sie hatten sie nicht durch ihre Siege, sondern durch ihre nationale Kraft und Standhaftigkeit angesichts wiederholter Niederlagen veranlaßt, um Frieden zu bitten. Aber vielleicht kannte der stolze Römer die Vorteile von Ordnung und Einigkeit bereits, ohne daß er sich zu den untergeordneten Kunstgriffen des Söldners herabgelassen hätte. Vielleicht hatte er deshalb auch den Mut, den Feinden seines Landes gegenüberzutreten, ohne den Waffengebrauch durch die Furcht vor der Peitsche gelernt zu haben. Er konnte nur schwer dazu überredet werden, daß eine Zeit kommen könnte, wo verfeinerte und einsichtsvolle Nationen die Kriegskunst dahin bringen würden, daß sie aus wenigen technischen Formen bestände, daß Bürger und Soldaten voneinander unterschieden würden wie Frauen von Männern, daß der Bürger in den Besitz eines Eigentums gelangen würde, das er nicht mehr verteidigen konnte noch brauchte, daß der Soldat dazu bestellt werden würde, für einen anderen das zu bewahren, was man ihm beibringen würde zu wünschen, etwas, was er schließlich imstande sein würde, auch für sich selbst in Besitz zu nehmen. Kurzum, ein Römer hätte zu dieser Zeit schwerlich dazu überredet werden können, zu glauben, daß eine Klasse von Menschen ein Interesse an der Bewahrung bürgerlicher Einrichtungen nehmen würde, die zugleich nicht die Macht hatte, diese zu verteidigen, aber andere eben diese Macht haben würden, ohne die Neigung dazu oder ein Interesse daran zu haben.

Gleichwohl stellte dieses Volk seine Kriegsmacht allmählich auf eben jene Grundlage, auf welche diese Beschreibung anspielt. Marius bewirkte eine grundlegende Veränderung in der Art und Weise, wie in Rom Soldaten ausgehoben wurden. Er füllte seine Legionen mit niedrigen und bedürftigen Leuten auf, die des militärischen Solds zu ihrem Unterhalt bedurften. Er schuf eine Kriegsmacht, die auf bloßer Disziplin und dem Geschick der Gladiatoren beruhte. Er lehrte seine Truppen, ihre Schwerter gegen die Verfassung ihres Landes zu führen. Damit gab er ein Beispiel einer Praxis, die von seinen Nachfolgern bald übernommen und verbessert wurde.

Die Römer beabsichtigten mit ihren Armeen lediglich, die Freiheit anderer Nationen zu beschränken, während sie ihre eigene bewahren wollten. Was sie dabei vergaßen, war, daß sie tatsächlich ihrer politischen Rechte entsagten und den Aufstieg eines Beherrschers des Staates duldeten, sobald sie abhängige Soldaten einstellten und gestatteten, daß ein beliebiger Anführer zum Herrn einer disziplinierten Armee wurde. Kurz, dieses Volk, dessen herrschende Leidenschaft auf Beute und Eroberung zielte, ging durch den Rückstoß einer Maschine zugrunde, die es selbst gegen die ganze Menschheit aufgerichtet hatte.

Die vielgerühmten Verfeinerungen eines gesitteten Zeitalters sind deshalb nicht frei von Gefahr. Möglicherweise öffnen sie dem Verhängnis ein Tor, das ebenso offen und zugänglich ist wie irgendeins der Tore, die sie geschlossen haben. Sie mögen zwar Mauern und Wälle bauen, doch sie entkräften dadurch den Geist gerade derjenigen Menschen, die zu ihrer Verteidigung bestimmt sind. Stellen sie stehende Heere auf, dann hemmen sie den kriegerischen Geist ganzer Nationen. Indem sie aber das Schwert dorthin geben, wo sie zugleich eine Abneigung gegen bürgerliche Einrichtungen hervorgerufen haben, schaffen sie der Menschheit auch die Grundlagen zur Gewaltherrschaft.

Zum Glück für die Nationen Europas kann bei ihnen die Ungleichheit zwischen dem Soldaten und friedlichen Bürger niemals so groß werden, wie sie es bei den Griechen und Römern gewesen ist. Im Gebrauch moderner Waffen lernt der Anfänger bereits alles das kennen und mit Leichtigkeit praktizieren, was der Veteran weiß. Und selbst, wenn es tatsächlich schwierig wäre, ihn im Waffengebrauch zu unterrichten, sind diejenigen glücklich zu nennen, die durch solche Schwierigkeiten nicht abgeschreckt werden und die Künste ausfindig machen können, die zur Befestigung und Erhaltung, nicht aber zur Entkräftung und zum Untergang ihres Vaterlands dienen.

5. Von nationaler Verschwendung

Die Stärke der Nationen besteht im Reichtum, in der Zahl und im Charakter ihrer Angehörigen. Der historische Bericht über ihren Fortschritt aus einem Zustand der Rohheit besteht zumeist aus einer detaillierten Aufzählung der von ihnen ausgefochtenen Kämpfe und der Künste, die sie praktiziert haben, um sich zu stärken und zu sichern. Ihre Eroberungen, ihre Bevölkerung, ihr Handel, ihre bürgerlichen und militärischen Einrichtungen, ihr Geschick bei der Herstellung von Waffen und in den Methoden von Angriff und Verteidigung, ja sogar die Aufgabenverteilung bei Privatgeschäften oder öffentlichen Angelegenheiten, sie zielen entweder darauf ab, die Bestandteile nationaler Kraftentfaltung und militärischer Ressourcen zu schaffen, oder sie versprechen deren erfolgreiche Anwendung.

Angenommen, der kriegerische Charakter eines Volkes bleibt zugleich mit diesen Vorzügen bestehen oder verbessert sich sogar, so muß daraus folgen, daß das, was mit der Zivilisation gewonnen wird, auch einen wirklichen Zuwachs an Stärke bedeutet, daß die Ursprünge des Untergangs der Nationen deshalb niemals in diesen selbst liegen können. Wo Staaten in ihrem Fortschritt halt machten oder auch wirklich in Verfall geraten sind, dort können wir vermuten, daß sie, ungeachtet ihrer Neigung zum Fortschritt, an eine unüberschreitbare Grenze gestoßen sind. Oder es wäre zu vermuten, daß diese Staaten aufgrund eines Nachlassens ihres Nationalgeists und einer Charakterschwäche unfähig waren, ihre Ressourcen und natürlichen Vorteile zu ihrem Besten auszunutzen. Unter dieser Voraussetzung mögen sie aus dem Stillstand zum Beginn eines Niedergangs übergehen. Durch eine fortgesetzte rückschrittliche Bewegung mögen sie im Verlauf mehrerer Zeitalter dann in einen Zustand größerer Schwäche verfallen, als es der war, den sie zu Beginn ihres Fortschreitens verlassen haben. Trotz des Anscheins besserentwickelter Künste und überlegenen Verhaltens können sie jetzt Gefahr laufen, eine Beute von Barbaren zu werden, von Barbaren, die sie zu einer Zeit leicht verspottet oder verachtet hätten, als sie ihren Ruhm gerade erlangten oder dieser auf seiner Höhe angekommen war.

Wie immer der natürliche Reichtum eines Volkes beschaffen sei und was immer die Grenzen sind, über die hinaus es sein Grundkapital nicht vermehren kann, ist es doch unwahrscheinlich, daß irgendeine Nation diese Grenzen jemals erreicht hat oder imstande war, ihr Mißgeschick und die Folgen falschen Verhaltens solange aufzuschieben, bis ihr Vorrat an Materialien und die Fruchtbarkeit ihres Bodens erschöpft waren oder ihre Bevölkerungszahl stark abgenommen hatte. Dieselben politischen Irrtümer und schwächlichen Sitten, welche die angemessene Nutzung von Ressourcen verhindern, verhindern auch deren Wachstum und Verbesserung.

Der Reichtum des Staates besteht im Vermögen seiner Angehörigen. Die wirklichen Staatseinkünfte aber bestehen aus demjenigen Teil jeden privaten Vermögens, den die Öffentlichkeit für nationale Zwecke zu fordern gewohnt ist. Diese Staatseinkünfte können nicht immer in das rechte Verhältnis zu dem gebracht werden, was als Überschuß des privaten Besitzes anzusetzen ist, sondern nur ins Verhältnis zu dem, was der Eigentümer in gewissem Maße als Überschuß ansieht und was er veranlaßt werden kann, zu sparen, ohne seine Lebensart einzuschränken und ohne seine Pläne hinsichtlich seiner Ausgaben oder seines Handels aufzugeben. Hieraus sollte denn auch deutlich werden, daß jede übermäßige Steigerung privater Ausgaben ein Vorspiel zu nationaler Schwäche ist. Eine Regierung kann selbst dann noch um ihre Einkünfte in Verlegenheit sein, wenn jeder ihrer Untertanen ein fürstliches Vermögen verbraucht. Das Paradox, daß die Öffentlichkeit arm ist, während ihre Angehörigen reich sind, läßt sich durchaus mit Beispielen erläutern.

Wir werden häufig dadurch zu Irrtümern verleitet, daß wir fälschlicherweise Bargeld für Reichtum ansehen. Wir meinen, ein Volk könne durch die Verschwendung von Bargeld, das von seinen eigenen Angehörigen ausgegeben wird, nicht verarmen. Tatsache ist jedoch, daß die Menschen nur auf zweierlei Weise verarmen können, entweder dadurch, daß sie aufhören, Gewinne zu machen, oder dadurch, daß sie ihr Vermögen aufbrauchen. Bargeld aber, das zu Hause ausgegeben wird, und deshalb in Umlauf gehalten, aber nicht verbraucht wird, kann ebenso wenig dazu tendieren, den Reichtum der Gesellschaft zu mindern, in der es ja von Hand zu Hand geht, wie dies der Austausch eines Kerbholzes oder einer Spielmarke unter einer gewissen Anzahl von Leuten zuwege bringen würde. Doch während das Geld im Lande zirkuliert, können nichtsdestoweniger die Lebenserfordernisse, die die wirklichen Bestandteile des Reichtums sind, in Müßiggang vergeudet werden. Der Gewerbefleiß, der darauf verwendet werden könnte, das Grundkapital eines Volkes zu vermehren, kann so aufhören oder mißbraucht werden.

Große Armeen, die entweder zu Hause oder im Ausland ohne nationalen Zweck erhalten werden, sind ebenso viele unnütze Mäuler, die sich öffnen, um die öffentlichen Reserven zu verschwenden, wie sie Hände sind, die man den Gewerben entzieht, durch welche ein Gewinn für die Öffentlichkeit zu machen ist. Erfolglose Unternehmungen sind ebenso viele verschleuderte Einsätze und erlittene Verluste, gemessen am Kapital, das auf sie verwandt wurde. Um in die römische Provinz Gallien einzudringen, verbrannten die Helvetier ihre Wohnungen, sie warfen ihre landwirtschaftlichen Gerätschaften fort und verbrauchten die Ersparnisse vieler Jahre innerhalb eines einzigen Jahres. Ihr Unternehmen mißglückte, und um die Nation war es geschehen.

In einigen Fällen haben Staaten versucht, ihren Kredit zu verpfänden, statt ihr Kapital zu verwenden. Sie wollten so die Risiken verbergen, die sie liefen. In den Anleihen, die sie aufgenommen haben, entdeckten sie eine zufällige Hilfsquelle, die sie in ihren Unternehmungen noch ermutigte. Indem auf diese Weise übertragbare Geldmittel geschaffen wurden, verblieb das für die Zwecke von Handel und Gewerbe bestimmte Kapital scheinbar in den Händen des Untertanen, in Wirklichkeit jedoch wird es von der Regierung ausgegeben. Die Staaten sind mit Hilfe solcher Mittel zur Ausführung großer nationaler Projekte geschritten, ohne den privaten Gewerbefleiß zum Stillstand zu bringen. Sie haben es zukünftigen Generationen überlassen, zum Teil für die Schulden aufzukommen, die im Hinblick auf künftige Erträge eingegangen worden sind. Soweit ist dieses Hilfsmittel einleuchtend und scheint durchaus gerecht zu sein. Die wachsende Last wird hierdurch auch nur allmählich auferlegt. Selbst wenn eine Nation in einem zukünftigen Zeitalter untergehen sollte, hofft doch jeder Minister, daß sie sich in seiner eigenen Zeit noch über Wasser halten wird. Gerade aus diesem Grund ist eine solche Maßnahme, trotz all ihrer Vorteile, außerordentlich gefährlich, vor allem in den Händen einer vorschnellen und ehrgeizigen Regierung, die nur die gegenwärtige Gelegenheit beachtet und sich einbildet, der Staat sei so lange unerschöpflich, wie Kapital geborgt und die Zinsen bezahlt werden können.

Wir haben von einer Nation gehört, die für eine gewisse Zeit der antiken Welt ihren Ruhm streitig gemacht hat. Sie schaffte sich die Herrschaft eines Gebieters vom Halse, der sich mit Hilfe der Macht eines anderen großen Königreichs gegen sie rüstete. Sie zerbrach das Joch, durch das sie unterdrückt worden war, und errichtete im Verlauf von nahezu einem knappen Jahrhundert aufgrund ihres Gewerbefleißes und ihrer nationalen Stärke eine neue und furchterregende Macht. Diese Macht versetzte die vormaligen Potentaten Europas in Angst und Schrecken und verwandelte die Zeichen der Armut, unter denen sie ihre Unternehmungen begonnen hatten, in Zeichen des Krieges und der Oberherrschaft. Dieser Endzweck wurde durch die gewaltigen Anstrengungen einer Gesinnung erreicht, die durch Bedrückung wachgerüttelt worden war, aber auch durch ein erfolgreiches Streben nach Nationalreichtum und durch eine schnelle Vorwegnahme künftiger Staatseinkünfte. Doch dieser illustre Staat hat – dies sollen keineswegs nur die Worte eines früheren Kapitels sein – offenbar die Zeit zur Ausführung seines Geschäfts nicht abgewartet. Er hat die Erbschaft vieler zukünftiger Generationen verpfändet.

Große staatliche Ausgaben haben allerdings nicht notwendig zur Folge, daß die Nation in ihrer Gesamtheit darunter leidet. Solange staatliche Einkünfte mit Erfolg zur Erreichung eines wertvollen Ziels verwendet werden und der Ertrag jeden Unternehmens mehr als ausreichend ist, seine Kosten zu bestreiten, muß die Öffentlichkeit gewinnen, und ihre Ressourcen dürften sich weiterhin vermehren. Aber gleichgültig, ob eine Ausgabe nun im Lande selbst oder auswärts vorgenommen wird, ob es sich nun um eine Verschleuderung gegenwärtiger Einkünfte

oder eine Antizipation zukünftiger handelt, wenn ihr nicht angemessene Erträge entsprechen, ist eine solche Ausgabe unter
die Ursachen nationalen Niedergangs zu rechnen.

Sechster Teil
Von Korruption
und politischer Sklaverei

1. Von der Korruption im allgemeinen

Wenn das Geschick von Nationen, ihr Hang zur Machtsteigerung oder zum Untergang, nach den Prinzipien des vorhergehenden Kapitels bestimmt würden, d. h. nur nach den Grundsätzen von Gewinn und Verlust, dann würde jedes politische Argument auf einen Vergleich der nationalen Ausgaben mit den nationalen Einkünften hinauslaufen. Es ginge dann um den Vergleich zwischen der Zahl der Konsumenten mit der Zahl der Produzenten bzw. derjenigen, welche die lebensnotwendigen Güter anhäufen. Die Aufzählung der Fleißigen und der Faulen würde alle menschlichen Stände erfassen. Selbst dem Staat würde nur eine so geringe Anzahl von Amtsträgern, Politikern und Kriegern bewilligt, daß sie zu seiner Verteidigung und Regierung kaum ausreichten. Er müßte jeden Namen auf die Verlustliste setzen, der bei der zivilen oder militärischen Ausgabenbewilligung als überzählig erkannt wird. Desgleichen würden all diejenigen menschlichen Gruppen auf die Verlustliste gesetzt, die aufgrund ihres Vermögens vom Erwerb anderer leben und durch die Feinheit ihrer Wahl einen großen Aufwand an Zeit und Arbeit zur Befriedigung ihres Konsums in Anspruch nehmen, ferner auch all diejenigen, die als Müßiggänger zum Gefolge von Standespersonen gehören, schließlich all jene, die als Juristen, Mediziner und Geistliche beschäftigt sind, zusammen mit all den anderen gelehrten Existenzen, die mit ihren Studien keineswegs die Praxis eines gewinnbringenden Gewerbes fördern. Der Wert jeder Person würde, kurz gesagt, nach ihrer Arbeit bemessen werden, der Wert der Arbeit selbst aber danach, inwiefern sie geeignet ist, Subsistenzmittel zu verschaffen und anzusammeln. Künste, die sich lediglich mit überflüssigen und entbehrlichen Dingen beschäftigen, wären zu verbieten, es sei denn, ihre Erzeugnisse könnten bei fremden Nationen gegen Waren eingetauscht werden, die ihrerseits wiederum zum Unterhalt von Menschen zu gebrauchen wären, die für den Staat nützlich sind.

Dies sind offenbar die Regeln, nach denen ein Geizhals den Zustand seiner eigenen Angelegenheiten oder den seines Landes

beurteilen würde. Aber Vorhaben völliger Korruption sind
mindestens ebenso unpraktikabel wie Ideale vollkommener Tugend. Nicht alle Menschen sind Geizhälse, und sie werden sich
denn auch nicht mit dem bloßen Vergnügen des Hortens von
Gegenständen zufriedengeben. Um zu erreichen, daß sie sich
die Mühe machen, reich zu werden, muß man ihnen gestatten,
ihren Reichtum zu genießen. Eigentum ist im gewöhnlichen
Lauf der Dinge ungleich verteilt. Wir sind deshalb genötigt,
dem Reichen Verschwendung zu erlauben, damit der Arme bestehen kann. Wir sind genötigt, bestimmte menschliche Stände
zu dulden, die der Notwendigkeit der Arbeit enthoben sind,
damit ihre Lage als ein Gegenstand des Ehrgeizes erscheint, und
desjenigen Ranges, nach dem die Geschäftigen streben. Wir sind
somit nicht nur genötigt, eine Anzahl von Personen zu dulden,
die unter Gesichtspunkten strikter Sparsamkeit auf den zivilen,
militärischen und politischen Listen als überflüssig gerechnet
würden; sondern wir sind auch noch Menschen; und dies heißt,
daß wir die Beschäftigung, Verbesserung und Glückseligkeit
unserer Natur dem bloßen Dasein vorziehen und sogar darauf
zu sehen haben, daß möglichst vielen Mitgliedern eines jeden
Gemeinwesens die Teilnahme an der Verteidigung und Regierung gestattet wird.

Tatsächlich verfolgen die Menschen in der Gesellschaft verschiedene Zwecke und unterschiedliche Ansichten. Sie bewirken hierdurch eine weitläufige Verteilung der Macht und geraten so zu einer Konstellation bürgerlicher Bestrebungen, die der
menschlichen Natur mehr Vorteile bringt, als es sich Menschenweisheit im stillen je ausdenken könnte.

Wenn indessen die Stärke einer Nation in den Menschen besteht, auf die sie sich verlassen kann, und die, ob nun durch
glücklichen Zufall oder durch weise Absicht, zu ihrem Erhalt
verbunden sind, so folgt daraus, daß sittliche Verhaltensweisen
ebenso wichtig sind wie Bevölkerungszahl oder Reichtum und
daß Korruption als Hauptursache des Niedergangs oder Untergangs einer Nation anzusehen ist.

Wer einen deutlichen Begriff davon hat, was die Eigenschaften
eines hervorragenden Menschen sind, der kann aufgrund dieses
Maßstabs menschliche Mängel oder menschliche Korruption

leicht erkennen. Wenn die Vollendung der menschlichen Natur in einem einsichtsvollen, mutigen und gefühlvollen Geist besteht, dann müssen auffällige Mängel in irgendeiner dieser Besonderheiten den menschlichen Charakter dementsprechend erniedrigen und entwerten.

Wir haben bereits bemerkt, daß es das Glück des Individuums ausmacht, für sein Verhalten die richtige Wahl zu treffen, daß diese Wahl ihn dazu bringen wird, in der Gesellschaft anderer das Gefühl für sein persönliches Interesse zu verlieren und in der Erwägung dessen, was er dem Ganzen schuldig ist, auch jene ängstlichen Sorgen zu unterdrücken, die sich auf ihn selbst als einen bloßen Teil beziehen.

Die natürliche Neigung eines Menschen zur Humanität und die Wärme seines Temperaments mögen seinen Charakter auf glückliche Höhen führen. Doch solche Vorzüge beruhen in starkem Maße auf der Form der Gesellschaft, der er zugehört. Ohne sich dem Vorwurf der Korruption auszusetzen, kann er sich aber auch auf höchst unterschiedliche Regierungsverfassungen einstellen. Die gleiche Integrität und der gleiche kraftvolle Geist, welche ihn in demokratischen Staaten zäh auf seiner Gleichheit bestehen lassen, können ihn unter einer Aristokratie oder Monarchie dazu bringen, überkommene Unterordnungsverhältnisse aufrechtzuerhalten. Er kann gegenüber Menschen unterschiedlicher sozialer Ränge, mit denen er in das Staatsjoch eingespannt ist, durchaus Grundsätze des Respekts und der Redlichkeit einhalten. Bei der Wahl seiner Handlungen mag er einem Prinzip der Gerechtigkeit und Ehre folgen, das selbst Erwägungen der Sicherheit, des Vorankommens oder Gewinns nicht zunichte machen können.

Nichtsdestoweniger sollte aus unseren Klagen über nationale Verdorbenheit deutlich werden, daß zuweilen ganze Scharen von Menschen mit einer epidemischen Verstandesschwäche oder Korruption des Herzens infiziert sind. Diese Menschen verlieren hierdurch nicht nur ihre Befähigung für die von ihnen eingenommene soziale Stellung. Sie bedrohen auch die Staaten, die sie bilden, mit der Aussicht auf Verfall und Untergang, blühend wie diese Staaten auch immer sein mögen.

Eine Veränderung nationaler Sitten zum Schlechteren kann sich dann ergeben, wenn die Zustände nicht mehr weiter bestehen, in welchen die Talente der Menschen auf glückliche Art gepflegt und in Tätigkeit gesetzt wurden. Ein solcher Wandel kann sich auch aus einer Änderung der vorherrschenden Meinungen hinsichtlich der wesentlichen Elemente von Ehre oder Glück ergeben. Gelten bloßer Reichtum oder die Gunst des Hofes als ausschlaggebend für die Zuweisung gesellschaftlichen Rangs, dann wird der Geist von der Rücksicht auf diejenigen Eigenschaften abgebracht, auf die er sich verlassen sollte. Großherzigkeit, Mut und Liebe zur Menschheit fallen dann der Habgier und Eitelkeit zum Opfer oder sie werden von einem Gefühl der Abhängigkeit unterdrückt. Das Individuum schätzt sein Gemeinwesen dann nur noch insofern, als es seinem persönlichen Vorankommen oder Gewinn dienstbar gemacht werden kann. Es setzt sich zu seinen Mitmenschen in Wettbewerb. Angetrieben von den Leidenschaften des Nacheiferns, der Furcht und der Eifersucht, des Leids und der Bosheit, befolgt er die Maximen eines Lebewesens, das dazu bestimmt ist, seine eigene Existenz auf Kosten seiner Mitmenschen zu erhalten und hierdurch seiner Willkür und seinem Trieb Genüge zu tun.

Auf solch korrupter Grundlage werden die Menschen entweder räuberisch, betrügerisch und gewalttätig, bereit, die Rechte anderer zu beeinträchtigen, oder aber sie werden servil, käuflich und niederträchtig, imstande, selbst ihre eigenen Rechte aufzugeben. Verfügt eine Person der erstgenannten Art über Talente, Fähigkeiten und Geistesstärke, so tragen diese jetzt nur dazu bei, sie noch tiefer ins Elend zu stürzen und den Kampf der grausamen Leidenschaften nur noch zu verschärfen. Dies aber bringt sie dazu, die Qualen, die sie selbst zerfleischen, auch an den Mitmenschen auszulassen. Bei einer Person der zweitgenannten Art dienen die Einbildungskraft, ja sogar die Vernunft nur dazu, auf falsche Gegenstände der Furcht oder des Begehrens aufmerksam zu machen und die Anlässe zur Enttäuschung ebenso zu vermehren wie die zur momentanen Freude. Ob wir nun annehmen, daß korrupte Menschen durch Habsucht angetrieben oder durch Furcht verführt werden, brauchen wir doch keineswegs die Verbrechen einzeln aufzuzählen, die zu begehen sie aufgrund beider Veranlagungen imstande sind. Wir können vielmehr in beiden Fällen ruhig mit Sokrates versichern, »jeder Herr solle beten, es möge ihm erspart bleiben, auf einen solchen Sklaven zu treffen; aber ebenso möge jede Person, die zur Freiheit nichts tauge, darum flehen, einen barmherzigen Herrn zu erhalten.«

Ein Mensch, der einem solchen Ausmaß an Korruption unterworfen ist, kann von anderen, die es verstehen, aus seinen Fähigkeiten und seiner Arbeit Nutzen zu ziehen, durchaus als Sklave gekauft werden. Wird er gehörig in Schranken gehalten, kann seine Nähe sogar angenehm oder nützlich sein. Doch ist er sicherlich untauglich, auf der Grundlage freier Vereinigung oder Übereinstimmung gemeinsam mit seinen Mitmenschen zu handeln. Sein Geist ist weder der Freundschaft noch dem Vertrauen zugetan. Er ist nicht gewillt, für die Erhaltung anderer tätig zu werden, und verdient deshalb auch nicht, daß ein anderer Mensch die eigene Sicherheit um seinetwillen in Gefahr brächte.

Allerdings ist der wirkliche Charakter der Menschen unter den schlimmsten wie den besten Bedingungen zweifellos gemischt. Deshalb verdanken Nationen der besten Art ihre Erhaltung in starkem Maße nicht nur der guten Einstellung ihrer Angehörigen, sondern ebenso politischen Institutionen, durch welche Gewalttätige am Begehen von Verbrechen gehindert werden, Feige oder Selbstsüchtige aber dazu veranlaßt werden, auch ihren Teil zur öffentlichen Verteidigung oder Wohlfahrt beizutragen. Mit Hilfe solcher Einrichtungen und weiser Vorkehrungen der Regierung sind die Nationen befähigt, bei höchst unterschiedlichen Graden an Korruption bzw. Lauterkeit des öffentlichen Lebens zu bestehen, ja sogar zu gedeihen.

Solange anzunehmen ist, daß die Mehrheit des Volkes nach Grundsätzen der Rechtschaffenheit handelt, verleiht das Beispiel der Guten, ja selbst die Zurückhaltung der Schlechten, einen allgemeinen Anschein von Integrität und von Unschuld. Wo die Menschen Zuneigung und Vertrauen zueinander haben, wo sie im allgemeinen geneigt sind, niemanden zu beleidigen, kann die Regierung durchaus träge sein. Jede Person kann unter diesen Umständen so lange als unschuldig gelten, bis sich das Gegenteil herausstellt. Da der Untertan in diesem Fall nichts

von Verbrechen hört, müssen ihm auch die Strafen nicht einge-
schärft werden, die über Personen anderen Charakters verhängt
werden. Doch wo die Sitten eines Volkes sich beträchtlich zum
Schlimmeren gewandelt haben, dort muß jeder Untertan auf der
Hut sein, und auch die Regierung ist gezwungen, aufgrund
angemessener Grundsätze von Furcht und Mißtrauen vorzuge-
hen. Man kann dann den Ansprüchen des einzelnen auf persönliche Beachtung, auf Unabhängigkeit oder Freiheit nicht mehr
länger nachgeben, da er jeden dieser Ansprüche mißbrauchen
würde. Er muß durch die äußere Anwendung von Gewalt und
durch Erwägungen der Furcht gelehrt werden, jene Wirkungen
von Unschuld und von Pflichtgefühl dem äußeren Anschein
nach anzunehmen, zu denen er innerlich nicht mehr veranlagt
ist. Er muß auf Peitsche und Galgen als Argumente verwiesen
werden. Diese verleihen der vorsichtigen Zurückhaltung Nachdruck, die der Staat ihm jetzt in der Annahme abfordert, daß er
gegen Beweggründe, welche die Praxis der Tugend empfehlen,
unempfindlich ist.

Die Regeln des Despotismus sind zur Beherrschung korrupter
Menschen bestimmt. Sie wurden bei einigen bemerkenswerten
Anlässen, selbst während der Römischen Republik, tatsächlich
befolgt. Die blutige Axt wurde zu wiederholten Malen der Willkür eines Diktators anvertraut, um den Bürger vor seinen Ver-
brechen abzuschrecken und die gelegentlichen und zeitweiligen
Ausbrüche des Lasters abzuwehren. Endgültig wurden diese
Regeln allerdings erst auf den Trümmern der Republik etabliert,
als das Volk entweder zu korrupt für die Freiheit geworden war
oder die Obrigkeit zu korrumpiert, um ihrer diktatorischen
Macht noch zu entsagen. Diese Art der Regierung tritt naturgemäß am Ende einer fortwährenden und wachsenden Phase der
Korruption in Erscheinung. Zweifelsohne ist sie in manchen
Fällen aber auch zu früh gekommen. Sie hat dann Reste der
Tugend, die ein besseres Los verdient hätten, der Eifersucht von
Tyrannen aufgeopfert, die es eilig hatten, ihre Macht zu vermehren. In solchen Fällen kann diese Regierungsmethode nicht
darauf verzichten, dasjenige Maß an Korruption einzuführen,
gegen dessen äußerliche Wirkungen sie als Hilfsmittel gerade
begehrt wurde. Wenn die Furcht als einziger Beweggrund gilt,

durch welchen die Menschen noch zur Pflicht anzuhalten sind, wird jedes Herz räuberisch oder niederträchtig. Falls man sich dieser Arznei bei gesundem Körper bedient, erzeugt sie mit Sicherheit diejenige Krankheit, die sie zu heilen bestimmt ist.

Dies ist die Regierungsart, in welche die Habsüchtigen und Hochmütigen ihre Mitmenschen gerne hineinjagen würden, um ihre eigenen unglücklichen Wünsche zu befriedigen. Sie ist eine Art des Regierens, der sich die Ängstlichen und Servilen beliebig unterwerfen. Wenn die Menschen aber nur noch in Raubgierige und in Furchtsame zerfallen, dann können selbst die Tugenden eines Antonius oder eines Trajan nichts weiter tun, als Geißel und Schwert mit Überlegung und Kraft anzuwenden und sich zu bemühen, durch die Hoffnung auf Lohn oder die Furcht vor Strafe ein rasches und zeitweiliges Heilmittel für die Verbrechen oder Schwächen der Menschen zu finden.

Andere Staaten mögen mehr oder weniger korrumpiert sein: ein despotischer Staat aber hat die Korruption zu seiner Grundlage. Zwar mag auch hier zuweilen Gerechtigkeit den Arm des despotischen Souveräns lenken, doch wird der Begriff der Gerechtigkeit zumeist dazu verwandt, um das Eigeninteresse oder die Willkür einer herrschenden Gewalt zu bezeichnen. Die menschliche Gesellschaft, die zu einer solchen Vielfalt von Formen befähigt ist, findet in dieser die einfachste Form von allen. Anstrengungen und Besitz der vielen sind nur dazu bestimmt, die Leidenschaften eines einzigen oder einiger weniger zu befriedigen. Die einzigen Parteien, die unter den Menschen noch übrig bleiben, sind einerseits der Unterdrücker, der fordert, und die Unterdrückten, die nicht wagen, zu verweigern.

Einige Nationen, wie beispielsweise die Griechen, hatten zwar gleichsam das Anrecht auf ein milderes Schicksal, doch wurden sie wiederholt erobert und deshalb durch militärische Gewalt in diesen Zustand gezwungen. Andere Nationen haben den Despotismus auf dem Höhepunkt ihrer eigenen Verderbtheit erreicht, als sie, wie etwa die Römer, von Eroberungen zurückgekehrt waren, mit der Beute der ganzen Welt beladen, dem Parteienzwist nachgaben und Verbrechen gestatteten, die für die Abhilfe einer gewöhnlichen Regierung zu kühn und zu häufig waren. Dies geschah in einer Situation, in der das Schwert der

Gerechtigkeit bereits von Blut triefte und dennoch dauernd zur
Unterdrückung der aller Orten zunehmenden Unruhen nötig
war und das Zögern und die Vorsicht einer durch Gesetze ge-
fesselten Regierung nicht mehr länger abwarten konnte.[1]

Es ist jedoch aus der Geschichte der Menschheit gut bekannt,
daß Korruption dieses oder anderen Ausmaßes den Völkern
nicht nur während ihres Niedergangs oder als Folge einzigartigen Wohlstands und großer Fortschritte in den Handelskün-
sten eigentümlich ist. Die Bande der Gesellschaft sind zwar in
kleinen und neu begonnenen Einrichtungen im allgemeinen
stark. Deren Untertanen sind entweder von glühender Liebe zu
ihrem Stamm oder von heftiger Abneigung gegen ihre Feinde
oder aber von einem auf beide begründeten Mut bestimmt. Sie
sind deshalb gut befähigt, das Glück eines wachsenden Gemeinwesens zu betreiben oder zu unterstützen. Aber dessen ungeachtet haben die Wilden und Barbaren, als ganze Völker betrachtet, doch einige Beispiele für einen schwachen und furchtsamen Charakter gegeben.[2] Sie sind in mehreren Fällen in jene
Art der Korruption verfallen, die wir bereits beschrieben haben,
als wir von barbarischen Völkern handelten. Sie haben den
Raub zu ihrem Geschäft gemacht, nicht nur als eine Art des
Krieges, oder in der Absicht, ihr Gemeinwesen zu bereichern,
sondern um dasjenige als Eigentum zu besitzen, was sie selbst
den Banden der Zuneigung und des Blutes vorzuziehen lernten.
Auf der niedrigsten Stufe der gewerblichen Künste haben die
Begierden nach Reichtum und nach Herrschaft Szenen der Unterdrückung oder der Knechtschaft vor Augen geführt, welche
selbst die vollendetste Korruption der Hochmütigen, der Feigen und der Käuflichen nicht hätte übertreffen können, die sich
bei ihnen auf das Begehren, ein Vermögen zu erwerben, oder
auf die Furcht, es zu verlieren, gründet. In solch anderen Fällen
jedoch dürfen sich, ungehemmt durch äußere Formen und un-
eingeschüchtert durch die Polizei, die Laster der Menschen im
großen austoben und all ihre Wirkungen hervorbringen. Par-

---

1 *Sallust, Bellum Catilinarium*.
... Zusatz seit der Auflage von 1768
2 Die barbarischen Völker Sibiriens sind im allgemeinen sklavisch und
furchtsam.

teien vereinigen oder trennen sich dementsprechend nach den Grundsätzen einer Räuberbande. Sie opfern die zärtlichsten Gefühle der menschlichen Natur der Selbstsucht auf. Die Eltern versorgen den Sklavenmarkt, und sei es durch den Verkauf ihrer eigenen Kinder. Die Hütte hört auf, Asyl für den schwachen und wehrlosen Fremdling zu sein. Die Gesetze der Gastfreundschaft, bei primitiven Völkern oft so heilig gehalten, werden, wie jedes andere Band der Menschlichkeit, ohne Furcht und Reue verletzt.[3]

Nationen, die sich in späteren Zeitabschnitten ihrer Geschichte durch bürgerliche Weisheit und durch Gerechtigkeit auszeichneten, erlebten in einem früheren Zeitalter vielleicht heftige Anfälle gesetzloser Ausschreitung, auf welche die hier gegebene Beschreibung zum Teil Anwendung finden könnte. Gerade jene Politik, durch die sie ihr Maß an nationaler Glückseligkeit erreichten, war ursprünglich nur als Heilmittel gegen gewaltsame Mißbräuche gedacht. Die Begründung der Ordnung rührte deshalb letztlich vom Begehen von Raub und Mord her. Empörung und private Rache lieferten die Prinzipien, unter deren Einfluß die Nationen zur Vertreibung von Tyrannen, zur Befreiung der Menschheit und zur vollen Erklärung ihrer politischen Rechte schritten.

Mängel hinsichtlich Regierung und Gesetz können in einigen Fällen als ein Symptom von Unschuld und Tugend betrachtet werden. Aber wo die Macht bereits begründet ist, wo die Starken sich jeder Beschränkung widersetzen oder die Schwachen unfähig sind, Schutz zu finden, da sind Mängel im Gesetz zugleich Anzeichen der vollständigsten Korruption.

Bei rohen Nationen ist die Regierung oft mangelhaft. Dies ist einerseits deshalb der Fall, weil die Menschen noch nicht alle Übel kennen, gegen die sich verfeinerte Nationen um Abhilfe bemüht haben, andererseits deshalb, weil sie selbst dort, wo die offenkundigsten Übel den Frieden der Gesellschaft schon seit langem gestört haben, nicht imstande gewesen sind, eine Heilung vorzunehmen. Mit dem Fortschritt der Zivilisation brechen neue Krankheiten aus, und neue Heilmittel finden An-

3 Chardin, Travels through Mingrelia into Persia.

wendung. Doch wird das Heilmittel nicht immer in dem Augenblick eingesetzt, in dem die Krankheit auftritt. Auch sind Gesetze, obwohl sie durch tatsächlich begangene Verbrechen veranlaßt sind, nicht Symptome für eine Korruption jüngeren Datums, sondern vielmehr eines Begehrens, ein Heilmittel für ein vielleicht tief eingewurzeltes Übel zu finden, das den Staat bereits seit langem befallen hat.

Es gibt aber auch Arten der Korruption, angesichts deren die Menschen noch die Kraft und die Entschlossenheit besitzen, sich selbst zu bessern. Von dieser Art sind die Gewaltsamkeit und das Ungestüm, welche den Zusammenprall wilder und wagemutiger Geister begleiten, die in Kämpfe verwickelt sind, wie sie manchmal dem Heraufdämmern politischer und wirtschaftlicher Verbesserungen vorhergehen. In solchen Fällen haben die Menschen oft ein Heilmittel gegen Übel entdeckt, deren Hauptursache ihr eigenes fehlgeleitetes Ungestüm und ihre überlegene Geisteskraft waren. Wenn wir uns aber eine verdorbene Charakteranlage mit einer Geistesschwäche verbunden denken, wenn zur Bewunderung und zum Begehren des Reichtums eine Abneigung gegen Gefahr und Arbeit hinzutritt, wenn ganze menschliche Stände, deren Tapferkeit ein öffentliches Erfordernis darstellt, aufhören tapfer zu sein, wenn die Mitglieder einer Gesellschaft ganz generell jene persönlichen Eigenschaften nicht haben, die erforderlich sind, um Stellungen, zu denen sie durch die Staatsverfassung berufen worden sind, nach dem Prinzip der Gleichrangigkeit oder der Ehre auszufüllen, dann müssen sie in einen Abgrund versinken, aus dem wieder aufzuerstehen sie ihre Geistesschwäche noch mehr hindern wird, als ihre verdorbenen Neigungen.

2. Vom Luxus

Wir sind weit davon entfernt, über den Gebrauch des Wortes »Luxus« oder über denjenigen Grad seiner Bedeutung einig zu sein, der mit der Wohlfahrt einer Nation oder mit der moralischen Rechtschaffenheit unserer Natur vereinbar ist. Zuweilen wird der Ausdruck gebraucht, um eine Lebensart anzuzeigen, die wir zur Zivilisation und sogar zur Glückseligkeit für notwendig erachten. In unseren Lobreden auf verfeinerte Zeitalter gilt der Luxus als Vater der Künste, als Stütze des Handels und als Werkzeug zum Erreichen von nationaler Größe und Reichtum. Tadeln wir verdorbene Sitten, so gilt der Luxus als Quelle der Korruption und als Vorspiel zu nationalem Niedergang und Verfall. Er wird bewundert und er wird getadelt; er wird als etwas angesehen, was Zierde und Nutzen verschafft, aber schließlich auch als Laster geächtet.

Trotz all dieser Verschiedenheit in unseren Urteilen stimmen wir doch durchgängig darin überein, mit diesem Ausdruck jenen komplizierten Apparat zu bezeichnen, den die Menschen zur Erleichterung und Bequemlichkeit ihres Lebens ersinnen. Wir begreifen hierunter ihre Gebäude, ihren Hausrat, ihre Ausstattung, Kleidung, den Dienertroß, die Feinheiten der Tafel und ganz allgemein all das, was eher die Absicht verfolgt, der Einbildung zu gefallen als möglichem Mangel abzuhelfen, was also mehr zur Zierde als zum Nutzen dient.

Wenn wir demnach geneigt sind, mit der Bezeichnung »Luxus« den Genuß der Dinge unter die Laster zu rechnen, so beziehen wir uns entweder stillschweigend auf die Gewohnheiten der Sinnlichkeit, der Ausschweifung, der Verschwendung, der Eitelkeit und des Hochmuts, Gewohnheiten, die zuweilen den Besitz von großem Vermögen begleiten, oder aber wir setzen gedanklich ein gewisses Maß dessen voraus, was zum Leben notwendig ist, über das hinaus alle Genüsse als übertrieben und lasterhaft anzusehen sind. Wenn Luxus dagegen zu einem Hauptstück nationalen Glanzes und nationaler Glückseligkeit gemacht wird, dann halten wir ihn nur für eine unschädliche Konsequenz der ungleichen Verteilung des Reichtums und für eine Methode, durch welche die verschiedenen Stände wechselseitig voneinander abhängig und füreinander nutzbar gemacht werden. Die Armen werden dadurch veranlaßt, die Künste zu treiben, und die Reichen, sie zu belohnen. Die Öffentlichkeit selbst wird durch dasjenige, was ihr Grundkapital zu verzehren scheint, zum Gewinner gemacht. Sie erhält durch den Einfluß wachsender Begierden und verfeinerter Geschmacksrichtungen, welche mit Verwüstung und Untergang zu drohen scheinen, einen fortwährenden Zuwachs an Reichtum.

Es ist sicher, daß wir zusammen mit den gewerblichen Künsten auch den Genuß ihrer Erträge gestatten müssen, ja sogar in gewissem Grade deren Bewunderung zuzulassen haben. Die andere Möglichkeit wäre, daß wir wie die Spartaner die Kunstfertigkeit selbst verbieten, da wir ihre Folgen fürchten oder meinen, daß die Bequemlichkeiten, die sie mit sich bringt, das natürlicherweise Erforderliche überschreiten.

Wir mögen den Vorsatz fassen, die Förderung der Künste auf irgendeiner Stufe ihres Voranschreitens anzuhalten, trotzdem werden wir uns von jenen, die nicht so weit vorangeschritten sind, noch den Vorwurf des Luxus zuziehen. In Sparta waren der Baumeister und der Zimmermann auf den Gebrauch der Axt und der Säge beschränkt. Dennoch hätte eine spartanische Hütte in Thrakien für einen Palast gelten können. Sollte sich ein Streit über die Erkenntnisse dessen erheben, was zur Wahrung menschlichen Lebens physisch notwendig ist und als ein Maßstab dessen gelten könnte, was moralisch erlaubt wäre, so wären Natur- und Morallehre über diesen Gegenstand wahrscheinlich geteilter Meinung. Wie gegenwärtig gehandhabt, würden sie es wohl jedem einzelnen überlassen, für sich selbst eine Regel zu finden. Der Kasuist betrachtet zumeist die Praxis seiner eigenen Zeit und Lage als Maßstab für die Menschheit. Wenn er in der einen Zeit und Lage den Gebrauch einer Kutsche verwirft, so würde er in anderen Umständen das Tragen von Schuhen nicht weniger tadeln. Dieselbe Person, die sich gegen das erste ereifert, würde wahrscheinlich auch das zweite nicht verschonen, es sei denn, es wäre schon in den Zeiten vor seiner eigenen allgemein bekannt gewesen. Ist ein Sittenrichter in einer Hütte geboren und daran gewöhnt, auf Stroh zu schlafen, so verlangt er nicht, daß die Menschen zu ihrem Schutz wieder in die Wälder und Höhlen zurückkehren sollten. Er gibt die Vernünftigkeit und Nützlichkeit dessen zu, was bereits bekannt ist. Exzeß und Korruption wird er nur in den allerneuesten Verfeinerungen der aufsteigenden Generation wahrnehmen.

Die Geistlichkeit Europas hat sich immer wieder gegen jede neue Mode und jede Neuerung in der Kleidung ausgesprochen. Die Moden der Jugend sind dem Tadel der Alten ausgesetzt, und die Moden des jeweils letzten Zeitalters sind ihrerseits wiederum Gegenstand des Spotts für das frivole und junge Volk. Hierfür läßt sich selten ein besserer Grund angeben als der, daß die Alten geneigt sind, streng zu sein, die Jungen dagegen lustig sein wollen.

Der Einwand gegen viele Bequemlichkeiten des Daseins, der sich aus der Erwägung herleitet, sie seien nicht unbedingt nötig, war im Munde eines Wilden, der sich gegen die ersten Anwendungen des Gewerbefleißes aussprach, ebenso angemessen, wie er es im Munde des Moralisten ist, der die Eitelkeit eben dieses Wilden betont. »Unsere Vorfahren«, so könnte der Wilde etwa sagen, »fanden ihre Behausung unter diesem Felsen. Sie sammelten ihre Nahrung im Wald und stillten ihren Durst an der Quelle. Ihre Kleidung bestand aus den Resten des wilden Tieres, das sie erschlagen hatten. Warum sollten wir uns einer falschen Verzärtelung hingeben oder der Erde Erträge abverlangen, die sie nicht herzugeben gewohnt ist? Ist doch der Bogen unserer Vorväter für die Kraft unserer Arme bereits zu stark, und fangen doch die wilden Tiere bereits an, im Wald den Herrn zu spielen.«

Der Moralist mag auf diese Weise in den Vorgängen eines jeden Zeitalters jene tadelswerten Punkte finden, aufgrund deren er so sehr geneigt ist, die Sitten seiner eigenen Zeit anzuklagen. Unsere Verlegenheit im Urteil über diesen Gegenstand ist vielleicht nur Teil jener allgemeineren Verlegenheit, in die wir geraten, wenn wir versuchen, sittliche Charaktere aufgrund äußerer Umstände zu bestimmen, die mit Fehlern des Verstandes und des Herzens behaftet sein können oder auch nicht. Der eine Mensch findet es verwerflich, Leinen zu tragen, der andere dagegen nicht, sofern der Stoff nicht sehr fein ist. Und wenn es inzwischen bereits zutrifft, daß sich jemand in Fabrikware kleiden kann, ob sie nun grob oder fein sei, daß er im freien Feld schlafen oder in einem Palast wohnen kann, daß er einen Teppich betreten könnte oder aber seinen Fuß auf die bloße Erde setzen kann, während der Geist seine Schärfe und seine Kraft und das Herz seine Menschenliebe entweder behält, oder aber verloren hat, so wäre es vergeblich, in irgendeinem dieser Umstände nach den Unterscheidungsmerkmalen von Tugend und Laster zu suchen. Es wäre müßig, den verfeinerten Bürger aufgrund irgendeines Teils seiner Ausstattung, oder weil er einen Pelz trägt, den vielleicht vor ihm bereits ein Wilder getragen hat, der Schwäche zu zeihen. Eitelkeit ist nicht durch irgendeine besondere Art der Kleidung gekennzeichnet. Sie verrät sich beim Indianer durch die phantastische Zusammenstellung seiner Federn und Muscheln, durch seine vielfarbigen Pelze und durch die Zeit, die er vor dem Spiegel und mit der Toilette zubringt. Die Absichten der Eitelkeit sind in den Wäldern und in der Stadt dieselben: Sie erstrebt hier mit Hilfe eines bemalten Gesichts und künstlich gefärbter Zähne die gleiche Bewunderung, um die sie sich dort mit Hilfe von vergoldeten Equipagen und von Amtskleidung bemüht.

Verfeinerte Nationen übertreffen die rohen im Laufe ihres Voranschreitens oft an Mäßigung und an Sittenstrenge. »Es ist noch nicht lange her«, bemerkt Thukydides, »daß die Griechen wie Barbaren goldene Flittern im Haar trugen und zu Friedenszeiten bewaffnet einhergingen.« Gerade die Einfachheit der Kleidung wurde bei diesem Volk zum Kennzeichen ihrer Verfeinerung. Die bloßen Materialien zur Ernährung oder zur Bekleidung des Körpers sind wahrscheinlich bei keinem Volk von großer Wichtigkeit. Nach dem Charakter der Menschen sollten wir in den Eigenschaften ihres Geistes suchen, nicht aber in der Art ihrer Nahrung oder im Stil ihrer Kleidung. Was heute als Schmuck für die Gesetzten und Sittenstrengen dient und allgemeinem Eingeständnis nach für eine wirkliche Bequemlichkeit gehalten wird, das war früher jugendlicher Tand oder wurde erfunden, um Weichlingen zu gefallen. *Die neue Mode ist in der Tat oft das Kennzeichen eines Gecken. Doch wir ändern unsere Moden häufig, ohne

dadurch das Ausmaß unserer Eitelkeit oder unserer Torheit
zu steigern.*

Sind also die Besorgnisse der Sittenstrengen in jedem Zeitalter
gleichermaßen unbegründet und unvernünftig? Haben wir hinsichtlich der Verfeinerung unseres Lebensunterhalts oder unseres Komforts nie einen Irrtum zu befürchten? Tatsache ist, daß
die Menschen in diesem Punkt fortwährend Irrtümern ausgesetzt sind, und zwar nicht allein da, wo sie an ein hohes Maß an
Bequemlichkeit gewöhnt sind oder an eine besondere Art der
Nahrung, **sondern überall dort, wo diese Dinge im allgemeinen den Freunden, dem eigenen Land oder der Menschheit
vorgezogen werden.** Die Menschen begehen solche Irrtümer
tatsächlich überall dort, wo sie armselige Auszeichnungen oder
läppische Vorzüge bewundern, wo immer sie vor kleinen Unannehmlichkeiten zurückschrecken und unfähig sind, ihre Pflicht
mit Nachdruck zu erfüllen. Der Nutzen sittlicher Maßstäbe
besteht bei dieser Frage nicht darin, sich auf irgendeine besondere Art der Wohnung, der Nahrung und der Kleidung zu
beschränken, sondern darin, diese Annehmlichkeiten nicht als
Hauptzwecke des menschlichen Lebens zu betrachten. Wenn
wir gefragt werden, wo das Streben nach den kleinen Bequemlichkeiten aufhören sollte, damit ein Mensch sich gänzlich den
höheren Lebenszwecken widmen könnte, so könnten wir antworten, es sollte dort Halt machen, wo es sich im Moment
gerade befindet. Dies wenigstens war die Vorschrift, die man in
Sparta befolgte. Ihr Zweck war es, das Herz gänzlich dem Gemeinwohl zu erhalten und die Menschen nicht mit der Anhäufung von Reichtum und äußeren Annehmlichkeiten zu beschäftigen, sondern mit der Kultivierung ihrer eigenen Natur. Im
übrigen wurde nicht erwartet, daß der Gebrauch von Axt und
Säge von größerem politischen Vorteil sein sollte als der des

---

... Seit der Auflage von 1773 ersetzt durch:
Die neue Mode ist in der Tat oft das Kennzeichen eines Gecken. Doch wir
ändern unsere Moden häufig, ohne dadurch die Zahl der Gecken oder das
Ausmaß unserer Eitelkeit und Torheit zu steigern.

... Seit der Auflage von 1773 ersetzt durch:
sondern überall dort, wo diese Dinge im allgemeinen ihrem eigenen Charakter, dem eigenen Land oder der Menschheit vorgezogen werden.

Hobels und Meißels. Wenn Cato ohne sein langes Gewand und ohne Schuhe über die Straßen Roms ging, so tat er dies höchstwahrscheinlich aus Verachtung für das, was seine Landsleute zu bewundern geneigt waren. Er hoffte damit keineswegs, in der einen Art von Kleidung eine Tugend und in einer anderen ein Laster zu finden.

Luxus ist deshalb dem menschlichen Charakter nur schädlich unter dem Gesichtspunkt einer Vorliebe für Gegenstände der Eitelkeit und für teure Stoffe des Vergnügens. Betrachtet man ihn unter dem Gesichtspunkt des bloßen Gebrauchs der Bequemlichkeiten und Annehmlichkeiten, wie sie in einer bestimmten Zeit jeweils zur Verfügung stehen, so hängt er mehr vom Fortschritt der mechanischen Künste ab und vom Ausmaß der ungleichen Verteilung des Vermögens unter den Menschen, als von den Neigungen einzelner zu Laster und Tugend.

Indessen entsprechen unterschiedliche Grade des Luxus durchaus auch unterschiedlichen Verfassungsformen. Die Entwicklung der Künste setzt eine ungleiche Verteilung des Vermögens voraus. Die Möglichkeiten der Auszeichnung, die so entstehen, dienen dazu, die Trennung der sozialen Rangstufen fühlbarer zu machen. In dieser Hinsicht ist der Luxus, ganz abgesehen von all seinen moralischen Wirkungen, der demokratischen Regierungsform zuwider. In jedem gesellschaftlichen Zustand kann er nur in dem Maße mit Sicherheit gestattet werden, in dem die Angehörigen einer Gemeinschaft anerkanntermaßen ungleichen Ranges sind und die öffentliche Ordnung sich aufgrund einer geregelten Unterordnung konstituiert. Ein großes Ausmaß an Luxus scheint deshalb unter monarchischen und gemischten Verfassungen heilsam, ja sogar notwendig zu sein. Neben dem Ansporn, den es dort Gewerben und Handel gibt, dient es auch dazu, jenen ererbten und verfassungsmäßigen Würden Glanz zu verleihen, die im politischen System einen wichtigen Platz einnehmen. Ob der Luxus auch hier zu Mißbräuchen führt, wie sie für Zeiten großer Verfeinerung und großen Überflusses kennzeichnend sind, das werden wir in den folgenden Kapiteln betrachten.

3. Von der Korruption, wie sie
verfeinerten Nationen eigentümlich ist

Luxus und Korruption sind häufig miteinander verbunden, und sie gelten sogar als gleichbedeutende Ausdrücke. Aber wir wollen jeden Streit um Worte vermeiden und deshalb unter Luxus jene Anhäufung von Reichtum und jene Verfeinerung der Mittel zu seinem Genuß verstehen, die Gegenstand des Gewerbefleißes und Ergebnis der mechanischen und kommerziellen Künste sind. Korruption gilt uns als eine wirkliche Schwäche oder Verdorbenheit des menschlichen Charakters. Sie kann die mechanischen und kommerziellen Künste auf jeder Entwicklungsstufe begleiten und ist unter jeder Art von äußeren Umständen oder Bedingungen zu finden. Es bleibt hier zu untersuchen, was die für verfeinerte Nationen eigentümlichen Arten der Korruption sind. Sie ergeben sich dann, wenn diese Nationen ein gewisses Maß an Luxus erreicht haben und im Besitz gewisser Vorteile sind, durch die sie sich nach allgemeiner Auffassung auszeichnen.

Wir brauchen nicht zu einem Vergleich zwischen den Sitten ganzer Völker im Zustand höchster Zivilisation und Rohheit zu greifen, um uns davon zu überzeugen, daß die Laster der Menschen in keiner direkten Entsprechung zu ihren Vermögen stehen, daß die Eigenschaften der Habsucht oder der Sinnlichkeit sich nicht auf ein bestimmtes Ausmaß an Reichtum oder eine bestimmte Art des Genusses gründen. Wo sich die Lage der einzelnen aufgrund ihrer persönlichen Stellung so unterschiedlich gestaltet, wie ihr dies aufgrund des Zustands nationaler Verfeinerung möglich ist, dort herrschen in jeder Lebenslage die gleichen Leidenschaften der Selbstsucht oder des Vergnügens vor. Sie entstehen aus der jeweiligen Gemütsverfassung oder aus einer erworbenen Wertschätzung des Eigentums, nicht aber aus irgendeiner besonderen Lebensweise, auf welche sich die betreffenden Parteien eingelassen haben, und auch nicht aufgrund einer besonderen Art von Eigentum, die möglicherweise ihre Sorgen und Wünsche beschäftigt hat.

Enthaltsamkeit und Mäßigung sind bei denjenigen, die wir die

oberen Menschenklassen nennen, wenigstens ebenso häufig,
wie sie es bei den unteren Menschenklassen sind. Wir mögen
einen nüchternen Charakter zwar der bloßen Billigkeit seiner
Nahrung und anderer Lebensumstände zuschreiben, mit denen
sich ein spezielles Zeitalter oder eine Menschenklasse zufriedengeben. Gleichwohl ist sehr gut bekannt, daß es keiner kostbaren Dinge bedarf, um Ausschweifungen hervorzubringen,
daß die Liederlichkeit unter dem Strohdach nicht seltener ist als
unter der hochragenden Decke. Im Palast wie in der Höhle
werden die Menschen gleichermaßen mit verschiedenen Le-
bensumständen vertraut, sie empfinden hier wie dort die gleiche
Lust, und sie werden in gleicher Weise zum Sinnengenuß verführt. Ob sie unter jeder der beiden Bedingungen Gewohnheiten der Unmäßigkeit oder Trägheit annehmen, das hängt vom
Nachlassen anderer Bestrebungen und von der Abneigung des
Geistes gegenüber anderen Beschäftigungen ab. Sind die Gefühle des Herzens erwacht und die Leidenschaften der Liebe,
der Bewunderung oder des Ärgers entflammt, dann vergißt man
die kostbare Ausstattung des Palastes ebenso wie den schlichten
Komfort der Hütte. Sind die Menschen erst einmal erwacht,
dann verwerfen sie die Ruhe. Doch sobald sie müde sind, genießen sie die Ruhe auf gleiche Weise, ob nun auf dem seidenen
Bett oder auf dem Lager aus Stroh.
Wir dürfen hieraus freilich nicht den Schluß ziehen, daß Luxus
mit all seinen Begleitumständen, die entweder dazu dienen, sein
Wachstum zu befördern oder sich als Folge der Veranstaltungen
der bürgerlichen Gesellschaft ergeben, keinerlei nachteiligen
Einfluß auf die nationalen Sitten haben kann. Wenn das Nachlassen öffentlicher Gefahren und Unruhen, das Muße zum
Betreiben kommerzieller Künste gewährt, sich in einer Weise
fortentwickelt oder steigert, daß nationale Kraftanstrengungen
außer Gebrauch kommen, wenn das Individuum nicht mehr
zur Einheit mit seinem Vaterland aufgerufen ist, sondern es ihm
freigestellt ist, seinen privaten Vorteil zu verfolgen, dann kann
es leicht verweichlicht, käuflich und sinnlich werden. Dies geschieht nicht etwa, weil Vergnügen und Gewinn verlockender
geworden sind, sondern weil die Berufung zur Beschäftigung
mit anderen Dingen geringer geworden ist, vor allem auch des-

halb, weil das Individuum mehr Ermunterung erfährt, seinen persönlichen Vorteil ins Auge zu fassen und seine Sonderinteressen wahrzunehmen.

Wenn Ungleichheiten in Rang und Vermögen, wie sie für das Streben nach Luxus und seinen Genuß nötig sind, falschen Gründen des Vorrangs und der Wertschätzung Vorschub leisten, wenn aufgrund der bloßen Einschätzung als reich oder arm der eine Menschenstand sich als vornehm und erhaben, der andere aber als niedrig und gering vorkommt, wenn der eine auf eine sträfliche Weise stolz, der andere auf eine gemeine Art niedergeschlagen ist, und wenn sich jeder soziale Stand an seinem Platz wie ein Tyrann gebärdet, der glaubt, daß die Nationen nur seinetwegen geschaffen sind, und geneigt ist, sich die Rechte der Menschheit anzumaßen, dann ist die gesamte Masse einer Gesellschaft verdorben. Die Sitten einer Gesellschaft haben sich dann in dem Maße zum schlechteren gewandelt, in dem ihre Angehörigen aufhören, nach den Prinzipien der Gleichheit, der Unabhängigkeit und Freiheit zu handeln. Dies geht höhere und niedere Stände gleichermaßen an, obwohl der höhere Stand vergleichsweise der am wenigsten verdorbene sein kann oder aufgrund von Erziehung oder Sinn für persönliche Würde die meisten guten Eigenschaften beibehalten haben kann. Nichtsdestoweniger wird der eine käuflich und sklavisch, der andere gebieterisch und hochmütig. Beide achten weder auf Gerechtigkeit noch auf Verdienst.

Aus diesem Gesichtspunkt heraus und in Anbetracht der Verdienste der Menschen an sich, ist schon der bloße Übergang von den Gewohnheiten einer Republik zu denen einer Monarchie, und das heißt von der Liebe zur Gleichheit zu einem auf Geburt, Titel und Vermögen begründeten Sinn für Unterordnung, eine Art Korruption für die Menschheit. Aber dieser Grad an Korruption ist immer noch mit der Sicherheit und Wohlfahrt mancher Nationen vereinbar. Er erlaubt noch einen kraftvollen Mut, durch den die Rechte der Individuen wie die ganzer Königreiche lange erhalten werden können.

Solange eine Monarchie noch in voller Kraft steht, bildet ein hervorragendes Vermögen in der Tat eines der Merkmale, durch welches die verschiedenen Stände voneinander unterschieden

werden. Doch gibt es hier noch etliche andere Nebenumstände,
ohne welche Reichtum nicht als Grundlage einer Vorrangstellung anerkannt wird, ja um derentwillen er oft verachtet und
verschwendet wird. Dies sind Geburt und Titel, das Ansehen
der Tapferkeit, höfliche Sitten und eine gewisse Erhabenheit des
Geistes. Nehmen wir also an, diese Auszeichnungen würden
vergessen und der Adel selbst als solcher wäre nur noch am
prächtigen Aufzug erkennbar, den Geld allein verschaffen
kann, und an den verschwenderischen Ausgaben, die verhältnismäßig neu entstandene Vermögen gewöhnlich am besten
aushalten können. Luxus wird dann zugegebenermaßen einen
monarchischen Staat ebenso korrumpieren wie einen republikanischen. Er wird jene gefährliche Auflösung der Sitten herbeiführen, unter deren Einwirkung Menschen jeden Standes keinen wahren Ehrgeiz mehr besitzen, obwohl sie begierig sind,
Reichtum zu erwerben oder zur Schau zu stellen. Sie besitzen
weder die Erhabenheit des Adels, noch die Treue der Untertanen. Sie haben das Ehrgefühl, das persönlichem Mut zur Richtschnur diente, in schwächliche Eitelkeit verwandelt. An die
Stelle der Loyalität, die jeden an seinem Platz mit seinem unmittelbaren Vorgesetzten verband und die Gesamtheit mit dem
Thron, trat unterwürfige Niederträchtigkeit.
Völker sind der Korruption von dieser Seite am meisten dann
ausgesetzt, wenn die Gewerbe sehr in Aufnahme gekommen
sind und unzählige Artikel liefern, die zur Ausschmückung der
Person in Form von Hausrat, Bewirtung oder Ausstattung verwandt werden. Eine solche Situation ist dann gegeben, wenn
Gegenstände, die sich allein die Reichen verschaffen können,
Bewunderung finden und Ansehen, Vortritt und Rang dementsprechend vom Vermögen abhängig gemacht werden.
Auch in einem rohen Zustand der Künste kann Reichtum ungleich verteilt sein. Doch die Wohlhabenden können dann nur
die einfachen Unterhaltsmittel anhäufen. Sie vermögen lediglich, den Kornspeicher zu füllen und den Stall zu versorgen,
von ausgedehnteren Feldern zu ernten und ihre Herden über
größere Weideplätze zu treiben. Um ihre Herrlichkeit zu genießen, müssen sie mit vielen Menschen zusammenleben. Um ihre
Besitzungen zu sichern, sind sie gezwungen, sich mit Freunden

zu umgeben, die sich ihrer Streitigkeiten annehmen. Ihre Ehre besteht ebenso wie ihre Sicherheit aus der Zahl der Menschen, die ihnen dient. Ihre persönliche Vorrangstellung ist das Ergebnis ihrer Freigiebigkeit und ihrer angeblichen Erhabenheit der Gesinnung. Auf diese Weise dient der Besitz von Reichtümern nur dazu, den Inhaber zu jener Großzügigkeit zu veranlassen, die ihn zum Beschützer der vielen und zum Gegenstand öffentlichen Respekts und öffentlicher Verehrung macht. Aber sobald die groben Bestandteile des Reichtums und einfacher Herrlichkeit gegen feinere Dinge eingetauscht werden, sobald sich die Erträge des Bodens in Ausstattung und bloßen Zierat verwandeln lassen, wenn die persönliche Sicherheit die Vereinigung vieler nicht mehr länger erforderlich macht, kann der Herr auch zum alleinigen Verzehrer seines Vermögens werden. Er mag den Gebrauch jeder Sache dann nur auf sich selbst beziehen. Die Mittel zur Betätigung seiner Großmut kann er verwenden, um seine persönliche Eitelkeit zu befriedigen oder auch um sich einer krankhaften und schwächlichen Phantasie hinzugeben, die gelernt hat, pomphafte Schwäche oder Torheit zu den Lebensbedürfnissen zu rechnen.

Man erzählt uns, daß sich der persische Satrap der Vorkehrungen schämte, die er zur Bequemlichkeit seiner eigenen Person getroffen hatte, als er den König von Sparta am Ort ihrer Unterredung mit seinen Soldaten im Gras ausgestreckt sah. Er empfand seine eigene Unterlegenheit und befahl daraufhin, die Felle und Teppiche fortzuschaffen. Er kam zu der Einsicht, daß er mit einem Menschen zu verhandeln hatte und keineswegs mit einem Schaugepränge an kostbarem Zierrat und Prachtentfaltung in Wettbewerb treten mußte.

Haben wir uns inmitten von Umständen, welche die menschlichen Tugenden oder Talente nicht auf die Probe stellen, an die Miene der Überlegenheit gewöhnt, die vermögende Leute aus ihrem Aufwand herleiten, so sind wir imstande, jedes Gefühl für Auszeichnungen zu verlieren, die auf Verdienst oder auch nur auf Fähigkeiten beruhen. Wir schätzen unsere Mitbürger nach der *Figur* ein, die sie zu machen imstande sind, nach ihren Häusern, nach ihrer Kleidung, nach ihrer Ausstattung und nach dem Aufzug ihres Gefolges. Alle diese Umstände bilden einen

Teil dessen, was unserer Einschätzung nach vortrefflich ist. Selbst wenn wir wissen, daß auch der Herr nur ein bloßes Schaustück inmitten seines Vermögens ist, erweisen wir seiner Stellung dessenungeachtet unsere Hochachtung, und wir blicken mit einer neidischen, knechtischen oder niedergeschlagenen Gesinnung auf das, was an und für sich kaum geeignet ist, Kinder zu unterhalten. Gleichwohl entflammt es, als Zeichen des Vorrangs getragen, den Ehrgeiz derjenigen, die wir die Großen nennen. Für die Menge aber erweckt es Ehrfurcht und Hochachtung.

Wir beurteilen ganze Nationen nach den Erzeugnissen weniger Gewerbe und glauben von Menschen zu sprechen, während wir nur ihren Besitz, ihre Kleidung und ihre Paläste rühmen. Der Sinn, in welchem wir die Ausdrücke *groß* und *adelig, hoher Rang* und *vornehmes Leben* gebrauchen, zeigt, daß wir bei solchen Gelegenheiten die Idee der Vollkommenheit vom menschlichen Charakter auf die Ausstattung übertragen haben, daß auch noch die Vortrefflichkeit selbst für unsere Meinung zu einem bloßen, durch die Mühen vieler Arbeiter mit großen Unkosten aufgeputzten Schaustück geworden ist.

Denen, welche die feinen Übergänge der Einbildungskraft übersehen, möchte es fast scheinen, daß der Reichtum weiter nichts leistet, als Subsistenzmittel zu verschaffen und sinnliche Genüsse einzuhandeln. Es kommt ihnen deshalb so vor, als ob die Habsucht, ja die Käuflichkeit selbst mit unserer Furcht vor dem Mangel oder mit unserem Begehren nach sinnlichen Genüssen Schritt halten müßten. Es scheint deshalb, daß, sobald die Begierde gesättigt und die Furcht vor Mangel zerstreut ist, der Geist auch über die Frage des Vermögens zur Ruhe kommen sollte. Aber was Reichtümer verschaffen, ist nicht das reine Vergnügen. Es ist keineswegs die Auswahl der Speisen an der Tafel des Reichen, welche die Leidenschaften des Habsüchtigen und Käuflichen entflammt. Die menschliche Natur ist in all ihren Genüssen leicht zu befriedigen. Doch es ist eine mit dem Reichtum verknüpfte Vorstellung von Überlegenheit und ein die Armut begleitendes Gefühl der Erniedrigung, die uns blind machen gegen alle Vorzüge außer denen des Reichtums, und uns unempfindlich werden lassen gegen jede Schande außer der

der Armut. Eine solch unglückliche Anschauung ist es, die uns
gelegentlich imstande sein läßt, jede Pflicht zu vernachlässigen
und uns jeder Würdelosigkeit zu unterwerfen. Sie macht uns
dazu bereit, jedes Verbrechen zu begehen, das ohne Risiko vollendet werden kann.

Aurengzebe war für die Nüchternheit seines Privatlebens und
für seine angebliche Verstellung berühmt, mit Hilfe deren er
nach unumschränkter Macht strebte. Diese Eigenschaften ver-
blieben ihm selbst dann noch in unvermindertem Ausmaß, als
er auf den Thron von Hindustan gelangt war. Einfach, enthalt-
sam und streng in seinen Speisegewohnheiten und anderen Vergnügungen, führte er auch dann immer noch das Leben eines
Einsiedlers und füllte seine Zeit mit einer offensichtlich mühe-
vollen Hingabe an die Angelegenheiten eines großen Reiches.[1]
Er verzichtete auf eine Stellung, in der er seine Sinnlichkeit
gänzlich ungehindert hätte befriedigen können, wenn nur Genuß sein Ziel gewesen wäre. Stattdessen bahnte er sich den Weg
zu einem Leben in Unruhe und Sorge. Im Besitz eines kaiserli-
chen Vermögens richtete er seine Absichten auf die höchste
Stufe menschlicher Erhabenheit, nicht auf die Befriedigung tierischer Triebe oder auf den Genuß ruhigen Behagens. Sinnlichen Freuden und den Gefühlen der Natur gleichermaßen enthoben, entthronte er seinen Vater und ermordete seine Brüder,
damit er in einer mit Diamanten und Perlen besetzten Kutsche
fahren konnte und damit seine Elefanten, seine Kamele und
seine Pferde auf dem Marsch einen viele Meilen langen Zug
bilden konnten, um so der Sonne ein schimmerndes Geschirr
entgegenzuhalten. Es sollte ein Aufzug sein, dessen Ladung an
Schätzen den Augen einer gemeinen und bewundernden Menge
eine Ehrfurcht gebietende Majestät ankündigte, in deren Gegenwart sie mit dem Angesicht zu Boden gehen und zugleich
vom Gefühl seiner Größe und dem ihrer eigenen Erbärmlichkeit überwältigt werden sollte.

Dies sind einerseits die Dinge, die den Wunsch nach Herrschaft
entflammen und den Ehrgeizigen antreiben, nach der Beherrschung seiner Mitmenschen zu streben. Sie flößen andererseits

1 Gemelli Careri.

gewöhnlichen Menschen ein Gefühl der Schwäche und der
Niedrigkeit ein, das sie Unwürdigkeiten erdulden läßt und sie
bereit macht, zum Eigentum von Personen zu werden, die sie
von ihrem Rang und ihrer Natur her sich selbst für weit überlegen halten.

Dementsprechend scheinen die Ketten immerwährender Sklaverei im Osten nicht weniger durch das Schaugepränge ge-
schmiedet zu sein, das den Besitz der Macht begleitet, als durch
die Furcht vor dem Schwert und durch die Schrecken militärischer Exekution. Doch nicht nur im Osten, sondern auch im
Westen sind wir gewillt, uns vor einer prächtigen Ausstattung
zu beugen und uns zum Pomp fürstlichen Vermögens in ehr-
furchtsvoller Distanz zu halten. Auch wir lassen uns vom Stirnrunzeln derer in Schrecken versetzen oder durch ihr Lächeln
gewinnen, deren Gunst Reichtum und Ehre bedeutet, und deren Mißfallen Armut und Vernachlässigung zur Folge hat. Auch
wir vermögen die Ehre der menschlichen Seele zu übersehen,
während wir das den Reichtum begleitende Schaugepränge bewundern. Ein mit Gold bezäumter Zug von Elefanten könnte
vielleicht auch diejenigen Leute gewissermaßen blind in die
Sklaverei treiben, deren Korruption und Schwäche aus der Wirkung ihrer eigenen Künste und Erfindungen stammt. Sie würden in gleicher Weise versklavt wie jene, die ihre Knechtschaft
von ihren Vorfahren ererbt haben, und die infolge ihres natürlichen Temperaments ebenso entkräftet sind, wie aufgrund der
kräfteverzehrenden Reize ihres Landes und ihres Klimas.

Hieraus ergibt sich, daß zwar der einfache Gebrauch von Dingen, die den Luxus ausmachen, durchaus von wirklichem Laster
zu unterscheiden ist. Dennoch sind Nationen mit einem hohen
Entwicklungsstand der kommerziellen Künste der Korruption
ausgesetzt, sofern sie Reichtum als Hauptgrund von Auszeichnung gelten lassen, ohne daß dieser Reichtum durch persönliche
Erhabenheit und Tugend unterstützt würde. Sie wenden ihre
Aufmerksamkeit hiermit der Verfolgung des Eigeninteresses als
des Weges zu Achtung und Ehre zu.

Aufgrund dieser Wirkung kann Luxus zur Korruption demo-
kratischer Staaten führen. Denn er verschafft einer Art monarchischer Unterordnung Eingang, ohne daß es jenen Sinn für

hohe Geburt und erbliche Ehren gäbe, welche die Standesgrenzen fest und bestimmt sein lassen und die Menschen dazu anhalten, an ihrem jeweiligen Ort mit Kraft und Angemessenheit zu handeln. Doch Luxus kann sich auch unter monarchischen Regierungen als ein Anlaß zu politischer Korruption herausstellen, und zwar dadurch, daß er die Ehrerbietung auf bloßen Reichtum ablenkt, den Glanz persönlicher Eigenschaften oder den Vorrang von Familien verdunkelt und alle Stände mit der gleichen Bestechlichkeit, Unterwürfigkeit und Feigheit ansteckt.

10. Fortsetzung desselben Gegenstands

Es ist eine häufig geäußerte Bemerkung, daß die Menschen ursprünglich gleich waren. In der Tat haben sie von Natur gleiche Rechte auf ihre Erhaltung und auf den Gebrauch ihrer Talente. Doch gleichzeitig sind sie für verschiedene Lebenslagen bestimmt. Werden sie nach einer diesem Umstand entsprechenden Regel klassifiziert, dann erleiden sie in ihren natürlichen Rechten keine Ungerechtigkeit. Es liegt auf der Hand, daß ein bestimmtes Maß an Unterordnung für die Menschen ebenso notwendig ist wie es die Gesellschaft für sie ist, dies nicht allein, um die Zwecke des Regierens zu erreichen, sondern um einem von der Natur selbst begründeten Gebot zu entsprechen.

Die Menschen sind noch vor jeglicher politischer Einrichtung dazu befähigt, aufgrund höchst unterschiedlicher Talente, verschiedener Seelenlagen und Heftigkeiten der Triebe höchst unterschiedliche Rollen zu spielen. Man bringe sie nur zusammen, und jeder wird seinen Platz finden. Sie tadeln, beraten und überlegen in kleineren Gruppen; sie beanspruchen einen Vorrang oder gewähren als Individuen einem Vorrang. Viele sind durch diese Mittel befähigt, in Gemeinschaft zu handeln und ihr Gemeinwesen zu erhalten, noch ehe irgendeine förmliche Teilung der Ämter vorgenommen wurde.

Auf diese Weise sind wir zum Handeln geschaffen, und wenn wir irgendwelche Zweifel in bezug auf die Rechte des Regierens hegen, dann verdanken wir unsere Unsicherheit mehr den Spitzfindigkeiten spekulativer Denker als irgendeiner Unsicherheit der Gefühle des Herzens. In die Entscheidungen unserer Gefährten verwickelt, bewegen wir uns mit der Menge, noch ehe wir die Regel festgelegt haben, nach der sich ihr gemeinsamer Wille bildet. Wir folgen einem Führer, ehe wir die Grundlage seiner Ansprüche bestimmt oder einen Modus seiner Wahl gefunden haben: Und erst, nachdem die Menschen viele Irrtümer begangen haben, sei es als Obrigkeit oder Untertan, denken sie daran, auch das Regieren bestimmten Regeln zu unterwerfen.

Wenn es dem Kasuisten deshalb angesichts der verschiedenen

keinen Fehler, der den Lastern schwacher und eigennütziger Menschen förderlicher wäre oder ihrer Schwäche besser schmeicheln könnte.

Würden gewöhnliche politische Schliche oder vielmehr eine wachsende Gleichgültigkeit gegenüber Fragen öffentlichen Charakters die Oberhand gewinnen und fänden auf diese Weise im Rahmen irgendeiner freien Verfassung jene Parteistreitigkeiten und jene lärmende Uneinigkeit ihr Ende, welche die Ausübung der Freiheit für gewöhnlich begleiten, dann dürften wir es wagen, eine Korruption der nationalen Sitten und zugleich auch ein Nachlassen des Nationalgefühls anzuzeigen. Dann ist die Zeit gekommen, wo es für das Gemeinwesen nichts mehr zu tun gibt und Privatinteresse und Sinnenfreude die obersten Ziele allen Trachtens werden. Vom Druck großer Anlässe befreit, wenden die Menschen ihre Aufmerksamkeit jetzt Nichtigkeiten zu. Sie flüchten sich in die Vortäuschung falscher Empfindungen, nachdem sie die Behaglichkeit oder Beschwernis dessen, was sie gern als *Empfindsamkeit* und *Feingefühl* bezeichnen, so weit getrieben haben, wie es wirkliche Schwäche oder Torheit überhaupt nur bringen können. Auf diese Weise glauben sie, den vorgetäuschten Forderungen noch zusätzliches Gewicht zu verleihen, dabei vermehren sie doch nur die Ängste einer krankhaften Einbildungskraft und einer entkräfteten Seele.

In dieser Lage schmeicheln die Menschen ihrer eigenen Schwäche im allgemeinen dadurch, daß sie diese als *Höflichkeit* (politeness) bezeichnen. Sie lassen sich davon überzeugen, daß der vielgerühmte Eifer, die Großmut und die Tapferkeit früherer Zeiten an Verrücktheit grenzten oder aber bloße Auswirkungen einer Notlage auf Menschen waren, die keinerlei Mittel zur Verfügung hatten, um ihr Behagen oder ihr Vergnügen zu genießen. Sie beglückwünschen einander, daß sie dem Sturm entronnen sind, der die Betätigung solch beschwerlicher Tugenden erforderlich machte. Mit jener Eitelkeit, wie sie dem Menschengeschlecht nur unter den schlimmsten Umständen anhaftet, brüsten sie sich eines Schauspiels an Heuchelei, an Langeweile oder Torheit als eines Musterbeispiels menschlicher Glückseligkeit und als der besten Gelegenheit zur Ausübung einer vernunftbegabten Natur.

Es ist keineswegs eines der am wenigsten bedrohlichen Symptome eines zur Verderbnis neigenden Zeitalters, daß die Menschen in der Beurteilung wahren Verdienstes hier in dem Maße verwirrt werden, in welchem der Geist in seinem Verhalten schwach und das Herz in der Wahl seiner Gegenstände fehlgeleitet wird. Die Sorge um das bloße Vermögen wird schon als Weisheit angesehen. Rückzug von öffentlichen Angelegenheiten und wirkliche Gleichgültigkeit gegenüber den Menschen werden als Mäßigung und Tugend gerühmt.

Große Tapferkeit und Erhabenheit des Geistes sind keineswegs immer zur Erreichung wertvoller Ziele in Anspruch genommen worden, aber sie sind stets achtenswert und auch immer notwendig, wenn wir in irgendeiner der schwierigeren Lebenslagen zum Wohle der Menschheit handeln wollen. Wir können ihre verkehrte Anwendung deshalb zwar tadeln, sollten uns aber hüten, ihren Wert herabzusetzen. Menschen mit strengen und salbungsvollen moralischen Auffassungen haben diese Vorsichtsmaßregel nicht ausreichend beachtet. Sie sind sich auch der Korruption, der sie objektiv schmeichelten, nicht ausreichend bewußt gewesen, wenn sie ihren Spott gegen das richteten, was in der menschlichen Seele an hochstrebenden und hervorragenden Eigenschaften vorhanden ist.

Es stände zu vermuten, daß in einer Zeit hoffnungsloser Erniedrigung die Talente eines Demosthenes und Tullius, ja selbst die schlecht beherrschte Großmut eines makedonischen Heerführers oder der kühne Unternehmungsgeist eines karthagischen Führers der Bitterkeit eines Satirikers[1] entgangen wären, der so viel verbesserungswürdige Gegenstände vor Augen hatte, und der die Gabe des Vortrags in so hohem Maße besaß:

>   I, demens, et saevos per Alpes,
>   Ut pueris placeas, et declamatio fias*.

Dieses Gedicht ist Teil eines ungebührlichen Tadels, mit dem der Dichter auf die Person und die Taten eines Anführers zielte. In eben der Unternehmung, auf welche die Satire anspielt, hätte er durch seinen Mut und sein Verhalten sein Vaterland fast vor

---

1 Juvenal's 10. Satire.

... Geh, Tor, und wandre auf den rauhen Alpen herum,
damit du den Knaben gefällst und ihnen Stoff für ihre Redeübung gibst.

dem Verderben gerettet, dem es schließlich aber doch zum Opfer fiel.

> Heroes are much the same, the point's agreed,
> From Macedonia's madman to the Swede*.

Dies ist ein Zweizeiler, in dem ein anderer Dichter von vortrefflichen Gaben versucht hat, einen Namen herabzusetzen, auf den vermutlich nur wenige seiner Leser hätten Anspruch erheben können.

Müssen die Menschen schon den verkehrten Weg gehen, so sollten sie die Wahl ihrer Irrtümer ebenso bewußt treffen wie die ihrer Tugenden. Ehrgeiz, das Verlangen nach persönlichem Vorrang und nach Ruhm mögen zwar manchmal zur Ausübung von Verbrechen verleiten, doch sie verwickeln die Menschen auch immer in Bestrebungen, welche die Beihilfe einiger der größten Eigenschaften der menschlichen Seele erfordern. Wenn Vorrang das Hauptziel dieses Strebens ist, besteht zumindest die Wahrscheinlichkeit, daß man sich jener Eigenschaften befleißigen wird, auf denen wirkliche Erhabenheit des Geistes gründet. Doch sobald die Öffentlichkeit nicht mehr unruhig ist und Verachtung des Ruhms für ein Stück Weisheit gilt, müssen die gemeinen Gewohnheiten und käuflichen Einstellungen, denen die Angehörigen eines verfeinerten oder kommerziellen Staatswesens bei allgemeiner Gleichgültigkeit gegenüber nationalen Fragen anheimfallen, alsbald zur wirksamsten Unterdrückung jeder aufgeklärten Regung führen. Sie haben die verhängnisvollste Umkehrung all jener Prinzipien zur Folge, aus denen Gemeinwesen ihre Hoffnung auf Erhaltung und Stärke herleiten.

Es ist ein edler Zug, entweder in der Zurückgezogenheit oder im öffentlichen Leben Glück und Unabhängigkeit zu besitzen. Charakteristikum der Glücklichen ist es, sich in jeder Lebenslage angemessen zu verhalten, ob es nun bei Hofe ist oder im Dorf, im Senat oder in privater Zurückgezogenheit. Doch wenn diese Glücklichen nach irgendeiner besonderen Stellung trachten, ist es doch gewiß jene, in welcher ihre Handlungen sich in weitestem Umfang als nützlich erweisen würden. Betrachten

... Helden sind ziemlich einerlei, dies gilt ganz
allgemein, vom tollen Mazedonier bis auf den Schweden.

wir bloße Zurückgezogenheit deshalb als ein Anzeichen von
Mäßigung und Tugend, so stellt dies entweder ein Überbleibsel
jenes Systems dar, unter dem die Mönche und Einsiedler in
früheren Zeiten heiliggesprochen wurden, oder es entspringt
einer Art zu denken, die in gleicher Weise mit moralischer Korruption behaftet ist. Denn das öffentliche Leben wird hier als
eine Szene der Befriedigung bloßer Eitelkeit, der Habsucht und
des Ehrgeizes betrachtet, niemals aber als die beste Gelegenheit
zu einer gerechten und glücklichen Betätigung von Geist und
Herz.

Wetteifer und Begehren nach Macht sind nur armselige Motive
für öffentliches Verhalten. Doch wenn sie in irgendeinem Fall
der Hauptanlaß für Menschen gewesen sind, sich in den Dienst
ihres Vaterlandes zu stellen, dann bedeutet jede Schwächung
ihres Einflusses oder ihrer Kraft eine wirkliche Zerrüttung der
nationalen Sitten. Die vorgetäuschte Haltung der Mäßigung,
welche die höheren Stände einnehmen, hat eine schädliche Auswirkung auf den Staat. Die uneigennützige Liebe zum Gemeinwesen stellt ein Prinzip dar, ohne welches wenigstens einige
Regierungsverfassungen nicht bestehen können. Wenn wir jedoch in Rechnung stellen, wie selten gerade jene Uneigennützigkeit sich als herrschende Leidenschaft erwiesen hat, dann
haben wir wenig Ursache, die Wohlfahrt oder Erhaltung von
Nationen in jedem Fall ihrem Einfluß zuzuschreiben.

Vielleicht ist es unter der einen Regierungsform ausreichend,
daß die Menschen an ihrer Unabhängigkeit hängen sollten, daß
sie bereit sein sollten, sich jeder Usurpation zu widersetzen und
persönliche Zumutungen abzuwehren. Unter einer anderen Regierungsform genügt es, daß sie zäh auf ihren Rang und auf ihre
Ehren bedacht sein sollten und eifersüchtig über die ihnen zu-
kommenden Rechte wachen, statt Eifer für das Gemeinwesen
zu bezeugen. Bewahrt sich eine Vielzahl von Menschen ein gewisses Maß an Erhabenheit und Tapferkeit, dann sind sie auch
imstande, ihre verschiedenen Irrtümer wechselseitig in Schach
zu halten, sie vermögen ferner auch in einer Vielfalt von Situationen zu handeln, welche die verschiedenen Regierungsverfassungen für ihre Angehörigen bereitstellen. Die Verfassung keiner Nation ist jedoch vor den nachteiligen Auswirkungen eines

schwächlichen Geistes sicher, wie immer dieser auch angeleitet und unterrichtet sein mag. Angesichts dessen kann kein Ausmaß an Vergrößerung, das der Staat erlangt, seine politische Wohlfahrt sicherstellen.

In Staaten, in denen Eigentum, Distinktion und Vergnügen als Köder für die Einbildungskraft ausgeworfen werden und der Leidenschaft als Anreiz dienen, scheint sich das Gemeinwesen zur Erhaltung seines politischen Lebens auf den Grad an Wetteifer und Eifersucht zu stützen, mit dem die Parteien sich einander widersetzen und gleichzeitig in Schranken halten. In der Brust des Bürgers bildet der Wunsch nach Beförderung und Gewinn das Motiv, das ihn antreibt, sich auf öffentliche Angelegenheiten einzulassen. Er richtet sein politisches Verhalten nach diesen Erwägungen ein. Deshalb läuft die Unterdrückung von Ehrgeiz, von Parteienhader und von öffentlicher Mißgunst auch in keinem Fall auf eine Reform hinaus, sie ist vielmehr ein Symptom der Schwäche und ein Vorspiel zu noch niedrigeren Bestrebungen und verderblichen Vergnügungen.

Steht eine solche Umwälzung der Sitten bevor, dann haben es die höheren Stände in jeder gemischten oder monarchischen Regierungsform nötig, vor allem auf sich selbst zu achten. Geschäftsleute oder Gewerbetreibende in untergeordneten Lebenslagen behalten ihre Beschäftigungen bei. Sie verfügen mit gewisser Notwendigkeit über solche Gewohnheiten, auf die sich ihre Ruhe und die bescheidenen Freuden ihres Lebens gründen. Sofern jedoch die höheren Stände den Staat im Stich lassen und jenen Mut und jene Erhabenheit des Geistes nicht mehr besitzen, auch die Talente nicht mehr üben, die zur Verteidigung und zur Regierung des Staates angewandt werden, sind sie in Wirklichkeit aufgrund der scheinbaren Vorteile ihrer hohen Stellung zum Abfall jener Gesellschaft geworden, deren Zierde sie einstmals waren. Früher die achtbarsten und glücklichsten Glieder der Gesellschaft, sind sie jetzt ihre elendesten und korruptesten geworden. Sie empfinden bei ihrer Annäherung an diesen Zustand und angesichts des Fehlens jeder manneswürdigen Beschäftigung eine Unzufriedenheit und eine Langeweile, die sie nicht erklären können: Sie grämen sich inmitten augenscheinlicher Genüsse. Sie offenbaren gerade auf-

grund der Mannigfaltigkeit und Grillenhaftigkeit ihrer verschiedenen Bestrebungen und Vergnügungen einen unruhigen Zustand, der, ähnlich der Unruhe des Kranken, kein Beweis für
Freude oder Wohlbehagen, sondern für Schmerzen und Leiden
ist. Der eine wählt sich die Sorge um seine Gebäude, seine
Ausstattung oder seine Tafel als Beschäftigung. Der andere
wählt literarische Vergnügungen oder ein nichtswürdiges Studium. Ländlicher Jagdsport und städtische Zerstreuungen, der
Spieltisch,[2] Hunde, Pferde und Wein werden eingesetzt, um die
Leere eines lustlosen und wertlosen Lebens auszufüllen. Sie
reden von menschlichen Bestrebungen, als ob die ganze Schwierigkeit darin bestünde, überhaupt etwas zu tun zu finden. Sie
hängen sich an irgendeine frivole Beschäftigung, als ob es nichts
gäbe, was eher verdiente, getan zu werden. Was zum Wohl ihrer
Mitmenschen dient, betrachten sie als Nachteil für sich selbst.
Sie meiden denn auch jede Situation, die irgendwelche Kraftanstrengungen erfordert, oder die sie verleiten könnte, ihrem Vaterland irgendeinen Dienst zu erweisen. Wir wenden unser Mitleid verkehrt an, wenn wir die Armen bedauern. Den Reichen
würde es mit viel mehr Recht zugewandt, sind sie doch die
ersten Opfer jener erbärmlichen Bedeutungslosigkeit, in die zu
verfallen es die Bürger jedes korrupten Staates aufgrund ihrer
Schwächen und ihrer Laster eilig haben.
Dies ist der Zustand, in dem die Sinnlichen all jene Verfeinerungen des Genusses erfinden oder sich jene Reizmittel eines über-
sättigten Verlangens ausdenken, die darauf abzielen, der Korruption eines liederlichen Zeitalters Auftrieb zu geben. Die
Auswirkungen brutaler Begierde und die bloße Ausschweifung
sind in rohen Zeitaltern vielleicht offenkundiger und heftiger als
sie es in späteren Zeiten des Handels und Luxus sind. Aber die
fortwährende Gewohnheit, nach sinnlichem Genuß zu suchen,
wo dieser nicht zu finden ist: in der Befriedigung einer Be-

2 Diese verschiedenen Beschäftigungen unterscheiden sich voneinander im
Hinblick auf ihre Würde und ihre Harmlosigkeit. Keine von ihnen ist jedoch eine Schule zur Bildung von Menschen, die das wankende Glück der
Nationen stützen könnte. Eine wie die andere sind sie Ablenkungen von
dem, was die Hauptbestrebung der Menschen ausmachen sollte, nämlich
das Wohl der Menschheit.

gierde, die bereits übersättigt ist, und im Wrack eines lebendigen Körpers, dies ist den Tugenden der Seele ebenso nachteilig wie dem möglichen Genuß von Müßiggang oder Vergnügen. Es bedeutet eine ebenso sichere Ablenkung von öffentlichen Angelegenheiten und ein ebenso sicheres Vorspiel zu nationalem Verfall, wie es eine Enttäuschung unserer Hoffnungen auf persönliches Glück ist.

Es war nicht die Absicht dieser Betrachtungen, ein genaues Ausmaß anzugeben, bis zu welchem die Korruption in irgendeiner Nation gewachsen ist, die zur Größe emporgestiegen oder in Verfall geraten ist. Es kam vielmehr darauf an, jene geistige Erschlaffung, jene seelische Schwäche und jenen Zustand nationaler Entkräftung zu schildern, die wahrscheinlich in politischer Sklaverei enden werden, ein Übel, das als Hauptgegenstand der Aufmerksamkeit und Vorsicht zu betrachten bleibt, und über das hinaus es im schwindenden Glück der Nationen nichts Untersuchenswertes gibt.

5. Von der Korruption,
die zur politischen Versklavung führt

Freiheit scheint in gewissem Sinne nur den verfeinerten Nationen allein gegeben zu sein. Der Wilde ist persönlich frei, weil er
uneingeschränkt lebt und mit den Angehörigen seines Stammes
auf gleichem Fuße verkehrt. Dank der Fortdauer derselben
Umstände oder auch deshalb, weil er über Mut und ein Schwert
verfügt, ist auch der Barbar häufig unabhängig. Aber nur gute
Politik allein kann für eine regelmäßige Handhabung der Gerechtigkeit sorgen oder eine Gewalt im Staat begründen, die bei
jedem Anlaß bereit ist, die Rechte der Staatsangehörigen zu
verteidigen.

Es hat sich gezeigt, daß, mit Ausnahme einiger weniger Fälle,
die gewerblichen und politischen Künste gemeinsam zugenommen haben. Diese Künste waren im modernen Europa so ineinander verflochten, daß wir nicht ausmachen können, welche in
der zeitlichen Reihenfolge die ersten gewesen sind oder welche
den meisten Vorteil aus den wechselseitigen Einflüssen gezogen
haben, mit denen sie abwechselnd aufeinander einwirken. Man
hat die Beobachtung gemacht, daß es bei einigen Völkern der
Handelsgeist gewesen ist, der, ganz darauf bedacht, seine Gewinne zu sichern, gerade dadurch der politischen Weisheit den
Weg gebahnt hat. So hat etwa ein Volk, das Reichtum erworben
hat und eifersüchtig darauf bedacht war, sein Eigentum zu
schützen, den Plan gefaßt, sich zu emanzipieren. Begünstigt
von seiner jüngst erlangten Bedeutung ging es dazu über, seine
Ansprüche noch weiter auszudehnen und Vorrechte in Frage zu
stellen, die sein Souverän in Anspruch zu nehmen gewohnt war.
Es wäre jedoch vergeblich, vom Besitz des Reichtums in einem
späteren Zeitalter noch diejenigen Folgen zu erwarten, die er in
einem früheren Zeitalter einmal gehabt haben soll. Sofern allerdings großer Vermögenszuwachs erst neu erworben ist und von
Genügsamkeit und einem Sinn für Unabhängigkeit begleitet
wird, kann er den Besitzer mit Vertrauen auf seine Kraft und
mit Verachtung gegen Unterdrückung erfüllen. Ein Geldbeutel,
der nicht für persönliche Ausgaben oder zur Befriedigung der

Eitelkeit geöffnet ist, sondern zur Unterstützung von Parteiinteressen und zur Befriedigung edlerer Parteileidenschaften, er macht den reichen Bürger für jene gefährlich, die nach Herrschaft streben. Es folgt hieraus jedoch keineswegs, daß auch in einer Zeit der Korruption ein gleiches oder größeres Maß an Reichtum dieselbe Wirkung hervorbringen müßte.

Im Gegenteil, wenn Reichtum nur in den Händen eines Geizhalses aufgehäuft wird oder in den Händen eines Verschwenders zerrinnt, wenn Erben eines Familienvermögens inmitten von Überfluß eingeschränkt und arm leben müssen, wenn das lebhafte Verlangen nach Luxus selbst die Stimme von Partei und Faktion noch zum Schweigen bringt, wenn die Hoffnung, für Willfährigkeit einen Lohn zu verdienen, oder die Furcht, das zu verlieren, was man aus Gnade erhält, die Menschen in einem Zustand der Spannung und der Ängstlichkeit halten; wenn, kurz gesagt, Vermögen nicht als Werkzeug eines kraftvollen Geistes angesehen wird, sondern zum Idol einer habgierigen oder verschwenderischen, einer raubsüchtigen oder ängstlichen Seele herunterkommt, dann kann die Grundlage, auf der die Freiheit ursprünglich erbaut wurde, der Tyrannei zur Stütze dienen. Was im einen Zeitalter die Ansprüche des Untertanen steigerte und die Basis seines Vertrauens war, das kann ihn in einem anderen Zeitalter zur Dienstbarkeit geneigt machen und ihm den Preis bieten, für den er sich kaufen läßt. Selbst diejenigen, die in einem lebhaften Zeitalter ein Beispiel dafür gaben, wie Reichtum in den Händen eines Volkes zum Anlaß von Freiheit werden konnte, sie können in Zeiten des Verfalls in gleicher Weise die Maxime des Tacitus bewahrheiten, daß Bewunderung von Reichtümern zu despotischer Regierung führt.[1]

Menschen, welche die Freiheit gekostet und ihre persönlichen Rechte gefühlt haben, lernen nicht leicht, Eingriffe in beide zu ertragen. Ohne eine gewisse Vorbereitung können sie kaum dahin gebracht werden, Unterdrückung zu erdulden. Solch un-

---

1 Est apud illos et opibus honos; eoque unus imperitat, nullis jam exceptionibus, non precario jure parendi. Nec arma ut apud ceteros Germanos in promiscuo, sed clausa sub custode, et quidem servo. Tacitus, De Mor. Ger. c. 44.

selige Vorbereitung mögen sie unter verschiedenen Regierungsformen aus unterschiedlicher Hand erfahren und so auf verschiedenen Wegen zum gleichen Ziel gelangen. In Republiken
folgen sie der einen Anordnung, in Monarchien einer anderen
und wiederum einer anderen in gemischten Regierungsformen.
Doch wo immer der Staat es dahin gebracht hat, seine eigene
Sicherheit erfolgreich mit Mitteln zu wahren, welche die Tugend des Untertanen nicht erhalten, werden sehr wahrscheinlich Erschlaffung und Vernachlässigung der öffentlichen Interessen die Folge sein. Verfeinerte Nationen jeder Art scheinen in
dieser Hinsicht Gefahr zu laufen. Diese Gefahr steht in direk-
tem Verhältnis zum Ausmaß an Frieden und Wohlstand, das sie
eine Zeitlang ununterbrochen besessen haben.
Freiheit, so sagen wir, entsteht aus der Herrschaft von Gesetzen. Wir sind geneigt, Rechtssatzungen nicht nur als Entschließungen und Maximen eines zur Freiheit entschlossenen Volkes
zu betrachten, nicht nur als geschriebene Texte, durch die seine
Rechte im Gedächtnis erhalten werden, sondern als eine Macht,
die errichtet wurde, um diese Rechte zu schützen, und als eine
Schranke, welche die menschlichen Launen nicht überschreiten
können.
Wenn ein asiatischer Pascha sich anmaßt, jede Kontroverse nach
den Regeln natürlicher Billigkeit zu entscheiden, gestehen wir
ihm durchaus uneingeschränkte Entscheidungsvollmacht zu.
Doch wenn es einem Richter in Europa überlassen bleibt, Entscheidungen nach seiner eigenen Auslegung geschriebener Gesetze zu treffen, ist er dann in irgendeinem Sinne eingeschränk-
ter als der Erstgenannte? Haben die vielen Worte einer geschriebenen Satzung einen mächtigeren Einfluß auf Gewissen und
Herz, als Vernunft und Natur es haben können? Genießt eine
Partei bei irgendeinem gerichtlichen Verfahren weniger Sicherheit, wenn ihre Rechte auf der Grundlage einer Norm erörtert
werden, die dem Verständnis aller Menschen zugänglich ist, als
dann, wenn sie auf ein kniffliges System verwiesen sind, das zu
studieren und zu erklären zur besonderen Aufgabe eines speziellen Berufsstandes geworden ist?
Wenn Prozeßformen, schriftliche Satzungen oder andere Bestandteile des Rechts aufhören, von demselben Geist erzwun-

gen zu werden, aus dem sie ursprünglich hervorgingen, dann tragen sie nur dazu bei, die Missetaten der Gewalt zu bemänteln, nicht aber sie zu verhindern. Möglicherweise werden sie sogar von korrupten Amtsträgern respektiert, vorausgesetzt, sie begünstigen deren Zwecke. Doch sobald sie diesen Amtsträgern im Wege stehen, werden sie verachtet oder umgangen. Wo die Gesetze irgendeinen wirklichen Einfluß auf die Erhaltung der Freiheit haben, dort beruht dieser Einfluß nicht auf einer magischen Kraft, die von bücherbeladenen Regalen herabsteigt, er ist in Wirklichkeit vielmehr im Einfluß von Menschen verkörpert, die entschlossen sind, frei zu sein. Dies sind Menschen, welche schriftlich die Bedingungen festgelegt haben, unter denen sie mit dem Staat und mit ihren Mituntertanen leben wollen, die zugleich aber aufgrund ihrer Wachsamkeit und ihrer Gesinnung entschlossen sind, dafür zu sorgen, daß diese Bedingungen eingehalten werden.

Wir werden gelehrt, unter jeder Regierungsform Übergriffe aufgrund des Mißbrauchs oder der Ausweitung der Exekutivgewalt zu befürchten. In reinen Monarchien ist diese Gewalt für gewöhnlich erblich und so eingerichtet, daß sie sich in einer bestimmten Linie fortpflanzt. In Wahlmonarchien behält sie der Herrscher auf Lebenszeit. In Republiken wird sie nur für eine begrenzte Zeit ausgeübt. Wo Männer oder Familien durch Wahl zur zeitweiligen Übernahme von Würden berufen werden, besteht das Ziel ihres Ehrgeizes eher darin, ihre Macht zu verewigen, als sie auszuweiten. In erblichen Monarchien ist die Souveränität bereits auf Dauer vergeben. Das Ziel jedes ehrgeizigen Fürsten geht hier dahin, seine Prärogative auszuweiten. Republiken und, in bewegten Zeiten, Gemeinwesen jeder Art sind Gefahren nicht allein von seiten jener ausgesetzt, die formell in Vertrauensstellungen erhoben wurden, sondern von seiten jeder beliebigen Person, die durch Ehrgeiz angestachelt und durch eine Faktion unterstützt wird.

Es ist für einen Fürsten oder einen anderen Amtsträger nicht von Vorteil, mehr Macht zu genießen, als mit dem Wohl der Menschheit vereinbar ist. Noch ist es für einen Menschen von irgendwelchem Vorteil, ungerecht zu sein. Solche Maximen allerdings bieten gegen die Leidenschaften und Torheiten der

Menschen nur schwache Sicherheit. Diejenigen, die mit irgendeinem Grad an Macht betraut sind, sind schon allein aus bloßer
Abneigung gegen Beschränkungen dieser Macht geneigt, Widerstand zu beseitigen. Nicht allein der Monarch, der eine erbliche Krone trägt, sondern auch der Amtsträger, der sein Amt für
eine begrenzte Zeit einnimmt, wird begierig, seine Würde zu
behaupten. Selbst der Minister, der im Hinblick auf seine Stellung vom momentanen Willen seines Fürsten abhängt, und dessen persönliche Interessen in jeder Hinsicht mit denen eines
Untertanen identisch sind, besitzt immer noch die Schwäche, an
der Ausweitung der Prärogative interessiert zu sein. Er betrachtet die Eingriffe, die er in die Rechte eines Volkes vornimmt,
dem er und seine Familie bald wieder zugehören werden, als
einen Gewinn für sich selbst.

Selbst wenn wir die besten Absichten für die Menschheit haben,
sind wir geneigt zu glauben, die Wohlfahrt der Menschen hänge
nicht von ihren eigenen glücklichen Neigungen ab oder von der
glücklichen Anwendung ihrer eigenen Talente, sondern von ihrer bereitwilligen Übereinstimmung mit dem, was wir zu ihrem
Besten ausgedacht haben. Die größte Tugend, von der irgendein
Herrscher bisher ein Beispiel gegeben hat, besteht denn auch
nicht in dem Wunsch, in seinem Volk den Geist der Freiheit und
Unabhängigkeit zu nähren. Sie besteht vielmehr, was an sich
selten genug und außerordentlich verdienstvoll ist, in der ständigen Aufmerksamkeit auf die Handhabung der Gerechtigkeit
in Eigentumsangelegenheiten, in der Neigung zu beschützen,
Beschwerden abzustellen und das Interesse der Untertanen zu
fördern. Es geschah mit Rücksicht auf diese Dinge, daß Titus
den Wert der von ihm verbrachten Zeit berechnete und deren
Verwendung beurteilte. Aber das gleiche Schwert, das von dieser wohlwollenden Hand geführt wurde, um den Untertanen
zu beschützen und für eine schnelle und wirkungsvolle Handhabung der Gerechtigkeit zu sorgen, war in der Hand eines
Tyrannen genau so tauglich, das Blut Unschuldiger zu vergießen und die Menschenrechte aufzuheben. Obwohl mensch-
lichere Verfahrensweisen die Praxis der Unterdrückung zeitweilig aufschoben, zerbrachen sie doch nicht die Ketten der
Nation. Sie setzten den Fürsten nur umso besser instand, jene

Art des Guten zu stiften, die er im Sinne hatte, gerade deshalb, weil keine Freiheit übrigblieb und weil es nirgends eine Gewalt gab, die seine Erlasse hätte bekämpfen und deren Ausführung hätte verhindern können.

War es denn umsonst, daß Antoninus mit den Charakteren eines Thrasea, eines Helvidius, eines Cato, eines Dion und eines Brutus vertraut wurde? War es umsonst, daß er die Form eines freien Gemeinwesens verstehen lernte, das auf der Grundlage von Gleichheit und Gerechtigkeit beruhte, oder einer Monarchie, in der die Untertanenfreiheiten als heiligster Verwaltungszweck galten?[2] Irrte er sich in der Wahl der Mittel, den Menschen dasjenige zu verschaffen, was er selbst als Segen bezeichnete? Oder hinderte ihn die absolute Gewalt, mit der er in einem mächtigen Reich ausgestattet war, daran, dasjenige auszuführen, was sein Geist als Wohl der Nation erkannt hatte? In einem solchen Fall wäre es vergeblich, dem Monarchen oder seinem Volk zu schmeicheln. Denn ein Monarch kann keine Freiheit gewähren, ohne nicht zugleich eine Gesinnung zu wekken, die gelegentlich auch in Opposition zu seinen eigenen Plänen steht. Ein Volk dagegen kann einer solchen Segnung nicht teilhaftig werden, solange es zugibt, daß es das Recht eines Herrn ist, eine solche Segnung entweder zu geben oder zurückzuhalten. Der Anspruch der Gerechtigkeit ist sicher und unbedingt. Gunstbezeugungen empfangen wir mit einem Gefühl der Verpflichtung und der Freundlichkeit. Aber unsere Rechte wollen wir erzwingen. Der Geist der Freiheit kann bei diesem Bestreben nicht den Ton einer demütigen Bitte oder der Dankbarkeit annehmen, ohne daß er an sich selbst zum Verräter wird. »Ihr habt Oktavius gebeten«, bemerkt Brutus gegenüber Cicero, »er möge jene schonen, die unter den Bürgern Roms obenan stehen. Was aber, wenn er es nicht tun will? Müssen wir dann zugrunde gehen? Ja, eher, als daß wir ihm unsere Sicherheit verdanken.«

Freiheit ist ein Recht, das jedes Individuum bereit sein muß, für sich selbst in Anspruch zu nehmen. Derjenige, der vorgibt, es als eine Gunst zu verleihen, der hat das Recht durch eben diesen

2 M. Antoninus, lib. I.

Akt in Wirklichkeit verleugnet. Zur Erhaltung der Freiheit
kann man sich selbst auf politische Einrichtungen nicht verlassen, obwohl diese vom Willen und von der Entscheidung der
Menschen unabhängig zu sein scheinen. Sie mögen zwar jene
feste und entschiedene Gesinnung stärken, mit der ein freier
Geist stets bereit ist, sich gegen Unwürdigkeiten zu wehren und
sich seine Sicherheit selbst zu garantieren, aber sie sollten diese
Gesinnung nicht entbehrlich machen.

Gesetzt den Fall, es wäre einem Souverän überlassen, eine Nation so zu formen wie die Hände des Töpfers den Ton, dann
wäre das Vorhaben, einem Volk, das in Wirklichkeit untertänig
ist, die Freiheit zu verleihen, das Schwierigste von allen. Es
könnte nur mit Ruhe und mit äußerster Zurückhaltung ausgeführt werden. Denn die Menschen sind nur in dem Maße imstande, diese Segnung anzunehmen, in dem sie lernen, ihre eigenen Rechte wahrzunehmen und die gerechten Ansprüche der
übrigen Menschheit zu respektieren. Desgleichen gehört dazu,
daß sie bereit sind, persönlich die Kosten der Regierung und der
nationalen Verteidigung mitzutragen und die Verpflichtungen
eines freien Geistes dem Genuß der Trägheit oder den trügeri-
schen Hoffnungen auf eine Sicherheit vorzuziehen, die durch
Unterwerfung und durch Furcht erkauft ist.

Ich spreche durchaus mit Respekt und, wenn mir der Ausdruck
gestattet ist, sogar mit Nachsicht von jenen, welchen im politischen System der Nationen hohe Vorrechte anvertraut sind. Es
ist in der Tat selten ihr Fehler, wenn Staaten versklavt werden.
Was sollte man denn anderes von ihnen erwarten, als daß sie
von menschlichem Begehren angetrieben werden, daß sie versuchen, einer Enttäuschung oder bereits einer Verzögerung aus
dem Weg zu gehen und in dem Eifer, mit dem sie ihr Ziel
verfolgen, die Schranken durchbrechen, die ihren Lauf aufhalten würden? Wenn Millionen vor einem einzigen Menschen
zurückweichen, Senatsversammlungen sich passiv verhalten, als
ob sie aus Mitgliedern bestünden, die keinerlei eigene Meinung
oder eigenes Gefühl hätten, auf welcher Seite haben die Schutzwälle der Freiheit da nachgegeben, wem sollten wir ihren Fall
zuschreiben? Dem Untertanen, der seine Stellung im Stich gelassen hat, oder dem Souverän, der nur seine eigene behauptet

hat und der, wenn die gleichgestellten oder untergeordneten
Mitglieder der Regierung seine Gewalt nicht mehr in Frage
stellen sollten, doch fortfahren muß, ohne Einschränkung zu
regieren?
Es ist gut bekannt, daß Verfassungen, die auf die Erhaltung der
Freiheit zugeschnitten sind, aus vielen Teilen bestehen müssen.
Es müssen zu diesem Zweck Senate, Volksversammlungen, Gerichtshöfe, Amtsträger aus verschiedenen Ständen zusammenwirken, um sich gegenseitig die Waage zu halten, während sie
die Exekutivgewalt entweder selbst ausüben, stützen oder kontrollieren. Wird irgendein Teil ausgelöscht, dann muß das ganze
Gebäude wanken oder zusammenbrechen. Versagt ein Glied,
dann müssen die anderen ihre Grenzen überschreiten. Es würde
übermenschlicher Kräfte bedürfen, um Versammlungen, die aus
Menschen unterschiedlicher Talente, Gewohnheiten und Anschauungen bestehen, zu veranlassen, in jedem wichtigen Punkt
übereinzustimmen. Da sie verschiedene Meinungen und Gesichtspunkte haben, wäre es ein Mangel an Rechtschaffenheit,
auf Meinungsstreit zu verzichten. Gerade unser Lob der Einmütigkeit ist deshalb als Gefahr für die Freiheit anzusehen.
Wünschen wir Einmütigkeit, dann nehmen wir auch das Risiko
in Kauf, sie gegen die Trägheit von Menschen einzutauschen,
die der Öffentlichkeit gegenüber gleichgültig geworden sind.
Wir müßten dann auch die Käuflichkeit derer akzeptieren, welche die Rechte ihres Vaterlandes verkauft haben, oder die Untertänigkeit anderer, die einem Führer, der ihren freiheitlichen
Geist unterdrückt, unbedingten Gehorsam leisten. Die Liebe
zum Gemeinwohl und der Respekt vor den Gesetzen, das sind
die Punkte, in denen die Menschen einig sein müssen. Wenn
aber in strittigen Fragen die Ansicht eines einzelnen oder
irgendeiner Partei unabänderlich befolgt wird, dann ist die Sache der Freiheit bereits verraten.
Derjenige, dessen Amt es ist, ein untätiges oder verächtliches
Volk zu regieren, kann niemals auch nur einen Moment lang
aufhören, seine Macht auszuweiten. Jede Gesetzesvollstrek-
kung, jede staatliche Handlung, jede bürgerliche oder militärische Operation, in der seine Macht sich äußert, muß dazu dienen, seine Autorität zu befestigen und ihn im Licht der Öffent-

lichkeit zum alleinigen Gegenstand der Beachtung, der Furcht und der Ehrerbietung machen. Die gleichen Einrichtungen, die zur einen Zeit ersonnen wurden, um die Ausübung einer Exekutivgewalt einzuschränken oder zu lenken, *werden in einer anderen Zeit dazu dienen, ihre Grundlagen sicherer zu machen, ihr Stabilität zu verleihen.* Sie werden die Kanäle bezeichnen, durch welche die Exekutivgewalt fließen kann, ohne Anstoß zu erregen oder Unruhe zu erwecken. Dieselben Ratsversammlungen, die ursprünglich dazu eingerichtet waren, Übergriffe dieser Gewalt zu hemmen, werden in Zeiten der Korruption deren Anmaßungen unterstützen.

Der leidenschaftliche Hang zur Unabhängigkeit und das Begehren nach Herrschaft entspringen häufig ein und derselben Quelle. Beiden ist eine Abneigung gegen Kontrolle gemeinsam, und wer in der einen Situation keinen Vorgesetzten ertragen kann, der muß in einer anderen eine Abneigung dagegen empfinden, mit einem Gleichgestellten verbunden zu werden.

Was ein Fürst in einer reinen oder beschränkten Monarchie aufgrund der Verfassung seines Landes bereits ist, das möchte der Führer einer Partei in republikanischen Regierungen gerne werden. Erlangt er diese beneidete Stellung, so scheinen ihm seine eigene Neigung oder der Lauf menschlicher Angelegenheiten eine Laufbahn zu eröffnen, die eines königlichen Ehrgeizes wert ist. Doch die Umstände, in denen er handeln muß, sind von denen eines Königs außerordentlich verschieden. Er trifft auf Menschen, die an Ungleichheit nicht gewöhnt sind. Er ist zu seiner eigenen Sicherheit fortwährend gezwungen, den Dolch gezückt zu halten. Hofft er, sicher zu sein, dann hat er möglicherweise auch die ernsthafte Absicht, gerecht zu sein. Doch vom ersten Moment seiner Machtergreifung an wird er zur Ausübung jeder nur möglichen despotischen Gewalt getrieben. Der Erbe einer Krone hat mit seinen Untertanen keinen derartigen Kampf zu bestehen. Seine Lage ist vergleichsweise schmeichelhaft. Sein Herz muß schon ungewöhnlich verworfen sein, wenn es nicht lebhafte Zuneigung gegen ein Volk empfinden

... Seit der Auflage von 1768 ersetzt durch:
werden in einer anderen Zeit dazu dienen, Hindernisse zu beseitigen und ihr den Weg zu ebnen.

sollte, ein Volk, das zugleich sein Bewunderer, seine Stütze und die Zierde seiner Regierung ist. Er hat vielleicht nicht die ausdrückliche Absicht, die Rechte seiner Untertanen zu verletzen, aber die Einrichtungen, die auf eine Erhaltung ihrer Freiheit zielen, sind allein aufgrund dieser Absicht in seinen Händen nicht immer gesichert.

Der Mutwille eines verderbten Ehrgeizes hat den Menschen die Sklaverei auferlegt. In den düsteren Stunden der Eifersucht und des Terrors sind tyrannische Grausamkeiten begangen worden. Doch diese bösen Geister sind weder für die Begründung noch für die Unterstützung einer Willkürherrschaft unbedingt notwendig. Obwohl keine Politik jemals erfolgreicher bei der Erhaltung nationaler Wohlfahrt war als die der Römischen Republik, bilden sich doch Untertanen ebenso wie Fürsten häufig ein, die Freiheit sei ein Hemmschuh für das Regierungshandeln. Sie stellen sich vor, eine despotische Macht sei am besten geeignet, um Beschlüsse der öffentlichen Gewalt schnell und geheim auszuführen, also dasjenige aufrechtzuerhalten, was wir gerne als *politische Ordnung*[3] bezeichnen, und so allen Beschwerden rasch abzuhelfen. Sie gestehen manchmal sogar ein, daß eine despotische Regierung durchaus am besten für das Glück der Menschheit geeignet wäre, wenn nur eine ununterbrochene Reihenfolge guter Fürsten zu finden wäre. Räsonieren sie auf

3 Unser Begriff von Ordnung in der bürgerlichen Gesellschaft ist häufig falsch: er wird nach der Analogie unbeseelter und toter Dinge gebildet. Bewegung und Tätigkeit betrachten wir als ihrer Natur zuwider. Wir glauben, daß solche Ordnung nur mit Gehorsam, Geheimhaltung und dem stillen Gang der Geschäfte durch die Hände einiger weniger vereinbar sei. Die gute Ordnung der Steine in der Mauer besteht darin, daß sie gehörig an denjenigen Stellen befestigt werden, für die sie zugehauen sind. Würden sie sich bewegen, so müßte das ganze Gebäude zum Einsturz kommen. Aber die gute Ordnung der Menschen in der Gesellschaft besteht darin, daß sie an einen Platz gestellt werden, wo sie befähigt sind, ihren Gaben gemäß zu handeln. Das erste ist ein aus toten und unbelebten Teilen gefertigtes Gebäude, das zweite besteht aus lebendigen und tätigen Gliedern. Wenn wir in der Gesellschaft also nach einer Ordnung bloßer Untätigkeit und Ruhe suchen, vergessen wir die eigentliche Beschaffenheit unseres Gegenstands. Wir finden dann die Ordnung von Sklaven vor, nicht aber die von freien Menschen.

diese Weise, dann können sie auch einen Souverän nicht tadeln, der zuversichtlich ist, seine Macht für gute Zwecke zu gebrauchen, und deshalb versucht, ihre Grenzen auszuweiten. Er ist seiner eigenen Überzeugung nach lediglich bestrebt, die Hemmnisse abzuschütteln, die der Vernunft im Wege stehen und so die Wirkung seiner freundlichen Absichten behindern.

Bei einer solchen Vorbereitung auf die Usurpation der Macht lasse man ihn nur an der Spitze eines freien Staates die Gewalt gebrauchen, mit der er ausgerüstet ist, damit er die Keime scheinbarer Unordnung in jedem Winkel seines Herrschaftsbereichs abtöte. Man lasse ihn den Geist der Zwietracht und des Streits in seinem Volk wirksam unterdrücken. Man erlaube ihm, die Störungen des Regierungshandelns zu beseitigen, die sich aus dem widerspenstigen Temperament und den Privatinteressen seiner Untertanen ergeben. Man lasse ihn die Kraft des Staates gegen dessen Feinde sammeln, indem er sich all das zunutzemacht, was dieser Staat an Steuern und persönlichen Dienstleistungen gewähren kann. Es ist außerordentlich wahrscheinlich, daß ein solcher Fürst, selbst wenn er vom Verlangen nach dem Wohl der Menschheit geleitet wird, jede Schranke der Freiheit durchbrechen und einen Despotismus errichten wird, während er sich damit schmeichelt, daß er nur den Eingebungen der gesunden Vernunft und der Schicklichkeit folge.

Nehmen wir einmal an, eine Regierung hätte uns einen Grad an Ruhe verschafft, wie wir ihn zuweilen als Bestes ihrer Früchte von ihr zu ernten hoffen. Angenommen, die öffentlichen Angelegenheiten in den verschiedenen Abteilungen der Gesetzgebung und der Exekutive würden mit der geringstmöglichen Störung von Handel und gewinnbringenden Gewerben vor sich gehen. Ein solcher Staat käme dem chinesischen gleich. Er hätte wie dieser die öffentlichen Angelegenheiten auf verschiedene Ämter verteilt, deren Verwaltung sich in Kleinkram und in der Beachtung von bloßen Formen erschöpft. Indem dieser Staat alle Anstrengungen eines großen und freien Geistes überflüssig macht, wäre er einem Despotismus sehr viel enger verwandt, als wir uns vorzustellen geneigt sind.

Es mag dahingestellt bleiben, ob Unterdrückung, Ungerechtigkeit und Grausamkeit die einzigen Übel sind, die eine despotische Regierung kennzeichnen. Einstweilen genügt die Bemerkung, daß die Freiheit niemals in größerer Gefahr ist, als wenn wir die nationale Glückseligkeit nach den Segnungen bemessen, die ein Fürst zu vergeben hat, oder aber nach der bloßen Ruhe, wie sie eine gerechte Verwaltung begleiten kann. Ein Souverän mag mit seinen heroischen Eigenschaften blenden. Er mag seine Untertanen im Genuß jedes sinnlichen Vorteils oder Vergnügens beschützen. Doch die Wohltaten, die sich aus der Freiheit ergeben, sind anderer Art. Sie sind nicht die Früchte einer Tugend und einer Güte, die nur in der Brust eines einzelnen Menschen wirken, sondern ergeben sich aus der Weitervermittlung der Tugend selbst an die vielen. Sie resultieren aus einer Aufgabenverteilung in der bürgerlichen Gesellschaft, welche vielen Menschen diejenigen Aufgaben und Beschäftigungen zuweist, die ihrer Natur entsprechen.

Gerade die besten Regierungsverfassungen bringen Unbequemlichkeiten mit sich. Die Ausübung der Freiheit mag bei vielen Gelegenheiten Anlaß zu Klagen geben. Haben wir die Absicht, Mißbräuche abzustellen, dann können uns Mißbräuche der Freiheit zu Übergriffen auf eben das Gebiet veranlassen, aus dem jene Mißbräuche angeblich hervorgegangen sind. Eine despotische Regierung hat an sich gewisse Vorteile, wenigstens kann sie in Zeiten der Gesittung und Mäßigung mit ihrem Vorgehen so wenig Ärgernis erregen, daß keine öffentliche Besorgnis daraus entsteht. Diese Umstände können die Menschen gerade in ihrem Reformeifer, aber auch aus bloßer Unachtsamkeit dazu bringen, am jeweiligen Stand ihrer Politik gefährliche Neuerungen vorzunehmen oder zuzulassen.

Sklaverei allerdings wird nicht immer durch bloßes Versehen eingeführt. Zuweilen wird sie durch Gewalttätigkeit und Raubgier aufgezwungen. Fürsten werden ebenso korrupt wie ihr Volk. Was auch immer der Ursprung despotischer Regierung gewesen sein mag, ihre Ansprüche führen, wenn sie ausdrücklich erklärt sind, zu einem Kampf zwischen dem Herrscher und seinen Untertanen, den Gewalt allein entscheiden kann. Diese Ansprüche haben für Person, Eigentum oder Leben eines jeden Untertanen eine gefährliche Seite. Sie rufen in der Menschenbrust jede nur mögliche Leidenschaft wach. Sie erschrecken die

Gleichgültigen, sie berauben den Bestechlichen seines Lohns. Sie erklären den Korrupten ebenso den Krieg wie den Tugendhaften. Nur der Feigling nimmt sie unwidersprochen hin. Doch auch ihm gegenüber müssen sie von einer Gewalt unterstützt werden, die seine Furcht beeinflussen kann. Diese Gewalt aber bringt der Eroberer aus dem Ausland mit, der einheimische Usurpator dagegen findet sie bei seinen Anhängern zu Hause.

Ist ein Volk an das Waffentragen gewöhnt, so wird es schwer für einen Teil, das Ganze zu unterwerfen. Vor der Einführung stehender Heere ist es für jeden Usurpator schwer, die vielen mit der Hilfe von wenigen zu regieren. Die Politik zivilisierter und handeltreibender Nationen hat jedoch diese Schwierigkeiten bisweilen beseitigt. Sie führte einen Unterschied zwischen bürgerlichen und militärischen Berufen herbei und überantwortete den Schutz und den Genuß der Freiheit verschiedenen Händen. Hierdurch hat sie dem gefährlichen Bündnis zwischen Faktion und Militärmacht den Weg gebahnt und es den bloßen politischen Verfassungsformen und den Rechten der Menschheit entgegengesetzt.

Ein Volk, das in Übereinstimmung mit dieser fatalen Verfeinerung entwaffnet wird, stützt seine Sicherheit nur noch auf das bloße Bitten von Vernunft und Gerechtigkeit vor einem Tribunal aus Ehrgeiz und Gewalt. In einer solch extremen Notlage ist es vergeblich, Gesetze zu zitieren und Senatsversammlungen zusammenzurufen. Die Mitglieder einer gesetzgebenden Versammlung oder die Angehörigen ziviler Staatsbehörden mögen zwar über die Botschaften beratschlagen, die sie aus dem Militärlager oder vom Hofe erhalten. Wenn aber der Überbringer auf den Griff seines Schwertes verweist, ganz so wie der Zenturienbefehlshaber, als er dem Römischen Senat das Gesuch des Oktavius überbrachte, dann müssen sie zu der Einsicht kommen, daß Gesuche Befehle geworden sind, daß sie selbst aber nur noch bloße Schaustücke souveräner Gewalt, nicht mehr ihre Träger sind.

Die Überlegungen dieses Kapitels mögen auf Nationen unterschiedlicher Größe in verschiedener Weise Anwendung finden. Kleine Gemeinwesen sind für eine despotische Regierung nicht geeignet, wie sehr sie auch korrumpiert sein mögen. Ihre Angehörigen leben dicht zusammengedrängt und nahe am Sitz der Macht. Sie vergessen deshalb niemals ihre Beziehungen zur Gesamtheit. Sie überwachen mit gewohnter Vertrautheit und Freimütigkeit die Anmaßungen derer, die regieren wollen. Und dort, wo Liebe zur Gleichheit und Gerechtigkeitsgefühl versagt haben, handeln sie aus Motiven der Parteilichkeit, des Wettbewerbs und des Neids. Der verbannte Tarquinius hatte in Rom seine Anhänger. Hätte er aber durch deren Hilfe seine Würde wiedererlangt, so würde er sich wahrscheinlich, um seine königliche Macht auszuüben, aufs neue in einen Streit mit der gleichen Partei haben einlassen müssen, die ihn an die Macht zurückbrachte.

In dem Maße, wie ein Staatsgebiet sich ausweitet, verlieren seine Teile ihre verhältnismäßige Bedeutung für das Ganze. Seine Einwohner hören auf, ihren Zusammenhang mit dem Staat zu empfinden, sie vereinigen sich nur noch selten zur Ausführung irgendwelcher nationaler Absichten oder auch nur der Pläne irgendeiner Partei. Ferne zum Sitz der Verwaltung und Gleichgültigkeit gegenüber Personen, die sich um hohe Ämter bemühen, lehren die Mehrheit, sich selbst zwar als Untertanen einer souveränen Gewalt zu betrachten, nicht aber als Mitglieder eines politischen Körpers. Es ist auffallend, daß eine Vergrößerung staatlichen Territoriums bewirkt, daß das Individuum für die Öffentlichkeit weniger wichtig wird und seine Fähigkeit, in deren Beratungen einzugreifen, sich vermindert. Das Betreiben nationaler Angelegenheiten wird hierdurch auf einen engeren Kreis beschränkt, und es vermindert sich auch die Zahl derjenigen, die bei der Gesetzgebung oder bei anderen Regierungsangelegenheiten zu Rate gezogen werden.

Die Störungen, denen ein Großreich ausgesetzt ist, erfordern rasche Vorbeugung, Wachsamkeit und schnelle Ausführung von Handlungen. Entfernte Provinzen müssen durch militärische Gewalt in Unterwürfigkeit erhalten werden. Diktatorische Machtbefugnisse, wie sie manchmal in freien Staaten geschaffen werden, um Aufstände zu unterdrücken oder anderen gelegentlichen Übeln entgegenzutreten, erscheinen, sobald ein Herrschaftsgebiet eine gewisse Ausdehnung erreicht hat, zu allen Zeiten in gleicher Weise notwendig, um die Auflösung eines

Körpers zu verhindern, dessen Teile ursprünglich durch gewaltsame, entschiedene und geheime Maßnahmen vereinigt wurden
und jetzt auf die gleiche Weise verkittet werden müssen. Es gibt
deshalb unter all den Umständen, die – bei fortdauerndem Gedeihen einer Nation und als Ergebnis ihrer gewerblichen Künste – zur Begründung des Despotismus führen, vielleicht keinen
einzigen Umstand, der dieses Ziel mit solcher Sicherheit befördert wie eine beständige Gebietsausweitung. In jedem Staat beruht die Freiheit seiner Angehörigen auf der Balance und der
Anpassung seiner inneren Teile. Das Bestehen einer solchen
Freiheit in der ganzen Menschheit aber beruht auf dem Gleichgewicht der Nationen. Man behauptet, daß diejenigen, die bezwungen worden sind, mit dem Fortgang der Eroberung auch
ihre Freiheiten verloren haben. Aber in der Geschichte der
Menschheit zeigt sich, daß erobern oder erobert werden in seiner Auswirkung auf das gleiche hinausläuft.

6. Vom Fortgang und Ende des Despotismus

Das Menschengeschlecht entwickelt sich in der Regel langsam und mit fast unmerklichen Schritten. Dies gilt sowohl dann, wenn es aus der Art schlägt und seinem Untergang entgegengeht, als auch dann, wenn es sich vervollkommnet und wirkliche Vorteile erringt. Wenn die Menschen in Zeiten der Aktivität und Kraftentfaltung das Maß nationaler Größe bis auf eine Höhe führen, die keine Menschenweisheit von Ferne hätte voraussehen können, so fallen sie in Zeiten der Erschlaffung und der Schwäche vielen Übeln zum Opfer, auf die sie selbst in ihren Befürchtungen nicht kamen und die sie in den glücklichen Zeiten ihres Erfolgs und Wohlergehens weit entfernt glaubten.

Wir haben bereits bemerkt, daß dort, wo die Menschen nachlässig oder korrupt werden, die Tugend ihrer Führer oder die guten Absichten ihrer Amtsträger ihnen nicht immer den sicheren Besitz der politischen Freiheit verbürgen. Stillschweigende Unterwerfung unter einen Führer oder die unkontrollierte Ausübung irgendeiner Gewalt können selbst dann häufig mit dem Umsturz gesetzlicher Einrichtungen enden, wenn sie ihrer Absicht nach auf das Wohl der Menschheit gerichtet sind. Durch welche Mittel diese verderbliche Umwälzung auch zustande kommt, sie endet stets in Militärherrschaft. Obwohl die einfachste aller Regierungsformen, bildet sich diese Herrschaft nur stufenweise aus. In der ersten Zeit ihrer Anwendung auf Menschen, die bisher als Angehörige eines freien Gemeinwesens gehandelt haben, vermag sie lediglich die Grundlagen einer despotischen Politik zu schaffen, nicht aber ihr Gebäude zu vollenden. Der Usurpator, der das Zentrum eines großen Reichs mit einer Streitmacht in Besitz genommen hat, erblickt um sich herum vielleicht die verstreuten Reste einer früheren Verfassung. Möglicherweise vernimmt er das Murmeln einer widerwilligen und unwilligen Unterwerfung. Ja, das Aussehen vieler, deren Händen er das Schwert entwunden hat, deren Geist er jedoch weder zu unterdrücken noch mit seiner Gewalt zu versöhnen vermochte, mag ihm als drohende Gefahr scheinen. Der Sinn für persönliche Rechte und der Anspruch auf Privile-

gien und Ehren, wie sie in gewissen Ständen immer noch fortbestehen, bedeuten ebenso viele Schranken auf dem Weg einer
neu vollzogenen Usurpation. Will man nicht warten, bis sie mit
der Zeit verfallen und sich im Fortschritt wachsender Korruption abnutzen, müssen sie mit Gewalt zerbrochen werden. Der
Anfang jeder neuen Machtergreifung muß deshalb mit Blut be-
sudelt werden. Doch auch in diesem Fall lassen die Wirkungen
häufig lange auf sich warten. Wir wissen, daß der Geist des alten
Rom selbst unter einer ganzen Folge von Gewaltherrschern und
angesichts der wiederholten Anwendung von Gift und Blutvergießen nicht gänzlich erstickt wurde. Die adeligen und angese-
henen Familien beanspruchten immer noch ihre ursprünglichen
Ehren: Die Geschichte der Republik, die Schriften aus früherer
Zeit, die Denkmäler berühmter Männer und ebenso die mit
heroischen Vorstellungen gesättigten Lehren der Philosophie
nährten die Seele auch noch in der Zurückgezogenheit und bildeten jene hervorragenden Charaktere, deren Erhabenheit und
deren Schicksal vielleicht die ergreifendsten Stoffe der menschlichen Geschichte abgeben. Diese charaktervollen Menschen
waren zwar nicht imstande, sich dem allgemeinen Hang zur
Untertänigkeit zu widersetzen, doch sie wurden aufgrund der
Neigungen, die man ihnen unterstellte, Gegenstand des Miß-
trauens und der Abneigung. Am Ende hatten sie mit ihrem Blut
den Preis eines Gefühls zu bezahlen, das sie in der Stille hegten
und das lediglich in ihren Herzen erglühte.

Von welchen Prinzipien ist nun der Souverän bei der Wahl
seiner herrschaftsbegründenden Maßnahmen geleitet, solange
der Despotismus im Fortschreiten begriffen ist? Er wird von
einer fehlgeleiteten Auffassung seines eigenen Besten bestimmt,
manchmal auch von einer falschen Auffassung des Besten seines
eigenen Volkes, ferner von dem Wunsch, Hindernisse zu beseitigen, welche die Vollstreckung seines Willens behindern, einen
Wunsch, den er bei jeder besonderen Gelegenheit empfindet.
Hat er sich einmal auf einen Entschluß festgelegt, ist jeder sein
Feind, der Gründe oder Einwendungen dagegen vorbringt. Ist
er überheblichen Geistes, so betrachtet er jeden als Nebenbuhler, der nach Größe strebt und für sich selbst handeln will. Er
möchte im ganzen Staat keine Würde außer jener übriglassen,

die von ihm selbst abhängt, keine aktive Macht, die nicht Ausdruck seines augenblicklichen Beliebens ist.[1] Er ist von einer unfehlbaren, gewissermaßen instinktiven Wahrnehmung geleitet und verfehlt deshalb niemals, die geeigneten Objekte seiner Abneigung oder seiner Gunst auszumachen. Der bloße Anblick von Unabhängigkeit stößt ihn ab, derjenige sklavischer Unterwerfung zieht ihn an. Die Tendenz seiner Verwaltung geht dahin, jeden unruhigen Geist stillzustellen und sich jede Regierungstätigkeit selbst anzumaßen.[2] Ist die Gewalt ihrem Zweck angemessen, so wirkt sie in den Händen derer, die ihre Bestimmung nicht kennen, ebenso, wie sie es in den Händen anderer tut, die sie aufs Beste verstehen. Sofern die Vollmachten beider gerecht sind, sollten sie nicht infrage gestellt werden. Sind sie dagegen verkehrt oder falsch, werden sie mit Gewalt aufrechterhalten.

Ihr müßt sterben, lautete die Antwort des Oktavius jedesmal, wenn ihn das Volk um Gnade anflehte. Es war der gleiche Urteilsspruch, den auch einige seiner Nachfolger gegen jeden Bürger fällten, der aufgrund seiner Geburt oder seiner Tugenden hohes Ansehen genoß. Aber beschränken sich die Übel des Despotismus auf die grausamen und blutigen Methoden, mit welchen eine neue Herrschaft über ein widerspenstiges und aufrührerisches Volk errichtet wird? Ist der Tod denn das größte Unglück, das die Menschen unter Einrichtungen treffen kann, die sie all ihrer Rechte beraubt haben? Freilich, man läßt ihnen oft das Leben, aber Mißtrauen und Eifersucht, das Gefühl persönlicher Geringschätzung und die Ängste, die sich aus der Sorge um ein armseliges Interesse ergeben, bemächtigen sich der Seele. Jeder Bürger wird zum Sklaven erniedrigt. Jeder

---

1 *Insurgere paulatim, munia senatus, magistratuum, legum in se trahere.*

... Zusatz seit der Auflage von 1768.

2 Es ist lächerlich zu hören, wie Menschen von rastlosem Ehrgeiz, die in jeder Szene die einzigen Handelnden sein wollen, sich manchmal über den widerspenstigen Geist der Menschheit beklagen. Als ob dieselbe Einstellung, aufgrund deren sie jedes Amt an sich reißen wollen, nicht auch jede andere Person willens machte, für sich selbst zu denken und zu handeln.

Reiz, durch den das Gemeinwesen seine Mitglieder für sich
einnahm, hat zu wirken aufgehört. Gehorsam ist die einzige
Pflicht, die noch übrigbleibt, und auch sie wird durch Gewalt
erzwungen. Sollte es angesichts einer solchen Verfassung notwendig werden, Zeuge von Szenen der Erniedrigung und des
Schreckens zu werden, ist die Gefahr der Ansteckung groß, und
der Tod wird zur Erlösung. Das blutige Trankopfer, das Thrasea gezwungenermaßen seinen eigenen Adern entströmen lassen mußte, ist dann als ein wahres Opfer der Dankbarkeit an
Jupiter, den Erlöser[3], anzusehen.

Doch für ein despotisches Regiment sind Unterdrückung und
Grausamkeit keineswegs immer vonnöten. Selbst wenn sie vorhanden sind, so bedeuten sie doch nur einen Teil seiner Übel.
Ein solches Regiment ist auf Korruption und auf die Unterdrückung aller bürgerlichen und politischen Tugenden begründet. Es verlangt von den Untertanen, aus Beweggründen der
Furcht zu handeln. Es will die Leidenschaften einiger weniger
auf Kosten der gesamten Menschheit besänftigen. Der Frieden
der Gesellschaft soll hier auf den Trümmern der Freiheit und
des Vertrauens aufbauen, aus denen allein doch Freude, Kraft
und Erhabenheit des menschlichen Geistes entspringen.

Solange eine Verfassung noch frei war und jedes Individuum
noch seinen Rang und seine Privilegien besaß oder sich der
Wertschätzung seiner persönlichen Rechte erfreute, waren die
Glieder jedes Gemeinwesens füreinander Gegenstand von Achtung und Respekt. Jede Angelegenheit, die in der bürgerlichen
Gesellschaft durchgesetzt werden sollte, erforderte die Betätigung von Talent, Weisheit, Überredungskunst und Kraft ebenso
wie die Ausübung von Macht. Als äußerste Verfeinerung eines
despotischen Regiments aber kann es gelten, durch bloße Befehle zu herrschen und jeden anderen Kunstgriff außer dem
Zwang zu verbannen. Unter dem Einfluß solcher Politik werden deshalb die Gelegenheiten zur Beschäftigung und Kultivie-

---

3 Porrectisque utriusque brachii venis, postquam cruorem effudit, humum
super spargens, proprius vocato Quaestore, *Libemus*, inquit, *Jovi Liberatori*.
Specta juvenis; et omen quidem Dii prohibeant; ceterum in ea tempora
natus es, quibus firmare animum deceat constantibus exemplis. Tacitus,
Ann. lib. 16.

rung des menschlichen Verstandes, zur Erweckung der Gefühle und zur Entzündung der Einbildungskraft allmählich abgeschafft. Der Fortschritt, der den Menschen zu dem verhalf, was ihrer Natur Ehre macht, und das heißt, sich darauf einzulassen, in einer Gesellschaft auf freiheitlicher Grundlage zu handeln, er war nicht gleichförmiger oder ungestörter als der, durch den sie zu dieser unglücklichen Lage herunterkommen.

Hören wir von dem Schweigen, das im Serail herrscht, so möchten wir glauben, daß dort die Sprache selbst überflüssig geworden ist und die Zeichen der Stummen ausreichen, um die wichtigsten herrschaftlichen Anordnungen zu überbringen. Es bedarf in der Tat keiner übertriebenen Kunstgriffe, um die Vorherrschaft dort zu behaupten, wo der Gewalt allein noch der Schrecken entgegengesetzt wird, wo die Machtbefugnisse des Souveräns jedem untergeordneten Beamten vollständig übertragen werden. In einer Umgebung des Schweigens und der Niedergeschlagenheit, in der jede Brust von Mißtrauen und Vorsicht besessen ist, in der es außer sinnlichem Vergnügen kein Handlungsziel mehr gibt, um das persönliche Leiden eines Staatsoberhaupts oder die Leiden seiner Untertanen auszugleichen, in einer solchen Umgebung kann eine herausgehobene gesellschaftliche Stellung keine Unbefangenheit des Geistes mehr gewähren.

In anderen Staaten werden menschliche Talente manchmal durch eine Anwendung in hervorragender Stellung vervollkommnet. Hier aber ist der Herrscher selbst wahrscheinlich das roheste und am wenigsten kultivierte Tier der ganzen Herde. Er steht noch unterhalb des Sklaven, den er aus niedriger Stellung in die ersten Vertrauens- und Ehrenämter seines Hofes erhebt. Die primitive Einfalt, die ursprünglich zwischen dem Landesherrn und seinen Hirten[4] Bande der Vertraulichkeit und Zuneigung knüpfte, scheint bei Abwesenheit aller Gemütsbewegungen, wiederhergestellt oder wenigstens erheuchelt zu werden, inmitten einer Unwissenheit und Brutalität, die alle Stände gleichmäßig charakterisiert oder vielmehr alle Rangstufen nivelliert und am Hofe eines Despoten jeden Unterschied der Personen zerstört.

Laune und Leidenschaft sind die Richtschnur fürstlicher Regie-

4 Siehe die Odyssee.

rens. Jedem Bevollmächtigten bleibt es überlassen, nach der
gleichen Richtschnur zu handeln: zu züchtigen, wenn er herausgefordert wird, Gunst zu bezeigen, wenn er zufrieden ist.
Was Staatseinkünfte, Gerichtsbarkeit oder Polizei betrifft, so
handelt jeder Provinzgouverneur wie ein Heerführer in Feindesland. Er kommt mit den Schrecknissen von Feuer und
Schwert bewaffnet einher. Statt eine reguläre Steuer zu erheben,
erhebt er gewaltsam einen Beitrag. Er vernichtet oder ver-
schont, ganz wie es seinem Zweck gerade dient. Erreicht das
Wehgeschrei der Unterdrückten oder die Kunde eines Schatzes,
der zu Lasten einer Provinz aufgehäuft wurde, das Ohr des
Herrschers, so muß sich der gewaltsame Erpresser seine Straf-
freiheit freilich dadurch erkaufen, daß er einen Teil seiner Beute
oder auch das Ganze abgibt. Den Geschädigten aber wird kein
Ersatz geleistet. O nein, die kriminellen Handlungen eines
Staatsdieners plündern das Volk zuerst aus. Später werden diese
Handlungen dann bestraft, um die Schatztruhen des Souveräns
zu füllen.

Es ist angesichts dieses gänzlichen Aufhörens jeder auf gerechte
Regierung und nationale Politik bezogenen Kunst auffallend,
daß selbst das Soldatenhandwerk außerordentlich vernachlässigt wird. Mißtrauen und Eifersucht des Fürsten kommen seiner Unwissenheit und Unfähigkeit hier noch zu Hilfe. In ihrem
Zusammenwirken tragen diese Ursachen jedoch dazu bei, gerade das Fundament zu zerstören, auf dem seine Macht beruht.
Jede zuchtlose Rotte bewaffneter Männer gilt jetzt bereits als
eine Armee. Das schwache, zerstreute und unbewaffnete Volk
dagegen wird militärischer Unordnung geopfert, oder es ist an
der Landesgrenze der Plünderung durch einen Feind ausgesetzt, den das Verlangen nach Beute oder die Hoffnung auf
Eroberung in die Nähe gezogen haben kann.

Die Römer dehnten ihr Weltreich aus, bis keine verfeinerte Nation mehr zu unterwerfen übrigblieb. So stießen sie schließlich
an Grenzen, die überall von wilden und barbarischen Stämmen
umgeben waren. Sie drangen selbst noch in unbebaute Einöden
vor, um die Belästigung durch solch gefährliche Nachbarn auf
Distanz zu halten und um die Zugänge in Besitz zu nehmen,
von denen her sie ihre Angriffe fürchteten. Doch diese Politik

tat den letzten Schritt auf dem Weg zur inneren Korruption des Staates. Es genügten nur wenige Jahre der Ruhe, um die Regierung die Gefahr vergessen zu lassen. In der wohlkultivierten Provinz wurde dem Feind eine verlockende Beute und ein leichter Sieg zuteil.

Wenn durch die Eroberung und Einverleibung jeder reichen und angebauten Provinz das Maß des Imperiums voll ist, besteht die Menschheit nur noch aus zwei Parteien: der Partei der Friedfertigen und Reichen, die innerhalb der Grenzen des Imperiums leben, und der Partei der Armen, der Beutegierigen und Wilden, die an Plünderung und Krieg gewöhnt sind. Letztere stehen zu den ersteren nahezu in dem gleichen Verhältnis, in dem der Wolf und der Löwe zur Schafherde stehen. Sie befinden sich naturgemäß in einem Zustand der Feindseligkeit.

Bleibt indessen ein despotisches Imperium von außen für immer unbelästigt und behält es zugleich jene Korruption bei, auf der es begründet wurde, so trägt es allem Anschein nach in sich selbst kein Prinzip neuen Lebens. Es bietet deshalb auch keine Hoffnung auf die Wiederherstellung von Freiheit und politischer Lebendigkeit. Das, was der despotische *Herrscher gesät hat, kann sich nur verwandeln, wenn es stirbt.* Es muß an der Wirkung seines eigenen Mißbrauchs dahinsiechen und zugrunde gehen, ehe der menschliche Geist wiederaufleben oder jene Früchte tragen kann, welche die Ehre und Glückseligkeit der menschlichen Natur ausmachen. Erschütterungen werden zwar auch noch in Zeiten größter Erniedrigung empfunden, aber sie sind den Bewegungen eines freien Volkes äußerst unähnlich. Es handelt sich entweder um natürliche Todeszuckungen, denen die Menschen ausgesetzt sind, oder aber um bloße Tumulte, die sich auf die wenigen Personen beschränken, die den Fürsten bewaffnet umgeben. Diese Personen tragen durch ihre Verschwörungen, ihre Anschläge und Morde dazu bei, den friedlichen Einwohner noch tiefer in Furcht und Verzweiflung zu stürzen. Das Volk lebt so in den Provinzen verstreut, entwaffnet, unvertraut mit den Gesinnungen der Vereinigung und des Bündnisses, gewohnheitsmäßig auf eine armselige Haushaltung beschränkt. Es fristet von dem Besitz ein kümmerliches Leben, den die Abpressungen der Regierung noch übriggelassen haben. Unter diesen Umständen wird es dem Volk weder irgendwo möglich sein, ein Gemeinsamkeitsgefühl zu entwickeln, noch zu seiner Selbstverteidigung eine freie Vereinigung zu bilden. Zwar mag sich der Geschädigte beschweren. Da er bei der Regierung kein Erbarmen finden kann, mag er das Mitleid seines Mituntertanen erflehen. Aber dieser Mituntertan ist vor allem froh, daß die Hand des Unterdrückers ihn nicht selbst gepackt hat. Er trachtet nach seinem eigenen Interesse und erhascht sein Vergnügen mit dem Grad an Sicherheit, welches ein Leben im Dunkeln und Verborgenen verschaffen kann.

Die gewerblichen Künste scheinen keine andere Grundlage in den Gemütern der Menschen zu erfordern als die Rücksicht auf das Eigeninteresse, keine andere Ermutigung als die Hoffnung auf Gewinn und auf den sicheren Besitz von Eigentum. Doch diese Künste müssen hier zugrunde gehen angesichts der Rechtsunsicherheit des Besitzes, wie er in der Sklaverei existiert, und angesichts der Furcht vor der Gefahr, die sich hier schon aus dem Ruf des Reichtums ergibt. Allgemeine Armut und die Unterdrückung des Handels sind jedoch gerade die Mittel, mit deren Hilfe der Despotismus seinen eigenen Untergang befördert. Gibt es keine Profite mehr, um die Menschen zu bestechen, oder keine Furcht, um sie abzuschrecken, dann ist der Reiz der Herrschaft gebrochen. Als ob er aus einem Traum erwacht wäre, ist der nackte Sklave erstaunt, sich frei zu sehen. Sobald aber der Zaun zerstört ist, steht die Wildnis offen und die Herde bricht los. Die Weide auf dem bebauten Feld wird der Einöde nicht mehr länger vorgezogen. Der Gequälte flieht gern dorthin, wo ihn die Erpressungen der Regierung nicht mehr länger einholen können, wo auch die Furchtsamen und Untertänigen wieder daran denken können, daß sie Menschen sind. Der Tyrann mag hier zwar noch drohen, doch man weiß, daß er hier nichts anderes mehr ist als ein schlichter Mitmensch. Er vermag hier nichts mehr wegzunehmen außer dem bloßen Leben und auch das nur unter Gefahr für sein eigenes.

Im Einklang mit dieser Schilderung hat die tyrannische Unterdrückung in manchen Gegenden des Ostens den Wunsch nach fester Ansiedlung vergehen lassen. Die Einwohner eines Dorfes verlassen ihre Behausung und machen die öffentlichen Straßen

unsicher. Die Bewohner der Täler fliehen in die Berge. Sie sind
zu immerwährender Flucht gerüstet oder sie leben, im Besitz
eines sicheren Zufluchtsorts, vom Raub und vom Krieg, den sie
gegen ihre früheren Herren führen.

Diese Ausschreitungen vereinigen sich mit dem Druck der Regierung und machen die übriggebliebenen festen Ansiedlungen
noch weniger sicher. Doch während überall Verwüstung und
Untergang zum Vorschein kommen, werden die Menschen aufs
neue zu jenen Bündnissen gezwungen, erwerben sie wieder jenes persönliche Vertrauen und jene Stärke, jene soziale Anhänglichkeit und jene Kriegsfertigkeit, die in früheren Zeiten einen
kleinen Stamm zur Kernzelle einer großen Nation werden ließen. Dies könnte auch den emanzipierten Sklaven befähigen,
die Laufbahn bürgerlicher und gewerblicher Künste aufs neue
zu beschreiten. Wenn die menschliche Natur das Stadium äußerster Zerrüttung erreicht zu haben scheint, hat sie tatsächlich
bereits wieder angefangen, sich zu bessern.

Auf diese Weise haben sich die Umstände menschlichen Lebens
häufig verändert. Sicherheit und Anmaßung verscherzen die
Segnungen des Wohlstands. Entschlossenheit und entschiede-
nes Verhalten gleichen die Schäden des Mißgeschicks wieder
aus. Solange die Menschen außer ihrer Tugend nichts haben, auf
das sie sich verlassen können, sind sie imstande, jeden Vorteil
wahrzunehmen. Doch wenn sie am meisten auf ihr gutes Glück
vertrauen, stehen sie auch am meisten in der Gefahr, eine Wendung dieses Glücks zu erfahren. Wir sind geneigt, diese Beobachtungen zu einer Regel zu machen, denn wenn wir nicht
länger willens sind, für unser Vaterland zu handeln, berufen wir
uns zur Entschuldigung für unsere eigene Schwäche und Torheit auf die angebliche Schicksalshaftigkeit menschlicher Angelegenheiten.

*In der Tat haben die menschlichen Einrichtungen wahrschein-
lich ihr Ende ebenso wie sie ihren Anfang haben. Doch ist ihre
Dauer nicht auf einen bestimmten Zeitraum begrenzt. Niemals
geriet eine Nation durch etwas anderes in inneren Verfall als
durch die eigenen Laster ihrer Angehörigen.* Wir sind zuwei-

... Seit der Auflage von 1768 ersetzt durch:
In der Tat haben die menschlichen Einrichtungen, sofern sie nicht der Er-

len willens, uns mit der Existenz dieser Laster bei unseren
Landsleuten abzufinden, wer aber war je bereit, sie bei sich
selbst hinzunehmen? Allerdings ist zu vermuten, daß wir mehr
tun, als diese Laster nur hinzunehmen, wenn wir ihren Folgen
nicht mehr entgegentreten und uns auf ein unabwendbares
Schicksal berufen, ein Schicksal, das, zumindest im Empfinden
jedes Einzelmenschen, doch von diesem selbst abhängt. Menschen von wahrer Tapferkeit, Lauterkeit und Befähigung sind in
allen Umständen am rechten Platz. Sie ernten in jeder Lage die
entscheidenden Freuden ihrer Natur, sie sind glückliche Werkzeuge der Vorsehung zum Wohle der Menschheit. Wollten wir
dies mit anderen Worten zum Ausdruck bringen wollen, so
ließe sich sagen, diese Menschen beweisen während ihres ganzen Lebens, daß die Staaten, die sie bilden, wie sie selbst, von
den Schicksalsgöttinnen dazu ausersehen sind, zu überleben
und zu gedeihen.

haltung der Tugend dienen, wahrscheinlich ihr Ende ebenso, wie sie ihren
Anfang haben. Doch solange sie diesen Zweck wirklich verfolgen, verfügen
sie zu allen Zeiten über ein beständiges Lebensprinzip, das nur äußere
Gewalt unterdrücken kann.

205/1/8.87

205/4/8.87

suhrkamp taschenbücher wissenschaft
Geschichte, Sozialgeschichte,
Zeitgeschichte, Dokumentation

suhrkamp taschenbücher wissenschaft
Politische Ökonomie,
Staats- und Politiktheorie

207/1/8.87